江苏近代经济史探讨

唐文起 著

江苏大学出版社

镇江

图书在版编目(CIP)数据

江苏近代经济史探讨 / 唐文起著.—镇江：江苏
大学出版社,2013.10
ISBN 978-7-81130-573-9

Ⅰ.①江… Ⅱ.①唐… Ⅲ.①区域经济－经济史－江
苏省－近代 Ⅳ.①F127.53

中国版本图书馆 CIP 数据核字(2013)第 237603 号

江苏近代经济史探讨

著　者/唐文起
责任编辑/米小鸽
出版发行/江苏大学出版社
地　址/江苏省镇江市梦溪园巷 30 号(邮编：212003)
电　话/0511-84446464(传真)
网　址/http：// press.ujs.edu.cn
排　版/镇江文苑制版印刷有限责任公司
印　刷/句容市排印厂
经　销/江苏省新华书店
开　本/718 mm×1 000 mm　1/16
印　张/25.75
字　数/525 千字
版　次/2013 年 10 月第 1 版　2013 年 10 月第 1 次印刷
书　号/ISBN 978-7-81130-573-9
定　价/52.00 元

如有印装质量问题请与本社营销部联系(电话：0511-84440882)

序

　　1965年7月,我于南京大学历史系毕业后,分配到东北文史研究所从事研究工作。初到研究所,由专职老先生给我们讲解《论语》,聘请日语老师教授日语,基本上是继续学习,研究工作涉及尚少。

　　不久,"文化大革命"开始,一切业务活动都停下来了。1968年9月,全所同志集中到中共吉林省委干部学习班学习。1969年2月,东北文史研究所撤销。1969年2月至1971年8月,我先后到吉林省延边龙井"五·七"干校、吉林省左家"五·七"干校、吉林省青沟"五·七"干校劳动锻炼。1971年8月底起,我留在吉林省青沟"五·七"干校工作,任理论教员。

　　1978年10月,我从吉林省左家"五·七"干校调到江苏省干部学校,从事教学工作。

　　1981年5月,江苏省干部学校停办,我被分配到江苏省社会科学院经济研究所从事中国近代经济史研究工作,侧重研究江苏近代经济史。此时,我已年过四十,重操旧业,为时似晚矣。初到省社科院,我虽担任经济研究所党支部书记,科研工作之外的事务性工作占用了不少科研工作时间,但还算是专职研究人员,可以利用一切可利用的时间,到南京图书馆特藏部搜集江苏近代经济史方面的资料,为日后的研究工作打下了良好的基础。

　　近20年来,在马列主义、毛泽东思想、邓小平理论指引下,在占有尽可能多的翔实资料的基础上,我在江苏近代经济史研究方面发表了一些粗浅看法,搜集整理了一点资料,可算是对江苏近代经济史研究的点滴探索。

　　通过近20年的探索,我深深认识到:中国近代经济发展的一个显著特点,就是各地经济发展的不平衡性。城市和乡村间、沿海和内地间、汉族地区和少数民族聚居地区间以及特定历史阶段的沦陷区、国民政府统治区和红色根据地间,都存在着不同程度的经济差异。这些发展速度快慢不一、发展水平参差不齐、产业结构各不相同的区域经济的组合和发展,构成了中国近代经济发展的历程。因此,研究中国近代经济所走过的道路,探讨其发展规律,应该而且必须从中国近代区域经济史研究入手;中国近代经济史研究的深入,有待于中国近代区域经济史研究的深入。

　　近代江苏经济在全国占有举足轻重的地位,对中国近代经济的发展作出了巨大的贡献。作为江苏近代工业支柱的棉纺织业、面粉业、缫丝业受到中外经济界人士的瞩目;素有丝绸之乡之称的苏南地区的丝绸远销海内外,风靡世界各地;被人们誉为"小上海"的无锡和全国"模范县"的南通,工厂林立,经济较为繁荣,闻名中外。如与周边的山东、浙江、安徽各省的棉纺织业、面粉业、缫丝业相比,江苏各业工厂创办时间、数量及其在全国华商企业中所占比重,均处于领先地位。在江苏这块富庶的土地上涌现出了一批著名的近代实业家。他们较为丰富的经营管理经验,是留给后人的宝贵财富。研究江苏近代经济发展史,从纷繁芜杂的历史现象中,揭示其发展趋势、发展规律和特点,科学地总结正反两方面的历史经验教训,为当前社会主义现代化建设提供一些有益的历史借鉴,是中国近代经济史研究工作者义不容辞的责任。

从1987年起,我改做行政工作,到院内外图书馆搜集资料受到很大限制。平时,只能忙中偷闲或利用早晚时间搞些研究工作。为之,本书的理论深度不够,资料不够翔实,部分文字未能仔细推敲,缺点和不足在所难免。限于时间和精力,本书出版之时,我只能做些力所能及的小修小补,请各位方家见谅。

唐文起

2013 年 5 月

目 录

近代市场问题研究

近代区域经济史探索

近代江苏实业家评论

书评

其他

附录

后记　403

江苏民族资本主义的产生及其初步发展

恩格斯在1894年9月23日致卡尔·考茨基的信中指出："中日(甲午)战争意味着古老中国的终结,意味着它的整个经济基础全盘的但却是逐渐的革命化,意味着大工业和铁路等等的发展使农业和农村工业之间的旧有联系瓦解"。过了不到2个月,恩格斯在致弗里德里希·阿道夫·左尔格的信中指出："在中国进行的战争(中日甲午战争)给古老的中国以致命的打击。闭关自守已经不可能了;即使是为了军事防御的目的,也必须敷设铁路,使用蒸汽机和电力以及创办大工业。这样一来,旧有的小农经济的经济制度(在这种制度下,农户自己也制造自己使用的工业品),以及可以容纳比较稠密的人口的整个陈旧的社会制度也都在逐渐瓦解。"[①]甲午战争后,中国的历史事实证明,恩格斯的论断是正确的。

甲午战争的失败,资本主义列强瓜分中国的严重危机,促使中华民族逐渐觉醒,积极寻求救国救民的道路。当时,"设厂自救"的社会舆论响彻云霄。江苏境内一些具有政治经济势力的退职官吏或候补官吏、开明士绅、商人,在这种形势的激励下,开始在原料采购和产品销售方面具有优势、资金比较充裕、劳动力价格比较便宜的地区,投资创办资本主义企业(我们这里所说的资本主义企业,包括资本主义工场手工业。江苏境内由资本主义工场手工业发展成为机器大工业的,在辛亥革命前尚未出现)。经过十几年的初步发展,到辛亥革命前,尽管江苏境内某些地区的资本主义企业寥如晨星,其生产力水平相当落后,在某些年份并不那么景气,但它与自己的昨天相比,发展还是很快的;它与其他省份相比,更是跻身前列,为中国民族资本主义经济的发展作出了自己的贡献。在江苏资本主义企业发展过程中,由于创办人空言集股,无资金以昭大信,以致有始无终者有之;原料短缺,经营管理落后,亏累不已,半途中辍者有之;在与"洋货"的激烈竞争中,受不平等条约的束缚,被淘汰者有之。因此,下面我们所说的各行各业产生、发展的情况,只是勾画出一个粗线条的轮廓而已。

---

① 《马克思恩格斯〈资本论〉书信集》,人民出版社,1976年,第568页。

一、棉纺织业的兴起和发展

甲午战争后,怀有危机感和紧迫感的有识之士纷纷要求"设厂自救",以堵国家漏卮,振兴民族工业。"设厂自救"应从何处入手呢?关于这个问题,仁者见仁,智者见智,意见不尽一致。有的认为,"独是开矿而集赀虽巨,矿师未必能确有把握;铁路工程过大,岂旦夕所可造成;至机器制造,轮船往来,既准西人与我争衡,我即不能利权独揽无已"。应舍此数端,"别作振兴地利之良图"①。就江苏来说,多数意见主张,要从江苏实际情况出发,扬长避短,发挥自己的优势。洋务派首领、当时的两江总督张之洞认为:"江苏所产之土货,自以棉花、丝茧为大宗,外洋各国所垂涎,欲设机器制造者,大率皆以纺纱织布、烘茧缫丝为两大端。"②"设厂自救",振兴民族工业,应从此入手。

(一)起步维艰的棉纺工业

1895—1911 年,江苏棉纺工业不断遭受帝国主义、封建主义的掠夺和压迫,加之自身资金短绌,技术力量薄弱,经营缺乏经验,每前进一步都要付出巨大的代价。尽管如此,甲午战争后,在"设厂自救"社会舆论的激励下,在抵制美货、收回利权运动的推动下,全省棉纺工业曾在 1897—1899 年、1905—1908 年获得了较大的发展。

1. 江苏棉纺工业发展的第一个高潮及其早衰

作为江苏省传统工业的近代棉纺业发轫于 1897 年春竣工投产的无锡业勤纱厂。1895 年夏,张之洞电邀杨宗瀚到南京,杨宗瀚请求张之洞允许他在无锡创设机器纱厂,以开风气③。业勤纱厂的原始资本为 24 万两。杨宗濂、杨宗瀚兄弟原计划合认 8 万两,中表刘鸿笙、刘叔培(一说刘叔裴)合认 4 万两,再招外股 12 万两。后来,刘氏股本未及合认的一半,外股亦多观望。无奈,杨氏兄弟走两江总督刘坤一的路子,先后向江苏省借领积谷公款 10 万两,筹招存款 4 万两,并自措行本 2 万元,厂事始克成立④。该厂为江苏棉纺业的先声。

光绪二十一年(1895 年)七月,张之洞电奏清廷,息借商款,开办机器仿制洋货,抵制外人⑤。同年九月,张之洞选派"分属苏州、镇江、通州在籍京官,各就所在

---

① 《申报》,1896 年 8 月 2 日。
② 《张之洞全集》第 43 卷,河北人民出版社,1998 年,第 1143 页。原稿引自《张文襄公(之洞)全集》,本书出版时改为《张之洞全集》。下面凡是引自《张之洞全集》的引文,不再一一说明。
③ 汪敬虞:《中国近代工业史资料》第 2 辑(下册),科学出版社,1957 年,第 931 页。
④ 汪敬虞:《中国近代工业史资料》第 2 辑(下册),第 931 页。
⑤ 《张之洞全集》第 78 卷,第 2082 页。

地方,招商设立机厂,制造土货"①。张之洞为什么要在籍京官出面招商设立机器工厂呢?这是因为:商人在创办各个工厂时必然会遇到各种各样的困难,必须由官府出面加以扶持和保护,而"官、商之气久隔,又须绅为贯通"。苏州在籍绅士前国子监祭酒陆润庠、通州在籍绅士前翰林院修撰张謇,均"乡望素孚,商民信服"②。故张之洞委任他们各自在苏州、通州负责筹办丝纱两厂,是审时度势而采取的一个有远见的措施。

陆润庠受命之后,准备移用经清廷批准同意的息借商款。苏州绅富经议定,愿将原借商款 60 余万两改为商局股本,借户即作股东③。"在盘门外吴门桥堍青阳地鸠工庀材,建造厂屋,命名丝厂曰'苏经',纱厂曰'苏纶'"④。苏纶纱厂西濒大龙江,大龙江南通太湖,北通京杭大运河;北靠大马路,大马路西通无锡,东达浙江;厂南是一片荒地。水陆交通便利,发展的地盘很大,是当时苏州建厂最理想的地方之一。

陆润庠在筹办苏纶纱厂过程中,遇到的最大困难是资金短绌。苏州商务局额定丝纱两厂的资本 100 万两,而息借商款只有 60 余万两,就是这 60 余万两息借商款中,有的借户要求归还借款不愿入股,有的要求收回借款自行集股创办纺纱厂和缫丝厂,不愿由商务局转借。不得已陆润庠只好将 200 两以内的借款退还给各借户,共 5 万余两;借款在 200 两以上的概作股本,借户为股东,实借 57 万余两⑤。尚缺 40 多万两,陆润庠走刘坤一的路子,拨苏省水利、积谷等款 20 余万两⑥。到光绪二十二年(1896 年)五月,"两厂规模渐已就绪。丝厂现将造竣,日内机器运到,即可安设缫丝。纺纱厂工程,机器年内亦可赶齐开办"⑦。就在这时,息借商款、暂借积谷公款已动用过半,招徕商股仍无眉目,典当借款屡请抽还。陆润庠"一力肩持,不辞劳怨"⑧,到处奔走,恳请刘坤一出面干预,由苏藩司垫款 20 万两,丝纱两厂工程才得以顺利进行。苏纶纱厂 1897 年七月(阴历)开车纺纱。该厂能容纳 25000枚纱锭,刚开车时只有 18200 枚,工人约 2200 名。厂内有英国总办 1 人,英国机匠1 人⑨。

① 《张謇全集》第 3 卷,江苏古籍出版社,1994 年,第 12 页。原引自《张季子九录·实业录》,本书出版时改为《张謇全集》。下面凡是引自《张謇全集》的引文,不再一一说明。
② 《张之洞全集》第 43 卷,第 1144 页。
③ 《张之洞全集》第 43 卷,第 1144 页。
④ 苏州市地方志编纂委员会办公室,苏州市档案局:《苏州史志资料选辑》第 2 辑,第 77 页。下面该文献重新出现时,编者均省略。
⑤ 中国科学院历史研究所第三所:《刘坤一遗集》第 2 册,中华书局,1959 年,第 934 页。下面该文献重新出现时,编者和版本信息均省略。
⑥ 据清光绪三十年(1904 年)六月十三日江苏巡抚恩寿奏,苏经丝厂、苏纶纱厂两厂,息借积谷等公款235850 两,息借民款 547600 两。息借民款与 57 万余两相差 2 万多两,原文如此。
⑦ 《刘坤一遗集》第 2 册,第 934 页。
⑧ 《刘坤一遗集》第 2 册,第 934 页。
⑨ 汪敬虞:《中国近代工业史资料》第 2 辑(下册),第 687 - 688 页。

张謇向来讲求时务,对南通当地的情形比较熟悉,怀有"实业救国"的强烈愿望。他接受张之洞的委托后,立即与通州知州、海门厅同知、商董潘华茂等商量,并一致认为:就地购花办厂,成本较轻,集事较易,愿在上海、通州、海门等处集股 60 万两,就通州近江地方设立纱丝厂①。

张謇招股集资所遇到的困难,与陆润庠相比,有过之而无不及。由于"通州本地风气未开,见闻固陋,入股者仅畸零小数。"②上海因连年花贵纱贱,华商纱厂股份给息六厘者止一家,洋厂或息止三厘。鄂厂商本无着,苏厂股息难收。因此,"一闻劝入厂股,掩耳不欲闻"者有之,"相率缩首而去"者有之③。张謇"下为商苦,上与官磨,随事委蛇,屡濒于殆。"④张謇为了稳住"全凭张罗筹调而来"的商股,不得不"破中西各厂未出纱不付息之例"⑤,每年先付百分之八的固定官利。即便这样,股东也进进出出,极不稳定,资金极为紧缺。在万不得已的情况下,张謇只好把张之洞为湖北织布局购置的、搁在上海的纺纱机器与盛宣怀对半分领,即各领 20400 枚纱锭,作价 25 万两,作为官股投资。这些纺纱机器"运湖北,折江宁,回上海,苦栈于浦滩者三载,上雨旁风,板腐箱裂,机件断烂者十之三四。"经过 6 个月的添配凑补,尚不能全开⑥。张謇领了官机后,"一切用款日紧月繁,其势决不可以中缓。"正如张謇在《致两湖督部张之洞函》中所说的:"顷者,厂工已毕,装机大半,花已开收,而运本止四五万金,实有决踬见肘之势。"⑦他在《为纱厂致南洋督部刘坤一函》中说:"运动周转,实非二十万不可。"⑧处于困境中的张謇,"中夜旁皇,忧心如捣。"⑨后来,刘坤一通过周转,将南通、海门两地的公款,借用很大一部分给大生纱厂。东拼西凑,大生纱厂实收资本只有 445100 两。其中湖北织布局的纺机作价 25 万两官股,占实收资本额的 56.17%;统称商股的 195100 两,占实收资本额的43.83%。实际上,195100 两并不全是商股,地方公款 41900 两(包括通州州署 1000两,海门积谷款 2000 两,洋务公款 15500 两,泰州分署公款 400 两,盐务公款 23000两)占商股的 21.48%。除去地方公款,真正算作商股的也只有 153200 两⑩。

1899 年三月(阴历),大生纱厂厂房全部建成。四月十四日(阳历 5 月 23 日)试

---

① 《张之洞全集》第 42 卷,第 1117 页。
② 《张謇全集》第 3 卷,第 14 页。
③ 《张謇全集》第 3 卷,第 14 页。
④ 《张謇全集》第 3 卷,第 6-7 页。
⑤ 《张謇全集》第 3 卷,第 14 页。
⑥ 《张謇全集》第 3 卷,第 14 页。
⑦ 《张謇全集》第 3 卷,第 5-6 页。
⑧ 《张謇全集》第 3 卷,第 8 页。
⑨ 《张謇全集》第 3 卷,第 5 页。
⑩ 《大生系统企业史》编写组:《大生系统企业史》,江苏古籍出版社,1990 年,第 18-19 页。下面该文献重新出现时,编者和版本信息均省略。

开引擎,开车纺纱;五六月份仍然仅开少数纱锭;七月实开9200锭;九月开14400锭。

继业勤、苏纶、大生等纱厂之后,1904年春,商部批准沈洁斋等在产棉素旺的太仓创办济泰纱厂。"挽回利权,补救民艰"[①],是他们创办济泰纱厂的宗旨。他们准备招5000股,每股九八规元100两,合银50万两,在太仓城外沙溪镇附近地方择一沿塘平阳之田或五六十亩或七八十亩作为厂址,先装纱锭18000枚,俟一两年获有成效再添足25000枚纱锭[②]。由于当时正值日俄战争,人心惶惑,先后所聘经理又因各种原因均未到职,未能正式开办。1905年,日俄战争结束后,蒋伯言(又名蒋汝坊,郎中)再次集合同志,重订新章,丞行举办。额定资本50万两,"每股规元一百两,共五千股","收到股银之次日,照周年八厘起息"。30万两购置机器、建造厂屋、行栈及开办等费,由创办人筹集;另招股20万两作营运资本。纱厂名称,在济泰之后加"公记"二字。

济泰公记纺织厂的规模以2万枚纱锭规划,先设1.2万枚纱锭。为了达到"费省工速,早日开机"的目的,由创办人先行垫款购机造厂。当时,蒋伯言、顾公度等对1.2万枚纱锭的纱厂的盈余进行了测算:购进棉花、卖出棉纱,按当时价格计算,两项相抵,共余规元249500两,除去纺工、官息、各项开支等外,净余108895两。照13股分派,除董事、经理、职员花红3股外,股东的10股应得余利83765两[③]。这说明,一开始他们对招股集资创办纱厂很乐观,信心也很足。但结果却事与愿违,困难重重。首先,招股不易。当地乡人守旧者多,认为创办这样的纱厂,欲抵制洋纱、洋布之推销则不足,夺去土布业之生计则有余,因此招股很不容易,实收资本只有300000两。其次,购买机器上当受骗。原来准备向怡和洋行订购英国最新最好的机器,由于资金短绌,贪购廉价机器,订立合同时又受到怡和洋行的欺骗,怡和洋行实际交付的机器并不是英国最新最好的机器,而是东拼西凑的旧机器。

到1911年前,江苏相继创办的纱厂还有常熟裕泰纱厂、崇明大生纱厂分厂(大生二厂)、无锡振新纱厂、江阴利用纱厂(详见表1)。

表1　江苏历年纺纱厂设立情况统计表(1897—1910年)[④]

厂名	开工年份	地址	资本(元)	纱锭	创办人
业勤纱厂	1897	无锡东门外	335700	10192	杨宗濂、杨宗瀚
苏纶纱厂	1897	苏州盘门外	839200	18200	陆润庠

① 《禀办太仓济泰纱厂公司招股启·附章程》,《大公报》,1904年8月2日。
② 《禀办太仓济泰纱厂公司招股启·附章程》,《大公报》,1904年8月2日、6日。
③ 《太仓济泰公记纺织厂有限公司重订招股开办章程启》,见《太仓利泰纺织厂厂志》,1984年,第13 - 15页。
④ 严中平等:《中国近代经济史统计资料选辑》,科学出版社,1955年,第98 - 99页;纱厂地址见《江苏省纺织业状况》,首编,"江苏省纺织工厂纲要表",第3 - 4页。

厂名	开工年份	地址	资本(元)	纱锭	创办人
大生纱厂	1899	南通唐家闸	699300	20300	张謇
裕泰纱厂	1905	常熟支塘镇	699300	10192	朱幼鸿
济泰纱厂	1906	太仓沙溪镇	699300	12700	蒋汝坊
大生二厂	1907	崇明久隆镇	1210900	26000	张謇
振新纱厂	1907	无锡黄埠墩	210000	10192	荣宗敬、张石君
利用纱厂	1908	江阴北门外	419600	15040	施子美、严惠人

从表 1 中可以看出,江苏省纺纱厂数量是逐年增加的,到辛亥革命前,全省共创办 8 家纱厂(不包括上海的纱厂),占 1895—1910 年全国设立的 21 家民族资本纱厂的 38.1%;8 家纱厂的资本共达 511.33 万元,占全国 21 家民族资本纱厂资本 1298.48 万元的 39.4%;各纱厂纱锭共达 122816 枚,占全国新设民族资本纱厂纱锭 364996 枚的 33.7%①。以上所说的纱锭数、资本额均是创办时的数字,有的纱厂实收资本未能达到额定资本的数字,实际资本比创办时额定资本要少一些。后来,有的纱厂扩大了生产规模,增添了资本,到 1911 年前,全省纱厂的纱锭数、资本额比这里所讲的要多一些。

无锡业勤纱厂开车纺纱后,业务极为兴旺,其"产品供销常州、江阴、镇江及本县其他市镇。该厂虽然昼夜开工,对于常州府和苏州府的各个乡镇对该厂的需要,尚无法全部供应。"棉纱价格"亦较上海纱厂之极佳者稍涨,随出随销"。"工人二千,亦无一不善工作。""在上海的无锡人说,这个纱厂的盛况是少有的;在富有效率的经营之下,该厂股息最少将为 25%。"②1902 年 7 月 16 日的《大公报》报道该厂情况时也说:业勤纱厂"比年经理得人,办事井井有条,居然连年大获盈余,超出于沪鄂各纱厂之上。"

苏纶纱厂开车纺纱后,"每年可出棉线一万四千捆,每捆重四百磅,合中国三百斤。"③"所出丝纱,足与上海有名厂相埒。"④"生意颇有可观,本地销场甚旺,纺出之纱,随出随卖,绝无停滞。"⑤

大生纱厂开工生产不久,虽因资金不足陷入困境,但后来得到沈敬夫的接济,

① 根据严中平等编的《中国近代经济史统计资料选辑》第 98—99 页数字计算而得。本书第 25 页说,全省 8 家纱厂资本额 469.4 万元。这个数字是根据汪敬虞编的《中国近代工业史资料》第 2 辑(下册)第 892 页的数字计算而得。差错主要出在苏纶纱厂的资本额上,汪书第 892 页苏纶纱厂资本额为 42 万元。全国民族资本纱厂也只有 19 家,资本额只有 1045.4 万元。
② 汪敬虞:《中国近代工业史资料》第 2 辑(下册),第 688—689 页。
③ 汪敬虞:《中国近代工业史资料》第 2 辑(下册),第 688 页。
④ 汪敬虞:《中国近代工业史资料》第 2 辑(下册),第 687 页。
⑤ 汪敬虞:《中国近代工业史资料》第 2 辑(下册),第 702 页。

又逢纱价大涨,很快出现转机,"出纱既佳,行销亦旺,中外争来购用,谓比苏、沪厂纱为优。"①

列宁指出:"资本输出总要影响到输入资本的国家的资本主义发展,大大加速那里的资本主义发展。"②当然,西方资本主义列强对中国的入侵,绝不是要把封建主义的中国变成资本主义的中国,它们是要把中国变成它们的半殖民地和殖民地。它们为了阻挠中国民族资本主义工业,特别是棉纺工业的发展,一方面在中国增设新的棉纺厂,扩大原有棉纺厂生产规模;一方面向中国大量输入棉纱,与中国民族资本棉纺厂的产品争夺市场(详见表2),致使棉纱价值贬跌,民族资本棉纺厂无不亏本。棉纺业刚刚蓬勃兴起的繁荣兴旺随之消逝。

表2 洋纱输华统计(1894—1903 年)③

年份	洋纱数量(担)	洋纱价值(海关两)
1894	1159596	21299043
1895	1132201	21104587
1896	1620879	31835009
1897	1570652	34272961
1898	1958764	39048488
1899	2744829	54607213
1900	1488436	29976178
1901	2272863	48693832
1902	2477971	54274865
1903	2738448	66895090

苏纶纱厂自陆润庠 1898 年进京后,由祝承桂包办 5 年。祝承桂接手不久,又拟将苏经、苏纶两厂转包洋商办理,以资整顿,后因各股东不允作罢。因棉纱销路不畅,收入不敷开销,所有股东官利由 7 厘改为 5 厘。1900 年三月至八月(阴历),苏纶纱厂"所出之纱,均存栈中,堆积如山,绝无买主。"④1902 年十一月(阴历),祝承桂包办期满,经营彻底失败,"统计前后亏折公私本息款银三十一万余两,并另欠瑞记洋款,缪辖不清,洋人来厂踞索,几至不可收拾。"⑤祝承桂本人也倾家荡产。包办期满后 5 个月,苏纶纱厂尚无人接办⑥。

① 《刘坤一遗集》第 3 册,第 1198 页。
② 《列宁选集》第 2 卷,人民出版社,1972 年,第 785 页。
③ 汪敬虞:《中国近代工业史资料》第 2 辑(下册),第 698 页。
④ 汪敬虞:《中国近代工业史资料》第 2 辑(下册),第 702 页。
⑤ 《谕摺汇存》,光绪三十年(1904 年)六月十三日,第 29 页。
⑥ 《大公报》,1903 年 4 月 24 日。

大生纱厂开车投产后,困难重重,一度"积纱盈栈,无人过问",但克服困难后得以不断发展,连年获利。1899 年盈余 26850 两,1900 年盈余 78312 两,1901 年盈余 105978 两,1902 年盈余 187002 两,1903 年盈余 265134 两,1904 年盈余 222253 两。资本额也不断增加,1899 年为 445100 两,1900 年为 519400 两,1901 年为 569500 两,1902 年为 787500 两,1904 年为 1130000 两。纱锭 1899 年为 20400 枚,1904 年增加到 40000 枚[1]。

2. 江苏棉纺工业发展的第二个高潮及其衰退

1905—1908 年,江苏先后创办了 5 个纱厂,占辛亥革命前全省 8 家纱厂的 62.5%;这 5 个纱厂创办时的资本额为 3238200 元,占辛亥革命前全省 8 家纱厂创办时资本额的 63.3%;这 5 个纱厂创办时的纱锭为 74124 枚,占辛亥革命前全省 8 家纱厂创办时纱锭数的 60.4%。由此可见,1905—1908 年是辛亥革命前江苏棉纺工业外延扩大再生产最好的时期。但就各个纱厂的生产情况、经济效益来看,有好有差,不尽相同,就是同一个厂也时好时差,起伏波动较大。

苏纶纱厂自 1903 年由商人费承荫接办,从光绪二十九年(1903 年)四月二十六日(阴历)起订立 5 年租期,每年缴租曹平银 5 万两,分四季具缴,先缴后办,试办一年,毫无拖欠,效果良好[2]。1905 年,费承荫添置 4368 枚英国道勃生全套纺纱设备,扩大再生产。1906 年,"苏纶纱厂获利颇丰,可为历年之冠,该厂所出之纱,均在本省内地销售"[3]。费承荫租办期间,正值国内爆发抵制美货和收回利权运动,国内棉纱市场十分活跃,他将苏纶纱厂很顺利地开办了 5 年。

原股东眼看苏纶纱厂获利不小,要求收回自办,推周舜卿为总经理。周舜卿 1908 年接办后,因资金短绌,经营又不得法,更主要的是抵制美货和收回利权运动已经平息,棉纱销路不畅,亏损甚巨。周舜卿在一片埋怨声中自行辞职[4]。从 1908 年 7 月至 1912 年 8 月的 4 年多中,苏纶纱厂停工近 2 年时间。

常熟裕泰纱厂创办初期未获利,先后出租给裕丰公司及裕兴公司,1911 年裕泰收回自办[5]。太仓济泰纱厂由于纺机是东拼西凑的旧货,"开工以后,煤料费多,出纱少,不及二年,竟亏十余万金之巨","不得已,爰议停发官利,决定出租,即以租金抵还押款。"[6]江阴利用纱厂的纺机是头等的新式机器,1908 年"开车以来,其出纱之捷,纱质之美,行销之广,遐迩皆知。"由于纺机是头等的新机器,价格高昂,

① 南通市档案馆等:《大生企业系统档案选编·纺织编Ⅰ》,南京大学出版社,1987 年,第 159 - 160 页。下面该文献重新出现时,编者和版本信息均省略。
② 汪敬虞:《中国近代工业史资料》第 2 辑(下册),第 701 页。
③ 汪敬虞:《中国近代工业史资料》第 2 辑(下册),第 793 页。
④ 苏州市档案馆乙 2 - 1,235 卷。
⑤ 汪敬虞:《中国近代工业史资料》第 2 辑(下册),第 794 页。
⑥ 《江苏省纺织业状况》,"内编",第 3 篇"各厂概况",第 76 页。

加上房屋、基地等项,成本加大,开支增加。该厂创办之初,实收资本银 30 万两,资金不敷周转,1908 年各股东开会决定另招股 10 万两①,以解燃眉之急。

以南通土布生产者为主要顾客的大生纱厂,由于土布销路的畅通及其生产的发展,生产形势一直处于领先地位。1905 年其盈利比 1904 年翻了一番还要多,达 483070 两;1906 年达 400200 两;1907 年达 55904 两;1908 年达 158852 两;1909 年达 207383 两;1910 年达 65090 两;1911 年达 136120 两②。有的年份,大生纱厂的盈利虽然急剧减少,但并未亏损。正如时人所说:"即遇花极昂,营业极难措手之年,亦尚有盈余可计,而不致亏折,信我国实业界首屈一指者。"③

位于崇明久隆镇的大生二厂,1907 年三月五日(阴历)开车纺纱。由于该厂初开机,"所得不足以偿失"④。1908 年收支两抵净亏 12273 两⑤,但储花万石,"明亏而暗不蚀"⑥;1909 年收支两抵余 40063 两;1910 年收支两抵余 10234 两;1911 年收支两抵余 36096 两⑦。

(二)仍处于半手工时代的棉织工业

甲午战争后,外国机制棉布输入中国的数量逐渐增加,土布市场逐渐缩小。到清末,土布一落千丈,销往国外数量锐减,洋布畅销内地。江苏素以出产土布闻名于世。省内各地官绅、商人为了挽回利权,堵塞漏卮,纷纷设立机器手工织布厂,改良土布,加宽尺幅,以期与洋布竞争。这样的机器手工织布厂,到 1911 年全省共有 50 家左右,资本额达 73 万余元(详见表 3),平均每家资本额 1.46 万余元;其织布机绝大多数是人工手拉木机,铁机极少,整个织布业仍然处于半手工业时代;有的布厂徒有公司之名,实际上是领机回家自织。清江浦溥利公司领机章程规定:"领机一张,各物公用,领纱二包,织成毛巾交公司代收候漂,再领纱二包,共计重三十二斤。每条毛巾重二两,织成毛巾二百五十六条,可得洋二十五元六角,除缴还纱本十二元二角,得利十三元四角(原文为三十元四角),再缴公司一元二角,净得利十二元二角。如有每月能织五包者,余利均归自得,按月一结,不得蒂欠。"⑧尽管这些织布厂的机器绝大多数仍然是人工手拉木机,但由于改进了织造技术,加强了经营管理,产品质量有了一定的提高。如江阴华澄布厂所出产品,染色鲜明耐久,质地坚致合用,颇有时誉⑨。南京华昌公司用机器织造线布、绸绒,花样一新,且料

---

① 《申报》,1909 年 7 月 11 日。
② 《大生企业系统档案选编·纺织编 I》,第 160 页。
③ 《中华实业界》第 2 卷第 1 期,第 1 页。
④ 《大生企业系统档案选编·纺织编 I》,第 227 页。
⑤ 《大生企业系统档案选编·纺织编 I》,第 248 页。
⑥ 《大生企业系统档案选编·纺织编 I》,第 244 页。
⑦ 《大生企业系统档案选编·纺织编 I》,第 255 - 273 页。
⑧ 《大公报》,1902 年 12 月 12 日。
⑨ 《东方杂志》第 3 年(1906 年)第 12 期,"各省工艺汇志"。

质坚韧,颜色耐久①。

表3　江苏历年增设的棉织厂统计表(1899—1911 年)②

年份	本年度增设厂数 (家)	棉织厂总数 (家)	本年度增设棉织厂的 资本(元)	资本总额(元)
1899	1	1	2200	2200
1903	1	2	5000	7200
1904	1	3	2030	9230
1905	4	7	148000	157230
1906	6	13	152500	309730
1907	5	18	80454	390184
1908	3	21	34068	424252
1909	7	28	106088	530340
1910	10	38	104868	635208
1911	12	50	99950	735158

二、开局不顺的缫丝工业

张之洞委任陆润庠、张謇分别在苏州、南通创办棉纺厂的同时,还委任他们俩各自创办缫丝厂。陆润庠主持的苏经丝厂自 1895 年筹建,1896 年夏试车开工,1897 年 336 部丝车全部装齐,有职工 857 人。南通的阜生织厂成立于 1904 年,以自缫之丝织造花色绸缎,原集资 20000 元,成立时只收到 8800 元。鉴于"苏、常蚕桑之利,近十年来日渐加多,渐可与浙相埒",为"外洋各国所垂涎"③,张之洞建议清政府在无锡创办缫丝厂兼开茧行④。无锡最早的丝厂是周舜卿创办的裕昌缫丝厂。据《大公报》1902 年 7 月 16 日报道,在无锡差不多同时创办的丝厂有 4 家:孙姓之天纬恒机器缫丝厂、尤姓之兴隆公机器缫丝厂皆在兴隆桥业勤纱厂附近购定基地,竖立界石,尚未动工;无锡西门外坝桥下王文煜创办的机器缫丝厂,烟囱已巍

① 《东方杂志》第 3 年(1906 年)第 3 期,"各省工艺汇志"。
② 陈真,姚洛:《中国近代工业史资料》第 1 辑,生活·读书·新知三联书店,1957 年,"辛亥革命前民族资本创办的工厂统计";江苏省行政公署实业司:《江苏省实业行政报告书》,"江苏省织造工厂统计表"、"江苏股份公司注册表"、"江苏合资商业注册表"。有的织布厂缺资本额,只有工人人数。根据"辛亥革命前民族资本创办的工厂统计"表中既有资本额又有工人人数的 8 家织布厂的相关数据进行计算,求出每个工人所占资本额的平均值,然后再根据工人人数推算出各厂的资本额。这样推算出来的资本额与实际资本额肯定有出入。各地创办的工艺厂、贫民习艺所未计入。特此说明。
③ 《张之洞全集》第 43 卷,第 1143 页。
④ 《张之洞全集》第 78 卷,第 2083 页。

然高峙，因有隐戳洋商事为南洋大臣所访闻，札饬停工，机器未能装设；只有巨商周舜卿在南桥东垟开设的裕昌机器缫丝厂即将竣工①。周舜卿在裕昌缫丝厂门口砌上凿有"奏办"两个大字的砖额，以示与众不同。

到辛亥革命前，江苏的丝厂共达 12 家。其中无锡 6 家，占 50%；镇江 2 家，占 16.7%；苏州 3 家，占 25%；南通 1 家，占 8.3%（详见表 4）。

表 4　江苏历年设立的丝厂统计表（1895—1910 年）②

厂名	成立年份	地点	资本（万元）	丝车（部）	备注
四经缫丝厂	1895	镇江牌湾	15	208	1. 义和团运动爆发后，四经缫丝厂一度停工，复工后改名永利。汪敬虞编《中国近代工业史资料》第 2 辑（下册）第 704 页说，镇江两个丝厂设立于 1896 年。 2.《苏州史志资料选辑》第 5 辑第 50 页说，苏经丝厂的房屋、机器值银 77648.3 两。 3.《无锡文史资料》第 5 辑第 79 页说，裕昌缫丝厂资本为 5 万两，丝车 98 台。 4.《江苏省实业行政报告书》说，锡金合资缫丝厂资本为 3 万两。
大纶缫丝厂	1895	镇江小码头	15	208	
苏经丝厂	1897	苏州吴门桥		336	
吴兴丝厂	1897	苏州觅渡桥			
延昌恒丝厂	1900	苏州澄草桥		208	
裕昌缫丝厂	1904	无锡周新镇	14	96	
阜生织厂	1904	南通唐家闸	2		
锡金合资缫丝厂	1906	无锡西门仓桥	4.2		
锦记缫丝厂	1909	无锡	3.8	180	
沪康缫丝厂	1909	无锡惠山浜口	4.5	240	
振艺机器缫丝厂	1910	无锡	5	208	
乾甡机器缫丝厂	1910	无锡通云桥	1.1	200	

鸦片战争后，中国的生丝生产及其出口出现了新的变化：首先，为了满足欧美各国日益增长、质量划一的生丝的需求，新式丝厂应运而生；其次，生丝出口中心从广州迁移到上海；最后，就绝对数量而言，1842 年以后，中国生丝出口量逐渐增加。

① 钱钟汉在《周舜卿传略》（载政协无锡市文史资料研究委员会：《无锡文史资料》第 5 辑）中说，1902 年丝市不振，周舜卿所开设的裕昌祥茧行的春茧销不出去，为了保全自己的资金不受损失，周舜卿向上海华纶丝厂购买旧丝车 96 台，安装在裕昌祥茧行的楼上，自缫自销。开工后，适值丝市回升，获利颇多，于是来年继续开工生产。后因茧行失火，丝车全部焚毁。周舜卿于 1904 年另行出资 5 万两，购丝车 98 台，建筑厂房，正式开设裕昌缫丝厂。

② 根据汪敬虞编《中国近代工业史资料》第 2 辑（下册）第 896—900 页、江苏省行政公署实业司编《江苏省实业行政报告书》第 3 编第 22 页、《支那年鉴》"工业"第 302 页的资料编制。

尽管1900年后日本生丝在国际市场上占了上风,到1908年差不多日本生丝已能供应全世界需要量的三分之一,但中国生丝出口的绝对量并没有减少(详见表5)。

表5　中国、日本、印度等国生丝出口情况比较表[1]

年份	中国		日本		印度		地中海东岸各国		法国与意大利		总吨数
	吨数	百分比	吨数	百分比	吨数	百分比	吨数	百分比	吨数	百分比	
1857	3869										
1867	2333	35.7	633	9.7	627	9.6			2939	45.0	6532
1877	3548	42.3	1101	13.1	672	8.0	621	7.4	2448	29.2	8390
1887	3870	32.6	2217	18.7	528	4.4	738	6.2	4535	38.1	11888
1898	6945	41.6	3122	18.7	275	1.6	1479	8.9	4877	29.2	16698
1908	7975	33.2	7531	31.4	250	1.0	2693	11.2	5551	23.1	24000

正因为如此,到19世纪末,上海出口的生丝大都是上海及其附近地区新式丝厂所缫制的生丝。江苏缫丝业的发展与国际生丝市场的兴衰有着密切的关系。如,1900年,欧美各国有盛大庆祝活动,人们皆购置高档服饰。1899年,丝绸畅销,丝价跃至每担一千余两,苏经丝厂获利颇丰[2]。与英国怡和洋行有着密切关系的裕昌缫丝厂创办以来,一直到1910年,每年都有一定数量的盈余。当然也有丝厂因资金短绌、原料匮乏、经营管理不善而长期亏损或停工待料的。如阜生织厂从成立到1910年共亏损78000元[3]。镇江两家丝厂由于原料不足,不能正常开工生产,时开时停,朝不保夕。两家丝厂协商后,不再同时开工,但因蚕茧缺口太大,常常两家都不能开工生产[4]。据说,1900年四经缫丝厂因亏损严重,积欠镇源钱庄20余万,该庄因之受累[5]。

三、起步较迟的面粉工业

江苏机器面粉工业也是发展较快的一个行业,但它出现的时间并不早。1902年,朱仲甫和荣宗敬、荣德生合股集资在无锡创办的保兴面粉厂正式开机生产;同年,张謇在南通创办大兴面粉厂。它们比1878年创办的天津贻来牟机器磨坊晚24

---

① 马士:《中华帝国对外关系史》第2卷,商务印书馆,1963年,第451页。1908年的百分比相加不等于100。
② 《蔡庵年谱》,《苏州史志资料选辑》第2辑,第78页。
③ 中国人民政治协商会议江苏省南通市委员会文史资料研究委员会:《文史资料选辑》第2辑,第10页。下面该文献重新出现时,编者项均省略。
④ 汪敬虞:《中国近代工业史资料》第2辑(下册),第704页。
⑤ 汪敬虞:《中国近代工业史资料》第2辑(下册),第704页。

年,比1897年孙多森等创办的上海阜丰机器面粉有限公司晚5年。朱仲甫、荣宗敬等创办面粉厂的动因有两个:一是为保护利权,抵制洋面粉输入中国;二是由于面粉是"洋人食品"(实际上国内需求量也很大),可免捐税,市场需求量又大,创办面粉厂有利可图,赚钱较易。继无锡、南通之后,东海、高邮、泰州、扬州、徐州、宿迁等地也先后兴办机器面粉厂。到1911年前,全省实际上共兴办机器面粉厂11家,资本195万元(详见表6)。厂数和资本额分别比1902年增长4.5倍和38倍。其厂数约为1895—1911年间全国民族资本创办的面粉厂的28.2%,资本额约为27.7%[1]。如以长江为界,江苏北部8家,占72.7%;江苏南部3家,占27.3%。

表6 江苏历年设立的面粉厂统计表(1902—1911年)[2]

厂名	设立年份	厂址	资本额(元)	每日生产能力(包)	创办人或主持人	备注
保兴面粉厂	1902	无锡	30000	300	朱仲甫、荣宗敬、荣德生	保兴面粉厂1903年改名茂新面粉厂。
大兴面粉厂	1902	南通唐家闸	20000		张謇	大兴面粉厂1908年停办,1909年改名复新面粉厂。
合兴面粉厂	1903	镇江	180000		朱芎倚、刘舜年	合兴面粉厂1915年改名贻成面粉公司。
茂新面粉厂	1903	无锡	50000	800	荣宗敬、荣德生	
海丰面粉厂	1905	东海新浦镇	280000	1500	许鼎霖等	
大丰面粉厂	1905	清河镇	140000	1700	刘寿祺	
裕亨康记面粉厂	1906	高邮	140000	1700袋[3]		
泰来面粉厂	1907	泰州	120000	2000	杨奎绶	
裕亨面粉厂[4]	1907	扬州	280000		朱畴	
窑湾裕亨面粉厂分厂[5]	1908	徐州窑湾镇	140000		朱荣康	窑湾裕亨面粉厂分厂是裕亨面粉厂在窑湾镇设的分厂。

[1] 这里的两个百分比数字,根据汪敬虞编《中国近代工业史资料》第2辑(下册)第908页的数字计算得出。
[2] 根据中国科学院经济研究所、中央工商行政管理局资本主义改造研究室编,中华书局1966年出版的《旧中国机制面粉工业统计资料》第210-214页之"民族资本机制面粉工厂一览表"编制。
[3] 裕亨康记面粉厂每日生产能力见《江苏省实业视察报告书》,第211页。
[4] 《东方杂志》第2年(1905年)第2期"各省商业汇志"载:扬州南门外创设机器面粉公司近已建设完备,不日即开工制造面粉。其成立时间与表6中裕亨面粉厂成立时间不一致。
[5] 窑湾裕亨面粉厂分厂根据《江苏省实业行政报告书》第5编第44页的记载列入。该厂资本10万两,七二化洋如上数。

厂名	设立年份	厂址	资本额（元）	每日生产能力（包）	创办人或主持人	备注
复新面粉厂	1909	南通唐家闸	140000①	1200	周重慈	
永丰机器面粉厂	1909	宿迁	200000		刘更年	
九丰面粉厂	1911	无锡	280000②	2300	蔡缄三	

江苏面粉工业刚起步时,曾遭到封建势力的严重阻挠与破坏。如无锡保兴面粉厂刚创办时,地方上的封建势力即以"私圈公地"和"高烟囱会影响好风水"为借口,要求官方从速阻止建厂。工厂烟囱竖出后,他们又造谣说,烟囱"竖时用童男童女祭造,方竖得起。"清代末年的封建政权已无力阻止当时代表先进生产力的新兴资产阶级兴办实业的欲望,保兴面粉厂仍于1902年二月八日(阴历)正式开机生产,由于机器设备比较简陋,只有石磨4部,每昼夜仅能生产面粉300包。保兴面粉厂投产后,无锡地方的豪绅又造谣中伤,说什么机制面粉没有营养,不容易消化等等,面粉一时不能畅销,年终无盈余③。

1904年,日俄战争在中国东北爆发,俄国人在东北开办的面粉厂大都停工减产,而日俄双方对面粉的需求量却大为增加,面粉十分畅销。茂新面粉厂生产的面粉经上海转运东北,营业额随之上升。由于茂新面粉厂所用的是石磨,面粉的质量受到一定的影响,价格一直不高,也无法和其他面粉厂竞争。荣德生决心改进设备,增添钢磨。1905年5月,茂新面粉厂向怡和洋行订购18英吋英制钢磨6部。同年8月,钢磨正式投产,茂新面粉厂每昼夜生产能力由300包提高到800包(连同石磨生产能力),比原来增加了一倍半④。

抵制美货运动结束后,外国面粉大量进口;加之1906年麦收不佳,麦贵粉贱,国产面粉销路大受影响。1906—1908年是江苏省,也是全国面粉业的困难时期。茂新面粉厂在1906年至1908年的3年中,共亏损6万两,向聚生钱庄先后两次借贷12万两,才得以渡过难关,没有破产⑤。南通大兴面粉厂因亏折甚巨,转运无资,于1908年9月25日召开股东会,宣布破产⑥。1909年,面粉市场稍有起色,整

---

① 据《江苏省实业行政报告书》第5编第45页记载,复新面粉厂的资本额为11万元。抄录于此,供参考。
② 《无锡文史资料》第4辑《无锡民族资本家唐保谦父子经营工商业简史》一文说:九丰面粉厂1910年创办,1911年正式开工生产,开办资本10万两。抄录于此,供参考。
③ 上海社会科学院经济研究所:《荣家企业史料》(上册),上海人民出版社,1962年,第12-13页。下面该文献重新出现时,编者和版本信息均省略。
④ 《荣家企业史料》(上册),第16页。
⑤ 《荣家企业史料》(上册),第21页。
⑥ 《大公报》,1908年10月6日。

个面粉业出现转机。1910年，茂新面粉厂获得了盈余①。总之，辛亥革命前江苏机器面粉工业的产生和发展，为抵制洋面粉的倾销、堵塞漏卮起到了良好的推动作用，为今后面粉工业的发展奠定了良好的物质基础。

四、碾米工业的初步发展

江苏省，特别是苏南地区是中国著名的鱼米之乡之一，无锡又是中国闻名中外的四大米市之一，故碾米业甚为发达。至于机器碾米业究竟始于何时尚无确切记载，有待进一步考证。据《大公报》1902年7月16日报道，无锡已有穗生机器砻米厂、宝成机器砻米厂、隆泰机器砻米厂等六七家米厂，装齐机器，代客砻米。1909年，无锡又创办了德源碾米厂、宝新碾米厂；1910年，创办了邹成泰碾米厂。宣统年间，武进西门外日晖桥出现了以煤油引擎为动力的碾米厂，"较之人工臼舂，其加量为一与二十之比例"②。另据《大公报》1908年10月22日报道，镇江大照电灯公司在该公司内附设一个机器打米公司，每日可出米500余石，色白米洁，较苏常之米更胜，往观者颇不乏人。这大概是江苏省最早运用电力于碾米工业的厂家。1911年，苏州出现了丰泰豫碾米厂。泰县九里沟在1906年创办了益新公司。

五、刚刚起步的机器修造工业

制造机器的工艺要求高，生产周期长，占用资金多，利润少，民族资本家对此兴趣不大，因此机器制造工业的发展速度也就极为缓慢。到辛亥革命前，江苏的机器制造业还处于幼稚时期，真正以机器制造命名的厂家极少。1894年，南京设立的胜昌机器厂只有3000元资本。1905年，张謇创办资生铁冶厂，资本为70000元。资生铁冶厂开办后业务大振，1906年分为资生铁厂与资生冶厂。张謇创办铁厂的主要目的是为纱、面、油各厂修理、添配机械，为自身服务。后来业务扩大，曾承造江浙铁路公司车辆，制造大小轮船，仿制轧花车等。1909年，下关轮渡码头曾向资生铁厂订购轮渡船只一艘。资生冶厂主要生产炊用铁锅。无锡的机器制造业始于1897年创办的业勤纱厂机修间。1911年，无锡成立了渭鑫机器厂，资本为3000元。

六、困难重重的电力、自来水工业

中国生产和应用电能的初期，主要是供应照明，生产电能的企业一般均称之为

---

① 《荣家企业史料》(上册)，第22页。

② 于定一：《武进工业调查录》，转引自常州市地方志编纂委员会办公室、常州市档案局编《常州地方史料选编》第1辑，1982年，第4页。下面该选辑重新出现时，编者和时间均省略。

电灯厂或电灯公司。江苏最早的电灯厂是1904年郭鸿仪创办的镇江大照电灯公司①。继大照电灯公司之后,相继创办的有:苏州生生电灯公司、南京亨耀电灯厂、无锡耀明电灯公司、南通电灯厂、金陵电灯官厂(详见表7)。1906年生生电灯公司创办后,蒉梅贤深感资金不足,与祝大椿、洪少圃等合伙集资10万元,于1908年将生生电灯公司改名为苏州振兴电灯公司②。

表7　江苏历年设立电灯厂统计表③

厂名	成立年份	厂址	资本 (万元)	创办人	备注
大照电灯公司	1904	镇江	14	郭鸿仪	大照电灯公司的资本到1906年才基本收齐。
生生电灯公司	1905	苏州	7	蒉梅贤	生生电灯公司1908年又集股10万元,改名振兴电灯公司,1909年正式宣告成立。
亨耀电灯公司	1906	南京	28	李经楚	据《大公报》1908年10月6日报道,亨耀电灯公司后因资本不敷,遽尔中止,经农工商部咨复注销,清理股款。
南通电灯厂	1909	南通	10		
耀明电灯公司	1910	无锡	6	孙鹤卿等	耀明电灯公司注册时声称资本10万元,1911年开始供电。
金陵电灯官厂	1909	南京	27.8		省立南京电灯厂资本20万两,七二化洋如左。

郭鸿仪、蒉梅贤等人创办电灯厂,并非完全为了谋利,而是为了开通风气,自固利权。具有强烈"实业救国"精神的郭鸿仪(张謇的学生)在创办大照电灯公司集股章程中说得很清楚:"通商各埠凡有商务利权,均被洋人侵占,以致中国商民交困,无力自强。职商创议试办,意在开通风气,自固权利","振兴商务。"若不捷足创办,瞬将被洋商所占,与其听利权之外溢,不若筹抵制于事先。职商所谓捷足

---

① 《镇江大照电气公司创业三十周年纪念特刊》第1页说:本公司创办于清光绪二十九年(1903年),是时苏省电气事业,除上海租界内为工部局创设外,他处尚无人发起,故苏省华商自营电气事业者,以本公司为首创。抄录于此,供参考。汪敬虞编的《中国近代工业史资料》第2辑(下册)第880页说,生生电灯厂成立于1905年。抄录于此。
② 《苏州史志资料选辑》第4辑,第67页。
③ 根据汪敬虞编《中国近代工业史资料》第2辑(下册)第880－883页、《无锡文史资料》第5辑第13－15页、《中国实业志·江苏省》第8编第7章(民光印刷股份有限公司1933年)第1114页有关资料编制。

先登者也。"①

当时风气闭塞,各界人士对电的功能缺乏了解,集资创办电厂十分困难。一般市民不敢使用电气,以致用户稀少;地方绅商亦多方留难,极力阻碍。如镇江大照电灯公司沿街植杆架线时,"阻碍多端"。创办人郭鸿仪亲自率领工人挨户登门协商,用了7个月的时间才完成植杆架线的工作②。不仅如此,大照电灯公司还遭到英国人的刁难,以其"所竖电杆,并未十分坚固,恐倒塌伤人,或易招火患"为借口,不允许大照电灯公司在租界内植杆架线。无奈,大照电灯公司只好表示愿意聘请上等洋工师来镇管理该处工程,才准其植杆架线③。亨耀电灯公司创办后因资本不敷,遽尔中止④。1908年扬州创办广照电灯有限公司,拟集股10万两,发起人认股5万两,其余的招股,也未能成功⑤。耀明电灯公司注册时声称集股10万元,实收只有6万余元⑥。由此可见,辛亥革命前江苏电力工业的发展十分艰难。

辛亥革命前,江苏只有南京、镇江两地创办自来水公司。据《大公报》1902年6月17日报道,南京曾有人获准在城内创设自来水厂,以期便民,结果未能成功。后来几经磨难,直到1906年,李光瑜、舒继芬等人才获准创办金陵自来水有限公司,招集股本银30万两,发起人认股10万两,其余的到全国大中城市招股⑦。1906年,富商席月楼等,纠集股本,在镇江创办自来水公司⑧。后来因他事中止。

七、以钱庄为主,新式银行刚刚起步的金融业

金融业是百业之枢纽。在封建社会后期,以货币兑换、保管、汇兑为主要业务的金融业的发展,对于资本主义萌芽的发展起了很大的促进作用。在资本主义企业产生、发展过程中,一时一刻也不能离开金融业。没有金融业,任何一个资本主义企业都无法产生。甲午战争后,到辛亥革命前,江苏地区的货币相当混乱,不是三言两语就能说清楚的,下面主要介绍一下钱庄和银行的情况。

钱庄是中国封建社会后期出现的信用机构,是从银钱兑换业发展而来的。钱庄亦称钱铺、钱店,它和商业有着密切的关系。到近代,它虽然仍带有浓厚的封建性,但对资本主义企业的产生和发展也起到了一定的促进作用。钱庄的功能是借贷、存放、汇兑等。在辛亥革命前,全省钱庄业发展比较平稳,钱庄的数量也比较

① 镇江市地方志办公室藏:《镇江创办电灯公司集股章程》。
② 镇江市志电力工业志编纂办公室:《镇江市志电力工业分志》(试写本),第12页。
③ 汪敬虞:《中国近代工业史资料》第2辑(下册),第822页。
④ 《大公报》,1908年10月6日。
⑤ 《申报》,1909年1月28日。
⑥ 《无锡文史资料》第5辑,第13页。
⑦ 《大公报》,1906年9月9日。
⑧ 《时报》,1906年10月9日。

多。享有"天堂"之称的苏州,名公巨卿、富商大贾、地主豪绅麋集于此,游资颇巨,是苏南著名的"存款码头"。1908 年,苏州共有钱庄 24 家,每家存款,多者 45 万两,少者亦有 35 万两左右,存款总额约在 1000 万两上下①。

沪宁铁路未通车之前,镇江是苏北的重要门户,镇江港是长江下游的重要港口,国内外客商纷纷前来设行、设庄。因此,镇江的钱庄业也很发达,实际上是苏北金融业的调节机关。在辛亥革命前,镇江钱庄业最盛时竟有 32 家钱庄,资本总额达 30 多万两。全业放款最多时在 1500 万两以上,其中从上海吸入者约 1000 万两,从苏州、扬州两地吸入者约 300 万两,其余的则为钱庄本身资金、股东浮存和一般存款②。

辛亥革命前,无锡钱庄业务量不多,除银钱兑换之外,还兼营贩卖土丝,零星收进,趸批卖出,从中牟取进出差价。1901 年,无锡钱庄业与土丝合作,共同创建钱丝两业公所③。

辛亥革命时,因江苏各地市面萧条,银根奇紧,金融停滞,钱庄倒闭歇业者为数不少。如 1911 年苏州只存 11 家;徐州在辛亥革命前有钱庄 12 家,辛亥革命后复业的只有 6 家④。据 1913 年 5 月调查统计,1912 年江苏全省有 156 家钱庄,资本额 194 万余元(包括 2 家官钱局的资本)。毫无疑问,这个数字远不及辛亥革命前的实际数字,但我们从中可以看出江苏各地钱庄业发展的大概状况(详见表 8)。

表 8 1912 年江苏钱庄业情况统计表⑤

县名	钱业户数			资本总额（元）	各户存款总额（元）	纸币发行总额（元）	公积金总额（元）
	官钱局	钱庄（户）	合计（户）				
江宁		9	9	73200			3500
溧水		1	1	5000			
江都		7	7	91000			
仪征		6	6	31000	3800		
东台		1	1	5000	4000	1380	
高邮		4	4	25000	1000		3300
吴县		13	13	211400			
常熟		5	5	68000			26600
昆山		4	4	54600	105000		7000

① 《苏州史志资料选辑》第 7 辑,第 16、31 页。
② 镇江市工商联藏:《镇江钱庄业发生、发展情况》。
③ 江苏省金融志编辑室:《江苏典当钱庄》,南京大学出版社,1992 年,第 159 – 160 页。
④ 《支那省别全志·江苏省》,第 1222 页。
⑤ 《江苏省实业行政报告书》第 1 编,第 60 – 62 页。现已划归上海市的各县的钱庄未计入。

县名	钱业户数			资本总额（元）	各户存款总额（元）	纸币发行总额（元）	公积金总额（元）
	官钱局	钱庄（户）	合计（户）				
吴江		3	3	77000			
太仓		3	3	42000	85000		6500
武进		12	12	298500	1317500		60300
无锡		7	7	40000			17500
宜兴		3	3	26000	36000		4000
江阴		3	3	15000			
靖江		8	8	114000	168000		19800
丹徒		14	14	120400			
丹阳		6	6	80000	100000		26000
金坛		1	1	5000	4000		1000
溧阳		4	4	57650			
南通		13	13	131000			
海门		3	3	33000	12000		
如皋		3	3	15000			1200
泰兴		7	7	112000	51500		4000
山阳		1	1	6000			
清河	1		1	20000		10900	
盐城		2	2	22400	155400	3800	6500
邳县		1	1	56000		40000	
宿迁		6	6	69600		69600	
睢宁		5	5	26000		12000	
灌云	1	1	2	14000		25400	
合计	2	156	158	1944750	2043200	163080	187200

　　银行是近代产业发展的必然产物,是经营货币、充当贷款人和借款人(即债权人和债务人)的中介的资本主义企业。银行的产生是金融业现代化的标志。江苏最早的银行是周舜卿 1906 年在无锡创办的信成银行无锡分行,股金 10 万元,收储存款达 70 万元。1907 年,镇江设立信义储蓄银行。同年,扬州设立和大商业储蓄

银行,股金30万元。1908年,常州设立和慎商业储蓄银行,股金30万元,经营商业兼营储蓄。1910年,南京设立信成银行分行。信成银行发行的纸币上印有清廷王爷载振的肖像,有官商合办的嫌疑。辛亥革命后,周舜卿的政治靠山被推倒了,信成银行发行纸币的特权也没有了,因而信用骤降。总行和各地分行都因挤兑、提存造成资金短缺、周转不灵的危机,周舜卿不得不宣告信成银行破产,报请歇业清理①。和大商业储蓄银行在南京开设的分行,未及一年,1911年本月(是阳历4月,还是农历3月,不得而知)初七夜,该行执事悉行逃避②。

辛亥革命前,江苏新式银行的数量不多,其资本额也不大,创办的时间又比较晚,对江苏资本主义企业的产生及其初步发展所起的作用也是有限的。

八、以水运为主的交通运输业

江苏交通运输业中较早出现资本主义企业的是航运业,其次是铁路运输业。下面分别介绍一下航运业和铁路运输业的发展情况。

航运业:位于长江下游的江苏省,境内河流纵横,大小湖泊星罗棋布,百舸争流,交通运输向来以舟楫为主,不过船只的行驶完全依靠人力和风力。中日《马关条约》打破了外国轮船不得驶入长江以外的内河的限制。允许外国轮船公开在内河航行,为外国轮船业在中国进一步扩张势力提供了有利条件。清政府迫于国人强烈要求自行兴办实业的社会舆论的压力,也准许"内河行小轮,以杜洋轮攘利"③。张之洞委派在籍国子监祭酒陆润庠为苏沪官输局总理,委派在籍给事中丁立瀛为镇江官输局总理。与此同时,江苏境内也出现了商办轮船航运企业。1896年,苏州有4家轮船局的船只往来上海、杭州两地。另外有3只小轮往来无锡、常州、湖州之间。1897年,苏州有小轮局7家;1898年,苏州小轮局歇闭3家,新创办1家;1899年,苏州往来内港者10余家,南起盛泽、湖州,北航常熟,西北行驶无锡、常州、镇江等处。以镇江为中心的小轮航运业发展也很兴盛④。往来扬州、镇江及南京间的泰昌、顺昌两轮船公司由于获利较多,"近有人艳羡之故,又创设瑞丰小轮公司,置备坚快船只,专驰卜游……取价甚廉,民船生意为之顿减色"⑤。这些轮船公司的规模一般都不大,相互间的竞争甚为激烈,互有兴废。据1913年的调查,辛亥革命前创办的轮船公司,到1912年尚存4家,实际存在的恐怕不止4家。

铁路运输业:江苏最早的铁路为沪宁铁路。早在1895年,张之洞就奏请修筑沪宁铁路,计划先修吴淞至上海段,官办;上海至苏州段,官督商办;苏州至南京段,

① 孔令仁:《中国近代企业的开拓者》(下),山东人民出版社,1991年,第85页。
② 《大公报》,1911年4月21日。
③ 《张之洞全集》第203卷,第6537页。
④ 樊百川:《中国轮船航运业的兴起》,四川人民出版社,1985年,第328-331页。
⑤ 《江南商务报》第16期,"商情",第2页。

以后再议。淞沪段,1897年底开工,1898年六月(阴历)完成通车。1898年闰三月六日(阴历),英使以长江流域是英国的势力范围为理由,迫使清政府借贷英款兴建沪宁铁路。1903年,中英签订沪宁铁路借款正式合同,借英款325万镑,虚数九扣,年息5厘,50年为期,以此路所有财产作为借款抵押。另外,此路所得余利,银公司可得五分之一,至50年后为止①。此路1904年八月(阴历)开始修筑,1908年二月(阴历)全线完成。据说每里所费成本34122两,这样高额的成本,在当时为世界各国所罕有②。全线通车营运后,营业收入逐年增加(详见表9),由于建筑成本过高,借款甚多,所获之利仅足付利息。

表9 沪宁铁路历年营业收入一览表(1907—1911年)③

元

年份	旅客收入	货物收入	附属营业收入	杂项收入	合计
1907	763937.72	69184.83	224.95	90930.96	924278.46
1908	1393591.32	141218.81	386.20	75281.65	1610477.98
1909	1552257.61	189110.00	398.02	54317.62	1796083.25
1910	1766338.09	207889.07	488.47	43633.16	2018348.79
1911	1944133.63	239162.62	1283.83	66492.10	2251072.18

1906年,江苏绅士成立了苏省铁路有限公司,在苏州设立南路事务所,在清江设立北路事务所,额定股金1000万元,实收150万元,筹建江苏境内的铁路。由于资金不足,在苏北修筑铁路的计划成为泡影。江苏铁路公司与浙江铁路公司合作修筑苏杭甬铁路,江苏铁路公司负责修筑上海至枫泾镇段。1909年四月(阴历),沪枫段竣工。

津浦铁路江苏境内的路线不长,自临淮至浦口段,1910年10月通车。

帝国主义国家竞向中国提供贷款筑路的目的,绝不是发展中国的交通运输事业,加强各地的经济联系,而是企图通过控制交通运输业,掠夺中国的原料和推销他们的工业品。这3条铁路先后建成通车,在客观上对江苏资本主义的发展起了一定的推动作用。

九、资源贫乏的矿业

江苏矿藏资源贫乏,开办矿业者不多。1882年,左宗棠奉委胡恩燮招商承办

---

① 宓汝成:《中国近代铁路史资料》第2册,中华书局,1963年,第830页。
② 王树槐:《中国现代化的区域研究(江苏省,1860—1916)》,"中央研究院"近代史研究所,1984年,第343页。
③ 《沪宁铁路史料》,见《沪宁沪杭甬铁路史料》,第140页。

利国矿业,鸠集股份,煤铁并采。先从铜山县青山泉地方开采煤矿;后因该处煤质松软,销售不畅,乃移局贾汪。1898年,由吴味熊接办该矿,定名为贾汪煤矿公司。由于销售不得法,交通不便,频年亏耗,由袁世傅添股接办。辛亥革命爆发,矿井停工[①]。袁世傅接办该矿后,于1912年正式设立"徐州贾汪煤矿有限公司",简称贾汪煤矿公司[②]。

　　1898年,由两江总督刘坤一奏请创办青龙山、幕府山煤矿,资本18.1万余元[③]。由于该矿的煤呈鸡窝状,经济效益极低。正如鲁迅在《琐记》中所记:"所得的煤,只能供烧那两架抽水机之用,就是抽了水掘煤,掘出煤来抽水,结一笔出入两清的账。""到第三年我们下矿洞去看的时候,情形实在颇凄凉","几个矿工便在这里面鬼一般工作着。"[④]该矿只开办3年多就停办了。其余的,如龙潭煤矿、江宁林山煤矿、江宁象山煤矿和珠山煤矿、丹徒县巢凤山铁矿,皆为小矿,资本只有几万元,甚至几千元;有的只是探矿,并未开采。

十、步履维艰的丝织业

　　江苏的资本主义在产生、发展的进程中,既有集中的近代化的工厂,也有属于资本主义工场手工业形式的资本主义家庭劳动。19世纪末20世纪初,在南京、苏州、镇江的丝织业中广泛存在着资本主义家庭劳动。据载,1899年,苏州的丝织业中,资本在10万元以上的大账房有100余户,资本在1万元以上的中账房有500余户,资本在两三千元以上的小账房有600余户[⑤]。这个数字可能偏高,大概包括现卖机户(即自织机户)在内[⑥]。《民国吴县志》记载:"经营此项纱缎业者,谓之账房,计五十七所,散设东北半城。其木机总数,计一千五百二十四架,年织四万匹,约值银九十万元。其开设年期,有远自二百余年者"。苏州纱缎账房的经营方式有两种:一种是自行设机督织。一种是将经纬交与织工,"各就织工居处,雇匠织造,谓之机户。此等机户约近千数,机匠约有三四千人,亦散处东北半城,娄、齐二门附郭乡镇,如唯亭、蠡口,亦间有之。女工摇纱,俗谓之调经娘。婺妇贫女,比户为之,资以度日者众焉。"[⑦]

　　丝织业机户又可分为自织机户(苏州称现卖机户)和代织机户。南京的自织

<hr>

① 《江苏省实业行政报告书》第4编,第10页。
② 上海社会科学院经济研究所:《刘鸿生企业史料》(上册),上海人民出版社,1981年,第255-256页。下面该文献重新出现时,编者和版本信息均省略。
③ 汪敬虞:《中国近代工业史资料》第2辑(下册),第870页。
④ 《鲁迅全集》第2卷,人民文学出版社,1981年,第296-297页。
⑤ 彭泽益:《中国近代手工业史资料》第2卷,中华书局,1962年,第428页。
⑥ 段本洛等:《苏州手工业史》,江苏古籍出版社,1986年,第222页。
⑦ 曹允源等:《民国吴县志》卷51,"物产二",第22页。

机户，"有时一家织缎作场有织机四台之多，而摇丝和织缎同在一处进行的，亦所常见。这些较大的作场称为机房，都是联合的结果，资本很厚。这些机房都拥有一个宽大的场房，并且自购原料，自行加工，以一种特有的牌子把成品售给缎商。"有织机，但无自备原料所需资金的机户，则依靠所谓账房，由账房供给他们生丝并支付摇丝、加染及开办的费用①，这类机户被称之为代织机户。在这里，机户向账房领取原料进行加工，然后将成品送还账房，领取报酬。账房实际上成了包买主，机户成为在自己家中为账房工作的雇佣工人；账房的商业资本也就变成了工业资本。正如列宁所指出的："商业资本的最高形式，即包买主把材料直接分发给'手工业者'去进行生产并付给一定的报酬，只差一步了。手工业者事实上成了在自己家中为资本家工作的雇佣工人，包买主的商业资本在这里就转为产业资本。资本主义的家庭劳动形成了。"②从这里我们可以清楚地看到：江苏资本主义主要是在外国资本主义机器工业促进和刺激下，通过社会经济的一系列活动而产生的；但不能忽视传统的丝织手工业也在向资本主义工场手工业过渡，这也是一条产生资本主义的道路，只不过这条道路更艰难、更曲折、更容易遭受帝国主义和封建势力的摧残罢了。

十一、零星出现的资本主义农业企业

农业方面，在农产品商品化的基础上，局部地区零星出现了资本主义农业企业。1895 年，沈云沛在海州创办海州种植试验场、果木试验场。张謇为解决大生纱厂的原料，发展棉花生产，建立新的棉花生产基地，于 1901 年创办通海垦牧公司。通海垦牧公司无疑是带有资本主义性质的企业。张謇在《通海垦牧公司集股章程启》中讲得很明确："江北并海，自海门至赣榆十许州县，积百有余年荒废不治之旷土，何翅数万顷。今即通海中之一隅，仿泰西公司集赀堤之，俾垦与牧……甚愿天下凡有大业者，皆以公司为之。"③其股东们取得利润的方法也改为以利息支付："垦利以成熟后起，牧利以第四年起，按年所入，除去开支并酌提公积外，其余作十三股分派，以十股为股东利息，三股为在事人花红。"④此后，一些官僚、士绅、商人在投资创办资本主义近代工业的同时，仿效创办农牧垦殖公司。到 1908 年前，全省农牧垦殖公司增至 22 个，其中有据可查的 20 个公司的资本额约达 242.2 万

---

① 彭泽益：《中国近代手工业史资料》第 2 卷，第 426－427 页。
② 《列宁全集》第 3 卷，人民出版社，1984 年，第 332 页。本书引用《列宁全集》第 3 卷的引文，改引人民出版社 1984 年版本。特此说明。
③ 《张謇全集》第 3 卷，第 212 页。
④ 《张謇全集》第 3 卷，第 221 页。

元①。这些农牧垦殖公司中,除通海垦牧公司、海赣垦牧公司、阜海开垦股份有限公司以种植棉花为主外,其余大部分以种植树木和垦牧为主,在某些方面还带有严重的封建性质。尽管如此,这些开明士绅、商人、官僚及工业资本家开始向农业方面投资,购买大片土地,雇工进行大规模的社会生产,推动了农产品生产的商品化,反映了资本主义经济关系开始向江苏农业生产渗透和延伸。

在辛亥革命前,江苏各地还创办了其他一些工厂。1896 年,南京开办咸阳火柴厂。1903 年,张謇创办翰墨林印书馆。1904 年十二月初二日(阳历 1905 年 1 月 7 日)奏准立案,张謇与人在镇江合办开成笔铅罐有限公司,资本 10 万两,"完纳值百抽五正税一道,概免重征,准其在镇江境内专办十年。"张謇与人在宿迁创办的耀徐玻璃有限公司,"准在徐州境内专办十年。"②后开成笔铅罐有限公司因事中止。1909 年,某商人纠集股东拟复开采,仍照旧定章程,设立笔铅罐公司③。1905 年,王西星在镇江创办同茂永蛋厂。1906 年,南京出现金陵机器火砖厂,海门常乐镇出现颐生酿造厂。1907 年,广源制靛厂、镇江机器造纸厂、通州造纸厂、南洋印刷局相继成立。1910 年,镇江设立了义生火柴厂。1911 年,扬州开办了德成模范造纸厂。此类工厂还有一些,在此不一一列举。

(《江苏民族资本主义的产生及其初步发展》和《1912—1926 年江苏资本主义的发展》是"江苏资本主义发展史"课题研究成果中的一部分,由笔者独力完成。因种种原因,该研究成果未能出版。现收入本书,以便就教于经济史学界的前辈和同仁。关于辛亥革命前江苏民族资本主义发展的特点、原因及其在全国的地位,本书所收《辛亥革命前的江苏民族资本》一文中已有较为详细的论述,这里不再赘述。)

---

① 根据汪敬虞编《中国近代工业史资料》第 2 辑(下册)第 1092 页、李文治编《中国近代农业史资料》第 1 辑第 694 页、光绪三十四年(1908 年)编《农工商部统计表·农政》、《江苏政治年鉴·实业》的记载计算而得。王树槐:《中国现代化的区域研究(江苏省,1860—1916)》,第 417 页说:1901—1912 年,江苏先后成立 27 个农牧垦殖公司,小公司尚未计入,投资额达 1818505 元。

② 《大公报》,1905 年 2 月 27 日。

③ 《大公报》,1909 年 8 月 7 日。

辛亥革命前的江苏民族资本

在旧中国,东北、上海和江苏省(主要是苏南地区)都是资本主义发展水平较高的地区。早在辛亥革命前,江苏资本主义的发展水平就比较高,在全国占有重要的地位。本文就甲午战争到辛亥革命前江苏民族资本主义①的发展过程、特点、原因及其在全国的地位等问题作一探讨。

一

江苏省(主要是苏南地区)是中国资本主义萌芽出现最早的地区之一。但由于受到坚固的封建经济结构的严重阻碍和封建主义势力的严重摧残,资本主义萌芽发展非常缓慢。到 1840 年鸦片战争前夕,封建性的自给自足的自然经济仍占主要地位,与农业结合的农村家庭手工业和个体手工业遍及全省城乡,封建的官办手工业也占一定的比重。19 世纪末,民族资本主义企业在全省各地陆续出现,经过十几年的初步发展,到辛亥革命前,已在全国占有重要地位。其发展概况如下:

棉纺工业:1895 年以前,江苏省还没有近代棉纺工业。由杨宗濂、杨宗瀚创办,1897 年春竣工投产的无锡业勤纱厂是江苏省第一家近代棉纺厂。到 1910 年,全省共创办 8 家纱厂,资本额达 469.4 万元,占 1895—1910 年全国棉纺工业新设民族资本纱厂资本总额的 44.9%②。1895—1910 年全国共创办民族资本纱厂 21 家,其中江苏就创办了 8 家,占全国新设民族资本纱厂的 38.1%;全国民族资本纱厂增加纱锭 364996 余锭,江苏就增加 122816 锭,是全国民族资本纱厂增加纱锭数的 33.65%;全省纱锭数占全国民族资本纱厂纱锭总数的 23.3%③。

缫丝工业:江苏机器缫丝厂的出现稍早于棉纺厂,1895 年创办了 3 家,资本额为 48.5 万元。到 1911 年发展到 15 家,资本额增加到 202.8 万元。厂数和资本额比 1895 年分别增长了 400.0% 和 318.1%。厂数和资本额分别为 1895—1911 年全

---

① 这里所说的江苏民族资本不包括松江地区、萧县、砀山县的民族资本。
② 汪敬虞:《中国近代工业史资料》第 2 辑(下册),第 892–893 页。另据严中平等编《中国近代经济史统计资料选辑》第 98–99 页载,1895—1910 年,江苏民族资本主义棉纺工业资本额为 511.33 万元。
③ 严中平等:《中国近代经济史统计资料选辑》第 98–99 页载,1895—1910 年,全国民族资本创办的纱厂 21 家,纱锭 527000 枚。

国新设民族资本缫丝厂数及其资本总额的 17.4%、24.1%①。

染织工业:在 1905 年以前只有武进洪昌布厂 1 家,工人仅有 38 人。到 1911 年全省发展到 41 家,工人增加到六七千人。

面粉工业:面粉工业也是发展较快的一个行业。1902 年,朱仲甫、荣宗敬、荣德生合股集资在无锡创办保兴面粉厂(1903 年,朱仲甫退股,保兴面粉厂改名为茂新面粉厂,资本 5 万元);同年,张謇在南通创办大兴面粉厂。两厂资本合计 5 万元(保兴面粉厂资本据《乐农自订行年纪事》1900 年、1901 年资料应为 3.9 万元,加上大兴面粉厂资本 2 万元,合计 5.9 万元)。到 1911 年全省面粉厂增至 10 家,资本增至 181 万元。厂数和资本分别比 1902 年增长了 4 倍和 35.2 倍。其厂数为 1895—1911 年全国民族资本创办的面粉厂的 24.3%,资本额占全国的 25.5%②。值得指出的是,许鼎霖等在海州创办的海丰面粉厂,朱畴在扬州创办的裕亨面粉厂,蔡缄三等在无锡创办的九丰面粉厂,资本都有 28 万元,在当时可说是大型面粉厂。

碾米工业:在辛亥革命前创办了 5 家机器碾米厂,有 3 家集中在无锡,1 家在吴江,规模都不大。武进有 1 家以煤油引擎为动力的碾米厂。

榨油工业:1898 年,沈云沛在海州创办临洪油饼厂,资本 28 万元,是为江苏近代榨油工业之开始。到 1911 年,榨油厂发展到 8 家,比 1898 年增长了 700%;资本增至 120.2 万元,增长了 329.28%。其厂数占全国 1895—1911 年民族资本创办的榨油厂的 28.6%,资本额占 25.8%③。

机器修造翻砂工业:到 1911 年前,全省共设立 4 家工厂,规模都很小。1894 年,南京设立的胜昌机器厂只有 3000 元资本,19 个工人。1898 年,孙伯英在常州创办的同源吉铁器厂有资本 3 万元,60 个工人。1905 年,张謇创办资生铁冶厂,资本 7 万元(一说,原定集资 5 万两)。资生铁冶厂开办后业务大振,1906 年分为资

① 根据汪敬虞编《中国近代工业史资料》第 2 辑(下册)第 896－901 页和陈真、姚洛编《中国近代工业史资料》第 1 辑中"辛亥革命前民族资本创办的工厂统计"相关资料计算得出。1911 年全国民族资本缫丝厂 86 家,资本 841.8 万元。

　　拙作《辛亥革命前的江苏民族资本》发表后,在搜集资料的过程中,发现辛亥革命前江苏的缫丝厂厂数和资本额有误。汪敬虞编的《中国近代工业史资料》第 2 辑(下册)第 896 页说:镇江有两家缫丝厂,丹徒有一家缫丝厂。笔者认为,丹徒的大纶丝厂和镇江的大纶缫丝厂是同一家缫丝厂,这里可能搞错了。同页说:苏州有源盛丝厂、苏经源盛缫丝厂、苏经丝厂。《苏州史志资料选辑》第 5 辑《苏经丝厂史略》一文说:1912 年,苏经丝厂由源盛公司承租,对外改用苏经源盛丝厂名义。可见,苏经源盛丝厂、源盛丝厂,实际上是一家厂。辛亥革命前苏州究竟有多少家缫丝厂,有待进一步考证。这里的厂数、资本额及增长百分比,均未改动。特此说明。有关内容参见本书第 10－11 页。

② 见《旧中国机制面粉工业统计资料》第 210－214 页"民族资本机制面粉工厂一览表"。此表缺天津贻来牟机器磨坊资本。这里,窑湾裕亨面粉厂分厂及其资本 14 万元未计入,故与第 13－14 页的面粉厂厂数和资本额不一致。特此说明。

③ 根据汪敬虞编《中国近代工业史资料》第 2 辑(下册)第 910－911 页的数字计算得出。

生铁厂与资生冶厂。张謇创办铁厂的目的是为纱、面、油各厂修理、添配机械,为自身服务。资生铁厂 1907 年用大生纱厂账款已达 20 余万两①。资生冶厂主要生产炊用铁锅。1911 年,无锡成立了渭鑫机器厂,有资本 3000 元,工人 14 个。

造纸工业:于 1907 年出现了 2 家工厂。一个是曾铸、尹克昌在镇江创办的镇江造纸厂,资本 35 万元。1909 年标卖时,财产价值银 8 万两。一个是徐某在南通创办的通州造纸厂,资本只有 2 万元。两厂资本合计 37 万元,占 1895—1911 年全国新设民族资本造纸厂资本总额的 6.6%②。

电力、自来水工业:到辛亥革命前共创办了 7 家工厂。1904 年,郭鸿仪在镇江创办大照电灯公司,资本 14 万元。1905 年,黄梅贤在苏州创办生生电灯公司,资本 10 万元。1906 年,南京成立了亨耀电灯公司,先是由李经楚任总经理,因出差告退,由舒继芬接办,资本 28 万元。1908 年,祝大椿在苏州创办振兴电灯厂,资本 14 万元。1909 年,南通成立南通电灯厂,资本 10 万元。这些电厂都只供应照明。1906 年,席月楼创办镇江自来水公司。1907 年,李光瑜、劳敬修集资合办金陵自来水厂。以上 6 个厂资本合计 118 万元(缺镇江自来水公司资本),占全国民族资本创办的水、电工业资本总额的 5.97%③。

烛皂工业:1902 年,张謇在南通创办大隆油皂厂,资本 1 万元。1903 年,薛熙宇在武进创办宝升烛皂厂,资本 1 万元。同年,沈云沛在海州创办毛巾洋胰厂,资本 5000 元。

另外,江苏还创办了其他一些工厂。1903 年,张謇创办了翰墨林印书馆;1904年,镇江出现了开成笔铅罐厂;1905 年,王西星在镇江创办了同茂永蛋厂;1906 年,出现了金陵机器火砖厂;1907 年,出现了颐和罐食厂、耀徐玻璃厂、广源制靛厂、南洋印刷局;1910 年,镇江设立了义生火柴厂;等等。

江苏矿藏资源贫乏,开办矿业者不多。1882 年,胡恩燮承办的徐州利国驿煤铁矿是全省最大最早的煤铁矿,资本 32 万元。其次是 1898 年开办的青龙山、幕府山煤铁矿,资本 18.1 万元。其余的资本只有几万元甚至几千元,皆为小矿。

农业方面,在农产品商品化的基础上,资本主义也有一些发展。1895 年,沈云沛在海州创办海州种植试验场、果木试验场。张謇为解决大生纱厂原料,发展棉花生产,建立新的原料基地,于 1901 年创办中国第一个农业公司——通海垦牧公司。

① 南通《文史资料选辑》第 2 辑,第 9 页。
② 根据汪敬虞编《中国近代工业史资料》第 2 辑(下册)第 916－917 页的数字计算得出。
③ 根据汪敬虞编《中国近代工业史资料》第 2 辑(下册)第 880－883 页的数字计算得出。后来,笔者在《苏州史志资料选辑》第 4 辑第 67 页上看到:生生电灯公司,黄梅贤独自投资 7 万元。后来黄氏深感资金不足,又与祝大椿、洪少圃等人合伙集资 10 万元,于 1908 年 10 月将生生电灯公司改名振兴电灯公司。"生生电灯公司"与"振兴电灯公司",实际上是同一个电灯厂。这里的厂数和资本额都重复计算了。无锡耀明电灯公司、金陵电灯官厂的资本也未计入。厂数、资本数和百分比均未改。特此说明。

此后,一些官僚、士绅、商人在投资创办资本主义近代工业的同时,仿效开办垦殖公司。到 1908 年,全省垦殖公司增至 22 个,其中有据可查的 20 个公司的资本额约达 242.2 万元①。经营内容,除通海垦牧公司、海赣垦牧公司、阜海开垦股份有限公司以种植棉花为主外,其余大都经营垦牧、树艺。这些垦殖公司虽然主要是官僚、士绅创办的,其次才是商人投资创办的,在某些方面还带有严重的封建性质,但从他们投资购买大片土地、雇工进行较大规模的社会生产、推动农产品的商品化来看,无疑是符合历史发展趋势的,把这些垦殖公司列入资本主义经济范畴也是未尝不可的。这里值得指出的是,1907 年在江阴出现了专以保护耕牛为宗旨的保牛公司,牛有"疾病则为之医治,窃则为之报查,倘医治罔效,查而不获,则由公司赔偿"②。这是中国最早的耕牛保险公司。

以上是辛亥革命前江苏民族资本主义的发展概况。必须指出的是,由于掌握资料有限,有些企业被遗漏在所难免,有些企业只有创办时间的记载而没有资本额的记载。因此,辛亥革命前江苏民族资本企业的实际数量、资本总额要比这里所讲的多一些,详细统计情况见表1。

表1　辛亥革命前江苏民族资本主义企业及资本统计③

行业	企业(个)	资本额(万元)
棉纺业	8	469.4
染织业	41	112.9④
机器缫丝业	15	202.8
面粉业	10	181.0
榨油业	8	120.2⑤

① 根据汪敬虞编《中国近代工业史资料》第 2 辑(下册)第 1092 页、李文治编《中国近代农业史资料》第 1 辑第 694 页、光绪三十四年(1908 年)编《农工商部统计表·农政》和《江苏政治年鉴·实业》的记载计算而得。这里缺丹阳、金坛等两个垦殖公司的资本。

② 光绪三十四年(1908 年)编《农工商部统计表·农政》。

③ 资料来源:汪敬虞:《中国近代工业史资料》第 2 辑(下册),第 869 – 919 页,"历年设立的厂矿名录";第 1091 – 1095 页,"祝大椿等十三人创办或参加投资的企业资本统计"。陈真,姚洛:《中国近代工业史资料》第 1 辑,第 38 – 53 页,"辛亥革命前民族资本创办的工厂统计"。李文治:《中国近代农业史资料》第 1 辑,第 694 页,"各省农牧垦殖公司的创立与经营"。光绪三十四年(1908 年)编:《农工商部统计表》。《江苏政治年鉴·实业》。

④ 1899 年设立的洪昌布厂,1906 年设立的瑞记布厂,1908 年设立的美利发布厂、鼎升布厂、华伦布厂,1909 年设立的天泰布厂、通惠布厂、善昌布厂、维新布厂、华昌织布厂、九成布厂、华利布厂等缺资本额,而陈真、姚洛编的《中国近代工业史资料》第 1 辑第 38 – 53 页"辛亥革命前民族资本创办的工厂统计"中载有工人人数。我们对其中 8 个既有资本额统计又有工人人数统计的织布厂进行计算,求出每个工人所占资本额的平均值,然后再根据以上各厂的工人人数推算出各厂的资本额。这样推算的各厂的资本额与实际资本额肯定有出入。特此说明。

⑤ 缺昆山萃源榨油厂的资本额。

行业	企业(个)	资本额(万元)
碾米业	4	1.5①
造纸业	2	37.0
烛皂业	3	2.5
自来水电力业	7	118.0②
机器修造翻砂业	4	10.6
矿业	8	61.1
农业	22	242.2③
其他	23	412.2④
总计	155	1971.4

二

在半殖民地半封建社会中产生的中国资本主义晚于英、法等资本主义国家数百年。中国的民族资本主义晚于官僚资本主义10年左右。英、法等资本主义列强进入了帝国主义阶段,中国的民族资本主义才开始初步发展。因此,中国的民族资本主义无论是产生的历史条件、途径,还是成长的现实环境,都和英、法资本主义有很大不同。对在这种社会历史条件下产生、发展起来的江苏民族资本主义的特点进行剖析,将有助于认识中国民族资本主义产生、发展及其变化的规律。纵观辛亥革命前江苏民族资本主义的发展过程,有以下3个特点:

首先,江苏民族资本主义的产生与广州、上海等地相比,起步较迟,但发展速度却很快。

"由于外国资本主义的刺激和封建经济结构的某些破坏,还在十九世纪的下半期,还在六十年前,就开始有一部分商人、地主和官僚投资于新式工业。"⑤其中以上海为最多,广州次之。从70年代起,20多年时间内,全国一共创办100多个民族资本主义近代企业,其中歇业停办数十个,到甲午战争前实际存在的有76个⑥。而江苏民族资本主义近代企业到甲午战争前只有2个,占全国企业数的2.6%,少

---

① 缺无锡德源碾米厂、吴江丰泰豫碾米厂的资本额。
② 缺镇江自来水公司的资本额。
③ 缺丹阳×××公司、金坛广生畜牧公司的资本额。
④ 缺南京咸阳火柴厂、苏州瑞记公司汽水厂、镇江义生火柴厂的资本额。
⑤ 《毛泽东选集》第2卷,人民出版社,1966年,第590页。
⑥ 李新:《中华民国史》第一编,"中华民国的创立"(上),中华书局,1981年,第50页。

得可怜。

从江苏民族资本主义近代工业的几个主要产业的企业的产生来看,大都晚于广州、上海、宁波、天津等地。

机器缫丝工业方面:1872 年,陈启源在南海创办继昌隆机器缫丝厂后,南海、顺德两地各属群相仿效,到甲午战争前,广州已成为民族资本主义机器缫丝工业的中心。江苏到 1895 年才设立机器缫丝厂,比继昌隆机器缫丝厂晚了 23 年。

在棉纺工业方面:1887 年,在宁波成立通久轧花厂,该厂 1894 年发展成通久源纱厂。上海道台朱鸿度 1894 年在上海设立第一家商办裕源纱厂。江苏最早的业勤纱厂,比通久源纱厂、裕源纱厂晚 3 年。

在面粉工业方面:1878 年,朱其昂在天津创办贻来牟机器磨坊。1883 年,上海设立裕泰恒火轮面局。1887 年,福州成立福州机器面粉厂。1893 年,北京成立北京机器磨坊。江苏直到 1902 年才出现机器面粉厂。

由此可见,江苏的民族资本主义企业的出现,与广州、上海等地相比,确实是迟了一些。

江苏是中国资本主义萌芽出现最早的地区之一。为什么江苏民族资本主义企业的出现却晚于其他地方呢? 笔者认为,主要是鸦片战争后外国资本主义的"商品重炮"抑制了战前资本主义萌芽的直接发展,使苏州、南京等地的手工工场和作坊没能发展为资本主义近代工业企业。其次,鸦片战争后上海辟为商埠,对内对外交往更趋频繁,城市人口增长,商业繁荣,工业发展,吸引江苏一些官僚、地主、商人去投资开设工厂或经营商业。最后,太平天国运动时期,苏南地区一些官僚、地主、商人携带资金逃往上海,其中有的在上海创设作坊、商店,经营工商业。这就使原来比较发达的手工工场、作坊的发展以及民族资本主义工业企业的产生受到资金、市场等条件的限制。然而这种状况并不是一成不变的。到甲午战争后,帝国主义各国在上海大量投资设厂,上海工业畸形发展,地价昂贵,工人工资较高,民族资本无力与之竞争。为此,民族资本开始向地价比较便宜、工人工资比较低廉、工业原料比较充足、劳动力资源比较丰富、资金周转比较方便的江苏中小城市扩散。自此开始,江苏民族资本主义企业得到长足发展。

江苏民族资本主义企业虽然出现较迟,但一经产生,其发展便十分迅速。1895年,全省民族资本主义企业只有 7 家,资本额只有 129.8 万元。到 1911 年,企业增加到 157 家,比 1895 年增长了 2142.9%,平均每年递增 21.46%;资本额增加到 1976.4 万元,比 1895 年增长了 1422.7%,平均每年递增 18.55%①(详见表2)。再以厂矿资本额的增长为例,到 1911 年,江苏民族资本创办的厂矿资本增加到 1734.2 万元,比 1895 年的 80.8 万元增长了 2046.3%,平均每年递增 21.12%。到 1911 年,全国民族资本创办的厂矿资本额增加到 13517.8 万元,比 1895 年只增长 458.3%②,平均每年只递增 11.35%。江苏民族资本创办的厂矿资本额增长之快十分明显。1897 年是江苏民族资本主义企业创办的第一个高潮,1905—1907 年是第二个高潮,不久就退落下去了(详见图1)。这和全国民族资本主义发展总趋势基本是吻合的,但江苏大起大落的情况更为突出。1907 年以后,江苏民族资本投资额下降很快,新设企业数的下降相对慢一些,这说明 1907 年以后新设立的企业大都是小型企业。

表2 1895—1911 年江苏历年设立的民族资本主义企业、企业资本及其指数③

年度	企业(本年度增设企业)(家)	指数 1895＝100	企业总数(家)	指数 1895＝100	资本(本年度投资)(万元)	指数 1859＝100	资本总额(万元)	指数 1895＝100
1895	5	100.0	7	100.0	97.5	100.0	129.8	100.0
1896	3	60.0			22.0④	22.6		
1897	5	100.0			175.5	180.0		
1898	4	80.0			63.1	64.7		
1899	2	40.0			70.1⑤	71.9		
1900								
1901	2	40.0			35.0	35.9		
1902	4	80.0			13.0	13.3		
1903	8	160.0			45.4	46.6		

① 1976.4 万元是表2 中 1911 年资本总额加 1895 年的资本总额所得。与表1 的资本总额 1971.4 万元相差 5 万元,这是因为表2 的资本总额是 1895—1911 年历年创办企业投资额累计所得。1902 年创办的保兴面粉厂,1903 年改名茂新面粉厂;1902 年创办的大兴面粉厂,1909 年改组为复新面粉厂。在进行累计时将保兴、大兴两个面粉厂的 5 万元资本重复计算了,故资本总额相差 5 万元。企业总数中也将保兴、大兴两个面粉厂重复计算了,故企业总数也相差 2 个。

② 《中国近代工业史资料》第2 辑(下册),第 649 页;《中华民国史》第一编,"中华民国的创立"(上),第 56 页。

③ 表2 资料来源同表1。其中"企业"栏,是指本年度新增设的企业。"企业总数"栏内,1895 年的企业总数是 1895 年以前所设企业数加上 1895 年新设立企业数所得;1911 年的企业总数是 1896—1911 年历年所设企业数累计所得。"资本"栏,是指本年度新投资的资本额。"资本总额"栏内,1895 年的资本是 1895 年以前所设企业资本额 32.3 万元加上 1895 年新设企业资本额所得;1911 年的资本总额是 1896—1911 年历年创办企业投资额累计所得。

④ 缺南京咸阳火柴厂资本额。

⑤ 见第 28 页表1 注④。

年度	企业(本年度增设企业)（家）	指数 1895 = 100	企业总数（家）	指数 1895 = 100	资本(本年度投资)（万元）	指数 1859 = 100	资本总额（万元）	指数 1895 = 100
1904	8	160.0			115.6①	118.6		
1905	13	260.0			156.3	160.3		
1906	27	540.0			379.8②	389.5		
1907	29	580.0			581.4③	596.3		
1908	10	200.0			100.5	103.1		
1909	12	240.0			65.2④	66.9		
1910	13	260.0			16.1⑤	16.5		
1911	10	200.0	150	2142.9	7.6⑥	7.8	1846.6	1422.7

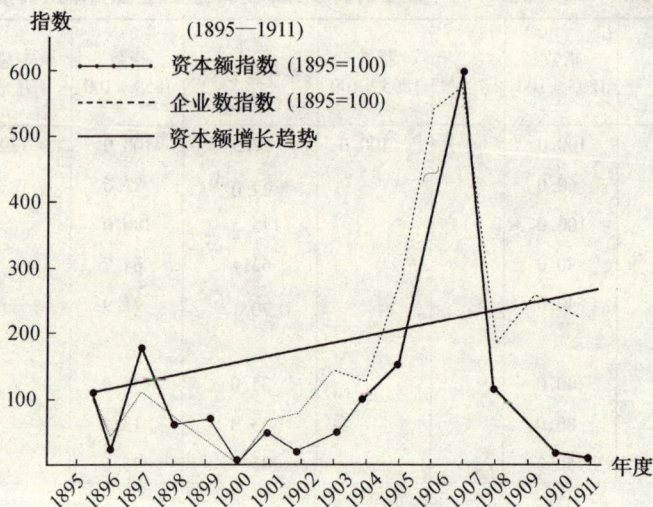

(1895—1911)

图1　历年投资资本和创办的企业趋势图

辛亥革命前,江苏民族资本主义的发展速度在个别资本家的资本积累和生产规模的扩大中也表现得十分显著。以张謇为首的大生集团为例,从1899年大生纱厂开工投产起,到1911年辛亥革命前的10余年间,张謇创办18家企业, 资本额

① 缺昆山萃源榨油厂的资本额。
② 缺苏州瑞记公司汽水厂、镇江自来水公司、丹阳×××公司的资本额。
③ 缺金坛广生畜牧公司的资本额。
④ 缺德源碾米厂的资本额。
⑤ 缺镇江义生火柴厂的资本额。
⑥ 缺吴江丰泰豫碾米厂的资本额。

达 548.32 万元;与别人合办企业 9 家,资本额达 399.1 万元(在省外创办的企业包括在内)。两类企业共 27 家,资本总额达 947.42 万元①,平均每年增加 2.3 家企业,每年投资 78.95 万元。这样的增长速度,不仅在省内,就是在国内也不多见。张謇创办的大生纱厂资本积累也很快。1899 年,大生纱厂资本额为 69.9 万元,纱锭为 20350 枚;到 1911 年,资本额累计达 279.1 万元,纱锭增加到 66700 枚。公积金累计 63.5 万元,纯利累计 353.3 万元②,这两项合计 416.8 万元,为大生纱厂创办时资本额 69.9 万元的 5.96 倍。以荣宗敬、荣德生兄弟为首的荣家资本集团,1902 年创办的保兴面粉厂的资本只有 3 万元,到 1912 年资本增加到 33 万元,10 年增加了 10 倍。1903 年由保兴面粉厂改名而来的茂新面粉厂的粉磨只有 4 台,到 1912 年增加到 18 台;1903 年年生产能力为 9 万袋面粉,到 1911 年年生产能力为 90 万袋面粉,8 年生产能力提高 9 倍③。

辛亥革命前,江苏民族资本主义经济的迅速发展,改变了全省各地农产品和工业产品的销售路线,满足了全省人民生产和生活方面的需要,为全省民族资本主义的进一步发展,为辛亥革命在全省的胜利准备了物质基础和经济力量,对全国民族资本主义棉纺工业、缫丝工业、面粉工业的发展也产生了深远的影响。

其次,出身于官僚、地主、士绅、买办者创办的民族资本主义企业,规模大,资本多,居优势地位。

辛亥革命前创办的江苏民族资本主义企业中,出身于官僚、地主、士绅、买办者投资创办的企业比较多,规模也比较大(有的企业既有官僚、地主、士绅、买办资本,又有商人资本,很难划分,这里以创办人或主持人的身份来划分)。出身于官僚者创办的民族资本主义企业占全省民族资本主义企业数的 30% 左右,资本额占全省民族资本总额的 62% 左右。出身于买办者创办的民族资本主义企业占全省民族资本主义企业数的 3% 左右,资本额占全省民族资本总额的 6% 左右。出身于其他阶级和阶层的人创办的民族资本主义企业占全省民族资本主义企业数的 67% 左右,资本额只占全省民族资本总额的 32% 左右。从行业来看,以棉纺工业为例,辛亥革命前创办的 8 家纱厂,出身于官僚者创办的占 6 家,商人创办的只有 1 家。在出身于官僚者创办的 6 家纱厂中,资本最多的达 121 余万元,最少的也有 33.6 万元。从苏南工商业中心无锡投资设厂的情况来看,也是如此。在 1909 年以前,无锡工业资本中出身于官僚、地主的投资比重最多,其次是买办,再次是商人④。个别企业的资本来源也是如此。如旧中国最大民族资本集团荣家创办的第一个企业

---

① 汪敬虞:《中国近代工业史资料》第 2 辑(下册),第 1069 页。
② 汪敬虞:《中国近代工业史资料》第 2 辑(下册),第 1075 页。
③ 《荣家企业史料》(上册),第 614 页。
④ 钱钟汉:《抗战前无锡六个民族工业资本系统的原始资本发展变化和资本结构》(打印稿),第 9 页。

的资本,官僚投资占40%,买办投资占30%,钱庄主、商人投资占30%①。

辛亥革命前创办的江苏民族资本主义企业中,出身于官僚、士绅、买办者投资创办的企业占多数,这个现象并不奇怪。中国民族资本主义工业产生的途径和英、法等资本主义国家不同。英、法等国主要是由小生产者先转化为小资本家,然后再由小资本家转化为大资本家,当然也有由高利贷者和商人转化为产业资本家的。中国的民族资本家最初大都是由出身于官僚、地主、买办者转化而来的,最初的民族资本主义企业特别是较大的民族资本主义企业大都是由这些人投资创办的。江苏民族资本主义产生的情况也是如此。这是因为:甲午战争后,外国资本像潮水般涌进中国,面临着资本主义列强经济侵略的加深,民族危机的日益严重,社会舆论纷纷要求"设厂自救",幻想通过发展实业使中国走上独立富强的道路。江苏省的一些官僚、地主、士绅、买办在这一社会舆论的感召下,不忍"利源外溢",意欲挽回;他们看到资本主义列强在华创办的新式企业的利润非常优厚,不免眼红。为谋取高额利润,他们在大量兼并土地、从事封建地租剥削的同时,纷纷投资创办资本主义企业。尽管他们在创办企业的过程中也遇到"驵侩挪揄于前,黠吏掊击于后",历经种种困难,但仍可以凭借一般商人所不具有的政治地位,获得种种特权:(1)领借官款。张謇在创办大生纱厂时,通过两江总督刘坤一,分得湖北织布局搁在上海的纺机的一半,作价官股银25万两,等于增加了一笔雄厚的资本。张謇领借了官机之后仍感资金不足,又走刘坤一的门子,借得通海两地公款银数万两。1903年,张謇又将湖北织布局存在上海的另一半纺机运到大生纱厂,仍作价官股银25万两。杨宗濂、杨宗瀚创办的业勤纱厂,到试机出纱时,资金已绌,确实难以应付,也是通过刘坤一先后借得苏省积谷公款10万两,"厂事始克成立"②。依靠外国资本、代销洋行商品发迹的周舜卿创办裕昌缫丝厂时,通过庆亲王奕劻父子的关系向清廷奏办。周舜卿还特地在裕昌门口砌上凿有"奏办"两个大字的砖额,以示与其他工厂不同③。(2)在短期内实行垄断经营。官僚、地主、士绅、买办还可以凭借自己与清政府的密切关系,获得一般商人所得不到的在某地实行垄断经营的特权。如清政府曾批准张謇提出在南通"二十年内,百里之间,不得有第二厂"的要求。张謇、沈云沛、许鼎霖合办的耀徐玻璃厂也获得"在徐州境内专办十年"的特权。大生纱厂还享有免缴厘金和关税的特权。正因为官僚、地主、士绅、买办能凭借他们特殊的身份、地位和复杂的社会关系,享有种种特权,具有各种优势,投资于资本主义企业就有一定的政治保障和社会保障,投资创办的企业也就比较多,规模也就比较大。

---

① 钱钟汉:《抗战前无锡六个民族工业资本系统的原始资本发展变化和资本结构》(打印稿),第6页。
② 汪敬虞:《中国近代工业史资料》第2辑(下册),第931页。
③ 《无锡文史资料》第5辑,第79页。

最后,民族资本主义工业企业主要集中在棉纺、面粉、缫丝等轻工业,各个企业接近原料产地、销售市场,是辛亥革命前江苏民族资本主义发展过程中的又一个特点。

辛亥革命前,江苏民族资本主义工业主要集中在棉纺、面粉、缫丝等轻工业。轻工业资本占全省民族工业资本的80%左右,重工业的比重很小,各种矿厂只有8家,其资本只占整个民族工业资本的4.5%左右。作为工业心脏的机器制造业的工厂数量更是少得可怜,只有4家,其资本只占整个民族工业资本的0.8%左右。在这4家机器制造厂中,除资生铁冶厂外,其他厂资本少,规模又小,设备极其简单,只能修修配配,不能制造机器,不能算作真正的机器制造厂,只是一些机器零件修配厂。

辛亥革命前,江苏民族资本主义工业大都集中在原料比较丰富,交通比较便利,市场比较广阔的南通、苏州、无锡、太仓、常熟、江阴、常州、镇江等地。这一带大约有100家企业,占全省民族资本主义企业的70%以上。

资本主义近代工业虽然使自己相对地摆脱了本身所需原料的产地的地方局限性,但其"商品的销售市场和生产地点的距离,是使出售时间,从而使整个周转时间产生差别的一个经常性的原因"[1]。再加中国半殖民地半封建社会的经济条件,民族资本家在资金、技术力量、机器设备等方面,很难与外国资本匹敌。这就迫使江苏的民族资本家不得不选择比较容易发展的工业部门和行业,选择就近产销的厂址。辛亥革命前,江苏盛产棉花、小麦、蚕茧等原料,质量又高,这使棉纺、面粉、缫丝等轻工业有发展的可能;这些行业所需资金不多,生产技术较简单,产品又有销路,利润较高。因此,民族资本家大都首先选择这3个行业,在接近原料产地、销售市场的地方设厂布点。这样也增强了民族资本主义经济在有限的范围内与帝国主义进行一定的竞争的能力,使民族资本主义获得了一定的发展。例如,南通的棉花"力韧丝长,冠绝亚洲"[2],产量多,质量好。这一带农村的家庭手工织布业虽然遭到严重破坏,但并没有全部消灭,它以各种各样的因素"造成的巨大的节约和时间的节省"[3],变不利为有利,与机织布竞争。1903—1904年,南通销往东北的关庄布达15万件,需要机纱6.66万余件,大生纱厂生产的纱全部供给当地农村织造关庄布,仍不够半数[4],从而促进了以农村家庭手工织布业为销售市场的大生纱厂的诞生和发展。张謇在谈到大生纱厂的发展时说:"厂以在通崇海产棉最盛,织户最多

---

① 《资本论》第2卷,人民出版社,1975年,第277页。
② 《张謇全集》第3卷,第17页。
③ 《资本论》第3卷,第373页。
④ 林举百:《近代南通土布史》,南京大学学报编辑部,1984年,第145—146页。

之区,生货便入,熟货便出,获利非他处可能比"①。"通厂之利,人皆知为地势使然。"②

<h1 style="text-align:center">三</h1>

辛亥革命前,中国民族资本主义的发展尽管受到帝国主义的阻挠和封建主义的束缚,步履维艰,但对于旧的封建经济来说,它还是"新经济"③,是先进生产力的代表,当时只有它能促进社会生产力的发展。因此,中国民族资本主义不管遇到多大的阻力,总还是向前发展的。江苏民族资本主义的发展与全国各地相比,相对地说,要快得多,这是什么原因呢?

第一,甲午战争后,江苏省特别是苏南及南通等地自然经济的解体比较显著,城乡商品经济比较发达,为民族资本主义的发展准备了一定的客观条件。

马克思指出:"商品生产和发达的商品流通,即贸易,是资本产生的历史前提。"④这就是说,资本主义的产生和发展,首先要有充分发展的商品经济和日益扩大的商品市场。甲午战争后,外国商品在江苏特别是苏南及滨江沿海的南通等地的倾销和外国资本对这一地区农产品原料的掠夺,使城市手工业和农村家庭手工业遭到进一步破坏,城乡商品经济进一步发展,从而加强了农民和手工业者对市场的依赖以及部门之间、地区之间的经济联系,使商品市场进一步扩大。列宁在论述市场作用时曾经说过,"国内市场的发展程度,就是国内资本主义的发展程度"⑤。甲午战争后,到辛亥革命前,中国还"不是统一的资本主义经济"⑥,当然不可能形成全国统一的、广阔的,且比较稳定的市场,但地区性的市场却广泛存在。这种地区性的市场对该地区的民族资本主义的发展具有极大的影响。江苏的地区性市场不仅广阔,而且比较稳定。例如,19世纪90年代前后,洋纱逐渐流入南通地区,由于洋纱条干均匀,不易断头,所织土布质量较高,农民对洋纱的需求量日益增加。1895年,"通海两境,每日可销洋纱二十大包,已合机器一万锭之数"⑦,出现了棉产供多于求,纱则求多于供的形势。这样优越的市场条件对南通的民族资本机制棉纱工业的诞生和发展起了有力的推动作用。

民族资本主义的产生和发展,除了商品市场这个重要前提条件外,还必须有劳动力市场的扩大这个重要条件。明代中叶以后,江苏就出现了零星的、不经常的雇

---

① 《张謇全集》第3卷,第116页。
② 《张謇全集》第3卷,第51页。
③ 《毛泽东选集》第2卷,第656页。
④ 《资本论》第1卷,第167页。
⑤ 《列宁全集》第3卷,第52页。
⑥ 《毛泽东选集》第1卷,第49页。
⑦ 翰墨林书局:《通州兴办实业之历史》(上册),南通翰墨林编译印书局,1910年,第2页。

佣劳动者,但还谈不上劳动力市场的形成。鸦片战争后特别是甲午战争后,外国资本主义的入侵使江苏很多依靠手工业维持生活的人破产失业。1900年,苏州织绸机工失业者数千人,镇江也有数千织绸机工歇业。其他地方失业者也不在少数。外国资本对江苏农产品原料的掠夺,一定程度上促进了农产品商品化的发展,加速了农民的分化。清政府把对外的赔款以赋税的形式转嫁到农民身上,加重了农民的负担。这些破产失业的农民和手工业者中的大多数被迫给封建地主当雇工,其余的则变成无业游民,到处流浪。各地曾陆续设立习艺所,工艺局,借以安辑。如丹徒县曾"兴办流民习艺所,专收他乡失业无依之人入所习艺"①。这就为江苏民族资本主义的产生和发展提供了充足、低廉的劳动力。

民族资本主义的产生和发展,还必须有相当数量的货币财富集中在少数人手中,用以购买生产资料和雇佣工人。辛亥革命前,江苏投资于民族资本主义企业成为民族资本家的官僚、地主、买办、商人通过种种手段积累了一定的货币财富。

第二,收回利权、抵制外货运动对江苏民族工业的发展起了有力的推动作用。

甲午战争的失败,资本主义列强瓜分中国的严重危机,促使中华民族逐渐觉醒,积极寻求救国救民的道路。19世纪末20世纪初,江苏出现了一批筹集资金、开拓利源,以杜国家漏卮、振兴民族实业的有识之士。南通张謇是其中的杰出代表。通州天生港大达轮步公司集股章程明确规定:"本公司只收本国人股本,入股人亦不得以股票转售、抵押于非本国人。"②金陵自来水有限公司集股章程也规定:"本公司全招华股,不招洋股,以保利权。"③不仅如此,无锡还出现拒绝外商投资设厂的事例④。

由民族资产阶级领导的,在1903年爆发、1907—1909年达到高潮的收回利权运动中,江浙两省人民曾掀起拒用洋款、自办苏杭甬铁路的热潮,其影响所及,不只是铁路沿线地区。它和1905年发动于上海的声势浩大的抵制美货运动,减轻了洋货对江苏各地民族工业的压力,使民族工业产品得到了畅销的机会,从而推动了民族工业的发展,其中棉纺工业最为突出。1906年,"苏纶纱厂获利颇丰,可为历年之冠","所出之纱,均在本省内地销售"⑤。江阴利用纱厂,1908年"开车以来,其出纱之捷,纱质之美,行销之广,遐迩皆知"⑥。

第三,清政府迫于形势实行的"新政",对江苏民族资本主义的发展也起了一定的促进作用。

① 《东方杂志》第4年(1907年)第6期,"各省工艺汇志"。
② 《张謇全集》第3卷,第710页。
③ 汪敬虞:《中国近代工业史资料》第2辑(下册),第740页。
④ 《锡金乡土地理》。
⑤ 汪敬虞:《中国近代工业史资料》第2辑(下册),第793页。
⑥ 汪敬虞:《中国近代工业史资料》第2辑(下册),第796页。

甲午战争前,清政府对民族工业一直实行控制、干预、约束的政策。甲午战争的失败,宣告洋务运动彻底破产。清政府因《马关条约》的巨额赔款陷于极端困难的境地,社会上要求发展民族工商业的呼声非常强烈。鉴于这种情况,清政府不得不对民族资本主义实行的传统政策有所松动,表示实行"新政"。1898 年 7 月 12日,清政府颁布《振兴工艺给奖章程》。这个章程在法律上第一次承认了中国民族资本主义工商业的合法地位。1903 年,商部成立并制定了《奖励公司章程》。该章程规定:凡能集股 50 万元到 5000 万元经营工商业者,分别奖以议员或商部头等顾问官等职位,并分别加七品至头品顶戴。由于受奖标准规定得太高,像张謇、周舜卿这样的人都是在变通实行中才被分别授予商部"头等顾问官",加赏三品衔和商部"三等顾问官",特赏二品顶戴①。1907 年,农工商部修订《奖励公司章程》,规定:凡集股 20 万元到 2000 万元以上者即予奖励。光绪三十三年底(1908 年 1 月底),农工商部授予张謇为该部头等议员,赏加二品顶戴;许鼎霖为该部三等议员,特赏正二品封典;蒋汝坊为该部四等议员,赏加四品顶戴;曾铸为该部五等议员,赏加三品顶戴②。

1904 年,商部颁布《商会简明章程》,要求各地成立商会。清廷给予商会向地方衙门和商部提出意见、建议,调解商务纠纷,将商会公积金资助巨商创设行号公司的权利。为此,各地纷纷成立商会,到 1908 年江苏省已成立商务总会 3 个,商务分会 46 个③。其中不少商会虽然被官僚、士绅或旧式商帮把持,但也有不少商会以振兴商务为宗旨,起到了"联合众情,结一团体,内整规约,外扞疆圉"的作用④。

正当江苏民族资本主义开始发展之时,上述放松束缚民族资本主义的政策、措施的制定和实施,不仅使民族资本主义经济得到法律上的承认,而且对近代生产技术的采用、科学技术的进步、社会风气的改变都有一定的促进作用。不能因为清政府的腐败无能,而对在实践中确实起过一定的促进民族资本主义工商业发展的"新政"一概否定,但也不能过分夸大。江苏民族资本主义的迅速发展,促进了该地区民族资产阶级的产生、发展和壮大,尽管它到辛亥革命前还是一个比较软弱、妥协性比较强的阶级,但在当时的历史条件下只有它能够承担领导该地区辛亥革命的重任。

(原载《江苏经济探讨》(内刊)1984 年第 6 期。发表于《中国社会经济史研究》1985 年第 4 期时,文字图表略有删改。收入中国人民大学《报刊资料选汇》,《经济史》1986 年第 4 期。)

---

① 光绪三十四年(1908 年)编:《农工商部统计表·商政下》。
② 光绪三十四年(1908 年)编:《农工商部统计表·商政下》。
③ 光绪三十四年(1908 年)编:《农工商部统计表·商政上》;宣统元年(1909 年)编:《农工商部统计表·商政上》。
④ 《锡金商会发起章程》,第二章"宗旨"。

1912—1926 年江苏资本主义的发展

辛亥革命后,特别是 1917 年至 1922 年间,江苏资本主义经济一度出现了前所未有的活跃局面,也就是通常所说的民族资本主义的"黄金时代"。这一时期,无论是江苏资本主义经济的发展速度还是发展规模,都在全国名列前茅,并为江苏今后的经济发展奠定了物质基础。1922 年后,帝国主义卷土重来,国内外市场特别是国内市场被帝国主义重新占领,江苏资本主义经济的发展遇到极大的困难,步履维艰。

一

为了便于大家了解、掌握 1912—1926 年江苏资本主义发展的进程,下面首先对各行各业的发展情况作个粗线条的介绍。

(一)棉纺织业的发展

棉纺织业是江苏资本主义工业的三大支柱之一。1912—1926 年,江苏棉纺织业的发展大体上可分为两个阶段:1912—1922 年为发展较快阶段,1923—1926 年为困难停滞阶段。

1. 发展较快阶段(1912—1922 年)

1912—1922 年,江苏棉纺织业发展较快的主要标志是:

第一,棉纺厂数量不断增加,企业规模日益扩大。

1912—1922 年,江苏境内新设的棉纺厂比较多。1912—1917 年间新建 1 家,1921 年新建 6 家,1922 年新建 3 家。到 1922 年为止,全省共新建 10 家棉纺厂(详见表 1),比 1911 年前所设棉纺厂增加 1 倍多;纱锭增加到近 40 万枚(原棉纺厂新增纱锭包括在内),比 1911 年前的纱锭增加 2 倍①。

表1　江苏新建棉纺厂统计表(1922 年为止)

厂名	开工投产时间	资本额	纱锭(枚)	线锭(枚)	布机(台)
广勤纺织厂	1917.01	100 万元	19968		52
大生第三纱厂	1921.10	240 万两	30340	4000	422
久安纺织公司	1922	80 万元	5940		

---

① 南通的宝昌、开源纱厂未计入。昭和二年(1927 年)2 月出版的《新编支那年鉴》第 918 页载:南通在 1923 年创立颜伯言纺织厂,纱锭 1120 枚。其他文献均未见有关此厂的记载。特录于此,供参考。

厂名	开工投产时间	资本额	纱锭（枚）	线锭（枚）	布机（台）
庆丰纺织公司	1921.06	100 万元	14800		
豫康纺织公司	1921.11	80 万元	14000		
申新第三纱厂	1921.12	200 万元	51000		500
常州纺织公司	1921.10	60 万元	14200		
大纶纺织公司	1921.11		10000		260
利民纱厂	1922	30 万两			
广新纱厂	1922	24 万元	5600		

大生一、二两厂"所纺之纱岁有常数，无以应社会之需要"，而频年境内植棉日广，产量增加，供两厂之求而有余。正如张謇在为创设大生三厂禀请立案稿中所说："今则十年以来，沿海产棉之地，继续垦辟不下五六十万亩，供两厂之求而有余。謇等因与两厂公同集议，拟集股一百二十万圆，订购纱机二万锭，择于海门县境之常乐镇地方设立大生第三纺厂。交通称便，又适介通、崇两厂之中，鼎峙而三，有提携相助之功，而无触突排挤之患。"①这就是大生三厂创办的起因。它从 1914 年开始筹办，订购好华特纺机 3.03 万锭，1921 年 10 月 10 日开车生产②。张謇曾拟订了一个宏大的发展棉纺业的远景规划，将大生纱厂发展到 9 个厂：在海门设三厂，在扬坝设四厂，在天生港设五厂，在东台设六厂，在如皋设七厂，在南通城南江家桥设八厂，另在吴淞设大生淞厂。结果只于 1921 年建成大生三厂，1924 年建成大生八厂，其余的都未能建成。

在新建棉纺厂的同时，江苏各地原有纱厂的规模也不断扩大。如南通的大生一厂，1904 年开车 4 万余锭，日产棉纱 104 件；1915 年后，开车 6 万余锭，日产棉纱 192 件。大生二厂，1907 年开车 2.6 万锭，日产棉纱 52 件；1912 年后，增开到 3.5 万锭，日产棉纱最高为 75 件；1921 年到 1922 年间，实开纱锭平均 3 万锭，日产棉纱 86 件左右③。太仓的济泰恒记纱厂，在 1920 年至 1921 年间，扩建厂房，增添蒸汽引擎 1 台、锅炉 2 台、纱锭 1 万枚，使纱锭总数增加到 2.3 万枚④。常熟的裕泰纱厂 1916 年添购 2548 枚纱锭，其纱锭总数达到 12740 枚⑤。江阴的利用纱厂 1919 年曾筹划另设子厂，以辟利源⑥。

① 张季直先生事业史编纂处：《大生纺织公司年鉴》，江苏人民出版社，1998 年，第 143 页。
② 《大生系统企业史》，第 145 页。
③ 《大生系统企业史》，第 110 页。
④ 《太仓利泰纺织厂厂志》，第 2 页。
⑤ 《江苏省纺织业状况》"内编"，第 3 篇"各厂概况"，第 75 页。
⑥ 《江苏省实业视察报告书》，商务印书馆，1919 年，第 153 页。

到 1922 年,江苏的棉纺厂厂数、纱锭数仅次于上海,名列全国第二。

随着江苏资本主义工业的发展,棉纺业资本的集中速度加快,巨额资本的大型棉纺企业明显增加。1911 年前,资本在 100 万以上的棉纺厂只有 1 家,1917 年至 1922 年,新创办的 10 家棉纺厂中,资本在 80 万元以上的有 6 家,在 100 万以上的有 4 家,其中无锡的申新第三纱厂是当时上海以外内地规模最大的棉纺厂。这段时间新设的棉纺厂平均资本额达 106.1 万元(常州大纶纱厂资本估算为 42.5 万元),比 1911 年前多 81.1%;平均每个厂拥有 17964.8 枚纱锭(常州利民纱厂纱锭估算为 9800 枚),比 1911 年前多 17.0%。

第二,盈利增多,利润率增高。

通过交换价值攫取剩余价值,是投资者设立棉纺厂、发展生产的最终目的。在 1911 年前,特别是第一次世界大战前,由于洋纱的倾销和外国资本在中国境内开设的纱厂的竞争,江苏境内的棉纺厂和国内其他各地的棉纺厂一样,为了挣扎图存,不得不从各方面寻找出路,保本求利。尽管如此,没有一个棉纺厂能逃脱亏蚀停工的厄运。第一次世界大战爆发后,称霸中国棉布市场的英国棉布几乎退出了中国及远东各国市场,主要生产 10、16、20 支低档棉纱的日本、印度的棉纺业开始向细支纱发展,并大力发展织布业。中国棉纱市场上粗支纱的供应量骤然减少(详见表 2)[1]。

表 2　日本历年输入中国的棉纱数量比较表

包

年份	输入中国棉纱数量	年份	输入中国棉纱数量
1914	455120	1919	156261
1915	463920	1920	166710
1916	440158	1921	174583
1917	365575	1922	180000
1918	231688		

第一次世界大战爆发后,中国采用粗支纱织布的农村家庭手织业一度兴旺起来,棉纱市场对粗支纱的需求量日益增加,有的地方出现了供不应求的现象;民族资本棉纺厂生产的棉纱在国内棉纱消费量中所占的比重逐年提高(详见表 3)[2],国内棉纱市场上的棉纱价格逐年上涨,经营棉纺业的利润逐年提高(详见表 4)[3]。据《申报》1919 年 9 月 19 日报道:无锡广勤纱厂织女牌 16 支棉纱售 304 元,14 支售

① 《华商纱厂联合会季刊》第 5 卷第 4 期,第 20 页。
② 陈重民:《今世中国贸易通志》第 3 编,第 1 章"棉纱",商务印书馆,1933 年,第 1 - 2 页。
③ 严中平等:《中国近代经济史统计资料选辑》,第 165 页。

284 元,12 支售 282 元;振新纱厂球鹤牌 16 支棉纱售 294 元,14 支售 280 元。同年 10 月 8 日的《申报》惊呼:"沪苏锡杭各纱厂日出之纱,供不敷求……为棉纱开始迄今,未有之市面"。

表3 民族资本棉纱厂棉纱产量在国内棉纱消费量中所占的比重

年份	进口数量（担）	全国全年机纱消费量(担)	全国民族资本棉纱厂棉纱产量	
			数量(担)	占总消费量的比重(%)
1912	1588174	2788174	1200000	43.0
1913	1982995	3182995	1200000	37.7
1914	2541611	4141611	1600000	38.6
1915	2685667	4285667	1600000	37.3
1916	2466932	5043182	2576250	51.1
1917	2076294	4652544	2576250	55.4
1918	1131613	3831613	2700000	70.5
1919	1405461	4205461	2800000	66.6
1920	1325378	4325378	3000000	69.4

表4 国内棉纱价格及盈利增长表

元/包(16 支纱)

年份	成本	纱价	盈利(盈 +)(亏 −)
1914	119.58	139.16	+ 19.58
1915	130.95	126.57	− 4.38
1916	136.45	144.06	+ 7.61
1917	175.66	212.59	+ 36.93
1918	200.25	221.68	+ 21.43
1919	209.16	279.72	+ 70.56
1920	206.64	271.61	+ 64.97
1921	200.28	210.49	+ 10.21
1922	217.13	196.50	− 20.63

江苏各地棉纱厂获利之厚,于 1919 年达到十分惊人的地步。如大生纱厂建成投产后,虽年年盈利,但盈利不多,最多的为 1919 年至 1920 年(详见表5、表6)①。

① 表5 的各类数字转引自《大生企业系统档案选编·纺织编 I 》,第 159 - 161 页。表6 中收支两抵后的盈亏额是根据崇明大生二厂(即崇明大生纺纱分厂、崇明大生第二纺纱公司、崇明大生第二纺织公司、崇明大生纺纱公司第二厂)第五、六、七、八、九、十、十一、十二、十三、十四、十五、十六届账略(见《大生企业系统档案选编·纺织编 I 》),纱锭和资本额是根据《大生系统企业史》第 128 - 129 页"大生二厂历年盈亏情况表"(1907—1921)中的有关数字编制的。

表 5　大生一厂历年盈亏表

年份	纱锭数（枚）	资本额（规银）	收支两抵后之 盈（＋）亏（－）（规银）	盈亏占资本百分比（％）
1911	40000	113 万两	（＋）136120 两	（＋）12.1
1912	40000	113 万两	（＋）261585 两	（＋）23.2
1913	40000	113 万两	（＋）302291 两	（＋）26.8
1914	40000	113 万两	（＋）282173 两	（＋）25.0
1915	60000（布机 400 台）	200 万两	（＋）134961 两	（＋）6.8
1916	60000	200 万两	（－）97079 两	（－）4.9
1917	60000	200 万两	（＋）661768 两	（＋）33.1
1918	60000	200 万两	（＋）503669 两	（＋）25.2
1919	60000	200 万两	（＋）2522121 两	（＋）126.1
1920	60000	250 万两	（＋）1934128 两	（＋）77.4
1921	65000（布机 480 台）	250 万两	（＋）710920 两	（＋）28.4
1922	75360（布机 720 台）	250 万两	（－）396074 两	（－）15.8

表 6　大生二厂历年盈亏表

年份	纱锭数（枚）	资本额（规银）	收支两抵后之 盈（＋）亏（－）（规银）	盈亏占资本百分比（％）
1911	26000	865610 两	（＋）36096 两	（＋）4.2
1912	26000	865790 两	（＋）180450 两	（＋）20.8
1913	26000	865790 两	（＋）209939 两	（＋）24.3
1914	26000	865790 两	（＋）226092 两	（＋）26.1
1915	26000	1189470 两	（＋）94525 两	（＋）8.0
1916	26000	1193270 两	（－）68382 两	（－）5.7
1917	26000	1193830 两	（＋）321270 两	（＋）26.9
1918	26000	1194130 两	（＋）99348 两	（＋）8.3
1919	26000	1194170 两	（＋）1264077 两	（＋）105.9
1920	26000	1194390 两	（＋）1001644 两	（＋）83.9
1921	31000	1194390 两	（＋）325864 两	（＋）27.3
1922			（－）317134 两	

　　苏纶纱厂棉纱的销售地原来以无锡、江阴、常熟、南通、海门等处为主，以上各地相继设立纱厂后，该厂棉纱销路大受影响，常因棉纱搁积而停工。1917 年，刘柏

森租办该厂后,鉴此前辙,遂改变计划,由洋关报税,运沪转销奉、直、鲁、皖、湘、蜀等省,以免搁积①。由于销售渠道畅通,销售额增加,盈利丰厚,到1918年底,苏纶纱厂已提公积金2万元,生产出现了较好的势头。一直处于艰难状况中的常熟裕泰纱厂(顺记公司承租),到1918年也有了盈余②。江阴利用纱厂生产的九狮牌棉纱颇受当地用户的欢迎,各织布厂若不用九狮牌棉纱,其布就不易销售,故九狮牌棉纱价格常在其他棉纱之上③;加之洋纱来源减少,供小于求,1919年该厂获利之厚,较往昔约逾3倍④。另据《申报》1919年8月2日报道,利用纱厂1917年至1918年7月底的红利,每股银高达17两。1917年开车投产的无锡广勤纱厂,并没有像业勤、振新纱厂那样出现开办时左支右绌、苦于应付的局面,而是"甫经创办,获利甚巨"⑤。无锡振新纱厂,从1905年创办到1918年,"盈亏互见";1919—1920年,"股东红利竟达6分"⑥。1921年,该厂共盈余61万元,每股分给余利40元,连同官利10元,共50元⑦。同年,广勤纱厂盈余80万两⑧。

总之,不论是全省整个棉纺业,还是个别的棉纺厂,在第一次世界大战爆发后,特别是1918年以后的发展,大有一日千里之势,其获利之厚为他业所不及。

1912年后,江苏棉纺业的较快发展主要是指机器纺纱业。在机器纺纱厂内设置织机兼营织布的厂家并不多,采用机纱织布的手工工场却不少。第一次世界大战爆发后,各国输入中国的棉布量急剧减少,洋布价格日涨一日,各埠客帮眼看经营洋布无利可图,改为经营用机纱织成的各种厂布。江阴城乡织布厂的生产很是兴旺,在1917年初的一个星期内就订购出条布数千件。"销路之畅,向所未有,此亦国货战胜洋货之一好机会也。"⑨这也就刺激了织布业的发展。

民国初年,江阴、武进等地的布厂都是采用木机手工织布。1916年后,陆续采用铁机织布。据记载,1919年,江阴城内外共有织布厂50余家,其织机多者千余架;少者亦有300~400架;资本多寡不一,有集资千余元即开办者;全县各布厂约有男女工人万余人⑩。1911年前,常熟只有4家织布厂;到1920年,除因经营管理不善、股东意见分歧或投机失败等原因中途停业者外,尚有织布厂40多家。此外,分散在乡镇的小型手工织布厂也为数不少。估计常熟全具共有织布机3000架左

① 《江苏省纺织业状况》"内编",第3篇"各厂概况",第70~71页。
② 《江苏省纺织业状况》"内编",第3篇"各厂概况",第75页。
③ 《江苏省纺织业状况》"内编",第3篇"各厂概况",第78页。
④ 《江苏省实业视察报告书》,第153页。
⑤ 《中行月刊》第7卷第4期,第155页。
⑥ 《全国棉纺织厂调查报告》,《棉业月刊》第1卷第4期。
⑦ 《锡报》,1922年4月17日。
⑧ 《锡报》,1922年4月6日。
⑨ 《民国日报》,1917年3月10日。
⑩ 《江苏省实业视察报告书》,第153页。

右,男女工人 4800 人左右,年产布匹约 40 万匹。其布匹品种,除少数提花中、低档线呢外,均是 2 尺左右阔、20 码长的各种条子、格子厂布。这些布匹除销本省外,还远销浙江、四川、湖北、哈尔滨等地。其中勤德布厂规模最大,内部设有力织、染色、上浆、干燥、轧光、伸张、烧毛、制丝光线等设备。其出品之优美为远近各县所未有①。无锡布厂厂数、织机数及产布数量不及江阴、常熟,到 1920 年,只有 16 家布厂、2800 多架织机,但布匹质量却远远超过江阴和常熟②。1919 年,吴县各布厂有织布机约 600 架,男女工人 1100 人左右,且有"方兴未已"、"岁有所增"之势③。另外,吴县还有 1 家织袜厂,男女工人 23 人,年产纱线袜 2000 打④。六合县有 10 余家毛巾厂⑤。如皋县有几家织袜厂,略具工厂之雏形⑥。海门县有海新线袜公司,男女工人 17 人,年产线袜 2000 打,值银 3000 余元,专销本县⑦。淮阴县用机器织袜的有 8 户⑧。1917 年,镇江杨某集资 10 余万元,创办两家织布厂⑨。1918 年开办的如皋经纬布厂,原集资 1 万元,试办半年,成绩卓著,1919 年改为股份有限公司,招股 1 万元,藉资扩张,附股者除本地人外,还有上海、杭州、扬州等地的商人来投资,足见江北实业大有蒸蒸日上之势⑩。靖江县广陵镇有广益布厂。太仓县直塘乡有新太织布厂,开办时入不敷出,年来颇有利益⑪。海门县的宝兴布厂年出布 1 万余匹⑫。

这里特别需要说明的是,即使是在民族工业的"黄金时代",手工织布业的发展也不是一帆风顺的。众所周知,手工织布业受棉纱原料供应和产品销售的制约,不管哪方面遇到障碍,生产都会受到严重影响,以致不能顺利进行。手工织布工场织造的布匹,除出口一部分外,主要销往农村。中国农村人口虽然占绝大多数,但购买力很低;由于手工织布业自身的缺点造成布匹质量不高,加之机织布的竞争,棉布市场容易饱和。一头是棉纱原料涨价,一头是产品质量不高,销路停滞,两头一夹攻,资金短绌、技术力量薄弱的那些布厂织造的质次价高的布匹自然会大量积压,被迫停工歇业的现象也就必然会时常发生。1917 年 7 月 29 日《民国日报》报

① 《江苏省实业视察报告书》,第 126－128 页;《常熟的染织(布厂)工业》,见政协常熟市文史资料研究委员会编《文史资料辑存》第 8 辑。
② 《锡报》,1922 年 12 月 23 日。
③ 《江苏省实业视察报告书》,第 121 页。
④ 《江苏省实业视察报告书》,第 121 页。
⑤ 《江苏省实业视察报告书》,第 26 页。
⑥ 《江苏省实业视察报告书》,第 161 页。
⑦ 《江苏省实业视察报告书》,第 117－118 页。
⑧ 《江苏省实业视察报告书》,第 167－168 页。
⑨ 《民国日报》,1917 年 2 月 12 日。
⑩ 《申报》,1919 年 4 月 30 日。
⑪ 《江苏省实业视察报告书》,第 100 页。
⑫ 《江苏省实业视察报告书》,第 117 页。

道说："迩来棉纱、棉花价格骤增,较之平时竟涨至一倍或倍半不等,而该业中又复此争彼夺,卖买空盘,以致本国大小各布厂原料无着,恐慌万状,势将停闭……常熟、无锡、江阴、苏州各内地大小布厂奚止数百余家,工人亦何数十余万人,值此潮流所趋,受其影响,势将垂毙,不得不停止营业,以待时机。"常熟、无锡、江阴、苏州等地实力比较雄厚、技术相对比较先进的厂家尚如此,地处偏僻、技术低劣、资金短缺、产品竞争能力不强的厂家更是如此。宜兴羡余布厂因棉纱原料涨价,销路阻滞,颇形亏折,到1919年7月间,因耗损过多,几成无米之炊,不得不停工,到1919年11月才得以继续开工生产①。六合的同裕布厂因产品销路不畅,1918年闭歇;宝善毛巾厂也由于棉纱价格陡涨,1919年暂行停顿②。江浦协成布厂因营业不能发达,已于1919年春夏间闭歇③。泰县的椿源织布公司、华陵织布公司均以资本不继,先后歇业④。1915年,金坛县曾有商人购机10余张,组织开办布厂;1916年冬,以销路不佳停止营业。"盖以常州、无锡等县,密迩邻境,布厂林立,花样日新,出品既难相抗,而原料之购入,又较费周折,其不竞也固宜。"⑤宝应县的张德顺布厂,也因产品销路不畅,于1919年春闭歇⑥。1918年冬,灌云县曾有人创办华昌布厂,其规模狭小,织机不足10具,织工不过数人,不久亦归于乌有⑦。

2. 困难停滞阶段(1923—1926年)

棉纺业:西方帝国主义国家渡过了第一次世界大战结束后的危机后,重返远东市场,对中国进行更为残酷的掠夺。日本在第一次世界大战期间,在中国拼命扩张自己的势力,打下了基础,尤其在纺织业方面的实力比较雄厚,与中国的民族棉纺织业展开了激烈的竞争。不仅如此,日本帝国主义还独霸东南亚广大的棉纺织品市场。正因为这样,中国的棉纺织业从1922年起,纱锭数虽然有所增加,但总的来看,大不如1922年以前了,"以倾败闻者,踵趾相望"的现象不断出现。

1922年后,江苏棉纺业的纱锭是逐年增加的。据统计,1918年全省纱锭数为213680枚,1924年增加到393108枚,1925年增加到419308枚,1927年增加到440272枚⑧。这是问题的一个方面。问题的另一个方面,即更重要的方面是:1922年以后,花贵纱贱,棉纱销路呆滞,市价日落,纱厂获利日益减少。这种情况在1922年就发生了,只不过不像后来那样严重罢了。1922年,无锡纱厂获得薄利者仅三

① 《江苏省实业视察报告书》,第149页。
② 《江苏省实业视察报告书》,第26页。
③ 《江苏省实业视察报告书》,第22页。
④ 《江苏省实业视察报告书》,第206页。
⑤ 《江苏省实业视察报告书》,第46页。
⑥ 《江苏省实业视察报告书》,第214页。
⑦ 《江苏省实业视察报告书》,第244页。
⑧ 方显廷:《中国之棉纺织业》,商务印书馆,1934年,第15页。

分之一。从 1923 年春起，无锡棉纺业开始减工，控制生产，后来发展到停工，勉强维持生产者恐怕不及三分之一。纱业界曾议决限制添设纱锭①，后经再三请求，农商部同意无锡限制增设纱厂。不过农商部在批复中留了条退路："将来如有供给不足时，政府可以随时取消此项限制。"②1922 年秋开始筹办的惠元纱厂，到 1923 年 3 月暂告停顿。统观 1923 年的无锡棉纺业，因原料棉花昂贵，棉纱销路疲软，价格回落，收棉花多而售棉纱缓者，尚可勉强相抵；预先抛纱而存棉花少及收购棉花晚者，不免受损；只有广勤、豫康两厂存棉量较多，销售棉纱的时机掌握得比较好，生产尚能正常进行，其余的均比较差③。1924 年，花贵纱贱的局面并没有改变。据荣德生先生回忆说：1924 年，"花贵纱贱，交易所有人抛纱、收花，花价最高五十两零，纱则一百六十余两。余处由产地收花，勉敷成本。"申新三厂因"时时留心花、纱、布之成本，开支减省，勉能维持，申各厂则停歇过半矣。"④1925 年、1926 年，无锡的棉纺业发展仍然很困难。据载，1926 年，无锡棉纺业因棉纱销路停滞，价格频落，营业颇困难；秋冬两季，因时间影响，交通阻塞，销路更形稀少，广勤、豫康、庆丰因上半年获利，以抵补下半年之耗损，振新、申新均因此而亏损，业勤则停工歇业⑤。

资金薄弱的纱厂因资本不足，棉纱、棉布价格下跌，也只得忍痛贱价销售，以资周转；资金不足，又不能多储棉花原料以保证生产正常进行。这些纱厂经不起花贵纱贱风浪的袭击，一经亏折，即无法维持。常州的大纶纺织股份有限公司因经费不足，于 1922 年秋将厂产先后抵押给上海保大、利大两银号；1924 年秋，因江浙战争的影响而停工；1925 年秋，由于无款偿还，该公司协议决定由保大、利大执管厂产，另招新股⑥。常州的利民纱厂刚开办即遇上花贵纱贱，加之金融阻滞，开办不久就宣告停业。1925 年出卖后，改名为通成纺织股份有限公司⑦。历史悠久、颇有基础的老厂，亏损现象也非常严重。1921—1927 年，常熟的裕泰纱厂、苏州的苏纶纱厂均改组加记，更换承租人。太仓的济泰纱厂，1923—1926 年三易经办人，年年亏损。南通大生纱厂从 1922 年起转入逆境。1922 年，大生一厂亏损 39 万余两，大生二厂亏损 31 万余两。同年，大生一厂负债总额达 1242 万余两，其中借入款为 709 万余两；大生二厂负债总额达 352 万余两，其中借入款 125 万余两⑧。自此以后，大

---

① 《言论》，《无锡杂志》第 4 期，第 2 页。
② 《锡报》，1923 年 4 月 23 日。
③ 《锡报》，1924 年 1 月 1 日。
④ 《荣德生文集》，上海古籍出版社，2002 年，第 95 页。
⑤ 《锡报》，1927 年 1 月 1 日。
⑥ 于定一：《武进工业调查录》，转引自《常州地方史料选编》第 1 辑，第 20 页。
⑦ 于定一：《武进工业调查录》，转引自《常州地方史料选编》第 1 辑，第 20 - 21 页。
⑧ 《大生系统企业史》，第 219 - 221 页。

生纱厂连年亏损(详见表7)①。

表7 大生一厂、二厂盈亏表

年份	大生一厂盈(+)亏(-) (规银)	大生二厂盈(+)亏(-) (规银)
1923	(-)373080 两	(-)91885 两
1924	(-)181087 两	(-)77494 两
1925	(-)241454 两	(-)82777 两
1926	(+)5164 两	(-)5659 两

大生纱厂连年亏损的原因很多,花贵纱贱是其中重要原因之一。张謇在1925年《为实业致吴季诚函》中指出:"国内纱贱棉贵之状况如此,大生则每纱一箱,须亏一箱之本;每纺一日,须负一日之累,不能逃当然受困之公例。而股东之息,债户之息,则不可少不可缓,试问何以支持?"②没有政府的扶持和补贴,棉纺业靠自身的力量无论如何是难以为继的。大生一厂被迫于1924年由南通钱业债权人组织"维持会"来经营。由于"维持会"只想自己收回债本,不肯承担大生一厂其他借款付息还本的责任,引起上海银钱业方面债权人的不满。1925年,大生各纱厂由中国、交通、金城、上海4个银行和永丰、永聚钱庄债权人组成的银行团接办。

金沙和四安一带士绅1920年创办的久安纱厂,开车投产后因花贵纱贱,流动资金无着,1924年将纱锭并入大生一厂。据说,通海金融界人士在南通小海镇创办的宝昌纱厂,由于棉纺业的"黄金时代"已过,勉强开车1天即停车,将全套机器卖给大生副厂。石港镇人士1920年创办的采用木机纺纱的开源纱厂,开车投产不久也停工闭歇③。

总之,1923—1926年,江苏棉纺业的形势十分严峻,而且越来越严峻。"入年(1926年)以来,江苏各纱厂几无日不在亏折赔累者。"然而有的纱厂却继续维持生产, 部分是因为原料已经采办,无法中止;一部分是关念贫苦工人生计,不愿其遽尔失业④。

棉织业:从1922年开始,棉织业亦步履维艰,时而出现停业现象。如无锡的织布业1922年不如1921年,歇业者时有所闻。常州从1906年起的20余年中,专织条布的布厂相继设立了40~50家。由于这些布厂织的布质量较差,销路不好,到

---

① 表7根据《南通大生第一纺织公司》第25-28届收支账略,《崇明大生第二纺织公司》第17-20届账略有关数字编制。
② 《张謇全集》第3卷,第837页。
③ 南通《文史资料选辑》第2辑,第13-14页。
④ 《民国日报》,1926年7月25日。

20 年代末,仅存十分之一二①。常熟 1921 年后也有 10 多家布厂因各种原因而倒闭。"五卅"运动后,各界提倡国货,厂布销路畅旺。由于织布原料均属于细纱、双线,国产货缺乏,供不应求,市价陡涨一倍,出现了纱贵布贱的现象。因此,织布业要想获利殊非易事。苏州、江阴、无锡各地布厂于 1926 年春停机者颇多②。

这一阶段,织布业虽困难重重,但总的来说还是有发展的。这不仅表现在布厂数量的增加上,更主要的是表现在布机的改进、生产水平的提高和规模的扩大等方面。如常熟在这段时间里,虽然有些布厂倒闭了,但布厂总数是增加的,而且还添置了天津式、日本式的铁木脚踏机。其中勤德布厂 1924 年年销售额达 60 万两,折算成布约 10 余万匹,最盛时布机达 300 多台③。常州织布业在这段时间也是有发展的。自 1916 年蒋盘发创办以英国式铁机专织斜纹布、细布的大纶布厂后,相继成立的布厂有:1923 年,诸永生创办利源布厂,刘国钧创办广益布厂。广益布厂仿制英国式之铁木混合机,以织斜纹布。据《新武进》报道:恒丰、利源、广益 3 家布厂营业均甚为发达。广益厂主刘国钧向为布厂业之巨擘,广益近以铁机丝光畅销各埠,供不应求。欲推广该厂出品,非装用马达铁机不可,特于今夏(1925 年)添建房屋 20 余间,装置铁机 36 张,均用马达开机……于下月初可开工矣④。据调查,以电力为动力的铁木混合机的产量 10 倍于手拉木机,5 倍于足踏铁木混合机,而且布的色光、线纹、扣格,能与日本产的布匹竞争。无锡各布厂注意提高布匹质量,出品花样翻新,使之驾于舶来品之上,极受社会各界欢迎。1925 年,无锡各布厂的营业极为发达。其中,丽新布厂两经兵灾,损失甚大,年终除抵支上年损失外,尚不亏蚀;其他各布厂均可余数千金⑤。

织袜业:大多数在家内自织,无工厂可言。如南京女子谙熟织袜技术在家织袜者,1925 年约有 600~700 家。袜子织成后无论批发给广货店还是售卖给工厂,皆有余利可获;若令卖货者去街巷零卖,获利尤丰。1921—1926 年,无锡开设 13 家织袜厂,其中 1923—1926 年开设的就有 11 家⑥。

总而言之,1923—1926 年,江苏棉纺织业特别是棉纺业处于供过于求、盈虚消长的阶段,远不如 1921 年以前有把握。

(二) 缫丝业的发展

1912—1926 年,江苏缫丝业的发展可分为两个阶段:缓慢发展阶段和迅速发展阶段。

① 于定一:《武进工业调查录》,转引自《常州地方史料选编》第 1 辑,第 27 页。
② 《锡报》,1926 年 2 月 27 日。
③ 常熟市《文史资料辑存》第 8 辑,第 67 页。
④ 《新武进》,1925 年 9 月 13 日。
⑤ 《锡报》,1926 年 2 月 17 日。
⑥ 《工商半月刊》第 2 卷第 13 号"调查",第 36—40 页。

1. 缓慢发展阶段(1912—1922年)

中国的生丝主要供应国际市场,因此,缫丝业的发展与否和生丝出口的盛衰有着密切的关系。第一次世界大战爆发后,特别是欧美各中立国相继对德宣战后,金融市场更加紧张,航路更为不便,中国生丝出口销往南北美洲深受影响。由于国际生丝市场受战争的影响和限止,购买力下降,对生丝的需要量大减,中国生丝出口量也随之减少。上海、苏州、镇江等口岸的生丝输出量,从1914年开始呈直线下降趋势(详见表8)①。

表8 上海、苏州、南京、镇江口岸生丝输出统计表

担

地点	1911年	1912年	1913年	1914年	1915年	1916年	1917年
上海	59225	86554	73446	10456	78809	66390	64892
苏州	2821	21454	22938	2323	19172	15152	1872
南京	1174	1735	236				
镇江	330	1273	1281	690	436	412	422

国际生丝市场的衰退和中国生丝出口量的剧减,使以出口为主的江苏机器缫丝业在这段时间不但没有获得像棉纺织业、面粉业等行业那样迅速的发展,反而年年亏损,发展缓慢。据载:苏、浙、皖三省,丝厂一业自欧战开始,至上年(1918年)十一月底(阴历)止,直接间接所受损失,共计银2950余万两,平均每年亏损高达近600万两。这样巨额的亏损对于营业资本不过200万~300万两的苏、浙、皖缫丝业来说,是无法承受的。就江苏缫丝业来看:1917年,只有资本雄厚、收茧较早、未受抬价之亏的苏州延昌恒丝厂盈余2万两;无锡源康丝厂盈余1万两;资本微薄、出货草率的厂家无不大受亏损。1918年,无锡也只有1家丝厂"因出货较早,获利数千金,推为该业中之绝无仅有者"。无锡的投机家与丝厂商人,在这几年中因损失不小,严重影响了进取性。另据记载:苏州的苏经、延昌恒、源盛东3个丝厂所缫之丝行销美、法、英、意等国。第一次世界大战爆发后,商舶来到中国者,日见其少,故频年以来,厂丝大受影响②。正因为这样,在这段时间里,全省只有无锡一地增设10家缫丝厂,丝车2560台(详见表9)③。镇江等地不仅没有增设新丝厂,原来

---

① 《上海总商会月报》第4卷第7号"丛载",第33-34页。

② 《江苏省实业视察报告书》,第121页。

③ 《江苏实业月志》第64期,《无锡实业进展之概况》。高景岳、严学熙编《近代无锡蚕丝资料选辑》第52、55-56页载:1913—1922年,无锡新设缫丝厂14家,且厂名亦不完全一样。其厂名和成立时间如下:乾元(1913年)、隆昌(1914年)、福纶(1914年)、九余(1916年)、永盛(1918年)、德兴(1919年)、镇纶(1920年)、慎昌(1920年)、永吉(1920年)、振元(1922年)、泰孚(1922年)、乾源(1922年)、宏绪(1922年)、振艺新厂(1922年)。抄录于此,供参考。

丝厂的营业也很不景气。如大纶缫丝厂因生丝出口减少,市价跌落,闭歇停业,将厂出租,先后由上海、无锡等地商人承租经营,但时间均不长,承租者频繁更换。

直到1922年,欧美生丝销路畅旺,价格上涨。江苏缫丝业生产开始向好的方向发展,价格迅速回升,产品出口迅速增加。据《锡报》报道,1922年,无锡各缫丝厂售出的生丝每担上涨200两以上,各厂获利不少,多者在10万两以上,少者亦有8万~9万两或5万~6万两,是无锡缫丝业有史以来从未有过的现象[1]。

表9 无锡新设缫丝厂统计表

厂名	设立年份	资本数(元)	丝车数(台)
乾丰	1913	50000	256
鸿盛	1914	52000	256
瑞昌	1914	50000	248
瑞康慎	1916	40000	280
华盛	1918	50000	288
锦丰	1919	50000	240
宏昶	1919		240
振隆	1920	42000	304
宏绪	1920	48000	240
太孚	1922		208

2. 迅速发展阶段(1923—1926年)

这一阶段,江苏缫丝业的发展与棉纺织业、面粉业等行业有着很大的区别,它并没有因为第一次世界大战结束后的西方帝国主义卷土重来而衰落,相反却呈现出一派兴旺发达的景象。当然,缫丝业在这个阶段的发展也不是一帆风顺、直线上升的。

从1922年开始,欧美各国生丝销路畅旺,生丝市场的需要量不断增加,中国生丝出口量不断增加,国内生丝价格不断上涨。1922年,各丝厂获利不少,盈余者莫不兴高采烈。1923年,各丝厂纷纷抛丝收茧,准备大干一场,每担春茧放价至100元之巨。由于蚕质恶劣,缫折大,欧美市场丝价逐步下跌,各丝厂均遭受损失。1923年全年通扯,各丝厂绌多盈少,损失最重者,为专收无锡、江阴、常州三地春茧者。1924年,欧美市场生丝继续滞销,价格低落,加之江浙战争的影响,无锡缫丝业盈余者为数不多。1925年,欧美市场生丝销路转旺,价格逐渐上涨,加之这一年蚕茧质量好,缫折小,各丝厂均获厚利。据《锡报》报道,无锡各丝厂获利最多的达10万两以上,少的也有4万~5万两、7万~8万两不等[2]。荣枯迥殊,于斯可见矣。

---

① 《锡报》,1923年1月1日。
② 《锡报》,1926年1月1日。

乾甡丝厂三跳舞牌生丝专销怡和洋行,运往英国各埠,丝质优良,畅销无阻①。1926年春,无锡丝厂之增设,犹如风起云涌,其建筑竣工、待茧开缫者已有5家,而购地建房者又接踵于后。据载,1926年,每缫生丝1担,可盈余100余两。1926年,无锡缫丝业共盈余约300万两之巨,居各业之首②。这一年,无锡缫丝厂增加到24家,丝车增加到7660部(详见表10)③,增长速度比上海快得多。

表10 锡沪两地丝厂、丝车比较表

年份	缫丝厂数				缫丝车数			
	上海		无锡		上海		无锡	
	厂数(家)	指数	厂数(家)	指数	丝车数(部)	指数	丝车数(部)	指数
1920	63	100.0	14	100.0	18146	100.0	4444	100.0
1921	58	92.1	14	100.0	15770	86.9	4444	100.0
1922	65	103.2	19	135.7	17260	95.1	6220	140.0
1923	74	117.5	19	135.7	18546	102.2	6220	140.0
1924	72	114.3	19	135.7	17554	96.7	6220	140.0
1925	75	119.1	20	142.9	18298	100.8	6340	142.7
1926	81	128.6	24	171.4	18664	102.9	7660	172.4

(三)面粉业的发展

面粉业是江苏资本主义工业的又一大支柱。江苏面粉业在1912—1926年间明显呈现出两个发展阶段。

1.迅速发展阶段(1912—1922年)

第一次世界大战爆发后,西方帝国主义国家忙于相互厮杀,食品工业逐渐萎缩,它们不但不能输出面粉,而且还要大量输入以满足军民对面粉的需要。中国面粉价格低廉,自然成为它们的主要采购对象。日商三井、三菱洋行及英商祥茂洋行等纷纷向中国面粉厂购买面粉。特别是日本商人利用海运日轮运载面粉到欧洲各国,获利甚多。他们在上海搜罗面粉时,不论粉色如何,是否名牌,统统吃进。由于国外对中国面粉需求量的增加,中国面粉输入输出情况发生了急剧变化。从1915

---

① 《锡报》,1925年10月13日。
② 《锡报》,1927年1月1日。
③ 根据严中平等编《中国近代经济史统计资料选辑》第163页、高景岳《漫谈抗战前的无锡缫丝工业》(原载《无锡文史资料》第1辑,1962年5月)等有关统计资料编制而成。《申报》1926年8月9日"今年本外埠丝厂一览表"说:无锡缫丝厂22个,缫丝车6857部;上海缫丝厂80个,缫丝车20762部。此表1926年上海缫丝厂数、缫丝车数,无锡缫丝厂数、缫丝车数与本书编制的表中的数字有出入。特抄录于此,供参考。

年开始,中国面粉输入量急剧减少,由入超国变为出超国,1920年出超近350万担。该年,中国输出面粉量占全国面粉产量的26%。国内市场对面粉的需求量并没有减少,由此出现了供不应求的现象。在这种大好形势下,江苏面粉工业得到了迅速发展,出现了所谓的"黄金时代"。根据有关资料的粗略统计,除去停歇、改组的,江苏的面粉厂从1911年的11家增加到1922年的19家,资本额从1911年的195万元增加到1922年的346.9万元(内缺长丰面粉二厂的资本额,原有面粉厂后来增加的资本额未计入)。其中,新办面粉厂8家(包括1919年停歇的宝新面粉厂,详见表11)。值得指出的是,江苏的面粉厂全为民族资本企业,没有中外合资企业,更没有外资企业。这与面粉厂比较集中的上海、东三省相比,可算为一大特点。

表11　江苏新设面粉厂统计表(1912—1922年)①

厂名	设立年份	资本额(万元)	日产面粉(包)	变动情况
宝新面粉厂	1913	4.0	1500	1917年租给荣家,改称茂新第四厂,两年后期满退租。1919年停歇。
惠元面粉厂	1913	15.0	1600	1916年由茂新厂租用,改称茂新第二厂,1917年正式购进。
泰隆面粉厂	1914	20.0	1800	1916年由茂新厂租用,改称茂新第三厂。
贻成面粉公司	1915	20.0	2000	由1903年创办的合兴面粉厂改组而成。
大丰盈记面粉公司	1915	13.9	1200	
茂新面粉第二厂	1916	16.0	2000	租进惠元面粉厂,改称茂新第二厂。
茂新面粉第三厂	1916		1800	租进泰隆面粉厂,改称茂新第三厂,两年后原主收回自办。
茂新面粉第四厂	1917		2000	租用宝新面粉厂,改称茂新第四厂,1919年期满退租。
九丰分厂	1919	20.0		
恒丰面粉厂	1920	20.0	3000	

① 根据《旧中国机制面粉工业统计资料》(中华书局,1966年)第215—226页"旧中国机制面粉工厂一览表",(一)"民族资本机制面粉工厂一览表"(1878—1949年)编制。《无锡文史资料》第4辑第63页说:九丰面粉厂1918年添建第二个主厂房,加装15部钢磨。有人称之为九丰分厂。

厂名	设立年份	资本额（万元）	日产面粉（包）	变动情况
宝兴面粉厂	1921	20.0	1500	
大同面粉厂	1922	50.0	2100	
长丰面粉二厂	1922		1850	

1912—1922 年,江苏面粉工业的迅速发展,不仅表现在新设面粉厂的数量多,还表现在面粉的销路广、盈利多。江苏面粉不仅销往中国北方各省,而且远销英国、法国、澳大利亚及南洋各国。外国商人常向无锡茂新面粉厂订购"兵船"牌面粉几万包或几十万包。由于面粉供不应求,价格步步上涨,各面粉厂获利不少。1916 年,茂新面粉厂和当时租营的惠元面粉厂获利 16.8 万元之多①。1918 年,茂新面粉厂盈余 20 万元,第一分厂(原惠元面粉厂)盈余 12 万元,第二分厂盈余 4.7万元,九丰、泰隆面粉厂各盈余 10 万余元②。在此期间,九丰面粉厂获利最多年份达 60 万元。当时,无锡社会上流传着"买到了九丰的股票,就好比着了头彩"的说法。九丰面粉厂获利之巨和分红之多③,由此可见。1919 年,荣德生在《乐农自订行年纪事》中说:"茂、福新粉销之广,尝至伦敦,各处出粉之多,无出其上,至是有称以'大王'者。"④

由于面粉销路广,利润高,江苏各地原有面粉厂和新设面粉厂的资本也在迅速增加,各厂纷纷扩建厂房,增添机器设备,扩大生产能力。1912 年,茂新面粉厂由于获利较多,添建新厂房,增置新机,扩大生产能力,提高产量,以适应市场需要⑤。1914 年春,茂新一厂增添第二副机,用大马达,其他一切旧式机器拆去,修理机应有尽有,每日共出面粉 5000 包⑥。1918 年,茂新一厂再添美国制造的钢磨 12 座,日产量增加到 8000 包左右⑦。1918 年,无锡九丰面粉厂添建第二个主厂房,加装钢磨 15 部⑧。债台高筑、停工数年的镇江合兴面粉厂也于 1915 年改组成镇江贻成面粉厂,重新开张营业,其生产的面粉一度运往上海转口销往国外。

常州运村人张景毓曾招股在无锡创办华昌面粉厂,厂基楼房墙壁砌至三层停工。1917 年浙江戚姓商人与该厂商定改组,牌号更为协丰面粉厂,未成。

---

① 《荣家企业史料》(上册),第 41 页。
② 《锡报》,1919 年 2 月 8 日。
③ 《无锡文史资料》第 4 辑,第 65 页。
④ 《荣德生文集》,第 86 页。
⑤ 《荣家企业史料》(上册),第 29 页。
⑥ 《荣德生文集》,第 69 页。
⑦ 《荣家企业史料》(上册),第 43 - 44 页。
⑧ 《无锡文史资料》第 4 辑,第 63 页。

2. 步履维艰阶段(1923—1926 年)

第一次世界大战结束后,西方各帝国主义国家的面粉业逐渐恢复生产,排斥中国面粉的进口。英国商人借口中国面粉不符合食品卫生要求,吃了对人的健康有害,要求政府禁止输入①。不仅如此,日本、美国、澳大利亚、加拿大的小麦和面粉纷纷运来中国,跌价销售,以夺取市场。俄国也一改过去输入面粉为输入小麦。从1922 年开始,中国面粉由出超变为入超,1924 年入超达 640 余万担(详见表12)②。

表 12　中国面粉输入输出数量统计表(1922—1926 年)

年份	输出(担)	输入(担)	出超(+) 入超(−)
1922	593255	3600967	(−)3007712
1923	131553	5826540	(−)5694987
1924	157258	6622736	(−)6465478
1925	288060	2782718	(−)2494658
1926	118421	4268093	(−)4149672

面粉入超的增加,使江苏面粉业深受其害。从江苏面粉业中心无锡的面粉业的消长,可以清楚地看到它受害之程度。1922 年,除受外国面粉入超影响外,还因国内小麦收成荒歉,小麦价格昂贵,致使无锡各面粉厂无力收购,原料缺乏,无法正常生产。据说,该年,无锡面粉业全年开工时间不及三分之一,各厂均无利可得,老于此业者,尽其长袖善舞之术,亦仅保持血本。1923 年,美国面粉大批输入。这些面粉货身奇劣,售价较廉,每袋 2.70 ~ 2.80 元;而"绿兵船"牌面粉每袋 3.06 元,"红兵船"牌面粉每袋 2.96 元,价格悬殊太大,不得不一跌再跌。到 1924 年,"绿兵船"牌面粉每袋跌至 2.50 元,"红兵船"牌面粉每袋跌至 2.37 元。无锡面粉业无甚盈余。1925 年,军粮需量较多,河南、山东、安徽等省又遭严重旱灾,米粮缺乏。这给江苏面粉业带来了获利的机会。春夏之交,无锡每袋面粉售价涨至 3.50 元以上,冬季也在 3.40 元以上。该年,无锡茂新面粉厂约盈余 20 余万元,九丰面粉厂

① 据《驻英顾公使为维持中国面粉商业在英名誉之报告》中说:每日捷报等迭次载称,英民近患肠胃病及沉睡病者甚多,经医生及化学家考察,知其原因在所食中国面粉不合卫生。此层迭由本报揭登而政府置若罔闻,仍令有害之华产食品继续销行。……英政府以其值廉,大宗购买,散售民间。惟此项面粉既有害民,亟宜停止购食等语。……查悉英政府之购买我国面粉,意在以平市价,而其他面粉商人因此无从居奇,竭力反对政府之管理食品。见《农商公报》第 8 卷第 2 册第 86 期"报告门",第 1—2 页。英国商人为维护自己的利益,捏造事实,加害于人,真是无耻之尤。特将以上这段文字抄录于此,供参考。

② 施复侯:《三十年来之中国面粉业》,见《茂新、福新、申新总公司卅周年纪念册》。侯厚培《近年来中国实业发展概况》一文中说:1924 年中国输入面粉 6657162 担,入超 6499877 担;1925 年输入面粉 2811500担,入超 2523440 担。与表12 这两年的输入数和出超数有点出入。详见《上海总商会月报》第 7 卷第 2号"专论",第 28—29 页。

约盈余10万余元,其他各面粉厂或盈余2万~3万元,或盈余6万~7万元。然而,这种盈余并不是建立在生产发展、购买力提高的基础上的,它不能代表全省面粉业的正常发展状况。1926年,无锡长丰面粉二厂出租;1927年,该厂停闭歇业。徐州宝兴面粉厂因面粉销路不甚畅通,存货较多,到1926年也暂时停工。

(四)丝织业的发展①

苏州、南京、镇江、吴江、丹阳是江苏丝织业的中心。其中,南京、苏州最为发达。

江苏的丝织业和缫丝业一样,在第一次世界大战期间,因国际市场需求量减少,产品积压,发展缓慢。1917年,苏州各纱缎业"均因存货累累,周转不灵,相率将各机户收回停歇,减少机只,缩小场面。往年岁终各机户,莫不加工赶造,本年已大半停手。故该业机户,大为恐慌,统计人数,约有二千数百人之多。际此腊底岁尾,一般赤贫机户,啼饥号寒,殊可怜也"②。第一次世界大战结束后,丝织业并没有像缫丝业那样出现兴旺发达的景象,却因洋缎、哔叽、呢绒等输入骤增,墨守成规、不求改进的丝织业无法与之抗衡,日益衰落。如南京丝织业皆无工厂、公司之设备,所有各缎号的售品均由机户代行织造,每户织机只有2~3台,且散在城西、南、北等处。1921—1922年,南京尚有织机万余台,出品数额虽无统计,而所用原料细丝、肥丝约在5500包左右,每包计重80斤,每百两价银70元。以此计算,其营业尚在600万~700万元。彼时人工低廉,故尚有利可图。1922年后,营业日益衰落③。镇江全城从事织绸业的机工约4000余人,均不以工厂自名,皆是有1~2架织机的小户。到1925年,镇江丝织品的质量也没有什么明显的改进④。然而,也不是整个丝织业都是如此。苏州丝织业在改进生产设备、提高产品质量、开发新产品方面走在全省丝织业的前头。由于苏州新开发的丝织品能与洋货抗衡,产品销路较广。为此,从1918年至1926年,苏州丝织业曾一度"营业繁盛,工厂林立,数近百家。"⑤丹阳丝织业的情况也不差。"民国初年,市上风行华丝葛,丹阳亦因环境关系,渐将完全依赖人力之旧式机械淘汰,添备新式铁机。民国十三年左右,继续增加机数,最盛时有四千余台之多。"⑥

(五)蛋品制造业的发展

蛋品制造厂可分为两类,即土法蛋厂和冰蛋厂。土法蛋厂发轫于1901年,为

---

① 从丝织业开始,叙述1912—1926年各业发展概况时,不再分1912—1922年、1923—1926年两个阶段。因为以下各业的内容都不如棉纺织业、缫丝业、面粉业那样丰富,发展阶段也不甚明显。特此说明。

② 《民国日报》,1918年1月19日。

③ 《工商半月刊》第3卷第1号"调查",第49页。

④ 《中外经济周刊》第134号,第42页。

⑤ 《工商半月刊》第7卷第12号"调查",第48页。

⑥ 赵如珩:《江苏省鉴》(下册)第6章,"实业",1935年,第151页。

德国人所发明。第一次世界大战之前,德国人在中国设立的土法蛋厂较多。土法蛋厂以制造干蛋白、干蛋黄、盐湿蛋黄及机制蛋品(俗称飞黄粉)为主。冰蛋之制法,创始于美国。1911年,英国汉口和记洋行首次仿效制造;次年,南京和记洋行继之。1914年,美国商人、德国商人、日本商人和中国商人相继在上海、天津、汉口、青岛等地设立冰蛋制造厂。洋商设立的蛋厂以制造冰蛋为主。

第一次世界大战爆发后,德国在中国的制蛋商相继回国,参战的西方各国农业生产大幅度下降,军队又需要大批蛋制品,蛋制品价格陡涨。为此,中国蛋制品销路畅旺,年有盈余。江苏境内的土法蛋制品厂纷纷成立,主要加工湿蛋。省内最早的大型民族资本蛋制品厂,是1912年上海人汪新斋在靖江、铜山设立的宏裕昌制蛋厂,资本各在20万元以上。由于江苏的蛋品制造厂加工湿蛋的药料基本由外国进口,第一次世界大战期间药料进口减少,价格上涨,加重了成本,亏损累累,被迫停业者不少。铜山的宏裕昌蛋厂、泗阳众兴镇的宏昶蛋厂于1919年闭歇[1]。泰县的德和公司打蛋厂、元吉泰蛋厂于1918年、1919年相继闭歇[2]。盐城的宏新、衡和蛋厂也因药料价格昂贵,成本较重,销路维艰,产量下降。兴化的恒和、同茂丰、汉兴祥蛋厂也因药料价昂,成本较重,刻因购蛋为难,暂致停歇[3]。沛县的同新祥蛋厂创办初期,获利不少,因受欧战影响,产品销路减少,获利甚微[4]。邳县同福蛋厂,1908年开办以来到1916年止,每年除开销外,均有盈余;1917年,该县增设恒发祥蛋厂。由于南京和记洋行来该县收购鸡蛋,蛋价昂贵,两蛋厂遂无利可取[5]。

第一次世界大战结束后,西方各国的生产逐渐恢复,市场上的蛋制品数量逐渐增多。它们为了维护本国制蛋商的利益,吹毛求疵,诋毁中国蛋制品质量不高,不宜作为食品。如美国曾于1919年声言,中国蛋制品系用铅盘制出,含有毒质,不合卫生;英国也同时宣布中国加工湿蛋含硼酸量过多,危害身体健康,规定中国加工的湿蛋含硼酸粉1.5%才准进口,含2%则拒绝进口。这样一来,中国蛋品制造业遭到更加严重的打击,市场日益狭窄,厂家亏损累累,大有一蹶不振之势。

这里需要提一下南京和记洋行。它是英国商人韦氏兄弟1912年创办的,当年建成投产,开始规模不大,设备也较简单。1916年7月8日,韦氏兄弟在香港注册登记,正式成立"江苏国际有限公司",由于工厂设在南京,亦称南京英商和记有限公司,习惯称南京和记洋行(总公司设在英国伦敦)。该公司主要从事蛋品、肉类的收购、加工和输出。

南京和记洋行有英国政府做靠山,其货物运回英国时,减轻进口税;其存货过

① 《江苏省实业视察报告书》,第218、176页。
② 《江苏省实业视察报告书》,第207页。
③ 《江苏省实业视察报告书》,第188、201 - 202页。
④ 《江苏省实业视察报告书》,第223 - 224页。
⑤ 《江苏省实业视察报告书》,第231页。

多、销售困难时,英国政府估价照数收购,以作军食之用;加之资本雄厚,设备比较齐全,技术比较先进,市场比较广阔,开办后规模不断扩大,营业日见发达。据记载,1918年,其蛋制品产量平均每天达160吨,最高日产量达300吨,年产量达5万吨,超过上海茂昌等6家制蛋厂年产量的总和;宰猪量平均每天达3000头,最高日产量达6000头;加工鸭子每天20000只。南京和记洋行是当时国内首屈一指的蛋品肉类加工厂,也是当时外国资本在南京开办的唯一的工厂。第一次世界大战结束后,该厂生产规模虽然逐渐减小,但就总量而言,仍不失为国内蛋制品厂之冠。

(六) 电力工业的发展

随着经济的发展、电的知识的普及和人民群众生活的改善,电的应用范围逐渐扩大,人们对电灯、电力的需要也日益增加。

1912—1926年,江苏电力工业虽然仍以供应照明为主,但供应动力用户用电的比重逐渐增加。

1911年1月,苏州振兴电灯公司与苏州市公益事务所签订合约,承装路灯2027盏,9月15日竣工开点①。由于业务范围扩大,盈利逐渐增加,1915年盈余10余万元。1916年,因煤油涨价,用户纷纷报装电灯,正月骤增千余盏,该厂已装电灯总数达4万数千盏(包括路灯)。由于马力不敷,同年2月,该厂添购机器设备,扩大供电能力②。常州安装电灯的用户也不少,振生电灯公司发电机的容量仅是需要用电量的三分之二,特规定不得私自接灯,欲装者得预先申请挂号③。不仅城市如此,城郊的集镇也提出了安装电灯的要求。无锡开原乡荣巷镇等处,市镇繁荣,往来行人较多,没有路灯,很感不便④。常州附近的鸣凤镇因商务日见发达,拟定在镇中装置电灯⑤。一些有识之士还呼吁将电力推广应用于农田灌溉、犁田播种、农家副业,以减轻农民负担,提高劳动生产率。这就在客观上为电力工业的发展创造了极为有利的条件。

1911年后,省内各地相继设立不少电厂。1913年,扬州振扬电灯厂、常州振生电灯厂依次成立;1914年,常熟电灯厂、徐州电灯厂相继成立;1915年,溧阳振亨电灯厂、昆山电灯厂相继创办;1917年,南京设立下关电灯分厂,南通成立通明电灯厂,宜兴成立耀宜电灯公司,盛泽镇成立复新电灯公司;1918年,江阴华明电灯公司、泰县振泰电灯公司相继成立;1920年,苏州成立苏州电气厂,海门成立海明电气公司;1921年,南通金沙、泰兴黄桥镇相继创办电灯公司;1922年,震泽成立浔震电灯公司。到1926年为止,全省共有大小电灯厂50多家。其中,值得一提的是常

① 《苏州史志资料选辑》第4辑,第67页。
② 《民国日报》,1916年3月12日。
③ 《武进报》,1917年8月2日。
④ 《江苏实业月志》第63期"公文",第9页。
⑤ 《商报》,1926年12月20日。

州震华电机制造厂。

震华电机制造厂是江苏省 1912—1926 年间创办的唯一一家中外合资发电厂。1920 年,沪杭铁路督办施肇曾去德国考察时,曾要求德国西门子总公司帮助他在国内创办一家电机制造厂。施肇曾回国后,与杨异之(又名杨廷栋)、管趾卿议定创办此厂①,并与德国西门子总公司订立特约:"凡德国西门子总公司已发明及今后新发明之经验、商标等利益,允许本厂完全享受,并雇佣该公司上等技师来华执事,本厂亦派员前往实地练习。"②规定中国股权为 51%,德国股权为 49%,资本总额为国币 250 万元,实收 150 万元③。最后中国股不过 56 万元,德国西门子总公司股权占多数④。原打算以制造电机为主,发电为辅,后因招股不足,电机制造未能进行,专致力于发电事业。1921 年 2 月,该厂注册立案,营业区域为武进、无锡两县。厂址原选在苏州附近的望亭,在沪宁铁路适中地点再设分厂。由于望亭农民及吴县田业会的反对,遂改在面临大运河、背靠沪宁铁路的戚墅堰建厂。1921 年冬季,该厂正式动工,占地 200 亩。预定 1923 年 6 月 1 日发电,因机器未能按时运到,直到 1923 年冬季工程才告竣工,开始试车,1924 年 2 月 11 日正式开机发电。

震华电机制造厂开机发电后,困难重重,纠纷迭起。首先与武进电厂(原振生电厂)为争夺供电区域发生争执,后由县商会出面调解,划定界线;后来又与无锡耀明电灯公司因售电契约及灯力营业范围发生争执,诉讼纷纭。为了摆脱困境,扭转亏损局面,震华电机制造厂降低收费标准⑤,与武进电厂(该厂每度电大洋 2 角)、耀明电厂进行竞争,以扩大供电范围,提高经济效益。不仅如此,该厂还把供电范围扩大到工农业生产中去。1924 年夏,塘桥镇等地利用该厂的电力戽水灌溉农

---

① 《新武进》,1925 年 3 月 16 日。
② 《锡报》,1922 年 2 月 9 日。
③ 《武进中山日报》,1928 年 8 月 29 日。另据 1921 年 9 月 22 日《申报》刊登的《震华制造电气机械厂股份有限公司招股广告》说:该厂额定资本 150 万元,分 3000 股,每股 500 元。看来,《申报》的报道与《武进中山日报》的报道有点差别。特抄录于此,供参考。
④ 《戚墅堰电厂之沿革》,《电声》第 3 期。
⑤ 据中国第二历史档案馆全宗号 2025,案卷号 1254 记载,1924 年 8 月震华电机制造厂用电计费标准为:
　　　　每月用电在 250 度以下,每度定价(大洋)0.10 元;
　　　　每月用电在 350 度以下,每度定价(大洋)0.09 元;
　　　　每月用电在 450 度以下,每度定价(大洋)0.083 元;
　　　　每月用电在 450 度以上,每度定价(大洋)0.074 元。
　　　如安装电动机,在上述电价的基础上,再按所装电动机马力的大小,折扣收款:
　　　　电动机马力在 10H·P 以上,按 97.5% 折扣收费;
　　　　电动机马力在 40H·P 以上,按 95% 折扣收费;
　　　　电动机马力在 100H·P 以上,按 92.5% 折扣收费;
　　　　电动机马力在 200H·P 以上,另议。

田,后又用电力碾米①。1926 年,无锡的开原、富安、扬名各乡仿照武进电力灌溉农田的方法,集资组织电力灌田公司,具呈县署备案②。1925 年 1 月 15 日,该厂又向无锡申新三厂输送电力。这样,该厂发电量 1926 年比 1924 年增加 9 倍多;营业收入由 1924 年的 3.4 万余元增加到 1925 年的 10 万余元,1926 年又增加到 32 万余元。该厂虽仍然亏损,但亏损额却减少了许多③。

不仅新办电厂的生产不断发展,老电厂的生产同样在发展。1913 年创办的常熟电气公司实收资本 4 万元,1920 年又增加到 9 万元,1924 年增加到 12 万元④。历史悠久的镇江大照电灯厂的资本,由创办时的 10 万两增加到 1914 年的 20 万两,1924 年又增加到 35 万银元。该厂电机容量不敷供给时,不断添购设备,提高发电能力。1919 年,添购 240 千瓦透平发电机 1 部;1923 年,添购 750 千瓦透平发电机 1 部;1926 年,添购 1750 千瓦透平发电机 1 部⑤。据载,镇江大照电灯厂投产发电后,每年均有盈余,但各年多寡不一。1913—1921 年,1921 年盈余最多,也不过2425 余元,1919 年只盈余 25.56 元。1922 年以后盈余逐渐增加,1924 年盈余 4.5万余元,1925 年盈余 5.7 万余元,1926 年盈余 6.8 万余元⑥。

当然,不是所有电灯厂都是如此,也有少数电灯厂因资金短绌或经营不善,亏损严重而停闭歇业;也有建厂中途流产的。如 1920 年初建于南通大达码头之东的天生港电厂,因该地区发生水灾,经济困难,订购德国的发电机机组 2 台运到上海时,无法付款,不得不转让给震华电机制造厂⑦。但总的来看,全省电力工业发展的势头不错,其进步也十分明显。

(七) 机器制造业的发展

江苏机器制造业的基础比较薄弱,技术水平也不高,不能满足资本主义工业对机器设备的需要,绝大部分依赖进口。棉纺厂、面粉厂的机器损坏后,送到上海修理。辛亥革命后,省内各地陆续创办了一些机器制造厂;第一次世界大战结束后,掀起了创办机器制造厂的热潮。无锡 1912 年创办渭鑫机器厂,1919 年创办永兴机器厂、协兴机器厂、沈兴记机器厂、工艺传习所等。工艺传习所专门培养制造、管理机器的人才,1922 年因经费短绌停办,改组为工艺机器厂。与此同时,无锡成立的机器制造厂约有 20 余家,各种附属的五金工场亦有 10 余个。1927—1928 年,各省

---

① 《新武进》,1924 年 11 月 4 日。据该报 1925 年 3 月 20 日报道,农民所缴戽水公司的费用每亩仅 1 元,不及人工一日之资。据《民国日报》1926 年 7 月 29 日报道,1926 年镇扬一带也有电力戽水机,每亩每年收戽水费 1 元。

② 《民国日报》,1926 年 12 月 24 日。

③ 中国第二历史档案馆全宗号 2024,卷宗号 1250。

④ 《常熟市私营常熟电气公司调查报告》,常熟市档案馆全宗号 C08,案卷号 3。

⑤ 《镇江大照电气公司创业三十周年纪念特刊》,第 1、3、6 页。

⑥ 《镇江大照电气公司创业三十周年纪念特刊》,第 2、4 页。

⑦ 南通《文史资料选辑》第 2 辑,第 18 页。

至无锡采办机器者踵趾相接,机器制造业为之大盛。当时,无锡机器制造厂约有100余家,是为无锡机器制造业最兴旺的时期①。常州的殷实资本家为挽回外溢利权,促进地方工业的发展,于1913年创办厚生机器厂。厚生机器厂广告说:本厂拣选上等材料,延请精良技师,专造大小火油引擎、水汀锅炉、汽机以及农田戽水、开河挖泥、榨油轧豆、磨粉制粉、碾米砻稻、轧花、织袜、铁箱等一切应用机器②。厚生机器厂开办后,生产能力不断提高,营业日益发达。1916年,该厂曾制造以火油引擎为发动机的戽水机,价格便宜,搬运轻便,经江阴的峭岐、太平洲等处购回试用,效果不错。安徽的无为洲、镇江的益课洲、蚌埠水利局等得到这一信息后,均纷纷函询该厂章程及戽水机的价格,以便订购③。同年,厚生机器厂还制造了挖泥机器船。1919年,常州创办了常州机器厂。由于经营不善,该厂出卖给别人,1920年改名为万盛铁工厂④。到1927年前后,常州还设立了万成机器厂、中华机器厂。1921、1924年天气干旱,常州生产的柴油机销售一空。1926年,万盛铁工厂销售柴油引擎120多部,营业额达8万多元,利润约2万多元,占营业额的四分之一⑤。此外,南京、镇江、南通、淮阴等地也创办了一些机器制造厂。浦口、苏州两地还设立分属于津浦铁路、沪宁铁路部门管辖的机器厂。

总之,1912—1926年,江苏机器制造厂数量不少,但规模小,资本微薄,设备简陋。除南通的资生铁厂外,资本最多的常州万盛铁工厂也只有3万元,最少的只有500元。常州的厚生机器制造厂也算是比较大的,开办时也只有1万元资本,8尺、10尺旧车床各1部,8尺龙门刨床1部,连翻砂设备也没有,所需要的铸件均委托无锡有关工厂加工,到第二年才扩充翻砂部。这些厂名为机器制造厂,实际上只能制造农具、大口径离心轴抽水泵、柴油引擎及修配工作。

(八)建筑材料业的发展

砖瓦、水泥是建筑工程中不可缺少的材料。江苏的砖瓦业历史悠久,素负盛名,但皆手工制造,质松不耐压,只能供普通建筑之用。常熟、南京、六合、铜山、沛县等地都是江苏盛产砖瓦的地方。机制砖瓦厂的出现较晚。1923年,张一鹏、钱翼如等在昆山县北村镇创办振苏砖瓦厂,杨绍余、蔡望之在昆山大西门外九里亭创办华兴公司。到1927年前,省内机制砖瓦厂寥寥无几。

上海著名包工姚锡舟对水泥的用途很熟悉,对水泥的行情也很了解。在国内建筑工程不断兴建,水泥需求量剧增、价格上涨的形势下,他与上海、无锡等地的金融资本家吴麟书、陈光甫、朱吟江等合作,筹集资金50万两,在1921年8月成立中

---

① 《中国实业志·江苏省》第8编,第4章,第776页。
② 《武进报》,1915年5月26日。
③ 《民国日报》,1916年8月29日。
④ 《常州市机器制造工业历史沿革》,常州市档案馆全宗号27,卷27。
⑤ 《常州市机器制造工业历史沿革》,常州市档案馆全宗号27,卷27。

国水泥股份有限公司(简称中国水泥公司,又称中国水泥厂),同年11月注册立案。他们曾带领一位德国工程师沿沪宁铁路勘察,发现龙潭制造水泥的石灰石、粘土极为丰富,取之便利,又靠近南京、上海,水泥的销售也很方便,是设立水泥厂的理想地点。龙潭镇商会会长、地头蛇屠述三听说要在这里办水泥厂,认为有利可图,表面上竭力阻挠,暗中却讨价还价,企图大捞一把。经过再三磋商,最后商定:姚锡舟等人出资金,屠述三以土地入股,方准建筑厂房。其总事务所设在上海,南京设发行所,汉口、广州设办事处。为了稳妥起见,他们决定先从办小型厂入手,向英国的拔伯葛厂、德国的纳格兰、亨卜德等厂订购一套小型水泥窑设备,视其效益,再订扩充计划。1924年夏,该厂开工投产(一说为1922年开工投产),日产泰山牌水泥500桶。该厂是南京附近最早最大的水泥厂。它的成立也是江苏水泥工业开端的标志。

1921年,薛南溟、薛育津曾与荣宗敬兄弟、华绎之等人集股创办太湖水泥厂,额定资本250万元,先招股150万元,向德国西门子洋行赊购日产2000桶水泥的机器设备。其规模远在中国水泥厂之上。由于薛氏父子独揽该厂大权,遂失去外界的信任,认股者纷纷拒绝缴款。除薛氏拿出部分股金以及向银行借款购地建造厂房外,其他股东不肯缴股款,钱庄纷纷追索欠款。由于资金不足,机器运到后也无法安装,被迫停顿。1926年,薛育津将价值100万元的机器出让。

中国水泥公司开办初期,规模较小,成本较重,加之战争频繁,运输受阻,产销不旺,亏损较重。该厂曾几次想扩充规模,以增加产量,终因时局纷纭,未能实现。后来,姚锡舟通过荣宗敬的关系,购得了太湖水泥厂的全套机器设备,安装在中国水泥厂旁边。

(九) 交通运输业的发展

经济的发展与交通运输业有着十分密切的关系。因为交通是物资运载渠道,交通运输业不发达,必然要妨碍生产和消费,妨碍本地同外地、城市与乡村、国内与国外的商品交换。对于原料收购、产品销售两头在外(主要是省外)的比重较大的江苏来说,交通运输更为重要。因此,交通运输业也是江苏资本主义经济中发展比较快的一个行业。下面简要介绍江苏水路、公路、铁路的发展概况。

水路:民国初年,大江南北的船民不下十数万人。据统计,20世纪20年代初,江苏境内及到上海、杭州可通航里程为:大运河为630哩,苏州河为80哩,其他支流为450哩①。水路运输在省内各地的运输业中占有重要地位。沪宁铁路通车后,无锡的货物运输、消息传递仍以船舶为主。辛亥革命后,无锡的航运业随着工商业的发展日益发达,由民船、快船而改用汽轮的,为数不下百余艘。位于长江与大运河交汇点的镇江,到20世纪20年代初,约有小轮公司7个。南通大达内河小

---

① 《第一回中国年鉴》,商务印书馆,1924年,第1065-1066页。

轮公司共有小轮船 30 艘,往来内河各地。在南通天生港码头停泊船只的大达、三北轮船公司,从 1921 年起开始办理定期航运业务。大达公司有轮船 5 艘,其中 2 艘每日 2 班航运;三北公司有轮船 3 艘,每 3 天抵港 2 次①。1926 年,常州新商轮船局在西门米市河特辟汽船码头,以便各处航班停泊②。辛亥革命后,常熟曾设立沪宁铁路娄琴轮船转运公司,自备坚固拖船,装运货物。由于地势的不同和经济发展水平的高低,江南江北的水路运输情况很不一样。江南的水路航运以太湖流域为主,轮船、民船往来如织;江北的水路航运以里运河为主,往来船只比江南少得多。

公路:中国公路的修筑较晚。江苏的第一条公路是完成于 1914 年的南通城区至狼山港和天生港的公路。据说这条公路也是全国最早的公路③。自此以后,商办公路逐渐增多。1923 年 3 月正式通车的沪太长途汽车运输,是中国商办长途汽车运输之嚆矢。到 1926 年,全省已修筑公路 444.51 公里(详见表 13)④,形成 3 个公路运输中心。一个是以南通为中心,包括通往如皋、掘港、海门、天生港等地 4 条线;一个是以淮阴为中心,包括通往沭阳、涟水、众兴,宿迁至邳县,淮安至宝应,淮安至氾水等地 4 条线;一个是以铜山为中心,包括通往萧县,沛县经丰县至砀山,睢宁至宿迁等地 3 条线。此外,还有江宁至汤水、丹徒至江都、泰县至口岸 3 条运输线⑤。由于当时没有设立管理公路的专门机构,一切设施各自为政,没有统一的标准,散漫简陋。

表 13　江苏历年修筑公路里程累计表

公里

年份	县办	累计	年份	县办	累计
1915	10.38	10.38	1922	183.06	316.32
1916	19.59	29.97	1923	85.18	401.50
1919	90.85	120.82	1924	3.85	405.35
1920	5.54	126.36	1925	2.40	407.75
1921	6.90	133.26	1926	36.76	444.51

① 徐雪筠等译编:《上海近代社会经济发展概况(1882—1931)》,上海社会科学院出版社,1985 年,第 248 页。
② 《民国日报》,1926 年 10 月 13 日。
③ 据《中国实业志·湖南省》载:长沙至湘潭的一段公路的修筑,始于 1913 年。开工后,时作时辍,到 1921 年底全路始告完成。笔者认为,此路虽然从 1913 年就开始修筑,但全路直到 1921 年才完成,不能视为中国最早的公路。
④ 《江苏建设季刊》第 1 卷第 4 期,第 16 页。
⑤ 张心澂:《中国现代交通史》,第 2 编"陆地交通",第 3 章"公路",第 3 节"各省筑路概况",良友图书印刷公司,1931 年,第 184-185 页。该书第 184 页说:以上海为中心的公路,包括通往川沙、南汇、拓林、浏河等地 4 线。

铁路:近代最重要的新式交通运输工具——铁路,在 1912—1926 年的江苏经济社会中所起的作用越来越显著。继津浦铁路 1912 年黄河桥落成、全路通车后,陇海铁路徐海段于 1925 年 7 月 1 日通车。这些铁路,特别是沪宁铁路和陇海铁路徐海段对江苏境内物资的集散,物流、商流的趋向,铁路沿线各个城市的近代化都有着直接的影响。下面,重点介绍一下沪宁铁路的运输情况。

沪宁铁路的经营管理与欧美资本主义国家相比是很落后的,就其自身的情况来看是在逐步完善的,货物装运量和营业收入是逐年增加的(详见表 14、表 15)[①]。

表 14　沪宁铁路历年营业收入一览表

元

年度	旅客收入	货物收入	附属营业收入	杂项收入	合计
1912	2249045.13	387758.85	1214.66	37924.27	2675942.91
1913 年上半年	1249753.36	265516.89	354.16	16510.83	1532135.24
1913 年下半年——1914 年上半年	2544277.10	526441.45	790.50	60470.51	3131979.56
1914 年下半年	1230436.71	273997.23	227.96	55916.79	1560578.79
1915	2507000.15	879046.20	555.45	31456.95	3418058.75
1916	2739498.96	1011810.84	1403.90	65555.86	3818269.56
1917	2923234.29	1177867.50	2025.33	76681.56	4179808.68
1918	3102254.87	1665037.48	1368.55	94775.68	4863436.58
1919	3523701.22	2023592.73	2479.87	116078.38	5665852.20
1920	4027147.77	2012100.43	2578.08	162777.92	6204604.20
1921	4670721.49	2123787.55	2462.06	123840.66	6920811.76

表 15　沪宁铁路历年运货数量一览表

吨

年度	农产品	牲畜	矿产品	林产品	制造品	材料	合计
1915	590611	17418	62161	22987	82945	50898	827020
1916	645869	28827	33317	26249	102797	59084	896143
1917	632467	37991	54883	24885	109770	53484	913480
1918	794972	40293	56588	22481	136884	80084	1131302
1919	879964	56532	132001	27406	149637	106778	1352318

① 《沪宁铁路史料》,见《沪宁沪杭甬铁路史料》,第 140、118－119 页。

年度	农产品	牲畜	矿产品	林产品	制造品	材料	合计
1920	891070	51889	142636	37830	164941	110186	1398552
1921	756203	55933	183076	31708	172657	121583	1321160

注:1921年度货物单位为公吨。

以上装运的货物大部分运到上海,但沪宁铁路沿线各城市进出口的货物量也不少。如南京1911年土货出口总值为297万两,洋货进口净值为395万两;1920年南京土货出口值为2500万两,洋货进口值为2100万两(毫无疑问,其中包括水路进出口货物)。铁路开通之效果,于此可见①。我们从无锡火车站货物进出口数量的增长(详见表16)②,可以清楚地看到铁路运输在资本主义工业发展进程中的作用。

表16　无锡火车站进出口货物统计表

时间	进口货			出口货		
	由何处运来	货物名称	数量	运往何处	货物名称	数量
1922年1月4日	上海	花衣	160包	镇江	面粉	938包
	上海	煤	66吨	上海	米	565包
	上海	粟	625包	上海	丝吐杂货	1车
	南京	煤	120吨			
	南京	豆	3836包			
	南京	花衣	87包			
1922年1月6日	上海	糖	440包	上海	棉子	400包
	上海	洋纱	60件	上海	茧子	3车
	上海	高粱	650包	上海	面粉	938包
	上海	铅皮纸头	2车	南京	面粉	278包
	上海	黄豆	440包			
	上海	棉花	320件			
	南京	棉饼	280件			

① 陈重民:《今世中国贸易通志》第1编,第4章"通商各埠贸易概况",商务印书馆,1924年,第102页。
② 《锡报》,1922年1月5日、1月7日、5月15日。

	进口货			出口货		
	由何处运来	货物名称	数量	运往何处	货物名称	数量
1922 年 1 月 6 日	南京	绿豆	400 包			
	南京	棉花	250 件			
	南京	米	3000 余包			
	南京	黄豆	370 包			
	南京	煤	200 吨			
1922 年 5 月 14 日	上海	黄豆	3200 包	上海	洋纱	65 件
	上海	高粱	1800 包	上海	袋皮杂货	1 车
	上海	秫秫	1100 包	镇江	面粉	2680 包
	上海	煤	570 吨	南京	面粉	938 包
	上海	棉花	160 件			
	上海	茶叶 洋布 茧袋 杂货	2 车			
	南京	煤	120 吨			

　　我们从表 16 中可以清楚地看到,铁路运输一旦中断,对资本主义工业发达的城市来说,几乎是无法想象的。有关统计资料表明,20 世纪 20 年代初,无锡一年约需要 13 万吨煤。这些煤都是从山东的中兴煤矿、徐州的贾汪煤矿运来的。由于军阀之间干戈不息,戎马纷扰,津浦路一度阻塞,货运停滞,运往无锡的煤炭受阻,市场煤炭短缺,人心惶惶,抢购之风骤然而起。

　　无锡、常州等地有远见卓识的企业家在建工厂、办公司、开银行过程中,愈来愈感到交通运输是发展经济的主要支柱。为了加强苏南地区内部以及苏南与浙江、皖南和长江中上游地区的经济联系,给苏南经济的发展提供良好的条件,他们曾设想修筑无锡至浙江湖州的锡湖铁路。1916 年,曾组织锡湖铁路员工养成所,培养铁路管理人才。但此路未能修成。后来又设想开办锡芜长途汽车公司。由于长途汽车往返需要 30 多个小时,加之夜间行车,危险恐多,而行驶火车当日即可来回,比长途汽车便利,且危险性小,运输量又大。因此,他们决定改筑锡芜铁路。1923 年 3 月开始筹办,额定资本国币 1000 万元。推选蒋哲卿、华艺三为无锡方面代表,赵仲屏为武进方面代表,储铸农为宜兴方面代表,狄楚青为溧阳方面代表。后因种种原因,修筑锡芜铁路的计划也未能落实。1924 年 8 月,武进、宜兴两地士绅又发起创办常宜电气铁路,设筹备处于震华电厂办事处内,测量预算由震华电厂承担,购地等事项由地方上承担,筹备时间以 4 个月为限。但这条铁路也未能如愿修成。

虽然这 3 条铁路都未能修成,但 3 次筹备修筑铁路这一事实说明了:要发展地方经济,必须修筑地方铁路,已成为有识之士的共识。

(十) 矿产业的发展

第一次世界大战期间,外国机器和钢铁、煤炭进口剧减,国内华商自制的各种机器深受各厂家的欢迎,煤炭、生铁市场上出现了供不应求之势,以致价格陡涨。第一次世界大战前,生铁每担不过 5 元左右;以后逐步飞增,到 1917 年 6、7 月,每担价格涨至 28 元,尚有供不敷求之势①。为此,江苏各地一度出现了探矿、开矿热。1919—1922 年,全省注册的矿区达 18 个,探矿的 7 个。由于江苏矿藏资源贫乏,资金短绌,经营管理不善,探矿的、开矿的均收效不大,与全省的棉纺织业、面粉业、缫丝业、机器制造业、电力工业相比,显得很不景气。1918—1919 年,朝阳公司在南京朝阳门外青龙山一带呈领开采煤矿,因耗费不赀、煤质不旺而停业。汉冶萍公司曾在佛宁门外幕府山东北试探煤矿,亦因结果不佳而辍。宁兴公司在祠山等处开采煤矿,所费不下 10 余万元,卒无所获而停顿。天生公司在宜兴张渚南之天池山勘探煤矿,因结果不佳遂致停歇。西山煤矿公司在洞庭西山略用新法进行开采,开凿窿口不下 10 余个,也因煤层厚度不匀、构造复杂、水旺难治,经营数年未获实效而停办。南京附近还有一些小煤矿,仅在农闲时间进行开采,所出之煤,数量少,质量也很差,不能销往外地,只供附近烧灰及焚爨之需②。

当时曾被列为全国十大煤矿之一的徐州贾汪煤矿公司,在胡恩燮之子胡碧澂(字光国)经营的基础上,由袁世傅接办。袁世傅接办后,在天津设总公司,在上海设分公司,增加资本,采用新法,废止旧井,另开新井,修筑从煤矿到津浦铁路柳泉车站 30 里路的轻便铁道。1917—1921 年,为该矿煤炭产量最多时期,每日约出煤600~700 吨,获利不少。1921 年以后,上海分公司不能如期接济工资,加之受直皖、直奉战争的影响,交通阻塞,产量下降。1926 年,袁世傅病故;1927 年 4 月,该矿完全停工。

江苏除煤矿业外,数推铁矿业了。其中藏量较多的有凤凰山铁矿和利国驿铁矿,其余皆为小矿。张謇任农商总长时,汉冶萍公司派人到凤凰山"将矿石化验,结果优美,遂陈其事于农部"③。1914 年,江苏督军冯国璋请求农商部派专员详细勘探。农商部所派丁格兰于 1914 年 10 月前往凤凰山实地勘探,"初见露头甚广,矿质优美,当时颇为乐观,并约计该矿矿量为四千万吨,此项消息一经传播,资本家之

---

① 《民国日报》,1917 年 8 月 12 日。
② 刘季辰、赵汝钧:《江苏地质志》,农商部地质调查所 1924 年印行,第 62 - 63 页。
③ 《中国实业志·江苏省》第 7 编,第 2 章,第 25 页。

热心铁矿业者,颇多艳羡。"①"前往履勘及试采者,踵趾相接。"②1914 年,施肇曾等组织华宁公司,向日本大仓洋行借款,由北洋政府批准开采此矿。省内士绅竭力反对。后来在冯国璋的指使下,又组织了秣陵公司开采凤凰山铁矿。日本大仓洋行企图夺取此矿的开采权,幕后操纵两个公司。结果两个公司相持不下,争执不休,一直未能开采。直到 1921 年,省府才制订出详细的探勘计划。经过探勘,凤凰山全区总矿量(包括小张山、扁担山、牛山)共有 420 余万吨③。

江宁县尚有牛首山、静龙山及前山洼铁矿,皆为小矿。牛首山蕴藏量仅数十万吨,大陆公司曾在此试采。静龙山蕴藏量也只有 10 万~20 万吨,"大陆公司曾在此处试探,开掘明槽甚多,嗣以矿量太少,不克举办而废"④。1919 年 8 月,矿商陶保晋曾领采前山洼铁矿,矿区面积 607 亩⑤。其余小矿,不一一列举。

利国驿铁矿蕴藏量约有 300 万吨。1911 年袁世博接办后,筹集资本 100 余万元,设立利国驿铁矿有限公司,略事试探,因结果不佳,以致停办⑥。由于该矿区地势低洼,易遭水患,铁矿分布较散,铁量不丰,直到国民党政府成立前还未能恢复开采。

1918 年 7 月,沈云沛组织锦屏公司,报领锦屏山铁矿的开采权,并与日本人订立卖铁砂合同,每吨售价 7 元。动工开采后发现铁矿没有开采价值,磷矿的含量倒不少,随即报领磷矿开采权。1920 年开始开采,日产矿石数十吨,经临洪口全部销往日本。其成分以含 33% 磷酸为标准,每吨售日金 39 元。后因矿石价格下跌,销路不畅,产量下降,职工生活费用增加,成本提高,不敷开支,1925 年 10 月全部停工。

江苏境内没有发现有重要价值的金矿。曾有人呈领开采东海西北乡羽山金矿。实质上不过是在山麓小涧取砂淘金,后因所获无几,不敷开支而罢⑦。

此外,还有笔铅矿、铅矿、磁土矿,不一一赘述。

(十一) 金融业的发展

资本是生产的要素,是企业的命脉。一个企业在开办之前,把筹集资本作为首要任务;企业开办之后,资本就成为企业的后盾,如周转不灵,倒闭立见。然而,仅有区区资本,没有完备的金融机构,是不能起挹注之功的。因此,经营货币借贷的金融业必须建立在近代产业资本充分发展的基础上。随着江苏资本主义工业的发

① 《中国实业志·江苏省》第 7 编,第 2 章,第 25 页。
② 刘季辰、赵汝钧:《江苏地质志》,第 67 页。
③ 刘季辰、赵汝钧:《江苏地质志》,第 67 页。
④ 刘季辰、赵汝钧:《江苏地质志》,第 69 – 70 页。
⑤ 刘季辰、赵汝钧:《江苏地质志》,第 80 页。
⑥ 刘季辰、赵汝钧:《江苏地质志》,第 69 页。
⑦ 刘季辰、赵汝钧:《江苏地质志》,第 71 页。

展,1912—1926 年,江苏的金融业也有了较大的发展。下面就钱庄和银行的发展情况,分别做些简要的介绍与分析。

辛亥革命后,江苏境内的钱庄曾一度因商业萧条而纷纷收歇。民国初年,常州的钱庄只存 6 家①,苏州也仅有 11 家②。后来,政局逐渐稳定,交通也逐渐恢复,资本主义工商业逐渐恢复和发展,钱庄也相应增加。1915 年,全省钱庄增加到 257 家,其中扬州府最多,达 69 家(详见表17)③。

表17　1915 年江苏省钱庄分布统计表

地别	钱庄数(家)	所占百分比(%)	资金(元)	所占百分比(%)
苏州府	21	8.17	310000	16.31
常州府	27	10.51	299500	15.75
镇江府	24	9.34	243000	12.78
太仓州	6	2.33	60000	3.16
江宁府	43	16.73	60600	3.19
扬州府	69	26.85	253700	13.35
淮安府	8	3.11	15000	0.79
徐州府	21	8.17	297800	15.67
海州	10	3.89	55885	2.94
通州	27	10.51	293330	15.43
海门	1	0.39	12000	0.63
合计	257	100.00	1900815	100.00

自此以后,钱庄逐年增加。常州最多时达 30 余家④。苏州 1926 年达 26 家⑤。镇江在 1921—1926 年间,最多时达 28 家,放款余额在 2000 万两以上⑥。1923 年,南京中小钱庄约 40～50 家,汇划庄 20 余家⑦。1923 年,无锡钱庄、银号达 20 多家;春夏两季全邑钱庄、银号放款常在 1000 万元以上⑧。其发展速度不亚于银行业。

---

① 《常州地方史料选编》第 1 辑,第 223 页。
② 《苏州史志资料选辑》第 7 辑,第 18 页。
③ 王树槐:《中国现代化的区域研究(江苏省,1860—1916)》,第 326 页。《民国八年中国年鉴》第 1256 – 1258 页是按市、县统计的。按照表 17 的地别分别进行计算的结果,与《中国现代化的区域研究(江苏省,1860—1916)》第 326 页的数字是一致的。表 17 不包括上海和松江府的钱庄,其百分比按表中数字计算而得。
④ 《常州市地方史料选编》第 1 辑,第 223 页。
⑤ 《苏州史志资料选辑》第 7 辑,第 20 – 23 页。
⑥ 镇江市工商联藏:《镇江钱庄业发生发展情况》。
⑦ 《中行月刊》第 8 卷第 1、2 合期,第 167 页。
⑧ 《锡报》,1924 年 1 月 1 日。

辛亥革命后,苏南地区著名的"用款码头"无锡、常州及常熟、昆山、太仓、镇江、溧阳乃至南京、南通、泰州、湖州、嘉兴、蚌埠等地的钱庄,仍然是苏州钱庄放款的主要对象。无锡钱庄与苏州钱庄的关系尤为密切,苏州钱庄长期放款于无锡钱庄,再由无锡钱庄转放给工商户。扬州、淮阴、徐州等地的钱庄大都由镇江钱庄调节。因此,江苏钱庄除受上海钱庄左右外,大都由苏州钱庄调节。反之,这些地方的钱庄或工厂、店号宣告倒闭,又影响苏州钱庄。故在当时苏州钱庄业中有所谓"无(锡)、常(州)一倒,性命难保"之说。

为了适应工商业发展的需要,钱庄逐渐改变过去传统的经营方式,除汇款、兑换、贴现、存放款外,还开办货物抵押业务。其中无锡钱庄开办货物抵押业务为最早。由于钱庄的手续简便,适应中小工商户的需要,中小工商户均乐意与钱庄往来。

1924年,齐卢战争对江苏钱庄业产生了不小的影响。战争期间,沪宁铁路火车中断,钱庄资本薄弱、素由上海钱庄调节的南京仓促之间,接济无由,钱庄先后停顿者达半数以上,1926—1927年间所存钱庄已寥寥无几。常州钱庄因齐卢战争的影响,关歇大半。1925年,无锡钱庄因时局不靖,银根甚紧,大多收束范围,维持市面。1926年,钱庄业尚未摆脱困境。苏州钱庄业因申(上海)、苏(苏州)洋厘奇涨,超越寻常,出现从未有过的损失,各钱庄谨守范围,妥慎筹著,相机应付。这一年,无锡停业清理的钱庄3家,新创办的仅1家。

辛亥革命后,特别是第一次世界大战爆发后,外国银行在中国的信用稍减,国内工商业的发展对银行业提出了新的要求,人们对银行作用的认识也逐渐提高。这给银行的发展提供了良好的机遇。于是各大银行纷纷扩充,到江苏各地设立分行、支行或办事处。到1926年,南京设立了6家银行的分行,南通设立了4家银行的分行(支行),无锡设立了4家银行的分行,镇江设立了3家银行的分行,常州设立了1家银行的分行。与此同时,地方银行相继成立,到1924年江苏已成立地方银行10家(详见表18)[①]。

表18　江苏地方银行统计表(至1924年)

行名	资本总数（万元）	实收资本（万元）	行址	创办年份
常州商业银行	20	14	常州	1917
裕沛银行	5	5	沛县	1919
苏州储蓄银行	50	25	苏州	1920

---

① 根据《上海总商会月报》第6卷第2号《中国银行业之调查》、《南通文史资料选辑》第7辑《解放前南通银行的概况》、《中国实业志·江苏省》第10编第1章"银行业"有关资料编制。

行名	资本总数 （万元）	实收资本 （万元）	行址	创办年份
淮海实业银行	500[①]	125	南通	1920
江苏典业银行	100	70	苏州	1921
太仓银行	50	12.5	太仓	1921
常熟大兴银行	100	25	常熟	1922
吴县田业银行	50	50	苏州	1923
昆山银行	10		昆山	1923
保成银行	20	10	常熟	1924

这些地方银行的资本虽然有限,但其业务活动并不完全局限于本地区,有的跨越数省,甚至十几个省。如常州商业银行,到 1922 年,通汇地点遍及江苏、浙江、安徽、江西、湖北、河南、山东、山西、直隶、福建、广东、四川、陕西、贵州、东三省、蒙古、绥远、察哈尔等省的主要城市和上海、天津、北京等地[②]。通汇地域如此之广,对活跃金融业务、广泛集中社会资本和闲散资金,融通民族资本主义工商业企业的资金,发展经济是十分有利的。

二

1912—1926 年,江苏资本主义工业、交通、矿业、金融的发展是不平衡的,起伏波动较大,但总的趋势是向前发展的。关于这个发展总趋势,前面已作了较为详尽的阐述。下面,试图对江苏资本主义工业生产技术装备的改进、生产工具的完善、城市工业的集中、农村资本主义生产关系的出现、苏北沿海盐垦事业的兴起等问题进行剖析,进一步揭示这一阶段江苏资本主义经济发展的进程和特点。

（一）工业生产技术不断改进、生产工具不断完善及其对经济社会发展影响的加深

生产工具是生产力发展水平的客观尺度,是人类改造自然的力量的物质标志。马克思和恩格斯在《共产党宣言》中指出:"资产阶级,由于一切生产工具的迅速改进,由于交通的极其便利,把一切民族甚至最野蛮的民族都卷到文明中来了。"[③]马克思还说:"劳动生产率不仅取决于劳动者的技艺,而且也取决于他的工具的完善

---

① 《大生纺织公司年鉴》第 158 页说:1921 年 5 月 24 日大生一厂股东常会主席沙健庵宣布董事会议决事项:"淮海银行股本原订一百万元。两厂扣至本届为止,已近七十万元。再加外招之股及其他公司所扣股款,已足该行额定之股。"抄录于此,供参考。

② 《新武进》,1922 年 3 月 13 日。

③ 《马克思恩格斯选集》第 1 卷,人民出版社,1972 年,第 255 页。

程度。"①众所周知,中国的资产阶级是在帝国主义和封建势力之间的缝隙中发展资本主义经济的,动作迟缓,步履维艰。值得指出的是,1912—1926 年,江苏资本主义企业的创办人,绝大多数既是该企业生产资料的所有者和占有者,又是该企业经营活动的组织者和管理者。因此,他们既是资本家,又是企业家。当然,也有一些企业由别人承租经营,但承租者所付租金的数量不少,所承担的风险也不小。正因为这样,这些人通常都具有维护自己企业的声誉和树立中华民族企业家形象的强烈意识(其中不乏投机者),都是想一展身手的事业主义者。他们对待企业的经营,如临深渊,如履薄冰,把产品成本和质量放在首要地位,以争取民心,使企业立于不败之地。这样说,并没有排除这些人创办企业拼命攫取剩余价值的目的。为了达到这个目的,资本家除了迫使工人更有效地劳动、接受更低的工资待遇外,还千方百计采用先进生产设备,高薪聘用技术人才,以提高产品质量,增强产品在市场上的竞争力。不仅大中型的棉纺织厂、面粉厂、发电厂订购外国机器设备,聘用外国技术人员,就是一些小型工厂也不断改进生产技术,更新生产设备,努力提高产品质量。如无锡人余织袜厂厂主吸收外国织袜技术,大大提高了袜子的质量。《中华实业界》杂志介绍该厂出产的袜子时说:人余织袜厂厂主本其平素之经验,参以外人之技术,今已著有成效,能自染自织,所出之货并不逊于舶来品,而且颜色历时不变,价格又很便宜。丽新机器染织整理股份有限公司仿照欧美著名染织各厂办法,建筑新式工厂,订购英国最新式精染、漂白、上光、上浆、整理、印花、织布机器……配合颜料悉按化学原理,精制布匹……能与舶来品并驾齐驱。南京利民榨绸纺织公司除采用传统的木机织制绸缎外,还购置 3 台自动而不需人力、织制速度快、专以绢丝为原料、织制薄地绢物的新式机器。小型企业更新生产设备的情况,由此可见一斑。

为了把外国的先进生产技术和管理经验学到手,有些资本家除了聘请外国专家和技术人员来企业进行规划、设计和技术指导外,还亲自出国考察或派自己的子女、企业的骨干出国留学或考察,大胆起用留学回国的专家和技术人员。如无锡九丰面粉厂曾聘用留学美国的罗庆藩来厂主持技术工作。罗虽是学汽车制造专业的,对制造面粉技术是个外行,但他对机械原理十分精通,经过一年的摸索,熟悉了各道工序,对制造面粉技术大加改革,使日产量由 8000 包提高到 10000 包左右,质量也有所提高②。

在资本主义生产条件下,一个企业生产技术和生产工具的改进,可以影响这个企业的规模、发展速度和经济效益。同样,一个行业、一个部门生产技术和生产工具的改进,可以影响整个行业、部门以至一个地区的经济的发展规模、增长速度,从

---

① 《资本论》第 1 卷,第 378 页。
② 《无锡文史资料》第 4 辑,第 63 页。

而使生产力、生产关系、生产方式以至整个经济结构和经济运动都发生较大的变化。我们在 1912—1926 年江苏资本主义发展进程中，十分清楚地看到了这种情形。

下面，先来看看缫丝业生产技术的改进、生产工具的完善及其给经济社会发展所带来的影响。

江苏，特别是苏南的太湖地区是中国蚕丝业的中心之一。太湖沿岸各县农村中流传着"上半年靠蚕，下半年靠粮"的说法。这个说法形象而简洁地表述了这个地区的农业结构。农村中的蚕户过去均用老式丝车缫丝，缫成的土丝售与各丝行。土丝质量差，不受外国丝商的欢迎，销路不好。机器缫制的生丝质量好，外国丝商乐意购买。据说，1887 年以后，"法国绸商渐知中国除土丝外，亦有机丝，且条分不限于十三至十五一项，乃相率电请驻沪洋商代购"①。机器缫制的生丝销路的扩大，促进了机器缫丝业的发展，加速了土丝业的衰落。1919 年 4 月 4 日《申报》的一则报道中说：无锡农村"近十年茧行繁兴，穷乡僻巷，无处不有。茧行应时价收鲜茧，乡人乐得省少手续，均售鲜茧，不再缫丝。逐年老式丝车，已只辆无存"。另据《民国日报》报道："无锡向出（土）丝一万包，自售茧后，欲见一包而不可得。"②不仅无锡如此，其他产茧地区也"鲜有从事于制（土）丝者"了③。这个说法可能有点夸张。《木渎小志》卷五"物产"在谈到这个问题时说："乡民多业蚕桑，比户缫丝，自近来有欧人采买新茧，于是各处多设茧行，而缫丝者去其大半。"看来，土丝业已很衰落是不争的事实。

机器缫丝业的发展，促进了手工缫丝业与养蚕业的分离。这种分离的结果是一部分原来从事手工缫丝的劳动者丢掉原来的工作去专门从事养蚕。这就为养蚕业范围的扩大和经营方式的改进提供了有利条件，并使养蚕业逐渐成为机器缫丝业不可缺少的有机组成部分。到 20 世纪 20 年代初，江苏以沪宁铁路为中轴，形成了 3 个蚕桑重点区域：一个是以苏州为基点，沿太湖经震泽、平望与浙江的南浔相连；一个是以常州为基点，向西南经金坛至宜兴、溧阳、溧水等地；一个是以无锡为基点，向北扩至常熟、江阴，越长江及江北的海门、通州、靖江等处④。这些地方的桑田面积随着缫丝业的发展而不断增加。民国初年，无锡只有 18 万余亩桑田⑤；1927 年增加到 37.8 万亩⑥。江阴在民国初年也只有 4 万余亩桑田⑦，1930 年增加

① 《中国实业志·江苏省》第 8 编，第 1 章，第 99 页。
② 《民国日报》，1916 年 9 月 29 日。
③ 《上海总商会月报》第 5 卷第 2 号"调查"，第 8 页。
④ 《上海总商会月报》第 4 卷第 7 号"调查"，第 32 页。
⑤ 《江苏省实业行政报告书》第 2 编，第 80 页。
⑥ 章有义：《中国近代农业史资料》第 3 辑，生活·读书·新知三联书店，1957 年，第 626 页。
⑦ 《江苏省实业行政报告书》第 2 编，第 81 页。

到 12.4 万亩①。全省桑田面积增加之多,可想而知。有的地方养蚕大户的桑园在 20 亩以上,中等者约在 10 亩以上,小户亦有 3～5 亩。

值得注意的是,20 世纪 20 年代初,江苏蚕桑经营形式开始发生重大变化:第一,开始应用科学的方法制种、养蚕。马克思指出:"资本主义生产方式的重要结果之一是,它一方面使农业由社会最不发达部分的单纯经验的和机械地沿袭下来的经营方法,在私有制条件下一般能够做到的范围内,转化为农艺学的自觉的科学的应用"②。江苏农民养蚕过去都是自己留种,这种蚕种含有病毒者十居七八③。1912 年成立的江苏省女子蚕业学校开始制造优良蚕种。到 1926 年全省共创办 19 个蚕种制造场。1918 年在无锡成立江苏省无锡育蚕试验所,1924 年又筹建无锡蚕业指导所。这些蚕种制造场以及省立育蚕试验所、无锡蚕业指导所,在推广改良蚕种、淘汰土种、指导农民科学育蚕、发展农村蚕桑事业等方面都起了一定的作用。第二,蚕茧收购开始由茧行包揽。到 20 世纪 20 年代初,到农村直接从农民手里收购蚕茧的茧贩为数不多了,收购的蚕茧的数量也很有限,蚕茧的收购开始由茧行包揽。茧商或制丝厂家每年二三月即与茧行订立合同,做好收茧的准备工作。其办法大体有两种:(1)租灶,即借用茧行烘茧的各种器具,自己雇人收茧、烘茧;(2)包烘,即茧行主包办购买鲜茧和干燥诸事。当时,全省约有 514 个茧行,9524 副茧灶④。这些茧行均被产业资本和商业资本控制着。有的缫丝厂自己直接开设茧行,组织人员,携带现金直接收购鲜茧,烘干后运回厂里。蚕农养蚕由自己留种到蚕种制造场提供改良蚕种,从自己以土灶烘茧到交售鲜茧由茧行集中烘茧,这不能不说是养蚕业经营方式的一个重大变化。这个变化,标志着以一家一户为独立生产单位的苏南农村养蚕业已成为产业资本和商业资本所支配的机器缫丝业不可缺少的一道工序。

在离机器缫丝业中心无锡只有 200 多公里的南京,蚕桑业却是另外一种情形。南京传统的丝织业虽然需要大量生丝,但由于织机是木机,不宜采用质地较为硬脆的机器缫制的生丝,只能采用鲜茧手工缫制的生丝。因此,南京既无茧灶,也无机器缫丝厂,城郊农民对蚕桑知识不甚了了,直到 20 世纪 20 年代中期还盲从于一种特殊的迷信说法:一地种桑,则附近皆不能蕃殖五谷,视种桑为畏途;即是种桑,管理也不得法,枝叶都不繁盛⑤。南京城郊养蚕业经营形式依然如故,变化甚微。

下面,我们再来看看棉纺织生产技术的改进、生产工具的完善及其给经济社会发展所带来的影响。

① 章有义:《中国近代农业史资料》第 3 辑,第 626 页。
② 《资本论》第 3 卷,第 696 页。
③ 《新武进》,1923 年 6 月 14 日。
④ 《上海总商会月报》第 4 卷第 7 号"调查",第 39 页。
⑤ 《中外经济周刊》第 102 号,第 47 页。

省内各棉纺厂自备布机不多,大多数以纺纱为主,生产的棉纱主要供应农村和城镇的织布业。中国传统的老式土布在洋布的冲击下,逐渐不受用户的欢迎,销路越来越窄。早在清末,江苏境内的一些工商业者就设法改良织机以代替土布织机,织造改良布。不过当时的改良织机全用木材制成,并以人力为动力,织造的改良布不足以在与洋布的竞争中继续生存。1916年前后,有些地方的布厂开始购置无须手拉足踏、而是用机力开动的力织机,农民也将原来的改良布机逐渐改制为铁木混合人力脚踏机。1924年,有的布厂已利用电力经纱、织布。至此,江苏境内有些地方的织布业完成了从手工业向机器工业的过渡。这个过渡时间前后也不过10～20年。列宁指出:"从手工工场向工厂过渡,标志着技术的根本变革,这一变革推翻了几百年积累起来的工匠手艺,随着这个技术变革而来的必然是:社会生产关系的最剧烈的破坏,各个生产参加者集团之间的彻底分裂,与传统的完全决裂,资本主义一切阴暗面的加剧和扩大,以及资本主义使劳动大量社会化。"①进入资本主义机器工业阶段的主要标志是生产中使用机器体系。如果没有电力,这是不可思议的。江苏少数布厂引进电力作为原动力,标志着江苏织布业已进入资本主义工业机器阶段。这里需要说明的是,这不完全是帝国主义加紧侵略中国的结果。中国一大批民族工业资本家自身也具有改进技术、扩大生产、使劳动大量社会化的强烈意识,他们在推动手工业向机器工业过渡的过程中作出了不可磨灭的贡献。在研究江苏资本主义发展史时应该注意到这一点,否则就不可能得出符合历史实际的科学结论。

织布业这个重大变化,不仅给某些布厂带来经济效益的不断提高,而且对某些地区的经济社会生活产生了极其深远的影响。其中常州地区最为典型。常州自手拉木机织布厂创设后,妇女逐渐离开家庭到纱厂、布厂做工去了。据载,民国初年,武进(常州)全县自备织机的机户约在10万户以上,是农村社会中一种主干势力,是把握着农村经济荣枯兴衰的关键力量②。那时,每织1匹布可赚5～6角,自织自卖的可赚1～2元之多,所以资本充足的购备2～3架织机的,也是常事;也有2～3人合购1架,昼夜轮流织布的。这时织机的轧轧之声,笼罩着整个武进的四乡。直到1921年左右,武进农村家庭手工织布业一直欣欣向荣③。1925—1926年,武进织布业发生了两个重大变化:第一个变化是大规模的新兴织布工业的崛起,已创办的几家纱厂、布厂都利用机械织布,实行科学的管理方法,使布匹产量大幅度地增加,行销区域亦扩展到国外;第二个变化是武进纱厂、布厂在东南各乡设立后,西北乡的妇女大多数被厂方雇佣,东南乡成为武进唯一的织布工业区域,西北乡的农村

---

① 《列宁全集》第3卷,第415页。
② 《国民经济建设月刊》第2卷第4期"调查",第4页。
③ 《国民经济建设月刊》第2卷第4期"调查",第2页。

家庭手工织布业自此逐渐衰颓①。

在无锡我们看到同样的情形:纺纱织布在以前本是农村女子唯一的手工业,纱厂、布厂成立后,这些事去做的人也逐渐减少了,最后干脆无人去做了②。

常熟在清朝光绪年间平均每年产土布约1000万匹,清末宣统年间每年产土布600万~800万匹,1913—1915年间每年产土布500万匹,1928年只产土布300万匹了。"溯厥原因,洋布之侵袭,自居最要;国家保护之不力,亦不容为讳。"③除这些原因外,布厂的增加,力织机的盛行,增加了厂布的数量,提高了布的质量,严重影响了土布的销路,也不失为一个重要原因。

在南通地区却呈现出另外一种景象。家庭手工织布是这一带农村的传统副业。它不仅和农业密切结合,而且很早就是农民生计所必需的商品化生产。在洋纱未流入南通地区之前,这一带织造土布的手纺土纱来源有限,质量又差,限制着土布数量的增加和质量的提高,土布生产的发展极为缓慢。洋纱逐步流入南通地区后,特别是大生纱厂创办后,满足了农村家庭手工织布业对棉纱的需要,促进了土布业的发展。南通地区将贩运东北的南通土布习惯称为"关庄布",经南京转口贩运皖南等地的称为"京庄布",运销苏北各县的称为"县庄布"。1899—1926年,每年运销东北的"关庄布"常在10万件以上(每件40匹)。其中1904—1921年,有好几年突破15万件大关④。如果加上"京庄布"、"县庄布",南通地区的土布产量是相当可观的。土布产量如此之多所带来的影响是极其深远的。据长期从事经营"关庄布"和购销棉花商业活动的林举百先生框算,除去筒管、纡子、浆纱、经纱等辅助工作外,仅就机织而言,每人每天仅能织1匹布。如按600万匹计算,即需要600万个劳动日⑤。如按张謇在《大生纱厂第七届说略》中所说的"善织之人,每成布一匹可赢墨银一圆,至少亦半之"的标准计算⑥,南通农村仅"关庄布"的收入即达300万至600万元。每件土布的成本如按100元计算,全年织造15万件土布的流动资金,即需要1500万元。这对当时南通地区农村经济来说,是一笔很可观的资金。可以这样说:大生纱厂的创办和发展,为南通地区农村家庭手工织布业提供数量多、质量好的棉纱,为农民找到了新的赖以生存的门路,从而为农村倾注了新的经济活力,活跃了农村经济。

以上阐述了省内的棉纺织工业、缫丝业生产技术的改进,生产工具的完善及其对经济社会发展所产生的影响。毋庸置疑,其进步是明显的,作用是不小的,影响

---

① 《国民经济建设月刊》第2卷第4期"调查",第2页。
② 《无锡乡土教材》,第46页。
③ 《江苏省政府公报》第34期,第20页。
④ 林举百:《近代南通土布史》,第103 – 104页。
⑤ 林举百:《近代南通土布史》,第2页。
⑥ 《张謇全集》第3卷,第66页。

是深远的。但不等于说,它彻底破坏了所有的旧的生产关系,相反地,还出现了不使用动力的、依靠手工操作的小工场、小作坊和商业资本支配的家庭手工业与近代机器工业并存的局面。这种局面在全省各地的具体表现不尽一致。大致说来,在城市里凡是使用机器生产不普及、群众生活又迫切需要的行业中,小工场、小作坊的数量比较多;在电力工业不发达地区,小工场、小作坊的数量比较多;在机器工业不发达的城市周围农村集镇或远离机器工业比较发达的城市的农村集镇,小工场、小作坊所占的比重要更高一些。如南京,1925年使用木机、铁机、花楼机的织布厂约350余家,工人约2300余人;备有2~3具石磨的磨坊达20多家;织造毛巾的作坊200余家。靠近南京的江浦县,1919年制面粉者24户,男工60余人;制丝者88户,男工60余人,女工120余人;制棉者15户,男工约30人。沭阳县1919年以前每年出境的土丝约400石。再如盛产棉布的江阴,1921年后就开始使用铁机织布,由于电力工业落后,未能采用引擎拖带,到20世纪20年代末,织布业仍停留在半手工业时代。

造成江苏境内资本主义手工业与机器工业并存的原因,笔者在《略论江苏近代工业化的特点》一文中已作了说明,这里再补充两点:第一,有的部门和行业用机器代替手工生产起步晚,速度慢,需要有一个发展过程。如无锡的染织业,最初的设备均为手拉木机。后来,由手拉木机改进为单脚踏独皮机(木质多页龙头),由手拉改为单脚踏;再由单脚踏独皮机改进为提花木机;又由提花木机改进为铁木脚踏机。直到1924年,丽新机器染织整理股份有限公司才购得英国最新式铁机200台,使无锡染织业进入机器生产的行列。自此开始,人力染织机陆续被淘汰。第二,人们对机器工业品的认识需要有一个过程。无锡所产的土布主要销往苏北各地。苏北农民认为用机制纱织成的土布质地薄、不耐穿。因此,无锡布庄出售用机制纱织成的土布时要打折扣,降低售价。直到民国初年,无锡布庄在与农民以纱换布时,往往降低杂有机制纱的土布的换纱标准,从而影响了无锡四乡农民对机制纱的信任,不敢大胆购用。祝兰舫1912年在无锡开设的公益纱号,因业务无法扩大,两年后自行结束。

这里需要提及的是,江苏境内资本主义机器工业与资本主义手工业之间的关系怎样呢?资本主义机器工业与资本主义手工业之间的关系在各行各业中的表现是不一样的。棉纺织业中的机器纺纱业与手工棉织业是互为条件、互相促进、一荣俱荣、一损俱损的关系,手工棉织业为自身向机器工业阶段过渡不断准备条件。缫丝业中的机器缫丝厂与手工缫丝作坊、面粉业中的机器面粉厂与旧式"磨坊"是激烈的竞争关系,是"你死我活"的关系。有的手工业在当时是无法用机器生产来代替的,它们与资本主义机器工业互不干扰、"和平共处"。

（二）资本主义机器工业分别向无锡、南通等地集中，使无锡、南通逐步发展成为两个地区性的经济中心

就资本主义经济本身来说，其发展过程是动态的，生产要素是不断地分化组合的。它们只有向经济效益较高的地区、部门或行业流动，经济才能充满活力。何处经济效益高？一般说来，城市由于人口、资金、技术、财富的聚集，经济效益较高，对机器工业有巨大的吸引力，机器工业向城市聚集后又不断吸引着人口、资金、技术、财富向城市集中。

辛亥革命前，江苏资本主义工业企业分布的面比较广，集中的趋势不是很明显。辛亥革命后，江苏资本主义工业的发展不是在每个城市、每个工业部门和每个行业中都以同样的速度和规模进行的，而是集中在棉纺织业、面粉业、缲丝业和其他一些具有竞争能力的行业。这些工业部门和行业又都逐渐向苏南的无锡和滨江沿海的南通集中。到1926年，无锡有棉纺厂6家，面粉厂5家，缲丝厂24家；南通有棉纺厂3家，面粉厂1家，缲丝厂1家（详见表19）[①]。

表19 棉纺厂、面粉厂、缲丝厂向无锡、南通等地集中比较表

	1912 年前						1926 年					
	棉纺厂		面粉厂		缲丝厂		棉纺厂[②]		面粉厂		缲丝厂	
	厂数（家）	纱锭（枚）	厂数（家）	每日生产能力（包）	厂数（家）	丝车（部）	厂数（家）	纱锭（枚）	厂数（家）	每日生产能力（包）	厂数（家）	丝车（部）
南京									1	2100		
镇江			1		2				1	1000	2	448
武进							3	29600	1	3000		
无锡	2	20384	2	3100	5		6	149200	5	20600	24	7660
苏州	1	18200			3		1	22568			3	688
江阴	1	15040					1	15000				
常熟	1	10192					1	12740				
太仓	1	12700					1	22700				
南通	1	20300	1		1		3	98320	1	1200	1	
崇明	1	26000					2	45800				
海门							1	34340				
清江			1	1700					1	1700		
泰州			1	2000					1	1200		
高邮			1	1700					1	2000		
淮阴			1	1200					1	1200		
东海			1	1500					1	1500		
铜山									1	1500		
宿迁			1						1			

① 此表根据严中平等编《中国近代经济史统计资料选辑》、《中外经济周刊》第143 号"最近中国纱厂一览表"、《旧中国机制面粉工业统计资料》、《江苏省实业行政报告书》、《上海总商会月报》第7 卷"苏省面粉业调查"、《中国实业志·江苏省》第8 编第1－2 章等有关数字编制。

② 棉纺厂的厂数、纱锭数均为1925 年数字。

表 19 的统计遗漏之处在所难免,但在苏南地区资本主义机器工业向无锡集中,在苏北地区主要向南通集中的趋势则是十分明显的。那么,江苏资本主义机器工业为什么会分别向无锡、南通两地集中呢? 我们认为,这是由两地的经济发展水平、自然资源、地理环境和政治因素等条件决定的,具体说,有以下 3 点:

首先,它们接近原料产地,棉纺、面粉、缫丝等工业的原料充足。

南通地区的棉花不但产量多,而且质量高,"力韧丝长,冠绝亚洲"。据统计,1912 年,全省棉花产量为 228.9 万担,其中南通 1 县即产棉花 57 万担,占全省棉花产量的 24.9%。若加上海门、如皋、崇明 3 县的棉花产量,共计达 106.1 万担,占全省棉花产量的 46.4%。无锡虽不产棉花,但无锡邻近各县的棉花产量不少。1912 年,常熟产棉花 61.4 万余担,昆山 1.6 万余担,太仓 5.7 万余担,江阴 19.8 万余担,4 县棉花产量共计 88.5 万余担,占全省棉花产量的 38.7%[①]。后来,有些年份产量多些,有些年份产量少些,但生产布局大体如此,没有多大的变化。无锡既是苏南蚕茧的重点产区,又是全省丝茧的集散中心。沪宁铁路通车后,江阴、宜兴、靖江、武进等地的干茧都运到无锡,应市求售。据调查,到 20 世纪 20 年代初,全省约产鲜茧 30 万余担。其中约 15 万担运往上海,约 15 万担由无锡及其他各地缫丝厂收购。无锡邻近各县和苏北的靖江、泰县、泰兴等县的小麦产量也不少。有棉花,有小麦,有蚕茧,棉纺业、面粉业、缫丝业就有了可靠的原料来源,在客观上为这两个地区的棉纺业、面粉业、缫丝业的发展奠定了物质基础。

其次,地理条件得天独优,交通运输得天独便。

南通滨江沿海,往西有通扬运河,往北有串场河,盐运河贯穿全境,小河港汊密布,往上海、南京、武汉等地有长江航线,江河水上运输极为方便。南通至海门、如皋、白蒲及垦牧乡通行汽车。到 20 世纪 20 年代初,闭塞之南通已成为四通八达之区。位于江苏南部的无锡,有江南运河横贯全境,四乡河港密布,水路运输四通八达;贯通无锡南北的沪宁铁路 1908 年通车后,无锡交通运输如虎添翼,更为方便。这样优越的地理位置,使南通成为苏北东南部的交通枢纽,无锡成为苏南的交通枢纽。发达的交通运输便于它们组织大规模的商品交换和物资集散,成为联结生产与消费的重要环节,为资本主义机器工业向它们聚集提供了商品市场条件。

另外,无锡、南通又靠近中国最大的金融中心上海,创办企业所需资金的筹集、周转比较容易。辛亥革命前后,上海的聚生、祥生钱庄曾放给工业资本家荣宗敬等人大量信用放款[②]。1918 年创办的恒隆钱庄在开办的头几年中,大生纱厂是它工业放款的主要对象之一,放款额经常在 30 万 ~ 50 万两之间,以信用放款居多[③]。

---

① 《江苏省实业行政报告书》第 2 编,第 49 - 50 页。
② 《上海钱庄史料》,"序言",上海人民出版社,1978 年,第 15 页。
③ 《上海钱庄史料》,第 170 - 171 页。

永丰钱庄与金城银行共同设立的永金公司,是专门对大生纱厂放款的机构①。

全国著名的大银行先后到无锡、南通设立分行、支行或办事处。这就为无锡、南通两地的企业加强与金融业的联系提供了方便。据说,与大生纱厂往来的银行、钱庄最多时达 100 余家,可以透支的款项在 500 万~600 万之间。

再次,无锡、南通涌现出一批开拓进取、顽强拼搏、励精图治的实业家和实力雄厚的资本集团。

1920 年,无锡涌现出 5 个资本集团(钱钟汉先生《抗战前无锡六个民族工业系统的原始资本及其发展变化》一文中称之为资本系统),资本总额达 528 万余元;1929 年,资本集团增加到 6 个,资本总额增加到 998 万余元,占无锡 12 种主要工业投资总额 1177 万元的 84.8%。以张謇为首的大生资本集团的各种公司,"以数十计,资本总额几达三千万元"②。通观当时省内所有城市,无锡、南通资本集团数量之多,实力之雄厚,经营范围之广,在整个江苏是无敌的。

"天地之性人为贵。"人的价值在于自尊、自强、求实和拼搏。无锡、南通的实业家基本上都是经商办实业的专门家,具有强烈的事业心,富有勇往直前、开拓创新的精神。他们都能遵循和服从优胜劣汰的市场规则,靠善于经营和勤于管理开拓自己的事业。他们深深懂得:对一个实业家来说,追求安逸舒适的生活,缺乏进取的心理,比技术的落后更可怕。他们都始终努力不懈,一步也不放松,一点也不偷懒。他们都利用总公司眼宽、耳灵、联系面广、辐射力强这个优势,穿针引线,发展横向联系,将生产和流通、原料产地和市场联结起来,形成结构严密的生产体系和市场体系。

正由于这样,无锡、南通的知名度日益提高,辐射力和吸引力日益增强。

资本主义机器工业逐渐向无锡、南通聚集的结果是:到 20 世纪 20 年代初,无锡发展成为以棉纺业、面粉业、缫丝业为主体的苏南地区的工业中心,南通发展成为以棉纺业为主体的苏北东南地区的工业中心。这两个工业中心的形成和发展是江苏资本主义工业发展的重要标志,两个工业中心也成为江苏资本主义工业发展的基地,对江苏资本主义的发展有着举足轻重的作用。

(三)农业中资本主义生产关系的出现和苏北沿海盐垦事业的勃兴

列宁在论述资本主义工业中心的作用时指出:"工业中心的形成、其数目的增加以及它们对人口的吸引,不能不对整个农村结构产生极深远的影响,不能不引起商业性的和资本主义的农业的发展。"③列宁在谈到农业资本主义发展时指出:"资

---

① 《上海钱庄史料》,第 174 页。
② 《张謇全集》第 3 卷,第 838 页。
③ 《列宁全集》第 3 卷,第 20 页。

本主义渗入农业特别缓慢,其形式非常繁多"①,它可以在"极其不同的农业形式和生活形式"中表现出"同样的经济关系"②,即资本主义关系来。江苏资本主义发展水平在全国来说是比较高的,但农业中的资本主义发展却不快。1912—1926 年,江苏农业资本主义的发展,主要是指农村资本主义家庭手工业和农林畜牧场的发展。

"资本主义的家庭劳动,即在家里加工从企业主那里领来的材料以取得计件工资","在农民小手工业中就存在了"。"它同工厂即大机器工业也是同时并存的(而且规模很大)。"③1912—1926 年,苏州、无锡、常州、南通等地均有这种资本主义的家庭劳动,其形式还非常繁多。无锡农村中的织袜业就是一例。无锡农村中有的农民向袜厂租用袜机,领取棉纱,在家织成袜坯,再交到袜厂换纱,袜厂付给工资;或自备袜机,自购棉纱,织成袜坯交到袜厂,袜厂按件付给工资;或农民织成袜坯由小袜厂(实际上是包买商)收购。无锡农村中的花边业也是如此。花边公司在给女工发放原料时,发一个记账本,上面记着发给她的纱线重量或网边码数。女工领去原料后要保存好这个小账本。花边编织好后,便送交给花边公司。公司验收认为满意时,便在记账本上批明"收讫"字样,立即付给工资。在花边贸易最兴旺的年代,无锡的花边公司(包括网边公司)约 150 家,从事花边编织的女工约 5 万~6 万人,每年出品约值 100 万元④。盐城沙沟也有农民领取原料,在家织造(蒲包),按日交货。这种通过"包买主把材料直接分发给'手工业者'去进行生产并付给一定的报酬"⑤的家庭手工业,已属于资本主义的一部分了,已成为工厂、手工业工场或商店的分支机构了。

在这期间,江苏一些地方还出现了家庭手工业脱离农业而成为独立的手工业行业的现象。如丹阳境内的织绸业原是家庭副业,"所织之绸,不过供给织户自己之需要"。后来绸缎销路扩大,市场需求量增加,丹阳"合境有机二千张左右,其常川工作者,约居十之四五。"⑥这些"常川工作者"应该是脱离了农业生产的专业生产者。应该说,这种现象并不普遍,绝大多数仍然是作为家庭副业的形式而存在。以上所列举的丹阳织绸业,"大部分之工人,皆耕织并举者。农事忙则皆尽力耕作;农事既竣,乃就而织绸"⑦。苏州、常州一带的苎麻纺织也是家庭副业。"每届夏

① 《列宁全集》第 3 卷,第 151 页。
② 《列宁全集》第 3 卷,第 246 页。
③ 《列宁全集》第 3 卷,第 401 页。
④ 章有义:《中国近代农业史资料》第 2 辑,第 516－517 页。
⑤ 《列宁全集》第 3 卷,第 332 页。
⑥ 《江苏省实业视察报告书》,第 39 页。
⑦ 章有义:《中国近代农业史资料》第 2 辑,第 412 页。

令,田畴工毕后,适在新麻旺到之际,长日无事而购麻以从事工织。"①宜兴乡村妇女,在农闲时间多操副业及手工艺,有的编制芦席,有的造草纸,有的作竹器,有的从事纺织业②。江阴县农民"多恃育蚕、织布为生"③。总的来看,在江苏各地还普遍存在着以家庭副业形态出现的家庭手工业,只是花样越来越多,极大部分产品作为商品供应市场,农民与市场经济的联系也越来越密切。

江苏农业中的富农经济不甚发达。富农经济根据其经营情况的不同,可分为新式富农和旧式富农。相对地说,经常雇佣一个或几个雇工耕种的旧式富农比新式富农多一些。新式富农主要是指在城市附近从事蚕桑、园艺、果树、畜牧等经营的农牧垦殖企业,其数量很少,分布也不平衡。据载,1916 年,常州组织务本垦殖团④;无锡先后开办了 3 个私人果树场;1919 年,丹阳县已有 3 个树艺公司;金坛县有 9 个树艺公司;丹徒县在民国初年成立了森牲园垦牧公司,1916 年成立震兴树艺公司,1920 年成立育苗圃;1919 年秋,由陈子兰发起,在南京附近成立天宝树木公司。另外,江浦县创办了开垦江滩荒地的江华、永兴垦荒公司,淮安创办了大茂垦殖公司、长湖垦殖公司,高邮创办了九里荒垦殖公司⑤。

这里特别值得提出的是:在第一次世界大战期间及其结束后的几年间,大江之北、黄海之滨掀起了创办盐垦公司的热潮。据说,"当时一般人鉴于垦牧公司的获利,几视垦殖事业为致富捷径,故欲组织一个新公司,已不若往昔困难,只须有人号召,股本筹集立时可就,甚至有辗转相托,以不能入股为恨事者。虽妇人孺子,亦有典钗质钿,以事投资。大生纱厂举其历年的积累巨款,悉以入股,淮海实业银行几以其全部股本经营垦殖,而社会上一般人士对于垦业的态度,更是热烈异常,股东之广,几遍全国。可见当时垦业之盛极一时了。"⑥到 20 世纪 20 年代初为止,在南起吕四,北至陈家港,地跨南通、如皋、东台、盐城、阜宁等 5 县的 2000 万亩的土地上创办了 45 个盐垦公司,资本达 2000 余万元⑦。原来的蔓草荒烟之地,一变而为阡陌相距、田庐相望、鸡犬之声相闻的棉产区。

这些试图运用资本主义生产方式从事棉花生产、带有资本主义性质的盐垦公司的勃兴,不仅为棉纺工业提供了棉花原料,而且由南向北,逐步扩大了苏北商品生产基地,促进了商品生产和商品交换的发展。这是辛亥革命后,江苏农业方面的一大盛举。

---

① 章有义:《中国近代农业史资料》第 2 辑,第 411 页。
② 《东方杂志》第 24 卷第 16 号,第 89 页。
③ 《江苏省实业视察报告书》,第 152 页。
④ 《民国日报》,1916 年 11 月 3 日。
⑤ 章有义:《中国近代农业史资料》第 2 辑,第 344 — 347 页。
⑥ 《新中华》第 3 卷第 24 期,第 25 页。
⑦ 章有义:《中国近代农业史资料》第 2 辑,第 348 — 349 页。

三

1912—1926 年,江苏资本主义的发展虽然也有几年出现困难和停滞,但总的来看,发展速度是比较快的,特别是在第一次世界大战后期及其结束后的几年间,还出现了高潮。之所以会这样,我们认为主要有以下 3 个原因:

（一）辛亥革命、抵制日货运动、五四运动等为江苏资本主义的发展创造了有利条件

辛亥革命结束了持续两千多年的封建君主专制制度。南京临时政府成立后,制定了鼓励兴办实业、奖励华侨到国内投资等振兴实业的方针,颁布了一些保护工商业的规章制度,并协助维持一些有实际困难的企业和公司,等等。江苏各地在辛亥革命后也制定、采取了一些有利于资本主义发展的政策和措施。无锡军政分府在无锡光复之初,裁撤厘卡,设立货物税总公所征收货物税(凡本省产品及外省运入的货物均按总值的百分之二征收)等①。常州军政分府成立后,提倡开办戽水机制造厂;拟筑南抵太湖、北达长江的交通干线;开辟圩塘港口;减轻工商货物税。南通军政分府成立后,也采取一些维护资产阶级利益的措施。尽管这些措施并不系统,有些始终未能实行,但它反映了当时江苏地区资产阶级要求发展资本主义经济和人民群众要求国家富强、社会进步的强烈愿望,不是袁世凯政府及其继承人所能任意改变和遏制得住的。相反,它使民族资产阶级的政治地位和社会地位得到进一步的提高,使人民投资于工业的热情受到很大的鼓舞。1912 年,工商部在北京召开全国工商会议,会议代表由各商会推选,参加会议的代表约 100 多人。无锡的荣德生、华艺三、蔡缄三、汪赞卿都参加了会议,荣德生在会上提了 3 个提案,均获通过。"一为扩充纺织,为第一案,通过。一为设母机厂,以六项为工程、轮船、火车、农、矿、军械,制造各项母机,资本一千万,由国家发起后招商;送学生一百廿人出洋,按照工程支配,六十人速成回来布置,六十人专门回来当技师。自铸铁,以利国之铁、中兴之煤,其利不可胜算,通过。""三案为资送学生出洋学习小工艺,以资借镜,而兴实业,通过。"华、蔡两人也各通过 1 案②。就在这一年,荣氏兄弟一方面积极扩充茂新面粉厂和振新纱厂,同时还与王尧臣、王禹卿兄弟和浦文渭、浦文汀兄弟合作,在上海筹设福新面粉厂③。

辛亥革命后,江苏境内不仅出现创办资本主义工业企业的热潮,还出现了好几个实业协会,如苏州实业协会、镇江实业协会。镇江实业协会还确定了协会的任务和奋斗目标:先从纺织入手,如改良镇江绸及染色方法。至于垦殖,因收效太迟,又

① 《无锡文史资料》第 3 辑,第 32 页。
② 《荣德生文集》,第 62 – 63 页。
③ 《荣德生文集》,第 64 页。

无大资本,一时难以举行。俟筹得大宗巨款,再行扩张①。华侨资本家徐锐、吴世荣、丘醒虎、邝尧阶等在上海发起组织的同仁民生实业会,在扬州组织支部②。

1915年因反对日本帝国主义加紧侵略中国而掀起的抵制日货、提倡国货运动,1919年因反对北京政府准备在巴黎和会上签字而掀起的全国规模的五四运动,1925年爆发的五卅运动,都使抵制日货、倡用国货的口号深入人心,促进了民族资本主义工业的发展。

(二)第一次世界大战的爆发为江苏资本主义的发展造成了有利的市场条件

这里,把1912—1926年间江苏资本主义发展的历史背景再放大些。中国民族资本主义工业产生较晚,其生产力水平又比较低,加之资本主义列强的侵略和压迫,其产品不但缺乏国际市场,就是国内市场也大部分被外国商品(包括外国输入商品和外国资本在中国开设的企业所生产的产品)所占领。以棉纱为例,华商纱厂所生产的棉纱在国内市场上所占比重为:1903年占11.31%,1908年占23.93%③。长江沿岸的芜湖、九江、岳州、长沙、沙市、宜昌、重庆等7个口岸,1909—1913年输入的洋纱占72%,输入的华纱只占28%④。可以这样说:市场问题是中国民族资本主义工业发展的关键问题。对于立足江苏、面向全国的江苏民族资本主义工业来说也是如此。

侵略中国的几个主要资本主义国家都卷进第一次世界大战的漩涡。它们为了应付战争,集中全部力量积极扶助、发展与军事有关的工业生产,使国民经济遭受极其严重的损失,出口萎缩,民用工业衰落,加之国际交通阻塞,不得不暂时放松对中国的侵略。除日本和美国外,其余国家输入中国的货物急剧减少。不仅如此,在第一次世界大战期间,西方几个主要资本主义国家对于某些轻工业产品特别是日用品,都需要从国外输入;那些原来依赖这些资本主义国家供应轻工业产品的国家和地区不得不寻觅新的供应来源。在这种情况下,中国的面粉、油类等食品的输出量急剧增加。一战结束后,英、德、法等国经过几年大战的严重消耗和破坏,经济更加虚弱,1920—1921年发生了严重的经济危机。1921年后,这些国家的经济才开始陆续回升,摆脱危机状态。

第一次世界大战及其结束后的最初几年间,中国进口总值的减少,为民族资本主义工业产品腾出了一定的市场;出口值的增加,说明民族资本主义工业产品打进国际市场的数量增多。这就是说,民族资本主义工业产品无论是国内市场还是国际市场,都得到空前的扩大。市场的扩大刺激了民族资产阶级投资办厂、追求利润

① 汪敬虞:《中国近代工业史资料》第2辑(下册),第866页。
② 汪敬虞:《中国近代工业史资料》第2辑(下册),第867页。
③ 汪敬虞:《中国近代工业史资料》第2辑(下册),第1157页。
④ 汪敬虞:《中国近代工业史资料》第2辑(下册),第1158页。

的欲望。毋庸置疑,这对在全国占有举足轻重地位、又靠近全国工商业中心上海的江苏资本主义工业来说,是个千载难逢的良好机遇。

然而,好景不长。当西方资本主义国家逃出了"战后所陷入的那种生产、贸易以及财政方面的混乱状态"后①,就卷土重来大肆向东方进攻,重新回到了中国市场。曾经繁荣一时的江苏资本主义工业又被击入"低谷"。

（三）北京政府制定和颁布了一些有利于资本主义发展的经济政策和措施

一个国家的政府对经济的干预通常是通过经济政策来实现的。在商品经济条件下,经济政策本身虽然不反映价值流量在各个环节中的变动,但可以间接影响经济运行的平衡、效率和质量,最后达到政府干预经济生活的目的。因此,国无中外,时无古今,任何政府都要制定自己的经济政策以巩固自己的统治地位。

北京政府为了换取资产阶级的支持,巩固自己的统治地位,先后制定和颁布了一些有利于资本主义发展的经济政策和措施。工商部曾在《工商部电令内地各处总商会》函中呼吁:总期此后,官商一气,凡事皆可通筹合作,使振兴实业不至徒托空言,实所厚望②。

1913年12月,农林、工商两部合并,改称农商部,张謇任总长。据统计,张謇在农商总长任内,"延揽通晓工商法之人,编辑各条例先后已成二十余种"③。1914年1月13日,农商部公布《公司条例》《公司保息条例》。《公司条例》于同年9月进行修正,共251条,与1903年商部所颁发的条文相比,几乎增加一倍,内容亦比较周密。《公司保息条例》共18条,政府拨存公债票2000万元作为保息基金,每年以其利息借助棉织业、毛织业、制铁业、制丝业、制茶业、制糖业公司,对公司股本保息④。据说,这个条例公布后,"当时耳目一新,颇有朝气。"⑤

北京政府为振兴实业,曾酌量减免国内仿制洋式货物的关税。如江苏利宁工厂所制布匹、洋袜曾获得北京政府税务处减免关税的权利。镇江义生火柴厂也曾经该处核准只完值百抽五税一道,沿途概免重征⑥。1920年7月,苏纶纱厂生产的天官牌棉纱获准:运出销售时准援照机制洋式货物税现行办法办理,纱布税则销于外省者完纳正税一道后,无论运往何省凡遇关卡概免另征⑦。

1915年3月,农商部颁布商品陈列所征品规则。该规则第一条规定:"本所以发达实业,改良商品为宗旨"。1915年6月,农商部设立劝业委员会;同年7月,颁

① 《斯大林全集》第7卷,人民出版社,1958年,第219页。
② 《政府公报》(1912年6月),第2册,文海出版社,第42页。
③ 《政府公报》(1914年11月),第31册(二),第731页。
④ 《政府公报》(1914年1月),第21册,第228页。
⑤ 陈真、姚洛:《中国近代工业史资料》第1辑,第9页。
⑥ 《政府公报》(1914年11月),第31册(二),第926页。
⑦ 苏州市档案馆乙2-1,1036卷。

布《农商部奖章规则》;同年 10 月,在农商部的主持下,在北京举办国货展览会。

　　江苏于 1916 年 6 月颁布《地方物品展览会章程》。1920 年 4 月召开的江苏第一次省实业行政会议曾决定,组织全省农工商出品展览会,其目的非常明确:"现在欧战告终,列邦之日用必需品颇多缺乏,诚使乘此时机鼓励实业,搜集全省关于农工商各项出品,陈列一处,组织展览会,任人观览,一面延聘专门人员及熟悉列邦商务情形者评判陈列品之优劣,而于输出商品如棉、丝、木材等尤当详加研究,某种出品合于某国之需要,某种出品若何改良即为外人所欢迎。评判结果通告全省,俾农工商各界得有依据,庶可改良出品,推广销路。值此商战时代不得不急起直追,果能设法推销国内之土货一种,即可增加国民之富力一分。此项展览会之组织所费省款有限,而于农工商出品前途裨益实非浅鲜。"①此次省实业行政会议开始时就指出当时全省工农业生产中存在的问题:"本省自欧战终止以来……工商各业号称获利。第工商发达而农产不增,则原料缺乏,供不给求,极为可虑,即如丝、棉纺织厂比诸二年以前几增一倍以上,试问产额其增进几何?"鉴于这种情况,此次会议特别注重推广植棉、蚕桑、森林等事项,通过了《江苏省各县推广棉业案》《创设棉种借贷联合会案》《设立美棉收买机关案》《设立省道县总分支农林场案》《江苏县立模范农场奖惩条例案》等②。试图通过这些办法增加棉花、蚕茧产量,以满足工业生产对原料的需要。1921 年 6 月 15 日,江苏省公布《实业厅管理各实业机关奖惩条例》。该条例规定:对试验或劝导功效卓著者,开支特别节省者,发明新制造品者,营业盈余者,呈请奖励;对办理无成绩者,滥用公款者,出品窳败者,营业亏耗者,将给予惩戒③。

　　马克思指出:"资本在它的萌芽时期,由于刚刚出世,不能单纯依靠经济关系的力量,还要依靠国家政权的帮助才能确保自己榨取足够的剩余劳动的权利"④。江苏资本主义的发展,与当时政府的帮助也有一定的关系。

　　这并不是说,阻碍江苏资本主义发展、阻碍商品正常流通的腐败政策已彻底清除,相反,它还严重存在。比如,机器缫制生丝所用的干茧每担需纳捐 8 元,折换算成生丝每担需纳捐 36.8 元;缫制土丝所用干茧每担仅纳 2.7 元,折换算成生丝每担仅纳捐 12.5 元。两者相比,相差近两倍⑤。再比如,1926 年,江苏财政厅在北京政府财政部允许土布免税再展两年的情况下,藉词税源不足,力持不允,致使土布税加重,布商惶急。乡农因土布无利可图,停止织布,另觅生活,结果使无锡、南通

---

① 《江苏第一次省实业行政会议汇录·决议案》,1920 年。
② 《江苏第一次省实业行政会议汇录·决议案》,1920 年。
③ 《江苏省单行法令初编》第 5 类"实业",1924 年,第 9 页。
④ 《资本论》第 1 卷,第 300 页。
⑤ 《锡报》,1924 年 8 月 24 日。

的棉纱销售极为困难①。

不能因为封建势力的压迫和腐败的、弊端丛生的政策的严重存在,也不能因为资产阶级身上的枷锁尚未彻底砸烂,也不能因为政治、经济的原因使以上所列举的经济政策和措施没有得到完全贯彻,而否定当时政府制定和颁布的一些有利于资本主义发展的政策所起的一定的作用。当然,也不能因为它们起了一定的作用,就不适当地、过分地夸大和拔高这种作用。应该以是否有利于资本主义发展为标准,来衡量这些经济政策、措施有无作用或作用的大小。

总之,1912—1926 年,江苏资本主义发展的政治社会环境有所改观,国内外市场条件有较大改善,资本的流向有所改变,资本主义工商业者的地位有一定的提高,资本主义经济在法律上有了一定的保障,从而使资本主义在 1911 年以前发展的基础上得以进一步发展,直到西方资本主义重新回到中国市场后,江苏资本主义经济才陷入逆境。

以上简略阐述了 1912—1926 年江苏资本主义发展的历史过程。

这个过程再次证明:外国资本和封建势力留给民族资本发展的地盘是有限的,只能在它们的双重压迫的隙缝中生存、发展,像第一次世界大战后期及战后头几年那样的发展速度,是特定历史条件造成的短暂现象。

这个过程还说明:世界进入资本主义阶段以后,由于世界市场的存在,决定经济命运的是工业而不是农业。建立在单一小农经济基础上的中国资本主义机器工业缺乏雄厚的物质基础,生产技术水平、经营管理水平较低,工业品在国际市场上缺乏竞争能力,市场狭小,先天不足,后天不良。如何提高中国工业品质量,在国际市场上站稳脚跟,扩大销路,仍然是目前每个企业需要解决的主要问题。

这个过程也说明:民族资本家之所以能珍视,并抓住第一次世界大战爆发后发展民族工业的大好时机,首先是因为他们有树立中华民族企业家形象的强烈意识,有维护自己商品声誉的强烈意识。

在改革开放的今天,具有竞争力和创造精神的、为人类的发展作出过贡献的中华民族,已经和正在涌现出一大批为国争光、振兴中华的现代企业家。他们在社会主义现代化建设中,定会大显身手,作出自己的贡献。

① 《民国日报》,1926 年 7 月 25 日。

苏北盐垦公司的崛起与江苏农业资本主义的发展

一个国家或地区的近代化的主要内涵是资本主义化。因此,描述一个国家或地区的近代化的进程,探讨其规律和特点,主要是描述、探讨这个国家或地区资本主义发展的进程和特点。

中国资本主义的历史不长,发展也很微弱,其农业资本主义的发展更微弱。江苏(主要是苏南地区)、上海、东北是中国资本主义发展水平较高的地区。在对这些地区的资本主义发展状况、特点、作用的研究方面,已有大量的专著和论文问世,下面拟就江苏地区农业资本主义问题谈点粗浅看法。

一

辛亥革命前,在农产品商品化的基础上,江苏地区农业资本主义已有一些发展。1895 年,沈云沛在海州创办海州种植试验场、果木试验场。1901 年,张謇创办中国第一个农业公司——通海垦牧公司。此后,一些官僚、士绅、商人在投资创办资本主义机器工业企业的同时,相继仿效开办垦殖公司。1908 年,全省垦殖公司增至 22 个,其中有据可查的 20 个公司的资本额达 242.2 万元①。辛亥革命后,江苏农业资本主义在已有的基础上获得了进一步的发展,主要表现在:

1. 富农经济有所发展

富农经济根据其不同的经营情况可分为新式富农和旧式富农。相对地说,经常雇佣一个或几个雇工耕种土地的旧式富农比新式富农多一些。据调查,1921—1925 年,江宁淳化镇的雇佣劳动占农业劳动的 34.1%,其中长工占 25.1%;江宁太平门雇佣劳动占 11.0%,其中长工占 2.3%;武进雇佣劳动占 36.9%,其中长工占 16.6%②。另据调查,专门出卖劳动力的纯雇农在农村人口中的比重为:武进约占 11.27%、吴县约占 9.0%、靖江约占 12.0%、太仓约占 10.0%、海门约占 8.0%③。南通农村中雇佣他人以补其人力不足是农家中常见的现象。这一带农村中的雇工分长工、临时工及包工 3 种④。一般说来,短工的工资比长工高一些,但每月也不到 3.6 元,膳食由雇主供给。吴江县农忙时最高的散工工资,每日也只有 0.2 元,

---

① 唐文起:《辛亥革命前的江苏民族资本》,《中国社会经济史研究》,1985 年第 4 期。
② 章有义:《中国近代农业史资料》第 2 辑,第 448 页。
③ 《东方杂志》第 24 卷第 16 号《各地农民状况调查(征文节录)》、《海门农民状况调查》。
④ 章有义:《中国近代农业史资料》第 2 辑,第 451 页。

与上海清洁夫的工资差不多①。

新式富农经济主要是指城市附近从事蚕桑、园艺、果树、畜牧等经营的农牧垦殖企业。就江苏而言，这种企业数量不多，分布也很不平衡，主要分布在沪宁铁路沿线一带。无锡先后开办了3个私人果树场：一为邹煜熙在天下市所办，占地130余亩，大半选种桑树，其余试植果类；一为华士巽在荡口所办，占地40余亩，分养蜂、养鸡、植树3项，成绩显著；一为杨寿楣在鼋头渚所办，占地60余亩，专种水蜜桃、梨、杏等②。1916年，常州朱毅夫为振兴农业，组织务本垦殖团，准备开垦小北门外丰西乡的荒地③。民国初年，丹徒成立了森牲园垦牧公司，其中分林场、农场、畜牧场，农场又分蚕桑场、园艺，各场共有土地1000余亩④。1909年，丹徒成立了祥生公司，专种桑、竹、桃、李等树，成效不大。1916年，丹徒还成立了以养鱼、种竹为宗旨的震兴树艺公司⑤。1920年，丹徒南门外育成乡成立育苗圃，劝导植桑，尤特用力⑥。1919年秋，南京附近成立了天宝树木公司，股本3万元，经过5年的开垦，1924年春已将天宝山开垦完毕。1924年，天宝树木公司的收入已足敷公司费用，且有余裕，预计1925年可以分给红利⑦。此类垦殖公司，数量不多，经营规模也不大，均为手工劳动，有的雇佣长工，有的雇佣短工。由于资金多寡不一，管理水平高低有别，其经营效果也很不一样。有的因经理得人，成绩颇著；有的因"过事铺张"、"资本不继"，不得不出卖给别人。但从总体上看，还是有发展的。

2. 盐垦公司在苏北地区崛起

主张棉铁主义的张謇在《整理盐垦公司刍议》一文中说："天下事利与害常相倚，久与速不并程，事有有利而无害者，莫如垦。天不雨金，衣食自足，不损此而益彼，垦而已。顾求之失其道则害见，利有可久而不失者，莫如垦。天与之长，地与之久，不昨有而今失，垦而已。"⑧由他主持的通海垦牧公司，经营有方，日臻发达，仿效者争先恐后，一时都市积余之资金，群集于海滨斥卤之地，大江之北、黄海之滨掀起了创办垦牧公司的热潮。据说，"当时一般人鉴于垦牧公司的获利，几视垦殖事业为致富捷径，故欲组织一个新公司，已不若往昔困难，只须有人号召，股本筹集立时可就，甚至有辗转相托，以不能入股为恨事者。虽妇人孺子，亦有典钗质钿，以事投资。大生纱厂举其历年的积累巨款，悉以入股，淮海实业银行几以其全部股本经

① 章有义：《中国近代农业史资料》第2辑，第463页。
② 《江苏省实业视察报告书》，第141页。
③ 《民国日报》，1916年11月3日。
④ 《中外经济周刊》第134号，第40页。
⑤ 《江苏省实业视察报告书》，第31页。
⑥ 《中外经济周刊》第134号，第40页。
⑦ 《中外经济周刊》第109号，第41－42页。
⑧ 《张謇全集》第3卷，第632页。

营垦殖,而社会上一般人士对于垦业的态度,更是热烈异常,股东之广,几遍全国。可见当时垦业之盛极一时了。"①到 20 世纪 20 年代初,在南起吕四,北至陈家港,西至范公堤,东抵于海,横跨南通、如皋、东台、盐城、阜宁等 5 县,绵亘数百里的土地上创办了 45 个垦牧公司(一说 70 多个),资本达 2000 余万元②。惨淡经营,筚路蓝褛,使原来的蔓草荒烟之地,一变而为阡陌相连、田庐相望、鸡犬之声相闻的棉产区。这是江苏近代农业发展史上的一大盛举。

据 20 世纪 30 年代初调查,苏北地区各盐垦公司已垦熟地 134.9 万余亩,占各公司所领土地面积的 36.6%。其中通海牧公司已垦 9.1 万余亩,约占所领土地面积的 73%;大有晋公司已垦 16 万余亩,约占所领土地面积的 60%;大豫公司已垦 17 万余亩,约占所领土地面积的 55%;大丰公司开垦 38.8 万余亩,约占所领土地面积的 50%;华成公司已垦 20 万亩,约占所领土地面积的 37%③。

盐垦区的大宗作物是棉花。由于各垦区棉种杂乱,产量不高,管理不方便。针对这种情况,20 世纪 30 年代初,江苏省棉产改进所及棉作育种场于各垦区设立育种分场,实地试验,以期育成适合当地的良种。另据记载,中央棉产改进所东台植棉指导所在大丰公司鼎丰、万丰设立实验区,占地 57000 亩,有管理人员 12 名,实为南通学院农科及大生纺织公司合办。内分统制实验区、繁种场、运销合作社等诸项业务,对改进棉产不遗余力④。

各盐垦公司在"仿泰西公司"、"用机器垦种"方面,进展甚微。江苏省垦殖专区视察团在 1932 年视察裕华垦殖股份有限公司的报告中写道:该公司工程设备较他公司为优。关于气象观察、土壤分析等均有相当之仪器。排灌站一座,有 200 匹马力原动机一台,戽水机两台,因中卯酉河淡水不旺,形同虚设⑤。

除此之外,江浦县有江华、永兴垦荒公司。江华公司资本 10 万元,专收江滩荒地,随收随垦。永兴公司资本 3 万元⑥。淮安县有大茂垦殖公司。1920 年起,大茂垦殖公司将新垦之土地 2000 余亩,悉植棉花⑦。宝应县商会会长在淮、宝交界地方组织的长湖垦殖公司经营多年,成效卓著⑧。1913 年,扬州商人集股购买高邮三总五里北角下村一带的荒地约 2 万亩,定名为儿里荒垦殖公司,"筑圩开沟,验土性

① 《新中华》第 3 卷第 24 期,第 25 页。
② 章有义:《中国近代农业史资料》第 2 辑,第 348－349 页。
③ 王慕韩:《江苏盐垦区土地利用问题之研究》,见萧铮主编《民国二十年代中国大陆土地问题资料》第 45 册,台北成文出版社有限公司、(美国)中文资料中心,1977 年,第 22983－22987 页。
④ 政协大丰县文史资料研究委员会:《大丰县文史资料》第 9 辑,第 128 页。以下该文献重新出现时,编者均省略。
⑤ 《大丰县文史资料》第 9 辑,第 173 页。
⑥ 《江苏省实业视察报告书》,第 21 页。
⑦ 章有义:《中国近代农业史资料》第 2 辑,第 347 页。
⑧ 《江苏省实业视察报告书》,第 214 页。

之所宜,以施种植"①。

二

以上这些公司成功的少,失败的多。对成功的经验和失败的教训,前人已作过深入地探讨,这里不再赘述。对于盐垦公司的性质,由于过去受"左"的思潮的干扰和影响,大多数学者持否定态度。有的认为,它们"只在形式上保持了资本主义公司组织,实际上成为资本家集体对农民实行封建剥削的机构","这当然不是资本主义性质的农场,而是变相的大庄园对农奴的统治"②。有的认为,"垦区的开发⋯⋯是资本主义企业的资金退转到封建主义的土地经营"③。有的认为,这些盐垦公司"实质上除极个别的资本主义性质的农业企业外,绝大多数带有极其严重的封建性,或者完全属于封建经济,甚至名为公司,实为收租栈、土地投机公司等。"④近年来,对盐垦公司的性质的认识有所变化。有的认为,"它是尚未完全脱胎于封建主义的资本主义农业企业"⑤。有的认为,"这是20世纪初在中国近代出现的一种带资本主义性质的农业经营形式"⑥。但这些看法,都缺乏深刻的论证。笔者认为,这些盐垦公司既不是完全的封建大庄园,也不是典型的资本主义农业企业,而是带有资本主义性质的农业企业。其理由是:

第一,在盐垦公司的生产关系方面,某种程度上采用了资本主义的土地制度和剥削方法。

认为盐垦公司是封建主义的土地经营的主要理由是,公司仍然沿袭租佃制度和实行分地办法。笔者认为,对公司沿袭租佃制度和分地办法需要联系旧中国的国情进行深入的考察和分析。列宁在《俄国资本主义的发展》一书中指出:"应该补充一点,在我国著作界,人们常常过于死板地理解下面这个理论原理,即资本主义需要自由的、无地的工人。作为基本趋势来说这是完全正确的,但是资本主义渗入农业特别缓慢,其形式非常繁多。"⑦这"是因为农业,特别是农民,受旧传统即宗法式生活传统的压制非常厉害,因此资本主义的改造作用(生产力的发展,一切社会关系的改变等等)在这里是极其缓慢地和逐渐地表现出来的"⑧。列宁在论述商业性农业的发展时指出:"认为农业资本主义一产生就要有一种特殊的土地占有形

---

① 民国《三续高邮州志》卷8"实业",第33页。
② 黄逸峰、姜铎:《中国近代经济史论文集》,江苏人民出版社,1981年,第68页。
③ 《江海学刊》,1962年第7期,第30页。
④ 中国人民大学农业经济系主编:《中国近代农业经济史》,中国人民大学出版社,1980年,第100页。
⑤ 《大丰县文史资料》第9辑,"序二",第1页。
⑥ 岳琛:《中国农业经济史》,中国人民大学出版社,1989年,第368页。
⑦ 《列宁全集》第3卷,第151页。
⑧ 《列宁全集》第3卷,第146页。

式,这是完全错误的。"①"因此,就问题的本质看来,土地占有的任何特点都不能构成资本主义的不可克服的障碍,因为资本主义是根据农业、法律和日常生活的不同条件而采取不同形式的。"②"把土地分给农村工人,往往有利于农村业主本身,所以一切资本主义国家都有这种有份地的农村工人。在各个不同的国家里,这种农村工人具有各种不同的形式:英国的茅舍农民(cottager)不是法国或莱茵各省的小块土地农民,而后者又不是普鲁士的贫农和雇农。每一种农村工人都带有特殊的土地制度的痕迹,即特殊的土地关系历史的痕迹,然而这并不妨碍经济学家把他们概括为农业无产阶级这一类型。"③

对照列宁的论述,联系旧中国的实际情况,我们可以清楚地看到,盐垦公司沿袭租佃制度和分地办法,并不奇怪。在半殖民地半封建的旧中国,自然经济长期居于绝对优势地位,稚弱的资产阶级在同西方列强争夺市场的竞争中,始终处于极其不利的地位,加之资金短缺、人才匮乏、经营管理落后的致命弱点,使投资盐垦公司的资本家、官僚、士绅在建立棉纺织工业原料基地、发展商品生产的同时,又要竭力维护自身利益,特别是经济利益,不得不采取稳当可靠、风险较小的租佃制度。但这种租佃制度的佃农不是与地主直接发生关系,而是与公司发生关系。这种关系又是通过一系列的"佃约"、章程固定下来的,基本上是一种契约关系,有的公司佃农承租田地的规则非常详细、具体。佃农的来源基本上是失去土地和劳动工具的自由劳动者。据调查,20世纪30年代初大丰公司的佃农15%～20%为本地人,80%～85%为外地人。外地人主要来自南通、海门、启东、崇明、如皋,而且是春来冬去④。据当时有人调查,垦区地租由公司直接收缴,公司除征召佃农修堤浚河等工程事务外,别无他务。修堤浚河之事亦安排在农闲季节进行,不误农事,基本上没有任意役使佃农的现象;公司处处与佃农相谋协助,互求利益增加,经营较好的公司设立学校,提供市廛,举办公共事业等。当然,公司与佃农的关系并非至善至美,催租过于严紧、议租或有不公之处、租率过高等,都足以表明公司处处代表少数人的利益,并处于居高临下的地位⑤。

就缴租的方法来看,垦区各公司通行"议租制"。春秋两熟之际,公司派员分赴各户估计产量。春熟视土地肥瘠,佃农每亩纳银1角或数角不等;秋熟则四六议分,公司得40%,佃农得60%。1928年后,大丰公司则三七议分,公司得30%,佃农得70%;其他公司也相应减少,公司得35%,佃农得65%⑥。议租制弊端甚多:

① 《列宁全集》第3卷,第289页。
② 《列宁全集》第3卷,第289页。
③ 《列宁全集》第3卷,第151页。
④ 《大丰县文史资料》第9辑,第117页。
⑤ 张惠群:《盐垦区域佃租制度之研究》第61册,第31872－31874页。
⑥ 《大丰县文史资料》第9辑,第117页。

事繁费重;议租人员缺少经验,盲然从事;独断孤行,任意估计产量,强加于佃农,使佃农利益受到损害。后来逐渐完善议租人员的组成,增加监议人员。这样议租并不能保证绝对公正,但它已不同于封建地租。马克思在论述资本主义地租的产生时指出:"分成制可以看成是由地租的原始形式到资本主义地租的过渡形式,在这种形式下,经营者(租地农民)除了提供劳动(自己的或别人的劳动),还提供经营资本的一部分,土地所有者除了提供土地,还提供经营资本的另一部分(例如牲畜),产品则按一定的、各国不同的比例,在租地人和土地所有者之间进行分配。在这里,从一方面说,租地农民没有足够的资本去实行完全的资本主义经营。从另一方面说,土地所有者在这里所得到的部分并不具有纯粹的地租形式。它可能实际上包含他所预付的资本的利息和一个超额地租。它也可能实际上吞并了租地农民的全部剩余劳动,或者从这个剩余劳动中留给租地农民一个或大或小的部分。"[1]苏北沿海各垦殖公司所实行的"议租制"与马克思的这段论述非常相似。它与在剥夺劳动者的全部剩余劳动的同时,连一部分必要劳动也被剥夺的封建地租相比,已不完全一样了,说它带有资本主义地租的性质未尝不可。

各盐垦公司在集股章程中都有垦熟以后按股分田的规定,出卖土地的现象比较普遍。笔者认为,这不能成为把盐垦公司说成"收租栈"、"土地投机公司"的理由。

各盐垦公司分田后的经营形式可分为两大类,一类是企业经营,一类是佃农经营,前者为数不多。据1935年春调查,东台大赍富亨区:企业经营面积占14.21%,佃农经营面积占85.79%;泰源公司:企业经营面积占5%,佃农经营面积占95%;华成公司:企业经营面积占3%,佃农经营面积占97%;阜宁新华棉产合作社:企业经营面积占4%,佃农经营面积占96%[2]。

企业经营大致可以分为自管、托管、共管3种。一般说来,大股东分田较多,有的设仓派员管理,即所谓自管。自管土地面积不多,仅及各公司所垦土地面积的百分之一二,由公司雇工耕种,收成丰歉,与雇工无关,公司自负盈亏。小股东分田不多,有的委托原公司代管,与公司签订委托协议,即所谓托管。共管与托管相似。另据王慕韩调查,通、海、崇、启一些稍有资本者缴足押金及应兴各项工程费用,雇工代劳,耕耘收获,一概假手于人,自己却完全居于企业的地位。王慕韩说,公司方面表面上绝对禁止此种经营形式,多化名为之[3]。另外,各公司的土地开垦有前有后,成熟程度的差异较大,有的公司小股东所得的田仍由公司统一管理,所收取的地租按股分配。

佃农经营是苏北各盐垦公司的主要经营形式。租种公司土地的佃农虽是一家

① 《资本论》第3卷,第905页。
② 王慕韩:《江苏盐垦区土地利用问题之研究》第45册,第22926－22927页。
③ 王慕韩:《江苏盐垦区土地利用问题之研究》第45册,第22924－22925页。

一户地进行生产,但他们的生产活动有很多是在公司统一指挥下进行的。比如东台裕华垦殖公司在承租田亩规则中规定:"佃户住屋自行建造,其地点由公司指点。""佃户对于承佃之田,须种草头(即苜蓿),俾作肥料,如违议罚。"佃户"不得种植本公司所指定以外之作物"。"春熟须遵照本公司之限制不得任意种植"①。这说明,在生产过程中,有的公司已具有公共的性质。

第二,各公司是仿效西方资本主义股份公司建立的,组织形式和管理方法基本上是与之相近的。

通海垦牧公司是仿效西方资本主义股份公司创办的,其余的公司又都仿效通海垦牧公司:发行股票,筹集原始资本,股东凭股票从公司的收益中获得利润;各公司均设有董事会,重大问题由董事会议决,总经理或经理由董事会任命。

第三,水利工程和农田基本建设均由公司组织进行,费用均由公司负担。

在滨海盐区开垦荒地,首先要修筑海堤,开挖河渠。海堤既能积蓄淡水,又能防止潮汐;河渠既能排泄积水,又能洗刷地中的卤质。各公司所筑之堤,分外堤、里堤和格堤。农田基本建设与水利工程建设同步进行。每个公司境内分为若干区,区内分若干埂,埂内再分成若干塴。区与区之间有区河,埂与埂之间有埂河,塴与塴之间有塴沟,互相衔接。通海垦牧公司20余年间,投资各项水利工程费用达220余万元。大丰公司的农田基本建设和水利工程规模最大,也较完善,10余年间共投资140万元左右②。对农田基本建设和水利工程投入如此巨额的资金,没有一定的经济实力和生产规模是不可能的,也不是地主或地主集团所能做到的。这种投入,毫无疑问属于马克思在《资本论》中所说的"土地投资":"资本能够固定在土地上,即投入土地,其中有的是比较短期的,如化学性质的改良、施肥等等,有的是比较长期的,如修排水渠、建设灌溉工程、平整土地、建造经营建筑物等等。我在别的地方,曾把这样投入土地的资本,称为土地资本。"③由此,我们可以有把握地将苏北各盐垦公司归入农业资本主义的范畴。

当然,我们并不否认各盐垦公司存在的封建主义的成分,如落后的雇佣方式和手工劳动,有的垦殖公司领垦大量土地后待价而沽,等等。我们不能以西方发达国家的农业资本主义企业来衡量在几千年封建主义经济占统治地位的土地上产生的农业资本主义企业,要求它是纯而又纯的农业资本主义企业,这是不现实的。

(原载《江苏社会科学》1993年第6期)

---

① 章有义:《中国近代农业史资料》第2辑,第373页。
② 胡焕庸:《两淮水利盐垦实录》,第208页。
③ 《资本论》第3卷,第698页。

江苏地区农业近代化述略

对于近代中国的社会经济结构和农村经济的落后,毛泽东同志作过多次深刻论述。1936 年,毛泽东同志曾指出:"中国政治经济发展不平衡——微弱的资本主义经济和严重的半封建经济同时存在,近代式的若干工商业都市和停滞着的广大农村同时存在,几百万产业工人和几万万旧制度统治下的农民和手工业工人同时存在……若干的铁路航路汽车路和普遍的独轮车路、只能用脚走的路和用脚还不好走的路同时存在。"①毛泽东同志在中共七届二中全会的报告中进一步指出:"中国已经有大约百分之十左右的现代性的工业经济,这是进步的,这是和古代不同的。""中国还有大约百分之九十的分散的个体的农业经济和手工业经济,这是落后的,这是和古代没有多大区别的,我们还有百分之九十左右的经济生活停留在古代。"②这就是说,直到新中国成立前夕,中国古代式的农业还占绝对优势。由于中国地域辽阔,自然条件差异大,56 个民族各自经历的历史发展阶段不同,经济发展不平衡,接受外来文化的影响不一样,农业生产水平也就不完全相近。因此,对中国的近代农业发展史的研究必须从大处着眼、从小处入手,分地区、分行业地进行研究。关于旧中国江苏地区农业机器使用情况,笔者已做过简要的分析③。下面就旧中国江苏地区农业近代化的其他方面再做些粗浅分析。

一

在以农立国的旧中国,农业的发展显得更为重要。它是社会稳定的前提,是国民经济发展的基础。可以说,农业的状况如何,直接影响着整个国家的经济。别的不说,近代机器工业的发展和城市人口的增加,不仅需要农业提供更多的农副产品,而且对农业提供工业原料的数量和质量也提出了新的要求。工业的发展,特别是棉纺织业的发展,还提出了开辟、扩大农村销售市场的要求。工业的发展还需要

① 《毛泽东选集》第 1 卷,第 172 页。
② 《毛泽东选集》第 4 卷,第 1368 页。
③ 《旧中国江苏地区农业机器使用情况概述》,《江苏经济探讨》,1992 年第 11 期。

农村提供大量的雇佣劳动力。要使农业适应工业发展的需要，必须革新农业生产技术，振兴农业。因此，清末民初，朝野人士对振兴农业、开辟利源的呼声日渐高涨。

振兴农业从何处着手？我们认为，无论是提高劳动者素质，还是提高产品档次、增强竞争能力，都离不开科学技术，科技出人才、出质量、出效益。邓小平同志在论述科技对农业生产的作用时指出："科学技术的发展和作用是无穷无尽的。一个种子，一个肥料，还有多种经营，潜力是很大的。种子搞好了，在同等条件下，有显著的增产效果。科学施肥潜力很大。"①农作物品种的改良，病虫的防治，栽培、耕作方法的改进，水利工程的兴修，都需要科学知识。清末民初，发展农业教育，提倡农事试验，已为有识之士所关注并身体力行，"欲求实业之发达，必先树实业之人才，开办实业学堂，实为急务"。以培养农业技术人才、进行科学试验、改良农作物品种为宗旨的农事试验场和农业学校相继出现，试图以点带面，逐步推广。

江苏地区的近代农业教育始于清末。张謇于 1903 年创办师范学校，嗣设农科、蚕桑科，注重学习，以期手脑并用，建教合一。据 1911 年 4 月统计，江苏有农业学校 2 所。1914 年，金陵大学设立农科；1918 年，南京高等师范学校设立农科。南京高等师范学校改为东南大学后，农科范围扩大，进展甚速，为当时全国农学发展之策源地②。据《申报》1918 年 2 月 26 日报道，那时江苏已有句容县立乙种农校、六合县立乙种农校、常熟县立农业补习学校（已报筹办）、南通私立甲种农校、涟水县立乙种农校、睢宁县立乙种蚕业农校。

江苏农业教育成绩并不显著。据统计，1935 年度，省立农校有：苏州农业学校、淮阴农业学校、苏州女子蚕业学校、宜兴农林职业学校，4 校共有高级班 22 个、初级班 3 个，设有农蚕、园艺、农林、畜牧、蚕桑、制丝等科；1935 年度指定苏州农校添办糖果制造班，招考初中毕业生，学制 2 年③。这些学校规模都不大。1932 年，苏州农业学校在校生：预科 64 人，农科 67 人，蚕科 49 人，女职班 14 人，共 194 人；淮阴农业学校在校生 215 人；苏州女子蚕业学校在校生 228 人。3 校在校生 637 人，占全省专科学校在校生的 26.5%④。这些学校既教授学生、培养农业人才，又进行农作物良种培育的试验，将优良品种拿到农村逐步推广。这样，推广优良品种就有了一定的实践的基地，在基地上试验成功，再辐射到周围农村。这便是"桃李无言，下自成蹊"了。然而，在当时收效甚微。

1913 年，中央农业试验场（该场设于 1906 年）恢复；1915 年，中央农业试验场

①　邓小平：《建设有中国特色的社会主义》（增订本），人民出版社，1987 年，第 7 页。
②　黄俊杰：《面对历史的挑战——沈宗瀚与我国农业现代化的历程》，幼狮文化事业公司，1984 年，第 48 - 49 页。
③　陈果夫：《江苏省政述要》，"教育编"，"中等教育"，台湾文海出版社有限公司，第 15 - 16 页。
④　《江苏教育概览》，台湾传记文学出版社，1971 年，第 445 - 458 页。

在南通设立第二棉业试验场。与此同时,省内各地相继设立农事试验场,试图进行农作物优良品种与栽培方法的试验。据《江苏省实业视察报告书》记载,几乎每县都有这样的试验场。其中不乏正在筹备者、名实不符者和徒有虚名者。吴县农事试验场"除所种桃桑外,尚多旷土,殊不足以尽试验二字之义"①。常熟县农会农事试验场办得较好,"约占地二十余亩,计艺谷约十亩,植桑约五亩,植他树约六亩,余为种植各果蔬试验区场。设管理员一人,由农会会长兼任,技术员一人……区内所植之果蔬,必用竹签标举名目,令人一望而知,为是何种类,甚合试验办法。"②

值得一提的是,第一次世界大战期间,江苏境内出现工业资本家投资设立农事试验场、改良作物品种、增加产量、提高质量,以适应工业发展需要的可喜现象。荣宗敬曾在《农村衰落之过程及复兴之管见》一文中指出:"回忆甲午(1894 年)以前,吾锡(无锡)糙米每石售价二元,小麦每石只一元二、三角,维时长江流域面粉厂,绝无仅有,以农民生产供给厂家,绰有余裕,农民亦得稍沾实惠……迨粉厂加增,求过于供,爰陆续派遣厂员分赴各处劝导种麦,更岁集巨资,补助农事试验场。良以麦产若不增加,势必取给外洋,金钱输出,影响必及农村。然潮流所趋,殊非一手一足之烈(疑为"力")所能挽救。"③1920 年,上海面粉厂协会资助东南大学农学院建立一所小麦实验场。由于场地狭小,第二年在南京大胜关设立占地 1300 亩,进行小麦、稻米品种改良的试验场。该场试验的小麦计有 900 余种,水稻 280 余种。小麦以武进的"无芒"、南京的"赤壳"以及日本的"赤皮"3 种为最优,水稻以江宁的"洋籼"和"东莞白"2 种为最优④。

对国产棉花的产量和质量,聂云台等在《中华植棉改良社缘起》一文中作了这样的描述:中国"不但产棉之数不足而已,而棉质且其劣,竭其能力,但能纺二十支以下之粗纱,至欲纺三十二支、四十二支之细纱,则必仰给于印、美、埃及棉"。"欧战终结,为期不远,见损于彼,势必取偿于我。自今以往,我泱泱大陆,其将为诸工业国众矢之的乎?失今不图,悔且无及,机会难得,稍纵即逝。悉力提倡,我农、工、商、学各界开明之士,胥有责焉。我托业于棉产之诸君子,尤责无旁贷焉。当仁不让,盖兴乎来!"⑤有鉴于此,华商纱厂联合会于 1919 年设立植棉改良委员会,公推穆藕初为委员长,设立宝山、唐山、南京等试验场,以南京为总场,聘过探先生为场长。经营 2 年,规模稍定,后委托与东南大学农科合办,继续研究,积极推广。无锡广勤纱厂在附近地方设立植棉试验场 4 处,依法试种,实验土性,培养得宜,收成甚佳,每亩扯算,可得七八十斤。该县知事以"该场有此成绩,无锡农民于植桑之外,

① 《江苏省实业视察报告书》,第 120 页。
② 《江苏省实业视察报告书》,第 124 – 125 页。
③ 《荣家企业史料》(上册),第 72 页。
④ 章有义:《中国近代农业史资料》第 2 辑,第 173 页。
⑤ 《东方杂志》第 14 卷第 11 号"内外时报",第 192 页。

大可兼种棉花,劝令四乡农民酌量试种,将来推及全县"①。江阴利用纱厂经理钱维筹拟购美国棉种,择地培植,以期改良土种②。荣宗敬、荣德生兄弟在无锡购置土地,拟创办农场,试植原棉,后中止③。1922年,华商纱厂联合会向东南大学农科资助2万元,进行棉作试验,成立棉作改良推广委员会,聘请棉业专家,以董其事。由是,扩充各场,培养人才,购置器械,改良棉种,举行试验,仿造农具,推广棉种,成绩斐然④。

　　与此同时,蚕桑的改良与推广也提上了议事日程。1916年5月6日,农商部给江苏、四川巡按使的咨文中说:"现值欧战方殷,意、法各国产丝日减,我国蚕丝业家,苟能及时振兴,加意研究,使出产之额,足以供给世界之需要,于国计民生,裨益极大。惟农民安常蹈故,或暗于世界之大势,而坐失时期,或慑于道路之谣传,而束手观望,蚕期既误,大利何求。县知事为亲民之官,苟能提倡指导,不难克日程功。希迅饬产丝各县,传谕乡民,或派员分赴各乡,广行劝导,务使饲蚕各户,安心饲养,并力求推广,以期制丝原料逐渐增加,将来输出旺盛,生计日裕,国课商业,亦交受其益。"⑤同年,农商部在给上海江浙皖丝茧总公所等团体的训令中说:美国丝业会所纂改良中国生丝节略,指述详明,各丝商按照节略所开各节,切实考究,以图改良,而兴丝业⑥。前面所说的各县筹办的农事试验场中,绝大多数为蚕桑试验场,且有的已初见成效。1915年创设的丹阳蚕桑试验场"占地二十五亩,建有办事室五间,蚕室十间,种湖桑七千余株,现已成林。六年(1917年)于场中附设养蚕传习所。"1918年,养蚕传习所"改为蚕桑讲习所,两次毕业生徒三十余人。其茧丝等项,经县呈省发交蚕桑模范场检查,尚称良好。自提倡之后,乡民渐知其利,争相趋重,颇著成效。"⑦高淳县蚕桑模范场"购办桑秧,劝乡民领种","其乡民有栽培之不如法者,由场派工,时加指导"。一面在场中附设育蚕试验所,选购佳种,"实地试验,广召乡民,来所学习,以便改良,而期发达"⑧。

　　1918年,省立无锡育蚕试验所成立,试验分男、女两部,饲育春夏秋蚕及制种、缫丝、栽桑、调查、宣讲等事宜,并于江阴、溧阳设分所⑨。1924年筹建的无锡蚕业指导所,是无锡蚕业指导之嚆矢。由于经费不足,此所由"中国合众蚕桑改良会"

---

① 《江苏省实业视察报告书》,第142页。
② 《江苏省实业视察报告书》,第153页。
③ 《荣家企业史料》(上册),第72页。
④ 章有义:《中国近代农业史资料》第2辑,第172页。
⑤ 章有义:《中国近代农业史资料》第2辑,第174-175页。
⑥ 章有义:《中国近代农业史资料》第2辑,第175页。
⑦ 《江苏省实业视察报告书》,第37页。
⑧ 《江苏省实业视察报告书》,第20页。
⑨ 高景岳、严学熙:《近代无锡蚕丝业资料选辑》,第168页。

负担费用,由苏州女子蚕校推广部代为办理①。

江苏农业改良、推广事业,经过有识之士几十年的呼吁和倡导,政府的扶持、指导和推行,稍现生机。据1932年国民政府实业部调查,1912—1927年,各省市设立农事试验场251个,江苏24个,占9.6%,仅次于山西、河南,与山东并列第三②。国民政府成立后,省内各地纷纷设立农业推广所,上下衔接,逐渐形成网络。其中以棉作为第一主业的有南通、如皋、海门、盐城、靖江、东台等推广所,以稻作为第一主业的有常熟、仪征、江都、高邮、兴化、宝应、淮安、泰县、昆山等推广所,以杂谷为第一主业的有泰兴、淮阴、泗阳、沭阳、沛县、丰县、睢宁、邳县等推广所,以蚕桑为第一主业的有吴县、吴江、金坛、武进、无锡、江阴等推广所③。

稻麦棉的改进与推广:

本省稻作试验场始于1924年,场址设在吴县。1930年添设松江分场,1934年添设高邮籼稻试验部,同年又将高邮试验部改为高邮分场,1936年将总场迁至松江,原有总场改为吴县分场。总场主要从事晚籼、中粳及糯稻良种之育成暨米谷品级之考种及分析,吴县分场主要从事中晚粳稻育种,高邮分场主要从事早中籼稻育种。已育成粳稻有314无芒、318短芒、384长芒、无芒晚粳298及340,其收获量较普通品种可增加12.5%。

麦作试验场总场创始于1917年,原名省立第二农事试验场,设于铜山;分场创始于1917年,原名省立第一农事试验场,设于淮阴。1934年,两场合并。总场主要从事小麦育种,分场主要从事杂谷育种。已育成小麦品种有405、438及选良繁殖火燎芒、小红芒等,其产量较普通品种平均增加12%以上。

棉作试验场创始于1915年,原名农商部第二棉业试验场,1928年改为江苏省立棉作试验场。已育成棉作品种为青茎鸡脚棉第3号,比普通棉可增收1/5左右,韧力较普通棉强1/10,可纺20支细纱。

蚕业的改进与推广:

1928年,在扬州设立扬州蚕业试验场,培育原蚕种,繁殖桑苗。1929年,该场改为省立原蚕种制造所,并在无锡设立省立蚕业试验场。1933年7月,省立蚕业试验场改为省立蚕丝试验场。1934年3月,成立江苏省蚕业改进管理委员会,综理全省蚕业统制事宜。该委员会成立后,大致做了以下几方面的工作:

在桑苗方面:提倡江北植桑,奖励老株改植,无偿配发桑苗,设立桑苗圃,奖励植桑。

①　高景岳、严学熙:《近代无锡蚕丝业资料选辑》,第171页。
②　章有义:《中国近代农业史资料》第2辑,第182页。
③　蔡殿荣:《江苏省政府实习报告》,见萧铮主编《民国二十年代中国大陆土地问题资料》第116册,第62011－62015页。

在蚕种方面:统一原蚕种制造,改良蚕种品质,降低蚕种售价。

在育蚕方面:设立育蚕指导所,倡导组织产销合作社,办理蚕业合作讲习会和育蚕指导训练等①。

二

江苏地区农业近代化的进程并不快。"插秧弯腰,开渠用锹,收割用刀,运输肩挑",是对新中国成立前苏南一带传统农业生产方式占绝对优势的生动写照。种子良种化、肥料化学化、耕作方法科学化的进程缓慢,几乎还停留在试验场,尚未走进广大农村。例如,1921 年设立的东南大学农科大胜关农事试验场,直到 1925 年才在江宁、江浦两县推广小麦良种,稻种推广虽有两年,但均在南京附近农家栽培。小麦种仅发出 13 石 7 斗,领种者 48 家;稻种仅发出 20 余石,领种者 50 余家。又如 1928 年 7 月成立的省农林事业推广委员会,到 1931 年 4 月才散发桑苗 11500 株,领种者 80 户;散发树苗 6119 株,领种者 17 户;散发茶种 4 石 5 斗 9 升,领种者 83 户②。农业改良推广速度之慢,范围之窄,规模之小,由此可以想见。

自此以后,省府对农业改良推广工作采取了一些特殊措施,如举办特约农田、办理农业推广区、由各县举行地方试验等。推广工作有起色,但进展不大。

所谓特约农田,是指经过各县农业推广所或种苗试验场确定,某种作物种子可以推广后,选择土质适中农田,划为特约农田,其面积约各 3~5 亩。1935 年,全省举办特约农田者 33 个县,面积不过 1 万余亩。

特约农田里的某种作物取得农民的一定信任后,扩大种植面积,设立农业推广区,区内一律种植指定的优良品种。限于人力、物力、财力,省内设立推广区者只有 20 余县,种植面积亦不多。1934、1935、1936 年 3 年间,稻作面积分别为 5264 亩、7934 亩、24363 亩,棉作面积分别为 32376 亩、54700 亩、91456 亩,麦作面积分别为 12293 亩和 16172 亩(1936 年缺)。

在蚕业方面也采取了一些改良措施。

无偿配给桑苗:1931 年前后,丝茧价格暴跌,蚕农无利可图,毁桑种田。为了恢复蚕业,政府无偿配给农民桑苗栽植,以资推广:1934 年为 118 万余株,1935 年为 95 万株,1936 年为 85 万株。

改良蚕种品质:对各蚕种制造场严密督察、严格检验,蚕种质量逐年提高。1934 年平均毒率为 2.27% ,1935 年仅 0.37% 。

降低蚕种售价:政府为鼓励农民养蚕,规定春秋蚕种每张一律 0.45 元,不准超

---

① 参见《十年来之中国经济建设》(下篇)第 3 章"江苏省之经济建设";《江苏省政述要》,"建设编","农矿蚕林"。
② 蔡殿荣:《江苏省政府实习报告》第 116 册,第 61995 页。

出。各制种场所受损失,依照蚕种品种由政府每张补贴0.2~0.3元不等。仅此一项支出,1934年为26.1万余元,1935年为28.4万余元,1936年为51.3万余元。于是农民养蚕兴趣大增。1934年秋销售蚕种30万张,1935年春秋两季销售蚕种140万张,1936年春秋两季销售蚕种210万张。

设立育蚕指导所:指导蚕户运用科学方法栽桑、育蚕、烘蚕、防除蚕病,对于墨守成法、不事改良的农民来说十分必要。在无锡等17县设置蚕桑模范改良区,逐年增设养蚕指导所,实地指导蚕户栽桑育蚕。1934年秋季设指导所169所,1935年春秋两季设指导所543所,1936年春季设指导所344所。虽然时间不长,但指导成效尚可,每张蚕种收茧量逐年增加,缫制百斤生丝所需的干茧(缫折)日益减少。1934年春季每张蚕种产茧20斤,秋季15斤;1935年春季增加到39.3斤,秋季增加到22.6斤;1936年春季每张蚕种产茧27~45斤。1934年每缫百斤生丝需干茧400~450斤,1935年仅需350~400斤①。

相对而言,稻麦棉的改良与推广不及蚕业;蚕业改良与推广的成绩虽与日俱增,但严格说来,还处于起步阶段,不能估计过高。

三

农业近代化步履维艰,非短时期所能奏效。经济比较发达的江苏也是如此。

第一,资金短缺、人才匮乏、管理落后是农业近代化进程中难以克服的困难。辛亥革命后,中华民国名义上是统一的国家,实际上分崩离析,军阀争斗造成了严重的社会动乱,使本来已十分衰弱的民族经济遭到更为严重的破坏,财源枯竭,国库空虚。江苏仅1915年摊派收入支出约亏损600万元,库空如洗,军警所需饷款向中、交两行通融支付,财政困难达于极点,更无资金改良农业。1919年出版的《江苏省实业视察报告书》载:六合县“于蚕桑事项,颇欲有所规划,惟无米之炊,能否实践,殊无把握”②。盐城农事试验场仅有湖桑,且“与苗圃地址,分而不分,又无场长专司其事,未免涉于敷衍,屡经该县知事,迫促农会,另觅地点办理,迄以无款延宕至今。”③泗阳农林试验场虽有80余亩土地,10余间房屋,因经费支绌,年久失修,不无可惜④。无锡蚕业机关不少,但“县办机关,经费无几,不能尽量发展;省立机关,经费亦须一再宕欠,不能如期发放,确有困难之处。”⑤

政府无钱资助,工商业界的资助也是时有时无。棉纺业兴盛时,华商纱厂联合

① 参见《十年来之中国经济建设》(下篇)第3章“江苏省之经济建设”;《江苏省政述要》,“建设编”,“农矿蚕林”。
② 《江苏省实业视察报告书》,第25页。
③ 《江苏省实业视察报告书》,第186页。
④ 《江苏省实业视察报告书》,第176页。
⑤ 高景岳、严学熙:《近代无锡蚕丝业资料选辑》,第169页。

会每年捐款数万元补助东南大学进行植棉试验。1923年以后,因棉纺业失败,此项捐款不能继续,以致各处农事试验场相继停办。

国民政府成立后,财政状况虽有所好转,但用于农业改良的资金仍极为有限。国民政府鼻子底下的江宁县农业改良场,全年预算经费9396元,占全县年经常费用的1.55%。在9396元中,种子费、肥料费、宣传费、饲料费合计1620元,占17.24%,绝大部分经费用于工资开支。年产稻麦约330万余石,112.5万人口的江都县,试验农场年经费只有4400余元。用于培养人才的农业教育经费也很有限。1932年度,苏州农业学校为68370元,淮阴农业学校69228元,苏州女子蚕业学校59304元。三校合计196902元,占1932年度全省中等学校经费的10.35%。

管理人才缺乏、管理落后的困难也很突出。据《申报》报道,闽人沈瑜庆曾在清江浦北土圩外,购地百亩设立农林试验场,植桑艺谷,后来改为省立第三农业学校,大兴土木,费去数万金,形式上颇为好看,而其内容殊是令人失望,试验的豆麦收益不如普通农家。国民政府成立后,这种状况有所改观,但成效不大,管理人才缺乏、管理落后的困难依然十分突出。以江宁农业改良场为例,1933年,该场设场长1人,技术主任1人,技术员1人,事务员1人,监工1人,公役1人,林警1人,长工工头2人,副工头2人,长工18人。这样的人员结构,谈何试验?因此,该场设立虽早,任用非人,成绩不大。江苏省立蚕业试验场开办经费11万元,经常经费4万~5万元,应该说经费不算少,但成立不到3年,已三易其长,两改其组,内讧外争,明争暗夺,岁无宁时,谈不上搞什么计划、事业、研究和试验。

第二,农民的观念、意识、心理、学识严重阻碍着农业近代化的顺利进行。沉重的地租压得佃农喘不过气,他们没有条件从事农作物品种的改良,追求农田最高经济效益。墨守陈法、素不讲求改良、未富即安是旧中国农民的通病。他们讲求实际,未应验的话不信,无先例的事不做,不敢冒险。遇到大旱,就设坛求雨或禁止屠宰,以冀天沛甘霖。农民中文盲多,学识水平极端低下。这种状况,从盛泽平民教育促进会编的《识字歌》中可略知一二。歌词中说:识字好!识字好!识得字多无价好。愿识字,赶年少,可怜多少苦同胞,无知无识呆到老①。农民的这种状况是致使有限的良种、不太先进的耕作技术在推广中受到严重制约的重要原因之一。就江苏来说,这种状况苏北比苏南更为严重。泰县"上河(即泰县县南地区)有种桑者,无蚕桑学识,栽灌既不适宜,养蚕又不如法,折耗甚多,近复拔桑艺谷。"②各地设立农业推广所、试验场的目的,就是让农民耳闻目睹不太先进的耕作技术和有限的良种后自行仿效、推广。而推广成效不显著,也是江苏地区农业近代化过程中困难重重的最好证明。

① 《识字歌》中这几句歌词,是此次出版时加的。
② 《江苏省实业视察报告书》,第206页。

历史证明:在落后的农业基础上,绝不可能建立起近代工业;在发展近代工业的同时,必须重视农业的发展。历史还证明,广大农民囿于传统观念、习惯势力的束缚,循规蹈矩,不去冒风险,闭目坐等,是阻碍农业近代化顺利进行的一个深层次因素。"问渠哪得清如许,为有源头活水来。"江苏地区的农业近代化与大批仁人志士的睁眼看世界有着极为密切的关系。现在回过头来看当年的农业近代化进程,最值得记取的经验教训,就是既要有资本作后盾,更要有敢为天下先的精神。

(原载《学海》1993 年第 5 期)

三十年代江苏农业经济发展浅析[*]

　　20世纪30年代的中国,是半殖民地半封建的农业国家。帝国主义各国为了摆脱1929年秋爆发的席卷资本主义世界的规模空前的经济危机,向中国大量倾销剩余农产品,严重地打击了中国的农业生产。官僚资本和封建势力加紧对农民进行压迫和剥削,致使农业生产日趋凋敝。1931年长江大水灾所造成的巨大损失,给农业生产的发展带来了严重困难。在这样的背景下,江苏的农业生产水平怎样?它在全国处于什么样的地位? 是怎样的生产关系和生产力形成了这种生产水平?农产品的商品化与省内民族工业的发展是什么关系? 弄清这些问题,对于加深了解旧中国半殖民地半封建的生产关系对生产力的束缚作用,对于研究江苏省情,坚定走社会主义道路的信心,制订全省经济社会发展战略目标,不无好处。下面就这些问题提供一点历史资料,并作一些初步分析。

三十年代江苏农业生产水平的基本估计

　　江苏地处长江、淮河、沂河、沭河下游和太湖流域,地势平坦,土质肥沃,气候温和,雨量充足,具备发展农业生产的优越条件。早在隋朝,这里就成为中国古代农业最发达的地区之一。自明朝到鸦片战争前,江苏的农业生产在全国占有极其重要的地位。那么,到20世纪30年代,江苏农业生产究竟处于什么样的水平? 要回答这个问题,必须用具体数字来说明。也就是说,必须用农业种植面积、农作物产量、每人每年平均占有量、年递增率、农业劳动生产率等来衡量。由于中国历史上不太注意数量的统计,经济统计工作的基础很薄弱,到20世纪30年代,有关农业生产水平方面的动态数据的统计仍十分缺乏,即使有一些记载,也多属估计、推算,不详细、不完整、不准确,况且统计口径又不一致。所有这些,都给我们研究分析20世纪30年代江苏农业生产的状况带来很多困难,只能根据一些零星资料,勾画出一个大致的轮廓。

　　首先,江苏主要粮食作物、油料作物、棉花的单产不高。如,1931年、1934年籼粳稻的亩产全省平均只有287市斤,丰收的1932年亩产也不过420市斤;小麦亩产1937年只有166市斤,最高的1931年也只有193市斤(见表1)。粮食亩产收获成数,在1931—1937年始终没有达到十足年成的水平。1931年、1934年,籼粳稻每亩收获成数仅为十足年成的56%;1932年是丰收年,也只达到82%。棉花亩产只有27~34市斤。

---

[*] 这里所说的三十年代,仅指1930年至1937年抗日战争爆发前这段时间。

其次,江苏主要粮食作物、油料作物、棉花的产量在全国占有一定的地位。江苏主要粮食作物、油料作物、棉花的种植面积较广,虽然单产较低,但总产量在全国占重要地位。据载,江苏主要粮食作物种植面积,1931—1937年占全国种植面积的10%上下,粮食产量占全国的11%左右;油料作物种植面积占全国种植面积的7% ~8%,产量占全国的9%左右;棉花种植面积占全国种植面积的16% ~22%,棉花产量最高的1935年占全国的26.02%,最低的1936年也占全国的17.66%(见表2)。

再次,全省平均每人每年占有主要农产品数量不多,农业劳动生产率不高。大丰收的1932年每人每年占有粮食(原粮)为720.7市斤,油料35.92市斤,棉花12市斤(见表3)。如果扣除种籽用粮、饲料粮、工业用粮,每人每年占有粮食还要低于这个水平。据统计,1930—1934年,全省农户有505.7万户①,如果每个农户以两个劳动力计算,全省农业劳动力有1011.4万个,再以1932年的全省粮食总产量、棉花总产量和1933年的油料总产量来计算,每个农业劳动力平均生产粮食2291.1市斤,棉花38.18市斤,油料114.2市斤。

表1　江苏主要粮食作物、油料作物、棉花平均每市亩产量(1931—1937年)

市斤

年份	1931	1932	1933	1934	1935	1936	1937
籼粳稻	287	420	389	287		404	392.5
糯稻			300	243		382	359
小麦	193	186	178	188	168	171	166
大麦	182	180	167	182	176	167	167
高粱	136	174	191	183		243	219
小米			145	154		231	217
糜子			114	137		211	188
玉米	222	253	172	166		225	226
大豆	169	213	191	108		193	207
薯类	1301	1652	1466	1074		1432	1786
花生			308	241		311	348
芝麻			88	71		96	90
油菜籽	88	87	87	87	97	98	79
棉花(皮花)	27	33	34	27		32	30

资料来源:《农情报告》第3卷,第8、9期;第4卷,第1、9、12期;第5卷,第8期;第6卷,第2期。

① 国民政府主计处统计局:《中华民国统计提要》,1940年,第45页,表15。

表 2　江苏主要粮食作物、油料作物、棉花种植面积、产量(1931—1937 年)

年份	主要粮食作物				油料作物				棉花			
	种植面积(千市亩)	占全国比重(%)	产量(千市担)	占全国比重(%)	种植面积(千市亩)	占全国比重(%)	产量(千市担)	占全国比重(%)	种植面积(千市亩)	占全国比重(%)	产量(千市担)	占全国比重(%)
1931	93779	9.55	191631.6	10.38					11353	21.74	3065	21.03
1932	96504	9.62	231726.6	11.32					11704	22.39	3862	25.50
1933	106021	10.31	241514.4	10.98	7827	7.72	11552	9.54	12066	21.59	4102	24.71
1934	104120	10.19	206103.8	10.50	7711	7.64	9890	8.16	12488	21.77	3372	21.28
1935	109449	10.44	255263.5	11.81	8168	8.43	11360	10.33	11998	22.99	3731	26.02
1936	107162	10.40	268518.2	12.12	8226	8.12	12423	10.40	11166	18.12	3644	17.66
1937	105911	10.57	259637.4	12.76	7455	7.32	11766	10.76	10429	16.58	3077	19.71

说明：① 薯类已按五斤折粮一斤折成粮食。棉花产量为皮棉。
② 1931 年,1932 年的主要粮食种植面积,产量不包括糯稻,小米,糜子的种植面积和产量。
③ 全省农作物种植面积,产量是指当时江苏省行政区划内的种植面积和产量。

资料来源:《农情报告》第 3 卷,第 8、9、12 期;第 4 卷,第 1、6、9、12 期;第 5 卷,第 8、12 期;第 6 卷,第 2 期。

表 3　江苏平均每人每年占有主要农产品量（1931—1937 年）

年份	全省人口	平均每人每年占有粮食（市斤）	平均每人每年占有油料（市斤）	平均每人每年占有棉花（市斤）
1931	32194353	595.2		9.5
1932	32151982	720.7	35.93	12.0
1935	36024038	708.6	31.54	10.4
1937	36469321	711.9	32.26	8.4

说明：

① 全省人口资料来源：1934 年《申报年鉴》、《江苏省鉴》、《江苏保甲总报告》、1940 年《中华民国统计提要》。

② 1935 年全省人口数不包括江宁县人口，其他年份均指当时江苏省行政区划内的人口。

③ 1932 年的油料总产量用 1933 年的总产量代替。

最后，全省粮食产量增长缓慢，遇灾年产量很不稳定，大起大落。以每 3 年的平均增长产量环比，5 年增长 17.8%，平均每年递增 3.3%（拙作在《江苏经济探讨》1982 年第 11 期发表后，有人建议，将"以每 3 年的平均增长产量环比，5 年增长 17.8%，平均每年递增 3.3%"这段话改为"采取移动平均法，用连续 3 年的平均数进行比较，1931—1937 年间，1932—1936 年粮食产量增长 17.8%，平均每年增长 3.3%"）。江苏 1931—1937 年每 3 年平均粮食产量增长指数见表 4。

江苏省主要农产品产量大起大落的现象很突出。粮食产量 1932 年较上年增长 20.9%，1934 年下降 14.7%，1935 年又增长 23.9%。油料、棉花产量同样如此。

表 4　江苏 1931—1937 年每 3 年平均粮食产量增长指数

年份	3 年平均粮食产量（亿斤）	指数
1931—1933	221.6	100.0
1932—1934	226.6	102.1
1933—1935	234.3	105.7
1934—1936	243.3	109.8
1935—1937	261.1	117.8

说明：粮食产量数字见表 2。

三十年代江苏农业生产发展缓慢的原因

生产方式是一定历史阶段的社会生产方式，是生产力和生产关系的辩证统一。斯大林说："生产、生产方式既包括社会生产力，也包括人们的生产关系，而体现着两者在物质资料生产过程中的统一。"①旧中国的半殖民地半封建经济形态,是从封建社会向资本主义社会过渡的经济形态。这种经济形态是既有资本主义又有封建主义的多种经济成分混合体。资本主义经济虽只占10%左右,但在国民经济中却居统治地位,封建经济遗留下来的地主经济、小农经济和手工业经济占绝大部分,只处于从属地位。在广大农村,大量的是以地主土地所有制为特征的地主经济和以农民小土地所有制为特征的小农经济。

鸦片战争后,商品经济不断发展,江苏农村到20世纪30年代,封建的自给自足的自然经济已基本瓦解。随着商品货币关系的发展,农村经济逐渐卷入商品经济的漩涡,农业中的资本主义因素亦逐渐增长。虽然总的趋势是如此,但是这一时期江苏农村中的生产关系基本的主导的一面是封建的、半封建的。这种封建的、半封建的生产关系严重地束缚着生产力的发展。这在土地所有制、赋税、高利贷关系和农产品买卖上反映得十分充分。

关于土地所有权的状况。1947年,中共中央《关于公布中国土地法大纲的决议》中指出:"中国的土地制度极不合理。就一般情形来说,占乡村人口不到百分之十的地主富农,占有约百之七十至八十的土地,残酷地剥削农民。而占乡村人口百分之九十以上的雇农、贫农、中农及其他人民,却总共只有约百分之二十至三十的土地,终年劳动,不得温饱。这种严重情况,是我们民族被侵略、被压迫、穷困及落后的根源,是我们国家民主化、工业化、独立、统一及富强的基本障碍。"②20世纪30年代江苏农村也不例外,地主富农掌握了绝大部分可耕种的土地。据无锡3个村的调查,地主富农所有土地面积占田亩总面积的77.5%,中农占16.2%,贫农占6.3%③。据常熟县1934年调查,地主所有的土地占田亩总面积的72%,其余的农户只占28%④。铜山县八里屯1932年调查,地主所有耕地占耕地总数的59%,其他各类农民占41%⑤。土地高度集中,地主富农大量侵占耕地,农民日益分化,无地可耕或耕地不足的农民不断增加。丹阳县第三区,1931年自耕农为45%,半自耕农为40%,佃农为15%;到1936年自耕农、半自耕农分别下降为30%、35%,佃农增加到35%⑥。常熟县在1928—1933年间,中农由28.1%下降为25.3%,贫雇农由60.1%上升为65.6%⑦。这说明20世纪30年代江苏农村土地的集中不但非常严重,而且还在继续发展。这种封建的、半封建的土地所有制的存在,是江苏

---

① 斯大林:《论辩证唯物主义和历史唯物主义》,《列宁主义问题》,人民出版社,1964年,第646页。
② 魏宏运:《中国现代史资料选编》第5册,黑龙江人民出版社,1981年,第218-219页。
③ 冯和法:《中国农村经济资料续编》,黎明书局,1935年,第676页。
④ 冯和法:《中国农村经济资料续编》,第28页。
⑤ 冯和法:《中国农村经济资料续编》,第4页。
⑥ 章有义:《中国近代农业史资料》第3辑,第733页。
⑦ 严中平等:《中国近代经济史统计资料选辑》,第265页。

农业发展的巨大障碍,是广大农村贫困落后、地主富农与广大农民矛盾尖锐的根源。

农村的肥沃土地虽然集中在地主富农手里,但其经营并不发达,他们把全部或绝大部分土地出租给佃农。这样,贫农出雇的机会就很少,他们中的绝大多数只好接受地主富农的苛刻条件租进几亩田进行耕种。这种情形遍及江苏农村各地。据无锡3个村的调查,地主出租的田亩占自己所有田亩的89%,富农出租的田亩占56.6%;中农租进田亩占其耕种土地的49.7%,贫农租进的田亩占87.4%[①]。地主富农在出租土地时把土地分割开来租给贫苦佃农耕种,使土地的使用非常分散。这种情况在苏南农村更突出、更严重。据当时的调查推算,江苏南部土地经营面积在5亩以下的农家占20.2%,5~10亩的农家占26.2%,10~15亩的农家占20.3%,15~20亩的农家占14.2%,20~30亩的农家占9.6%,30~50亩的农家占6.2%,50亩以上的农家占3.3%[②]。而贫农使用的田亩平均每块只有1.57亩,中农的为1.61亩[③]。由此可见,中农、贫农使用田亩的分散程度已达到十分惊人的地步。

马克思在论述小农经济时指出:"生产资料无止境地分散,生产者本身无止境地分离。人力发生巨大的浪费。生产条件日趋恶化和生产资料日益昂贵是小块土地所有制的必然规律。对这种生产方式来说,好年成也是一种不幸。"[④]20世纪30年代江苏农村土地的所有权虽在不断集中,而土地的使用权却在不断地分散。分散的、零碎的经营是农业生产的主要形式。这样细小的经营使广大贫苦农民在农业生产过程中既浪费了大量的时间、资金、劳动力,又严重地阻碍了农业生产技术的进步和新式农机具的推广,农业生产条件日趋恶化。

关于地租和地租率。"地租是剩余价值的正常形式,从而也是剩余劳动的正常形式,即直接生产者无偿地,实际上也就是强制地……必须向他的最重要的劳动条件即土地的所有者提供的全部剩余劳动的正常形式。"[⑤]20世纪30年代,江苏农村土地的集中如前所述非常严重,佃农、半自耕农占60%左右。因此,地租仍是一个广泛存在的经济现象。对作为土地关系的核心问题的地租形态进行分析,对于说明此时江苏农业经济商品化的发展程度和半封建的成分,揭露地主阶级对农民的超经济剥削都有决定的意义。

20世纪30年代,江苏农村流行比较普遍的地租有分租、谷租、钱租(货币地租)3种。其中谷租仍居支配地位,钱租的比重日益增加。据1934年对江苏各县的调查,苏南商品经济发达的22个县,实物地租占52.1%,货币地租占47.9%;苏

① 冯和法:《中国农村经济资料续编》,第677页。
② 《农情报告》第3卷,第4期。
③ 冯和法:《中国农村经济资料续编》,第681页。
④ 《资本论》第3卷,第910页。
⑤ 《资本论》第3卷,第897页。

北商品经济比较落后的 24 个县,实物地租占 76.5%,货币地租占 23.5%①。就全省的情况来看,钱租占 27.6%,谷租占 52.9%,分租占 19.5%②。就地租的性质来说,仍然是封建性的。

在这一时期内,地租剥削率很高,而且有日益加重的趋势。佃农所缴纳的地租,要占全部产量的半数上下。据统计,江苏各地水田、旱田地租率大致如表 5 所示③:

表 5　江苏水田、旱田地租率

		上等	中等	下等
钱租(占地价的%)	水田	8.1	8.2	8.7
	旱田	8.6	9.5	10.4
谷租(占产量的%)	水田	44.3	48.6	49.9
	旱田	39.4	42.0	38.3
分租(占产量的%)	水田	46.7	45.4	43.4
	旱田	44.2	44.5	46.8

这里特别需要指出的是,佃农所得部分还包括种籽、肥料、耕畜等生产成本。这就是说,这些地租除包括农民创造的全部剩余产品外,还包括农民的一部分必要劳动,即必要的生活资料。这便如马克思所指出的:"产品地租所达到的程度可以严重威胁劳动条件的再生产,生产资料本身的再生产,使生产的扩大或多或少成为不可能,并且迫使直接生产者只能得到最低限度的维持生存的生活资料。"④1933年,无锡每亩田平均产米 2 石 2 斗,缴地租 8 斗,剩余 1 石 4 斗,以当时最高米价每石 6.3 元计算,得 8.82 元,而生产成本:1. 种籽,0.20 元;2. 肥料,1.30 元;3. 戽水,1.80 元;4. 人工(6 个工),3 元;5. 农具,0.20 元;合计 5.50 元(原文如此,应为6.50 元)。5 口之家,假如租种 10 亩田,每亩只得 3.32 元,共计 33.20 元,在缴各种税收后,要保证最低限度的生活也是不容易的⑤。苏州佃农,一年辛苦结果,毫无所获,甚至每亩亏蚀数元者,比比皆是⑥。常熟佃农缴租纳税后,由于没有钱买种籽、肥料,往往不能及时耕种,而减低了收成⑦。

关于田赋和税收。 田赋和税收是国民党政府直接从农民身上搜刮财富的一种

① 严中平等:《中国近代经济史统计资料选辑》,第 290 页。
② 《农情报告》第 3 卷,第 4 期。
③ 章有义:《中国近代农业史资料》第 3 辑,第 247 - 248 页。
④ 《资本论》第 3 卷,第 897 页。
⑤ 章有义:《中国近代农业史资料》第 3 辑,第 269 - 270 页。
⑥ 章有义:《中国近代农业史资料》第 3 辑,第 270 页。
⑦ 章有义:《中国近代农业史资料》第 3 辑,第 279 页。

手段。旧社会农民中流传着两句歌谣:农民头上三把刀,租重、税多、利息高。因此,田赋和税收是农民身上的沉重负担。20世纪30年代,江苏地区的田赋不仅名目繁多,而且年年增加。无锡县田赋征收额1923年为100,1933年增至189,增加了89%①。除正税之外,还有极其繁重的附加税。全省田赋附加税对正税比率(以正税为100计):最低为119.69,最高为2603.45②。20世纪30年代初,全省田赋附加税达147种之多③,主要的有教育费、公安亩捐、自治亩捐、党部民众捐、农业改良捐、普教亩捐、抵补金亩捐、芦课自治捐、芦课党务捐、清丈费、保卫团捐、水巡察经费、警察队经费、户籍费、习艺所亩捐、教育特捐、师范经费、防务费、区经费、区圩塘工捐、乡镇经费、村制费、公益费、开河经费、保坍费、建闸费、国省选举费、修志费、积谷捐、清乡费、慈善费等④。名目之多,实难笔尽,农民负担,苛重已极。灌云县每亩田每年收入可得5.20元,而田赋苛捐之支出,每亩共须纳银4.936元,只剩0.264元,尚不足以付成本。这还是丰收年景,倘稍遇灾荒,则这2角多钱的收入也不会有⑤。灌云是苏北比较贫困的一个县,或许是一种特殊的情况。苏、锡、武、常、昆等10余县,一亩良田一年的收入,支付成本、利息及贩运耗损等项约占45%,偿付赋税则占50%,所余者不过收入的5%而已。繁重的赋税使这一带的农民难以维持生活⑥。在舆论的压力下,国民党政府一面宣布"废除"捐费,一面又继续增税,到1934年废除附加税130种后,还有200多种⑦。

关于城乡商业资本和高利贷资本对农民的盘剥。江苏农村,特别是沪宁铁路沿线、靠近大城市以及滨江沿海的南通地区,受资本主义影响较大,商品生产和商品交换已相当发达,城镇商业也比较繁盛,大部分地主都兼营工商业、典当业或从事其他职业。农民迫于生计,往往在收获前就以贱价"抵押"或"予卖"的形式求售农产物。新谷登场时粮食价格便宜,青黄不接时价格又很昂贵。在这样的买卖关系中,农民不但没有选择市场价格的余地,还要受商业资本的剥削。无锡县的"卖青桑",即旧历年底预卖明年的桑叶,桑叶价格仅合市价的60%左右⑧。无锡丝业大王薛寿萱运用他的商业资本的力量,垄断蚕茧收购,故意压低蚕茧收购价格,然后加工制成生丝出售,获取高额利润。1935年薛氏共赚200余万元,1936年净赚180余万元⑨。

---

① 章有义:《中国近代农业史资料》第3辑,第22页。
② 章有义:《中国近代农业史资料》第3辑,第17页。
③ 章有义:《中国近代农业史资料》第3辑,第16页。
④ 行政院农村复兴委员会编:《江苏省农村调查》,第63页。
⑤ 章有义:《中国近代农业史资料》第3辑,第33页。
⑥ 章有义:《中国近代农业史资料》第3辑,第33—34页。
⑦ 薛暮桥:《旧中国的农村经济》,中国农业出版社,1980年,第80页。
⑧ 章有义:《中国近代农业史资料》第3辑,第336页。
⑨ 章有义:《中国近代农业史资料》第3辑,第491页。

地主不仅凭借所占有的土地剥削农民,而且运用手中的资金进行高利贷盘剥。农民为了纳租缴税,为了度过灾荒,为了解决某种突然发生的燃眉之急,不得不乞于高利贷。而高利贷对于农民的吮吸,与地租剥削相比有过之而无不及。据1933年的统计,全省借钱的农家占农家总数的62%,借粮的农家占农家总数的50%①。其利率之高令人吃惊。宜兴春借米1石,秋还新谷3石②。苏北地区,冬季或春季借铜元100枚,麦收须偿还小麦1斗,约合铜元300枚③。城市中的钱庄、银行也把魔爪伸向农村,对已经处于饥饿状态的贫苦农民进行剥削。其形式有商业经营、资本借贷、合作社等。如江苏省农民银行盐城分行,在盐城3个城镇经营农产品加工和押款业务,农民把籽花、稻谷等作物向银行典押借贷,每月须支付利息1分5厘,典押期满,农作物就在该处加工,须付很高的加工费④。

20世纪30年代,江苏的农业生产和全国一样,遭到了1929年秋爆发的资本主义世界经济危机的沉重打击。帝国主义各国为了转嫁经济危机,对内采取"保护关税"政策,对外则采取商品倾销政策。结果大量洋米、洋麦、洋棉、洋面涌入中国,几乎完全霸占中国国内市场。1932年,由于洋米进口增多,谷价猛跌,谷贱伤农之风波及江苏,江北高、宝、兴、泰等各县,粮行中新稻山积,削价招徕,仍无主顾。新麦每石只售3元多,比1931年约减4元;米价每石只售7元之谱(原为13、14元),供求相忤,商贩裹足,凡百事业,益形凋敝⑤。而农产品以外的物价大都保持不变,农民出售其谷物,购买其他物品,已呈最不利之势⑥。帝国主义者趁江苏农村经济凋敝的机会,直接深入农村掠夺廉价农产品。如,它们直接深入南通一带产棉区,将尚未成熟的棉花用"期买"的形式先期购买,其估价不及市价的十分之三四,这种高利的榨取,若按利率计算,当在500%以上⑦。本来已经濒于破产的江苏农村经济,经过1929年秋爆发的资本主义世界经济危机的沉重打击,损失惨重。

在分析了20世纪30年代江苏农村的生产关系状况后,我们再对当时的生产力状况进行考察和分析。

生产力的基本因素, 是具有一定科学知识、生产经验和劳动技能的人,即劳动者;二是以生产工具为主的劳动资料;三是劳动对象。而劳动者是生产力中具有最终决定作用的因素,是生产工具的创造者和操作者,是首要的生产力。

关于生产主力军——农民的状况。20世纪30年代的江苏农村是当时中国农

---

① 《农情报告》第2卷,第4期。
② 章有义:《中国近代农业史资料》第3辑,第350页。
③ 章有义:《中国近代农业史资料》第3辑,第329页。
④ 《上海民族机器工业》(下册),中华书局,1966年,第518页。
⑤ 章有义:《中国近代农业史资料》第3辑,第619页。
⑥ 章有义:《中国近代农业史资料》第3辑,第670页。
⑦ 严中平等:《中国近代经济史统计资料选辑》,第331页。

业生产技术先进地区之一,广大劳动农民继承和掌握了中国几千年来精耕细作的优良传统,具有比较丰富的生产经验。但由于各种历史的、社会的原因,他们科学文化知识却严重缺乏,与农业科学几乎处于隔离状态。文化水平比较高的无锡县第四区,成年人中识字的只占 36.2%,不识字的占 63.8%[①]。地主阶级为了从农民身上榨取剩余劳动,常常用暴力迫使农民交租,或者强占农民财产。1933 年,常熟县监狱中关着欠租农民 300 多人[②]。吴县因租米缴不出而坐监的也在千人以上[③]。在农业生产过程中,作为生产主力军的农民在经济上受剥削,在政治上受奴役、受压迫,处于极不平等的地位,过着牛马不如的生活,这不能不严重影响生产的发展。

关于农业生产工具的状况。生产工具是生产力发展水平的客观尺度,是人类改造自然的力量的物质标志。马克思在谈到提高劳动生产率问题时曾说过:"劳动生产率不仅取决于劳动者的技艺,而且也取决于他的工具的完善程度。"[④]生产工具的完善对农业劳动生产率的提高有着重大的作用。江苏近代工业虽然比较发达,但机器制造工业的比重,特别是农机具制造工业的比重很小。1927 年虽然成立了省立农具制造所,但农机具制造工业比重很小的状况并没有根本改变。地租日增,赋税苛重,农民生活贫困,根本无力购买新式农机具。江苏农村劳动力资源丰富,有大量廉价劳动力供地主富农任意榨取,用不着为节省劳动力去改进技术,推广新式农机具。因此,全省的农业资本有机构成很低,封建的落后的农业生产方式在绝大部分地方仍然占着主导地位。

在各种劳动工具中,耕畜仍占最重要的地位。许多重要的农活,如犁田、戽水、农产品的运输,主要是利用畜力。然而,全省农村的耕畜却很紧张。据 1935 年估计,江苏全省将所有牛、马、骡、驴加起来平均,每农户只有 0.67 头[⑤]。镇江附近900 余户农家,只有 90 余头耕牛[⑥]。在缺乏耕畜的地方,用锄头钉耙翻地,用人力代替畜力的现象很普遍。无锡礼社"镇耕田翻土,全用人力"[⑦]。这是耕畜的大致情况。其他农具的情况也好不了多少,绝大部分农具是延续几千年的陈旧相习的古老农具。从国民党政府实业部国际贸易局 1932 年对丹阳县、铜山县农具的调查情况来看,农具式样陈旧、笨重,价格低廉,工作效能很差。就连这样简陋的农具,大多数贫苦农民也买不起。南通县、昆山县佃农中农具不完全的占半数上下。铜山县八里屯,有大车、犁耙的农家分别占 11%、21%,而无大车、犁耙的农家却占

① 冯和法:《中国农村经济资料》,黎明书局,1935 年,第 391 页。
② 章有义:《中国近代农业史资料》第 3 辑,第 64 页。
③ 章有义:《中国近代农业史资料》第 3 辑,第 270 页。
④ 《资本论》第 1 卷,第 378 页。
⑤ 《农情报告》第 4 卷,第 4 期。
⑥ 章有义:《中国近代农业史资料》第 3 辑,第 859 页。
⑦ 章有义:《中国近代农业史资料》第 3 辑,第 877 页。

89%、79%①。

新式农机具的采用主要限于戽水机,只有极个别的地区采用电力戽水。戽水机的采用主要集中在工业发达、交通便利、机器设备和技术问题比较容易解决的沪宁铁路沿线一带,以及苏北的高邮、宝应、淮安等地。其中以无锡、武进最为普遍。1933—1937 年,无锡有 1300 ~ 1600 架戽水机②。以每架戽水机每年戽水 600 亩计算,共可灌溉 780000 ~ 960000 亩,占该县耕地面积的 62.8% ~ 77.3%③。无锡近城区域有半数以上农家采用新式掼稻机(脚踏转动掼稻机),远城区域也达 20%,其他地方则寥寥无几。这些新式农机具几乎全归商人、地主、富农所有。以戽水机为例,新中国成立前夕无锡 922 户机船的占有者中,有 50 户地主,占 5.42%;550 户富农,占 59.65%;280 户中农及富裕中农,占 30.37%;其他 42 户,占 4.56%④。商人、地主、富农将这些戽水机租给农民使用,收取巨额租金,成为他们剥削农民的新的重要工具,严重阻碍了生产技术的进步、农机具的采用和推广。这是半封建经济结构的必然结果。

关于农业劳动对象和劳动资料——土地的状况。作为劳动对象和劳动资料的第一源泉的土地,是农业再生产所必需的最基本的生产资料。因为农业生产是"以土地的植物性产品或动物性产品的形式或以渔业等产品的形式,提供出必要的生活资料。"⑤因此,在社会生产力水平低下、农业生产技术落后、抗御自然灾害能力极其薄弱的情况下,耕地面积及肥力的大小直接决定着农作物的产量。江苏经过劳动人民几千年的辛勤开发,到 20 世纪 30 年代,可垦荒地大部分已被开垦,剩下的不多了,全省荒地只占土地面积的 12.2%,可垦荒地只占荒地的 20%,可垦荒地只占土地面积的 2.44%⑥。耕地面积的扩大基本上处于停止状态。正由于这样,全省耕地面积占全国的比重由 1873 年的 8.56%⑦下降到 1930—1934 年的 6.1%⑧。

关于抵御自然灾害的能力。江苏地区在历史上洪、涝、旱等自然灾害就相当严重。据不完全统计,沂、沭、泗下游地区,1074—1949 年总共发生大小水灾 303 次。

---

① 薛暮桥:《旧中国的农村经济》,第 45 页。
② 华东军政委员会土地改革委员会:《江苏省农村调查》,第 427 页。
③ 1927 年无锡县耕地面积 1257900 亩。见《中国近代农业史资料》第 3 辑,第 626 页。新中国成立前无锡县耕地面积为 1241463.95 亩。见华东军政委员会土地改革委员会编:《江苏省农村调查》,第 62 页。这里采用新中国成立前的数字。
④ 此为新中国成立前夕的数字。见华东军政委员会土地改革委员会编:《江苏省农村调查》,第 429 页。由此可以看出 20 世纪 30 年代无锡县各个阶级占有戽水机的一般情况。此处的百分比数字,作者稍作调整。
⑤ 《资本论》第 3 卷,第 712 – 713 页。
⑥ 《农情报告》第 2 卷,第 12 期。
⑦ 梁方仲:《中国历代户口、田地、田赋统计》,上海人民出版社,1980 年,第 380 页。
⑧ 根据《中华民国统计提要》1940 年版第 45 页的全国和江苏的耕地面积数字计算得出。

其中,自 1194 年黄河夺泗后 600 多年间,平均每 2 年发生较大水灾一次;黄河北徙后,平均每 5 年一次;近 500 多年中,平均约 5 年发生较大旱灾一次。淮河下游地区,在黄河夺淮时期,平均每 2 年有较大水灾一次,平均每 3 年多有较大旱灾一次;黄河北徙后,平均每 3 年发生一次较大水灾,平均每 6 年多发生一次旱灾。号称"鱼米之乡"的太湖地区,大小自然灾害也不时发生①。北洋军阀政府统治时期,军阀混战不已,社会处于动乱之中,水利工程无人过问。国民党南京政府上台后,水利工程年久失修的情况更为严重,以致进入 20 世纪 30 年代后自然灾害的周期大大缩短,水旱交替,灾荒连年,较之历史上任何时期有过之而无不及。1927—1937 年的 10 年间,除 1932 年灾情稍轻外,其余年份都有大灾。频繁的自然灾害给农业生产和人民生命财产造成了极大的损失。

关于农业生产技术和农业生产结构。"生产力里面也包括科学在内。②"劳动者掌握科学技术的程度,对生产工具的改进、社会生产力的发展有着直接而深刻的影响。20 世纪 30 年代的江苏,农业生产技术的改良还只限于农业试验场和有关农业学校中,无法走到农村去③。据 1932 年调查,江苏普通及特种农事试验场有 28 个,但与农村处于隔绝状态,徒具名义而已。由于农业科学知识的缺乏和资金的困难,全省购买化肥的农家只占 3.1%④。很多农民连进行简单、经济、多效的盐水选种的盐都买不起。采用改良稻种,要施优质肥料,又费工,还要特别保存,农民嫌麻烦;即使能多收稻子,农民也不能多得,也不愿多种。因此,改良稻种很难推广,改良棉籽推广的情况虽稍好一些,但也很有限。

由于江苏各地的自然条件不同,劳动人民利用、改造自然的情况也不完全一样,各地因地制宜地逐步形成了适合当地情况的传统农业生产技术、耕作制度和农业生产结构。如以稻、麦粮食生产为主,蚕桑、常绿果类也很发达的太湖农业区;以稻、麦为主,甘薯、豆类等作物占有一定比重的镇扬丘陵农业区;以稻、麦为主,棉花、花生、黄麻等经济作物比重很高,套种、间种比较普遍的沿江农业区等。到 20 世纪 30 年代,各地的农业生产结构并不十分科学、合理,有的问题还非常严重,这在当时条件下是不可能得到解决的。

综上所述,20 世纪 30 年代江苏的农业生产力十分落后,生产关系以封建土地所有制为基本特征,资本主义经济渗透农村,主要通过农产品收购价格、工业品销售、资金借贷等方面控制农村经济。所以说,当时的江苏农村经济是封建经济和资本主义经济的混合经济,是资本主义没有得到顺利、充分发展的半殖民地半封建经

① 《江苏农业地理》编写组:《江苏农业地理》,江苏科学技术出版社,1979 年,第 41 页。
② 马克思:《政治经济学批判大纲(草稿)》第三分册,人民出版社,1963 年,第 350 页。
③ 行政院农村复兴委员会:《江苏省农村调查》,第 16 页。
④ 《农情报告》第 4 卷,第 8 期。

济。代表腐朽的封建生产关系的官僚资产阶级和封建势力，为维护其阶级利益，绝对不肯主动改变这种生产关系，去适应生产力发展的要求，相反采取种种措施巩固其统治地位，致使号称"鱼米之乡"的江苏地区，农业生产发展缓慢，农民生活极端贫困。20世纪30年代的中国，曾流行过"农村复兴运动"和形形色色的农村改良主义运动。这些改良主义运动根本无法解决生产关系和生产力的矛盾。解决这个矛盾的唯一出路，是无产阶级领导下的人民民主革命，推翻半殖民地半封建制度，进行土地改革，从而解放农村生产力。

农产品商品化与民族工业的发展

马克思在谈到农业在国民经济中的地位和作用时指出："超过劳动者个人需要的农业劳动生产率，是一切社会的基础"①，"能够用在工业等等上面的，可以完全从农业解放出来的劳动者的人数……要由农业劳动者在他们本人的消费额以上能够生产的农产品的总量决定"②。这就是说，农业是其他各个经济部门以至整个国民经济存在和发展的前提。农业在很大程度上决定着国民经济发展的规模和速度。在商品经济占主导地位的社会中，农业部门的剩余劳动和剩余农产品是以商品形态提供给国家或国民经济的其他部门的。这里所探讨的20世纪30年代的江苏农产品商品化和民族工业发展之间的关系，基本可以这样来概括：农产品的商品化是民族工业发展的基础，农业以商品形态提供的农产品总量及其增长速度，在一定程度上决定着民族工业发展的规模和速度；民族工业的兴起和发展，对农产品原料需求的增加，又刺激了农产品的商品化。

中日甲午战争后，江苏农村自然经济瓦解速度加快。南通农村家庭手工棉纺织业所用的土纱基本上被洋纱代替。洋纱已在农村中占有很大的商品市场。自然经济的瓦解促进了农产品商品化的发展。1884年8月12日《申报》报道说：环绕数百里，近接如皋、通州、海门"一望皆种棉花，并无杂树。"到1906年前后，棉花"通海岁产约一百三十余万石，崇明、太仓、宝山等处产约八九百万石"③。许多本来不种棉花的地区，也"改禾种花"。棉花的种植面积不断扩大，总产量不断增加。到1919年，江苏棉花种植面积已达到17851712市亩，皮棉产量达3232897市担④。农业有这么个基础，有粮食，有棉花，有蚕茧，以纺织业、缫丝业、面粉业为支柱的江苏民族工业就有了可靠的原料来源和比较广阔的市场，客观上为江苏地区民族工业的发展创造了商品市场、劳动力市场的条件。

---

① 《资本论》第3卷，第885页。
② 马克思：《剩余价值学说史》第1卷，人民出版社，1975年，第16页。
③ 《东华续录》，光绪二百十四，页十二，见《续修四库全书》第385册，史部，上海古籍出版社，第690页。
④ 《中国棉产统计》，第2、5页。

恩格斯在谈到社会主义现代工业发展时说过:"工业按照最适合于它自己的发展和其他生产要素的保持或发展的原则分布于全国。"①在旧中国,民族工业的发展绝不可能做到这一点。但选择有利于民族工业发展的地点、部门、行业则是允许的,一般说来也是可以做到的。

从19世纪90年代起,一部分商人、官僚和地主先后选择地价比较便宜、工资比较低下、原料比较充足、劳动力资源比较丰富、市场比较广阔、资金周转比较方便的无锡、南通、苏州、常熟、江阴、常州等地,建立投资少、建设周期短、收效快、容易获利的纺织、缫丝、面粉等工业。1895年,杨宗濂、杨宗瀚开始集资筹办业勤纱厂。1896年,陆润庠在苏州筹办苏纶纱厂。1902年,荣氏兄弟和朱仲甫在无锡合股创办保兴面粉厂。1908年,沪宁铁路全线通车,进一步促进了铁路沿线各城市民族工业的兴起和发展。

第一次世界大战期间,欧美帝国主义国家无暇东顾,暂时放松了对中国的侵略,中国民族资本主义工业有了较快的发展。江苏的纺织厂,1919年发展到9家,1920年发展到18家,1921年发展到23家,1922年发展到24家②。机制面粉厂1913年为12家,1922年发展到17家③。缫丝厂,仅无锡一地,1919年就发展到11家、3620台丝车,1922年发展到19家、6340台丝车④。

纺织、缫丝、面粉等民族工业的发展,对棉花、蚕茧、小麦等农产品原料的需求大为增加,因而促进了农产品商品化生产的发展。张謇首创通海垦牧公司,进行大规模垦荒植棉。其后仿效开办垦牧公司者接踵而起,在南起吕四港北至陈家港,绵延600余里,面积约2000余万亩的土地上,先后开办了大小几十个垦牧公司,后来发展成为江苏的新棉区。1933年,全省出售棉花占全省棉花总产量的55%⑤。无锡、苏州、宜兴、江阴、吴江、常州、金坛等地的蚕桑业也有新的发展。特别是从1928年秋开始,无锡的缫丝厂数量激增,对蚕茧的需求量大幅度增加。各丝厂在自己收购蚕茧的地区,购送改良蚕种,派员指导养蚕,协助茧行行主改良烘茧设备,提高烘干技术。无锡永泰丝厂还自设蚕种制造场,为改良生丝的原料打下了良好的基础。

1929年秋资本主义世界经济危机爆发后,人口众多、资源丰富、战略地位重要的中国成了各帝国主义国家为摆脱经济危机而激烈争夺的中心。江苏的民族工业在这一争夺中遭到了沉重打击。再加国民党政府统治者的压榨和频繁的水旱灾害,农村购买力下降,使工厂倒闭、破产,工人失业。缫丝工业遭到的打击尤为严

① 《马克思恩格斯选集》第3卷,第335页。
② 《江苏省鉴》(下册)第6章,"实业",1935年,第136页。
③ 《旧中国机制面粉工业统计资料》附录一:"民族资本机制面粉工厂一览表"。此表中未包括窑湾裕亨面粉厂分厂和九丰面粉厂分厂。
④ 高景岳:《无锡缫丝工业的发展和企业管理的演变》,《江苏经济探讨》,1982年第10期。
⑤ 《农情报告》第1卷,第10期。

重。1931 年无锡号称拥有 50 家缫丝厂,1932 年 12 月开工生产的仅 17 家,1933 年初只有 13 家了①。由于缫丝厂开工率急剧下降,蚕茧供过于求,茧价下跌,农民养蚕无利可图,不少桑田改为稻田。据调查,1927 年无锡县有桑田 378000 亩,1930 年为 251037 亩,1931 年为 150000 亩,1932 年只有 84000 亩了②。全省桑田递减之速,可想而知。

据 1932 年调查,江苏的纺织、缫丝、面粉等工业的设备和生产能力大致情况是:全省共有纱厂 20 家,纱锭 513824 枚,线锭 20264 枚,布机 5763 架,全年用花 1157119 担,纱线 313710 包,产布 1690774 匹③。缫丝厂全省开工生产的有 17 家,丝车 5700 台④。面粉厂共 14 家,每年需要小麦 471.5 万担,每年产粉能力为 14416 万包,实产 1004.5 万包⑤。世界经济危机结束后,江苏地区的民族工业有所恢复和发展。1935 年,纱厂增加到 23 家,纱锭增至 619628 枚,线锭增至 21300 枚,布机增至 6978 台;年产纱线 390986 包,产布 142732000 平方码⑥。1936 年,全省开工的缫丝厂共 41 家,主要集中在无锡。1936 年,全省面粉厂共有 18 家,日产面粉约 4 万袋⑦。这是 20 世纪 30 年代江苏纺织、缫丝、面粉等工业发展的大致轮廓。

这里需要指出的是:第一,缫丝工业生产的生丝主要是供应国际市场,缫丝工业的发展往往与生丝出口的盛衰有着紧密的联系。这样,蚕桑的发展就与生丝出口的多少密切相关。第二,由于国产棉花长度不足,杂质较多,各地纱厂常用进口棉。由于外棉进口增加,国产棉花价格低贱,棉农无利可得。因此,自 1934 年(1934 年严重旱灾,棉产歉收,产量下降较多)起,棉田面积不断减少,棉花总产量逐渐下降。这就表明,棉花生产的发展与外棉进口的多少有很大的关系。第三,江苏的农产品并不是完全供给本省民族工业的需要,有相当数量的农产品原料供给上海等城市;江苏纺织、缫丝、面粉等工业所需要的原料也不完全来自本省,有相当数量的原料来自外省。第四,纺织厂、缫丝厂、面粉厂大部分集中在沪宁铁路沿线和沿江各城市,广大苏北地区除了几家面粉厂以外,纺织厂、缫丝厂一个也没有(南通除外)。这也说明江苏民族工业的分布是不平衡的,同时也说明民族工业发展的条件是多方面的。仅仅根据出产什么农产品原料,就想在当地建立相应的加工厂,在当时并不是都能做到的。

综上所述,20 世纪 30 年代江苏农业生产水平不高,发展速度不快,主要是帝国

---

① 高景岳:《无锡缫丝工业的发展和企业管理的演变》,《江苏经济探讨》,1982 年第 10 期。
② 章有义编:《中国近代农业史资料》第 3 辑,第 626 页。
③ 《江苏省鉴》(下册)第 6 章,"实业",第 139 页。
④ 《中国实业志·江苏省》第 8 编,第 1 章,第 115 页。
⑤ 《中国实业志·江苏省》第 8 编,第 2 章,第 337－339 页。
⑥ 《中华民国统计提要》,1940 年,第 81 页,表 43。
⑦ 《旧中国机制面粉工业统计资料》附录一:(一)"民族资本机制面粉工厂一览表"。

主义、官僚主义、封建主义三种势力直接、间接剥削和压迫的结果。江苏农业生产的发展在一定程度上为本省民族工业的发展准备了条件,民族工业的发展又促进了农产品商品化生产的发展。但由于受到西方帝国主义和日本帝国主义势力的排挤以及官僚资本主义和封建主义的压迫,江苏的民族工业没能得到正常的发展,到1949年全省近代工业产值只占全省工农业总产值的30%左右。

（原载《江苏经济探讨》1982年第11期。《中国农史》1983年第1期刊登时,文字和表格略有删改。）

近代江苏农村家庭手工业与集镇的发展

毛泽东同志在论述中国封建经济制度特点时指出:"自给自足的自然经济占主要地位。农民不但生产自己需要的农产品,而且生产自己需要的大部分手工业品。地主和贵族对于从农民剥削来的地租,也主要地是自己享用,而不是用于交换。那时虽有交换的发展,但是在整个经济中不起决定的作用。"①在自然经济逐渐瓦解的条件下,生产力水平仍然很低,生产规模依然狭小,一家一户就是一个生产单位,农业与家庭手工业的结合是必不可少的。由于中国幅员辽阔,各地经济发展水平不一,与农业紧密结合的家庭手工业在农村经济中的地位、作用及其发展程度不可能完全一样。下面拟就近代江苏农村家庭手工业与农村集镇的发展谈点粗浅看法。

一

自然经济是与生产力水平低下和社会分工不发达相适应的。到封建社会末期,随着生产力水平的提高和商品经济的发展,自然经济逐渐趋于瓦解,而农民依然无法离开家庭手工业,不可能单靠农业劳动收入来维持生活。在中国近代经济比较发达的江苏地区亦是如此。

清代中期以后,江苏地区特别是苏南地区可开垦的荒地已不多了,人口却随着经济社会的发展不断增加,地少人多的矛盾逐渐尖锐,人均自然资源占有量逐渐减少。以 1873 年为基期,到 1933 年,全省耕地增加 10%,如果按几何平均数计算,平均每年只增加 0.15%;而人口在同期却增加 50%,平均每年增加 0.67%②。人口增长速度远远超过耕地增长速度。近代农业剩余劳动力虽不像今天这样具有明显的社会压力,且可以通过精耕细作、增加复种指数来增加劳动密度,缓解农业剩余劳动力就业的矛盾,但人多地少、经营规模狭小、经济效益不高,制约着近代农民收入的增加。

在有限的耕地上年复一年地"日出而作,日落而息"的广大农民,特别是那些交通闭塞、邮电通讯落后地区的农民接受不到大中城市的辐射,感受不到工业文明的熏陶,视野狭小,知识贫乏,意识陈旧、落后,全方位地开发和综合利用国土资源的能力低下。因此,在农村单一经营,特别是单一经营种植业的情况下,仅靠农业

① 《毛泽东选集》第 2 卷,第 586-587 页。
② 《农情报告》第 2 卷,第 12 期。

劳动力与农业劳动手段、土地相结合而形成的农业生产力,解决不了农闲季节农业劳动力的合理使用和农业剩余劳动力的出路,仅靠农业劳动所得维持不了最低的生活水平,必须多渠道开辟收入来源,以增加收入总量。

众所周知,江苏近代工业比其他省份发达。但总的说来,城市经济水平仍然很低,不具备吸纳众多农业剩余劳动力的条件,城市容量极为有限。据1933年4月至1934年10月调查,符合工厂法规定的各业工人,无锡仅63764人,武进9040人,南通12418人,吴县8399人,镇江4741人,铜山289人,东海1031人,江都913人①。由此可见,在旧中国,像江苏这样近代工业比较发达的省份,也不可能通过城市吸纳农村人口和农业剩余劳动力的办法来解决农民贫困的问题。

农村家庭手工业自身虽然存在着一些无法克服的缺陷,但由于中国幅员辽阔,人口众多,市场广阔,农村家庭手工业所需要的投资少,资金周转快,技术简单易学,在近代农业和工业不发达的情况下,它可以将劳动力与当地农副产品等可加工的资源结合起来,与城市近代工业可扩散到农村的产品结合起来,进行加工生产。这样,既将衣食两项最主要的生产结合起来,避免购买,减缩消费支出,以应付沉重的地租、苛捐杂税,维持最起码的生活水平,又可以使农闲季节的农业劳动力和农业剩余劳动力得到较为合理的安排和解决。因此,农村家庭手工业仍然是中国近代许多地区农村经济的重要支柱。这是中国国情所决定的。

综观近代农村家庭手工业的发展情况,它基本上是从本地现有资源出发,有什么原料就生产什么产品,生产什么产品就到市场上销售什么。如苏南的太仓、常熟、江阴、武进和襟江带海的南通等地盛产棉花,近代棉纺工业又比较发达,家庭手工纺织业在这一带农村家庭手工业中居于优势地位。涟水、武进、镇江、阜宁、宝应、东海、盐城、泗洪、灌云、铜山、沛县等产芦苇地区,家庭手工编织业比较兴盛。宜兴的蜀山、鼎山、汤渡、川埠等地盛产陶土,陶器制造业是这些地区的主要家庭手工业。当然,也有例外。如无锡不产棉花,农村家庭手织业却很发达,享有"布码头"的美称;武进的焦溪镇、新安镇、三河口镇等地以编织蒲包为主要生活来源的人,约占这些地区人口的1/3,其原料却来自南通、镇江、龙潭等地。据1932年8月至11月调查,全省61县,以织布为主要农村家庭手工业的31县,织席的25县,编织蒲包的18县,编织草鞋的19县②。20世纪30年代,无锡、武进农村还出现了家庭手工织袜业。无锡的四乡,武进东南的雪堰桥、潘家桥、周桥等地都是家庭手工织袜业发达之处③。就全省农村家庭手工业分布的情况来看,很不平衡,特别是那些土地贫瘠、收成微薄地区的农村家庭手工业很不发达。

① 刘大钧:《中国工业调查报告》(下册)第2编,"地方工业概况统计表"。
② 《中国实业志·江苏省》第2编,第3章,第64页。
③ 彭泽益:《中国近代手工业史资料》第3卷,第750页。

二

明清以来,随着商品经济的发展,江苏各地的集镇有的逐渐扩大,进一步繁荣;有的地区涌现出一些新的集镇。据不完全统计,20 世纪 30 年代初,全省农村集镇约 1680 个(包括县城,不包括上海市所辖各县和萧县、砀山县的集镇)。这些集镇根据其功能大致可分为 4 类:手工业专业型集镇、商业型集镇、交通枢纽型集镇、乡民交易所。这 4 个类型的集镇与农村家庭手工业都有或多或少的联系。这里主要谈谈手工业专业型、商业型集镇与农村家庭手工业的关系。

利用当地生产的原料或近代工业生产的生产资料从事手工业生产,或为集镇某一手工业专业产品加工毛坯,从而逐渐形成专业手工业型集镇的不多。这类集镇大都经历了一个较长的发展过程,最终形成一定规模的时间较晚,且往往既是某种专业生产集中之地,又是该产品的集散中心。据载,明代中期,宜兴的陶器生产集中在蜀山、鼎山一带。到清代,蜀山、鼎山已是"商贾贸易,廛市山村,宛然都会"①,并出现农民以加工小件泥坯为副业的坯户(亦称加工户)。民国时期,坯户遍及蜀山、鼎山周围 5 公里左右的农村。有的以加工紫砂茶壶为主,有的以加工小坛、小瓶、溺壶为主,有的以加工中小煨罐、小砂锅为主,有的以加工小件盆、瓶、罐等为主,几乎"家家制坯,户户捶泥"。"一家之间,男妇老幼,各司其事"。"衣食所需,均惟陶业是赖。"②坯件的生产方式有两种:一是坯户从窑户处领取核定的泥料以及一些小工具和模具,在家中制成泥坯并晾干后,用船只送至窑户工场,经窑户验收后,以件数付给加工费;二是窑户预先和坯户商定生产泥件的品种、数量及交货时间,坯户按窑户的要求,定期将坯件送至窑户工场③。

"市场兴,百业旺。"农村市场的繁荣,各行各业的发展,带动了农村集镇的发展。商业型集镇不仅承担当地农村家庭手工业产品和农副产品的集散,有的还是省内外某一专业产品市场的组成部分;有的既是某一专业生产集中之地,又是该专业产品的集散中心,而且以集散为主。到近代,有的商业型集镇虽出现了一些以改良工具进行生产的工厂或手工工场,但仍以集散某种产品为主。盛泽镇便是这种类型集镇中最典型的例子。据载,盛泽镇"明初以村名,居民止五六十家,嘉靖间倍之,以绫绸为业,始称为市;迄今居民百倍于昔,绫绸之聚亦且十倍,四方大贾辇金至者无虚日。每日中为市,舟楫塞港,街道肩摩,盖其繁阜谊盛,实为邑中诸镇之第一"④。清代仲氏编纂的《盛湖志》卷三"风俗"载:"近镇四五十里间,居民尽逐绸

① (清)嘉庆《重刊荆溪县志》卷首,《分境图说》。
② 《江苏省实业视察报告书》,第 147 页。
③ 宜兴市地方志编纂委员会:《宜兴县志》,上海人民出版社,1990 年,第 293 页。
④ (清)乾隆《吴江县志》卷 4,"镇市村",第 16 页。

绫之利,有力者雇人织挽,贫者皆自织,而令其童稚挽花,女红不事纺绩,日夕治丝,故女儿自十岁以外,皆蚤暮拮据以馌其口。”“衣被天下”的盛泽镇,在省内众多集镇中,由此独领风骚。到民国初年,“居民稠密,商务发达,绸缎染织,俱称极盛,出品质坚式新,销及外洋,实占吴江商业重要之地位。风俗奢华,有类省会。”①1934年7月的《关于吴江县绸业概况报告》中说:近镇机户万户以上。以每机管理人员3人计算,以织绸为生的达3万余人。近年绸厂增至24家,共有织机300架,共有织工600~700人,每年产绸约百万匹,价值700万~800万元。练坊16家,染坊10家,轴坊13家。绸领,即经纪人200余人,绸庄60余家②。织绸所用的生丝,除本地土丝外,还有浙江嘉兴、王店、硖石、濮院、新市等地的生丝。所以,浙江生丝亦视盛泽为大市场。丝绸销往汉口、长沙、上海、杭州及福建、四川、广东、北平、天津,远及南洋群岛等地③。

由于“该镇绸业日益兴起,市面逐渐繁盛,办货客商,纷至沓来,尤以春季之时为盛”。“贸易既繁,于是客栈、电灯、电话及一切连带事业,均应时次第添设”。④“酒家、宾馆、舞榭、歌楼均乘时而兴,各处人士慕盛泽之繁华,亦游宿其间。镇人又年举盛(会),人云庆祝号召,所以往来繁盛一如都市。”⑤抗日战争前,盛泽镇已成为江苏巨镇,如今已博得“华夏第一镇”的美名。

对于盛泽镇的发展与周围农村家庭手工丝织业的关系,早在清乾隆年间就有诗写道:“吴越分歧处,青林接远村。水乡成一市,罗绮走中原。尚利民风薄,多金商贾尊。人家勤织作,机杼彻晨昏。”⑥从这个生动写照中,可以想象当时盛泽镇的繁荣与周围农村家庭手工丝织业的关系是何等的密切。

吴江县的另一个大镇震泽,向为丝市中心。据载,震泽镇元时村市萧条,居民数十家;后因该镇及近镇各村居民尽逐缫绅之利,明成化中居民增至300~400家;嘉靖年间增加1倍多;到清乾隆年间,货物并聚,居民达2000~3000家⑦。到民国初年,震泽镇已发展成为该县西境的大镇:市肆列运河两岸,商业繁盛;居民多育蚕练经,桑条遍野,产丝颇富,且甚光洁细韧,为他处所不及;船埠在市中,轮船经过甚多;有电报局、电灯,又为江浙交界之重地,市面日益兴盛⑧。震泽可与盛泽绸颉颃者,则为丝经。丝经分为洋经、苏经、广经3种。丝行购入土丝,再分发于附近摇

① 《吴江县乡土志》,第8页。
② 《吴江蚕丝业档案资料汇编》,河海大学出版社,1989年,第178－180页。
③ 《吴江蚕丝业档案资料汇编》,第177页。
④ 《吴江蚕丝业档案资料汇编》,第174页。
⑤ 《吴江蚕丝业档案资料汇编》,第189页。
⑥ (清)乾隆《吴江县志》卷50,“集诗”,第16页。
⑦ (清)乾隆《震泽县志》卷4,“镇市村”,第1页。
⑧ 《吴江县乡土志》,第10页。

户，"以丝为经，假手摇工，而摇工并不住居本镇，系由各丝行将丝之分两秤准，交由各乡户携回摇成，俟交货时，再为按工付值。计沿镇四乡三十里之遥，摇户约共有一万数千户，男女人工，当在十万左右。""计通年制出之丝经：洋经自五千担至一万余担，苏经自八百担至一千余担，广经自二百担至六百担。""其原料之丝，本境仅吴渌一乡所产，尚堪合用，余多购诸浙省菱湖、乌镇、双林、南浔等处。"①

前面说过，全省以织布业为主要农村家庭手工业的有 31 县，有些县的集镇就是由土布交易逐步发展成为土布专业市场而闻名遐迩的。

江阴地区多沙土，宜于植棉，生产土布历史悠久。据《宋志全境图》记载，江阴境内有 4 个镇、17 个乡、3 个市。明清时期，该县有 10 个镇，因土布交易而形成的集市有 16 个。而"邑中市镇之大者，称华墅、青阳，列肆繁盛，百货皆备，濒江各乡贸布者，午夜坌集，率明灯列市，习俗已久。"②据载，1743 年，华墅镇有 20 多家土布牙行③。1918 年，华墅镇土布行、庄 43 家④。到新中国成立前，华墅镇已发展成为有棉布、药材、南北杂货、五洋百货、副食、茶漆、颜料、酒酱、建材及饮食服务业等350 余家的大镇。夹河为市，两岸街衢有三桥连接，分东西南北四弄及上下两塘的青阳镇，是江阴南乡土布集散地。到新中国成立前，全镇有典当、盐栈、茧行、布厂和小型发电厂，大小店铺 200 多家，享有"小无锡"的美称。周庄镇是江阴东乡土布集散地，棉布交易市场绵延周围数里。新中国成立前，全镇大小店铺 236 家⑤。

常熟县梅李镇四乡的王市、赵市、塘坊桥、浒浦、白宕桥、珍门乡、沈家市、周泾口、徐市、吴市等地盛产棉花，手工纺织业发达，每届农闲季节，机杼声昼夜不息。人们常以"冬至布，满地铺"，"清明布，好叠路"来形容生产旺季土布产量之多。据统计：清道光年间，全县年产土布约 1500 万匹；1920—1930 年，全县年产土布 1200万～1500 万匹；抗日战争前，全县年产土布 800 万～900 万匹⑥。所产土布大都由梅李镇集散，梅李成了全县土布集散的中心。

向为产布之区的武进县，20 世纪 20 年代，年产土布 700 万～800 万匹。这些土布 70% 直接销往外埠，30% 售与本县布庄，布庄再委托转售。因此，除县城设有经营土布的布行、漂染、踹光作坊，并在北门设有土布市场外，有 19 个集镇设有布庄。当然，各镇布庄多少不等，兴衰存废亦各不相同。湖塘地区近代织布厂达 20多家，约占全县近代织布厂的 66%。据统计，1948 年，湖塘桥有商店 180 多家，其

---

① 《江苏省实业视察报告书》，第 135 页。
② （清）道光《江阴县志》卷 2，"疆域"，第 11 页。
③ 彭泽益：《中国近代手工业史资料》第 1 卷，第 242 页。
④ 徐新吾：《江南土布史》，上海社会科学院出版社，1992 年，第 484 页。
⑤ 江阴市地方志编纂委员会：《江阴市志》，上海人民出版社，1992 年，第 105－114 页。
⑥ 徐新吾：《江南土布史》，第 510－513 页。

中以粮店和布摊为最多①。

南通县平潮镇周围农村所产大小土布及蓝货通过平潮销往黄桥、季家市、石庄、如皋以及靖江、泰兴各处。清咸丰、同治年间,平潮殆扼南通土布北运的总汇,布店林立,不下二三十户,有的甚至是 200 年上下的老店,其业甚盛。后来,由于北来粮食土产集于唐闸,平潮成为过而不留之所。土布遂集中州城,平潮只有少数零星交易,不如昔时繁荣。民国以后,销路更为清淡②。

南通东乡第一大镇——金沙镇,自明嘉靖,一贯勤于纺织的海门人迁徙至此后,手工纺织业开始发达起来。该镇城隍庙成为土纱交易集中之地,满坑满谷尽是土纱,远看一片银白世界。农妇卖纱籴米,织户抱布贸纱。由于南下米船在金沙镇卸去米粮货物后,装载布匹返回;加之,运输船只从盐运河到达金沙,并不绕道州城,较为直接。因此,早在(南)通城土布市场形成之前,金沙已成为土布、粮食交流的要区,每逢阴历年节,河下的船只密密层层,不可胜计。大生纱厂投产后,机纱大畅,物质改观,内河外江,交通又发生变化,而金沙镇土布交易仍保持原有地位,未见减色。1923 年以前为最盛时期,同业共有 58 家。只是在中机布、大机布迭兴后,金沙镇的土布交易才一落千丈,不如当年繁荣③。西亭农村生产土布,稍晚于金沙。最初,西亭土布运至金沙销售。后来,西亭商人见其有利可图,便着手经营,逐渐发展。清朝初年,西亭镇的周天和曾将本地的棉花、土纱、土布运到江西、湖广等省去卖,将江西的瓷器、夏布和湖广的木材运销江北各地,积资至巨④。

再如,宜兴的和桥镇、吴江的同里镇既是粮食加工业集中之地,又是当地粮食集散中心;木渎镇、浒墅关既是编织专业型集镇,又是编织品交易的场所;仪征的十二圩、淮阴的王家营曾是盐产品的集散中心。类似例子很多,不一一列举。

三

明清以来,江苏地区特别是苏南地区的集镇以异乎寻常的步履向前发展,并出现了一批具有一定的吞吐力、辐射力,能吸纳各种能工巧匠,各具特色的集镇。经过多少年光阴和多少代人的努力,江苏地区特别是苏南地区的集镇和集镇经济在整个经济社会发展进程中的地位日益重要,作用日益显著,走在全国的前列,受到人们的关注和重视。可以这样说,集镇的繁荣已成为苏南地区经济发达的象征和衡量商品化程度高低的一个重要标志。然而,和任何事物一样,随着历史的变迁,集镇的兴衰存废也是不可避免的历史现象:往昔客商云集,市井繁盛的景象一去不

① 武进县地方志编纂委员会:《武进县志》,上海人民出版社,1988 年,第 129、344 页。
② 林举百:《近代南通土布史》,第 219 – 220 页。
③ 林举百:《近代南通土布史》,第 225 – 230 页。
④ 林举百:《近代南通土布史》,第 230 – 231 页。

复返,市面冷落者有之;建筑低矮,街道狭窄,面貌依旧者有之;往昔百姓居住较为集中之地,逐渐发展成集市、集镇者有;在原有集镇基础上获得进一步发展,活跃一片经济,富裕一方群众者有之。造成集镇兴衰存废的原因是多方面的。笔者认为,农村家庭手工业与集镇的发展互为条件、相互影响、相互促进,不失为一个重要原因。上述大量事实证明,农村家庭手工业的变化必将影响农村集镇的发展,农民的贫困必将拖累集镇经济的发展。农村家庭手工业发达可以向集镇提供大量可交换的商品,不断注入新的生机和活力;农村集镇的发展和繁荣为地区间横向经济联系的加强、农村家庭手工业产品的畅行创造了条件,从而加快了农副产品商品化的进程,促进了农村经济的发展。综观近代江苏农村家庭手工业和集镇发展间的关系,笔者的结论是:农村家庭手工业发达地区,农村经济都比较发达,农民收入相对高一些,农村集镇也很繁荣;农村集镇繁荣发达地区,农副产品商品化的程度比较高,农村家庭手工业也比较发达。一般来说,在长期发展的基础上,两者形成良性循环;反之,则形成恶性循环。

需要指出的是,影响、制约农村集镇发展的远不止农村家庭手工业一个因素,还有农业发展水平、市场销售、资金、地理位置、资源、交通运输、社会政策、社会文化、社会成员的生活方式、价值观念等因素。当然,这些因素的影响和制约作用不是均等的,有主有次,有大有小,且各个因素的影响和制约作用也不是一成不变的。值得指出的是,集镇的发展是由人参与的实践活动,参与这种活动的人的素质高低在很大程度上影响着集镇的发展速度、水平和规模。正如俗话所说:"成事在人"。就明清以来江苏各地集镇发展的情况来看,在祖辈熏陶教育下逐渐成长起来的、具有一定经济头脑和市场观念的人们,在集镇发展进程中的作用日益显著。

影响、制约农村家庭手工业发展的也远不止农村集镇一个因素,上述因素同样在起作用。比如南通的白蒲本不产棉花与土布,当地所需土布由商店从(南)通城或邻乡转贩而来。自清咸丰、同治年间起,通布外销逐步发展,白蒲开始受刘桥、平潮的影响,棉花种植逐渐推广,家庭手工纺织之事逐渐发展,经营土布的商店也发展到 10 余家。大生纱厂开车投产后,家庭手织业更为发达[1]。再比如,鸦片战争后,中国农村家庭手工业的兴衰还受国际市场供求关系的制约,失去了独立发展的自主权。如木渎镇"乡民多业蚕桑,比户缫丝。自近来有欧人采买新茧,于是各处多设茧行,而缫丝者去其大半"。"渎镇向有麻市,极盛。四乡多织夏布,村妇以绩綵为业者,朝市每集虹桥,今则略衰矣。"[2]受市场影响,农村家庭手工业者转业改行的亦不少见。1930 年后,常熟土布业显著衰退,生产数量每况愈下。在这种情

① 林举百:《近代南通土布史》,第 218 页。
② 民国《木渎小志》卷 5,"物产",第 14 页。

况下,尽管刺绣收入极为微薄,青年妇女多舍织而就绣①。这样的例子俯拾即是,限于篇幅,这里不一一详述。

深入地探讨近代江苏农村家庭手工业与农村集镇间的关系,总结其经验教训和发展规律,对当前农村产业结构的调整和小城镇的建设,都有历史借鉴意义。

（原载《学海》1994 年第 6 期。收入中国人民大学《报刊复印资料》,《经济史》1995 年第 1 期。）

---

① 徐新吾:《江南土布史》,第 514 页。

江苏乡镇工业发展的历史基础

目前,乡镇工业已成为中国国民经济的一支重要力量,成为国营企业的重要补充、农业生产的重要支柱、国家财政收入的重要来源、广大农民共同富裕的重要途径。江苏乡镇工业无论是发展速度还是总产值、产品质量在全国都是首屈一指的。江苏乡镇工业为什么能取得如此辉煌的成绩呢?原因是多方面的。比如,江苏的经济基础比较好,商品流通渠道多,市场比较广阔;人才荟萃,技术力量比较雄厚;中小城市、小城镇较多,水陆交通发达,又靠近全国工商业中心上海,经济信息灵通。这些得天独厚的优越条件为江苏乡镇工业的崛起奠定了一定的基础。

一、江苏近代农村家庭手工业和集镇加工业比较发达

直到新中国成立前,中国农村普遍存在的家庭手工业,在国民经济中的地位仅次于农业。曾如马克思所指出的:在中国,"小农业和家庭工业的统一形成了生产方式的广阔基础。"①鸦片战争后,外国商品倾销到中国市场,最早辟为商埠地区的自然经济遭到了破坏,但这个破坏和西方资本主义国家不同。中国自然经济在受到西方资本主义掠夺而逐步瓦解的同时,并没有相应地建立起新的生产方式。广大农民在封建势力和资本主义列强的掠夺、压迫下,靠农业生产收入所得不能维持最低的生活水平,但又不能抛弃他们所仅有的一小块土地,只有在从事农田耕作的同时,利用农闲时间兼营家庭手工业,把衣食两项最主要的生产结合起来,减少消费,避免购买,以应付沉重的地租、苛捐杂税。因此,农村家庭手工业虽然遭到破坏,但没有全部被消灭,它以各种各样的方式,变不利为有利,顽强地生存了下来。直到新中国成立前,全国各地农村家庭手工业仍普遍存在。江苏亦不例外。

先说手织业。早在明朝,江苏南部的棉织业的发展已走在全国的前面。鸦片战争后,特别是19世纪90年代后,西方资本主义国家的"洋纱"排挤手纺土纱的现象日益严重;在"洋纱"排挤土纱的同时,也发生了"洋布"排挤土布的现象。但这两个"排挤"的过程,特别是后一个过程进行得非常缓慢。这是因为:广大劳动人民特别是广大农民在地租、高利贷、苛捐杂税及其他超经济的残酷剥削下,极端贫困,缺乏起码的购买力,消费水平低下,价格低廉、坚固耐穿、又适宜于"做粗重劳动"的土布,对"洋布"有一定的抵抗能力。直到第一次世界大战前,大江南北农家

---

① 《资本论》第3卷,第373页。

妇女用土纱或机纱织布供自己消费的现象还相当普遍(织造土布的棉纱大都为粗纱,或手纺纱,或机制粗纱,近代棉纺工业发展起来后大都改用机制粗纱)。土纱被机纱代替后,土布生产逐渐转向商品生产①。据 1935 年调查,全省经营纺纱织布的农家占全省经营各种副业的农家总数的 21.7%;1947 年,占 30.7%②。苏南及南通等地是土布的主要产地。20 世纪 20 年代末 30 年代初,南通全县约有织机 8.3 万架,年产土布 610 万匹左右③。武进土布以质地优良闻名遐迩,年产量达 700 万~800 万匹,值银 400 万元以上④。无锡虽不产棉花,但手织业却很发达。据有人推算,清末无锡县约有木机 4 万~5 万架,年产土布 300 万匹以上⑤。清光绪年间,常熟县平均年产土布达千万匹⑥。昆山县棉织品的价值,曾有几年达到 500 万元⑦。据 1950 年 3 月调查,江阴县拥有铁木布机约 1.5 万架,手拉布机约 1.8 万架,小土布机约 7 万架,共有布机 10 万多架⑧。

在农村家庭手工织布业发展的同时,集镇手工织布作坊和工场也不断涌现。据 1919 年出版的《江苏省实业视察报告书》记载:常熟县手工织布工场有 31 家,织布机 3000 架左右,男女工人约 4800 人,年产布匹约 40 万匹,值银 180 万元。江阴县城内外共有织布厂 50 余家,其织机多者达千余架,少者亦有 300~400 架,男女工人万余人。太仓县直塘乡有新太织布厂,靖江县广陵镇有广益布厂,如皋县有因利织布厂,宜兴县有羡余织布厂⑨。

手织业除土布业外,还有织袜业。江苏农村家庭手工织袜业是在 20 世纪 30 年代兴起的,大多数分布在袜厂附近农村。无锡的四乡,武进东南的雪堰桥、潘家桥、周桥等处的摇袜业都很兴盛。袜厂将袜机及织袜的纱线散放给农家妇女,她们织成袜子后整打送交袜厂⑩。

丝织业是中国的传统手工业,其历史比手工棉织业更为悠久。早在明代,苏州就是中国主要的丝织业中心,它环绕着太湖流域一带发展,逐渐出现了一些以丝织业为中心的市镇。到清代,丝织业的重心虽然由苏州逐渐向南京转移,但苏州地区的丝织业并没有衰落。盛产丝绸的吴江盛泽镇"富商大贾辇万金来买者,摩肩连

---

① 彭泽益:《中国近代手工业史资料》第 3 卷,第 625 页。
② 彭泽益:《中国近代手工业史资料》第 3 卷,第 752 页;第 4 卷,第 549 页。
③ 彭泽益:《中国近代手工业史资料》第 3 卷,第 760－761 页。
④ 于定一:《武进工业调查录》,转引自《常州地方史料选编》第 1 辑,第 22 页。
⑤ 张泳泉、章振华:《无锡的土布业》,《无锡近代经济发展史论》,企业管理出版社,1988 年,第 251 页。
⑥ 国民政府《江苏省政府公报》第 34 期,第 20 页。
⑦ 彭泽益:《中国近代手工业史资料》第 3 卷,第 794 页。
⑧ 华东军政委员会土地改革委员会:《江苏省农村调查》,第 35 页。
⑨ 《江苏省实业视察报告书》第 126、153、100、156、161、148－149 页。
⑩ 彭泽益:《中国近代手工业史资料》第 3 卷,第 750 页。

袂,如一都会焉。"①到 20 世纪 20 年代初,盛泽镇"以丝织为业者,殆不下万户,男女工作人数,殆在五万以上";年产绫、罗、绉、纱、纺等类数十万匹至 100 万匹。镇上还有练坊、染坊、踹坊、粉坊,经营此 4 坊者约在 4000 人左右。吴江另一大镇震泽镇周围 30 里,从事丝经加工的摇户约一万数千户,男女人工当在 10 万左右②。其范围之广,产量之多,可以想见。

刺绣业以吴县的手工织缎最为著名。私营承绣商将刺绣的原料发放给农家妇女加工。1932 年,吴县乡间从事织缎业的有数千人,每年所出产的苏缎、纱缎、素缎值 300 余万元。抗日战争期间,吴县的刺绣业一度衰落,从业人数大为减少。抗战胜利后,由于美国商人在上海大肆抢购绣品,刺绣业畸形发展,从业人数约为 2.4 万人。后因盲目发展,质量低劣,产品过剩,刺绣业日趋衰落③。南京郊区马群镇的刺绣业也很发达,20 世纪 30 年代初,其刺绣业的总收入约在千元左右,而五棵松村之织绒业全年收入亦可达千元之谱④。

江苏产棉区的家庭手工轧花业比较发达。关于这一点,从家庭手工加工皮棉的数量可以看得很清楚。据载,大生一厂和副厂每年用皮棉 426784 担,大生二厂 80900 担,大生三厂 92560 担,合计 60 多万担;上海客商也在南通广设花行收购皮棉。这些皮棉都是由棉区棉农手工加工的。江阴、常熟、太仓等地农村向无锡、常州、江阴、苏州等地纺纱厂提供的皮棉,90% 以上都是由乡间轧花户手工加工的⑤。

碾米业是江苏农村集镇农副产品加工业的重要部门之一。1912 年以前,碾米皆用石臼。1912 年后,开始采用机械碾米。除无锡、镇江是江苏碾米业中心外,盛产稻米的县都设有碾米厂,比较大的碾米厂皆用引擎及米机,小厂用旧式木砻。据 1932 年调查,昆山有碾米厂 18 家,江阴 15 家,高邮 15 家,高淳 42 家,六合 10 家,兴化 21 家⑥。其他县碾米厂也不少,不一一列举。

榨油业也是江苏近代集镇农副产品加工业的一个重要部门。江苏榨油业所用的原料大豆、菜籽、棉籽、芝麻、花生的产量极为丰富,其主要产品及副产品除供应本省需要外,大都运往上海出口。据 1913 年 5 月调查,全省手工榨油业大作坊和工场有 18 家,工人 545 人,年产值达 86 万多元⑦。小型油坊遍及全省各地,特别是大豆、菜籽、棉籽产量丰富地区的油坊更多。20 世纪 20 年代前后,有的地方采用机器榨油,但土法榨油仍居多数。武进境内用牛力磨豆,人力榨油的油坊约有 80~90

① (清)仲廷机纂,仲虎腾续纂:《盛湖志》卷 3,"物产",第 1 页。
② 《江苏省实业视察报告书》,第 134－135 页。
③ 彭泽益:《中国近代手工业史资料》第 4 卷,第 542 页。
④ 彭泽益:《中国近代手工业史资料》第 3 卷,第 748－749 页。
⑤ 《中国实业志·江苏省》第 8 编,第 7 章,第 1168－1169 页。
⑥ 《中国实业志·江苏省》第 8 编,第 2 章,第 364－365 页。
⑦ 彭泽益:《中国近代手工业史资料》第 2 卷,第 343 页。

家,散见各乡者40～50家①。阜宁县约有油坊200余家,兴化县近100家,东台县约110余家,泰县约400余家②。

江苏各地农村的酿造业(包括酒、酱、酱油、辣油及醋等)也比较发达。据1932年调查,江阴县的酿造业有136家,常熟91家,宜兴76家,铜山81家,江都110家,泰县400家,东台245家③。

砖瓦业也是江苏历史悠久的一个手工业部门。随着城市经济的发展,公共事业的兴起,城市规模的扩大,建筑业日益发展,砖瓦的需要量不断增加。20世纪30年代初,常熟窑户达19家,南京80余家,六合120余家,铜山44家,沛县80余家④。在抗日战争前,无锡曾有砖窑108座,年产砖瓦4000万块以上⑤。

江苏的陶器业以宜兴最为发达,历史悠久,其产品的知名度与江西景德镇的瓷器并驾齐驱,其青泥及彩釉主要销往国内各地和南洋、日本、欧美等地。

此外,织席、蒲包、草帽、花边业等在江苏近代农村家庭手工业中也有一定的地位。吴县农村的男女皆善编织芦席,每年所产芦席价值80万元⑥,主要销往上海、汉口、天津等地。蒲包主要产于东海、灌云、盐城、东台盐区附近农村。武进的蒲包业也很发达,清光宣年间,年可销20余万元⑦。花边业是江苏农村新兴起的、与国际市场有着紧密联系的一种手工业。1914、1915年外商大量收购花边,曾出现供不应求之势,无锡县经营花边业者,不下数百家⑧。

值得指出的是,江苏各地农村家庭手工业和集镇加工业的发展很不平衡,畸轻畸重。苏南及南通等地比较发达,苏北地区则比较落后。苏南及南通等地农村家庭手工业和集镇加工业从业人员多,经营门类广,产品数量多、质量高。如昆山县夏布业最兴旺时,从事织造的达5000多户,从业人员在2万以上,占全县人口的11%⑨。20世纪20年代末,南通全县从事土布业生产的达13万余人⑩。宜兴农村家庭手工业的门类有织布、织席、芦帘、草纸、草鞋、竹器、陶器等。吴县有刺绣、纺织、毛毡、砖瓦、芦席、蒲包、麦柴扇等。武进土布质地朴厚坚韧,南通土布质地纯净、洁白、拉力强,销路都比较好。苏北农村家庭手工业和集镇加工业不仅从业人数少,经营门类单调,产品质量也不高。据载,宝应县全县织布机不超过100架;灌

① 于定一:《武进工业调查录》,转引自《常州地方史料选编》第1辑,第6页。
② 《上海民族机器工业》(上册),第404页。
③ 《中国实业志·江苏省》第8编,第2章,第454－457页。
④ 《中国实业志·江苏省》第8编,第2章,第1193页。
⑤ 华东军政委员会土地改革委员会:《江苏省农村调查》,第415页。
⑥ 彭泽益:《中国近代手工业史资料》第3卷,第771页。
⑦ 于定一:《武进工业调查录》,转引自《常州地方史料选编》第1辑,第59页。
⑧ 彭泽益:《中国近代手工业史资料》第3卷,第40页。
⑨ 《中国实业志·江苏省》第8编,第1章,第325页。
⑩ 彭泽益:《中国近代手工业史资料》第3卷,第760页。

云县 1918 年创办的华昌织布厂只有几个工人、近 10 架织布机,开办不久就关闭停业;铜山县省立第七工场的产品因价格太高,行销不远,不能与他处产品竞争①。这种局面是多种原因长期共同作用的结果。

二、江苏近代农村家庭手工业和集镇加工业在农村经济发展中起着一定的积极作用

在半殖民地半封建社会的条件下,江苏近代农村家庭手工业和集镇加工业基本上是从当地现有资源出发,有什么资源就生产什么,生产出什么产品就到市场上销售什么。这就使它们的发展受到很大的限制。尽管如此,农村家庭手工业和集镇加工业在江苏农村经济发展中仍然起着一定的积极作用。

首先,江苏近代农村家庭手工业和集镇加工业促进了农村商品经济的发展。

农村家庭手工业最初是生产者在家中生产供自己消费的生活必需品的一种低级生产方式,与"一开始就必然为交换而生产"②的城市手工业有着显著的区别。随着商品经济的发展,为交换而生产的家庭手工业在手织业中逐渐出现。马克思说:"过去农民为了自己必需的衣着而顺便从事的织布业,是由于交往的扩大而获得了进一步发展的第一种劳动。"③这是因为织布业所需的资金少,产品销路好,资金周转快,经济效益也比较高。20 世纪 30 年代,南通农村中生活来源全靠织造土布的农民占 38%,一半靠织造土布的占 54%,不靠织造土布的只有 8%④。他们织造的土布大部分通过市场出售。1933 年,南通县农村平均每户产大布、小布、改良布共 96.76 匹,销售 95.44 匹,销售的部分占 98.64%;自用 1.32 匹,占 1.36%。全县合计产布 6109480 匹,销售 6026135 匹,占 98.64%;自用 83345 匹,占 1.36%⑤。商品性手工织布业比重之高,由此可见一斑。在一些商品经济发达的地方,还出现农民把某一个手工业行业当成自己生产专业的现象,有的甚至发展成为具有资本主义性质的手工业工场。如无锡出现了 2000 户专门制造泥人的农民。盛泽镇在丝绸生产中也出现了专业化生产。

江苏近代农村家庭手工业和集镇加工业的发展,促进了近代农村商品经济的发展,增加了社会商品数量,加强了地区间横向经济联系。武进县一年所产的700 万~800 万匹土布大都销往江北和皖南、皖北各县,销于本地的不足 1/10⑥。销往东北的南通土布(即"关庄布"),1904 年比 1895 年增加近 10 倍。据 1932 年

① 《江苏省实业视察报告书》,第 214、244、218 页。
② 《马克思恩格斯选集》第 3 卷,第 312 页。
③ 《马克思恩格斯选集》第 1 卷,第 61 页。
④ 彭泽益:《中国近代手工业史资料》第 3 卷,第 759 页。
⑤ 彭泽益:《中国近代手工业史资料》第 3 卷,第 764 页。
⑥ 于定一:《武进工业调查录》,转引自《常州地方史料选编》第 1 辑,第 22 页。

调查,南通的布庄达 150 余家,本省的兴化、阜宁、高邮、镇江、宝应、东台、扬州,安徽的屯溪、绩溪、祁门、怀宁,浙江的金华、兰溪,江西的玉山、广丰等地的客商都来南通采办土布①。昆山县的夏布庄最兴盛时有 47~48 家,夏布托转运公司或信局航船运输出口②。

其次,农村家庭手工业和集镇加工业促进了农村集镇的发展。

农村集镇既是农村商品生产的基地,又是商品交换的中心和城乡经济联系的纽带。有的手工业者从农业生产中分离出来定居集镇,利用附近农村出产的原料专门从事手工业商品生产;有的虽然不在集镇定居,但他们所生产的产品大部分都拿到集镇出售,再从集镇买回自己所需要的商品。农村集镇的兴旺繁荣反映了农村家庭手工业和集镇加工业的发展,农村家庭手工业和集镇加工业的发展促进了农村集镇的繁荣兴旺。到 20 世纪 30 年代初,遍及江苏各地的农村集镇犹如星罗棋布。据当时统计,全省村镇约达 1680 余个(不包括原松江地区和萧县、砀山县的村镇)。其中,江都县 72 个、南通县 69 个、无锡县 64 多个、常熟县 64 个、吴县 61 个、铜山县 58 个、海门县 56 个、丰县 56 个、武进县 53 多个、如皋县 51 个,最少的扬中县也有 9 个,平均每县 34.3 个集镇③。根据其功能,这些集镇大致可分为 4 类。第一类是手工业专业型集镇。如盛泽、震泽是丝织业专业型集镇,唯亭是夏布业专业型集镇,木渎、浒墅关是编织业专业型集镇,蜀山、鼎山是陶器业专业型集镇,等等。第二类是不仅承担当地农副产品的集散、而且又是省内外市场的组成部分的商业型集镇。苏南地区商业型集镇较多。如:江阴的青阳镇,商业兴盛,街三里长,市廛繁密,北来棉花皆在此集散;宜兴的和桥镇,商业繁盛,是宜兴县的第一大镇;六合县的竹镇有小南京之称;泰县的姜堰镇,是苏北南部诸县土产品的集散地,豆饼交易尤为兴旺;仪征的十二圩,是淮南的盐市中心,帆樯云集,商业繁盛;淮阴的王家营,是淮北盐的集散中心。第三类是交通枢纽型集镇。这些集镇地理位置优越,交通方便,有的不仅是县内交通中心,而且成为联结省内外的交通枢纽。如高淳县的东霸镇,有七省通衢之称;常熟县的彭家桥,是江船出入之要道,帆樯络绎不绝;南通的平潮镇,车声帆影,日夜不绝;宜兴县的乌溪,是江浙两省水陆之冲,蜀山、鼎山所产的陶器大都从这里转运出口。吴江县的平望、北厍,也是江浙两省之通途。第四类是乡民的交易场所,工商业很不发达。这种类型的集镇苏北地区较多。

再次,农村家庭手工业和集镇加工业在不同地区、不同程度地促使农村劳动力与农业生产逐步分离。

① 《中国实业志·江苏省》第 8 编,第 1 章,第 97－98 页。
② 《中国实业志·江苏省》第 8 编,第 1 章,第 330 页。
③ 根据殷惟龢《江苏六十一县志》的记载计算而得。

清代中期以后，江苏省特别是苏南地区可开垦的荒地不多了，人口却随着经济社会的发展不断地增加，人多地少的矛盾比较突出。农村劳动力与农业生产逐步分离是必然趋势，只是这种分离具有当时历史条件下的特点：

第一，农村家庭手工业大都在农闲季节进行生产。

江苏近代机器工业虽然比较发达，但总的来说，城市经济水平还很低，不具备吸引众多农业剩余劳动力的能力。在农村单一经营，特别是单一经营种植业的情况下，仅靠农业劳动者与农业劳动手段、土地相结合而形成的农业生产力是解决不了农闲季节农业劳动力的合理使用和农业剩余劳动力的出路的；只有将劳动力与当地农副产品等可加工的资源相结合，与城市近代工业可扩散到农村的产品相结合，进行加工生产，才能使农闲季节的农业劳动力和农业剩余劳动力找到较为合理的出路。农村家庭手工业生产大都在农闲的 12 月、1 月至 4 月进行，5 月至 11 月停工到田间从事农业生产。武进县"每届清明时节，乡妇领纱还布，络绎载道，除蚕忙时停织外，乡村妇女，辄以挽纱理布为乐"[1]。常熟县手工织布业中，还有所谓放机者将布机发给各织户，并发给织户一个凭折，织户从厂中领取棉纱，在家织成布后，再交给布厂。纱与布的重量要相符合，如有短少，须在工资内扣除，每月结算一次，按件计算工资，都记在凭折上。这类布厂的散工，农村占绝大多数。这种生产方式使"布厂方面，既可免除管理之烦，又可节省工厂之地基；在工人方面，既可免除每日往返之劳，且可兼顾家事"[2]，可谓一举数得。农村家庭手织业发达地区的妇女都具有手工纺纱织布的经验，一经训练，即能较快地掌握机器纺纱织布技术，客观上为近代机器纺纱织布准备了大量的技术工人。如南通农村为大生纱厂提供了大量"上工能远行，做工能久立"的女工[3]；常熟"布厂工人，皆系当地农家妇女，当地织工，向以善织著称，所织之布匹，迅速光匀，故无锡等处之布厂，莫不乐于罗致之。"[4]

第二，江苏近代农村家庭手工业中开始出现离农从工的现象。

农民在农闲季节进行生产的家庭手工业，不仅不干扰、影响农业生产，而且与农业生产是紧密结合的。但随着家庭手工业生产的发展，逐步出现家庭手工业与农业生产争劳动力、争劳动时间的矛盾，以至一部分农民放弃农业生产专门从事家庭手工业的生产。这种现象首先产生于手织业。据 1933 年调查，南通农村在农事最忙的 6 月至 7 月，在 803 万余架织机中仍有 5.2% 至 6.9% 的织机并没有停止织布[5]。盛泽镇从事织绸业的农民虽然都有土地，但对农业生产并不重视。如这一

---

① 国民政府《江苏省政府公报》第 1034 期，第 10 页。
② 彭泽益：《中国近代手工业史资料》第 3 卷，第 240 页。
③ 《张謇全集》第 3 卷，第 182 页。
④ 彭泽益：《中国近代手工业史资料》第 3 卷，第 312 页。
⑤ 彭泽益：《中国近代手工业史资料》第 3 卷，第 786 页。

年织绸业兴盛,他们可以让土地去荒芜。农业生产收成的好坏,对他们来说无足轻重①。这些都是农村家庭手工业生产中工农分离的最好例证,然而这种现象还没有成为一种普遍的趋势。

三、江苏近代农村家庭手工业和集镇加工业发展缓慢的原因

江苏近代农村家庭手工业和集镇加工业虽曾得到一定的发展,有些产品还远销国内各地,有的甚至在国际市场上还享有一定的声誉,但总的来看发展缓慢。到新中国成立前,绝大多数行业的产品销路呆滞,生产极不正常,有的行业处于奄奄一息的悲惨境地。究其原因有以下几点:

第一,江苏近代农村家庭手工业和集镇加工业遭到帝国主义国家的掠夺和控制。

帝国主义国家对中国的经济侵略主要是通过对重要通商口岸以及交通运输事业的控制,一步一步地把中国变成它们的原料供应基地、工业品销售市场和廉价劳动力供应场所。帝国主义的经济侵略,使一部分江苏近代农村家庭手工业和集镇加工业逐渐衰落,一部分虽然得以生存并有所发展,但却失去了独立发展的可能,国际市场供求关系的变化决定着它们的兴衰存亡。常熟县的土布业,清光绪年间平均每年的产量达千万匹;到清末宣统年间,每年只产 600 万~800 万匹;1913—1915 年,每年只产 500 万匹;1928 年,产量仅及 300 万匹。"溯厥原因,洋布之侵袭,自居最要"②。对中国价廉物美的花边,外国洋行曾争先购买。1914—1915 年,仅无锡县花边营业额就达 1700 万元,花边商不下数百家。后因国际市场花边滞销,致使生产萎缩,到 1926 年无锡花边商只有 50 家了③。再如,生丝是中国近代出口的传统产品,江苏农村土丝业曾一度兴旺发达。1880 年,江苏出产丝绸各县及其邻近地方制作捻丝的场所约 75000 多个,织绸缎的织机总数在 1 万台以上,捻丝产量约 1750 万两,各种绸缎约 35 万匹,全部总值共约 1000 万海关两。其中,无锡土丝产量为 320 万两,价值 48 万海关两;常州及宜兴土丝产量为 60 万两,价值 9 万海关两;溧阳土丝产量达 500 万两之多,约值 75 万海关两④。由于农村家庭手工缫制土丝的丝车陈旧,缫制方法不良,其土丝粗细不匀,胶质坚厚,不能织制优良绸缎,在国际市场上不受欢迎,销路不畅,逐渐被改良缫车缫制的生丝所代替。

第二,江苏农村家庭手工业和集镇加工业还受反动政府的压迫,受高利贷者和中间商人的剥削。

① 彭泽益:《中国近代手工业史资料》第 3 卷,第 769 页。
② 国民政府《江苏省政府公报》第 34 期,第 20 页。
③ 彭泽益:《中国近代手工业史资料》第 3 卷,第 40、186 页。
④ 彭泽益:《中国近代手工业史资料》第 2 卷,第 73 页。

马克思在谈到家庭手工业者所受到的压迫和剥削时说过:"在那些用古老传统的生产方式从事手工业或农业的独立生产者的身旁,有高利贷者或商人,有高利贷资本或商业资本,他们像寄生虫似地吮吸着这些独立生产者。"①江苏近代农村家庭手工业者被这些"寄生虫"吮吸的情况也十分严重。以厘卡为例,"镇江至淮安,不过一百三十英里,已有厘卡十二;淮安至邳州,不过一百英里,又有十二。"真是关卡林立。"无论洋货有三联单与否,每卡总有需索,有时需洋火数匣,或手巾一条,甚至卡役勒索各种货样。并有每次过卡,须青钱三百三十六文;及再过一卡,又须重征,并不给以捐票。若自内地出卡之货,勒索为更甚。""厘金不但为贻害商民之事,亦为国家之绝大漏卮。国家所得于厘金者,不过十分之二,耗费及中饱者反得十分之八,有损于商务,无益于国库。"②由于捐税繁多,手工业者负担沉重,无利可图,关闭歇业者屡见不鲜。清末,武进县有槽坊 300 多家,仅纳厘金;后来,捐税加增,除纳厘金外,牌照有捐,坐贾有税,负担加重。到 20 世纪 20 年代末,经营槽坊者不到 150 家,工人不及最盛时期的一半③。

农村家庭手工业的产品大都由中间商人收购,价格完全由商人操纵,手工业者受中间商人的剥削十分厉害。如"苏州种烂田的农民,几乎每家都做蒲包或蓑衣,蒲包原料很贵,而且制成蒲包之后也不能直接运到市场去卖,必须待中间商人来取,因此价格完全为商人操纵。"④无锡礼社镇棉纱的购买和布匹的销售,全为一二商人所独占⑤。南通的土布、纱带、麻包、头绳,溧阳的土布、平绸、芦帽等行业,"除了极少数的业务,从业者和市场是完全隔膜的,商号或货庄可以从中操纵渔利,每多一次的转手,便多一层的剥削。"⑥

第三,设备简陋,技术低劣,资金短缺,产品缺乏竞争能力。

资金短缺,技术落后,是农村家庭手工业中普遍存在的问题。因此,其产品质量难以改良和提高,无法适应市场的需要。集镇加工业,特别是苏北的集镇加工业大都"资本微细,难期发展",有的开办不久就关闭停业。手织业发达的南通农村,到 20 世纪 30 年代,小布机及其他手织机约 10 万架,脚踏布机约 1 万架,而阔幅布机 3000 架,仅占 2.65%⑦。由于布机陈旧,所织土布幅面狭小,不合时代需要;染色整理又墨守旧法,外观不佳,难以与洋布竞争。类似例子很多,不一一列举。

① 《资本论》第 1 卷,第 557 页。
② 彭泽益:《中国近代手工业史资料》第 2 卷,第 305 页。
③ 于定一:《武进工业调查录》,转引自《常州地方史料选编》第 1 辑,第 11 页。
④ 彭泽益:《中国近代手工业史资料》第 3 卷,第 174 页。
⑤ 彭泽益:《中国近代手工业史资料》第 3 卷,第 175 页。
⑥ 彭泽益:《中国近代手工业史资料》第 3 卷,第 743 页。
⑦ 彭泽益:《中国近代手工业史资料》第 3 卷,第 460 页。

综上所述,半殖民地半封建社会条件下的江苏近代农村家庭手工业和集镇加工业的发展历程,十分艰难、曲折。探讨它的发展规律,总结它的经验教训,可为当前乡镇工业的发展提供有益的借鉴。

(此文是莫远人主编、南京工学院出版社 1987 年出版的《江苏乡镇工业发展史——兼论农村未来的发展》第二章的原稿,由笔者独力撰写。此文编入该书第二章时,莫远人主编作了修改和补充。本书出版时,笔者对原稿作了一些修改。)

抗战前江苏农村土地所有权浅析

一

土地集中现象贯穿于中国封建社会、半殖民地半封建社会的始终。辛亥革命虽然推翻了君主专制制度,但并没有解决中国的社会基本矛盾,封建土地所有制没有受到丝毫的触动,土地集中现象日趋严重。

这种情况在中国经济发展水平较高的江苏农村同样存在。素称富庶之区的苏南,人多地少,又是达官贵人、地主豪绅麇集之地。这些人不愿将自己所积聚的货币投资于风险较大的工商业,认为购买土地收取地租获利虽少些,但稳当可靠。因此,购置田地使其资金不动产化者为数不少。苏北经济虽比苏南落后,但由于地处两淮盐场,在清代就是富商大贾聚集之地。为了子孙后代养尊处优,他们也不断购田置地。北洋军阀统治时期,盘踞苏北的军阀、官僚横行乡里,占田夺地、肆意兼并活动频仍,土地集中的情况与苏南相比有过之而无不及。土地的高度集中致使自耕农减少,半自耕农、佃农增加①。

据 1927 年调查,宜兴有田的"自作农则甚鲜少,此因地主之关系,有以致此。况城镇中之富户,又往往出资吸收中小农民之土地,故中小农民之自作农,近日见减少也。试观圩乡之间,十户之庄,自作农殆不过一二耳"②。无锡"在昔自作农甚多"。到 1927 年,"自作农恐十不存一矣"③。据是年调查,江阴县 300 万亩地,约有 200 万余亩在田主手里④。靖江县农民在土豪、劣坤、官僚、驻兵等肆无忌惮的侵夺剥削下,"所入无多,而吮吸弥穷",不得不变卖土地,"自作农日渐减少,佃农增多,他方面地主也渐渐的增大"⑤。1925 年,徐海镇守使白宝山强购得不少土地。当时有人说,如此下去,数十年后白宝山必为第二哈同⑥。1921—1927 年,省内各

---

① 章有义先生在《中国近代农业史资料》第 3 辑第 730 页"编者按"中指出,把农村户口分为自耕农、半自耕农(或半佃农)和佃农是很不科学的。自耕农不但包括贫农、中农和富农,而且包括经营地主。但自耕农的减少和半自耕农、佃农的增加,可以当做农民无地化和贫困化的标志,当然这种标志是不完全的。

② 《东方杂志》第 24 卷第 16 号,第 86 页。

③ 《东方杂志》第 24 卷第 16 号,第 110 页。

④ 《东方杂志》第 24 卷第 16 号,第 113 页。

⑤ 《东方杂志》第 24 卷第 16 号,第 119 页。

⑥ 冯光烈:《连云港实习调查日记》,见萧铮主编《民国二十年代中国大陆土地问题资料》第 100 册,第 52995 页。

地佃农在农户中所占比重为:金陵道平均为49.1%,苏常道平均为78%,淮海道平均为70.2%,南通平均为87%,昆山平均为92%,仪征、江阴、吴江均为67.4%,镇江平均为55%①。

面对土地日趋集中、举国农村濒于破产的状况,"缭怀国民生计者,莫不以复兴农村,以固国基为亟务"。在他们看来,"复兴之道,首在土地能有公允之分配,所谓不患寡而患不均"②。南京国民政府成立后,对"复兴"农村经济曾作出种种姿态:1927年5月颁布《佃农保护法》;1930年6月30日颁布《土地法》,并决定于1936年3月1日实施;1932年11月颁布《租佃暂行条例草案》。然而,代表大地主、大资产阶级利益的南京国民政府不可能推行不利于本阶级的法令、条例,土地兼并之风并没有煞住,反而愈演愈烈。1930年春,江苏省民政厅曾调查1000亩以上的大地主,全省共有514个。1933年,行政院农村复兴委员会对江苏邳县等13个县进行调查发现:"农村中有60%以上的贫农在急迫地需要土地","一万亩以上的地主,不论江南江北,几乎每县都有。江苏田权之有高度的集中,乃是不可否认的事实。"③

二

下面,我们由南到北对江苏各地土地集中的情况作进一步的考察。

1937年7月调查,常熟县拥有数百亩至数千亩的地主约百余家,最大的地主拥有万亩以上的土地;全县80%的土地为地主所有,自耕农、半自耕农所有的土地不及20%,每户农家所占耕地平均约3~5亩,有的往往只有数分而已④。

吴江县佃农在各类农户中所占比重,有的地方高达95%,最低的亦占40%⑤。

1937年7月至8月调查,吴县80%的耕地,约120万亩属于地主⑥。

无锡土地集中的趋势也很显著:拥有10亩以下的土地所有者,1922年为38.35%,1927年为41.5%,1932年为50.3%⑦。1935年,梅村镇伯渎河北岸佃农和贫农约占80%以上,南岸约占50%⑧。无锡资本家之渊薮的开原乡惠山以南小自耕农占绝对多数,惠山以北佃农占多数。全乡平均自耕农为59%,佃农为41%。可以断定,开原乡40%以上的农户缺乏土地。因为我们这里所说的自耕农是指零

---

① 章有义:《中国近代农业史资料》第2辑,第66页。
② 阮荫槐:《无锡实习调查日记》第98册,第51394页。
③ 行政院农村复兴委员会:《江苏省农村调查》,第3页。
④ 李若虚:《江苏省常熟县实习调查日记》第99册,第52166–52167页。
⑤ 潘洄:《江苏省地政局实习调查报告日记》第118册,第62758页。
⑥ 魏泽之:《江苏山西实习调查报告》第107册,第56874页。
⑦ 《新社会科学季刊》第2卷,第3期。
⑧ 《东方杂志》第32卷第2号,第89页。

星土地所有者,他们同样缺乏土地。如丁巷、钱张自耕农占100%,使用土地在5亩以下的占96.4%、100%①。

宜兴县一乡一镇全部土地为数户富户分割,其余的为其佃户者为数不少。1934年调查,该县拥有1000亩、500~600亩、200~300亩土地的地主到处都有,向为自耕农或兼佃农者,今则变为纯粹的佃农了②。

1935年初调查,江阴县拥有8000余亩土地的大地主1人,5000余亩土地的地主三数人,数百亩以至数十亩者很多③。

镇江县土瘠赋重,稍富裕的城市商民多在城厢购置宅地,置田产的很少;乡间农民田地较为零星,没有大户。这不等于说,各类农户拥有土地的情况一成不变,向少数人集中的现象也是存在的。镇江某村拥有5亩以下土地的农户,1928年为2.44%,1933年为6.07%④。

1933年秋调查,如皋县自耕农占16.9%,半自耕农占7.7%,佃农占75.4%;耕种5~10亩土地的约占50%⑤。

盐城县佃农约占十分之六七,自耕农次之,半自耕农又次之⑥。该县沙沟镇农民每值春荒不接之际,即向各处请托,抵卖田地,"买主多为在外之商人或高利贷者与官僚及地主等,兼并之风,复盛于今日。"⑦

江都土地集中现象也很严重。据说,拥有千亩以上土地的大地主全县有30多个,约占土地4万~5万亩。另据对江都县4个区90户地主及136户农家共226户农家的调查,7区38.9%的农家仅占7%的土地,9区79.5%的农家仅占31.2%的土地,4、6区82.6%的农家仅占33%的土地⑧。据对江都4个区90户地主及253户农家所有土地的调查,地主每户平均拥有88.8亩土地,农民每户平均只有7.2亩土地,相差10倍有奇;地主每人平均占有16亩土地,农民每人平均只有1.2亩土地,相差12倍之多⑨。

高邮、宝应两县灾害频仍,非旱即淹,民不聊生,出卖土地现象也非常严重,在苏北运河沿岸诸县中具有一定的代表性。1930年后,高邮县土地兼并活动明显加剧。自耕农1930年占58%,1932年下降为40%;半自耕农1930年占21%,1932

① 阮荫槐:《无锡实习调查日记》第98册,第51607页。
② 徐洪奎:《宜兴县乡村信用之概况及其与地权异动之关系》第88册,第46367-46368页。
③ 张德先:《溧阳实习调查日记》第105册,第55663页。
④ 《新社会科学季刊》第2卷,第3期。
⑤ 张惠群:《江苏省土地局南通盐垦公司实习总报告》第108册,第57393页。
⑥ 张惠群:《江苏省土地局南通盐垦公司实习总报告》第108册,第57403页。
⑦ 章有义:《中国近代农业史资料》第3辑,第718页。
⑧ 吴致华:《江都耕地分配》第66册,第34736页。
⑨ 吴致华:《江都耕地分配》第66册,第34738-34739页。

年下降为15%;佃农1930年占21%,1932年上升为45%①。宝应县自耕农1913年占23.3%,1933年下降为16.07%;半自耕农1913年占27.1%,1933年上升为31.07%;佃农1913年占49.6%,1933年上升为52.86%②。

铜山县在淮海地区具有一定的代表性,其土地集中的情况也很严重。据铜山县农会统计,1933年,自耕农占60%,半自耕农占20%,佃农占10%,雇农占10%③。另据调查,拥有1~10亩土地的农户占该县农户总数的53.4%,无地农户占15.6%。土地集中现象之严重,一目了然。在铜山县,一家10亩田,"无疑的算是一个贫苦的农家,假使不作副业,生活简直无法维持。"④

抗战前,江苏农村土地所有权不断向少数人集中,而土地使用权却在不断地分散。

农村土地集中到地主手里后,他们自己并不进行生产经营,而是出租给无地或少地的农民耕种。地主往往把土地分割成若干小块出租。如江都宜陵小湖村一南姓小地主有旱田40亩,佃户竟达19户之多,承租最多者5亩,少者仅1.5亩。该县谢桥镇一王姓地主有旱田70亩,出租60亩,佃户达50多户,承租最多者约5亩,最少者约1亩。该县第4、6区共查得12户地主,1017.8亩土地,佃户460户,平均每户不过2.2亩左右。佃户承租土地既少,地主租出的土地又碎,故一户佃农需承租几户地主的土地,一户地主可有无数户佃农⑤。

1933年对吴县、昆山等12个县耕地分割情况的调查,也证明了这一点。需要指出的是,自耕农、半自耕农所拥有的田块面积也很小。此次调查所得,水田田块最小者为东台县,只有0.507亩,其余各县亦不过一两亩或两三亩。旱田田块最小者为武进县,只有0.532亩;最大者为灌云县,也不过10余亩⑥。耕地零碎的情况在无锡农村更突出、更严重,一般最小田块只有五六分,也有两三分的⑦。

土地集中到地主手里后,为什么他们自己不进行生产经营,而是将土地分割成小块出租给农民耕种呢?首先,地主阶级"是用封建制度剥削和压迫农民的阶级,是在政治上、经济上、文化上阻碍中国社会前进而没有丝毫进步作用的阶级。"⑧他们兼并土地的目的是使自己的货币资金不动产化,从而凭借土地收取地租,尽享安乐。将土地分割成小块出租给农民耕种,即田底权与田面权分离的永佃制在苏南

① 《农村经济》第1卷,第6期"通讯",第101页。
② 马宝华:《宝应县之佃租调查》第61册,第31680-31681页。
③ 刘承章:《铜山县乡村信用及其与地权异动之关系》第90册,第47441页。
④ 刘承章:《铜山县乡村信用及其与地权异动之关系》第90册,第47447-47448页。
⑤ 吴致华:《江都耕地分配》第66册,第34798-34799页。
⑥ 赵宗煦:《江苏省农业金融与地权异动之关系》第87册,第45811页。
⑦ 阮茵槐:《无锡实习调查日记》第98册,第51558页。
⑧ 《毛泽东选集》第2卷,第601页。

地区以及滨江沿海的南通地区由来已久。它既能避免土地肥力、生态环境受到不应有的破坏,避免地租遭受损失;又能控制佃农,使其无法增强经济实力,从而永远陷于困境之中。其次,从客观上看,他们不具备进行规模经营的能力,缺乏进行规模经营的先进设备和技术,只能将土地分成小块租给佃农耕种。

分散的、零碎的经营是抗战前江苏农业生产的重要形式。在"小块土地所有制的必然规律"的支配下,贫苦农民在农业生产过程中既浪费了大量的时间、资金、劳动力,又严重地阻碍了农业生产技术的进步和新式农机具的推广,农业生产条件日趋恶化。"对这种生产方式来说,好年成也是一种不幸。"[1]

三

由于土地高度集中,一系列问题也随之衍生。

首先是地租率有了明显增高。地租制度因各地经济发展水平的不同,富有浓厚的地域性,花样繁多,极为复杂。就江苏省来看,地租的形式大致有实物地租、钱租、劳役租,抗战前劳役租所占比重很小。实物租又有两种形式:分成租、定额租。一般来说,土地肥沃、产量比较稳定的地区多实行定额租;反之,则实行分成租。定额租又有两种情况:一种是"定租呆交",所谓"呆交",即"丰年不增,荒年不减";另一种是"定租活交",所谓"活交",即年成荒歉,可少交或迟交,但为数有限。分成租有四六分成、对半分成、倒四六分成、倒三七分成、倒二八分成。

土地高度集中,使地少人多的江苏省,特别是苏南地区的农业劳动力进一步过剩,城市又无法吸收,地主乘机提高地租率,残酷地剥削佃农。为此,南京国民政府1927 年 5 月颁布的《佃农保护法》规定:地租不得超过收获量的 40%,禁止预租和押租。1930 年 6 月 30 日颁布的《土地法》规定:地租不得超过耕地正产收获物总额的 37.5%,约定地租超过 37.5% 的应减为 37.5%,不及 37.5% 的依其约定;出租人不得预收地租,不得收取押租[2]。省内有些地区也作了相应的规定。如 1931 年10 月 21 日,南京市政会议通过的《南京市财政局八卦洲农户租佃规则》规定:每亩年租 3 元,限 7 月以前一次缴清[3]。然而,这些法令、规则等于一纸空文,根本行不通。据 1934 年调查,苏州每亩租额占农田收获量的 51.5%,常熟占 50%,无锡占 45.5%[4]。

地租租额虽以米或麦为计算标准,实际上多以钱缴纳,折价多少由县政府规定。一般来说,谷物租折价缴纳,农民付出的代价更高。1933 年,苏州钱租额占收

---

① 《资本论》第 3 卷,第 910 页。
② 《国民政府公报》,第 512 号。
③ 李文琥:《八卦洲土地利用调查》第 56 册,第 28870 页。
④ 何萝雷:《苏州无锡常熟三县佃租制度调查》第 63 册,第 33151 页。

获量的 60%，比缴谷物租高 8.5%。无锡钱租额占收获量的 53%，比缴谷物租高7.5%；常熟钱租额占收获量的 54%，比缴谷物租高 4%①。

据 1937 年调查，苏州农村有些地方的租额没有一定的标准，地主的代理人全凭个人的憎恶，特别是凭佃户对他们的招待与贿赂决定租额多少。

如皋西南乡每亩租额有的高达 1 石以上，约占收获量的 50% 左右，远远超过37.5%。若第一次欠租 1 石，第二次必须加完 2 斗作为利息，先将陈租完清，再完新租。地主对佃户还可以任意加租，不愿者，勒令退田②。盐城县每亩租额大多占收获量的 50% 左右，有的高达 60%③。江都县 5 个区平均租额约占收获量的40%，最高的占 78.9%④。宝应县每亩租额稍低一些，稻田租额占收获量的 48%，小麦、黄豆田租额各占收获量的 31.8%、30%⑤。铜山县的"定额租"大多是麦秋各2 斗 5 升或 3 斗，无论荒年熟年都一样⑥。就租率来看，倒"二八分租"最高，地主得"八"；其次为"定额租"；再次为"对半分租"。"对半分租"大都通行于至亲近族之间⑦。

除正租外，地主还采用种种手段对农民进行剥削。就全省而言，佃户在缴纳正租之外的额外负担大致有：押租、转租、预租和名目繁多的各项费用。此外，佃户还要无偿地为地主碾米或做其他杂事等。如详细罗列，佃户的额外负担远不止此。农民负担之重，可以想见。当时参加苏州农村调查的青年学生曾发出这样的感慨："嗟乎，西汉之前车可鉴，王莽之往迹犹新，'见税什伍'以上者，果不能略为限耶？"⑧

土地高度集中致使不少农民陷入高利贷的罗网。

一般自耕农、半自耕农收支相抵，所余无几，有的甚至寅吃卯粮，如遇儿女婚嫁或父母丧亡，自然灾害或其他意外事故，均需奔走于高利贷之门。佃农为了取得耕种权，不得不饮鸩止渴，借债缴纳押租和预租，也需要奔走于高利贷之门。这就使不少农民陷入高利贷的罗网，终身难以摆脱。据《农情报告》第 2 卷第 4 期载，江苏50 个县的农家，借入现金者占农家总数的 62%，借入粮食者占 50%。商品经济比较发达的地区也不例外。无锡开原乡小康者 672 户，占总户数的 9%；收支相抵平

① 何萝雷：《苏州无锡常熟三县佃租制度调查》第 63 册，第 33160 页。
② 张惠群：《江苏省土地局南通盐垦公司实习总报告》第 108 册，第 57387 页。
③ 张惠群：《江苏省土地局南通盐垦公司实习总报告》第 108 册，第 57404 页。
④ 吴致华：《江都耕地分配》第 66 册，第 34819 - 34820 页。
⑤ 马宝华：《宝应县之佃租调查》第 61 册，第 31715 - 31716 页。
⑥ 刘承章：《铜山县乡村信用及其与地权异动之关系》第 90 册，第 47455 页。
⑦ 刘承章：《铜山县乡村信用及其与地权异动之关系》第 90 册，第 47546 页。
⑧ 李若虚：《江苏省常熟县实习调查日记》第 99 册，第 52178 页。

衡者 1557 户,占总数的 22% ;负债者 4729 户,占总户数的 68%①。

省内各地高利贷的形态亦不完全一致,名目繁多,举不胜举,归纳起来大致有这么几种:

现物借贷:有"放谷"、"放麦"、"白米债"等。

农具牲畜借贷:通常是无农具、牲畜户先替有农具、牲畜户耕种,没有报酬,然后借用他们的农具、牲畜来耕种自己的田地。

现金借贷:有"日利钱"、"印子钱"、"加一钱"、"百哥洋"、"青麦钱"、"青豆钱"等。此外,还有贷出现金以农产品为利息的。

据 1934 年调查,农村借款主要来自地主,占 23.5% ;其次是典当,占 18.5% ;商人和富农各占 16%、14.2%②。借款的期限都比较短,6 个月至 1 年的借款占 75.8%③。期限短是高利贷者控制负债者,使其无法摆脱高利贷魔掌的一种手段。

随着农民贫困化的加深,高利贷活动愈来愈猖獗,因而利率也随之日益增高。南京国民政府曾下令限制提高利率。1931 年 7 月 16 日,行政院训令江苏、安徽省政府限制民间借贷利率,无论缴纳现金还是折缴租谷,年利不得超过 2 分④。由于高利贷的剥削对象主要是贫苦农民,南京国民政府所能做的也就是发发空头文件而已,实际上是放任不管,利率增高的趋势并没有得到控制。据 1934 年调查,苏北有的地方的利率高达 10 分以上⑤。

各地利率的算法也不一样。蚕丝产区在蚕忙时借银 1 元,限期 40 天归还,加利 1 元。南通借银 1 元,3 个月需还棉籽 1 担,合年利 1400%⑥。江宁县借银 1 元,在 1 年内需还稻或麦 1 担。太仓的"利加利",借米还米,除了加几成计算外,春季麦贱折成麦,秋季米贱时又折成米,折来折去,秋季偿还时便增至 3 倍以上,拖到第二年偿还可增至 10 倍以上⑦。宜兴的"三担头",借 1 担籼米,新谷登场时需还 3 担籼稻⑧。铜山县境内通行一种"当空"借贷办法,农民需要款时,把自己仅有的土地押给人家,不付利息,但要像佃户一样按期缴纳谷租。此种借贷办法很容易使农民失去土地。

贫困农民的债愈积愈多,愈多愈借,愈借愈穷,最后只能变卖仅有的田产以解燃眉之急。粗堪温饱的自耕农因借高利贷变为贫无立锥之地的佃农者为数不少。

---

① 阮荫槐:《无锡实习调查日记》第 98 册,第 51608 页。此处百分比数字相加只有 99%,原文如此。经计算,分别应为 9.7%、22.4%、67.9%。
② 赵宗煦:《江苏省农业金融与地权异动之关系》第 87 册,第 45983 页。
③ 赵宗煦:《江苏省农业金融与地权异动之关系》第 87 册,第 45968 页。
④ 章有义:《中国近代农业史资料》第 3 辑,第 328 页。
⑤ 赵宗煦:《江苏省农业金融与地权异动之关系》第 87 册,第 46012 页。
⑥ 赵宗煦:《江苏省农业金融与地权异动之关系》第 87 册,第 46033 – 46035 页。
⑦ 严中平等:《中国近代经济史统计资料选辑》,第 350 页。
⑧ 徐洪奎:《宜兴县乡村信用之概况及其与地权异动之关系》第 88 册,第 46417 页。

据海门县 8 区教育馆 1932 年调查,10 年间因借高利贷而全部丧失其土地者 18 家,丧失其一部分土地者 33 家。启东宽兴镇一带,5 年之内,因此而丧失土地者亦有 8 家之多①。淮安县石塘区砖桥乡刘家圩的贾福友,1932 年向大地主刘鼎来借 20 元,每年交利 10 元,后因灾荒,无力交付全部利息,于是每年结账一次,将欠利息加入本金计算,利生利,到 1937 年,其本利已变为 110 元。贾福友仅有的 3 亩 8 分地,就在这一年,以 1 亩田作价 30 元被迫卖给刘鼎来,未能找回 1 元钱②。

由此可见,土地的高度集中致使地租率增高,不少农民陷入高利贷的罗网。抗战前,江苏各地负债累累、饥饿难忍的农民掀起的抗租风潮、抢米事件及其他纠纷,此起彼伏,连年不断。这些斗争虽然失败了,但其发生不是偶然的,是历史的聚集和客观条件的成熟。无产阶级领导的农民土地革命斗争是历史的必然。

(原载《民国档案》1993 年第 3 期)

---

① 沈时可:《海门启东县之佃租制度》第 60 册,第 30845 页。
② 中共苏北区委员会农村工作委员会、苏北人民行政公署土地改革委员会:《苏北土地改革文献》,第 228 页。

旧中国江苏地区农业机器使用情况概述

拉法格在《思想起源论》中指出："马克思所理解的生产方式不是人生产什么，而是他如何生产……机器的生产方式是现代工业最本质的特征。"在农业生产领域也一样，农业机器的使用，既是驱动农业现代化的主要动力，又是农业现代化开始的标志。然而，以农立国的旧中国，生产率低下、技术落后的机器工业，不可能承担改造传统农业的任务；一家一户分散经营的小农经济，耕地零散，绺绺田块妨碍着农业机器的使用与推广；经营规模小，产出率低，商品率也很低，通过使用机器生产获得高额利润从而对农民产生刺激的可能性很小；苦于饥馑、辗转沟壑的农民无力购买农业机器，从而对农业机器的需求量很小，使用农业机器的地区和范围很狭窄。直到新中国成立前，农业生产仍然以手工农具、畜力农具为主，与发达国家相比，落后何止几十年！农业机械化的历史进程在这块古老的土地上显得滞重。下面拟就旧中国江苏地区农业机器使用情况谈点粗浅看法。

一

如果 1898 年上元县张是保"购买美犁，导农深耕"①是江苏农业生产使用改良农具的起点，那么到 1949 年也有 51 年的历史。在这 51 年间，传统农具一统天下的局面虽然已被打破，但农业机器使用、推广的速度很慢。到 20 世纪 20 年代，江苏农民在农作物的耕种、收割方面所使用的人力尚占 62.3%，畜力占 36%，机器只占 1.7%。为了改良农具，推动农业生产发展，国民党江苏省政府曾筹办江苏省立农具制造所，制造新式犁、中耕机、条播机、玉米脱粒机等，廉价供应农民。由于经费有限，该所成立后制造的农具个多，农民也很少购买，"到处是人力在代替机器，农业技术的改良只能困守在农业试验场及学校中，无法走进农村去。"②纵观1898—1949 年全省农业机器使用情况，有以下几个特征。

1. 中小型拖拉机寥寥无几，机器耕作面积甚微

据 1932 年调查，"江苏各县农具，其构造式样，大都旧式，殊鲜改良，工作效能，自亦难言增进。民国十六年虽有农具制造所之设立，但仍未能普及"。吴江等 10 多个县所采用的新式农具绝大多数为戽水机，"其他农业机器之应用，尚属罕见"。据同年调查，丹阳、铜山两县的耕种、收割农具皆为旧式，使用年限较长，价值不高。

① 李文治：《中国近代农业史资料》第 1 辑，第 877 页。
② 行政院农村复兴委员会：《江苏省农村调查》，第 16 页。

丹阳农具除牛车、水车、大车外,价值最高的农具甩稻盆,也不过 10 元①。据 1935 年对近代工业比较发达、经济实力比较雄厚的无锡县 3 个村 1143 户各项工费的调查显示,人工占 81.2%,畜工占 6.7%,机械工仅占 12.1%②。

据苏南区农民协会调研科 1950 年 7 月调查,苏南(包括上海市所属各县,下同)105 个公私营农场共有 8 架拖拉机(不包括句容县"中华三育研究社"带到香港的 1 架,据说南京郊区八卦洲也曾有过拖拉机),占公私营农场农业机器总数的 14.5%;割稻、耕作机 5 架,占 9.1%。这 8 架拖拉机集中在 1947 年建立的两个农场:吴江平沙湖农场 1 架 20 匹马力的拖拉机及其随机全部犁耙,由于该场地势低洼、土质很湿,并未使用;丹阳县人民练湖农场 7 架拖拉机,即使该场 4410 亩土地全部用拖拉机耕作,也只占苏南 105 个公私营农场 93465.92 亩土地的 4.7%③,占苏南以至全省土地的比重就更小了。

2. 苏南地区的戽水机多于苏北,但分布不平衡

水与农业生产有着"不解之缘"。"挽水以济"农田的灌溉事业发达与否,既直接影响农业的兴衰,又是衡量农业生产力水平高低的一个很重要的标志,历代统治者和广大劳动人民对此都比较重视。因此,因地制宜的灌溉工具随着农业生产的发展,不断改进和提高,其种类不断增多,抗旱排涝的能力也不断增强。

江苏农村传统灌溉农具主要是龙骨水车,动力有人力、畜力、风力 3 种,习惯分别称脚踏车、牛车、风车。《天工开物》中已有关于扬州地区使用风车的记载,但只用于排涝,尚未用于"济旱"。清同治十三年(1874 年)刊本《续纂扬州府志》卷之二十四"事略"中也有"风车为下河高、宝、兴、泰、东戽水溉田之用"的记载。牛车、风车只"宜于水势平衍处用之,圩岸稍高则不适用"。高邮"全境用两车者才十之二三,多半皆用脚车"④。脚踏车"大抵一人竟日之力,灌田五亩,而牛则倍之。其浅池、小浍,不载长车者,则数尺之车,一人两手疾转,竟日之功,可灌二亩而已。"⑤旱年高岗之田需要多级翻水,劳动强度大,费用高。高邮流传着这样的民谣:"车口不住敲,家里不住烧,路上不住挑,心里不住焦,打点粮食跟水漂"。因此,改进灌溉方法,采用人力省、费用低、效率高的灌溉工具,既符合广大农民的利益,又是农业生产发展的迫切要求。

据记载,无锡机器戽水机始于清末,高邮的机灌始于 1912 年。据 1932 年调查,戽水机已推广到吴江、常熟、武进、淮安等 10 多个县,但各地戽水机多寡不一。

---

① 《中国实业志·江苏省》第 2 编,第 2 章,第 32 - 34 页。
② 《中山文化教育馆季刊》第 3 卷第 2 期,第 472 页。
③ 华东军政委员会土地改革委员会:《江苏省农村调查》,第 341 - 354、367 页。
④ 民国《三续高邮州志》卷 1,"实业志","营业状况",第 101 页。
⑤ (明)宋应星:《天工开物》,"乃粒","水利"。

高邮县3匹马力灌溉机达500部,镇江仅有3部16匹马力引擎吸水机①。在这10多个县中,发展较快的首推无锡县,1926年全县戽水机已达1000余部,并成立农机公会,对机户进行管理,办理纳捐、注册登记事宜。1933—1937年,全县戽水机船经常保持在1300~1600只,机器戽水已占绝对优势,畜力戽水则在淘汰之中;抗战时期,全县戽水机损失30%;抗战胜利后,机器戽水事业逐渐恢复。1950年1月调查时,全县戽水机船恢复到960只②。25~30匹马力的戽水机可灌田1000亩,10匹马力戽水机也可灌田350余亩。如果按每部戽水机灌田600亩计算,无锡县戽水机灌田57.6万亩,占全县124万亩耕地的46.45%,尚未恢复到抗战前的水平。

武进县也是戽水机比较多的县之一。1950年调查时,全县共有戽水机356部,每部戽水机可灌田250亩,共可灌田8.9万亩,仅占152万亩耕地的5.86%③,且县内戽水机的分布很不平衡,主要集中在武进南部地区。

江阴的河岸都比较高,牛车、脚踏车戽水比较困难,对戽水机的需求更为迫切。到1950年,全县却只有151部戽水机,远不能满足实际需要。若以每部20匹马力的戽水机灌田600亩计算,全县戽水机灌田90600亩,仅占937465亩耕地的9.66%,远不及无锡县,稍高于武进县④。

以上3个县都是经济比较发达的县,机械灌溉水平尚且如此,经济落后地区机械灌溉水平之低便可想而知了。如高淳县直到1931年才购进1部江苏省立农具制造所制造的柴油机配套水泵,用于排涝;1947年10月购进美国产9匹马力柴油配套水泵2台套。到新中国成立前,连1部戽水机都没有的县份为数不少。

另外,苏南105个公私营农场共有41部戽水机。其中丹阳县人民练湖农场有10部戽水机,灌溉该场及附近84村约6万余亩农田;吴江县庞山湖农场有22部戽水机,负担排灌该场农田⑤。

值得指出是,戚墅堰震华电厂1924年试办电力戽水灌田。这是中国电力灌溉之嚆矢。这一年恰值大旱,地势较高之田,俯临水道,高下悬殊,不仅人力、牛力戽水困难,即便各项油类引擎吸力亦嫌不足。震华电厂试办电力戽水,不仅解决了这个困难,而且每亩所缴的戽水费不及人工一日之工资,很受农民欢迎。试办成功,引起武进各界人士的注意。《新武进》报发表的《在农业上第一年之成绩及以后之希望》中呼吁:"希望将来陇亩之间,电杆林立,戽水之机触处皆是,排痒灌溉,各得其宜。""亦望渐能利用电力"进行"犁田播种"。1925年,电力灌溉扩展到12处,灌

---

①　《中国实业志·江苏省》第2编,第2章,第34－35页。
②　华东军政委员会土地改革委员会:《江苏省农村调查》,第427页。
③　华东军政委员会土地改革委员会:《江苏省农村调查》,第37、51－53页。
④　华东军政委员会土地改革委员会:《江苏省农村调查》,第34页。
⑤　根据华东军政委员会土地改革委员会:《江苏省农村调查》第353－354、360、367－368页数字计算得出。

溉面积由 2000 亩增加到 9834 余亩;1926 年,全县电力灌溉面积增加到 3.8 万余亩[1]。

1925 年,武进电力戽水者,每亩收稻至 7 石余;不以电力戽水者,每亩收稻仅 1 石有余。收效之巨,诚为救济米荒之良法。鉴于震华电厂电力戽水灌田成绩颇著,江苏省实业厅号召各地发展电力戽水,增加产量,保持江苏产米之利源[2]。据《申报》报道,1926 年,无锡开原乡荣鄂生、富安乡乡董汪某、扬名乡乡董陈某等,仿照武进电力灌田方法,组织电力灌田公司,承包农田戽水,准备从开原、富安、扬名等乡试办,将来逐渐推广[3]。苏州电气厂看到震华电厂电力灌溉成绩优良,也跟着试办。1926 年,浒墅关一带电力灌溉面积达 3 万余亩[4]。20 世纪 30 年代初,江宁县与首都电厂订立电力灌溉合同,到 1935 年,受益农田已达 5 万余亩。

可以毫不夸张地说,在机器戽水灌溉农田方面(包括内燃机、电动机),江苏省走在全国的前面。

3. 插秧、播种、收割、运输等完全依赖人力,没有多大变化

脱粒方式的重要变化是:苏南东部沿太湖周围一些县在抗战前开始使用脚踏脱粒机,因系铁木结构,生产简易,费用不高,效率显著,推广很快。但这是半机械化农具,不是完全意义上的农业机器。

由上述可知,江苏农业机器的使用只限于灌溉,拖拉机耕地面积甚微,仍然依赖牛力和人力犁田,插秧、中耕、收割、运输等工作完全依赖人力,没有多大变化。植保、防治病虫害等方面的设备无从谈起。苏南 105 个公私营农场,只有 2 个农场置备一些杀除病虫害的设备。

二

江苏农业机器使用不广泛,发展速度缓慢,原因是多方面的,主要的有:

1. 旧中国机器制造业极端落后,无法满足农业生产对农业机器的需要

抗战前,中国民族工业中制造农具的工厂,除江苏省立农具制造所之外,上海有几个工厂制造抽水机,但出品不多,规模也很小。这样落后的农业机器制造业与全国的耕地面积相比,极不相称。

2. 外汇匮乏,无力引进大批国外先进农业机器设备

据估计,到 1925 年,由国外输入的新式农具(主要是抽水机)价值 16 万余海关两。后来,农业机器进口价值有所增加,1929 年达 140 万余海关两,1930 年达 148

---

① 《江苏实业月志》第 8 期,第 38 页。《武进工业调查录》(1928 年秋调查)说:震华电厂在本邑八乡有农田电力戽水 40 处,受戽面积 39234 亩。转引自《常州地方史料选编》第 1 辑,第 73 页。

② 《申报》,1926 年 8 月 8 日。

③ 《申报》,1926 年 12 月 23 日。

④ 章有义:《中国近代农业史资料》第 2 辑,第 514 页。

万余海关两,但自 1931 年起急剧下降,1932 年下降为 58840 海关两,1934 年下降为 9443 海关两,1936 年一度增加到 73444 海关两,1937 年又下降为 13791 海关两①。与我国耕地面积相比,这点进口农业机器太少了。

3. 根深蒂固的传统农业生产方式不可能给农业机器提供广阔的市场

据调查,上海慎昌洋行贩卖美国农具的种类不少,但这些农具不适用于中国中部和南方各省田块小、经营分散、组织程度很低的一家一户的家庭经营,大多销往北方各地②。据 1950 年春调查,1 部 8 匹马力的戽水机价值 140 石米上下,流动资本约 80～90 石米③。这样巨额的费用,绝非一般农户所能承担得了的。无锡县拥有戽水机的 922 户中,地主 50 户,占 5.42%;富农 550 户,占 59.65%;中农及富裕中农 280 户,占 30.37%;其他成分约 42 户,占 4.56%④。由此可见,农业机器的使用、推广与经济实力的强弱有着很密切的关系。

综上所述,虽然江苏戽水机拥有量略多一点,在电力灌溉农田方面也比其他地方先走了一步,但从总体上看,手工农具、畜力农具仍占绝大多数,种植方法没有明显的改进,农作物产量徘徊不前,农业发展缓慢。这就是旧中国江苏地区农业机器使用、推广的大致情况。

(原载《江苏经济探讨》1992 年第 11 期)

---

① 章有义:《中国近代农业史资料》第 3 辑,第 876 页。
② 章有义:《中国近代农业史资料》第 3 辑,第 874 页。
③ 华东军政委员会土地改革委员会:《江苏省农村调查》,第 426 页。
④ 华东军政委员会土地改革委员会:《江苏省农村调查》,第 429 页。此处的百分比数字,笔者在引用时稍作调整。

抗战前江苏农村金融研究

金融是货币流通的调节和信用活动,是整个社会经济的缩影。只要有商品经济,就必然会有金融活动。金融活动是通过不同的金融机构的不同业务方式而得到体现的。通过对金融活动的考察和研究,可以进一步认识到政治的变迁和经济的变化。下面试图从抗战前江苏农村金融活动的研究入手,探讨江苏农村经济发展变化的规律。

一

农村金融是农村货币流通的调节和信用活动的总称。农村金融活动包括存款、放款、汇兑、储蓄、发行有价证券等。

江苏是中国农业发展水平较高的省份之一,但由于人多地少,劳动力过剩,农业收益不算高,资金周转缓慢,农村需要调剂的资金量很大。然而,直到抗战前,江苏农村金融界却仍然是"双元结构":传统金融机构和现代金融机构同时并存。这种"双元结构"是金融业落后的标志。

国民政府成立前,全省农村只有钱庄、典当、合会等旧式金融机构和2个规模不大的县级农业银行调剂农村金融,尚未成立全省性的农业银行,高利贷资本非常猖獗,币制混乱,特别是徐淮海农村私人杂票充斥市面,农民受害非浅。抗战前,全省农村金融制度未臻完善,新式金融机构数量不多,规模不大,业务范围有限。据统计,到1936年8月为止,省级农业银行仅江苏省农民银行1个,其分支行、办事处亦仅72个。总的来看,私人与商店贷款仍然是农村金融的主要形式,典当、合会次之,钱庄、银行、合作社、农业仓库又次之。下面逐一作些介绍(私人与商店借贷形式在第二部分介绍):

典当:典当是以物品作质押发放贷款的封建高利贷性的借贷机关,群众称之为"放债不需要讨的行业"。据说,典当起源于南朝时寺庙所经营的当铺,历代有"质库"、"质肆"、"解库"、"长生库"等不同名称。长期以来,无论在农村还是在城市,它都占有相当重要的地位。典当放款虽非全部贷予农民,但各地当户皆以农民占多数,是农村中农民唯一以动产作抵押的借贷机关。农民耕种所需成本,红白庆吊费用,缴租还债以及购买粮食急需钱款时都把它作为一个重要的借贷渠道。清代中叶,大江南北约有典当1200家至1300家,后来典当逐渐衰落。1931年以后,由于币值不稳定,物价上涨,原主回赎质物(抵押品)、典当收回本息时,所取2分月息得不偿失,陆续宣告歇业者不少,特别是江北各地歇业的更多。抗战前,全省规模较大的典当约360家(不包括散处四乡的小典当)。

全省典当依其资本的多少,可分为5种:(1)典当,一般说来,资本比较雄厚,多者在15万元以上,少者亦在4万元以上。(2)押店,其规模比典当小,资本多在3万元以下,回赎质物期限比典当短。(3)质店,其规模比押店还小,资本约在数千元至1万元,回赎质物期限比押店还短。(4)开设于乡镇的典当,有的称之为代步。代步有本代、客代之别:本代步者为总典的分典,其牌号与总典一样;客代步者由于资本不足,是与他典发生附属关系的小典。这样的小典,江苏各县较多。(5)小押店,设于各乡镇,资本不过100元至200元,没有牌号,系秘密性质。此类小押店虽不嫌抵押品价值的大小,但条件苛刻,所给之值多为原价的二三成,其利率为月息3分,期限不得超过3个月,并有超过一日即算一月之习惯。

典当在农村金融界的地位和作用非银行和钱庄所能比拟。从放款对象来看,据1934年2月调查,全省47个县农民借款平均有18.5%来自典当①。另据实业部国际贸易局调查,典当当户中农民占90%的有启东、靖江,占80%的有宜兴、太仓、仪征、常熟、吴县、宝应,占70%的有南通,占60%的有昆山、溧阳,占50%的有海门、东台、泰兴等县,六合、武进、南京、丹阳、金坛、溧水等县当户中农民所占比例也不小②。1932—1934年,其放款额约在3000万元至4000万元之间③。从典当业的资本额来看,据1932年对全省25个县的典当的调查,典当业资本额达900万余元④,远远超过江苏省农民银行、吴江县震泽江丰农工银行、丰县农工银行、吴县田业银行等4个银行资本的总和。另据1935年3月编制的统计表,全省有347家典当,资本13684525元⑤。从流通资本来看,全省典当业流通资本,1932年约为3162万元,1933年约为2706万元,1934年约为2265万元⑥。

典当业的抵押品一般以金银器、衣服、首饰为限,设在乡区的典当也有以稻、麦、杂粮、棉花、农具为抵押品的。金银首饰评价约为原价的7成,衣服仅3成而已。其利息各地不一,普通月息一般为2分,外加印花、存籍等费用,实际在2分以上。回赎期限各地也不一致,金银首饰等为18个月,衣服24个月,过期不赎,没收拍卖。3月、9月两个月当物者最多,冬季赎物者最多。

典当的高利盘剥使农民一进入"围墙高、框台高、利息高"的当铺,犹如跌入深不可测的陷阱,很难摆脱困境。然而,典当又能在一定程度上解贫苦农民的燃眉之

---

① 《中国经济年鉴续编》第5章"农业",第175页。
② 《中国实业志·江苏省》第9编,第1章,第3—5页。
③ 赵宗煦:《江苏省农业金融与地权异动之关系》,见萧铮主编《民国二十年代中国大陆土地问题资料》第87册,第46069页。
④ 《中国实业志·江苏省》第9编,第1章,第3—5页。
⑤ 《江苏建设月刊》第2卷第5期"统计"。
⑥ 赵宗煦:《江苏省农业金融与地权异动之关系》第87册,第46081页。

急。因此,典当一方面受人诅咒,一方面又为贫苦农民所接受。

合会:合会是中国民间的旧式经济合作组织。它分期拨本付利,成员之间缓急相济,有无相通,有往必来,有施必报。其名称复杂繁多,各地不一,诸如有摇会、认会、标会、四总会、五圣会、七星会、八贤会、十众会等。合会遍布全省城乡各地。据1934年2月调查,全省摇会占合会的45.8%,认会占16.1%,标会占10.4%,七星会占11.6%,八贤会占3.4%,五圣会占2.7%,其他占10%①。

合会的款额并不多,100元以下的占46.4%,100元至200元的占22.4%,200元至400元的占16%,400元至600元的占10.4%,600元以上的占4.8%②。其成员大多是中农以上的农民,会首一般不会邀请贫雇农入会,贫雇农也无力入会。由于种种原因及合会自身的优点得不到发挥、弊端得不到克服,合会逐渐衰落。特别是1931年后,农村经济破产,省内各地合会大都中途发生变故,很少有善始善终的,逐渐失去信用,筹款困难。农村中流行着这样的口头禅:"宁做乌龟,不做会头。"

钱庄:钱庄是封建经济结构的产物,是中国固有的金融机关,和商业的联系很密切。省内各地县城和集镇的钱庄放款对象以城乡商店居多,除地主、富农、豪绅与之稍有往来外,和中小农民发生关系的极少;但有的地主、富农、豪绅向钱庄融通资金后,再转贷给农民,从中渔利。

银行:银行是近代产业发展的必然产物,是经营货币资本、充当债务人和债权人的中介的资本主义企业。

(1)江苏省农民银行。省府成立后,着手筹备成立江苏省农民银行,将孙传芳时代未征收完毕的每亩2角附加税作为该行的基金,并于1928年7月16日举行开业式。由于种种原因,该行资本一直未能收齐。1935年,该行资本总额达400万元。1937年,分布全省各县城乡镇的分支行处78所,农业仓库三百数十所。普通存款余额,1937年上期为1600万元。储蓄存款余款,1937年上期为1170万余元。放款方面:合作社放款,1936年为445万余元;农业仓库放款,1936年为1722万余元③。农村银根奇紧,农民深受告贷无门之苦;高利贷的盘剥使贫苦农民沉沦债海,不能自拔。鉴于此,该行的宗旨是减轻借贷利率,以苏农困,对借款还债者多予核放,以期由重利借款转为轻利,再渐谋清偿。实际上远非如此。

(2)吴江县震泽江丰农工银行。该行创办于1922年4月,由施肇曾、施敬则等人发起,资本20万元,1923年资本全部收足,股东大半为该镇居民。该行全靠吸收非农工存款以周转农工对资金的需求,对农工的放款有农产抵押放款、动产抵押

---

① 《中国经济年鉴续编》第5章"农业",第180页。
② 《中国经济年鉴续编》第5章"农业",第181页。
③ 《江苏省农民银行二十周年纪念刊》,第60、63页。

放款、不动产抵押放款,月利为1分5厘。

（3）丰县农工银行。该行1931年3月开业,资本5万元,是丰县的主要农业金融机关。到1936年,该行存款为8000元,放款56500元,放款对象为农工借款联合会及各种合作社。

（4）吴县田业银行。该行创办于1921年,资本额为100万元,实收资本25万元。1933年底,该行实收资本额达39万元,存款53万元,放款36万元。该行放款虽不是全部贷予农民,但在调剂该县农村金融方面起了一定的作用。

（5）农村合作社。对农民进行放款的合作社是银行和农民间的中间机关,与银行的直接经营没有什么差别,实际上是银行的代理人。江苏省的合作事业始于1928年,组织合作社的目的是解决农民生产、交易、分配、消费等方面的问题,调剂农村金融,复兴农村经济。应该说,出发点是好的,在客观上是符合农村经济发展需要的,一度发展较快。1929年6月,全省各地合作社仅309个,1930年6月增加到668个,1931年6月增加到1226个,1932年6月增加到1721个,1933年6月增加到1828个,1934年6月增加到2257个,1935年12月增加到4077个,1936年6月下降为3825个①。入社社员:1929年6月为10971人,1936年12月增加到133386人②。已交股本:1929年6月为46347元,1936年6月增加到1006759元③。合作社的种类不少,有信用、生产、利用、购买、消费、运销、兼营等,其中信用合作社占多数。合作社放款利息最高不得超过1分5厘,分行只收取1分,其余5厘归合作社自行支配。

（6）农业仓库。农业仓库是银行在农村专门储押农产品进行放款的机关。和全国各地农民一样,江苏各地农民收获之后,立即将农产品出售,以流通资金,奸商乘机取巧,压低价格,甚至垄断收买;米价腾贵时,贫苦农民家无口粮,只好四处求贷去买粮。农民遇有婚丧大事,需钱迫切时,往往东挪西借,即便借到了,月利也得三四分之多,出卖粮食归还很不合算。农民将粮食送入仓库储藏,可以低利押借其价值的7成的钱款,储押期间押户可随时取赎。江苏省农民银行1929年春开始经营仓库业务。据1933年该行报告,经营农业仓库业务的有10个分行,已成立仓库33所。1933年,省政府组织农村金融救济委员会,确定各县成立农业仓库,颁布农业仓库规程及食粮调节暂行办法等。中央农业推广委员会与宁属农业救济协会合办中央模范农业仓库④。

农业仓库可分为江苏省农民银行自办仓库、非自办仓库。非自办仓库又可以

① 赵宗煦:《江苏省农业金融与地权异动之关系》第87册,第46246–46247页。
② 赵宗煦:《江苏省农业金融与地权异动之关系》第87册,第46248页。
③ 赵宗煦:《江苏省农业金融与地权异动之关系》第87册,第46250页。
④ 《十年来之中国经济建设》(上篇)第2章,"实业",第26页。

分为省仓库（1935 年度已开办 10 所）、县仓库（1935 年度计 65 所）、合作社仓库（1935 年度计 22 所）、合办仓库（1935 年度计 58 所）、委办仓库（1934 年度计 41 处）[①]。

在江苏省经营农业放款最早、规模最大、成效较显著的上海商业储蓄银行，从 1933 年 1 月起设立农村合作贷款部。该行在南京的分行设立农村合作贷款分部。1934 年，总行的农业合作贷款部改为农业部，南京分行亦改为农业科。各分行的放款区域如下：

① 南京管辖行农业科放款区域包括江宁、淮阴、江浦。
② 蚌埠管辖行农业科放款区域包括铜山、砀山、宿迁、邳县、萧县。
③ 湖熟抵押贷款所放款区域包括江宁、陶吴、板桥。
④ 上海商业储蓄银行总行农业部放款区域包括江苏全省。
⑤ 青阳农业仓库放款区域包括江阴、无锡、武进、靖江。
⑥ 和桥农业仓库放款区域包括宜兴、金坛、溧阳。
⑦ 唯亭农业仓库放款区域包括吴县、昆山、青浦。

放款对象为以农业生产、运销为目的合作社，以农村信用及兼营为目的的合作社、农业仓库。放款只限用于购买种籽或肥料，购买牲畜或轻便农具，添置制造或运销的设备及其他有关农业生产等事项，月利最高为 1 分 5 厘。

二

辛亥革命后，特别是到 20 世纪 30 年代初，在农业恐慌的袭击下，各地农村经济普遍破产。江苏亦不例外。农村经济破产，农民购买力下降，金融艰窘，贫苦农民需钱迫切时，往往只求有借，不嫌息重。是时，农村放款形式仍以高利贷资本为主体（指私人资本和乡镇商店），典当、合会次之，农民银行与合作社之类虽有长足发展，但时间不长，力量单薄，作用不大，特别是在穷乡僻壤，高利贷资本仍居支配地位。据 1934 年 2 月对全省 47 个县农村借贷来源的调查，来自私人的占 53.7%（其中地主占 23.5%，富农占 14.2%，商人占 16%），典当占 18.5%，银行占 8.8%，商店占 7.2%，钱庄占 6.2%，合作社占 5.6%[②]。农村各地的借款来源，因统计口径不一、经济状况不一，调查统计结果不完全一样，但大致趋势和上面的调查统计结果是吻合的：如武进农村私人放款占放款总额的 58.5%，居第二位的是钱会（即合会）占 26.9%，第三位为商店，第四位为典当，第五位为农民银行和仓库[③]。

各地农民借贷信用方式也不一样。据 1934 年 2 月调查，个人信用占 22.6%，

① 赵宗煦：《江苏省农业金融与地权异动之关系》第 87 册，第 46238－46239 页。
② 《中国经济年鉴续编》第 5 章"农业"，第 175 页。
③ 李范：《武进县乡村信用之状况及其与地权异动之关系》第 88 册，第 46864 页。

保证信用占 32.6%,抵押信用占 44.8%①。

　　另据 1934 年对东台等 12 个县的调查,信用借贷户数平均占 36%,田地抵押借贷户数占 43.5%,房产及其他不动产抵押借贷户数占 11.5%,物品抵押借贷户数占 9%(详见表 1)②。

表1　东台等 12 县借贷信用方式调查统计表(1934 年)

县别	调查区数	信用借贷户数(%)	田地抵押借贷户数(%)	房产及其他不动产抵押借贷户数(%)	物品抵押借贷户数(%)
萧县	5	72.00	14.00	7.28	6.72
东台	9	60.00	29.20	7.60	3.20
松江	8	38.00	41.00	17.60	4.00
靖江	8	11.00	68.85	9.35	6.80
吴县	13	33.00	50.25	7.37	9.38
武进	10	17.00	50.60	18.30	14.10
昆山	8	24.00	44.80	13.70	17.50
镇江	7	23.00	43.89	18.48	14.63
宜兴	8	24.00	57.76	9.88	8.36
灌云	7	79.00	16.80	2.94	1.26
淮阴	5	16.00	50.40	15.12	18.48
江都	9	25.00	54.00	11.25	9.75
合计	97	36.00	43.50	11.50	9.00

　　抵押信用比例高,说明农村金融制度不健全、不完善。

　　各地借贷利息高低不一。一般来说,农村借贷利息的高低受农村金融供需和农村超经济强制的制约。20 世纪 30 年代初,江苏农村现银流入城市的数量不断增加,城市回流农村的现银数量不断减少,一增一减,致使农村各地流转现银的数量急剧减少,借贷门路狭窄,利息抬高。1935 年以后,城市回流农村的现银虽有增加,但增加数量有限,借贷利息仍居高不下。据 1932 年实业部国际贸易局对江苏各县借贷利率的统计,2 分至 3 分的居多数,有的高达 10 分,苏北各县高于苏南各县(详见表 2、表 3)③。徐海各属高利贷利率,"顶高的在数月之间可以获取二三倍于本钱的数目,押款每年五分钱,是不足为奇;当铺平常月利自三分至四分钱,是很低的了。最低的二分钱,只是在存款或其他特殊情形的时候。"④

①　《中国经济年鉴续编》第 5 章"农业",第 175 页。
②　赵宗煦:《江苏省农业金融与地权异动之关系》第 87 册,第 45990 – 45991 页。
③　《中国实业志·江苏省》第 2 编,第 2 章,第 54 – 59 页。
④　《东方杂志》第 27 卷第 7 号,第 62 页。

表 2　普通月息分县比较表

月息	县　名
1 分以上	吴县、昆山、无锡、高淳、扬中、泰兴、东台、泰县、如皋、靖江、南通
2 分以上	武进、宜兴、溧阳、仪征、丹阳、江都、高邮、宝应、宿迁、丰县、邳县、盐城、兴化
3 分以上	溧水、句容、江浦、六合、金坛、淮安、淮阴、泗阳、铜山、沛县、灌云、赣榆、阜宁
4 分以上	睢宁、沭阳、东海、涟水

表 3　最高月息分县比较表

月息	县　名
1 分 6 厘至 2 分 5 厘	昆山、常熟、无锡、宜兴、高淳、扬中、泰兴、泰县、如皋、靖江、南通
3 分至 4 分	吴县、武进、溧阳、句容、丹阳、宝应、宿迁、丰县、沛县、赣榆、兴化、东台、海门
5 分至 8 分	溧水、江浦、六合、金坛、仪征、江都、高邮、淮安、泗阳、铜山、沭阳、阜宁、盐城
10 分	淮阴、睢宁、东海、盐城

另据 1934 年 2 月对全省普通利率的调查,月息 1 分至 2 分的占 14.3%,2 分至 3 分的占 48.7%,3 分至 4 分的占 25.2%,4 分至 5 分的占 5.9%,5 分以上的占 5.9%①。

抗战前,典当利息大多为 1 分 8 厘至 2 分。苏州、无锡、南通、常州、镇江、扬州等地,大都每月 2 分起息,淮河以北及江北各地则为 2 分 5 厘至 3 分。

高利贷的借款时间一般都很短。据 1934 年 2 月调查,借款时间在 6 个月以下的占 6%,6 个月至 1 年的占 75.8%,1 年至 2 年的占 9.1%,2 年至 3 年的占 1.8%,3 年以上的占 0.6%,不定期的占 6.7%②。

应当指出的是:高利贷在城市虽然也很盛行,但它的主要活动地盘在农村,苏北农村各地则更为盛行。如"涟水金融极不流通,既无钱庄,复少银行,一般贫民需款孔急时,惟出之于典田质物,如无田可典,无物可质,则惟投之于剜肉补疮之高利借贷"③。"灌云年来水旱频仍,农村经济日益衰落,农民所需生产资金,大半仰给于地主或资本家之借款,故一般农民所受高利贷之痛苦至深且钜"④。赣榆"民间经济濒于破产,农民耕种缺乏农本,势必出之举债,而金融枯竭,告贷无门,乃不得

① 《中国经济年鉴续编》第 5 章"农业",第 176 页。
② 《中国经济年鉴续编》第 5 章"农业",第 177 页。
③ 冯和法:《中国农村经济资料续编》,第 896 页。
④ 冯和法:《中国农村经济资料续编》,第 897 页。

不入高利贷之怀抱。其利率之高,实为向所未见"①。阜宁"民生凋敝,产业衰颓,失业游民,流为盗匪,潜伏农村,稍有资产者或避居集镇或移居县城,相递迁徙,农村金融更形枯竭,农民告贷范围缩小,乃不得不饮鸩止渴,奔走于高利贷之门。"②盐城农村"金融枯竭,无法流通,乡间举债,利率极高,而一般高利贷者手段之酷,有非意料所及"③。

农民与高利贷者之间的借贷关系,归纳起来大体有以下几种类型:

1. 现金借贷

现金借贷获取利息的名目繁多,主要有:

印子钱:流行于铜山县东北部、邳县、涟水等地,放款 1 元,日利取铜元 10 枚,隔日则取 25 枚,集日则取 40 枚。

加一钱:流行于阜宁、涟水、赣榆、灌云等地,本金 1 元,每月生息 1 角。

百哥洋:借本 1 元,隔日付息 1 角,延付 1 次,则加利 1 倍。此种情况各县都有。

青麦钱、青稻钱、青豆钱:新谷收获前半月或 1 月贷出 100 元,新谷登场借款者须偿还利息 20 元,亦有超出此数者。

蚕丝区域在蚕忙时借银 1 元,40 天即须归还,加利 1 元。

在盐垦区域有所谓"拿花账",棉农在 7 月借洋 100 元,至 9 月须付息金 40 元至 50 元。还有所谓"包年制",即在 6、7 月至 10 月底间,每 10 元放款的利息约 3、4 元。

另外,现金借贷亦有收取农民生产的各类农产品作为利息的,一般通称"谷息",不再一一列举。

2. 现物借贷

粮食与种籽借贷:其名目也很多。苏北各县农村有所谓"借转斗米"、"放谷"、"放青麦"等,苏南农村有所谓"白米债"等。

农具牲畜借贷:大多流行于苏北农村,利息很高,租借数次的费用,即可自行购买该项农具或牲畜了。

赊买:农民向乡镇商店赊买农具、肥料、机器、牲畜及日常生活用品,一年分端午、中秋、年终三节结账,年终一律结清。赊买价格较现金购买高 2% ~3%,集零为整,积少成多,最终沦为债务人。

预卖或押卖农产品:农民在青黄不接、借贷无门时,往往将尚未成熟的农产品抵押或预卖给商业高利贷者,其价格或预先议定,或农产品成熟时临时议定,但要

① 冯和法:《中国农村经济资料续编》,第 898 页。
② 冯和法:《中国农村经济资料续编》,第 895 页。
③ 冯和法:《中国农村经济资料续编》,第 894 页。

比时价低得多。

农民和农民银行一般不直接发生关系,农民银行放款的方式主要有:

合作社放款:根据省农民银行章程规定,12个以上农民组织的合作社是其放款的主要对象。省农民银行曾实行过实物放款,防止放款移作他用,直接减轻农民购买种籽、肥料的负担,防止商人囤积居奇。如替灌溉合作社代购打水机,替养蚕合作社代购蚕种等,手续繁琐。由于合作社大都由乡村中的地主豪绅操纵社务,霸占借款,绝大多数社员很少得到实惠。

农业仓库放款:省农民银行放款分信用与抵押两种。1930年冬农业仓库未开办前,抵押放款主要是以农田单契为抵押品,查核困难,有单契无田者时有所闻。1930冬试办农业仓库,以农民自产的丝蚕、稻米、棉豆及其他各种杂粮为抵押品。自此,农业仓库逐年增加,放款数量逐年增多。

借款联合会放款:由7个以上农民组成的借款联合会彼此负连环保证责任,组织简单,在县政府办理登记等手续即可,每人借款至多不得超过50元,时间不得超过1年。借款联合会是合作社成立前的过渡办法。

乡镇代表放款:农村中没有组织合作社或借款联合会的地方,可以由乡镇中愿意负代表责任的人代表农民向农民银行借款转放于农民。由于乡镇代表人品不齐,对其考核又很困难,故此种放款的数量有限。

个人放款:对交通不便,信息闭塞,文化落后,组织合作社、借款联合会难度很大的偏僻农村农民酌量放款。

特种放款:此种放款对象包括省县及农事机关用于农业改良、救济灾荒及农场扩充者等。此种放款很少如期归还,影响资金周转,1932年停办。

江苏省农民银行的分行大都设在县城,农民对银行的性质、作用了解不多,与工商富户的联系又少,存款利率受放款利率较低的限制(低于钱庄、典当的存款利率),存款数量不多。该行存款的种类有:(1)普通存款:活期存款、往来存款、定期存款等。(2)金库存款。(3)储蓄存款:活期储蓄存款、整存整取储蓄存款、对本对利储蓄存款、预定整数一次存入存本取息、整存零取等。

三

抗战前,江苏农村金融疲敝,市场萧条。高利贷资本占主导地位;典当、合会虽逐渐衰落,但仍居第二位;农民银行和合作社经过几年努力虽有长足发展,但尚未形成取代高利贷资本的主导地位的实力;农村虽有钱庄,但规模不大,在苏南多为兑换所,且兼营米业,称之为钱米庄。那么,这些金融机构对农业生产的发展、农村经济的复兴起了怎样的作用?这是本文所要回答的主要问题。

1. 农民还债能力下降,典物还债,以田抵债,沉沦债海不能自拔

"高利贷和商业一样,是剥削已有的生产方式"。然而,"高利贷是保守的,只

会使这种生产方式处于日益悲惨的境地。"①"对小农民来说,只要死一头母牛,他就不能按原有的规模来重新开始他的再生产。这样,他就坠入高利贷者的摆布之中,而一旦落到这种地步,他就永远不能翻身。"②高利贷是架在中国农民头上的一把利刀。迫不得已生活在穷困中的农民忍受着负债累累的苦难。他们在高利贷的盘剥下,拆房作薪者有之,典物还债者有之,以田抵债、沦为佃农者有之,卖儿鬻女还债、沦为乞丐、死于非命者有之。

江苏农民亦不例外。宜兴借高利贷的农户大致占农户总数的十分之七八。武进县农村平均每个农户约负债110元,加上合作社放款及仓库抵押计算,负债总额约达1200万元。寅吃卯粮,借钱还债,以不动产担保借款的占40.7%,其中不动产担保借款的占97.3%,皆系私人放款③。据海门八区教育馆1932年调查,10年间因高利贷而全部丧失其土地者18家,丧失一部分土地者33家。启东宽兴镇一带,5年内因此而丧失土地者亦有8家之多④。铜山八里屯150户农家中,负债的达112户之多;此外38户,一半不负债,一半没有查明。112户的负债额多达11439元,除去借债转放的,全村负债实数约在8000元至10000元。不负债的19户中,有10户不是不需要借债,而是因为失掉还债能力,没有人肯借钱给他们⑤。高利贷的猖獗严重阻碍着农村经济的发展。在江北"凡土壤之加肥,农具之增添与改善,水利或森林之布置,均不能进行"⑥。

民族工业比较发达,在江苏算是上等县的南通,农民贫困程度却和其他贫困县相似,农村中70%的人家负债,借贷已成为农村中的严重问题。借贷常常是农民丧失土地的第一步。据调查,由于借贷而出卖的土地常常是上等田地得中等价格,中等田地得最低价格。从南通全县农村的情况来看,农民所出卖的田地大都是经过借贷关系的⑦。国民政府首都所在地——南京郊区的情况又怎样呢?同样如此。据1933年调查,汤山249户农家中,借债者196户,占78.7%;共借债18724元,若以196户农家平均,每户借债95.53元,若以249户农家平均,则每户借债75.2元⑧。

贫苦农民无论向何人借款,均需以田契出押以示信用,是否能按期偿还,毫不顾及,几年以后就陷入无地可耕的地步。淮安石塘区砖桥乡刘家圩的贾福友1932

① 《资本论》第3卷,第689页。
② 《资本论》第3卷,第678页。
③ 李范:《武进县乡村信用之状况及其与地权异动之关系》第88册,第46866-46867页。
④ 沈时可:《海门启东县之佃租制度》第60册,第30845页。
⑤ 冯和法:《中国农村经济资料续编》,第6-7页。
⑥ 《东方杂志》第27卷第7号,第62页。
⑦ 冯和法:《中国农村经济资料续编》,第25-26页。
⑧ 冯和法:《中国农村经济资料续编》,第52-53页。

年向大地主刘鼎来借款20元,每年交利10元,后因灾荒,无力支付全部利息,于是每年结账一次,将欠息加入本金计算,利上生利,到1937年,其本利已变为110元。贾福友仅有的3亩8分地就在这一年被迫绝卖给刘鼎来了①。1933年,扬州市郊甘泉区悦来乡大刘庄的刘陈氏向本庄地主刘步远借款80元,3年一滚,由80元加到450元,逼得刘陈氏将18亩田、11间瓦房全部典给刘步远。刘步远又玩弄手段,将典契写成卖契,要刘陈氏捺印,刘陈氏不识字,在卖契上捺了印,18亩田、11间瓦房全让刘步远霸占去②。真是触目惊心!

农民典给当铺的物品无钱赎回被没收拍卖的现象日益严重。宜兴典当抵押品赎回成数逐年下降:金银首饰赎回成数,民国初年为96%以上,1921年为94%,1926年为90%,1931年为85%,1933年为80%;衣服赎回成数,民国初年为85%,1921年为80%,1926年为77%,1931年为60%,1933年为40%③。抵押赎回成数下降,充分说明农民生活水平下降,还债能力在减弱。

农民还债能力减弱,还表现在农民银行放款不能按期收回的比重在增加。1931年,常、宜、溧3县农民银行放款按期收回数只占放款额的47.3%,迟期的占6.7%,展期的占34.9%,催收的占11.1%。1932年下期,此3县放款按期收回数下降为22.2%,展期的上升为57.1%,催收的上升为20.7%。据镇江、南京、常州、无锡、苏州、松江、嘉定、如皋、盐城、徐州、常熟、吴江、昆山、高淳、丹阳、青浦等分行的统计,1932年上期未能收回的放款达242.6万余元,其中合作社130万余元,借款联合会和乡镇代表12.58万余元,个人25.83万余元,农业仓库14.85万余元,省级机关24.47万余元,县级机关32.69万余元,其他2.19万余元④。笔者不能断定不能按期收回的放款都是农民借的,但也不能说与农民一点关系也没有。

2. 农民银行放款有限,杯水车薪,收效甚微

江苏省农民银行放款数量虽逐年增加,但远不能满足农业生产发展对资金的需要。1928年,该行放款对象仅限于合作社。当时合作社寥若晨星,是年下期放款仅12.5万元。1930年5月,修改银行章程,在合作事业尚未充分发展以前可直接放款于农民,以扶持农业和副业生产;同时积极倡导组织合作社,放款额迅速增加(详见表4)。

---

① 《苏北土地改革文献》,第228页。
② 章有义:《中国近代农业史资料》第3辑,第367页。
③ 徐洪奎:《宜兴县乡村信用之概况及其与地权异动之关系》第88册,第46424页。
④ 蔡殿荣:《江苏省政府实习报告》第116册,第62054—62056页。

表 4　江苏省农民银行 1928 年下期至 1935 年放款统计表[①]

年　度	放款额(万元)	年　度	放款额(万元)
1928 年下期	12.5	1931 年下期	304.4
1929 年上期	27.9	1932 年上期	258.0
1929 年下期	40.2	1932 年下期	331.8
1930 年上期	69.7	1933 年全年	1821.9
1930 年下期	208.7	1934 年全年	2317.7
1931 年上期	224.7	1935 年全年	2475.0

笔者以 1935 年 2475 万元放款,全省 500 万户农户计算,每个农户仅得 4.95 元。如此奇零小数,对农业生产的发展和农村经济的复兴有多少帮助,可以想见。

我们再来看看得到江苏省农民银行以及上海商业储蓄银行积极支持的各地农业仓库的情况。

1934 年 7 个月内,全省农业仓库所承受的储押放款不过 160 万余元。1934 年 8 个月中,江苏省农民银行替代农民或合作社运销农产品的数额一共也不过 2 万余元。中央模范农业推广区汤山办事处经营的农业仓库放款额也很有限。1932 年,该办事处 18 个仓库放款 6676.0 元;1933 年,117 个仓库放款 43848.8 元;1934 年,34 个仓库放款 10476.2 元;1935 年,64 个仓库放款 31414.8 元。先后 4 年,233 个仓库共放款 92415.8 元,平均每个仓库放款 396.63 元[②]。

3. 银行放款、仓库押款由少数地主豪绅把持,广大农民所得实惠极为有限

农民银行、合作社和农业仓库对受高利贷盘剥,对处于"三月卖新丝,五月粜新谷,医得眼前疮,剜却心头肉"悲惨境地的农民来说,是不是像他们自己所标榜的那样:供给农民资金,发展农业生产,复兴农村经济,使农民免受商人盘剥,免受贱粜贵籴之损失,从而平稳度日呢? 事实远远不是这样。当时曾有人尖锐指出:大多数合作社专以借款为目的,至于储蓄私款于合作社,以资社员周转则殊为少见。社员加入合作社须经区公所介绍,借款也有条件限制。有人写道.武进的合作事业在官厅和银行的报告中,大多虚张声势,夸耀功绩,说什么不日农民大受福利,乡人大为欢迎。实际上真正能借到款的并非真正需款急切的贫苦农民[③]。

下面,我们再来看看上海银行和宜兴县农民银行 1934 年春在和桥的业务活动:"……(二)收受地主或富农们的大量农产物的抵押。当地主或富农们不愿意把农产物贱价出卖,可是急待着现金流通的时候,他们为了特种利益的关系,愿意分一部利息给银行家。(三)贱价收买贫苦农民的农产物。农民在新谷登场时,急待现金作一切支付,不得不急求脱售其农产物,这些银行便乘此抑价收买,再等高

---

① 赵宗煦:《江苏省农业金融与地权异动之关系》第 87 册,第 46210－46212 页。
② 《十年来之中国经济建设》(上篇)第 2 章,"实业",第 17 页。
③ 李范:《武进县乡村信用之状况及其与地权异动之关系》第 88 册,第 46874－46875 页。

价出卖给外路商人或竟回卖给农民,一转手间,他们能获得很大的利益。(四)直接向农村的放款。这是农民银行所独有的业务。但它所直接放款的对象,不是多数的下层贫农,而是经理先生所信任的所谓农村信用合作社。在和桥附近农村里约有信用合作社四五十处,是农村中的富农或村、乡长之流所组织的,他们因有财产的信用和特殊的关系,故能直接向银行借到低利的款项。至于那些赤手空拳的贫农,就很难直接受到它的恩泽了!"①无锡西仓镇附近某村曾成立一个合作社,11个社员,其中一个是乡长(地主),两个是商人。由乡长出面,以合作社的名义向农民银行借款,作为他们三人的本钱②。江苏省农民银行曾举办过耕牛抵押放款,其条例非常严密、严厉,摘引两条如下:"……(五)此项放款以农民组织之合作社或其他负连带责任之组织为限,并须由乡镇区长为见证人,殷实商店或公正人士为承还保证人……(九)借款到期借户务须将借款本息,如数清偿,如过期在一个月以上,不来清偿时,本行得将抵质之耕牛自由变卖抵偿借款本息……设有盈余仍行发还。"③由此可见,耕牛抵押放款,一般农民毫无问津之可能。

合作社放款是如此,农业仓库储押放款,何尝不是如此。句容寨里农业仓库的大权落在地方绅士陈某等之手,一切账目、抵押品皆由地方绅士主持。仓库储押章程规定每户押稻不得超过 50 石,可是有人化名抵押达百余石;还有许多人家系经商性质,以押款去做种种剥削的营业;还有大地主以押款去转借给农民,从中榨取利息④。1933 年,无锡安镇举办农业仓库,某地主利用它移挪大宗款项接济他的商业⑤。武进的农业仓库与典当无异,农民"把养命的谷物押进仓库以后,取赎的机会是很少的,这样,农民连唯一留作活命的口粮也都被收夺去了。"⑥

总而言之,类似上述的合作社、农业仓库虽然不少,但不为大多数贫苦农民拥护,不解决真正需款急切的贫困农民的困难,加之管理不善,信用度很低。就这点来看,它们根本不可能承担起挽救农村金融、复兴农村经济的重任。时人评价农民银行作用时曾指出:农民银行抵押放款利率 1 分 6 厘之数太高,谈不到救济农村经济。"所谓农民银行,不过使放款愈有组织,债权愈有保障之高利贷集团"⑦。历史证明,这个论断是正确的。

(原载《江苏私营银钱业》,南京大学出版社,1993 年)

① 章有义:《中国近代农业史资料》第 3 辑,第 192–193 页。
② 《中山文化教育馆季刊》第 1 卷,第 2 期。
③ 《申报》,1934 年 11 月 19 日。
④ 章有义:《中国近代农业史资料》第 3 辑,第 203 页。
⑤ 《中山文化教育馆季刊》第 1 卷,第 2 期。
⑥ 章有义:《中国近代农业史资料》第 3 辑,第 205 页。
⑦ 冯和法:《中国农村经济资料》,第 414 页。

抗战前江苏农民生活浅析

衡量人民生活水平高低的标准,在不同时期是不一样的。农民生活水平和城市市民生活水平的悬殊比较大。因此,要回答抗战前江苏农民生活究竟处于什么样的水平,是比较困难的。首先是资料缺乏。像行政院农村复兴委员会对农村进行专门调查,最后形成的《江苏省农村调查》一书中,仅及农村的土地分配、政治概况和捐税,对农家副业、农民生活以及农作物等方面的情况概付阙如。由于农民文化水平低下,农家无簿计可言,每年农作物收入之多寡、家庭经济概况,自难详知,即使有,亦是估计而已。全省农民生活水平的动态数据的统计凤毛麟角,即使有一些记载,也是很不完整、很不系统。其次是苏南苏北农民生活水平的差距比较大。所有这些,给我们研究、分析抗战前江苏农民生活状况带来困难,故曰浅析。

一、抗战前江苏农民生活水平的基本估计

被人们称之为财赋富饶之区的江苏,抗战前农民家庭收入大概有:农产收入、副业收入、出卖劳动力收入等。其中以农产收入为最多,其次为副业收入,但也有副业收入与农产收入不相上下,甚至超过的,绝大多数农民家庭收入来自农产物的变卖所得。因此,天灾人祸及市场的变化对农民家庭收入的影响甚大。据统计,江苏 13 个县自种田每亩除去成本、纳税后的净收入平均水平为:武进县 23.27 元,无锡县 17.76 元,常熟县 14.62 元,江宁县 12.64 元,泰县 11.04 元,昆山县 10.40 元,镇江县 9.89 元,太仓县 7.80 元,盐城县 7.50 元,兴化县 5.20 元,灌云县 3.37 元,丰县 3.16 元,赣榆县 2.68 元。租种田每亩净收入平均水平为·无锡县 19.37 元,泰县 17.35 元,常熟县 10.89 元,武进县 10.13 元,昆山县 8.71 元,盐城县 5.39 元,太仓县 5.15 元,赣榆县 1.37 元,灌云县 1.04 元①。

各地农业人口有疏有密,土地有多有少,土质有肥有薄,农作物的收入多寡不一,生活水平自有差异。据有人估计,5 口之家的农户年收入 150 元为农民生活的贫困线。据华洋义赈会 1922 年对江阴、吴江、仪征农户的抽样调查,年收入在 150 元以下的占 52.4% ,151～500 元的占 31.7% ,501～1000 元的占 4.7% ,1001～5000 元的占 1.0% ,5000 元以上的占 0.2% 。这就是说,3 县农民生活水平在最低贫困线以下的占 52% 以上②。丹阳县耕种 15～16 亩土地的农户全年收入约在 152

---

① 《中国经济年鉴》第 6 章"农业"(F),第 368－369 页。
② 《东方杂志》第 26 卷第 9 号,第 18 页。此处引文中百分比数字相加不等于 100% ,原文如此。

元左右。铜山县各区耕种 20 亩土地的农户（通常均系 5 口之家），合计为 192.8元①。在平常年岁，仅能维持其简陋的生活，一旦发生天灾人祸等意外事件，即非借债不可。土地比较肥沃、家庭副业比较发达的地区，农户耕地虽少，但加上其他各项收入不算少。据 1931 年估计，宜兴县 5 口之家的佃农耕种 2 亩土地，每年亦可得 100 元：农作物 54 元，畜类 16 元，副业 20 元，其他 10 元。

在消费方面，唯一可以测得农民富裕和贫穷程度的，便是生活程度。农民生活费用分配的百分比的大小，可以反映其富裕或贫穷的状况。一般地说，生活消费用于食品支出的比重愈高，生活水平愈低；杂项支出的比重愈高，生活水平则愈高。无锡农民生活水平在全省来说，是比较高的，每个农民全年生活消费支出达 44.15 元，但食物支出所占比重不低。其中，食物费 29 元，占 65.7%；衣服、医药、杂用费 10 元，占22.6%；教育费 0.5 元，卫生费 0.10 元，娱乐费 0.05 元，迷信费 1.5 元，另用 3 元，合计 5.15 元，占 11.7%②。沛县每个农民全年的生活费用 35.5 元。其中，食物费 22.5元，占 63.4%；衣服费 5 元，占 14.1%；住房费 3 元，占 8.4%；燃料费和杂费 5 元，占14.1%。丹阳每个农民全年的生活费 32 元。其中，食物费 24 元，占 75.0%；衣服费 4元，占 12.5%；住房费 1 元，占 3.1%；燃料费和杂费 3 元（引文原文为 2 元，笔者经计算，改为 3 元），占 9.4%③。如果将以上各地农民生活水平与美国农民生活水平相比较，在食物支出方面，无锡农民比美国农民高出 24.5%，丹阳农民比美国农民高出33.8%，沛县农民比美国农民高出 22.2%；杂项支出却远远低于美国农民。如果再以江苏各地农民的家庭设备与美国农民相比，则差距更大。据对美国西部爱荷华州 212家自耕农和 239 家佃农的调查，212 家自耕农有汽车的占 92.9%，239 家佃农有汽车的占 89.1%，其余的如洗衣机、吸灰机及书籍、报纸、杂志等设备应有尽有。正如吴景超先生所说的，在当时的中国，这些设备"不但农民办不起，就是中国的上流阶级，也没有多少能与美国的农民比拟的。"④

二、抗战前江苏各地农民衣食住的基本状况

19 世纪末 20 世纪初，世界物质文明成果灿然可观。欧风东渐，中国沿海一带的大中城市首当其冲。到抗战前，中国沿海一带大中城市市民生活日用所需，衣食所资，没有不带"洋"字的，如洋纱、洋布、洋面（面粉）、洋油、洋酒、洋火（火柴）、洋烟、洋钉、洋车等。大中城市郊区及其附近农村农民使用洋货的也不在少数。国内所生产的，无论其为天然的还是人工的，几无可与之匹敌，所谓国货犹如风中残烛，

---

① 《中国实业志·江苏省》第 2 编，第 2 章，第 45—46 页。
② 阮荫槐：《无锡实习调查日记》，见萧铮主编《民国二十年代中国大陆土地问题资料》第 98 册，第 51591 页。
③ 《中国实业志·江苏省》第 2 编，第 2 章，第 46 页。
④ 《东方杂志》第 32 卷第 19 号，第 79 页。

摇曳不定。1931年大水灾后,农田荒芜,机杼停织,农村金融枯涸,早已受到西方工业品和资本组织强烈摇撼的农村经济日趋困难,中国社会结构的基础已经失去和谐与互适,无数农民家庭摇摇欲坠,无数农民遭受苦难。中国"农村破产"已成为当时人们的口头禅。

下面,具体考察一下各地农民衣食住的基本状况。

衣:衣服不仅可以保暖和保护皮肤,而且可以反映出人们的爱美之心和自我完善的要求,反映出人们生活水平的高低。抗战前,江苏各地农民仍然以自织土布煮染加色,手缝衣裤为主。其质料粗俗、式样土气、色调单一,注重保暖、实用和耐穿,往往是一衣穿多季,一衣穿多年。"新三年,旧三年,缝缝补补又三年"(何止三年?)是当时农民衣着的真实写照。有些地方的农民缺衣少食的情况相当严重。常熟有些农村农民常年穿的是补缀满身的破衣服①。海门、启东一带农民的衣服均用大蓝布缝制,大多破烂不堪,罕见完整者②。铜山农民的衣服是数年不更换的,脚上穿的是300文一双的草鞋,袜子是婚丧礼期内的体面东西,平常是舍不得穿的③。从全省农村的情况来看,一年四季,只有到过春节时,才能穿上新衣服。苏北大多数农民过春节时穿蓝布上衣,绿布下裳。无论苏南苏北,农民过春节时穿的衣服,只有外表一件是新衣或是洗干净的旧衣,其里面的衣服则多为褴褛补疤。据说,盐城有些地方的农民过春节时,连袜子都没有,赤脚着草鞋者为数不少④。过春节时的衣着如此,平常的衣着可想而知了。

食:数千年的农业生产历史使粮食——主要是大米、面粉成了中国人能够生存发展的主要条件之一。大米饭、馒头,加上一点盐巴、酸菜、辣椒和各种菜汤构成了人们的食品结构。然而,这种低水平、简单、单一的食品结构在抗战前并不是所有的人都能得到的。抗战前,江苏各地农民的食品结构既简单,水平又低。无锡堰桥乡出产丰富,号称鱼米之乡,但在封建地主压迫剥削之下,即使在正常年景,农民吃南瓜的也很普遍,生活很贫苦。常熟农民大多以麦粞、籼米、玉米为主食。常熟东南水乡农民比较宽裕,可以吃一点自己种的大米;八区棉地一带为常熟著名贫瘠之区,麦粞饭是终年食品⑤。武进县租额不算高,但农民终岁忙碌,为人作嫁,粗布淡饭,仅免于死亡而已。海门、启东一带农民平时饮食极为简单,食粮以玉米粉、山芋干为大宗⑥。泰县的佃农、半自耕农及自耕农等,一年到头,只吃大麦粥,蔬菜只有野菜和豆腐渣,盐和豆油都是不肯滥用的,至于荤味更吃不上了。前年丰收,稻子

① 冯和法:《中国农村经济资料续编》,第32页。
② 沈时可:《海门启东县之佃租制度》第60册,第31000页。
③ 刘承章:《铜山县乡村信用及其与地权异动之关系》第90册,第47526页。
④ 何新铭:《盐城实习调查日记》第101册,第53183-53184页。
⑤ 冯和法:《中国农村经济资料续编》,第32页。
⑥ 沈时可:《海门启东县之佃租制度》第60册,第31000页。

卖不出价钱,他们还是将稻子卖出去,换回大麦掺粥吃①。江都真武庙一带农民虽然以米为主要粮食,但多先将米炒熟,然后冲以沸水,加盐。据说,这样吃既经饿又能省粮。也有常年吃粥的,也有以蔬菜或麦粉为主要食品的。铜山县农民的食粮以杂粮为主。据1934年1月对铜山县东乡第12区太山庙村的调查,农民所吃的食粮,高粱约占50%,豆类约占15%,甘薯约占20%,小麦约占15%。中农和富农皆吃高粱和小麦;贫农有8个月吃高粱,杂以豆类,4个月以甘薯为主要食粮。往日节日要吃2斤肉的,现在只买半斤了;往日吃菜用油煎炒的,现在用白水煮了②。

和全国各地农民一样,江苏农民对恶劣的自然灾害的防御能力很弱,经不起风吹浪打。1931年的大水灾使灾区农民陷于绝境;1934、1935年的大旱灾,全省农产损失惨重,无米可炊的农户到处可见。素称富裕的无锡农村也不例外。1932年,无锡八士桥农民,多以一升糠屑作两人一日之粮;溧阳农民,因糠屑不敷作食粮,掘取观音土研粉煮食③。夏收割麦的时候,无锡农村的壮丁饿得睡在床上,眼看着麦虫吃麦穗,稻田正在等着车水,却无人去做④。1934年的大旱使正常年景生活尚可敷衍的吴县农民陷入困境,有的喝稀粥度命,有的只能吃些煮烂的豆饼和草根⑤。高淳农民在1935年春有茎麦、糠粞而食者尚算中等户。该县农民"系女于林,弃子于途,卖妻于人者,不一而足。"⑥据1935年3月18日《申报》报道:1934年高淳灾情之重,出乎人们意料之外。东霸镇一带农民竟颗粒无存,灾民近千人,误食石面,全遭破肠惨死。丰收年成农民尚难温饱的金坛县,1934年大旱,四乡农田尽成赤土,颗粒无收,以致食草根、卖子女以苟延残喘者,随处可见,隆冬季节嗷嗷待哺者不下十数万人⑦。1935年夏,无锡旱灾奇重,农民春蚕收成不佳,收入有限,家无储蓄,所有戽水费用均典质衣服付给,食粮全恃夏麦易米充饥,初时尚可维持,抗旱日久,食粮断绝,贫苦农民改食麦稀饭与稀粥了⑧。

住:温饱问题未解决之前,农民的居住条件绝不可能得到改善。抗战前,江苏各地绝大多数农民的房屋破败凋零,丑陋不堪,与地主的住宅相比,差距之大,十分鲜明。江苏各地的地主,有的住在城市,有的住在县城或乡间集镇,有的住在农村。大体说来,苏南各地的地主住在大中城市的居多数,苏北各地的地主住在县城和乡间集镇的比重高,也有不少地主住在农村。居住在农村的地主的住宅装饰也很讲

---

① 《东方杂志》第32卷第1号,(农)第53页。
② 刘承章:《铜山县乡村信用及其与地权异动之关系》第90册,第47524-47525页。
③ 章有义:《中国近代农业史资料》第3辑,第792页。
④ 章有义:《中国近代农业史资料》第3辑,第19页。
⑤ 《东方杂志》第32卷第10号,第126页。
⑥ 《东方杂志》第32卷第1号,(农)第53页。
⑦ 《申报》,1934年12月11日。
⑧ 阮荫槐:《无锡实习调查日记》第98册,第51595页。

究,戒备森严。江都宜陵小湖村一个拥有 400 亩耕地的地主,其住宅垣墙高耸,栋画梁雕,安坐而食,颐呼气使,诚类农村贵族。江都第九区一个地主的住宅,石墙围绕,中有碉楼,四周开眼,约有枪十数支①。铜山农村中矗立着的一个个威武的炮楼保护着大地主或庄主,与其比邻的农民住宅矮小窄狭破烂,室内陈设极其简陋②。据调查,江都真武庙附近农民住宅,瓦房不及十分之一,其余皆系茅草当瓦,黄土为墙,东倒西斜,破旧不堪,所占面积亦不大,长宽相乘以七八丈者为最多。房中黑暗异常,有窗棂者极少,牛猪栏厕大都在门前屋侧,臭气熏人,卫生条件很差。仙女庙一带农民住宅较真武庙一带为清洁,但也不过五十步与百步之隔耳③。吴县斜塘附近的降田上村,112 家农户的住房全是芦草蓬子,没有窗子,屋里没有光线,更谈不上什么设备。有一家夫妻俩和一条瘦弱的黄牛同住在一间卑湿的房子里,每年还要缴 2 元钱租金④。海门、启东一带农民的房屋以草屋居多,较之一般大地主之猪棚、厕所,逊色多多⑤。盐城一带农民住宅与之大体相似。据目击者说,盐城伍佑场农家房屋星罗棋布,草其盖,土其壁,矮小窄狭,每间可容纳数口,寝室、储藏室、牲畜室、厨灶室等皆共聚一室。宝应县农民住宅稍微宽敞一些,有的佃农多达 10 余间,少者也有 3 间,均为泥草屋。据调查者说,铜山县农民住宅均是 6 尺的茅屋,白天里面也是黑洞洞的,除了仅可屈身出入的小门外,再没有通空气的地方了。

在天灾人祸的不断袭击下,江苏各地农民已到了山穷水尽、难以为继的地步,但又不能在家等死,怎么办呢? 据《申报》报道:溧阳大半壮丁逃亡,句容农民中少壮者或被迫沦为强盗或逃亡四方。1934 年 8 月,1 万多名饥馑农民,由溧阳向无锡、南京逃亡,被当局阻止。在这种情况下,无米充饥的灾民向富户、商家抢米的事件不断发生。1932 年,无锡农民发生抢米事件 50 余起⑥。1934—1935 年,泰县、溧阳、吴江、无锡、金坛先后发生抢米事件,启东、海门的灾民还组织了"共吃团"⑦。苏州农民因灾荒与租税交迫无以度生,于 1934 年 10 月 19 日爆发了有 4000 多人参加的、波及 50 余方里的大规模的农民暴动。1935 年 12 月,苏州农民暴动再次爆发⑧。据不完全统计,1936 年 1 月 4 日至 6 月 16 日,苏州地区发生了 21 次抗租拒税农民暴动,其中有两次参加人数达 2000 余人。宜兴、江阴也各发生一次抗租拒

① 吴致华:《江都耕地分配》第 66 册,第 34805 - 34806 页。
② 刘承章:《铜山县乡村信用及其与地权异动之关系》第 90 册,第 47539 页。
③ 吴致华:《江都实习调查日记》第 101 册,第 53293、53307 页。
④ 魏泽之:《江苏山西实习调查报告》第 107 册,第 56868 - 56872 页。
⑤ 沈时可:《海门启东县之佃租制度》第 60 册,第 31000 页。
⑥ 《东方杂志》第 32 卷第 1 号,(农)第 53 页。
⑦ 章有义:《中国近代农业史资料》第 3 辑,第 1032 - 1033 页。
⑧ 章有义:《中国近代农业史资料》第 3 辑,第 1019 - 1020 页。

税农民暴动①。

三、抗战前江苏农民生活恶化的主要原因

时人在描写农民生活状况时写道:他们的生活既极简单,水平又很低下,"一辈子苦苦恼恼,省吃俭用,终于是把日子一天一天的挨了过去。但是这好比人身上害了一个大毒疮,一天一天在化脓,而不幸的去年的大旱荒,却宛如开了一刀,于是这个本源久远的病夫,便不能再支持了"②,到了走投无路的地步。造成这种状况的原因是多方面的,除西方列强的压迫和侵略、吏治腐败外,主要有以下几点:

第一,封建土地所有制严重束缚和制约着农业生产的发展,致使生产力水平低下,地租、苛捐杂税繁重,农民不堪重负。

农业生产不能须臾缺乏土地,土地是农业生产最基本的要素。辛亥革命虽然打落了清王朝的皇冠,结束了两千多年的君主专制制度,但并没有解决中国的社会基本矛盾,封建土地所有制没有受到丝毫的触动,土地集中的现象反而日趋严重。据1937年7月调查,常熟拥有数百亩至数千亩的地主约百余个,四区的庄姓、五区的何姓,土地都在万亩以上;全县80%的耕地为地主所有,自耕农及半自耕农的耕地不及20%。吴县80%的耕地,约120万亩左右,属于地主。吴江县佃农所占比重,有的地方高达95%,最低的亦占40%。苏北各县土地集中的趋势亦很明显。如皋县佃农约占75%左右,盐城县佃农约占70%~80%。

占有大量土地的地主迫使佃农向他们缴纳占农田收获量50%以上的地租,除正租之外,地主还采用押租、预租和各种附加租等手段增加对佃农的剥削量,使地租率大大提高。不仅如此,地主还凭借手中所掌握的政治权力和经济权力将自己应缴纳的赋税负担转嫁到农民身上。除赋税外,各县附捐名目繁多,负担殊重。1932年与1915年相比较,江苏省田赋增加89%,几至一倍。有的县远远高出全省平均数。附税超过正税,"有数倍者,有十余倍者,甚至有二十六倍以上者,洵属骇人听闻"③。1929年2月,国民党江苏省政府颁布的各县田赋附税不得超过地价的百分之一的规定,早已成为一纸空文。在正常年景,一般自耕农、半自耕农种田收支相抵,所余无几,有的甚至寅吃卯粮;佃农收支不敷者比比皆是。如遇儿女婚嫁、父母丧亡或其他意外事故,均需奔走于高利贷之门,从而陷入高利贷的罗网,以至终身难以摆脱。无锡梅村每届冬令,地主派人在四乡催索地租,络绎不绝,农民被迫自杀的,时有所闻。

第二,农产品价格暴跌,农民收入剧减,致使农民生活水平下降。

① 章有义:《中国近代农业史资料》第3辑,第1021－1023页。
② 《东方杂志》第32卷第10号,第127页。
③ 章有义:《中国近代农业史资料》第3辑,第19页。

中国在近代的对外贸易中丧失了关税主动权和价格主动权。1929－1934年，国民政府虽然4次颁布"国定税则"，然而并没有真正实现"关税自主"。西方列强通过一系列不平等条约攫取种种权利，严重阻碍了中国经济的自主发展。席卷资本主义世界的经济危机1929年秋爆发后，各资本主义国家为了摆脱困境，纷纷向殖民地、半殖民地国家倾销剩余农产品。幅员辽阔、市场广大的中国首当其冲。1924—1929年，中国粮食净进口量平均每年2936.7万市担，1931年增加到4534.2万市担，1932年增加到7849.8万市担。洋米涌进，国货难销，价格骤跌。1930年全省稻米平均价每市斗最高价1.47元，1933年下降为0.65元；1930年小麦每斗最高价0.69元，1933年下降为0.34元；1930年高粱每市斗最高价0.86元，1933年下降为0.38元[①]。不独粮食价格暴跌，农副产品价格也不例外。无锡改良种蚕茧1930年每市担最高价120元，1934年下降为40元。下降幅度之大，令人吃惊。1931年后，因丝价下跌，蚕茧相对过剩，价格暴跌，太湖周围地区的农民伐桑供薪火者，比比皆是。

农产品价格急剧下降，农业生产和农民遭受的损失最大。武进农产品购买力的指数，如以1910—1914年为100，则1931年为96，1932年为88，1933年为70。由于农产品价格下跌速度远远超过工业品，同样数量的农产品已不能换取昔日同量的工业品。如宜兴美浮油平均每听售价，1928年为2.54元，1931年竟涨至5.49元，1933年虽有所下降，每听仍高达4.62元[②]。因此，农业国的经济恐慌远远超过工业国。到20世纪30年代初，中国近代工业虽然有了一定的发展，但农业仍然是国民经济的柱石。中国原料品输出物价指数，1927年为106.6，1934年1—5月平均下降为78.5；生产品输入物价指数，1927年104.9，1934年1—5月平均虽比1931年有所下降，但仍高达149.5；消费品输入物价指数，1927年为104.9，1934年1—5月平均虽比1931年有所下降，但仍达129.6[③]。增降相较，中国吃亏甚大。

在这种不等价的贸易的压迫下，农产品输出急剧减少。农产品输出愈疲，贸易的偏态愈甚，农村现金愈向城市集中，国际贸易收支愈不能平衡。国内市场农产品价格暴跌，大大降低了农民的购买力，直接影响着农民的生计，农民生活日趋贫困成为不能遏制之势。

第三，自然灾害频仍，农业损失惨重，致使农民收入急剧减少，生活不断恶化。

国民政府成立后，江苏各地天灾人祸不断，农业方面所受直接间接损失，几至不可以数量计，经济枯竭，已达极点，即令风调雨顺，年谷丰登，亦只能偷旦夕之安。1929年，全省遭受大旱，里下河地区最为严重，春旱、夏旱接着秋旱，湖荡河港干

① 赵宗煦：《江苏省农业金融与地权异动之关系》第87册，第45853－45854页。
② 徐洪奎：《宜兴县乡村信用之概况及其与地权异动之关系》第88册，第46524页。
③ 《申报》，1934年10月29日。1934年的指数为该年1月至5月的平均数。

涸,河底可以行人,受灾面积达几千万亩,逃荒者不可胜计。旱魔给人们留下的灾难尚未过去,人民需要休养生息,1931 年又发生了大水灾,江、淮、沂、泗齐涨,洪涝并乘,灾区遍及全省,被淹田亩达 2478 万余亩,财产损失 35422 万余元。1934 年,全省又发生了近百年来从未有过的大旱灾,太湖地区、镇扬宁山区及徐淮的睢宿一带最为严重,受灾面积达 4945 万余亩,农产损失 21800 万余元。武进县 33.4 万余亩农田颗粒无收。丹阳县旱灾面积约占 70% 以上,百里沃野,尽成赤原,受灾人口 21 万之众。1935 年春季,高邮县湖西地区有的农民,因 1934 年旱灾,生活困难,数日不得一饱。贫民生计断绝,颠沛流离之状惨不忍睹。1935 年,又是大旱之年,全省损失粮食 1082 万余市担。连年不断的严重自然灾害给农民所带来的灾难,是可以想见的①。

(原载《学海》1991 年第 3 期)

---

① 文中有一些引用的资料未注明出处,请参见萧铮主编的《民国二十年代中国大陆土地问题资料》的有关部分。

略论江苏近代工业化的作用

工业化是人类经济社会和历史发展的一种必然趋势。中国的近代工业化虽不如欧美国家那样曾使经济社会高速发展,特别是使物质生产持续增长,使以农业为基础的社会大踏步地向以工业为基础的社会转变,但它对当时和以后的中国社会也产生了深远的影响。作为中国沿海省份之一的江苏省,近代工业化的速度较快、水平较高,对经济社会发展的影响也比其他省大。在我们经受着现代化阵痛的今天,回顾历史,探索江苏近代工业化的作用,希望能对当前的现代化建设有所裨益。

当西方各国完成工业革命时,中国仍陷于僵化的封建主义统治之中,经济非常困难,发展工业的资金极端缺乏,物质条件极为薄弱,朝野人士对工业的发轫和经济的昌盛,很少关心①。经济比较发达的江苏,直到 1865 年才建立起近代化的军事工厂——金陵机器制造局。由于金陵机器制造局是官办的,经办人缺乏企业家的冒险精神,其产品又专为清政府用以镇压农民运动,故对经济社会发展的影响极小。直到 1897 年,江苏才建立起近代化的棉纺厂②。如果 1865 年创办的金陵机器制造局是江苏近代工业化的起点,那么,到 1949 年也只有 80 多年的历史;从 1897年开车纺纱的无锡业勤棉纺厂算起,到 1949 年江苏近代工业化也只有 50 多年的历史。在这几十年的艰难历程中,江苏近代工业的产生、发展,既有它欣欣向荣、光辉灿烂的一页,也有它步履维艰、失败衰退的记录。今天,我们在参差林立的厂房间,在鳞次栉比的住宅区,在迎风摇曳的绿荫花簇下,在商店"接踵"的繁华地区,仍然可以寻觅到当年开拓者的足迹。

江苏近代工业的产生及其发展,是全省工业生产力的一次历史性的飞跃,对经济社会的发展是一个有力的推动。其作用具体表现在以下几个方面:

---

① 当时英国已有机器织布机 13 万余张,美国有 15 万余张,甚至印度也有万余张,而中国仍然依靠人工织布。上海机器织布局从 1878 年彭汝琮倡议兴办,到 1890 年才有部分机器投入生产,历时 12 年之久。

② 1882 年 10 月胡恩燮设立的徐州利国矿务局,主要用土法开采煤炭。1894 年南京设立的胜昌机器厂,只有 3000 元资本。二者的设立均不能视为江苏近代工业化的起点。

第一，江苏近代工业化促进了生产力的发展。

生产力的发展主要表现在两个方面：一是工厂数量和机器设备的增加，一是工人人数的增加。所谓近代工业化，就是机器工业逐渐代替手工工业，采用大机器进行生产的过程。除金陵机器制造局之外，江苏最早采用大机器进行生产的是1897年开始纺纱的无锡业勤纱厂、苏州苏纶纱厂。自此以后，棉纺厂相继创办，到1911年，江苏省已创办了8家棉纺厂。这8家棉纺厂创办时的额定资本合计为511.33万元，额定纱锭合计为122816枚。到1927年，棉纺厂增加到19家，纱锭、线锭合计达440272枚。到1935年，棉纺厂增加到23家，纱锭增加到619628枚，线锭增加到21300枚，布机增加到6978台。到抗日战争前，全省纱锭、线锭虽略有减少，棉纺厂仍有23家①。

面粉工业是江苏近代工业第二大部门。自1902年无锡保兴面粉厂创办起，到1911年，全省面粉厂增加到10家，创办时额定资本合计达181万元②；到1927年，全省面粉厂增加到15家，资本额增加到272.9万元；1936年，全省面粉厂增加到18家，资本额增加到537.4万元。

缫丝业是江苏近代工业第三大部门。自1896年苏经丝厂、大纶缫丝厂开车缫丝起，到1911年，全省丝厂已增加到12家，丝车增加到1894部③；1928年，丝厂增加到38家，丝车增加到10416部；1931年，丝厂增加到54家，丝车增加到16716部。由于1929年秋爆发的世界经济危机的影响，江苏丝厂相继倒闭，直到1936年6月底，全省符合工厂法第一条规定的丝厂才恢复到42家。

近代产业工人逐渐增加。据1932年调查，全省棉纺业工人40200人，缫丝业工人38636人，面粉业工人1721人。在棉纺业、缫丝业中，女工的比重很大。妇女从乡村走向城市，从家庭走向工厂，打破了过去那种妇女世世代代在农村从事农业生产的局面和从事家务劳动的惯例。

以机器生产代替手工生产，"生产本身也从一系列的个人行动变成了一系列的社会行动"④。它不仅大大提高了劳动生产率，给江苏一部分地区的家庭手工业带来危机，而且也使苏南及滨江沿海一带的社会生活的各个领域发生了较大的变化。如在甲午战争前，农民织布所用的棉纱都是农民用手工纺成的。手摇之纺车，足踏之布机，苏南农村无家没有，妇女终岁纺纱织布，节俭之家，平时油盐之资，均出于此。这在甲午战争前一直没有什么显著的变化。

随着棉纱生产技术的改进、经营管理制度的完善和农民对棉纱质地的进一步

① 1935年和抗战前全省的棉纺厂厂数、纱线锭数包括原松江地区的数字。1953年1月1日至1958年4月8日，松江地区包括南汇、奉贤、金山、青浦、嘉定、川沙、松江、宝山、上海等县。
② 1911年全省面粉厂厂数、资本额未包括窑湾裕亨面粉厂分厂和该厂的资本额。
③ 缺吴兴丝厂、阜生织厂、锡经合资缫丝厂的丝车数。
④ 《马克思恩格斯选集》第3卷，第426页。

认识,农民使用手纺土纱织布的消费习惯逐渐改变,使机制棉纱在与家庭手纺土纱之间的激烈竞争中逐渐取得农民的信任,手纺土纱的优势逐渐丧失,妇女所从事的纺织之业,逐渐变为只织不纺了。

机制棉纱逐渐取代手纺土纱的轨迹,不但在铁路沿线农村和各棉纺厂附近农村可以明显地看到,就是在风气比较闭塞的农村也能看到。如离沪宁铁路稍远的溧水县,其旧俗有"嫁女者必副以纺车、织机二事。勤朴之风,犹可想见"。到 20 世纪 20 年代初,"仅县南尚有继旧者,然亦争用洋纱,棉产几于绝迹;其他各乡,则向之机杼轧轧者,乃一变而为呼卢喝雉之声,高曾规矩,荡然无存"①。"荡然无存"可能有点夸张,但土纱日益减少,恐怕是事实。

进入 20 世纪以后,南通、常州、常熟、江阴等地相继出现了资本主义手工织布工场。到 20 世纪 20 年代,常州率先将电力引进织布业。以电力、汽力运转铁木混合机,"以拉力较弱之棉纱,供甚强之原动力,而无折断之虞,且其产量,十倍于手拉之木机,五倍于足踏之铁木混合机,布之色光线纹扣格,又能与日本产布竞争"②。以电力为动力的织布机的应用,使织布业的劳动生产率和经济效益明显提高,从而掀起新的投资织布业、棉纺业的热潮。但机织布取代土布的速度却很缓慢,这是因为土布"悉为乡间人工织造",苏南、南通等地乡间人口滋繁,田土稀少,家无恒产之贫民,悉赖此以糊口③。为此,他们无不千方百计抵制机制布。据 1925 年调查,当时常州输往外埠的土布年约 600 万匹,价值 300 万元,斜纹布(即厂布)约 80 万匹,其价值与土布相等④。可见,在常州土布数量仍居优势。常熟的土布业虽日趋衰落,但到 1928 年年产仍达 300 万匹⑤。据说,直到 20 世纪 60 至 70 年代,苏南农村仍有极少数农户织造土布。

在南通地区却呈现出另一种景象。在洋纱未流入南通地区之前,农村家庭手工织造土布的手纺土纱来源有限,质量也差,限制着土布数量的增加和质量的提高。在大生纱厂开车纺纱后,一改过去农村家庭手工织布业缓慢发展状况。从 1899—1926 年的 27 年中,每年运销东北的南迪土布(即"关庄布")大都在 10 万件以上(每件 40 匹),其中 1904—1921 年的 17 年中,有好几年突破 15 万件大关⑥。南通地区土布业发展之快,由此可见。棉纺业的发展,不仅为土布业提供了数量多、质量高的棉纱,为南通地区农村中陷于饥寒交迫的女劳动力提供了新的就业机会,使她们的生活得到了一定的改善,而且促进南通地区农、工、商各业,"无不次第

① 《江苏省实业视察报告书》,第 14 页。
② 于定一:《武进工业调查录》,转引自《常州地方史料选编》第 1 辑,第 26 页。
③ 《新武进》,1923 年 12 月 11 日。
④ 《新武进》,1925 年 8 月 13 日。
⑤ 国民政府《江苏省政府公报》第 34 期,第 20 页。
⑥ 林举百:《近代南通土布史》,第 103 – 104 页。

兴办,应有尽有,斐然可观。"①

机器缫丝取代手工缫丝的速度,相对地说,比机器棉纺业快一些。江苏农村养蚕的蚕户原来均用老式丝车缫丝。由于老式丝车缫制的土丝粗细不均匀,开差大,规格不一,不受西方丝商的欢迎。西方丝商对此曾不啻唇焦舌敝,进行劝诫:如再不改此习,则欧洲人必往购东洋、意大利、法兰西三处所产之丝以代之②。1896 年,江苏出现了机器缫丝厂。由于机器缫制的生丝均匀,不易断头,能织高档绸缎,外国丝商乐意购买,而且机器缫制生丝的效率比老式丝车提高了 80% 左右。所以,机器缫丝厂相继创办后,老式丝车很快被淘汰。据 1913 年编辑出版的《江苏省实业行政报告书》统计,产茧地区缫制土丝人数占该地人口总数比重最大的溧阳县为41%,其次是吴江县占 19%,无锡县占 7%,江都县占 2%,高淳县占 2%,吴县、丹徒、句容、溧水、江阴、金坛等县均占 1%③。这说明:手工缫制生丝的现象还比较普遍。经过 7 至 8 年的发展,情况却发生了很大的变化。1919 年 4 月 4 日的《申报》报道说:无锡农村"近十年茧行繁兴,穷乡僻巷,无处不有。茧行应时价收鲜茧,乡人乐得省少手续,均售鲜茧,不再缫丝,逐年老式丝车,已只辆无存"。另据《民国日报》报道:"无锡向出(土)丝一万包,自售茧后,欲见一包而不可得。"④不仅无锡如此,其他产茧地区也"鲜有从事于制(土)丝者"了⑤。到 20 世纪 20 年代末,机器缫制生丝已在整个缫丝业占绝对统治地位。

第二,江苏近代工业化增强了城市经济的辐射力和吸引力,加强了埠际经济联系,扩大了交换范围。

城市是近代工业的载体。随着江苏近代工业化的推进,近代工业企业和人口、资金日益向城市和城市附近集中,从而城市人口不断增加,城市空间规模日益扩大,城市经济实力逐渐增强,城市在经济社会中的地位日益重要。城市经济实力的增强,加强了城市间和城乡间的经济联系,扩大了商品交换的范围。从江苏近代工业化速度比较快的无锡、南通来看,它们的经济辐射力和吸引力都比较强。而经济辐射力和吸引力是通过流通环节,即商业这个媒介来实现的。据调查,无锡棉纺业、面粉业、缫丝业、榨油业等所需要的原料,除来自本省各地外,还有来自陕西、山东、河南以及美国和印度的棉花,安徽的小麦,河南、九江、汉口等地的黄豆。其产品除销售本省及国内各省外,生丝远销法国和美国,面粉曾远销英国和美国等国家,棉布远销南洋群岛。

无锡一些实力比较雄厚的大型企业为了保证原料采购和产品销售工作的顺利

---

① 《江苏省实业视察报告书》,第 157 页。
② 《申报》,清同治癸酉(1873 年)六月初一日。
③ 《江苏省实业行政报告书》第 2 编,第 78 - 79 页。有的县的百分比有些差错。
④ 《民国日报》,1916 年 9 月 29 日。
⑤ 《上海总商会月报》第 5 卷第 2 号"调查",第 8 页。

进行,都在原料产区或交通要道的集镇、大中城市设立与生产发展相适应的供销机构。无锡荣家茂新系统和申新三厂,到 1922 年,在省内外设立的麦庄、收花处和推销产品的"批发处"达十几个①。九丰面粉厂在苏北的溱潼、黄桥、姜堰、泰兴等地设立麦庄(附设于当地米行内),派员常驻采办。此外,九丰面粉厂还派员到蚌埠、徐州、开封、郑州等地巡回调查,看到不混杂石子的麦子随即洽购。九丰面粉厂的面粉除供应本地外,杭州、嘉兴、湖州、宁波、绍兴等地也是它的主要销售区,并在杭州设立销售庄口,总理浙江的销售事宜②。无锡制造的戽水机等动力机械起初主要销往无锡邻近各县农村;后来,销路扩大到苏北泰县、阜宁等地,并远销天津、江西等地。由于无锡是苏南地区的工业中心,又是举世闻名的四大米市之一,皖、鄂、赣等省的稻米顺江而下,通过运河源源不断地运进无锡。粮商出售粮食后,常常购进棉纱、布匹、绸缎、呢绒及日常生活必需品带回各地。

常州是 20 世纪 20 年代崛起的新兴棉纺织工业城市,棉纺厂需要的棉花大部分取自省内,其余的则取自陕、冀、鲁、豫、鄂等省。织布厂需要的棉纱主要来自上海、无锡两地。常州产的布匹除供应本地外,大部分销往外埠,其销售区域一度遍及长江流域及华北、华南、东北和南洋各地。"九一八"事变后,常州布匹主要销往广东、广西、福建等省,其次是云南、四川、湖北、江西、安徽、浙江等省及本省各地。

南通与无锡、常州不同,它既输出棉纱、棉布等成品,又输出棉花原料,输入粮食。据记载,民国初年,南通每年输往内地及国外的棉花、棉纱、棉布等约值 3000 万元。其中,每年输往上海的棉花约 30 万担,每年输往东北的棉布约值 1000 万元,每年从外地输入粮食约 40 万~50 万担。南通输往外地的棉纱并不多,绝大部分销在当地农村,由当地农村家庭手工织成土布,再由布商收购,贩运到外地。运销东北的南通土布称"关庄布",经南京转口运往皖南等地的称"京庄布",运销苏北各县的称"县庄布",1915 年还出现由杭州转口运销浙、闽、赣、湘等省的"杭庄布"。其中"关庄布"的数量最多,大部分从上海经营口销往东北各地。第一次世界大战期间,俄国商人曾大量收购"关庄布"运往战地,不论门面阔狭兼收并蓄,各布号咸竭力经营,广为收蓄以供需要。"业此者愁眉忽展,市价亦渐见增高。"③南通农村家庭手工织布业曾一度改变了过去那种"为买而卖,其目的是为了谋生而不是为了赚钱"的现象,商品化程度进一步提高。1922 年后,东北的南通土布市场逐渐被日本人夺去;1931 年"九一八"事变后,南通土布市场丧失殆尽,布商力图另辟新的市场,扩大土布销路,但进展不大。

---

① 《荣家企业史料》(上册),第 97 - 98 页。
② 《无锡文史资料》第 4 辑,第 64 页。
③ 《民国日报》,1916 年 11 月 5 日。

第三，江苏近代工业化推动了农业的近代化。

随着近代工业化的推进，商品经济的发展以及与国内外贸易往来的扩大，不仅使一些世代相传从事传统农业生产的农民离乡背井进城投身工业生产，使一些在近代工业领域里叱咤风云的企业家的生活情趣和思想意识悄悄地发生了变化，而且使这些企业家有意识或无意识地把目光转向农业领域，为农业生产的发展提供了一定的物质条件。就国内来看，江苏发生的这些变化还处于领先的地位，具有一定的影响。归纳起来，江苏近代工业化对农业生产的影响主要表现在以下两个方面：

1. 在农业生产工具方面打破了传统农具一统天下的局面

江苏的农业生产工具是千年一贯制，基本上没有什么变化，抵抗自然灾害的能力很低。苏南地区土地肥沃，春蚕秋谷富甲东南，然而得地利者尤赖天时。1916年，常州厚生机器厂发明了一种戽水机，用火油引擎为发动机，价格便宜，搬用轻便，经江阴之峭岐、太平洲等处试用，效果不错。这就使一遇旱灾即设坛求雨的延续几千年的迷信观念受到了冲击。

20世纪20年代末，江苏农民对农作物的耕种和收获主要使用人力和畜力。为了改良农具，推动农业生产发展，国民党江苏省政府于1928年拨款40万元筹设江苏省农具制造所，制造抽水机、碾米机、砻谷机及小型农具（打稻机、新式犁、中耕机、条播机、玉米脱粒机），廉价供给农民。后来由于经费有限，制造的农具不多，农民购买改良农具的也很少。近代工业化速度比较快、经济实力比较雄厚的无锡地区，在1933—1937年间装载戽水机的机船约在1300～1600只①。另据1935年对无锡3个村1143户各项工费的调查，其农业机械化的水平远远超过省内其他地区，机械工占12.1%，人工占81.2%，畜工占6.7%②。

在常州农村，不仅出现了柴油引擎戽水机，而且早在1924年震华电厂就试办电力戽水，使地势较高，俯临水道，高下悬殊，不仅人力、牛力无从戽水，即使各项油类引擎吸力亦嫌不足的农田得到灌溉，每亩的戽水费也不过人工一日之工资。同样的农田，在旱灾的袭击下，经电力戽水灌溉的，每亩收稻7石以上；未经电力戽水灌溉的，每亩收稻不及1石。农民为之欢欣鼓舞③。有识之士"希望将来陇亩之间，电杆林立，戽水之机触处皆是，排痒灌溉，各得其宜，以人力挽天时，永无水旱之患"；亦望逐渐利用电力"犁田播种"，"以电力推广农家副业，以裕生计"④。

① 华东军政委员会土地改革委员会：《江苏省农村调查》，第427页。
② 《中山文化教育馆季刊》第3卷第2期，第472页。
③ 《江苏实业月志》第8期（1926年），第38页。
④ 《新武进》，1925年3月20日。

2. 使科学种田得到逐步推广

工业的发达,对农业提供原料的数量和质量提出了新的要求。因此,振兴农业、开辟利源的陈请和呼吁屡见不鲜。有识之士相继开办了一些农业学校和农业试验场,培养农业技术人才,进行科学试验,改良品种,以发展农业生产。民国初年,江苏已有2个农业学堂,2个农业试验场,2个植茶试验场。为了传播农业生产技术,交流农业生产经验,激励农民的生产积极性,南通地区曾发行农事白话报,举办农产品评会、棉作展览会。1920年,江苏第一次省实业行政会议决定在徐海淮扬境内推广蚕桑和棉花生产:凡植棉20亩以上者,每亩奖银3角,植桑1000株以上者,每千株奖银1元。这些措施对增加棉纺业、缫丝业原料的生产,无疑是有利的。

到20世纪30年代初,江苏的农事机关已达179个,名列全国第一。其中农业教育16个,农民教育37个,农业研究46个,农业行政60个,农业金融15个,农业团体1个,其他4个①。这些农事机关,在传播农业生产知识、提高农业劳动者的文化和生产技术水平、用较为先进的方法管理农业等方面,多少起了一些作用。

当我们回顾江苏近代工业化的历史进程时发现:近代工业化是江苏近代经济社会发展的前提和基础。江苏近代工业化不仅促进了江苏近代生产力的发展,增强了城市经济的辐射力和吸引力,推动了农业的近代化,而且在一定程度上改善了经济社会环境,扩大了人们活动的空间,改变了社会结构和人们的价值观念。在此之前,没有任何一件大事能使江苏经济社会发生如此巨大的变化。

(原载《江苏史学》1989 年第 4 期)

---

① 《农情报告》第2年第12期。

论江苏近代工业化的特点

近代工业化在不同的国度,有着不同的模式。中国在社会历史文化背景方面与西方发达国家有着明显的差异,近代工业化所走过的道路远不同于这些国家。但有一点是每个国家共同的:在近代工业化进程中,区域经济在每个国家都占有举足轻重的地位,每个区域内都有自己的、特殊的、占优势的工业部门,各个区域近代工业的有机组合和协调发展构成了全国近代工业化的蓝图。因此,研究任何国家近代工业化所走过的道路,探讨其发展规律,都应从区域近代工业化的研究入手。

笔者曾对跻身于中国近代工业化前列的江苏近代工业化的作用作过粗浅分析[1],下面拟就江苏近代工业化的特点再谈点粗浅意见。

江苏近代工业化和全国一样,是在半殖民地半封建社会条件下进行的。它除受到帝国主义经济上的掠夺和政治上的压迫外,还受到封建势力的压抑、阻挠以及传统观念的强大抗阻。在其发展进程中,有起有落,或向前发展或停滞不前,成就也很有限。但由于江苏原来的经济基础较好,资金比较宽裕,商品市场比较广阔,人才比较集中,地理位置比较优越,信息比较灵通,近代工业化的速度、水平在全国名列前茅是很自然的。纵观江苏近代工业化的全过程,除了与全国近代工业化相一致的、共同的特点外,还出现了具有鲜明个性的特点。

第一,江苏近代工业化是从棉纺业起步的,后来棉纺业、面粉业、缫丝业逐步发展成为江苏近代工业的三大支柱。

在中国近代工业化进程中,轻工业的比重很大,江苏轻工业的比重更大。根据有关资料计算,1933 年,全国棉纺织业(包括制棉、棉纺、棉织、服装用品制造)、面粉业、缫丝业的产值占全国工业总产值的 52.35%,江苏这 3 个行业的产值占全省工业总产值的 78%,高出全国近 26 个百分点。江苏近代工业化过程中为什么会出现这种情况? 笔者认为,主要是由于以农副产品为原料的棉纺业、面粉业、缫丝业对生产原料的需求,对市场销售的需求等等,大都能在江苏得到满足或基本得到满足,使得这些行业的企业建成投产后能迅速形成发达的生产力。张謇创办的大生纱厂是人所共知的成功例子。这里,我们以鲜为人知的太仓济泰纱厂为例进一步说明这个问题。济泰纱厂的创办者认为,厂址设在太仓沙溪镇的优势很多:太仓盛产棉花可以就地收购,既免行户之居奇,又省路途之运费;太仓北接常熟,东连崇海,彼处皆洋纱盛行,销

---

① 唐文起:《略论江苏近代工业化的作用》,《江苏史学》,1989 年第 4 期。

路极旺;太仓本地乡民 1900 年后用土纱织布获利较薄,相率掺用洋纱,以至洋纱呈现骎骎日上之势,设厂后所出之纱必无窒滞,加之太仓棉花较各地为优,所出棉纱的质量可望比别处的高,价格亦高;太仓风俗尚朴,与苏州、上海情形不同,日用所需诸物犹不甚贵,工人工资较低,一切开支皆可节省;太仓田价平常,购觅厂基价值不至过昂①。因此,"以本地所出之花,用本地习纺之工,即以纺成之纱,销行本地邻近州县,运费既省,工价又廉"②,获利肯定比设在非产棉区的纱厂要多。常熟、江阴、苏州、无锡等地都各有自己得天独厚的优势,都是创办纱厂的较佳地点。

另外,还有一个不可忽视的原因:1895 年后,洋货像潮水般地涌进中国城乡市场,白银大量外流,其中洋纱进口最多。1912 年后,洋纱进口值每年约在 6000 万两以上,占国外输入货值的 1/9,而原料之棉花却大半出自中国。到 1916 年,国内投产的纱厂只有 34 家(包括外商纱厂 10 家),纱锭 1006788 枚(包括外商纱厂纱锭369886 枚),较之英国 5700 万余枚、美国 1000 万余枚纱锭,相去很远。面对这种情况,堵塞漏卮、挽回利权、振兴实业、振兴中华的社会舆论异常强烈,要求将棉纺业、面粉业、缫丝业作为发展重点的呼声也很高。很多报纸宣传:纺纱织布为国家命脉,萌芽初发,要大力扶持,不可摧伤。江苏这种舆论尤为强烈。1915 年举办的江苏省第一次地方物品展览会获头奖的物品以棉纱、丝线、绸布、面粉、豆饼、豆油等类为最多的消息传出后,有人立即呼吁:振兴实业须以切于实用,其目光又能注射于抵制大宗外货为主,工巧之技艺徒足供人玩赏者可稍缓图。

由此可见,江苏近代工业化从哪个行业入手,发展重点放在哪个行业,是帝国主义经济侵略和江苏民族资本主义经济与之斗争的结果,是经济社会发展趋势和当时各种社会因素共同作用的结果,是时代的产物。

第二,江苏近代工业企业主要集中在苏南的无锡、常州和滨江沿海的南通等地,广大的苏北地区为数很少,分布很不平衡。

近代工业是集中性的产业,其生产过程系统性、连续性很强。因此,近代工业企业在客观上要求向经济效益较高的城市集中,城市成了近代工业的载体。近代城市本身是开放式、网络型的,不是城堡式、封闭型的。人口、资金、技术、财富向城市聚集,使城市工业企业产生了较高的经济效益,吸引着近代工业企业不断向城市集中。在辛亥革命前,江苏近代工业的布局是散点式的,南通、苏州、无锡、太仓、常熟、江阴、常州、镇江、南京、连云港、高邮、泰兴等地均有之,集中的趋势不是很明显。辛亥革命后,近代工业企业向无锡、常州、南通等地集中的步伐加快。到 1930年,无锡的工厂达 153 家,比 1912 年前的 8 家,增加 18 倍多;常州达 39 家,比 1912年前的 3 家,增加 12 倍;南通达 15 家,比 1912 年前的 5 家,增加 2 倍。就工厂的分

① 《大公报》,1904 年 8 月 2 日。
② 《太仓利泰纺织厂厂志》,第 13 页。

布来看,"南多北少"的倾斜式趋势很明显。毋庸置疑,工厂的规模和生产水平也是"南大北小"、"南高北低"。这种格局的形成,不是由人们的主观意志决定的,而是资金、资源、能源、交通、劳动力等经济因素,社会治安、社会文化、人们的生活方式、价值取向以及其他的社会条件等非经济因素共同作用的结果。就苏南苏北而论,清末民初的淮扬徐海25县,其幅员远胜于大江以南,但自然条件和经济文化水平却比苏南差了一大截。苏北地区农业生产墨守陈法,素不讲求改良,既不能为其自身的发展提供更多的剩余产品和城市所需要的商品粮,也不能为工业的发展提供更多的资金和广阔的市场,有支付能力的需求很低。受财力、物力和人才的制约,苏北的教育事业也很不发达。有的地方经费奇缺,兴办学校无从着手。民国初年,苏北各县每年毕业的学生寥寥无几,而苏南有的县却高达千人以上。

近代面粉工业在苏北地区起步后,灾荒叠见,广大贫苦农民流离载道。社会各界人士奔走呼号,募捐筹赈相续于途。据估计,1906—1916年的10年间,国库拨款,个人捐款,合计不下数千万金,雨旸稍愆,即以灾闻,民生困苦,依然如故;土匪猖獗,百姓自卫无法,呼吁无门,社会治安日益恶化。1910年,海丰面粉厂、永丰面粉厂均遭饥民抢劫,损失惨重。大丰面粉厂因原料匮乏,产品销路不畅,经营不善,几度被迫停产,承租者几度易人,厂名也多次更换。清江至杨庄的铁路因停车日久,枕木、铁轨朽坏不堪,1917年初拆毁了事。近代工业企业创办伊始,就受到有限的原料供应和产品销售市场的阻碍,受到动荡不安的社会环境的影响,岌岌可危,投资者望而却步,新企业很少出现。而风俗敦厚、财力富庶、襟江带海的南通,却逐步发展成为苏北的工业中心。这跟南通地区自太平天国起义后到1927年前无兵乱和天灾,社会比较安定,有很大的关系。笔者认为,社会环境稳定与否,对工业的成长和经济的发展影响极大。可以说,没有一个稳定的社会环境,一切无从谈起。

就沪宁铁路沿线的苏州、无锡、常州、镇江、南京来看,无锡的近代工业企业最为集中,常州次之,南京、苏州更次之,镇江最少。据载,早在民国初年,苏州"商市菁华,几几乎一萎而不能复盛","分利之人举目皆是,生利之业罕乎有闻"。无锡县"境以内机声隆隆,百业繁昌,人民生计因之而裕。武阳境内实业亦在活动,比之苏州则略胜,比之无锡则不如远甚。由镇而宁,实业雏形尚未具备"[1]。后来,各地企业的数量均不同程度地增加,企业的规模也不同程度地扩大,但无锡始终是苏南工业中心的格局没有变。

同处于沪宁铁路沿线的这些城市,工业发达程度悬殊如此之大的原因,省内学者多有详细论述。笔者认为,既要考虑到经济因素的作用,又要考虑到非经济因素的作用,不可一概而论。

处于长江岸边、南北交通要道的南京,虽有其他城市不可替代的优势,但它迭遭

---

[1] 《实业与教育之关系》,《中华实业界》第2卷第10期。

兵乱,损失惨重,元气大丧。太平天国起义失败后,经过 20 多年的恢复,南京尚未能恢复元气。1895 年,城北仍然"人烟寥落,户口凋零,盗贼纵横,劫案迭出"①,一片荒凉景象。辛亥革命后,其市面依然清淡,生计依然艰难。富豪子弟一变而为无业游民者有之;温饱人家一变而为饥寒门第者有之。蓬头垢面之乞丐,数倍往昔。……市面萧条,生意清淡,直无商业之可言②。即使在中国民族工业的"黄金时代",南京也没有多大起色。英国学者罗素在《旅行中国的快乐》一文中写道:"南京几乎是一个荒弃的城,城墙周围有二十三英里,但是城内的大部分,还是乡下地方。"③正因为如此,南京缺乏对近代工业企业的吸引力和凝聚力,缺乏发展近代工业的内在积极性。早在 1895 年,礼和洋行准备在南京开设纺织局,张之洞已派人在卑丁巷建造局屋,纠集股本以备开设,后因南京商务远不如上海繁华,运输条件不如上海方便,产品销路不如上海广阔,改在上海浦东开设。1914 年,南京曾有人招股开办面粉厂,直到 1922 年才办成大同面粉厂。到 1927 年,南京只有 3 家大工厂,其中南京和记洋行还是英国人办的,其余的均为小厂,资本也很少,有的只有几百元。

作为长江下游通商大埠的镇江,其米市自光绪二十年(1894 年)移至芜湖后,长江流域各省之稻米由芜湖一处轮运出口,商业由此日益衰落。津浦、陇海两路接轨后,北货大宗皆直接运往上海,镇江仅到零星杂货。辛亥革命后,镇江出口税逐渐加重,较之上海约高三四倍,以致北方货客皆到上海购运本地所需商品。我们认为,这些是影响镇江近代工业发展很重要的原因。

素有人间天堂之称的苏州,距上海较无锡为近,近代工业却远不如无锡发达,其中很重要的原因是苏州人多投资于银行及其他金融机构,成为闻名遐迩的"放款码头"。据载,早年苏州钱庄借贷给本地商号、工厂的资金仅占 60%,借贷给外埠同业的资金则占 40%。苏州的资金大量流向外埠,加之名公巨卿、巨商大贾以及地主豪绅麇集于此,享受之风较盛。这对近代工业的发展不能不产生极为不利的影响。

以上城市的劣势,正是无锡的优势。不仅如此,无锡还集它们的优势于一身,成为近代苏南地区资金投向、产业布局的主角。自太平天国起义失败后,到 1937年前的 70 多年间,除 1924—1925 年的江浙战争、奉浙战争波及无锡外,其余时间无锡的社会秩序基本上是稳定的,"一般商人、制造家与银行家等咸能从事于实业上之发展,不惧官吏与军人之干涉"④。位于江苏南部的无锡,东接常熟,南临太湖,西连武进,北邻江阴。这一带农产品原料丰富、劳动力充足、商品销售市场广阔。清代以来,无锡是苏南地区粮食、棉布、蚕茧、生丝的贸易中心。特别需要指出

① 《申报》,1895 年 9 月 24 日。
② 《申报》,1920 年 3 月 23 日。
③ 《申报》,1921 年 3 月 20 日。
④ 《申报》,1920 年 7 月 15 日。

的是,闻名中外的米市不仅集散了大量粮食,吸引大批货币资金,而且由于粮商出售粮食后,往往购进棉纱、布匹、绸缎及日常生活必需品带回本地,有力地促进了无锡近代工业的发展。无锡水运四通八达,且航道时加疏浚,少有阻塞;锡澄运河将无锡与黄金水道长江连接起来;贯穿无锡南北的沪宁铁路通车后,交通比过去更为方便。发达的水陆交通便于商人组织大规模的商品交换和物资集散,无锡成为联结生产与消费的重要环节,从而为近代工业的崛起奠定了坚实的物质基础。

另外,在无锡近代工业化进程中,出现了一批"以工求生"或"贪财重利",以干一番事业为追求,并为之拼搏献身的叱咤风云的企业家。他们精明能干,有远见,自奉俭约,无商人奢侈之风;他们在生产经营中追求新机器、新技术和先进管理制度;他们唯才是举,择优聘用,充分发挥聘用人员的聪明才智;他们注重教育,开办培训班、职工子弟学校、职工业余学校;他们富有一往无前的精神,奋发向上,积极进取,顽强拼搏。正因为如此,在生产经营中,他们能千方百计抓住一切机遇,励精图治,不断开发新产品,拓宽经营渠道;充分利用设在上海的办事处之类的机构联系面广、消息传递快这个优势,了解市场行情,掌握市场信息,形成结构严密的市场体系。在无锡近代工业化进程中,这些腰缠万贯的"阔老板"逐渐形成了10个实力比较雄厚的资本集团。这些资本集团在无锡近代化进程中所起的作用举足轻重。张謇在谈到这一点时曾说:"南通以个人之力致是,基础不坚;若无锡则人自为战,胜南通远矣。"①这里,张謇是否夸大他个人在南通近代经济发展过程中的作用,暂且不论,他对无锡企业家在无锡近代经济发展过程中作用的评论,还是有道理的。

由此不难理解,无锡为什么会发展成为苏南的工业中心了。

第三,江苏近代工业化进程中不仅出现了近代机器工业与手工操作的小工场、小作坊、商业资本支配的家庭手工业同时并存的局面,而且有的地方的手工业还一度发展较快。

江苏近代工业化不是在原有的资本主义萌芽和工场手工业发展得比较成熟的基础上进行的,而是在"西方的冲击"和手工业发展并不是很充分的情况下进行的。因此,在江苏近代工业化进程中,虽然有些手工业被机器工业所代替,但不可能被彻底消灭,出现了一些手工操作的小工场、小作坊、商业资本支配的家庭手工业与近代机器工业同时并存的局面。当然,这种并存局面在全省各地具体表现不一,参差不齐。大体说来,凡是近代工业不发达的地区,使用机器生产不普及、与群众生活又密切相关的行业中,手工业的数量比较多,一度还有所发展。如南京商业资本支配的手工丝织业急剧衰落后,纺织业、面粉业等行业中使用改良工具生产的小作坊、小工场不断出现。1925 年,南京使用木机、铁机、花楼机织布的小工场(或

---

① 《无锡杂志》第1期,第4页。

以厂命名)约 350 多家,工人 2300 人,每日出布约 2000 余匹[1];备有两三具石磨的磨坊达 20 多家,所产上等面粉之白度与机制面粉无异,低价销售,与机制面粉争夺市场[2];织造毛巾的作坊达 200 多家。这些织造毛巾的小工场的房屋皆寻常住宅,门首钉一块洋铁皮招牌,设备简陋,资金也很少,有的只有一两架织机[3]。盛产土布的江阴、常熟,1912 年后开始采用铁机织布,但由于电力工业落后,未能利用电力作动力,仍停留在半手工业时代。地处偏僻、交通困难的地区,旧式磨坊的数量也不少。20 世纪 30 年代初,仅盐城、阜宁、高淳、涟水 4 县,较大的磨坊(不包括乡间磨坊)即达55 家,资本总额 44144 元,每年产面粉 43660 担,年产总值 263960 元[4]。

造成这种局面的原因很多,主要的有:(1) 外国资本主义的掠夺和奴役,封建势力的阻挠,使江苏近代工业化缺乏坚实的物质基础。当西方资本主义列强采用"足以摧毁一切万里长城的重炮"打开旧中国的大门后,对中国进行了疯狂的经济掠夺,封建势力竭力阻挠近代工业的发展,加之北洋军阀的连年混战,国民党政府对民脂民膏的搜刮,严重地束缚了社会生产力的发展,致使广大人民极为贫困,无论是生产资料还是生活资料的消费水平都极端低下。这就使整个社会的扩大再生产失去了市场条件,商品生产和社会生产力得不到进一步的提高,无法为手工业向近代机器工业过渡准备坚实的物质基础。江苏也不例外。(2) 一些传统手工业仍有发展的余地。江苏近代工业企业在地理分布上不平衡,大多数地区近代工业化的水平很低,满足不了群众生活的需要,加之交通、社会生活习惯和社会心理等方面的原因,使一部分传统手工业仍有发展的余地,有利可图,对投资者有一定的吸引力。(3) 大量廉价劳动力的存在,使一些资本家宁肯采用手工生产,以降低生产成本。(4) 一些小手工业主投资手工业的积极性比较高。一些为中国工业落后而焦虑的小手工业主虽然没有创办大中型企业的雄厚资金,也不掌握先进的生产技术和管理经验,但他们不甘心让"洋货"源源不断地涌进中国,占领广大城乡市场,任其宰割。他们致力于一些需要资金不多、生产技术要求不高的小工场、小作坊,生产一些价廉物美、坚固耐用的产品,以抵制外国大工业产品的输入。当然,这种手工业品不可能在与外国大工业产品的竞争中取得成功。

江苏近代工业化在坎坷历程中所形成的这些特点,对江苏近代经济的发展、社会结构和人们社会价值观念的变化都产生了较为深远的影响。回顾、探讨这些特点,对当前的现代化建设也许有所裨益。

(原载《学海》1990 年第 4 期)

---

[1] 《中外经济周刊》第 109 号,第 42 – 43 页。
[2] 《中外经济周刊》第 114 号,第 42 页。
[3] 《中外经济周刊》第 115 号,第 43 页。
[4] 《中国实业志·江苏省》第 8 编,第 2 章,第 331 – 332 页。

试析"黄金时代"的江苏棉纺工业

第一次世界大战时期及其结束后的几年间,中国资本主义获得了空前发展,史称"黄金时代"。然而,在"黄金时代"未必全国各个地区都出现经济繁荣的局面,经济繁荣的地区未必所有行业都同时迅速发展,同一行业各个企业的发展速度也未必相同。究竟哪些地区、哪些行业在千载难逢的"黄金时代"创造出一个个经济奇迹?其原因是什么?需要进行具体考察和分析。就地区来看,东部沿海和长江沿岸地区资本主义发展速度要快些,广大内地要慢些,有的地区甚至"春风不度",呈梯度减缓。就轻工业中 3 个主要行业来看,棉纺业、面粉业的发展速度要快些,缫丝业的发展速度相对慢些。就是棉纺业也不是第一次世界大战一爆发就迅速发展,出现奇迹,而是有一个过程的。下面,就这一时期江苏棉纺业的发展状况做些粗浅的分析。

一

棉纺业是江苏资本主义工业的三大支柱之一。第一次世界大战前,江苏棉纺业还处于初步发展阶段。第一次世界大战爆发后,由于英国棉货逐渐退出了远东市场,日本、印度两国的棉纺业向细支纱发展,并大力发展织布业,因而中国棉纱市场上粗支纱的供应量减少。在这一时期,中国采用粗支纱织布的农村家庭手织业和城镇工场手织业一度兴旺起来,对粗支纱的需求量骤然增加。一减一增,市场上棉纱供不应求,识时者乘势急起直追,使颇有基础的江苏棉纺业一改以往那种缓慢发展的态势,出现了迅猛发展的现象。江苏棉纺业迅猛发展的主要标志是:棉纺厂不断增加,企业规模日益扩大;棉纺企业盈利增多,利润率提高。这两个主要标志不是大战一爆发就出现的,而且出现的时间也有前有后。

1. 棉纺企业盈利增多,利润率提高

第一次世界大战爆发前,由于洋纱的倾销和外国资本在中国开设的棉纺厂的竞争,江苏的棉纺厂和国内其他各地的华商纱厂一样,千方百计从各方面寻找出路,保本求利,挣扎图存。尽管如此,没有一家棉纺厂能逃脱亏本、停工的厄运。第一次世界大战爆发后,这种局面并未立即得到扭转。比如,国内著名的大生一厂建成投产后,虽年年盈利,但盈利不多,1911 年盈利 13.6 万余两(两为银两,下同),1912 年为 26.1 万余两,1913 年为 30.2 万余两。第一次世界大战爆发后,该厂的盈利不但没有增加,反而下降。1914 年为 28.2 万余两,1915 年为 13.4 万余两,1916 年亏损 9.7 万余两。1917 年,棉纱市场疲而复振,棉纱价格看涨,该年全厂扣除煤炭等原料涨价因素,盈余首次突破 60 万两大关,达 66.1 万余两,占资本额的比重达 33.1%。1919 年,该厂盈利突破 250 万两大关,达 252.2 万余两,占资本额的比重高达 126.1%,创历史最高纪录。大生二厂也是如此。1917 年盈利首次突破 30 万两大关,达 32.1 万余两,占资本额的比重达 26.9%;1919 年创历史最高纪录,达 126.4 万余两,占资本额的比重高达 105.9%。无锡振新纱厂自 1905 年创办到 1918 年,"盈亏互见";1920 年,股东红利竟达 6 分;1921 年,该厂盈利 61 万元,每股分给余利 40 元,连同官利 10 元,共 50 元。据载,1919 年,江阴利用纱厂获利之厚,较往昔约逾 3 倍;1918 年至 1919 年上半年,该厂红利每股银高达 17 两。一直处于艰难状态的常熟裕泰纱厂,到 1918 年也有了盈利。1917 年开车投产的无锡广勤纱厂,并没有像业勤、振新等棉纺厂那样出现开办时左支右绌、苦于应付的局面,而是"甫经创办,获利甚巨"。1921 年,该厂盈利 80 万两。这就是说,江苏棉纺企业盈利大幅度增长或扭亏为盈,是在第一次世界大战爆发后的 1917 年才开始的,1919 年是盈利最多的一年。然而,1917 年离第一次世界大战结束已为期不远,1919 年第一次世界大战已经结束。

2. 棉纺厂不断增加,企业规模日益扩大

第一次世界大战爆发到 1922 年,江苏新设棉纺厂 10 家,比大战前全省所设的棉纺厂增加 1 倍多;纱锭增加到近 40 万枚(包括原有纱厂新增锭数),比大战前增加 2 倍。就全省的厂数和纱锭数来看,在全国仅次于上海,名列第二。其地位可谓举足轻重,其发展速度可谓迅速。然而,新设的 10 家棉纺厂中,1917 年开车投产的只有广勤纱厂 1 家,1921 年开车投产的有 6 家,1922 年开车投产的有 3 家。这就是说,资本家、商人和士绅决定筹备开办的棉纺厂开车投产的高潮不在大战初期,而在大战后期及大战结束后的几年间。在新设棉纺厂的同时,各地原有的棉纺厂的规模也在不断扩大。南通大生一厂 1904 年开车 4 万枚纱锭,日产棉纱 104 件;1915 年后开车 6 万余枚纱锭,日产棉纱 192 件。大生二厂 1907 年开车 2.6 万枚纱锭,日产棉纱 52 件;1921 年开车 3.1 万枚纱锭,日产棉纱 75 件。太仓济泰恒记纱厂在 1920 年至 1921 年间,扩建厂房,增添蒸汽引擎 1 台、锅炉 2 台。常熟裕泰纱厂 1916 年添购 2548 枚纱锭,纱锭总数达 12740 枚。江阴利用纱厂 1919 年曾筹划另设子厂,以辟利源。

第一次世界大战后期,江苏棉纺业资本集中的步伐也加快了,拥有巨额资本的大型企业明显增加。大战前,资本额在 100 万元以上的棉纺厂只有 1 家;1917—1922 年间创办的 10 家棉纺厂中,资本额在 80 万元以上的有 6 家,其中有 4 家在 100 万元以上。

在此,我们应该注意到,有的棉纺厂刚刚建成,由于棉纺业的"黄金时代"已过,无利可图或流动资金无着,或停工或转卖给他人的时有所闻。如通海金融界人士在南通小海镇创办的宝昌纱厂勉强开车 1 天后就停车,将全套机器卖给大生副厂(即八厂)。金沙和四安一带士绅 1920 年创办的久安纱厂,厂房落成,机器安装完毕后,却年岁不丰,金融阻滞,纺织业不能继续振兴,无法开车。后来,因积欠上海华昌公司巨款,久安纱厂被迫宣告破产。石港镇人士 1920 年创办的采用木机生产的开源纱厂,开办不久便宣告停工闭歇。

综上所述,江苏棉纺企业盈利的增多、利润率的提高与新设棉纺厂的开车投产不是出现在大战初期,而是在大战后期及大战结束后的几年间出现的,而且两者不是同步的。

<h2 style="text-align:center">二</h2>

出现上述情况的原因是多方面的,主要的有:

1. 洋纱输入数量直到 1916 年才开始减少,华纱输出数量 1918 年才开始猛增。

我们知道,甲午战争后,中国与国际市场的联系越来越密切了。然而,在这个市场上并不是所有的国家都是平等的,工业发达、技术先进的西方列强在这个市场上已经占据了先行的优势,居高临下,发号施令;在经济上、政治上丧失了自卫能力的后进国家,轻易地被西方列强用经济的、政治的手段打翻在地,任其宰割,成为他们的经济依附区域,国内市场绝大部分被他们的商品占领。中国也不例外。外国洋货充斥国内市场,民族工业和民间传统手工业产品销路受到严重限制,最后不得不停业破产。1909—1913 年,长江沿岸的芜湖、九江、岳州、长沙、沙市、宜昌、重庆等 7 个口岸输入的洋纱占 72%,华纱仅占 28%。这种局面不是大战一爆发就改变的。洋纱输入数量的减少是从 1916 年开始的。输入中国的洋纱,1913 年为 198.3 万余担,1914 年为 254.2 万余担,1915 年为 268.6 万余担,1916 年为 246.7 万担,1917 年为 207.6 万担,1918 年为 113.2 万担。1916 年后,不仅洋纱输入数量减少,而且国产棉纱还打入了国际市场。以地产地销为主的南通大生纱厂的棉纱扩销至南洋群岛,苏、锡等地的棉纱扩销至俄罗斯。1919 年 10 月 8 日的《申报》报道说:近年外国棉纱(细纱)非惟无货到华,反将华纱装运出洋。俄国全国本有纱锭 300 余万枚,近年来各厂停工,纱与布皆系东洋与中国运去。所以,沪、苏、锡各纱厂日出之纱供不应求,市价飞腾。各厂远期货已预开至第二年七八九月期矣。各纱号手中有现货者咸获大利。据说这是棉纺业开始迄今未有之市面。洋纱输入减少,国产纱输出猛增,市场上棉纱供不应求,价格随之上涨。然而,1914 年、1915 年、1916 年 3 年中国棉纱价格平平。16 支棉纱每包价格,1914 年为 139.16 元,1915 年为 126.57 元,1916 年为 144.06 元,直到 1917 年才急剧上涨,1918 年上涨到 221.68 元,1919 年上涨到 279.72 元。江苏各地的棉纱价格亦是如此。以无锡广勤纱厂织女牌 14 支棉纱为例,1917 年 7 月为 186 元,1918 元 1 月为 195 元,1919 年 3 月下旬涨至 260 元,1920 年 3 月中旬涨至 286 元。从 1916 年开始,棉纺厂成本价格虽然增加,但增加的幅度均小于棉纱销售价格上涨的幅度。由此可见,棉纺企业盈利的急剧增加一直推迟到1917年，是很自然的。

1914年、1915年、1916年棉纱价格平平，棉纺企业盈利不多，除上述原因外，与时局动荡、棉花歉收亦有关系。时局安危，岁收丰歉，工商业均受直接、间接之影响①。《南通县大生纺织公司第十七届说略》(1915年)说：通海棉收大歉，不及往年十之二三，派人赴外地采购，多出转运水脚、关捐之费，成本加重。九月以后，"国体问题发生，全国骚然，金融滞涩，营业大疲，关庄布停滞不销，纱价乃一蹶不振。本厂先后贬价出售，受亏匪细。"②该公司第十八届(1916年)说略称："滇军起事，呼声日高，东南商业，恐慌尤甚。本厂脱货求财，不得不贬价以资周转。嗣是大局日益惊惶，纱布行市愈趋愈下，驯至无人过问。"这一年农田被淹，棉苗受损，通海全境产量不及上年。"天灾人祸，赓续相寻，顾后瞻前，弥增惕惧。"③纱市滞销，无利可图，大生一厂全年共亏损9.7万余两。为之，每年春季发息的大生一厂、二厂不得不登报声明：1915年两厂正余利一概暂缓发给。直到1917年后，棉花丰收，日本所需用的棉花又大都从美、印进口，中国棉花储量增多，出现棉贱纱贵的现象，棉纺企业的盈利才开始增多。

2. 民族资本家、商人对"外人购我棉花，我购其纱布，如同随珠弹雀，得少失多"的危害，早有切肤之痛，但他们对第一次世界大战在客观上给中国棉纺业带来发展机会的认识，他们对设厂地址的选择和资金的筹集，都需要一个过程。

在资本主义经济条件下，作为独立的、被市场分割开来的商品生产者都是为市场而生产的，通过交换价值攫取剩余价值是商品生产者的最终目的。其生产的产品是否符合社会的需要，能否得到社会的承认和承认程度的大小，都要通过市场来检验，通过市场来解决。众所周知，市场既受国内局势的左右，又受国际局势的影响。大战初期，受大战的牵动，有的棉纺厂所产之纱，不能及时脱手，致使售价下跌，损失不小。《崇明大生纺纱分厂第八届说略》(1914年)云："欧风亚雨，横空而来。商务变迁，甫起即落。纱业之困悫，未有甚于今秋者。""深愿风云果定，货币周通，营业庶几稳顺。此固世界所共期，尤为本厂所默祷者矣。"④直到1917年后，棉纱的国内外市场才得到扩大，棉纱畅销，价格上涨。《南通大生纺织公司第十九届说略》(1917年)云："四月间，欧战方酣，舶来货乏，营布销路大畅，川、赣各帮购纱尤夥，故纱价继长增高，由一百五十六元，腾至二百三十余元。"大生纱厂"总计全年盈利，为十年以来所仅见。"⑤这就是说，直到1917年，由于棉纱价格上涨，棉纺企业盈利增加，才引起资本家、商人和其他货币财富持有者投资棉纺业的欲望。

① 《大生企业系统档案选编·纺织编 I 》，第111页。
② 《大生企业系统档案选编·纺织编 I 》，第103页。
③ 《大生企业系统档案选编·纺织编 I 》，第111－112页。
④ 《大生企业系统档案选编·纺织编 I 》，第302页。
⑤ 《大生企业系统档案选编·纺织编 I 》，第116－117页。

将欲望变成现实不是一帆风顺的,需要一个过程。如荣德生1917年有意建纱厂,先行购地,托温君在(无锡)西门茂新面粉厂附近,以大新名义购地。1918年,大新购地迟迟未得完善。有英机15000枚纱锭,欲购苦无装处,且无动力,被天津人买去。1919年,决心建立申新三厂(即大新),加快买地。购地方面,再三不妥,由薛南溟先生让出工艺传习所等地,沿河18亩。反对者(荣瑞馨、蒋哲卿)四面买地,阻碍进行。仅购置厂地先后就花了两年多时间。另外,纱厂建筑与机器成本动辄数十万元或百万元(厂房建筑费每纱锭约需6至8两,机器及动力设备等每纱锭约需17至21两),且需要巨额流动资金,不像缫丝厂设备简单,所需资本较少,容易筹集。如1920年开始筹办的南通久安纺织有限公司,资本总额预计40万元,等到厂房落成,机器安装完毕,超过预算20万元,虽由发起人及各董事一再筹划,采取补救措施,最终还是没有逃脱破产的厄运。1920年,崇明天成纺织有限公司亦准备筹款80万元,创办具有1万枚纱锭、500台新织布机的棉纺厂,结果未能如愿。

3. 向国外订购的机器设备因运输困难、工人罢工、工厂停产,不能按时交货。

中国机器制造业毫无基础,棉纺业所需要的以硬件为主的机器设备和生产技术都是从外国引进的,订购机器时被洋行欺骗敲诈,或因其他原因不能按时交货的事时有发生。如豫康纱厂于1919年开始筹备,预计第二年即可开工,结果厂房工竣,购自英国的机器因英国工人罢工未能按期交货,1921年7月才陆续运来,1921年11月16日才开车纺纱。申新三厂向英国订购的纱机也因英国工人罢工,到1920年冬才陆续运到,到1921年底安装完毕,正式开车生产,历经4年之久。再加聘请安装机器的外国技师,故意刁难,费时许多,影响开车投产时间,造成损失。如申新三厂的发电机是向美国订购的,并聘请美国的一位工程师随机来无锡安装。这位工程师认为机房必须重新改造,要添购备件,结果费时1年多,才把机器安装好,影响了开车纺纱的时间。

三

好景不长。和全国各地的棉纺业一样,江苏棉纺业的"黄金时代"是短暂的,刚刚获得迅猛发展就遇到了很大的困难,被击入"低谷"。这种迹象1922年就出现了。这一年,无锡各棉纺厂获得薄利者仅1/3。这不属本文讨论的范围,不多赘述。但需要特别指出的是:1917年后,棉纱价格上涨,棉纺业主赚了不少钱,手工织布业主却因棉纱价格上涨、成本增加而大伤脑筋。手工织布业受棉纱原料供应和产品销售的制约,不管哪方面遇到障碍,生产都会受到严重影响。手工织布工场和农村家庭手工织造的布匹质次价高,大量积压,被迫停工歇业的现象时常发生。1917年7月29日《民国日报》报道说:"迩来棉纱、棉花价格骤增,较之平时竟涨至一倍或倍半不等,而该业中又复此争彼夺,卖买空盘,以致本国大小各布厂原料无着,恐慌万状,势将停闭。""本厂布前此成本为二两一匹者,今按时价计算每匹须涨至四两以外,方可到本,无如布匹售价不能如原料增涨之速。""故迩来布厂之亏折停闭者日有所闻。""常熟、无锡、江阴、苏州各内地大小布厂奚止数百余家,工人亦何止数十余万人,值此潮流所趋,受其影响,势将垂毙,不得不停止营业,以待时机。"地处偏僻、技术水平低下、资金短缺、产品缺乏竞争能力的布厂,更是如此。

江苏以至全国棉纺业"黄金时代"的来去匆匆,说明帝国主义国家对中国经济命脉的控制是民族资本主义经济发展的主要障碍。今天的中国已不是过去的中国,而是站起来的中国,但我们绝不能忘记旧中国被帝国主义侵略、压迫、欺凌的历史。

(原载《学海》1992 年第 1 期)

试析"黄金时代"的江苏面粉工业

拙作《试析"黄金时代"的江苏棉纺工业》论述了第一次世界大战时期及大战结束后几年间江苏棉纺工业的发展状况①。那么,"黄金时代"江苏面粉工业的发展状况又是怎样的呢? 本文就笔者所看到的零星资料,对这一问题做些粗浅分析。

一

面粉工业是江苏(不包括现今的上海市及其所属各区县)资本主义工业的三大支柱之一。第一次世界大战前,从 1902 年起,荣宗敬、荣德生和朱仲甫合股集资在无锡创办保兴面粉厂,张謇在南通创办大兴面粉厂后,东海、高邮、泰州、扬州、淮阴、徐州、宿迁等地相继创办了面粉厂。到 1913 年,全省共创办面粉厂 11 家(不包括窑湾裕亨面粉厂分厂)。如以长江为界,江北 6 家,占 54.5%;江南 5 家,占 45.5%。应该指出的是:在这 11 家面粉厂中,因原料短缺、经营管理落后、亏损严重而被迫出租、改组者有之;在与"洋面"的激烈竞争中,受不平等条约的束缚,市场狭小,销路阻滞,被迫停工歇业者有之。如镇江合兴面粉厂刚开办时为石磨,出货过粗,销路不畅,亏折甚巨。后来,该厂新建厂房,改装钢磨,适值荒旱,麦价昂贵,运输不便,耗用亦大,成本过重,亏损 10 万余元,不得不搁浅停业。直到 1914 年,该厂还处于债台高筑的境地。淮阴大丰面粉厂因原料短缺也曾出现过停工歇业现象。

此外,有的面粉厂因种种原因有始无终。如郭鸿仪拟在镇江荷花塘左近地方建设机器磨面厂,以收利权。"刻已度地建屋,经营始基,一俟工程告竣,即购机开办。"②最终未能如愿。

第一次世界大战爆发后,英、德、法等帝国主义国家将一些民用工业转入军事工业,面粉不但不能输出,反而还要大量输入以满足军、民对面粉的需要。中国面粉价格低廉,自然成为它们采购的主要对象。日商三井、三菱,英商祥茂洋行等纷纷向中国面粉厂购买面粉。日本商人在上海搜罗面粉,不论粉色、牌名,用日轮运载到欧洲,获利甚多③。

由于国际市场对面粉需求量的增加,中国面粉输入输出情况发生了急剧变化。

① 拙作载于《学海》1992 年第 1 期。
② 汪敬虞:《中国近代工业史资料》第 2 辑(下册),第 806 页。
③ 《荣家企业史料》(上册),第 39 页。

1914 年中国入超面粉 200 万余担,1915 年开始出超,以后逐年上升,到 1918 年已出超 200 万余担,1919 年出超 242 万余担,1920 年出超 344 万余担[①]。1920 年,中国输出面粉量占全国面粉产量的 26%。中国进口面粉量急剧下降,出口量急剧增加,国内市场对面粉的需求量并没有减少,从而使国内面粉市场出现了供不应求的现象。在这种形势下,江苏面粉工业得到迅速发展,形成了面粉工业的"黄金时代"。江苏面粉工业迅速发展的主要标志是:

1. 停工歇业的面粉厂改组、恢复生产,新建面粉厂不断增加,有的面粉厂乘机更新设备,扩大规模,提高生产能力。

第一次世界大战爆发后,江苏面粉工业迅速发展,新建面粉厂不断增加,这是史学界、经济史学界的共识。问题是,1914—1922 年,江苏究竟新建了多少面粉厂?这倒是需要搞清楚的,来不得半点含糊。然而,对这个问题,目前史学界、经济史学界的说法却不尽一致,没有形成一个比较接近实际的意见。

杜恂诚先生《民族资本主义与旧中国政府(1840—1937)》附录"历年所设本国民用工矿、航运及新式金融企业一览表(1840—1927)"显示,从 1914 年至 1922 年,江苏全省共新建面粉厂 9 家,其中无锡新建 3 家(以下简称杜说)[②]。

张学恕先生在《中国长江下游经济发展史》第 275 页中写道:1914 年—1922年,江苏境内先后兴建 11 家较大的面粉企业。其中无锡一地就新建了 6 家面粉厂:1914 年泰隆面粉公司开业;1916 年,荣宗敬、祝大椿合资创办茂新面粉厂第二厂;同年,荣宗敬、荣德生兄弟合资创办茂新面粉厂第三厂;1917 年,荣宗敬、荣月泉合资开办茂新面粉厂第四厂;1918 年,孙某兴办泰隆面粉厂;1922 年,长丰面粉二厂开办。接着又写道:除无锡以外,江苏其他各地先后创办了 5 家面粉厂:1915年,镇江新建贻成面粉公司;同年,淮阴新建大丰盈(记)面粉公司;1920 年,常州兴建恒丰面粉厂;1922 年,杨春曦在徐州开办宝兴面粉厂;1922 年,南京大同面粉公司开业(以下简称张说)。

杜说与张说相差 2 家面粉厂。笔者对这两种说法,特别是对张说,实在不敢苟同。

杜先生认为,江苏淮阴的大丰盈记面粉厂是 1914 年新建的。经查,不对了。《中国实业志·江苏省》第 8 编第 2 章第 337 页写道:大丰面粉厂,光绪三十一年(1905 年)成立,曾改组 4 次。1919 年出版的《江苏省实业视察报告书》《淮扬道区淮阴县》也只有对大丰盈记面粉厂的记载。第一次世界大战初期,《申报》曾刊登过这样一则声明:清江大丰和记面粉公司原系马绛笙君接办,旋因宁乱,以致未能

---

① 施复侯:《三十年来之中国面粉业》,第 10—12 页。
② 杜恂诚:《民族资本主义与旧中国政府(1840—1937)》,上海社会科学院出版社,1991 年,第 353—360 页。

开办。马君因恐机器日久锈坏,特委托赵云卿全权代表将该厂完全转与盈记接办,业经禀请淮阴县详部注册立案,至和记及原办大丰如纠葛不清情事,概与盈记无涉。1916 年,《申报》还刊登过"大丰面粉厂因违令在本县购麦,经绅学各界告发,现已停机"的报道。这些资料已将大丰面粉厂、大丰和记面粉厂、大丰盈记面粉厂之间的关系说得一清二楚了。笔者认为,它们实际上是一个厂,只不过接办人加上"和记"、"盈记"以示区别罢了。如果从淮阴县小麦产量、面粉销售、交通运输状况等方面进行分析,也不会得出创办 2 家面粉厂(大丰机器面粉公司、大丰盈记面粉厂)的结论。因为该县连 1 家面粉厂的小麦原料都供不应求,时停时开,怎么能满足 2 家面粉厂对小麦原料的需求呢? 如果真是这样,1914—1922 年,淮阴的面粉厂厂数仅次于无锡,应是江北面粉工业的中心了。事实并非如此。

杜先生依据《新编支那年鉴》认为,1916 年南通创办了大兴面粉厂。笔者认为,这个说法难以成立。1919 年出版的《江苏省实业视察报告书》《苏常道区南通县》没有关于大兴面粉厂的记载,只提及复新面粉公司。《中国实业志·江苏省》第 8 编第 2 章第 337 页也只有"初名大兴,宣统元年改今名(即复新)"的记载。1990 年 11 月江苏古籍出版社出版的《大生系统企业史》第 95 页根据众多档案资料也得出了同样的结论:大兴面粉厂因从外地购买小麦,捐税繁重,设备陈旧,亏损严重,不得不宣告破产。1909 年改组,成立复新面粉公司。也未提及 1916 年创办大兴面粉厂一事。

杜先生依据《中国实业志·江苏省》《江苏省鉴》以及 1924 年(应为 1925 年)《中外经济周刊》认为,1919 年无锡成立了九丰分厂。经查,《中国实业志·江苏省》《江苏省鉴》并无此记载。黄厚基先生在《无锡民族资本家唐保谦父子经营工商业简史》一文中阐述九丰面粉厂发展过程时说,九丰面粉厂在 1918 年添建了第二个主厂房,加装了 15 部钢磨,以电动机转动,省去不少投资费用,面粉日产量由 5000 包左右增至 8000 包左右。黄先生没有明确说第二个主厂房是九丰分厂①。笔者认为,如果将九丰面粉厂的第二个主厂房称为九丰分厂也可以。

杜先生说,1920 年,常州成立恒丰面粉厂;1921 年,武进成立恒丰机制面粉厂。笔者认为,在同一县境内 1920 年、1921 年先后成立厂名相同、资本额相同、经营性质相同的 2 家面粉厂,不大可能。何况,于定一组织 68 名同仁协助调查、1929 年出版的《武进工业调查录》《1926 年武进年鉴》《1928 年武进年鉴》只有 1 家恒丰面粉厂的记载。《常州地方史料选编》第 5 辑"常州市粮食大事记(1134—1949)"中也只提及恒丰面粉公司 1921 年 7 月 25 日开机出粉,待秋后举行正式开幕。

至于张说,与这一时期江苏境内实际新建面粉厂厂数相距更远,特别是对这一时期无锡新建面粉厂厂数的看法,更不能令人相信。1914—1922 年,无锡究竟新

---

① 《无锡文史资料》第 4 辑,第 63 页。

建多少面粉厂,荣德生先生的《乐农自订行年纪事》、中国科学院经济研究所和中央工商行政管理局资本主义改造研究室合编的《旧中国机制面粉工业统计资料》中已经说得很清楚了,张先生却搞混了。比如说,1916 年租进 1913 年创办的惠元面粉厂,改名为茂新面粉厂第二厂。明眼人一看便知,这是一个面粉厂,不能说是新建。1916 年租进 1914 年(一说 1913 年)创办的泰隆面粉公司,改名为茂新面粉厂第三厂,也不能算是新建。1917 年租进 1913 年创办的宝新面粉厂,改名为茂新面粉厂第四厂,同样不能算是新建。1918 年,孙某兴办的泰隆面粉厂也不能算是新建。因为它是 1916 年荣家租进、经营 2 年、租期届满的茂新三厂,"原主孙姓收回自办"的[①]。实际上 1 家泰隆面粉厂,张先生却把它说成新建 3 家面粉厂了。据笔者了解,1914—1922 年,无锡实际上只新建 2 家面粉厂(1919 年"茂新决添苞米粉厂,为茂三,附入二厂,不添本,一年后成"[②]。由于制苞米粉缺乏原料,销路极微,不久即停办。此厂未视为新建厂)。那就是 1914 年创办的泰隆面粉厂和 1922 年创办的长丰面粉二厂,与张说相差 4 家。

至于镇江新建贻成面粉厂,也不符合事实。1914 年 6 月 24 日,镇江合兴面粉公司在《申报》刊登招商新办限缴公款广告。1915 年 7 月 18 日的《申报》曾刊登镇江贻成面粉厂定于旧历六月初八日开车先行的消息。前面提到的《旧中国机制面粉工业统计资料》也认为,贻成面粉厂由原合兴面粉公司改组而成。因此,贻成面粉厂不是新建的,而是由合兴面粉厂改组而成的,实际上是一个面粉厂。

综上所述,我们认为:1914—1922 年,除无锡以外,江苏其他各地只新建 3 家面粉厂,而不是 5 家;全省共新建 5 家面粉厂,而不是 11 家或 9 家,这 5 家面粉厂分布在无锡(2 家)、常州(1 家)、南京(1 家)、徐州(1 家)。

这一时期,江苏面粉工业的迅速发展不仅表现为新建面粉厂的增加,还表现为原有面粉厂纷纷扩建厂房,增添机器,更新设备,提高生产能力。1914 年春,茂新面粉厂"添第二副机,已用大马达,合轻成本,其他一切旧式机器拆去,每日共出粉五千包,修理机应有尽有。"[③]荣氏兄弟 1916 年租进的惠元面粉厂,只有 10 座钢磨,每日夜出粉 1700 包。租期满后,惠元股份悉数售与荣氏兄弟,加装美机 11 座,每日夜出粉共 6000 包[④]。1918 年,茂新一厂再添美机钢磨 12 座,日产量增至 8000 包左右,资本增为 60 万元[⑤]。1918 年,九丰面粉厂添建第二个主厂房。

此外,荣氏兄弟为了增强面粉在市场上的竞争能力,十分注意生产技术的改进。例如,为了使面粉光滑洁白,很早就使用漂粉机,产品较好,利于销售。因此,

① 《荣德生文集》,第 77 页。
② 《荣德生文集》,第 84 页。
③ 《荣德生文集》,第 69 页。
④ 《荣家企业史料》(上册),第 44 页。
⑤ 《荣家企业史料》(上册),第 43 - 44 页。

"兵船"牌面粉成为中国出口的标准粉①。

2. 面粉销路畅旺,盈利增多,利润率提高。

近代工业的生产是一个动态的循环系统,受原料供应、产品销售和贯穿这一循环始终的资金的制约,不管哪个方面遇到障碍,生产都会受到严重影响,甚至不能顺利进行。面粉工业亦不例外。中国人口虽多,南方人大都喜欢以米为主食,即使在以面粉为主食的北方,广大农民也尚无购买机制面粉的能力,面粉的销路主要在大中城市,市场狭小,容易饱和。

对资本家来说,最重要的不外乎怎样降低生产成本和增加企业利润。在增加企业利润方面,除了提高剥削率外,不外乎更新设备,采用先进生产技术,扩大市场业务。然而,在半殖民地半封建的旧中国,在"洋面"的激烈竞争下,资本家要想扩大面粉市场,谈何容易。

第一次世界大战前,中国面粉工业曾一度进退维谷的一个很重要的原因,就是面粉销路阻滞。江苏也不例外。第一次世界大战爆发后,千载难逢的机会来了,面粉的销路大为改观。江苏的面粉不仅畅销国内各地,而且远销英国、法国、澳大利亚及南洋各国。外国商人常向无锡茂新面粉厂订购"兵船"牌面粉几万包或几十万包②。其他各地面粉厂的面粉也很畅销。据《江苏省实业视察报告书》记载,淮阴大丰盈记面粉厂每日产面粉 2000 包,运往上海销售。南通复新面粉厂每年产面粉 41 万包,行销上海、福建、广东、天津,兼销日本。镇江贻成面粉厂每年产面粉 50万袋,6/10 销汉口、九江、宁波、烟台,4/10 销上海、南京、苏州、芜湖。高邮裕亨面粉公司每昼夜产面粉 1700 余袋,其销路亦很畅旺。东海海丰面粉公司所制面粉极佳,销路尚畅。泰县泰来面粉公司股本存款达 20 万元,"三羊"牌面粉销路甚旺,历年以来,颇有盈利。由于面粉销路好,售价也大大上涨。据《新无锡》《锡报》记载,1916 年 1 月每袋"绿兵船"牌面粉 2.40 元,每袋"红兵船"牌面粉 2.50 元;1917 年7 月,"绿兵船"牌面粉每袋 2.43 元,"红兵船"牌面粉每袋 2.38 元;1918 年 3 月,"绿兵船"牌面粉每袋涨至 2.75 元,"红兵船"牌面粉每袋涨至 2.60 元。据 1923 年4 月《锡报》载,"绿兵船"牌面粉每袋价格涨至 3.06 元,"红兵船"牌面粉每袋价格涨至 2.96 元。

由于面粉价格上涨,各面粉厂虽有面粉积滞,仍有利可获。1916 年,茂新第一、二两厂获利 16.8 万元之多③。1918 年,"茂新一、二、三、四厂均有盈。"④1914—1922 年,九丰面粉厂获利最多的年份高达 60 万余元。当时,无锡社会上流

---

① 《荣家企业史料》(上册),第 50 页。

② 《荣家企业史料》(上册),第 41 页。

③ 《荣家企业史料》(上册),第 41 页。

④ 《荣德生文集》,第 82 页。

传着"买到了九丰的股票,就好比着了头彩"的说法。其获利之巨,分红之多,由此可见。后来,庆丰纺织厂缺乏流动资金时,往往由九丰垫付,垫付款常在200万~300万元左右①。1919年,"福新各厂均盈,茂新一、二尤佳"。荣德生在这一年的纪事中这样写道:"茂、福新粉销之广,尝至伦敦,各处出粉之多,无出其上,至是有称以'大王'者。自维愧悚,不足当此盛名,仍思力谋扩充,造福人群。"②1920年,"茂一、二大有利"。1921年,"茂新尚好,因各处设批发,尚有去路。"③

应当指出的是,1914—1922年,也不是所有投资创办面粉厂的都很顺利,有始无终者有之。常州运村人张景毓曾招股在无锡创办华昌面粉厂,厂房墙壁砌至3层就停工了。1917年,浙江商人戚姓与该厂商定改组,牌号更改为协丰面粉厂,未成。南京曾有人在1914年底招股开设面粉厂,未能成功,直到1922年才出现大同面粉公司。荣德生曾在1920年"买进蕴藻浜地卅余亩,计三万八千元,预备造粉厂,独自置备。后添买至六十八亩,尚欲再购,世乱无从下手,尚未建筑。后自申三创办,遂致力纺织,无暇及此矣"④。

二

好景不长。随着第一次世界大战的结束,西方各帝国主义国家面粉工业生产得到恢复,西方各国禁止中国面粉的进口,刚刚获得迅速发展的江苏面粉工业很快被击入"低谷"。英国商人为了阻止中国面粉进口,散布谣言:"英民近患肠胃病及沉睡病者甚多,经医生及化学家考察,知其原因在所食中国面粉不合卫生。""此项面粉既有害民,亟宜停止购食。"⑤不仅英国禁止中国面粉进口,日本、美国、澳大利亚、加拿大的小麦、面粉纷纷涌进中国,降价销售,江苏面粉工业深受其害。

"黄金时代"江苏面粉工业的发展,虽是特定历史条件造成的短暂现象,但回顾、总结这一时期江苏面粉工业迅速发展的经验教训,可以得到以下几点启迪。

1. 抓住机遇,扩大开放,发展自己,至关重要。

第一次世界大战时期及战后几年间,江苏面粉工业之所以能迅速发展,是由于一批民族资本家珍视并抓住了这个大好时机,发展自己。第一次世界大战爆发后,荣德生以过人的智慧认识到,"可放手做纱、粉,必需品也"⑥。荣氏兄弟抓住这个机会,使自己的企业有了一个迅速的发展,到1922年,已形成了结构严密的面粉工业生产体系和市场体系,在当时中国面粉工业中占有举足轻重的地位。能否发现

① 《无锡文史资料》第4辑,第65-66页。
② 《荣德生文集》,第85、86页。
③ 《荣德生文集》,第88、90页。
④ 《荣德生文集》,第89页。
⑤ 《农商公报》第8卷第2册第86期"报告门",第1-2页。
⑥ 《荣德生文集》,第76页。

机遇,抓住机遇,发展自己,至关重要。一个企业如此,一个地区、一个国家也是如此。

2. 积极扩大对外贸易,使更多的产品走出国门,占领国际市场。

"黄金时代"江苏面粉工业之所以能迅速发展,一个重要的原因是,这一时期中国面粉出口量迅猛增加,国际市场大为拓展。这一点前面已提及,不再赘述。需要指出的是,不是江苏境内所有的面粉厂都能将自己的面粉运销国际市场的,只有像茂新这样的大型面粉厂才能接受各国设在上海的洋行的大批订货和按期交货。如果大面粉厂供不应求,较小的面粉厂的面粉也会被洋行收购运往国外各地。大面粉厂的面粉被洋行收购后,必然会给小面粉厂让出一部分国内市场,其面粉销路畅旺也是很自然的。

3. 在引进国外先进技术和科学管理经验的同时,应注意借鉴旧中国民族资本家的经营管理经验。

"黄金时代"江苏面粉工业之所以能迅速发展,与民族资本家加强对企业的经营管理是分不开的。他们十分注意将传统商德注入生产和经营管理之中。其中最有特色、最得人心的是不断提高产品质量。如九丰面粉厂为了塑造自己的形象,除改进生产技术外,还很注意各种原麦搭配比例,以增强面粉的拉力,提高面粉的粉色;每天将出产的面粉提供给一些面店试用,唐保谦亲自走访,征求用户意见;规定批发处早餐吃面,先让大家品尝,发现缺点,随时改正①。荣氏兄弟在引进先进机器设备、技术和人才的同时,也十分注意企业的经营管理。荣德生曾说过:"余留心社会经济,而主多立工厂,推至省用、国用,而至世界经济之竞争,尤以自立生存、对外相等为比较。"他很注意面粉质量,发现小麦沙石多,"命雇工拣出,以顾牌子";他为人"毫不自夸,勤俭不改,事事亲手为之"②。我们可以这样说,旧中国的民族资本家在争市场、争人才过程中也创造了内容十分丰富的领导艺术和用人艺术,积累了内容十分丰富的经营管理经验。这些艺术和经验在当时的企业管理中发挥了巨大的作用。

(原载《学海》1992 年第 5 期)

---

① 《无锡文史资料》第 4 辑,第 63 - 64 页。
② 《荣德生文集》,第 77、82 页。

江苏近代工业企业股份制研究

由众多股东的资产组成的股份制企业,对我们来说并不陌生。它在国外的发展已有300多年历史,在中国近代工业发展进程中曾是企业的主要组织形式。股份制企业的有限责任无限利润的诱惑,激发资产阶级对剩余价值占有的贪欲,推动着资本主义企业在自由竞争的漩涡中激烈拼搏。本文试图就江苏近代工业企业股份制进行探究,弄清其利弊得失,希望对完善当前出现的股份制企业有所裨益。

一

所谓股份制工业企业,是通过投资入股和发行股票等形式,直接融聚社会闲散资金,变个别资金为集中资本,从事工业生产活动的一种企业形式。股份制企业萌芽于资本主义原始积累时期。资产阶级革命胜利后,随着资本主义的发展,股份制企业开始茁壮滋长,成为社会经济活动的一种组织形式。

在西方发达国家,股份制企业只是企业组织形式中的一种,独资企业的比重较大。江苏近代工业企业大都采用股份制形式。从它们的财产所有权来看,主要是私营公司以及各种联合公司;从股东所负责任来看,主要是有限公司;从集股方式来看,主要是公开招股;从它们所属国籍来看,主要是本国公司,外国公司凤毛麟角。江苏近代工业企业开始推行股份制时,西方国家实行股份制已有200多年历史,积累了丰富的经验,其中一些有益的东西也被江苏的一些实业家借鉴、采纳。由于经济社会发展水平不同,江苏近代工业企业中实行的股份制必然具有自身的一些特点。

1. 近代工业起始阶段的股份制企业,官僚机构、官僚的股金所占比重较大。

江苏近代工业股份制企业的股东既有官僚机构,又有团体单位和个人,呈现出一种不受地区、阶层限制的社会化投资格局。从投资集股的成分来看,大体有3种情况:一为官僚机构、团体单位和个人(包括官僚、地主、商人,下同);二为团体单位和个人;三为个人。在近代工业起始阶段,第一种情况居多数,即官僚机构和官僚的股金占多数,因为当时只有他们掌握着大量货币财富。如大生纱厂创办时,官僚机构的官股占实收资本额的56.17%,地方公款占实收资本额的9.41%,真正的商股只有15.32万两,占实收资本额的34.42%。在15.32万两的商股中,团体单位及慈善赈款占7.83%,个人股和未确定身份股占92.17%①。再如苏纶、苏经两厂创办时的97万余

---

① 《大生系统企业史》,第18-19页。

两资本中,地方积谷、水利等款 20 万余两,占 20.62%。此款系备荒之用,未投作资本,需逐年偿还。苏藩司筹垫 20 万两,占 20.62%,匀年拨款还清①。这两笔款项虽不能称作股金,但它是在两江总督刘坤一的干涉下解决的,解决了两厂的燃眉之急,保证了两厂筹备事宜的顺利进行。第二、第三种情况,在辛亥革命后,特别是第一次世界大战后逐渐增多,股金大多来自工商业利润的积累,股东大多为工商业资本家,官僚机构、团体单位、官僚的股金所占比重逐渐减少。这是符合国情和省情的,是社会化大生产和商品经济发展的必然趋势。但各个股份制企业的情况不完全一样。如无锡的申新三厂创办时 150 万元资本中,荣氏兄弟认股 108.5 万元,占总资本额的72.3%,其来源均从粉、纱厂盈余中提拨;41 位股东认购 41.5 万元,占总资本额的27.7%②。无锡的庆丰、丽新、豫康等纺织厂的资本也都来自工商业资本家。太仓的济泰公记纺织厂有限公司的 7 个创办人,绝大多数是小官僚、地主,而且都是大股东,他们先行垫款 30 万两购机造屋,以期费省工速、早日开机。到 20 世纪 30 年代初,上海和太仓两地金融界一些稍有名望的人士已成为该厂的主要股东,取代了原来的小官僚和地主的地位。大生纱厂的官股,到 1945 年日本侵略者投降时只占 23.6%,与该厂筹办时相比,下降 32.57%;私股大股东股额占全部股额的 32%,其余的均为零星中小股东,私股股额的比重明显增加③。

2. 两权虽然分离,但董事会却由地位显要的地方富绅、大股东组成,股东大会是名义上的最高权力机构。

清政府所办的民用工业,不论是"官督商办",还是"官商合办",企业的大权实际上操纵在官方手中。19 世纪末 20 世纪初,中国的企业经营管理发生了质的变化:逐渐从传统的、单纯的经验管理向长远的战略性管理转变。从厂内生产管理向厂内生产管理与厂外市场管理相结合的产供销管理发展;从单一性的职能管理向综合性的总体管理发展。这样,企业经营管理就需要一大批具有一定的科学知识和组织才能的人才,结果出现了企业资产所有者的多元化、扩大化与要求具有专门知识、实践经验丰富的管理者统一指挥管理企业的矛盾,而企业资产所有者往往不具备这种专门知识和管理经验。要解决这个矛盾,结果必然是将企业经营大权交给具有专门知识和实践经验丰富的管理者,使企业两权分离。这是企业经营管理发展的必然趋势。

江苏近代工业股份制企业中,股金产权属于官僚机构、团体单位和个人,企业产权的管理者既不是官僚机构,也不是团体单位或个人,而是由全体股东选举产生

---

① 此处苏纶、苏经两厂的资本 97 万余两,是由原息借商款 57 万余两转为苏州商务局股本,加上地方积谷、水利等款 20 万余两,苏藩司筹垫 20 万两。详见《刘坤一遗集》第 2 册(中华书局,1959 年)第 934 页和《苏州史志资料选辑》第 2 辑第 78 页。
② 许维雍、黄汉民:《荣家企业发展史》,人民出版社,1985 年,第 27 页。
③ 《大生系统企业史》,第 275 页。

的董事会和董事会任命或招聘的总经理及有关管理人员。这样,股东只享有资产所有权,成为单纯的货币资本家。他们对经营者的经营,尤其是日常的经营决策不能干涉,经营权交给董事会及总经理了。董事会掌握着重大决策权,总经理全权负责日常工作。这里需要特别指出的是,股东大会选举产生董事人选时,一般以股数和社会地位为依据,股东大会不过是名义上的最高权力机构。有的股份制企业为了便于控制股东,采取无限公司的形式,由总经理总揽经营大权。在近代工业起始阶段,有的股份制企业的创办人、大股东、总董三位一体,所有钱款、进出货物等,"均由各总董分任其事,实心实力办理",两权分离不是很明显。看来,两权分离有一个发展变化的过程。

3. 股东可以享受企业的利益,却不必承担经营风险;如果企业盈利增加,还可增加分配数额。

一般地说,多数股东按持有的股票份额享受企业盈利和分担企业亏损,企业活动的风险分散于各个股东身上。江苏近代工业股份制企业却不是这样:在利益分配上,股东不仅可以享受企业盈利,而且在工厂未投产前就可以享受固定官利,投产后即使亏损也可以得到一定的利息。张謇筹办大生纱厂时,为了稳住"全凭张罗筹调而来"的商股,不得不"破中西各厂未出纱不付息之例"①,每年先付8%的固定官利。后来陆续创办的股份制企业也规定:"收到股银之次日,照周年八厘起息",以招徕股东。一般股东所关心的是利息多少、本金几时能收回,至于工厂设在何处、由谁主持经营管理、如何经营管理、是否盈亏不甚关心。宝通公司承租苏纶纱厂租期届满后,就由谁接办的问题,曾发生了激烈的争论。苏纶、苏经两厂老股东维持会发表的宣言书中写道:"我股东数年不费心思手足之势,得以安坐而享利益者,实不共盈亏四字为之保障。试各将股票附发之息单一阅,填载甚明。此不共盈亏四字,乃我股东最稳妥、最正当之惟一条件,譬诸国家此条件实为成立团体之根本宪法……一旦改为自办,则股东各各身当其冲,所谓最稳妥、最正当之条件破坏无余……吾敢正告我两厂全体股东曰:不共盈亏乃我等生死问题……苟有破坏此根本条件者誓不共立。"②"不共盈亏"(实际上只共盈,不共亏)四字已将老股东们不愿承担经营风险、不生意外之损失的思想表达得淋漓尽致了,无须多费笔墨。

股东不共亏,不承担经营风险,但却要共盈,企业利润如增加,要增加分配。1919年,崇明大生纱厂分厂盈利达126万余两,本银100两,派发利银50两,连正息共为5分8厘③。1920年,大生纱厂股分余利,每100两派发42两④。

---

① 《张謇全集》第3卷,第14页。
② 《申报》,1921年5月7日。
③ 《大生企业系统档案选编·纺织编Ⅰ》,第350页。
④ 《大生企业系统档案选编·纺织编Ⅰ》,第136页。

二

股份制企业能在江苏近代工业中获得长足发展,从根本上说,是因为股份制这种组织形式适应社会化大生产和商品经济的发展。具体说,股份制企业自身有以下几个作用。

1. 有利于筹集社会闲散资金。

股份制自身具有广泛动员潜在储蓄、筹措大量社会闲散资金的功能。它可以在短时间内通过发行股票的形式集中大量资金以供企业扩大生产的需要;股票一经售出,便不能返还,只能转让,企业便可以长期使用这些资金。股份制自身的这种作用对解决当时江苏近代工业企业资金缺口问题很有帮助。因为,中日甲午战争后,中国面临着被资本主义列强瓜分的危险,开拓利源、堵塞漏卮、维护本国市场、"设厂自救"的社会舆论日益高涨,但最大困难是资金短绌。清政府虽然依靠勾结外国资本主义侵略势力和利用政治暴力攫取了巨额财富,但其中一部分作为赔款外流,一部分成为反动政府直接经营企业的原始资本,一部分被官僚政客用于置买田宅或挥霍浪费。"为政一方,富己一家,治内饿殍遍野,家中依然花天酒地。"一般官僚、地主、商人积攒了一部分资金,但不愿意投向风险甚大的近代工业企业。而近代工业企业对机器设备和生产技术的要求比较高,经营规模一般都比较大,对资金的需求量也比较多。在当时仅凭个人的资金积累和钱庄一条融资渠道,满足不了一个中型棉纺织厂对资金的需求。这就需要借助社会力量,开辟有效的集资渠道,广泛筹集社会闲散资金。向社会公开发行股票,这是当时筹集发展江苏近代工业资金唯一有效的途径。它在短时期内将分散的资金、资源和经济力量集中起来,形成极富魅力的经济实体,一个个工厂拔地而起。

2. 有利于劳力、资金、技术的合理流动和聚集,逐步形成具有地区优势的工业部门。

股份制企业以资金效益为生命线。资金效益是通过股票价格变动显示出来的,资金效益较好的企业或行业,股票价格也就比较高。持有资金的人在购买股票时一定会选择那些资金效益好的企业或行业。作为股份制企业创办人,对投资产出效益都要给予高度的重视,可以说,对投资效益的估价是他们投资决策的重要基础。由于资金的流向比较集中,从而带动生产要素的转移,逐步形成具有地区优势的工业部门。棉纺织业、面粉业、缫丝业三大行业之所以会发展成为江苏近代工业的三大支柱,不是偶然的,是多种因素作用的结果,但资金效益较好不失为其中一个很重要的原因。太仓济泰公记纺织有限公司创办人对在沙溪镇开办纱厂的投资产出效益进行了详细计算,认为净余额可达 10.8 万余两,从而得出结论:以本地所产之花,习纺之工,纺成之纱,销行本地及邻近州县,运费既省,工价又廉,既有大利,兼塞漏卮,其获利不亚于通州之大生也①。张謇创办的大生纱厂投产获利后,那些在纱厂存有官款的单位和个人,纷纷要求将存款转为股本。曾经"退董"的潘华茂等人也要求重新入股。1899 年大生纱厂已开车纺纱 2 个月时还向两江总督刘坤一告张謇黑状的浙江候补道朱幼鸿,到 1900 年也向大生纱厂投资 1 万两②。

三

近代工业股份制企业在江苏近代工业发展进程中起了不小的作用,不可否认。但我们也应看到,这种股份制企业内部,资本和劳动之间的对立依然存在,私人资本转化为股份资本并没有克服财富作为社会财富的性质和作为私人财富的性质之间的对立,而且在新的形态上发展了这种对立。因此,我们对江苏近代工业股份制企业的作用不能估计过高,对它自身所固有的弊端应有充分的认识。

1. 股份制企业并没有从根本上解决企业行为短期化的问题。

在前几年的股份制热中,有人认为股份制可以从根本上解决企业行为短期化问题。这是把一些企业行为短期化的原因简单归结为所有制本身而得出的结论。笔者认为,产生企业行为短期化的原因是多方面的,并不是所有制一个因素造成的,因而也绝不是实行股份制就能解决的。苏纶纱厂、苏经丝厂由于承租人频繁更换,企业缺乏固定资产投资的内在动力,因而承租人只愿在现有家底的基础上做文章,不愿为企业扩大再生产花本钱。该厂从 1897 年开车纺纱,到 1927 年绝卖,30年间只添置了 4368 枚纱锭及其配套设备。类似例子举不胜举。

股份制企业的积累率一般都不高。奉行"得利全分"方针的大生纱厂更是如此。它虽然也将一部分资本积累用于扩大再生产,到 1921 年已由 1 个纱厂发展成3 个纱厂,但资本积累部分仅 300 万两,只占盈余总额的 22.2%。在实际分配中,为股东所直接支付的达 1100 万两,占盈余总额的 77.8%③。

2. 股份制企业并不能使所有的股东都产生一种关心企业兴衰和盈亏的心理状态及实际行动。

股票持有者可以随时变卖自己的股票,他们的命运不与企业联结在一起,而是与股票市场联结在一起的。对股息的关心不等于对企业财产的关心。再说,大中型企业受占有绝对股权优势的资本财团或大资本家的控制,众多的买几百元股票的小股东对企业的经营管理没有决策权,要使他们产生和加强对企业的责任感,也是不可能的。他们入股或是由于上司的"劝谕",或是由于同僚的"游说",其目的在于求得稳固的、高于银行存款利息的红利,与企业"不共盈亏"。

① 《太仓利泰纺织厂厂志》,第 13－15 页。
② 《大生系统企业史》,第 17 页。
③ 《大生系统企业史》,第 140 页。

3. 股份制企业不可能从根本上调动劳动者的积极性。

股份制企业虽然是由各方投资入股,但入股者不一定都会关心企业的财产和经营,与企业共命运。关于这一点,前面已论及。有的股份制企业吸收工人入股,并不是要提高工人在企业中的地位,而是为了扩充企业的资金来源。这怎么能调动工人的积极性呢?

综上所述,股份制是江苏近代工业企业筹集资金的有效手段,股票持有者可以直接或间接参加企业的经营并监督企业活动,对江苏近代工业的发展起了一定的促进作用。但股份制企业以发行股票为基础,以股票交易为依托,以股票市场为条件,企业经营的好坏受市场变化的影响很大;资本家创办股份制企业的目的是获取最大限度的利润;在股份制企业中依然实行按资分配,工人处于被剥削的地位。对于江苏近代工业股份制企业的作用和弊端应给予实事求是的、恰如其分的分析和评价,夸大和缩小哪一个方面都是不可取的。

(原载《江苏经济探讨》1991 年第 7 期)

张之洞与江苏近代工业的兴起

河北省炎黄文化研究会、河北省社会科学院为了推动张之洞与中国近代化学术研究，全面探讨张之洞在中国近代化过程中的贡献和地位，吸取其历史经验教训，于 1997 年 5 月在石家庄举行了"张之洞与中国近代化学术讨论会"。笔者对张之洞没有什么研究，没有什么发言权。此前，笔者有幸收到该会议筹备组的邀请函，受其参考题《张之洞与湖广近代工业》的启发，拟就张之洞与江苏近代工业的兴起这个题目做篇小文章，以取得会议入场券，聆听各位学者的高见。后因种种原因未能成行，拙作亦未完稿。现补写成文，敬请方家指正。

一

张之洞不仅因为他那"中学为体，西学为用"的著名论调在中国近代史上产生了深远影响，而且还因为他创办湖北枪炮厂、汉阳铁厂、湖北纺织局，修筑芦汉铁路，成绩显著，成为洋务运动的后起之秀，曾被毛泽东誉为旧中国四大实业家之一。不仅如此，他还在短短的两江总督任期内，对江苏近代工业的兴起作出了不小的贡献。

清政府在中法战争中被迫求和，特别是在中日甲午战争中惨败，西方列强纷纷趁机在中国强占地盘，划分势力范围，企图把中国变为它们的原料供应基地、产品销售市场和资本输出场所。幼小而脆弱的中国资本主义经济不仅无力与之争夺国外市场，就是在国内市场上也很难站稳脚跟。对此，有识之士无不痛心疾首。朝野上下，开拓利源以堵国家漏卮、"设厂自救"的舆论日益高涨。

针对清政府被迫签订的《马关条约》，张之洞尖锐指出："其割地、驻兵之害，如猛虎在门，动思吞噬；赔款之害，如人受重伤，气血大损；通商之害，如鸩酒止渴，毒在脏腑。及今力图补救，夜以继日，犹恐失之，若再因循游移，以后大局何堪设想"。接着，他进一步分析道："向来洋商不准于内地开设机器制造、土货设立行栈，此小民一线生机，历年总署及各省疆臣所力争弗予者。今通商新约，一旦尽撤藩篱，喧宾夺主，西洋各国援例均沾，外洋之工作巧于华人，外洋之商本厚于华人，生计夺尽，民何以生？小民积愤，断不能保相安无事。今日毁机器，明日焚栈房，一有他变，立启兵端。"他认为，日本侵略者亡我之心由来已久。"久闻倭人扬言，此次和约，意在使中国五十年内不能自振，断不能再图报复；又闻倭人以中国舆图用五色画界,指示西洋各国,拟与各国瓜分,宣言十年之外,必可立见此局"①。国家积贫积弱而招致西方列强的野蛮侵略与压迫,炎黄子孙无不焦虑万分。张之洞亦"惶悚痛愤,寝食难安"②,逐渐萌发了实业救国的思想。

借助于机器进行生产的大工业在国民经济中起着主导作用,推动着整个国民经济的发展,直接影响着社会事业的兴衰。100 多年前的张之洞,不可能像我们今天这样对大工业的主导作用有如此深刻的认识,但他在当时已清楚地看到,要摆脱贫困,增强国力,抵制洋货,挽回利权,发展本国的工业十分关键。我们这样说,并不排除他办新式工业的政治目的。他指出:"世人皆言,外洋以商务立国,此皮毛之论也。不知外洋富民强国之本,实在于工。讲格致、通化学、用机器、精制造,化粗为精,化贱为贵,而后商贾有懋迁之资,有倍蓰之利。"③日本的富强就是"重工政"的最好例证。中国"尤宜专意为之,非此不能养九州数百万之游民,非此不能收每年数千万之漏卮。"④

张之洞认为,"重工政",办实业,应以纺织业为重。关于这一点,他早在光绪十五年(1889 年)八月初六日《拟设织布局折》中说得很清楚:"自中外通商以来,中国之财溢于外洋者,洋药而外莫如洋布、洋纱。洋纱缕细且长,织成布幅广阔,较之土布一匹可抵数匹之用。纺纱、染纱、轧花、提花悉用机器,一夫可抵百夫之力,工省价廉,销售日广。"光绪十四年(1888 年)洋纱销银将及 5000 万两。"棉布本为中国自有之利,自有洋布、洋纱反为外洋独擅其利。耕织交病,民生日蹙,再过十年,何堪设想? 今既不能禁其不来,惟有购备机器纺花织布,自扩其工商之利,以保利权。"⑤如果"沿江各省,悉变洋布为土布,工作之利日开,则漏卮之害日减。且洋布本非中国所有,虽用机器以代人工,并非夺力作小民之利,本务长策无逾于此。"⑥他认为,举办纺织业,应以纺纱业为先。他在《增设纺纱厂折》中说:"近来体察沿海各口商务情形,洋纱一项进口日多,较洋布行销尤广,江、皖、川、楚等省或有难销洋布之区,更无不用洋纱之地,开源塞漏,断以此为大宗。湖北所产棉花,质地粗壮坚韧,最宜纺纱。其机器工作,较之织布尤为简易迅捷,既能辅佐布局之不逮,兼可协助铁厂之要需,富国裕民,无逾于此。"⑦张之洞提出创办纺织厂作为塞漏卮、保利权的重要举措,且付诸实践,并亲自组织,试图从洋商手中夺回棉纱的市场份额,不愧为智者之策、仁者之举。张之洞就是怀着这样的宏图大志来南京就任两江总督的,他决心在江苏这块"黄金宝地"上大干一番,施展自己的抱负。

① 《张之洞全集》第 37 卷,第 989 – 990 页。
② 《张之洞全集》第 37 卷,第 989 页。
③ 《张之洞全集》第 37 卷,第 998 页。
④ 《张之洞全集》第 37 卷,第 998 页。
⑤ 《张之洞全集》第 26 卷,第 685 页。
⑥ 《张之洞全集》第 26 卷,第 686 页。
⑦ 《张之洞全集》第 35 卷,第 941 页。

二

张之洞曾先后两次调任两江总督,第一次是 1894 年 11 月—1896 年 2 月,第二次是 1902 年 11 月—1903 年 3 月。他对江苏近代工业发展的贡献主要是在第一次任两江总督期间作出的。

1894 年 11 月张之洞到任后,就着手筹议招商设立织布、织绸等局;筹款购买小轮船,专在内河运货,以收利权;就产货地方先抽厘金等。他说,这些事情"均为维持国计民生要事,必应力筹兼顾"①。在短短的一年多时间里,他把主要精力放在筹划发展江苏近代棉纺织业、缫丝业上,孜孜以求,奋斗不息。其主要贡献表现在以下 3 个方面。

(一)从江苏省情出发,拟定发展江苏棉纺织业、缫丝业计划

作为资本主义萌芽发祥地之一的江苏,商品经济较为发达,棉花、蚕茧资源丰富,区位优越,交通便捷,西方列强对这块宝地垂涎欲滴。正如张之洞所说:"江苏所产之土货,自以棉花、丝茧为大宗,外洋各国所垂涎,欲设机器制造者,大率皆以纺纱织布、烘茧缫丝为两大端。苏、常蚕桑之利,近十年来日渐加多,渐可与浙相埒。松江、太仓及江北通、海之棉花,除行销本省外,盛行南北洋各路,且与上海通商口岸最近"②。他又说:通州、海门棉花为全国之冠,"各处纱厂,无不资之,涎视已非一日。近日洋纱内灌,通、海乡人利其匀细,转相购买,参织土布,每年销耗四十余万金,若不亟就该处兴办纱厂,则民间此项漏卮无从而塞,而日本新约有准其工商至各口岸城乡市镇任便制造之条,难保非意存侵越。且查通、海近年所产蚕茧,亦渐向旺,非纺纱缫丝兼举,尤恐有顾此失彼之虞。"③再说,"通州处江海交汇之区,近上海通商之埠,迩来风气大开乡民耳目,尚不虞其不习","就地购花举办,成本较轻,集事较易";且有的商董"愿在上海、通州、海门等处集股六十万两,就通州近江地方设立纱丝厂"④。

张之洞来南京就任两江总督时,江苏(除上海外)只有两个近代企业:一个是 1865 年建立的金陵机器制造局,专门制造枪支弹药;一个是 1882 年 10 月正式成立的徐州利国矿务总局,专门开采煤炭。从全省来看,所谓的工业大都是个体手工业和以手工生产为特征的工场手工业,基础设施就更差了,根本抵抗不住市场的风风雨雨。他上任后,"凤夜焦思,邀集官绅商董反复筹议,并向苏、沪商贾、洋人广为询访",征求意见⑤。最后,他根据江苏棉花和蚕茧资源优势、区位优势、市场需求优势,力主倡导创办与人民生活和中国进口贸易息息相关的棉纺业和缫丝业。综观

① 《张之洞全集》第 78 卷,第 2082 页。
② 《张之洞全集》第 43 卷,第 1143 – 1144 页。
③ 《张之洞全集》第 42 卷,第 1117 页。
④ 《张之洞全集》第 42 卷,第 1117 页。
⑤ 《张之洞全集》第 78 卷,第 2082 页。

其发展计划,目的明确、思路清晰、布局合理,但计划的厂数过多、规模过大。

　　起初,张之洞打算在江苏创办5个棉纺厂、5个缫丝厂。他说:"假如设丝厂五所,每厂五百盆,计三千盆(疑有误),通年用茧二万三千五百担,出丝约五千担,中价值银三百余万两,厂灶茧本、工费需二百四十万两,则江苏一省之茧可全收尽矣。""开办第一年可先设一千盆,以后按年视茧数递增。假如设纺纱厂五所,每厂八万一千锭,计四十万五千锭,通年出纱二十四万包,值银一千二百四十万两,机器、厂屋、花本、工费需银一千万两,则每年外洋进口洋纱之数,除上海原有各纱厂外,此五厂可全敌而拒之矣。"这样一来,"日本虽欲在江苏设机缫丝,固已无茧可买,虽欲设机纺纱固已无路可销,不独东洋计沮,且西洋之纱亦必不来,洋商丝厂亦不能再添矣。"①原来他计划先创办缫丝厂,纺织厂因投资太大,若欲多设,巨资难筹,似可另议。他说:缫丝厂拟设于无锡,兼开茧行。其他"各厂(指制洋糖、洋蜡、洋火柴等厂)其愿设于苏州等处,亦听之。"②通海地方应纺纱、缫丝兼举。后来,他又计划:"在江宁、苏州、上海三处设立商务总局,酌量地方情形,增设纱、丝各厂。"③这就是张之洞所拟定的发展江苏近代工业的大致蓝图。在自己不能制造机器设备、技术人才缺乏、资金短绌的情况下,白手起家,实现这个蓝图,需要克服的困难之大,需要解决的问题之多,可想而知。

　　(二) 选派办厂合适人员

　　千军易得,将才难求。创办工业企业亦是如此。张之洞根据当时"无论何种商务,凡商人于创造营运各节遇有为难之时,必须官为保护,官、商之气久隔,又须绅为贯通"的状况,选用"乡望素孚,商民信服"④的在籍绅士或官僚来创办工厂。在无锡,他选用曾任布政使、按察使、长芦盐运使的杨宗濂,曾总办台湾商务并兼办台北铁路的杨宗瀚兄弟创办纺纱厂。1894年秋,张之洞特电邀杨宗瀚赴宁,"商榷要政"。乙未(1895年)夏,张之洞又电邀杨宗瀚赴宁,"以苏州开埠通商,创议改造土货为抵制洋货计",杨宗瀚"爰请于无锡创设机器纱厂,以开风气。"议定后,即回里与其兄弟杨宗濂及中表刘鹤笙、刘叔培筹商,集股24万两,订购纱机万锭,在东门外购地建厂,名曰业勤纺织公司。1896年秋,厂屋告成⑤。

　　在苏州,张之洞选用在籍绅士、前国子监祭酒陆润庠。陆润庠"一力肩持,不辞劳怨"⑥,悉心办理,苏纶纱厂、苏经丝厂于1897年开车纺纱、缫丝。

　　在南通,张之洞选用在籍绅士、前翰林院修撰张謇。张謇"向来讲求时务,情形

① 《张之洞全集》第78卷,第2085-2086页。
② 《张之洞全集》第78卷,第2083页。
③ 《张之洞全集》第42卷,第1117页。
④ 《张之洞全集》第43卷,第1144页。
⑤ 汪敬虞:《中国近代工业史资料》第2辑(下册),第931、1021页。
⑥ 《刘坤一遗集》第2册,第934页。

较熟"。1896 年 1 月,张之洞正式委任张謇总理通海一带商务,要求张謇"邀集绅商,剀切劝导,厚集股本,就地设立纱丝厂,以副朝廷自保利权之至计。"①张謇接受这一任务,是经过一番思想斗争的。他说:"先是南皮以中日马关约,有许日人内地设工厂语,谋自设厂,江南北苏州、通州各一。苏任陆凤石润庠,通任余,各设公司,集资提倡,此殆南皮于学会求实地进行之法。余自审寒士,初未敢应,既念书生为世轻久矣,病在空言,在负气,故世轻书生,书生亦轻世。今求国之强,当先教育,先养成能办适当教育之人才。而秉政者既暗蔽不足与谋,拥资者又乖隔不能与合。然固不能与政府隔,不能不与拥资者谋,纳约自牖,责在我辈,屈己下人之谓何,踟蹰累日,应焉。"②张謇接受任务后,满以为集股会比较顺利,然而事情并不像他预料的那样简单。他后来曾写道:"不自度量遽承所乏。人事乖舛,时变纷纭,竭力经营,屡成而屡阻。"③但他并未因此而动摇过筹办大生纱厂的决心。历经磨难,耗时44 个月之久,集资 44.51 万两(其中包括湖北织布局搁置在上海的 2.04 万锭官机作价 25 万两),大生纱厂于 1899 年 5 月 23 日正式开车纺纱④。

当张謇到南京见两江总督刘坤一,刘坤一拱手称庆时,张謇对之曰:"'棉好,地也;机转,天也;人无与焉。'曰:'是皆君之功。'曰:'事赖众举,一人何功。'曰:'苦则君所受。'对曰:'苦乃自取,孰怨。'曰:'但成,折本亦无妨。'对曰:'成便无折本可言。'曰:'愿闻所持之主意。'曰:'无他,时时存必成之心,时时作可败之计。'曰:'可败何计?'对曰:'先后五年生计,赖书院月俸百金,未支厂一钱;全厂上下内外数十人,除洋工师外,一切俸给食用开支,未满万金耳。'"⑤张謇与其同事不计报酬、"同舟共济"的艰苦创业精神,可敬可佩。

(三)想方设法筹措办厂资金

张之洞不是创办纺纱厂、缫丝厂的具体主持人,选择厂址、建筑厂屋、订购机器、招聘工人等具体事宜不需要他劳心费神,但筹集资金这样的大事非他从中协调不可。因为,几千年的自给自足的自然经济,不可能产生巨额的资金积累;特别是西方列强的侵略,使国库空虚,民穷财尽;商人、官僚、地主手里虽有些剩余资金,但也不愿意投向冒风险的近代工业企业。

张之洞根据他在武汉创办湖北织布局、湖北缫丝局的经验,估算创办 5 个纺纱

① 《张之洞全集》第 42 卷,第 1117 页。
② 《张謇全集》第 6 卷,第 855 页。
③ 《张謇全集》第 3 卷,第 6 页。
④ 《大生系统企业史》,第 16、18 页。祝慈寿著的《中国近代工业史》第 417 页说:"至 1898 年(光绪二十四年),张謇则以资本 130 万两(不尽是他本人的),在南通创办大生纱厂"。张学恕编著的《中国长江下游经济发展史》第 248 页说:大生纱厂"拥有资本 69.9 万元,纱锭 2.03 万枚"。第 287 页说:大生一厂开办时的纱锭只有 4.05 万枚。《江苏名人传》第 262 页说:大生厂的总资本约 50 万两银子。抄录于此,供参考。
⑤ 《张謇全集》第 6 卷,第 860 页。

厂的机器、厂屋、花本、工费需银 1000 万两,创办 5 个缫丝厂的厂灶、茧本、工费需银 240 万两,共需银 1240 万两,第一年丝厂可少设,约需银 1100 万两①。在资金严重短缺、金融市场极端落后的情况下,筹集如此巨款,谈何容易。张之洞认为,筹集如此巨款,空言劝导华商,终恐无益,"必须官助以本,方易集事。"②如果"官代商借七成,令商自筹三成,或可速成。"在具体数额分配上,他打算:由官代借洋款 500 万两,息 6 厘;息借商款 200 万两;将户部所借克萨洋款拨给 100 万两,共计 800 万两余归商。关于借洋款 500 万两一事,他是这样设想的:"此项洋款可不必海关作保,即以各本厂作保,兼以招商局作保,商局值五百万,华洋皆知,但须奉旨后,由各官盖印。拟设一商务局,请旨敕令江省公正有名望之大绅皆入局总理局事,商由绅保,事由商办,领款由绅商出具保结,兼邀大钱当数十家作保,并委司道督办,官稽察而不扰商权,届期商还总局,局还洋人,设有亏欠,绅商、钱当公同借垫筹还,再为收缴。一省同心,数十万当不甚难。"③当然,他也深感借这多么洋款,担子重,压力大。"官绅担承甚重,事不易办,且人多议洞好借洋款"④。由于他"保护江省商民生计"之心异常坚决殷切,早有克服困难的思想准备,后来遇到种种困难,并未灰心泄气,用他自己的话说:"专就织布、织绸设法,必欲力障狂澜"⑤。他是这样说的,也是这样做的。从他为苏纶纱厂筹款的前前后后,我们可以清楚地看到这一点。

起初,张之洞与江苏巡抚赵舒翘准备利用即将清还的中日战争时期息借的商款,由陆润庠在苏州盘门外吴门桥块青阳地鸠工庀材,建造厂屋。"此次息借商款共二百二十六万,五月已还利一次,十一月即应本利并还,拟即商明借户,以此款移为开办商务局之用,按期将利银仍给借户,其本银即转借与商务局,令绅商公同承领,出具保结,并邀殷实钱庄、当店二十家作保"⑥。后来,了解到这笔 226 余万两的借款中,苏属仅 100 余万两,内有官款 30 余万两。他认为,"以苏借之款兴苏州商务",于理很顺⑦。由于苏州商务局"不以息借款作股本,以私作公,人皆不愿。"甚至有人以为张之洞"欲借公款名目分余利"⑧。张之洞的如意算盘碰了钉子,不胜骇愕,似乎有点后悔。他说:"议创此举可谓大愚,淘神受累担责成,不过欲以利江苏商民耳,而反谓之欲分余利,中国官民之不相信一至于此!"⑨

张之洞就像他自己在创办苏纶纱厂、苏经丝厂一样,全力以赴,想方设法,拓宽

① 《张之洞全集》第 78 卷,第 2085 - 2086 页。
② 《张之洞全集》第 78 卷,第 2082 页。
③ 《张之洞全集》第 78 卷,第 2086 页。
④ 《张之洞全集》第 78 卷,第 2086 - 2087 页。
⑤ 《张之洞全集》第 78 卷,第 2086 页。
⑥ 《张之洞全集》第 78 卷,第 2082 页。
⑦ 《张之洞全集》第 206 卷,第 6695 页。
⑧ 《张之洞全集》第 206 卷,第 6694 - 6695 页。
⑨ 《张之洞全集》第 206 卷,第 6694 页。

筹款渠道。当苏州商务局"息借之款,此第二期内为数不多,且借户多有自愿领回不愿附股者"①,苏纶纱厂、苏经丝厂筹办工作陷入困境时,张之洞又与陆润庠往复筹商,准备将湖北织布局订购、制作甚精、备用零件尤多、搁置在上海的40700枚纱锭的纺纱机器作价60万余两为官股,购地、造厂及买花、局费、活本的四五十万两银子,另由苏州商务公司自行筹集,作为官商合办。每年官本应得息银,于该厂余利项下按照全厂官、商各本成数核计,由商务公司缴苏州商务局转解江宁筹防局应用,每年以一分息计。张之洞认为,这一计划"既省巨款,又可早成"②。然而也未能实现。后来,在两江总督刘坤一的干预、支持下,将原息借苏款60万两,改为商局股本,借户即作股东。其中借款较少,数在200两以内者还给各借户,共计5万余两;数在200两以上者,概作股本,分作5476股,换给股票,实与归还无异,实收57万两有奇③。

张之洞对张謇筹办大生纱厂的支持与关心,大家都很熟悉,不再赘述。值得一提的是,张之洞调任湖广总督后,张謇仍与之书信往来不断,甚至"至武昌,与南皮说通厂事。"④当大生纱厂"装机大半,花已开收,而运本止四五万金,实有决踵见肘之势"时,张謇致书张之洞请求给予帮助:"筹度再四,惟有仍祈我公为京卿通意,力为维持,暂资挹注。"⑤

三

在这篇短文中,笔者不准备对张之洞发展工业的思想进行剖析。但有一点是可以肯定的:张之洞在两江总督任期内全力倡导、支持、关心的无锡业勤纱厂和苏纶纱厂、苏经丝厂、南通大生一厂的相继创办,对江苏轻纺工业的发展起了一定的促进作用。在苏州,陆润庠"自开两厂,以为之倡,商民莫不踊跃。""镇江地方近亦有禀请分设缫丝厂者,或借官款,或不借官款"⑥。以上各厂开工投产后,产品销路畅通,业务旺盛。大生一厂"出纱既佳,行销亦旺,中外争来购用,谓比苏、沪厂纱为优。"⑦无锡业勤纱厂"业务极兴旺,该厂产品供销常州、江阴、镇江及本县其他市

① 《张之洞全集》第43卷,第1142页。
② 《张之洞全集》第43卷,第1142-1143页。
③ 《刘坤一遗集》第2册,第934页。张学恕编著的《中国长江下游经济发展史》第248页说:"陆润庠在江苏苏州创办苏纶纱厂,拥有资本42万元"。杜恂诚著的《民族资本主义与旧中国政府(1840—1937)》第286页说:苏纶纱厂资本42万元。光绪三十年(1904年)六月十三日江苏巡抚恩寿说,经前署督臣张之洞奏设苏经、苏纶两厂,息借积谷款等公款235850两,又息借民款547600两,合成一大公司(汪敬虞:《中国近代工业史资料》第2辑(下册),第701页)。抄录于此,供参考。
④ 《张謇全集》第6卷,第856页。
⑤ 《张謇全集》第3卷,第6页。
⑥ 《刘坤一遗集》第2册,第908页。
⑦ 《刘坤一遗集》第3册,第1198页。

镇。该厂虽然昼夜开工,对于常州府和苏州府的各个乡镇对该厂的需要,尚无法全部供应"。由于该厂"生产能力有限,而需求有加无已",杨宗瀚打算增加纱锭。"在上海的无锡人说,这个纱厂的盛况是少有的;在富有效率的经营之下,该厂股息最少将为25%。"①苏纶纱厂之纱,"价亦较上海纱厂之极佳者稍涨,随出随销,皆附近地方所仰给。"②苏经丝厂"亦办理甚为得手"③。

然而,好景不长。由于受帝国主义的阻挠和封建主义的束缚,市场狭小,以上各厂的繁荣稍纵即逝。但以它们为代表的江苏近代工业相对于手工业来说,毕竟是采用机器进行生产的大工业,是先进的生产力。因此,不管遇到多大的阻力,步履多么艰难,它总还是向前发展的。到辛亥革命前,江苏的棉纺业、缫丝业都获得了较快的发展,布局也较为合理。这是各地自然、经济、技术、文化等多种因素相互影响和制约、扬长避短、综合作用的结果,是其兴起阶段布局的延伸和扩大。毋庸讳言,这或多或少与张之洞提倡与支持江苏棉纺业、缫丝业的发展有一定的关系。

以纺织业为代表的江苏近代工业的兴起及其发展,推动了交通运输业、金融业、商业及其他行业的发展,逐步改变着江苏经济地理的面貌:南通逐渐发展成为苏北的经济中心,无锡逐渐发展成为苏南的经济中心。这两个经济中心的形成与发展,增强了各自的经济辐射力和吸引力,加强了埠际、地区间的经济联系,扩大了交换范围,促进了生产的进一步发展,为中国近代经济社会的发展作出了历史性的贡献。与此同时,随着无锡、南通经济中心的形成与发展,孕育出一批走南闯北、励精图治的企业家群体。这两个地区经济社会的深刻变化,与这个企业家群体有着密切的关系。

近代工业的发展与思想观念的转变是互为条件、相互促进的。近代工业的发展有利于人们思想观念的转变,思想观念的转变亦有利于近代工业的发展。业勤纱厂等近代棉纺厂的创办及其发展,不仅使苏南及南通地区的生产技术、社会结构、生产关系发生重大变化,而且有力地推动着这些地区人们的价值观念由以农为本向"以工求生"或"贪财重利"、追求利润转变,从而把人们逐步推向竞争激烈的商品经济的漩涡之中。这种作用有时是潜移默化的。在商品经济的漩涡中,人们逐步形成了自信进取、重视内涵、重视质量、精打细算、柔中有刚的工商文化。这种工商文化具有明显的地域性和时代性,可统称之为苏南工商文化。关于这一点应另文专论。

(原载《学海》1997 年第 6 期)

① 汪敬虞:《中国近代工业史资料》第 2 辑(下册),第 688－689 页。
② 汪敬虞:《中国近代工业史资料》第 2 辑(下册),第 689 页。
③ 汪敬虞:《中国近代工业史资料》第 2 辑(下册),第 695 页。

试论大生纱厂的兴衰与东北的南通土布市场

半殖民地半封建条件下的中国民族资本主义工业,由于资金短绌、设备陈旧、技术力量薄弱、经营管理落后,其产品进入国际市场的数量甚微,绝大部分销于国内市场。随着农村商品经济的发展,对近代工业产品的需求日益增长,在客观上为民族资本主义工业的发展创造了较为广阔的市场;市场的扩大,又促进了民族资本主义工业的发展。本文试图就大生纱厂的兴衰与东北的南通①土布市场进行初步探讨,从一个侧面反映中国民族资本主义工业发展与市场扩大的关系。

资本主义工业发展的实践证明:资本主义工业的发展是靠逐步打破地区性及行业性的限制、开辟自己的原料供应基地、扩大自己的产品销售市场、积累财富、扩大资本来扩大再生产的规模的。实质上,也就是我们现在所说的生产和流通的横向联系。这种横向联系,是资本主义工业产生和存在的一个不可缺少的前提条件,是资本主义工业发展的客观要求和动力,是资本主义工业发展速度大大高于封建手工业发展速度的关键。

近代中国,"利权外溢,日盛一日",民族危机日益严重。在"设厂自救"、"堵塞漏卮"的社会舆论日益高涨中创办的大生纱厂,自1899年建成投产后连年获利,并成为当时民族资本主义棉纺工业企业中最大的企业。其"成效大著,利之所在,倡者有人,群情遂相倾注。"②到20世纪20年代,大生资本集团的棉纺工业企业发展到大生一、二、三、八厂(大生八厂1926年改为大生第一纺织公司副厂,简称大生一厂副厂),成为大生资本集团的基础。在短时期内大生纱厂如此迅速发展的原因很多,笔者认为主要的是:它有自己稳定的、可靠的、就近的原料供应基地和棉纱销售市场,以及当地农民使用棉纱织成的南通土布的广阔市场。就大生纱厂的原料供应来看,南通地区棉花"出产既富,色泽尤佳"③。光绪十年六月二十二日(1884年8月12日)的《申报》载,如皋、通州、海门一带,"一望皆种棉花,并无杂树"。1901年,张謇开始创办通海垦牧公司,垦荒植棉。后来仿效者接踵而至,淮南沿海一带先后出现了大小几十个盐垦公司,发展成为江苏省的新棉区。1906年,通海岁产

---

① 说明:本文所说的南通是指清代的通州、海门厅、崇明外沙。南通土布按照销售地区分为关庄布、县庄布、京庄布。远销关外的南通土布称关庄布。本文所说的南通土布即关庄布。
② 《江苏省实业视察报告书》,第157页。
③ 《江苏省实业视察报告书》,第157页。

棉花达 130 余万石①。据通如海棉业公会统计,南通、如皋、海门 3 县的皮棉产量,1923 年为 811537 担,1924 年为 1827626 担,1925 年为 1308406 担,1926 年为701405担②。曾有人把中国纱厂厂址所在地分为 3 类:第一类是全国主要港口、棉花集散中心上海;第二类是内地口岸、距棉产区不远或本地就是棉花集散市场的地区;第三类是内地棉产区及其附近地区③。大生各纱厂厂址所在地基本上属于第三类,其原料绝大部分取自本地。据 20 世纪 30 年代初调查,设在南通城区的两个纱厂所用国产棉分别为:通州棉占98%,汉口棉占2%;通州棉占90%,汉口棉占10%。设在启东的纱厂,通州棉占100%。设在海门的纱厂,通州棉占100%④。就大生纱厂棉纱的销售市场来看,南通农村家庭手织业很发达,棉纱的需求量很大。由于大生纱厂的棉纱被南通农村家庭手织业采用,土布质量明显提高。南通土布质量的提高,引起东北地区广大劳动人民对它的浓厚兴趣,使南通土布在东北市场的信誉大增,销路大畅,推动了南通农村土布业的发展;南通农村土布业的发展,扩大了大生纱厂棉纱的销路,促进了大生纱厂的发展。由此可见,"大生纱厂既进行垄断经营又享有免税的特权,自然会得到迅速的发展"⑤的提法,只注意到就近的原料来源和棉纱销售市场在大生纱厂发展过程中的地位、作用,忽略了东北地区南通土布市场在大生纱厂发展过程中的地位、作用。下面主要分析和探讨大生纱厂、南通农村土布业、东北地区南通土布市场"一荣俱荣,一损俱损"的关系。

据 1919 年 12 月出版的《江苏省实业视察报告书》说:南通"县境乡民,大都于农作之余,兼事织布,故一至竞化、金沙等区,实地视察,几于家有一机。"⑥南通地区农村家庭手织业之发达,由此可见一斑。

清代中叶以后,南通土布和棉花的主要市场之一的山东省,移民出关的数量不少,南通土布也就随之销往关外。起初,南通土布由山东帮客商用骡马载贩到东北地区销售,数量不多,质地比较粗糙,价格也比较高,而与用当地出产的皮货做衣服相比,却要低廉得多。其中质量较高的南通土布用作衣被,质量较差的南通土布用于糊刷坑面,裱糊油篓的口周,制作海船的风帆,制作篷帐,制作豆制品制作过程中过滤用的布袋等⑦。随着上海、营口的开放,它们之间来往船只也逐渐增加,北方客商在上海收买土布,向上海船号帮雇用帆船,配搭百货运往营口,再从营口装油、豆饼和其他土货运到上海。到 1862 年,南通农村家庭手工织造的鼎茂牌、天茂牌、

① 《东华续录》,光绪二百十四,页十二,见《续修四库全书》第 385 册,史部,上海古籍出版社,第 690 页。
② 《中行月刊》,第 12 卷第 1、2 期(合刊),第 100 页。
③ 王子建、王镇中:《七省华商纱厂调查报告》,第 37 页。
④ 王子建、王镇中:《七省华商纱厂调查报告》,第 39 页。
⑤ 李新:《中华民国史》第 1 编,"中华民国的创立"(上),第 73 页。
⑥ 《江苏省实业视察报告书》,第 159 页。
⑦ 林举百:《近代南通土布史》,第 28 – 29 页。

天和牌土布在营口市场已站稳了脚跟①。但由于当时南通农村家庭手工织造土布用的全是土纱,无论是土布的质量还是产量都受到一定的限制。后来,洋纱逐渐流入南通地区,在客观上为该地区农村家庭手工织造土布提供了数量多、质量好的原料,推动了土布生产的发展和质量的提高,使延续 200 多年的稀尺布改进为尺套布,再由尺套布改进为大尺布。

随着东北地区农业生产的发展和人口的增加,人民购买力提高,对土布的需求量也不断增加。据估计,有熟地 20 垧的农家,一年的衣服费约 19.60 元,被褥费约 7 元②。这两个数字虽是 20 世纪 30 年代初的估计,但可以说明东北地区农民对棉布的需求量不小。然而,广大农民衣被所需的大量棉布,在气候寒冷、不宜植棉、纺织业极不发达的东北地区是无法得以解决的,主要是依赖关内生产土布的地区供给。

在商品经济条件下,在商品交换过程中孰胜孰负,完全受优胜劣汰竞争规律的支配。南通土布业采用条干均匀、不易断头的机制棉纱后,产量大增,质地更好,从而出现了各种牌子的高档大尺布③,深受东北地区消费者的欢迎。南通土布销售最盛时,可以满足东北地区 90% 劳动人民的需要④。据长期经营南通土布业的林举百先生回忆,1930 年营口的老店友谈:“前二十年,远近乡区的农民,十居八九,都穿通州的大布,元青的好货做面子,白粗做里子,一生一世穿不破”⑤。曾长期担任大生一厂经理的李升伯先生回忆说:“……南通最著名的出产,用十二支纱织成的土布,是世界上最坚韧结实而且光滑滋润的布匹。每年去东三省种黄豆的农民,春去冬归,穿的一身土布衣,一年洗一次,用重棒捣洗,永不被捣破,所以喜欢买南通土布。”⑥

南通土布经上海、营口销往东北各地,营口曾一度成为东北地区南通土布的总汇区和贸易中心。1906 年,大东沟、安东辟为商埠,也派人驻上海办理土布业务,有时由上海直接放船运回南通土布⑦。据说,在南通土布销售的鼎盛时期,营口比较有名的大屋子(南方称之为批发店)有 10 余家,其中东记、永茂最为有名⑧。安东帮经营南通土布的约有 20 余家,其中双合义、双合栈、东泰恒、中和栈、永兴福等较为有名⑨。盖平、盘山、辽阳、本溪、抚顺、沈阳都曾以营口为南通土布吞吐口岸,

① 林举百:《近代南通土布史》,第 29 页。
② 《东北年鉴》,第 1282 页。
③ 林举百:《近代南通土布史》,第 31 页。
④ 林举百:《近代南通土布史》,第 126 页。
⑤ 林举百:《近代南通土布史》,第 122 页。
⑥ 李升伯:《纺织史稿》(手稿影印件),南通图书馆藏。
⑦ 林举百:《近代南通土布史》,第 80 页。
⑧ 林举百:《近代南通土布史》,第 125 页。
⑨ 林举百:《近代南通土布史》,第 80 页。

北至开原、昌图、四平街、辽源等地客商,凡至营口销售土产的都或多或少办一些南通土布回去①。东部边陲以鸭绿江沿岸及朝鲜边境为最盛②。铁路沿线的呼兰、兰西、肇东、安达、昂昂溪,远至齐齐哈尔、龙江,以及松花江沿岸的巴彦、木兰、通河、依兰、汤原、高家屯、富锦、同江各埠,都属南通土布畅销区域,其中除个别大户径直向营口趸购外,一般中小户,都就近在哈尔滨办布。哈尔滨经营南通土布的代理店约有10余家,其中义昌信、成泰兴为最大③。

19世纪末至20世纪20年代的20~30年间,是东北地区人口剧增时期,也是南通土布在东北市场的销路与日俱增时期。1899年至1926年的27年间,每年销往东北地区的南通土布在10万件以上(每件40匹),尤其是1904年至1921年的17年中,有好几年突破15万件大关④,其中绝大部分经营口土布市场销往东北各地,经安东所销的南通土布约相当于营口的1/10⑤。在南通土布销售旺盛时期,哈尔滨每年的销售也在万件以上⑥。

生产决定流通,但流通并不是消极的、被动的,它对生产也起着巨大的反作用。正如马克思所说:"生产就其片面形式来说也决定于其它要素。例如,当市场扩大,即交换范围扩大时,生产的规模也就增大,生产也就分得更细。"⑦南通土布在东北地区销路的兴旺,促进了南通土布生产的进一步发展。1895年,南通地区每日可销洋纱20大包,全年可销7200大包(此处的包同件,下同)。1904年至1921年的17年中,全年织造运销东北的南通土布的用纱量在5.5万至6.6万大包⑧。南通土布产量增加之多,可想而知。南通土布生产的发展不仅表现在产量的增加,还表现在土布质量的进一步提高和规格、品种的增加等方面。当时,销往东北地区的南通土布的布牌已发展到小牌、群牌、提牌(以上3类,均为洋经本纬)、次中、中牌、杂大、大牌、特大(以上5类,全用机纱织造)等8类,每一类中又分许多牌名,正是"新牌迭出,互相竞胜"⑨。南通土布的发展还表现在手工织布技术的改进上。到1921年左右,手工织布技术已达极点,如若再改进,唯有改进工具了⑩。

土布生产的发展,促使以南通土布生产者为主要客户的大生纱厂蒸蒸日上,兴旺发达。

① 林举百:《近代南通土布史》,第120-121页。
② 林举百:《近代南通土布史》,第80页。
③ 林举百:《近代南通土布史》,第135页。
④ 林举百:《近代南通土布史》,第103-104页。
⑤ 林举百:《近代南通土布史》,第80页。
⑥ 林举百:《近代南通土布史》,第137页。
⑦ 《马克思恩格斯选集》第2卷,第102页。
⑧ 林举百:《近代南通土布史》,第104页。
⑨ 林举百:《近代南通土布史》,第34、35页。
⑩ 林举百:《近代南通土布史》,第36-37页。

大生纱厂的兴旺发达,首先表现为连年盈利,盈利率高。大生纱厂建成投产后,几乎年年盈利,第一次世界大战期间盈利更多。收支相抵之后,大生一厂的盈利率1905年、1906年分别为42.7%、35.4%,1912年至1914年在25%上下,1915年盈利率为6.8%,1916年亏损率为4.9%,1917年开始上升,1919年大生一厂、二厂盈利率分别高达126.1%、105.9%。到1921年为止,大生一厂历年盈利累计达960万余两,大生二厂达362万余两,两厂历年纯利累计共达1322万余两,相当于两厂资本总额369万两的3.6倍①。大生纱厂为什么能连年盈利,盈利率有时高达100%以上呢? 这是因为:第一次世界大战爆发后,欧洲几个主要帝国主义国家忙于互相厮杀,暂时放松了对中国的压迫。这时,英国棉货几乎完全退出了远东市场;日、印两国的棉纺业向细支纱发展,粗支纱产量相对减少,而中国采用粗支纱织布的农村家庭手织业的发展又很快,导致棉纱市场上对粗支纱的需求量日益增加。这就给大生纱厂的发展创造了空前广阔的市场。再加大生纱厂又处于棉花产量丰富、农村家庭手织业发达之地区,购买棉花、销售棉纱都比较便利,比之"原料采自通崇各属,成纱之后,又须运销他处,一进一出,均应照章纳税"②的无锡各纱厂来说,费用较少,容易获利。张謇在总结"沪上各厂积纱如山之时,而通厂之销独旺,不至中蹶"③的经验时指出:"厂以在通崇海产棉最盛,织户最多之区,生货便入,熟货便出,获利非他处可能比"④;"通厂之利,人皆知为地势使然。"⑤

　　其次,大生纱厂的兴旺发达,表现为资本不断增加,生产规模不断扩大,产量不断提高。19世纪90年代前后,南通农村家庭手织业对棉纱的需求量就不小。张之洞在《通海设立纱丝厂请免税厘片》中说:"近日洋纱内灌,通、海乡人利其匀细,转相购买,参识土布,每年销耗四十余万金"⑥。大生纱厂开车纺纱前,南通农村家庭手织业所需要的棉纱,一年以360天计算,每天约需120余件,而大生纱厂的供应量至多不过1/3⑦,出现了"纱未纺出已被卖客定去"的现象⑧。因此,大生纱厂一投产就处于棉纱供不应求的境地。1903年至1904年,运销东北地区的南通土布突破15万件大关,织造15万件土布需棉纱6.6万余件,这绝非大生纱厂所能供应的。苏南各纱厂生产的云龙、天官、红团龙、四海升平、球鹤,以及其他品牌的棉纱,

①　以上数字根据《大生企业系统档案选编·纺织编Ⅰ》第159－161页"大生第一纺织公司机锭股本盈亏表"、大生二厂(即崇明大生纱纺分厂、崇明大生第二纱公司、崇明第二纺织公司)历届账略和《大生系统企业史》第128－129页"大生二厂历年盈亏表"中有关数字计算得出。
②　《江苏省实业视察报告书》,第142页。
③　《张謇全集》第3卷,第12页。
④　《张謇全集》第3卷,第116页。
⑤　《张謇全集》第3卷,第51页。
⑥　《张之洞全集》第42卷,第1117页。
⑦　林举百:《近代南通土布史》,第145页。
⑧　《大生系统企业史》,第39页。

在纱庄橱柜上满目皆是①。

棉纱市场的有利形势促使大生纱厂非力图发展不可,高额的利润刺激着张謇等人扩大生产规模,吸引着社会资金投向大生纱厂。大生纱厂 1899 年开工投产初期,开车 0.92 万余锭,日产棉纱 23 件;1899 年八月,开车 1.1 万至 1.2 万锭,日产棉纱 28 件至 30 件;1899 年九月,开车 1.44 万锭,日产棉纱 36 件②。1903 年,张謇又将湖北织布局存在上海的另一半纺机领来,仍作价 25 万两。1904 年,开车 4 万余锭,日产棉纱 104 件;1915 年以后,开车 6 万余锭,平均日产棉纱 192 件。1904 年夏,开始集股筹建大生二厂。1907 年,大生二厂建成,开车 2.6 万锭,日产棉纱 52 件;1912 年,开车 3.5 万锭,日产棉纱 75 件。1921 年至 1922 年间,平均实开 3 万锭,日产棉纱 86 件左右③。到 1923 年,大生一、二、三、八厂资本约达 708.4 万两,其中一厂(八厂后称大生一厂副厂)350.7 万两,二厂 119.4 万两,三厂 238.3 万两,比 1899 年增加近 15 倍;纱锭增加到 16 万余枚,比 1899 年增加近 7 倍;固定资产增加到 919.1 万两,比 1899 年增加近 17 倍④。棉纺织业一直是大生资本集团发展的重点。到 1910 年,大生一、二两厂的资本达到 199.6 万两,比 1899 年增加了 156.8 万两,占同期大生资本集团资本增长额 250 万两的 62.7%;1911 年至 1923 年,棉纺织业资本额增至 708.4 万两,比 1910 年增长 508.8 万两,占同期大生资本集团资本增长额 951.5 万两的 53.5%⑤。

大生纱厂所产棉纱销路的扩大,推动了南通农村家庭手织业的发展。南通农村土布业的发展表明棉纱市场的潜力还很大。通海垦区棉田的次第成熟,使棉花原料供应来源进一步扩大。所有这些都表明,棉纺织工业进一步扩大生产规模的条件已经成熟。为此,张謇曾拟订一个宏大的发展棉纺织业的远景规划,将 2 个棉纺厂发展到 9 个厂:在海门设三厂,在扬坝设四厂,在天生港设五厂,在东台设六厂,在如皋设七厂,在南通城南江家桥设八厂,另在吴淞设大生淞厂。后来,只建成三厂和八厂(即一厂副厂),其余的不是纸上谈兵,就是中途流产。

再次,大生纱厂的兴旺发达,还表现在为大生纱厂配套服务的一系列企事业单位和城市基础设施陆续兴建、创办方面。为了适应和促进大生各纱厂的发展,张謇在励精图治的同时,创办棉垦公司以解决纱厂的棉花供应;创办轮船公司,建造码头、仓库以解决纱厂的交通运输和仓储;创办铁厂、冶厂以解决纱厂机件的修理和

① 林举百:《近代南通土布史》,第 145 – 146 页。
② 《大生系统企业史》,第 27 页。
③ 《大生系统企业史》,第 110 页。
④ 《大生系统企业史》,第 142 – 143 页。该书第 142 页倒数第 2 行的"资本增加近 16 倍",恐怕搞错了,应改为"资本增加近 15 倍"。同页倒数第 1 行的"固定资产增加近 18 倍",应改为"固定资产增加近 17 倍"。
⑤ 《大生系统企业史》,第 204 – 207 页。

设备的增添；创办榨油厂以综合利用纱厂的棉籽；创办银行以解决纱厂的资金流动和融通问题；开办农业、纺织等专科学校以培养植棉和纺织方面的技术人才。到20 世纪 20 年代，大生资本集团的各种公司"以数十计，资本总额几达三千万元"①。

从 1922 年起，南通土布销往东北地区的数量开始下降，这一年经上海运销营口、安东的南通土布为 104368 件，1923 年为 120742 件，1924 年为 72187 件，1925年为 118392 件，1926 年下降为 95777 件，1927 年为 87911 件，1928 年为 71528 件，1929 年为 76517 件，1930 年为 64828 件，1931 年为 39545 件②。1931 年东北沦陷后，南通土布在东北地区的市场完全丧失。目睹当时土布市场衰败情形的林举百先生回忆说："商埠既辟，轮船、火车大畅，各国商品竞销，机制布匹大量进口，成本低廉，花色齐备，已非土布所能颉颃。何况日本帝国主义者本着侵略野心，把持垄断一切交通运输、海关捐税、金融物价等等，哪里还有通海一隅所产土布的地位"③。同时，随着时代的进步和物质文化生活水平的提高，在东北劳动人民的心目中，单纯的坚实粗厚观念已被逐渐打破，对南通土布的信念已迥非昔比了。

纱的销路是以布的销路为前提的。数千里之外的东北土布市场的衰落，严重影响着南通土布业的命运。南通土布业鼎盛时期，年销售额达 2600 万元以上；由于洋布的倾销、东北的沦陷，土布销路锐减，1933 年销售额达 1700 万元，1936 年只有近 1000 万元了。南通土布业的衰落，使当地农民收入减少，几不足以维持其生活④。不仅如此，东北土布市场的衰落，还严重影响着大生纱厂的命运。1922 年以后，大生纱厂开始衰落，这固然与第一次世界大战后帝国主义卷土重来，特别是日本帝国主义在中国大量开设棉纺织厂，从而使上海棉纱市场上的国产棉纱因日纱的压力造成棉纱价格下跌有很大的关系；但与日本帝国主义控制、垄断东北市场，南通土布在东北地区的销路锐减，致使南通土布生产萎缩也有一定的关系。南通土布生产的萎缩从根本上动摇了大生纱厂棉纱市场的基础。关于这一点，张謇早在 1913 年《大生崇明分厂十年事述》中就明确指出："己亥、庚子（即 1899 年、1900年）之后，关庄布畅行，斛盘一开，获利以十数万计；至丁未、戊申（即 1907 年、1908年）之际，东三省日布竞销，通布销减而纱滞，寿纱一盘，亏本常一、二万计，盈绌悬殊"，"经此重挫，元气大伤"⑤。时过 9 年，《崇明大生纺纱公司第二厂第十六届说略》在谈及这一点时，分析得更透彻、明确："本厂前数届历有盈余，本届则如前丙辰年（1916）之结亏。考其缘因，表面由于花贵纱贱，核其实在，亦时局之关系也……通布销路以关庄为大宗，布既停滞，其他各路，亦因时局不靖而销减，故布疲

① 《张謇全集》第 3 卷，第 838 页。
② 林举百：《近代南通土布史》，第 84 页。
③ 林举百：《近代南通土布史》，第 126 页。
④ 彭泽益：《中国近代手工业史资料》第 3 卷，第 460 页。
⑤ 《张謇全集》第 3 卷，第 208 - 209 页。

纱跌,无人问津。积货多则有妨周转,不得不贬价求售,因此大受打击"①。尽管大生纱厂千方百计开拓新的棉纱市场,也未能彻底扭转其衰落的趋势。

大生纱厂衰落的重要标志是:亏损甚巨,负债太多,银行团接办大生各纱厂。由于"布疲纱跌","不得不贬价求售",致使大生各纱厂亏损。1922 年,大生一厂亏损 39 万余两,大生二厂亏损 31 万余两。大生一厂负债总额达 1242 万余两,其中借入款为 709 万余两;大生二厂负债总额达 352 万余两,其中借入款为 125 万余两②。巨额的欠款使大生一、二厂的流动资金严重缺乏,资金周转极为困难,不得不乞求于金融资本的借贷,结果欠款越积越多。大生一厂被迫于 1924 年由南通钱业债权人组织"维持会"来经营。由于"维持会"只想自己收回债本,不肯承担大生一厂其他借款付息还本的责任,引起上海银钱业方面债权人的不满。1925 年,大生各纱厂由中国、交通、金城、上海 4 家银行和永丰、永聚钱庄债权人组成的银行团接办。1931 年,大生一厂将不动产抵押给中国银行。1935 年,大生二厂被中国、交通两银行拍卖。大生纱厂的短暂繁荣已成为历史陈迹。

综上所述,笔者认为,中国民族资本主义工业问题,说到底是一个市场问题。帝国主义留给中国民族资本主义工业的市场是极其有限的,就是这个极其有限的市场仍然不断受到帝国主义的威胁和吞噬。在旧中国,中国民族资产阶级要"力求保证自己有其'自家的'、'本族的'市场"是办不到的③。

(原载《东北地区资本主义发展史研究》,黑龙江人民出版社,1987 年)

---

① 《崇明大生纺纱公司第二厂第十六届说略》(1922 年),见《大生企业系统档案选编·纺织编I》,第 377 页。
② 《大生系统企业史》,第 219 – 221 页。
③ 斯大林:《马克思主义与民族、殖民地问题》,第 36 页。

南京和记洋行

19世纪末20世纪初，反动腐败的清朝政府又被迫同资本主义列强签订了一系列丧权辱国的条约，通商口岸急剧增加，外国商人纷至沓来，都想到中国发一笔横财。其中有些外国商人看到中国鸡蛋多，价格又很低廉，有利可图，便开设商行，组织收购，土法加工，运销日本和欧美各国。到1910年前后，外国商人开办的蛋品土法加工厂遍及中国各地。

早在1908年，英国商人韦氏兄弟在中国汉口开设和记公司，采用冰冻方法，对鸡蛋及肉食品进行加工冷藏，获得了巨额利润。1912年，他们又在南京下关宝塔桥附近购地建厂。开始规模不大，设备也较简陋，当年建成投产。1916年7月8日，韦氏兄弟在香港注册登记，正式成立"江苏国际有限出口公司"，由于工厂设在南京，亦称南京英商和记有限公司，习惯称南京和记洋行（总公司设在英国伦敦）。主要从事蛋品和肉类的收购、加工与输出。

南京和记洋行开办后，规模不断扩大，营业日见发达。据记载，1918年，蛋制品平均每天产量达160吨，最高日产量达300吨，每天需鸡蛋400万个，年产量达5万吨，超过上海茂昌等6家蛋厂年产量的总和；宰猪量平均每天达3000头，最高日产量达6000头；加工鸭子平均每天达2万只。随着工厂规模的扩大，生产任务的增加，工人也日益增多。据估计，1919年制蛋旺季，该厂雇佣的工人达1万人左右。因此，一提起南京和记洋行，南京人民永远也忘不了它在新中国成立前垄断中国制蛋业的一段掠夺史。

南京和记洋行开办后至第一次世界大战结束，生产发展很快。第一次世界大战结束后，欧洲各国的生产逐步恢复，蛋品、肉类的存货增加，价格下降，国际市场上出现了滞销现象。该厂产量虽然逐渐减少，但就生产总量而言，仍不失为国内蛋厂之冠。后来，由于1929年秋爆发的、席卷整个资本主义世界的经济危机的影响，日本侵略中国战争的爆发，该厂曾几度停产，然而都设法渡过难关，恢复了生产。这里面的原因是多方面的。

第一，有英国政府做靠山。南京和记洋行和外国人在中国办的所有企业一样，有本国政府做靠山，保护它在中国的利益，支持它在中国的经济侵略活动。比如，第一次世界大战结束后，英国曾竭力宣传中国加工的湿蛋含硼酸量过多，不合卫生要求，并规定中国所加工的湿蛋含硼酸粉1.5%的才准进口，含2%的拒绝进口，以保护英商在中国的蛋业生产。韦氏兄弟大肆掠夺中国蛋品、肉类、粮食等物资，支持英国政府参加第一次世界大战有功，1919年曾受到英王的表彰，被封为男爵。

第二,有广阔的市场。第一次世界大战爆发后,南京和记洋行的劲敌——德国在中国的制蛋商相继回国。欧洲各国忙于战争,农牧业生产大幅度下降,军队又急需蛋肉、粮食等食品。这就为南京和记洋行的产品提供了广阔的市场。1919年,该厂出口蛋类1.2万多吨,占中国出口蛋类3.92万吨的30.6%。出口物资除蛋品、肉类外,还有大量芝麻、花生、大豆、大米、小麦及军事运输上使用的骡、马等。

第三,利用买办、商业高利贷者建立外庄,垄断货源。南京和记洋行为保证满足工厂对原料的需要,积极利用买办、商业高利贷者,在江苏、安徽、河南等地建立专门收购鸡蛋的机构,即外庄。外庄分支庄、分庄、总庄。支庄设在农副产品集散地,分庄一般设在县城或交通要道的集镇,总庄一般设在交通运输中心或较大的城市。南京和记洋行在生产兴盛时,这种外庄有将近150处。这就建立了一个以南京为中心,广泛、深入、控制严密的收购网。这个收购网,从城市到乡村,从长江三角洲到中原大地,控制了黄河(山东除外)、长江两流域广大城乡的蛋源,残酷地榨取中国劳动人民的血汗。

第四,资本雄厚,设备齐全,技术先进。南京和记洋行注册登记时,拥有资本25万英镑,还有麦加利银行做其后盾,其他蛋厂根本不能与之匹敌。正由于资本雄厚,扩大再生产的资金也就比较充裕。1916年,南京和记洋行开始大规模地扩建厂房、仓库,建筑栈桥、码头,可停靠万吨海轮,添置新式机器设备,自备运输木船、小火轮、趸船。从加工、包装到运输基本上实现了机械化。整个工厂占地500余亩,是当时南京具有现代化生产技术的最大工厂之一,是国内首屈一指的蛋品、肉类加工厂。

南京和记洋行掌握了原料、运输、加工、包装、销售等各个环节,实际上已成为一个垄断性企业。

南京和记洋行利用旧中国农村破产和城市人口大量失业的条件,以极低的代价雇佣中国劳动力。工作既重又苦的烧火工人每月工资只有9元,一天工作十几个小时,只求一饱而不可得。不仅如此,英商对工人动不动就打骂、关押,甚至任意裁退;一些怀孕女工因被鞭打而流产。英商对中国工人如此残酷的剥削和压迫,激起了工人们的切齿痛恨和愤怒反抗,其中规模较大、影响深远的是1925年和1930年的罢工斗争。

1925年6月5日,南京和记洋行工人在中共南京地下组织的领导下,举行大罢工,3000名工人上街游行,声援上海的五卅运动。罢工斗争持续42天,迫使英商答应复工条件12项。工人复工不久,英商进一步策划镇压工人,借口原料缺乏,背信弃约,宣布停工。7月31日,1000多名工人包围办公大楼以示抗议,英国海军陆战队竟向工人开枪射击,工人从敌人手中夺取枪支、大刀,与之英勇搏斗。这是南京人民反对帝国主义斗争史上很壮烈的一页,在全国各地产生了很大的影响。

1930年4月3日,南京和记洋行工人在中共南京市委领导下,举行反帝大罢工。这次罢工遭到了英、日帝国主义和国民党政府的残酷镇压,多名工人被打死、打伤或逮捕,激起了南京全市青年学生的无限愤慨。学生们举行示威大游行,结果遭到国民党政府的镇压,当场有 10 多人被捕。然而,在国民党政府统治中心发生的这一斗争,对全国工农大众推翻帝国主义和国民党政府的统治起了一定的鼓舞作用。

侵华日军投降后,南京和记洋行在伦敦的总公司派人来厂恢复生产。1947 年初,南京和记洋行开始收购鸡蛋,运到上海冷冻后再出口。在恢复蛋品收购的同时,英商又另辟新的生财之道,筹建毛纺厂,从澳大利亚输入毛条生产毛线,直接在中国销售。1948 年底,毛纺厂建成,有精纺机 5000 锭。当人民解放军在各个战场取得节节胜利,准备渡江解放南京时,英商拆除了毛纺厂的梳毛机和洗毛机的主要部件,准备外运。这些机器刚运到上海,上海解放,未能运出。后来,英商积极筹备开工。1949 年 8 月,毛纺厂开车1600锭,日产毛线 400 磅。由于原料缺乏,1951 年春,该厂被迫停工。1956 年,毛纺厂转让给中国,改名为南京毛纺厂。后来,南京毛纺厂与南京纱厂合并成南京棉毛纺织厂。

1953 年,南京和记洋行英籍职员全部回国。1955 年,其在华代理人将全部厂房、设备、家具等财产造册登记(包括毛纺厂),要求转让给中国,以抵偿其在中国的欠税。1956 年 2 月 24 日,正式签字移交。从此,英商盘踞 40 多年的南京和记洋行回到了中国人民手里,成为全民所有制的社会主义企业。其食品加工部分,后来改名为南京肉类联合加工厂。

(原载《史学月刊》1983 年第 3 期。收入中国人民大学《报刊复印资料》,《中国近代史》1983 年第 7 期。)

鸦片战争前江苏农村市场述论

嘉庆时期是清代的转折点。嘉庆以前,特别是康熙中叶至乾隆中叶,尽管有分散的、规模较小的抗租斗争和抢米事件发生,城市手工业工人要求增加工资、改善待遇的罢工斗争不断出现,但从全国形势来看,还是稳定的。在这期间,封建生产关系有所松动,经济社会得到恢复和发展,民族团结得到加强,特别是乾隆时期商品经济发展比较快,其水平超过了以往任何时代。嘉庆以后,清王朝的统治开始走下坡路,政治腐败,军备逐渐废弛,土地兼并日益严重,但商品经济发展的势头并没有因此而停滞。就鸦片战争前的乾、嘉、道时期与清初的顺、康、雍时期相比较,商品经济发展的水平及其经营规模都有明显的提高,"已经孕育着资本主义的萌芽,如果没有外国资本主义的影响,中国也将缓慢地发展到资本主义社会。"鸦片战争后,外国资本主义的侵入,"一方面,破坏了中国自给自足的自然经济的基础,破坏了城市的手工业和农民的家庭手工业;又一方面,则促进了中国城乡商品经济的发展。"①本文拟就鸦片战争前乾、嘉、道时期江苏地区的农村市场问题谈几点意见。

一

生产的发展,生产的社会分工,是商品交换产生和发展的前提。列宁曾指出:"哪里有社会分工和商品生产,那里就有'市场';社会分工和商品生产发展到什么程度,'市场'就发展到什么程度。"②换句话说,社会分工越发展,商品交换越频繁,市场就越大。然而,作为生产与消费中介的市场,不仅决定于生产,而且也决定于消费。没有生产,就不可能有提供交换的商品;没有消费,商品也就只能停留在市场上,不能成为现实的产品。

自古以来,中国号称"以农立国"。农业生产是自然再生产过程同经济再生产过程的统一,其产量、质量受自然条件的制约,呈现出明显的地域性、季节性和不稳定性。农产品特别是粮食是人类生存和发展的基本生活资料,人类对它的消费需

---

① 《毛泽东选集》第 2 卷,第 589 页。
② 《列宁全集》第 1 卷,人民出版社,1984 年,第 79 页。

求具有普遍性和连续性。这在客观上要求通过市场,调剂农户间、地区间的粮食余缺,满足城镇居民的生活需要,保证人类生存和发展的基本需要。因此,粮食买卖的商业活动在中国古代就比较普遍,粮食市场的形成也就比较早。

鸦片战争前,江苏地区,特别是苏南地区的商业性农业生产水平比较高,农业生产内部结构已出现了多样化,经济作物种植面积逐渐增加,农村家庭手工业比较发达,从而为该地区农村市场提供了较为丰富的商品。据清乾隆《吴县志》记载,苏州地区粮食作物品种达70多个,经济作物主要有棉花、蚕桑、麻类、药材、特种经济作物席草等;家庭手工纺织品主要有棉纱、土布、土丝、丝绸、麻布;家庭副业主要有养蚕、养鱼、蔬菜、果木、茶叶、种花、编织、饲养家畜和家禽等。据记载,清乾隆年间太仓州、南通州及其所属厅县农村中种稻者不过十之二三,种棉者则有十之七八。人口增长和城镇非农业人员的增加,地租、赋税的加重等,使一部分地区粮食短缺,从而对农村市场的需求提出了新的要求。因此,这个时期的农村市场,不仅要满足一部分人对农产品的生活消费需要,满足一部分手工业者对农产品的生产消费需要;一部分农民还必须通过农产品和家庭手工业品的交换实现货币收入,缴纳地租、赋税,购买自己所必需的生产资料和生活资料。

有关清代地租剥削和租佃关系在文献资料中均有详细记载,这里不多赘述。顾炎武在《日知录》中写道:"吴中之民,有田者十一,为人佃作者十九……岁仅秋禾一熟,一亩之收不能至三石,少者不过一石有余。而私租之重者,至一石二三斗,少亦八九斗。佃人竭一岁之力,粪壅工作,一亩之费可一缗,而收成之日,所得不过数斗,至有今日完租而明日乞贷者。"[①]生于清道光年间的元和县周庄人陶煦在《周庄镇志》中说:"顾亭林《日知录》言,吴中私租之重,窃尝读而叹焉。不谓今之私租有更甚于亭林所言者。"[②]清乾隆《吴县志》云:该县"人民户口百倍于前。地无不耕之土,水无不网之波,山无不采之石,而终不足以供人之用。奔走四方,驱驰万里,为商为贾;又百工技艺,吴人为众,而常若不足。"[③]对市场依赖之程度,由此可见一斑。无锡农村"乡民食于田者,惟冬三月。及还租已毕,则以所余米舂白而置于困,归典库以易质衣。春月,则阖户纺织以布易米而食,家无余粒也。及五月,田事迫,则又取冬衣易所质米归,俗谓种田饭米。及秋,稍有雨泽,则机杼声又遍村落,抱布贸米以食矣。故吾邑虽遇凶年,苟他处棉花成熟,则乡民不致大困。"[④]常熟乡村"妇女农时俱在田首,冬月则相从夜织。支塘水纱,唐墅苎布,皆轧轧出寒女机

---

① 顾炎武:《苏松二府田赋之重》,见《日知录》卷10,台湾商务印书馆,1956年。
② (清)陶煦:《周庄镇志》卷4,"风俗",第1页。
③ (清)乾隆《吴县志》卷24,"风俗"。
④ (清)黄印:《锡金识小录》卷1,"力作之利"。

也"①。吴江沿湖农村"妇女多治木棉花,俗谓之摇纱。或以贸布为业,或以纺纱资生"②。苏北通海一带农民兼营家庭手工纺织业,以维持日常生活的现象也比较普遍。"海门兴仁镇值播迁转徙之余,尚能自食其力。家有机杼,户多篝火。一手所制,若布、若带、若巾帨,易粟足活三口;一二手事事,则八口无虞。"③在这种情况下,遍布城镇、集镇、定期集市和庙会的农村市场的兴旺发达,是符合商品经济发展规律的。

二

早在原始社会末期,当产生社会分工、不同生产者之间需要相互交流产品的时候,市场便出现了。"日中为市,致天下之民,聚天下之货,交易而退,各得其所"④。这就是对古代市场活动的具体描写。这时市场的概念是指商品交换的具体场所,是商品买卖的地方,是个空间概念。随着生产和社会分工的发展,市场逐渐突破简单场所的框框,逐渐打破传统的、封闭和半封闭的经济格局。各地在生产资料方面逐渐做到互通有无,合理调剂;在生活资料方面逐渐做到通力协作,互补遗缺。市场的含义越来越丰富。鸦片战争前,江苏地区农村市场的发展状况大致如下:

1. 农具市场

以农业生产工具为主的生产资料市场是自然经济占统治地位条件下社会再生产的中介,它直接联结着农业生产与消费两个相对独立的过程,其发育程度受生产力水平的制约。鸦片战争前,江苏地区农具市场交易的范围较小,辐射面不广。农业生产中所需要的农具,如犁、耙、锹、锄、畚箕、竹箩、水车、石磨等,通常是在附近的集市或庙会上购买的(自制的除外)。江阴县"农田各器,耕牛、豚豕等畜,春夏间,某乡某镇俱有集期……交易而退,各得其所"。"四月八日,僧尼作浴佛会;十三日,申港季子墓集场,商贾辐凑,买农具者悉赴。"⑤高邮州城内梨木巷为农具市场⑥。江苏的地方志中不乏类似记载,在此不一一列举。

2. 粮食市场

粮食市场在鸦片战争前江苏地区农村市场中占有举足轻重的地位。江阴县城"四门米行升斗大小不同,因之价值不一"⑦;东城外市肆有"米牙"。鸦片战争前几

① (清)光绪《常昭合志稿》卷6,"风俗",第7页。
② 柳树芳:《分湖小识》卷6,"风俗",第7页。
③ (清)光绪《通州直隶州志》卷1,"疆域志","风气",第25页。
④ 《十三经》,《周易》,"系辞下",上海商务印书馆藏,1914年,第45页。
⑤ (清)道光《江阴县志》卷9,"风俗",第4、10页。
⑥ (清)嘉庆《高邮州志》卷之1,"镇市"。
⑦ (清)道光《江阴县志》卷9,"风俗",第4页。

年，江阴县城北城外亦有沙米入市①。句容县"米市在城隍庙东"②。据民国《六合县续志稿·实业》记载，"雍正志云，邑产良谷，岁供苏浙籴买，而土人亦多赴西江湘楚一带贩卖。乾嘉以后，则多贩运至浙江海宁之长安镇"。苏北各县的粮食市场也不少。民国《三续高邮州志》云：高邮为"产米之区，本地商业以碾坊为大宗。查乾隆时碾饷册名，凡三千余户"③。清嘉庆《高邮州志》载，该州"至工贸易，开籴粜行者，不下百家"④，"西门外行祠庙、月塘、馆驿前，俱米面杂粮市"⑤。清光绪《增修甘泉县志》载，城内有"米行街"、"糙米巷"⑥。泰州城内有"米行街"⑦。东台县城内有米市，"贾船云集为邑中第一市会"⑧。这里应特别指出的是，商品经济愈发达，粮食市场愈多，销售额愈大，辐射面愈广。苏南地区一些比较繁荣的集镇的粮食市场愈来愈发达，就是最好的例证。枫桥"为水陆孔道。贩贸所集，有豆、米市，设有千总驻防。"⑨平望镇"里中多以贩米为业。其籴粜之所曰米行。其市集于后谿。其各坊储米之所曰栈。栈之中有砻坊，有碓坊。"市场上"也有贩湖广、江西等处之籼米，蒸如冬春，入囤数日而出者，曰黄籼；蒸而不入囤者，曰蒸籼；不蒸者，曰白籼"⑩。黎里镇"迄今（嘉庆）滋生人丁，岁以千计，地不加增，民鲜恒产，兼之岁不常丰，人益众，用益繁，米薪亦日益贵。"⑪"镇之东曰东栅，每日黎明，乡人咸集，百货贸易，而米及油饼为尤多。舟楫塞港，街道肩摩，其繁阜喧盛，为一镇之冠。"⑫同里镇"官牙七十二家，商贾四集。"⑬"浒墅关北二三百里以内，民居生齿日繁。积终岁辛勤血汗所出之米麦、豆粮、花布、鸡豕，完租办赋，养老育幼之赀，以有易无，此往彼来。熙熙攘攘，无日蔑有。"⑭素有丝绸大都会之称的盛泽镇的粮食市场也日益兴旺发达。《吴江盛泽镇米业公所碑记》中写道："吾吴为万商麇集之区，六陈负贩，及外省商舶往来，本以枫桥、无锡为最盛。平望、铜里等镇次之。至盛泽一隅，则专重丝绸。务米业者，仅居十之二三。自乾、嘉至道光年间，米市之集，犹不亚

① （清）道光《江阴县志》卷2，"镇保"，第10页。
② （清）乾隆《句容县志》卷1，"市镇"，第14页。
③ 民国《三续高邮州志》卷1，"实业志"，"营业状况"。
④ （清）嘉庆《高邮州志》卷之4，"物产"，第8页。
⑤ （清）嘉庆《高邮州志》卷之1，"镇市"，第28页。
⑥ （清）光绪《增修甘泉县志》卷之2，"城池"，第16－17页。
⑦ （清）道光《泰州志》卷之6，"街市"，第5页。
⑧ （清）嘉庆《东台县志》卷之8，"都里"，第15页。
⑨ （清）同治《苏州府志》卷29，"乡都"，"图圩村镇一"，第33页。
⑩ （清）道光《平望志》卷12，"生业"，第3－4页。
⑪ （清）嘉庆《黎里志》卷之4，"风俗"，第2－3页。
⑫ （清）嘉庆《黎里志》卷之2，"形胜"，第1页。
⑬ （清）嘉庆《同里志》卷8，"物产"，第3页。
⑭ （清）乾隆《金匮县志》卷7，"官署"。

于平望诸镇。"①

3. 家庭手工纺织品市场

鸦片战争前,苏南的无锡、江阴、昆山、太仓、常熟、武进及苏北的靖江、海门、南通等地农村家庭手工棉纺织业都比较发达,它们所生产的棉纺织品除留一部分自用外,其余的都提供给市场,通过市场供应那些不种植棉花、不纺纱织布的地区。其市场的触角有的已伸向省外一些地区。

无锡虽不种植棉花,而棉布产量之多,获利之丰,却为他邑所莫及。其所产之"布有三等:一以三丈为匹,曰长头。一以二丈为匹,曰短头,皆以换花。一以二丈四尺为匹,曰放长,则以易米及钱。坐贾收之,捆载而贸于淮扬高宝等处,一岁所交易不下数十百万。""坐贾之开花布行者,不数年即可致富。"②江阴"布,坚致细密,所谓雷沟大布是也。淮扬各郡商贩麇至,秋庄尤盛。羊毛布,以羊毛弹和木棉中,纺纱成布,黄山女工多业之。"③其棉布市场主要集中在县城东城外、南城外、西城外和华墅镇、青阳镇、云亭镇④。"布牙,则惟西乡日市,余皆以天色未明,张灯交易,日出而罢。其短陌搋私,虽市肆常有,而夜市为甚。"清道光年间,江阴布庄夜市改为自清晨至日昃而罢⑤。以上各地所产布匹较多,其布市大部分是收购布匹,运销其他地区。当然,一县之内不可能村村户户都纺纱织布,从布市购买布匹的农户也是有的。

棉花市场的分布、交易方式、交易范围取决于各地棉花种植面积的多少和手工纺纱织布业的发达程度。在不种植棉花的无锡是以布换花。吴江县同里镇及其周围农村则是"纺纱换花,积少成多,织成棉布细密者不减"⑥。江阴的棉花市场在西城外,每年八、九月间交易颇盛,北来棉花皆聚于青阳镇⑦。通海一带种植棉花的较多,产量较高,质量又好,销路亦较广。句容县家庭手工纺织业不发达,"蚕织之工不备","所收棉麻之属皆售于他郡"⑧。六合县棉花出产不多,往往需要从外地贩运,其"花市在滁河南朝天街,为担花者自省来,于此憩卖之所"⑨。

鸦片战争前,江苏农村丝绸市场主要集中于吴江盛泽镇、震泽镇和郊区。清乾隆《吴江县志》载:盛泽镇"迄今居民,百倍于昔。绫绸之聚,亦且十倍。四方大贾

① 《明清苏州工商业碑刻集》,江苏人民出版社,1981年,第235页。
② (清)黄印:《锡金识小录》卷1,"力作之利"。
③ (清)道光《江阴县志》卷10,"物产",第6页。
④ (清)道光《江阴县志》卷2,"镇保"。
⑤ (清)道光《江阴县志》卷9,"风俗",第3—4页。
⑥ (清)嘉庆《同里志》卷8,"物产",第3页。
⑦ (清)道光《江阴县志》卷2,"镇保",第9—10、16页。
⑧ (清)乾隆《句容县志》卷1,"风俗",第6页。
⑨ 民国《六合县续志稿》卷14,"实业",第11页。

辇金至者无虚日。每日中为市,舟楫塞港,街道肩摩"①。清道光十二年(1832年)《徽宁会馆碑记》中写道:"凡江、浙两省之以蚕织为业者,俱萃于是。商贾辐辏,虽弹丸地,而繁华过他郡邑。皖省徽州、宁国二郡之人,服贾于外者,所在多有,而盛镇尤汇集之处也。"②盛泽镇丝绸庄分旧庄、新庄(清乾隆壬申年,即1752年三月大火后建造的丝绸庄,称新庄),"四乡业绸,俱赴庄售买"③。震泽镇居民以农桑为业,亦有兼事纺经及织绸者,其产品或售于牙行,或为牙行代纺而受其值④。南京丝织业在清代逐渐兴起,成为主要生产中心之一。南京丝织业所需之丝,大都来自外地:"海宁(属杭州府)为上,溧阳次之,各乡丝又次之。"⑤

江苏产麻的地区很少,其麻布市场也屈指可数。吴县木渎镇的麻布市场是当时省内较大的一个。"(木)渎镇向有麻市,极盛。四乡多织夏布。村妇以织缲为业者,朝市每集虹桥。"⑥

4. 其他土特产品市场

这一时期,江苏各地就地取材、就地加工、就地销售的土特产品市场在方志中也不乏记载。"浒墅乡村妇女织席者十之八九⋯⋯席草之肆,席机之匠,惟浒墅有之。南津、北津、通安等桥,席市每日千百成群。凡四方商贾,皆贩于此。而宾旅过关者,亦必买焉。"⑦"饭箩、洗帚作,在姚家湾、宋家浜,居民男女多制竹器为业,四处变卖,近在市镇,远则入城,并有贩卖取利者。"⑧宜兴的"湖㳇、张渚诸山,土产殷繁,生计最盛"。"茶、笋、梨、栗、竹、木等产,不胫而走遍于天下。"⑨

鸦片战争前,江苏地区农村市场,就其交换内容来看,生活消费品市场面广量大,占统治地位,以农具为主的生产资料市场居次要地位。就其发育程度来看,农副产品的交易已打破地产地销、孤立闭塞的局面。长途贩运已经兴起,商品交易范围不断扩大,商品交换的数量不断增加,出现了跨地区的、具有一定吸引力和凝聚力的市场与商品经济不发达地区的市场同时并存的局面;在商品经济比较发达地区也出现了跨地区、跨集镇的市场和定期集市、庙会3个层次的市场同时并存的局面。就其地区分布来看,形成了由南到北的梯度式的市场结构。这都是由江苏各地自然资源、生产力布局、生产力发展水平、消费者购买能力以及交通运输条件等方面的差异决定的。

---

① (清)乾隆《吴江县志》卷4,"镇市村"。
② 《明清苏州工商业碑刻集》,第356－357页。
③ (清)乾隆《盛湖志》卷下,"建置",第19页。
④ (清)道光《震泽镇志》卷2,"风俗",第10－11页。
⑤ (清)同治《上江两县志》卷7,"食货考",第10页。
⑥ 民国《木渎小志》卷5,"物产",第14页。
⑦ (清)道光《浒墅关志》卷之11,"物产",第5页。
⑧ (清)嘉庆《同里志》卷8,"物产",第3页。
⑨ (清)嘉庆《重刊荆溪县志》卷首,"分境图说"。

总的来看,这一时期江苏地区的大多数农村市场仍处于地方初级市场阶段,属于地产地销,以初级产品和即期实物交易为主。即使在农村市场发达的苏南地区,类似情形亦很普遍。无锡以布换棉花、以布易米的现象相当普遍。同里镇亦有"纺纱换花"的情况。农村市场比较发达的江阴县的土布市场多"夜半开张,天明闭歇,黑暗中岂无奸宄,灯下难免错讹。凄风苦雨,失足恐堕池河,戴月披星,受病缘于冻饿,种种弊端,悉由此起。"华墅镇清乾隆八年(1743年)所立的"永禁夜市"碑规定:"务必日中为市,天明卖买。"如有"黑夜贸易,敢蹈前辙者……追帖究惩,决不姑贷"①。以丝绸业闻名于世的盛泽镇的丝绸交易中,仍盛行"日中为市"。古朴之风,由此可见。

三

市场是商品经济运行的载体。它不仅是商品经济发展的重要条件,而且包含着商品经济发展的全部经济内容。我们从鸦片战争前江苏地区农村市场的发展状况,可以看出这一地区商品经济发展的水平和趋势、集镇的繁荣程度以及地区间横向经济联系的状况。

第一,商业性农业有较明显的发展,家庭手工业品商品率有所提高,一部分农民和集镇居民对市场的依赖逐渐加深。

马克思曾经说过:"每一种商品都只能在流通过程中实现它的价值;它是否实现它的价值,在多大程度上实现它的价值,这取决于当时市场的状况。"②马克思在这里所强调的是社会总产品的实现对于市场的依赖程度。在小农业与家庭手工业紧密结合的自然经济条件下,农民只是将满足自己需要后的产品拿到市场上去出售,对市场的依赖程度不大。到了明清时期,特别是清代乾隆、嘉庆以后,江苏南部地区的情况发生了变化:自给自足的自然经济开始解体,农民不仅仅将多余的产品拿到市场上交换,还开始出现为市场而生产的现象。商业性农业有了较明显的发展,家庭手工棉纺织业和丝织业产品的商品率有了提高,农民与市场的联系愈来愈密切了。如盛泽"镇之丰歉,固视乎田之荒熟,尤视乎商客之盛衰。盖机户仰食于绸行,绸行仰食于商客。而开张店肆者,即胥仰食于此焉。倘或商客稀少,机户利薄,则怨咨者多矣。"③黎里镇"小家妇女,多以纺纱为业,衣食皆赖之。故纺绩之勤,较他处为独盛。"④集镇居民如此,"广种棉花,轧而为絮,弹而为棉,纺之成纱,经之上机,织之成布"的农村农民也是如此。他们为市场而生产的商品经济意识,

---

① 彭泽益:《中国近代手工业史资料》第1卷,第242－243页。
② 《资本论》第3卷,第720页。
③ (清)乾隆《盛湖志》卷下,"风俗",第1页。
④ (清)嘉庆《黎里志》卷之4,"风俗",第3页。

对市场依赖的程度并不亚于集镇居民。"常、昭两邑岁产布匹,计值五百万贯。通商贩鬻,北至淮、扬,及于山东;南至浙江,及于福建。民生若无此利赖,虽棉、稻两丰,不济也。"①农民和集镇居民对农村市场的依赖程度逐渐加深,使商品流通量增加;商品流通量增加,促进了自然经济的解体和市场经济关系的巩固,从而为商品经济的发展准备了市场条件。

第二,人口稠密、商贾毕集的集镇相继涌现,各种店铺字号竞相开设,呈现出一片繁荣景象。

介于城市和农村之间的集镇,是调剂当地农副产品余缺的中心,是商品交换的基地。农民生产的商品要拿到集镇上去出售,又要从集镇上买回自己所需要的商品;坐商在集镇设立店铺行收购农村的商品和原料运往其他地区销售,又将其他地区的商品和原料运回当地销售。这样,各地就形成了具有地方特色的、形式多样的市场。如高邮州城内有米面杂粮市、农具市、牛马猪羊市、果品市、竹木市、缸罐市、蒲草市、罗缎市、鱼蟹市、杂货市等②。我们认为,农村市场在很大程度上依赖于县城和农村集镇的兴起与发展,特别是在水陆交通方便、地理位置优越、人口稠密、商品经济比较发达的地区,商贾密集的集镇日益繁荣,各种店铺字号犹如雨后春笋竞相开设。集镇中与市场有关的行业也相应地得到了发展。据不完全统计,苏州地区明代有 48 个市、35 个镇。据清乾隆《苏州府志》载,乾隆年间苏州地区市增加到53 个,镇增加到 41 个。黎里镇"东西距三里半,周八里余,居民稠密,瓦屋鳞次,沿街有廊不需雨具。"③震泽县的双杨、严墓、檀邱、梅堰等地"居民日增,货物并集,亦颇喧盛"。下横扇"自雍正以来,居民辐辏,货物并聚,其盛不减市镇。"④清乾隆年间,盛泽镇会馆、旅邸、歌楼舞榭,繁阜喧盛,如一都会⑤。清道光十二年(1832 年),徽州和宁国的商人在盛泽镇建立徽宁会馆,捐输钱款的是在盛泽镇及其附近的新塍、平望、王江泾、黄家溪、谢天港、坛丘、周家溪经商的徽、宁两郡的商人,共 55人⑥。山东济宁商人在盛泽镇建立的济宁会馆,清乾隆三十年(1765 年)后叠加修造。江阴县有 35 个镇,市场比较繁盛的在 10 个以上。青阳镇"市廛繁密,大桥跨运河,居市之中,自北新桥至南新桥,街长三里余……北来棉花皆聚鬻于此"。华墅镇列肆繁盛,百货皆备,濒江各乡农民均去该镇卖布⑦。据清乾隆八年(1743 年)在华墅镇所立的"永禁夜市"碑记载,当时该镇共有土布牙行 20 余家。清乾隆五十二

---

① (清)郑光祖:《一斑录》,"杂述七","三梭纺纱",中国书店出版社,1990 年,第 15 页。
② (清)道光《高邮州志》卷之 1,"镇市",第 28 – 29 页。
③ (清)嘉庆《黎里志》卷之 2,"形胜",第 1 页。
④ (清)乾隆《震泽县志》卷 4,"镇市村",第 2 – 3 页。
⑤ (清)沈云:《盛湖杂录》,"绸业调查录"。
⑥ 《明清苏州工商业碑刻集》,第 356 – 357 页。
⑦ (清)道光《江阴县志》卷 2,"镇保",第 16、11 页。

年(1787年)就有人倡议成立土布行庄公所①。宜兴"丁蜀两山窑器……不胫而走遍于天下,故其商贾贸易,廛市山村,宛然都会"②。泰州城"南门外至高桥约二里,市廛稠密;北门外坡子坊,市廛尤盛,北至赵公桥三里余"③。据清乾隆十一年(1746年)《阜宁县志》记载,全县有11个镇。清光绪十一年(1885年)《阜宁县志》记载,除已荒落的外,全县镇、集增加到28个。其发展速度不能谓之不快。该县东沟镇,清康熙初年,烟水苍茫,兼葭两岸居民仅百余家;清康熙五十一年(1712年),邑人常永祚引水屯舟招来商贾,久之遂成巨镇④。该县的东坎镇市廛繁庶,为东乡之冠。清嘉庆年间,该镇建立了昆陵会馆⑤。

第三,地区间横向经济联系日益密切。

鸦片战争前,江苏农村,特别是苏南农村的商品经济发展水平比较高,已有不少农副产品作为商品供应市场。农村商品经济的发展,不仅要求开拓地区内的市场,而且要求超出本地区的经济范围,开拓城市和其他地区的市场。从上述所引证的有关江苏农村市场的资料中,不仅可以看出该地区商品经济发展的水平和趋势,而且还可以看出城乡间、地区间横向经济联系日益密切。城乡间、地区间横向经济联系的加强,不仅是推动自然经济瓦解的不可忽视的力量,而且有利于地区间差别的缩小,有利于人民物质文化生活的改善。

鸦片战争前,江苏地区农村市场基本上是按照商品经济规律运行的,不受行政区划的限制和政府的干预。今天,在经济改革和发展的实践中,如何从实际出发,按照商品经济的规律,努力培育、迅速形成机制健全、结构合理、体系完整的社会主义农村市场,为广大农民群众共同致富提供较为广阔的天地,需要我们进一步的研究和探讨。

（原载《江海学刊》1991年第2期。收入中国人民大学《报刊复印资料》,《经济史》1991年第6期。）

---

① 彭泽益:《中国近代手工业史资料》第1卷,第242页。
② (清)嘉庆《重刊荆溪县志》卷首,"分境图说"。
③ (清)道光《泰州志》卷6,"街市",第5页。
④ 阜宁县县志编纂委员会重印:(清)乾隆《阜宁县志》卷之1,"坊镇";光绪《阜宁县志》卷之2,"建置"。
⑤ 阜宁县县志编纂委员会重印:民国《阜宁县志》卷15,"社会志"。

清末民初江苏农村市场述论

鸦片战争后,洋货的倾销,西方列强对中国工业原料和农副产品的掠夺,国内资本主义经济的发展,以及轮船的行驶、铁路的修筑,使商品的流量逐渐增加,原来狭小的商品市场逐渐扩大。毫无疑问,商品经济比较发达的江苏各地的农村市场也不可避免地发生不同程度的变化。本文试图对清末民初江苏各地的农村市场问题做些分析。

一

流通是商品生产的重要前提。列宁说过:"商品流通先于商品生产,并且是商品生产产生的条件之一(但不是唯一的条件)。"①这是因为:在任何不是为了直接满足生产者自身需要的生产中,产品都必须作为商品来流通。没有商品交换,没有商品流通,商品生产也就失去了意义。可以这样说,商品生产越发展,越依赖于市场的开拓和流通的扩张。

清末民初,江苏农村中生产出来的有用物品逐渐增多,出售多余产品的范围也逐渐扩大;随着农民生活水平的提高,农村中所需要的物品逐渐增多,只靠本地农村无法满足需要,要由外地来供给。城市近代工业的发展,非农业人口的增加,也需要农村提供更多的粮食和工业原料。这就决定了:农村中的互通有无、供需相济,不可能在村与村之间直接进行,必须以集镇为枢纽或集散地,与外地进行交流,以满足各自的需要。这样,市场逐渐离开了生产地点向远方地区发展,生产和消费的时间、空间逐步扩大,流通范围和流通内容发生了一些变化,出现了新的格局和态势:粮食主要流向大城市和邻近的中小城市,棉花、蚕茧向近代棉纺织厂、缫丝厂所在地集中,土丝向丝织业比较发达的地区集中,洋货(主要是日常生活用品)在农村市场所占比重并不是很大,手工业品特别是土布在农村市场所占的比重不小,在远方市场也占有一定的地位。下面,笔者利用自己所看到的资料,将这个轮廓勾画得稍微具体一些。

1. 粮食

清末民初,江苏农业基础仍很脆弱,靠天吃饭,粮食产量不稳定。市场上粮食的流量受年成丰歉的制约,丰年流量大一点,歉年流量小一点,总的看能上市的粮

---

① 《列宁全集》第 3 卷,第 507 页。

食不多。据载,吴县相城所统辖的 72 个村,平均年产稻谷 10.2 万余石,麦约 1.8 万余石。每年输出稻谷 3 万余石,占稻谷产量的 29.4%;输出麦 1 万余石,占小麦产量的 55.6%①。吴县是江苏省粮食高产地区,输出粮食应远远高于全省平均水平。

句容县籼稻豆麦销南京、丹徒等地,糯稻主要销浙江绍兴。溧水县年产稻谷 120 万余石,商品以大米为主,销路以本境、南京、溧阳、高淳、无锡、芜湖等地为主。高淳县稻米除销本境外,每年运往南京、芜湖销售的约 20 万余石。丹阳县糯稻专销无锡、浙江绍兴,小麦销无锡,黄豆销吴县、武进。溧阳县稻米销上海、绍兴,杂粮销县外的不足 1/5。吴县稻米和麦运销上海、无锡,豆销上海。常熟县米麦豆等除备储食用外,由城区及东塘镇米市运往无锡、上海等地②。常熟农民出售的米均系糙米,大都用自备小船将米运至米行,由米行中人视米的优劣估定价格。米行系代客买卖,每石收佣金大洋 1 角至 1 角 5 分,客家向米行购米每石付佣金大洋 3 分至 7 分③。昆山县稻米除供县内食用外,运销无锡、上海;大麦、小麦除销内地外,有少量的销往日本。吴江县的同里、芦墟、平望、黎里、盛泽、北垾等地均有米市,商贩将米运销上海、无锡,间有运销浙江。在以上米市中,同里米市最盛,有米行 14~15 家,年运出米 50 万~60 万石,占全县运出米总数的 50%~60%。武进县每年出境米麦约值 800 万元,销无锡、杭州等地。宜兴稻米销本境、无锡、上海、杭州等地,全县米麦杂粮行达 131 家之多④。

下面,我们再看看苏北各县粮食运销情况。

靖江县米麦豆除供本境食用外,多运销无锡。淮安县稻麦山芋多销本境、淮阴、涟水、东海等县,小麦兼销姜堰、镇江,黄豆则多销常州、无锡等地。东台县稻麦除供本境需要外,多销姜堰、曲塘、海安等地,每年输出数量以收成多寡而定;黍、穄、高粱及杂豆等多数为本邑各作坊自用,其销往外埠及上河各地的很少;麦大半为各面粉公司所吸收,用于本邑者仅占三四成。兴化县稻米销本境、邵伯、姜堰、海安、东台等地,县内稻行较多,且"散布于各镇、村舍,不投于彼即投于此,犹可任民自择"。然而,稻行"往往代客买卖,倒托病农"。泰县商务以六陈为大宗,素有苏北各县巨镇之称的姜堰为最盛,粮行鳞次栉比,海安次之,而塘湾又次之。姜堰为上下河枢纽,由高邮、兴化、东台运载到姜堰销售的大小麦,每年至少数十万石;宁波、上海来此运粮的商船很多⑤。高邮县为产米之区,清光绪中期全县城乡碾坊一百数十户,碾米除土销外,坐待外客来贩,销路不广⑥;到民国初年,城乡碾砻各坊

---

① 民国《相城小志》卷 3,"户口",第 14 页。
② 《江苏省实业视察报告书》,第 6、12、18、38、49、120、125 页。
③ 《中外经济周刊》,第 214 号。
④ 《江苏省实业视察报告书》,第 129、133、138、145–150 页。
⑤ 《江苏省实业视察报告书》,第 155、173、196–197、201–204、207 页。
⑥ 民国《三续高邮州志》卷 1,"实业志","营业状况",第 103 页。

不满百家,每年碾砻米约 30 万 ~ 40 万石①。另据载,高邮"历年输出稻谷就南门外一处调查,岁约三十余万石,麦豆及芝麻等粮半其数,四乡之输出者虽未调查,总不止较城十倍。"②沛县大麦销本地,小麦、高粱销本境、山东,黄豆多销无锡。赣榆县所产粮食只销于县内,非十分丰稔之年,无可行销外境③。

2. 棉花、蚕茧等农副产品

江浦县棉花销南京、上海、扬州,花生销上海。丹阳蚕茧销上海。吴县、昆山蚕茧由各茧行收购销往上海。常熟棉花销本境、无锡、江阴、苏州、上海等地,县内 20 家茧行收购的蚕茧运往上海。金坛蚕茧销上海、无锡。吴江全县 13 家茧行收购的蚕茧运销上海。靖江县棉花运销上海、无锡、江阴等地,蚕茧运销上海。南通棉花运销上海及日本,蚕茧运销上海。兴化蓝靛销宝应、东台、盐城、高邮等地。高邮蚕茧多由江南人来当地收购,贩卖于镇江、无锡、上海等地,每年不下 10 万余元。

3. 手工业和近代工业品、洋货

高淳县年产蚕丝 19.36 万余两,专销南京。

句容县蚕丝专销南京、丹徒,烧酒运销南京、丹徒等地。

武进南门、东门、北门外乡村盛产土布,各镇大都开设布庄,向农家妇女发放棉纱,收回土布,视其布匹质量好差,给予工资,布庄将土布运进城里,投行求售。这一带农村流行着"清明布,好铺路"的俗谚,可见产量之多④。其销路亦很畅旺,远及闽浙。

丹阳商品除稻麦、黄豆和蚕茧外,以绸为大宗,烟、酒次之,土布、夏布又次之。绸年产 8 万余匹,销省内各地和安徽、江西、湖北、直隶、山东等省,外销英、美、日等国;酒销武进、无锡、溧阳等地。

吴县浒墅关织席销浙江各县,陆墓的砖以及蠡墅、东西山的黄酒 40% 销邻县,横泾、木渎的烧酒 80% 销上海、浙江,横泾的夏布销本境和江北各县。

常熟支塘镇顺记纺纱厂的棉纱销省内各地和长江流域各省。该县各织布厂年产 40 万匹厂布,销浙江、四川、湖北、哈尔滨等地;农民家庭手工织布业年产土布 1000 万匹,销淮扬、徐海各属和浙江的兰溪等地。

海门土布运销东北及俄国一带,1917 年输出土布 1.4 万卷。

昆山每年产酒 1 万担,运销无锡、上海等地;土布运销江北各县,夏布远销南洋群岛。

吴江县盛泽镇乡间以丝织为业者殆不下万户,男女工作人数殆在 5 万以上,所

---

① 《江苏省实业视察报告书》,第 211 页。
② 民国《三续高邮州志》卷 1,"实业志","物产",第 97 页。
③ 《江苏省实业视察报告书》,第 223、252 页。以下凡引自《江苏省实业视察报告书》的资料,不再一一注明页码。
④ 《常州地方史料选编》第 1 辑,第 96 页。

织之绸约在数十万匹至 100 万匹,行销国内各省和朝鲜、印度及欧美各国。

陶器、竹器、木器是宜兴县的大宗商品,全县约有松杉木行 66 家,竹行 32 家,笋行 10 家,窑货行 25 家,石灰、砖行 38 家,木板行 30 家,表蕊纸、草纸、芦席等行 15 家。木材销本地和邻县、江北各处,砖瓦销上海,竹器销本地和武进、无锡等地,纸类销本地和高淳、溧水、长兴、广德等地,陶器运销赣、浙、皖、鲁及南洋群岛、日本等地。

靖江县境内织造土布的男女工人在万人以上,其布由城内的布行收购,主要销往兴化、盐城、泰县、东台等地。

南通县农村家庭手工织造的土布销东三省、淮扬旧属各县,大生纱厂棉纱在县内农村销路畅旺。

如皋县酿酒者 200 余家,岁销 1 万余石;从事酱业者 40 余家,岁销 4 万余觔;从事布业者 400 余家,岁销 8 万余匹,多系零星沽售。其出境商品以腌猪腿为最多,年产不下 6 万余只,运销上海、宁波等地,获利颇厚。

高邮裕亨“面粉公司输出面粉,岁约三四十万袋,蛋厂输出蛋白三百八十余石,蛋黄二千四百余石”[1]。高邮不产布匹,多由外地贩来。

泰兴县的商品以猪、油、酒为大宗,咸肉、火腿、瓜子次之。每年产猪约 30 万头,运销上海、浙江。花生油约 18 万石,黄桥镇设庄收购,运销上海、广东及英国的伦敦和新加坡等地。全县城乡酿酒者约 2000 家,每年销往上海、浙江和外洋约 10 余万石;生产火腿、咸肉的约 20 余家,每年产火腿约 8000 石。

淮阴县年产豆饼 30 万余块,运销常州、无锡等地;草席销至涟水、泗阳、沭阳、灌云等地;烟、茶皆由安徽、福建等省运来。

泗阳县出境的商品以酒为大宗,其名通称洋河大曲,分销镇江、南通、苏州、无锡、南京等地。

涟水县的商品以油、酒、豆饼为大宗,油品贸易以城内为中心点,以 9、10、11、12 月为最旺,除民食外,运销阜宁县的益林、东沟和高邮、宝应、兴化、泰县、镇江、上海等地,豆饼多运销新浦和山东的青口等地。

东台布店、衣店营业额较大,精细货物皆由外地贩来,本县生产的较为粗劣。

类似情况,不一一列举。从上述情况中,我们可以清楚地看到:江苏各地农村市场上交换的商品仍然以农副产品和农民家庭手工业品为主,粮食占主导地位;徐淮海地区农村市场仍以县境内及邻近各县的余缺调剂为主;各地市场上近代工业品、洋货占有一定的比重;商品流向有所变化,流量有所增加。总之,农村市场已成为与农民生活密切相关的商品流通的重要阵地。

① 民国《三续高邮州志》卷 1,“实业志”,“物产”,第 97 页。

二

商品是通过市场(商场)进行交换的,市场是商品流通的阵地。我们从清末民初江苏农村市场这面镜子中看到江苏农村还比较贫困、落后,苏南苏北的经济差距在拉大。但我们也可以看到一些地区,特别是苏南和沿江一些地区的农民比较富裕,农民、集镇居民的商品意识在增强;也可以看到农村集镇发展的走向,它逐渐为农民提供农产品及生活用品买卖上的便利,将本地物产运销外地,使本地农村的金融调节和经济得以繁荣的主要功能得到了一定的发挥;也可以看到通过市场将自给自足的自然经济与城市近代工业生产结合起来,促进了自然经济的解体,不同程度地满足了棉纺工业、缫丝工业、面粉工业对生产原料的需要。

清末民初,江苏农村市场依然是"以路为集"或"以街为市",每隔3日、5日或10日的定期的、临时的集市与星罗棋布的集镇市场同时并存;集镇的商号中有日用杂货、布匹、药品等店铺,手工艺方面有木器、瓷器等店铺,还有农具、交通用具店铺和饭馆、茶馆等。下面,我们分别看看各地农村市场的情况。

句容县商业因交通不便,日见疲滞,城市既鲜富户,而客帮又少,每年输出输入商品额不过30万~40万元,远不如溧水县。

溧阳县境道途修治,田间水道、路旁水沟开通,市廛繁盛,百货充阗。县城西门商业最发达,南门次之,东、北二门又次之。戴埠、南渡、周城、社渚、竹箦桥、强埠、上兴埠、上沛埠、后周镇皆有商市,商品以丝、茧、绸布为大宗,商店以典业为最巨。

溧水县每年输入输出商品达500万余元。县内大镇仅洪蓝埠,城中商店约200余家,皆百货杂陈,几无一完全之专店,每年营业额没有超过2万元的。

金坛县集镇的发展比较快,市场也比较繁荣。民国《金坛县志》曰:金坛县"旧志城以外称镇者三:曰郭下镇、薛埠镇、西旸镇,此外无闻焉"。现今街道店铺繁盛,"商贾聚集者计二十有四,合之薛埠、西旸,共二十有六焉。虽市集有大小,商务有衰旺,其为贸易所在则一也。每年春季自二月后,各镇例有集场排日举行,此散彼聚,自二月至四月无虚日,届期商贾云集,四方辐凑。贸易以农具为多,乡民便之……镇之最繁盛者曰薛埠,在县西四十五里(旁通句容,上达金陵,贸易之盛,为合邑诸镇冠)"[1]。

丹阳县每年的正月、2月、3月、4月和7月,共有39个集市,集市以买卖农具为主。此外还有以猪、牛相买卖者,逢每月之1、6日为牛落,1月6次;逢每月之2日为猪落,1月3次[2]。

① 民国《重修金坛县志》卷3,"集镇",第22页。
② 民国《丹阳县续志》卷之19,"风土",第3页。

吴江县城离苏州很近,商业难以发展,而震泽、盛泽、同里、平望、黎里、芦墟等集镇的市面却很繁盛,特别是同里的米、盛泽的绸、震泽的丝经,或运内地或销外洋,各具专门营业性质,绝非他处所能仿效。

常熟县四乡市镇布局比较合理,其市场兴衰不尽一致。福山镇"城内近颇荒寂,惟北门外民居较密,镇则为市舶所集,人烟繁盛,每值鱼汛,商贩尤多"①。西塘桥"向年贸布者多集于此,近少衰。"②王市的布业,民国初年也很兴盛,每月运出布匹约10万匹,乡村妇女皆以此为生,兼有放机布数处,亦可谓一大宗出产,商号达19家③。应该指出的是,在常熟经商的商人"自他来转贩者为多,邑人率居积营生,少离乡远服贾。其立牙店,坐列估价谓之主人,城邑乡陬在在有之。至于衣履有铺,茶酒有肆,日增于旧"④。

宜兴商业以县城为最盛,县城外的和桥、张渚、蜀山等地的商业也很繁盛。全县除米麦杂粮行131家外,还有茧行30家,桑叶行22家,茶行11家,八鲜鱼行67家。至贩运邻县物产,懋迁各埠土货,凡属繁盛地点,所在皆有,即运销舶来品之店,亦不一而足。

靖江布市很盛,城厢西门外最盛,乡间则首推东阜市,太和乡则次之。

如皋县城水陆交通便利,"百货丛集,商场繁盛,方兴未艾。"

泰县境内主要集镇有:塘湾、姜堰、曲塘、白米、海安、樊汊、小纪、港口等,商务以姜堰、海安两镇及县城为最。姜堰镇是粮油集散中心,每当新谷登场之际,里下河的粮船挤满了下坝河,从新桥口到天目山,接成二三里的长龙;在上坝的盐运河(即通扬运河)也排满了大大小小满载小麦、稻米的关驳,源源不断地驶向四面八方⑤。此外,壮猪、豆饼及各项杂货的销路也比较好。"商贾辐凑,诚一绝好市场。"

江都县内农村市场虽有兴有衰,但集镇发展的速度却不慢。据载,该县所辖村落殆以千计,市镇亦不下数十,前志所载,仅列十条,殊嫌漏略。据清宣统元年(1909年)统计,位于水陆交冲、适当孔道的大镇有新集、瓜洲等28个,"地非冲要,其名甚夥不及备载"的市镇还不少⑥。其中大桥镇丝、布业比较繁盛⑦。瓜洲镇"在昔商船往来多于此停泊,购买什物,贸易甚盛。自运河轮舶通行,商船日少,市面远逊于前"。尽管如此,该镇铁厂生产的"釜、罐之属除售本镇外,兼批售各地,所

① (清)光绪三十年刊《常昭合志稿》卷5,"市镇",第1页。
② (清)光绪三十年刊《常昭合志稿》卷5,"市镇",第3页。
③ 《常熟日日报》,1919年6月25日。
④ (清)光绪三十年刊《常昭合志稿》卷6,"风俗",第6页。
⑤ 《姜堰古镇风情录》,1990年泰县准印,第4页。
⑥ 民国《江都县续志》卷1,"地理考第一",第16页。
⑦ 民国《江都县续志》卷1,"地理考第一",第15页。

铸镰刀尤著名;煤炭业岁销颇巨,米业亦为大宗"①。仙女庙是江都县最大的集镇,"昔年米、木两业甚盛,光绪季年,禁米出口,米业遂微,木业亦远逊于前,惟皮毛、骨角行收买牛皮、猪鸭毛及各种骨角运销上海,颇获利。"其他如宜陵镇的米市,塘头镇的竹器市、土布市、麦市,新丰镇的水果市都比较畅旺。新丰镇仅桃市每年可售银币万余枚②。邵伯镇的豆业很盛,但太平天国运动后逐渐衰落,油麻业继起,纸业次之。邵伯迤东为产米区域,近年米业大兴。镇有南北两市,中稔之岁,米麦可销银币近百万。鸡鸭行贩运鸡鸭至江南,为数甚巨。邵伯附近的真武庙所产的豆油、豆饼,运销各地的数量也不少。大仪牛市每岁售牛 2 万余头,其他集镇合计亦有 2 万余头。黄珏桥一带乡民多制草履,转贩镇江、上海、南京、芜湖等地,业虽微,销行颇广。司徒庙、凤凰桥有米市。该县还有 39 个定期集市,另外还有猪牛集,专门以猪牛为市③。

清末民初,高邮城内比较繁盛的市场有 5 处。民国《三续高邮州志》载:"原志载,城内外市廛极多,今可称者,约廿六五处,城内中市及南北门外两市均盛,次则北街庙巷口、东街草巷口,贸易尚多。"④

盐城商业在苏北算是发达的,洋广货铺多系舶来品。

阜宁县商业最繁荣的是东坎,其次是县城,再次是益林,商品以豆油、烧酒、烟叶为大宗,其次是大布、柳条布、爱国布等。

需要指出的是,徐淮海地区各县集镇稀少,市面冷落,辐射力和吸引力较弱。民国《邳志补》载:邳县"旧镇四","旧集八"。今则,"其镇八","其集四十八"。集镇数量增加不少,但其市场并不繁盛,"佗小聚微,甚不足数,其昔兴而今废,昔蕃庶而今辟陋者,尤比比也"⑤。泗阳城厢交易以每月 1、3、5、7、9 日为赶集之期,但零星小贩、地摊居多。涟水县城还不如苏南地区少许繁荣一点的小集镇,"周城七里,居民不到千家";至于各乡也没有稍大一点的市镇。赣榆县城居民不过 450 余户,荒凉寥落,尚不如繁盛之乡村。

综上所述,苏南苏北地域不同,情况有别,市场发育程度不一,方兴未艾者有之,一落千丈者有之。就苏南地区来看,也有类似情况。苏北则更落后一些,不仅农村市场不发达,且处于分割状态;缺乏商品意识,"积有余资,腰缠稍富者,非置诸鲁桓复壁之中,即窖于伯有窟室之下";经济发展水平低下,劳动者素质差,其产品特别是手工业产品被市场接受、承认的程度低。市场不发达,影响了作为商品集散枢纽的集镇的发展,阻碍了当地和外地资本所有者对这些地区的投资,妨碍了资金

① 民国《江都县续志》卷6,"实业考",第5页。
② 民国《江都县续志》卷6,"实业考",第5—6页。
③ 民国《甘泉县续志》卷6,"实业考",第2—3页。
④ 民国《三续高邮州志》卷1,"舆图",第11页。
⑤ 民国《邳志补》卷5,"建置",第13—16页。

在地区间的流动;市场不发达,物资匮乏,农民无法购买自己所需要的物品;市场不发达,也不可能有效地促进资源的开发和利用。所有这些,都严重阻碍了经济的发展,经济的落后又严重影响了市场的发展,从而形成了恶性循环。这是近代苏北与苏南差距拉大的一个很重要的原因。

三

市场不是固定不变的。它随着整个经济社会的发展变化而不断发展变化,有兴有衰,不以人的主观意志为转移。清末民初,江苏农村市场的变化,归纳起来大致有以下几种类型。

1. 产品结构的变化引起市场发生变化

姜堰镇为泰县"出产会聚之区。城市北关外,行栈栉比,为北下河荟集之市场;西河一带,帆樯林立,运盐船只停泊于斯,附近苦力,赖为生活"。清末民初,盐产"日见短绌,由五十万引,减至十余万引,姜堰亦因银根奇紧,市面冷落。"

2. 同行业竞争致使市场发生变化

丹阳向有"牛码头"之称。清代时,山东、安徽等省的牛,其贩卖场所,皆以丹阳为集中地。南京和记洋行成立后,常州又有人设立牛行,两方面截留牛源,致使丹阳牛市一落千丈。

3. 社会的动荡、交通路线的改变导致市场发生变化

沪宁铁路通车后,昆山"实为孔道,商贾贸易繁盛于旧"。但"邑人拙于经商,巨肆坐贾多客户之占籍者。""近日风会所趋,亦有力图改计者,然绌于赀又惮于折损,故陶朱猗顿之富,至今犹未有闻焉。"[1]沪宁铁路的通车致使昆山市场逐渐繁盛。津浦铁路的通车却使泗阳众兴镇市场逐渐衰落。该镇为黄运二河交汇之区,水陆衔接,南去北来之货,悉以该镇为转输之枢纽,商业繁盛。津浦铁路通车后,形势大变,加之盗匪潜伏,土著既资本缺乏,客商亦裹足不前,该镇一落千丈:全镇只有 3 家布店,资本各 2000 串;2 家杂货店,资本各一千数百串;其他店家的资本都很小。

灌云县为淮北盐区,商务本来比较发达,由于匪盗未靖,百业凋敝。

淮安市场的变化又是一种类型,淮安"昔为漕督驻节之地,粮艘过境,百货流通,商务最称繁盛"。"清道咸以后,纲盐改票,河运撤销,漕督移驻清江,淮邑遂形冷落,加以航轮铁道相继通行,货物过淮愈形减少,工商各业日见凋敝。"明清之际,市肆繁盛的王营镇,由于黄河北徙,井里凋敝,徒有千户之聚,而鲜中人之产。民国以后,饥馑荐臻,寇盗满野,间阎萧条,毫无起色[2]。

① 民国《昆新两县续补合志》卷1,"风俗",第2、4页。
② 《申报》,1926 年 1 月 5 日。

随着商品经济的发展,市场对经济社会发展的作用愈来愈大。如何开创多渠道、少环节的农村市场,使农副产品商品化、经营市场化,是农村经济发展中需要解决的重大课题。

（原载《江海学刊》1992 年第 5 期）

抗战前江苏粮食的流通

民以食为天,商以粮为先。在旧中国,粮食流通在整个流通领域中有着特殊的地位和作用。江苏是中国近代粮食生产大省,也是粮食消费大省。沿江靠海的区位优势,京杭运河、沪宁铁路穿越腹地,陇海、津浦、沪宁、沪杭铁路相继接轨的交通优势,使江苏人民生活所必需的稻米、面粉,榨油工业所需要的大豆等原料,可以通过水路、铁路从皖、鲁、冀及东北等地源源不断进入江苏市场。面粉、豆饼等可以顺畅地运往华东、华北、华南各地。到抗战前,江苏粮食市场,特别是苏南粮食市场已从以稻米交易为主转变为稻米、小麦、大豆、杂粮交易并重,年成交量约 4000 万石①。下面,我们主要考察抗战前江苏境内粮食流通的大致状况。

一

中国是地区间自然条件和经济发展水平极不平衡的人口大国、农业大国。气候温和、雨水充沛、水网纵横、土地肥沃的江苏省,特别是苏南地区,适宜于种植粮食作物,是中国近代粮食生产大省。据有关资料统计,1931—1937 年,江苏省主要粮食作物种植面积占全国种植面积的 10% 上下,粮食产量占全国粮食产量的 11% 左右。由于江苏省人口密度高,人口总数亦较他省为多,粮食生产的基本要素——耕地不多,人均耕地面积偏紧,这就决定了全省人均占有粮食的数量不多。丰收的 1932 年,人均占有粮食(原粮)不过 720.70 斤,工业生产所需要的粮食相当一部分得从省外输入。据国民党政府实业部国际贸易局 1932 年调查,在全省 61 县中,除不出产稻米的县外,稻米 100% 在本县消费的有 27 县,90% 在本县消费的有 3 县,80% 在本县消费的有 4 县,70% 在本县消费的有 7 县,50% ~60% 在本县消费的有 6 县。稻米输出量占全县稻米产量 50% 以上的,除松江一县外,别无他县②。小麦 100% 在本县消费的有 10 县,90% 在本县消费的有 6 县,50% ~70% 以上在本县消费的有 23 县。大麦 100% 在本县消费的有 39 县,在本县消费不到 50% 的仅有 4 县③。由此可见,各县输出的粮食不多。有的县虽有粮食输出,但并不是本地粮食自给有余,而是因为:有的是粮食集散地,为过境粮食;有的是农民收入有限,出卖

---

① 江苏省粮食局:《江苏省粮食志》,江苏人民出版社,1993 年,第 47 页。
② 《中国实业志·江苏省》第 5 编,第 1 章,第 22 页。此页的数字与该书第 5 编第 1 章第 22 - 25 页表中的数字稍有出入。
③ 《中国实业志·江苏省》第 5 编,第 2 章,第 63 页。

价格较高的粳稻,购入价格较低的籼稻、玉米等以供食用;有的是农民需要交纳地租或偿还高利贷,粮食一登场即拿到市场上出售,然后再以高价买进他们所短缺的粮食。

二

社会生产发展的本质要求是分工和交换,市场就是由此产生的。列宁曾指出:"哪里有社会分工和商品生产,那里就有'市场';社会分工和商品生产发展到什么程度,'市场'就发展到什么程度。"①流通是社会产品从生产领域进入消费领域(包括生产消费和个人生活消费)的全部过程,"是从总体上看的交换"②,是市场实现的根本。流通的规模、结构和效率决定着市场实现的程度。货畅其流,物尽其用,商品价值得以实现。流通不畅,产销脱节,产品积压,连简单再生产都无法维持。粮食流通亦是如此。

第一,初级市场遍布产粮区,聚散市场多集中在交通便利、堆栈业发达的中小城市。

在流通领域中,粮食这个在使用价值上有着特殊重要性的商品和所有的商品一样,"一旦离开生产本身而独立起来,它就会循着本身的运动方向运行,这一运动总的说来是受生产运动支配的,但是在单个的情况下和在这个总的隶属关系以内,它毕竟还是循着这个新因素的本性所固有的规律运行的,这个运动有自己的阶段,并且也反过来对生产运动起作用。"③换句话说,粮食流通具有客观性,不以人们的主观意志为转移。随着粮食生产的发展,本地产的粮食不满足在本地市场流通,外地粮食又不断涌进本地市场,这就冲破了相互间横向联系甚少的局面,不断向更广阔的领域发展。从流向来看,它从生产地区流向消费地区,从价格较低的地区流向价格较高的地区,避曲取直,以最短的运程、最快的速度、最小的劳动消耗,及时通畅地到达适销地。从运销路线和运销区域来看,它是自然形成的,但也不是一成不变的,随着供需状况的变化和交通运输事业的发展而变化。也就是说,粮食的流通有它自己的规律:从初级市场到小城市,从小城市到中等城市,从中等城市再到大城市,不是从农村直接到大城市的。江苏亦是如此。

许道夫先生在《中国近代农业生产及贸易统计资料》一书中,将粮食从农村生产者手里到城市消费者手里的整个流通过程分为初级市场(亦称产地市场)、消费市场(市场收集的粮食绝大部分供本城市居民消费,不再转售外地)、聚散市场(亦称中级市场,有时也将其再分为一级中级市场、二级中级市场)、转载市场、终点市

---

① 《列宁全集》第1卷,第79页。
② 《马克思恩格斯全集》第12卷,人民出版社,1965年,第749页。
③ 《马克思恩格斯全集》第37卷,人民出版社,1971年,第485页。

场(亦称中心市场或最终市场,是最后的消纳市场,如上海、天津均可称之为最终市场)①。按此分法,江苏粮食市场(不包括上海粮食市场)以广大农村长期以来就存在的初级市场和聚散市场为主。江苏全省有多少初级市场,抗战前没有进行过全面调查,不得而知,但我们从在粮食流通过程中起着衔接和沟通作用的中介组织——粮行的分布状况,可窥见其大概。据江苏省农矿厅1929年调查,全省仅米行就达6515家,其中泰县最多,达633家,盐城513家,兴化498家,江都481家,宝应384家,武进239家,常熟235家,高邮232家,江阴227家,东台158家,吴县151家,最少的是沛县仅2家②。通过粮行这个中轴,以农村集镇、中小城市为中心的大小不等的粮食市场,将粮食生产者和消费者联系起来,形成了粮食市场网络。一般地说,各地的粮食向县城和交通便捷的中心集镇集中,然后流向聚散市场。

如江阴的北㳇镇水路运输方便,抗战前有米行22家,碾米厂8家,面粉厂、油饼厂各1家,是该县东南一带的粮食集散地,享有"小无锡"之称。1929—1935年,江阴仅运销无锡的粳米年均就达14万余石③。吴江同里、芦墟、平望、黎里、盛泽等地均有米市,其中同里最为繁盛,嘉善、青浦、昆山、吴县及本县农民争着到同里粜米。据《同里志》记载,清嘉庆时期有米行72家,经过竞争、兼并,到抗战前,发展成为8个大米行,2个小米行④。背靠里下河粮仓、面对宽广的销售市场、购销两便、扼水陆交通要冲的姜堰,一度粮行林立,"万商云集,百谷汇聚"。1924年后,尽管粮市北移溱潼,但姜堰仍不失为苏北的粮食大市场。姜堰、溱潼粮食市场的粮食除一部分运往无锡、上海等地外,主要销往南通棉区和通南高沙杂粮区。故当地流传着"卖不尽的西北,买不尽的东南"之谚语。溧阳、宜兴等地的稻米先从各乡镇如张渚镇、徐舍镇及溧阳县城向宜兴县城集中,然后经和桥、运村等运往无锡。金坛的稻米先由各乡集中于金坛县城,然后经埠头、夏溪入运河,经常州运往无锡。丹阳粮食专销无锡、绍兴、宁波⑤。江阴县城附近各乡的粮食先集结县城,然后经青阳镇运往无锡。常熟、吴县等地的稻米多运往上海。1931年常熟运往上海的粮食达数百万石(包括转运的粮食在内)⑥。

闻名中外的无锡米市,既是苏南各县、安徽等地稻米的转运地,又是浙江、上海米商采购稻米的主要市场。无锡米市执行聚散任务的米行,鼎盛时期达200多家,1929年为145家,抗战前2~3年一直稳定在130家左右⑦。

① 许道夫:《中国近代农业生产及贸易统计资料》,上海人民出版社,1983年,第150-151页。
② 《中国实业志·江苏省》第5编,第1章,第33-34页。
③ 《江阴市粮食志》,上海古籍出版社,1992年,第89页。
④ 《吴江文史资料》第7辑,第160页。
⑤ 《丹阳县志》,江苏人民出版社,1992年,第431页。
⑥ 《常熟市志》,上海人民出版社,1990年,第452页。
⑦ 无锡市粮食局十年史工作组编印:《无锡粮食商业的发生、发展和改造》(二稿)。

无锡粮食市场在其发展过程中经历了这样的变化:漕粮停办后,稻米交易明显减少,面粉、榨油工业的发展对大豆、小麦的需求量明显增加;交通运输的畅通使购销地区扩大到河南、河北、山东、皖北等地。这些地区以产豆、麦、杂粮著称。因此,无锡粮食市场上豆、麦、杂粮到货量逐渐增加,一改过去无锡粮食市场以稻米为主的局面,逐渐形成稻米、豆、麦、杂粮并存的格局。1917 年前后,无锡粮食市场到货量达 800 万石左右,抗战前高达 1220 万石。其中,稻米占 49.6%,小麦占 24.6%,大豆占 18.4%,杂粮占 7.4%。粮食销售量达 1000 万余石,其中大米 510 万石。大米运销上海 175 石,运销浙江 235 万石,省内和本市 90 万石,运销其他地方 10 万石左右①。

在江苏省内可称之为粮食聚散市场的还有扬州、连云港、淮阴、盐城等地。与无锡粮食市场相比,这些市场聚散的数量远不及无锡。在粮食品种方面,有的小麦占优势,有的大豆占优势,可视为二级聚散市场。

据《中国实业志·江苏省》记载,徐州商店以米粮行为最多,有 86 家,占总商店数的 36.29%,每年进口食品约 30 万石,大米 5 万石;每年输出花生仁约 3 万余吨,黄豆、小麦各万余吨,芝麻 5000 吨②。据说,抗战前,连云港粮食市场鼎盛时期,年成交粮食 5.75 亿斤。其中,小麦 1.83 亿斤,占 32%;大豆 2.28 亿斤,占 40%;杂粮 1.62 亿斤,占 28%。小麦、杂粮通过海路运销上海、青岛,黄豆主要运往无锡、上海和青岛③。1929 年,苏北重镇盐城辖区内有粮行、油饼行 800 多户,年交易大豆、杂粮达百万石④。扬州是苏中地区稻米的集散地,且历史悠久。据《中国实业志·江苏省》记载,扬州输出货物中,以小麦、籼稻为最多,各达 80 余万石⑤。

抗战前,常州是苏南最大的大豆聚散市场。其大豆来源,除本地所产之外,远至关外大连、牛庄及关内的天津、德州、沧州和鲁南、河南、安徽、徐淮海、里下河一带等地。常州榨油工业发达,四乡油坊约 300～400 家。大的油厂每天消耗大豆 3000 石之多,次则千余石、数百石,最小者亦需 100～200 石。大豆最高销售量年达 300 万～500 万石⑥。大豆除供本地需要外,远销杭、嘉、湖及邻近的无锡、江阴、宜兴、溧阳、金坛与丹阳。故豆业居常州“豆、木、钱、典”四大商业之首。

位于无锡、芜湖两大米市之间的高淳县东坝镇粮食市场,是省内典型的转载市场。1924 年,东坝有粮行 57 家,河边、坝头还有掌秤、斛量的行商。1924—1935

---

① 江苏省粮食局:《江苏省粮食志》,第 52 页。
② 《中国实业志·江苏省》第 4 编,第 7 章,第 88-89 页。
③ 江苏省粮食局:《江苏省粮食志》,第 54-55 页。1.83 亿斤 + 2.28 亿斤 + 1.62 亿斤 = 5.73 亿斤。原文如此。
④ 江苏省粮食局:《江苏省粮食志》,第 55 页。
⑤ 《中国实业志·江苏省》第 4 编,第 5 章,第 65 页。
⑥ 《常州地方史料选编》第 1 辑,第 242-244 页。

年,东坝每年过载粮食在 120 万石以上①。

综上所述,江苏省内粮食流向的大致轮廓是:苏北的粮食由各地的初级市场收集后,分别向徐州、连云港、淮阴、盐城、扬州等二级聚散市场集中,然后再分别通过铁路、运河、海路流向常州、无锡、上海、青岛等地。苏南各县的粮食由初级市场收集后,大致以苏州为界东西分流,苏州以东的主要流向上海,苏州以西的主要流向无锡。无锡市场上的粮食除供本地需要外,主要流向上海、浙江等地。

第二,各地的粮行大多为中小粮行,主要是代客买卖;经营规模较大、资本较雄厚的粮行不仅代客买卖,且兼有贮存、加工、运销粮食的功能。

抗战前,江苏的商品流通不同于"养牛为了耕地,养猪为了过年"的自然经济,也不同于简单商品经济的物物交换,但在季节性很强的粮食初级市场上,小本经营、现进现卖的小粮行仍居多数。有的是夫妻老婆店,有的兼营杂货,有的半农半商,有的逢市成集时摆摊设点,等等。这样的粮行主要代客买卖,不需要多少资本,只要置备一定的仓储设备和衡器、量器就行了。距离县城或较大集镇较远的农民将粮食挑至乡间市镇卖给粮行;靠近县城或较大集镇的农民直接将稻米卖给粮行,或由粮贩下乡收集,雇人运往城里向粮行兜售。这是农民生产的粮食到消费市场的第一步。这第一步各地大同小异。

对各地的这第一步,稍加比较,其促销手段、交易过程,存在着一些差别。下面以稻米初级市场为例举例说明②。

粮行名称、粮行功能不完全一样。盐城经营稻米的店号分稻行、米行、米铺。稻行兼营杂粮,统称陆陈稻行;经营城区居民食米的米铺甚少。东台农民出售稻子,年久成习,故稻行多,米行少;稻行中兼营麦、豆、高粱、玉米的多,专营稻子的少,故统称杂粮稻行。泰县海安以经营食米的米行为主。兴化经营稻米的店号因兼营豆、麦,故称陆陈粮行;城区有经营食米的米铺,其资本和营业额较大者称米号,较小者称米铺。

常熟代客买卖的米行,分买进卖出两种。专事买进的米行称籴行,专事卖出的米行称粜行,后来籴粜界限不分,逐渐出现籴粜行之名称。籴行中有专营乡货(常熟县所产之米)者,有专营客货(江阴、无锡等地所产之米)者,有两者兼营者。

招揽顾客的手段不完全一样。粮食买卖是"任客投行"。农民运稻米至粮行出售,如价格不满意,可另投他行,直到价格满意为止;粮商可委托一家粮行代购,也可委托几家粮行代购,也可委托不同地点的几家粮行代购。因此,各粮行为了争

---

① 江苏省粮食局:《江苏省粮食志》,第 53 页。
② 有关稻米初级市场的事例见:《工商半月刊》第 2 卷第 14 号《常熟县之米产调查》;第 3 卷第 2 号《盐城县之米产》;第 3 卷第 3 号《兴化县米产调查》;第 3 卷第 5 号《东台县之米产调查》;第 3 卷第 10 号《泰县之米产与米码头调查》;《姜堰古镇风情录》之《粮行》;《吴江文史资料》第 7 辑,《同里米业史话》。

夺粮商,千方百计增强自身的吸引力。然而,各地稻米初级市场招揽顾客的具体做法不一、方式有别。如盐城城区各米行将样米放在篮内,陈列行前,由农户自行看管,其形式极为简单。粮行如林、百谷汇聚的姜堰各粮行招揽顾客的手段五花八门,归纳起来有:(1)讲究粮食质量。规定每石小麦的灰土杂质不超过5磅,米要保持米尖、洁白、无水分。(2)掌握信息,熟悉行情,预测市场变化趋势,当好粮商参谋。为此,姜堰早在1914年就开设电讯业务,信息十分灵通。(3)让利多购。1931年前后,粮行行佣每石5分。各粮行为了多购粮食,扩大业务,往往从1石粮食的5分行佣中,让利1分给庄客作回扣;经纪人代买粮食1石给1分;为粮行"挂帮"接客的人,由粮行负责支付业务费用,每石粮付给"挂帮"人2分。(4)殷勤待客。粮行对客商招待殷勤备至。粮行对来行卖粮的农民每人招待两碗面条;对粮贩招待1顿早点、1趟浴室,后来增加到连续3天早茶、晚浴室,粮食出舱后有空舱酒、空舱礼等。常熟籴行对来行的米贩均免费供应食宿。交易成交后,见斛及见斛时的搬运,由籴行派人承担,并不另加费用。

交易过程有差异。吴江同里镇米行收购稻米时,由粜方提供米谷样品(绝大多数是糙米),米行专业人员按照质量和市场行情给价,粜方同意后将米谷从船上搬上岸过数,再由米行工人搬入仓库,粜方凭双方结算数字领取钱款,交易结束。常熟出售1~5石糙米的农民直接将糙米运至籴行,由籴行看货论价;出售10~20石糙米的农民,携带样米1包,送籴行验看,预先论价,合意者将糙米送行,正式谈价。专门贩运粮食的米贩和籴行、粜行的米商聚集于米商茶楼看样谈价,接洽买卖。如当天籴行与米贩接洽,有成交的意向,则邀米贩到行,一起到船上看验大样,决定价格。如成交,即行见斛,计价付款。资本充足的籴行,米贩离行之日,全部付清米款;资本较小的籴行,需待稻米出售后才能付款,一般不超过10天。常熟稻米初级市场上除了现款现货交易外,还出现了现款期货交易、半款期货交易、派人来行或来函委托代办。所谓现款期货交易,即买客与粜行谈定米名、数量、价格、取货日期后,付清全部米款,托粜行采办,粜行写一票据给买客。届时取货时,买客将票据退还给粜行。所谓半款期货交易,即买客到粜行谈定米名、数量、价格、取货日期后,先付一半米款,托粜行采办,粜行写一票据给买客。届时买客付清余款取货。粜行所垫之款,对交谊深厚的老顾客不计息,交谊浅薄的新顾客,利率最高不超过2分。常熟粜行对最熟悉的买客派人到行或来函委托代办者,皆按照要求采办,到期通知买客取货。买客取货时需付清米款和粜行垫款之利息,利率一般为2分。

存储稻米的方式也不完全一样。盐城农民运稻进城出售数量较多时,城区米行让地囤贮;数量少时将农民的原器存行。吴江同里镇米行为了利用稻谷登场与青黄不接时的米价差、上海米价与同里米价差,不仅在同里设立仓库,而且在上海租赁仓库贮存稻米,待价而沽,以获取更多的利润。早在民国初年就有十几家堆栈的姜堰,因堆栈业的发展,促进了粮食市场的繁荣。粮商也利用新粮上市价格便宜的规律,新稻上市囤稻卖麦,新麦上市囤麦卖稻,如此循环,获利不少。卖客见市场粮价不高,亦将粮食存储堆栈,待价而沽。常熟粮食市场上的米贩,如遇市价不合,需延时待价时,亦将米堆入堆栈。资本丰裕的籴行常常自行存储粮食。丰收年份,常熟城东门、南门一带,千百担之堆囤不少。

下面,我们再来看看无锡米市的交易情况。

无锡的粮行除代客买卖外,大多自行囤贩。就其性质而言,大致可分为土货行、客货行。土货行专营邻近各县稻米,兼收本地稻米,亦称乡货行。它以经营四乡和邻县稻米、小麦为主,杂粮为次;自营为主,代客买卖为辅。经营方法:零进趸出,也有趸进零出,兼营门市供应无锡城区居民之需。客货行则专营皖帮贩来的稻米,不收乡货,除经营稻米外,还兼营大麦、小麦、大豆、绿豆、芝麻等。它以代客买卖、赚取佣金为主,自营为辅。需要指出的是,20世纪20年代末30年代初,无锡粮商曾热衷于经营洋米、洋麦买卖,有的赚了钱,有的碰得头破血流,停业倒闭。

不论土货行还是客货行,其内部组织大致相似。其中合伙者占多数,独资者甚少。其资本都不多,营业额却很大。据说,资本最多的只有2万余元,有的1000～2000元,有的300～500元,甚至有的是"空车袋攒米",即没有资本空串交易。抗战前,无锡著名的隆茂复粮行只有2.1万元资本,每年营业额却在60万石粮食左右。其资金一靠银行、钱庄借款以及向堆栈抵押,借款经常在30万元左右;二靠吸收社会游资和私人存款。在一般情况下,隆茂复粮行外来资金在40万元以上,超过自身资金约20倍。立鑫粮行的资本1935年仅3000元,年底将利润2000元充作资本,总共不过5000元,但它吸收的存款,仅一个"远记户"就达5万元。据说,实际情况并不如此,粮行往往将大部分流动资金作为他人存款存入粮行,以逃避或减轻捐税负担①。

1925年后,无锡部分粮行装置了碾米机,兼营碾米业务,成为亦工亦商的"机砻粮行"。资本雄厚的碾米厂,以自买自碾为主。

堆栈业的发展,既为粮商囤粮提供了设备,也为粮商提供了资金便利。远道而来的粮商,粮食万一不能即时出售或不便再运他处时,可寄存于堆栈,无后顾之忧;还可将寄存于堆栈的粮食,照市价的8折或9折,抵押于堆栈(姜堰堆栈押款最高只有70%,年息9厘,如无能力还款,由存粮抵算②),取得现金,再去办货。抗战前,无锡粮食堆栈达26家,其容量最高时可存储300万石③。这是无锡粮食市场能聚集大量粮食的主要原因之一。

由此可知,无锡粮食市场的粮行、碾米厂、堆栈,大多以本业为主,不同程度地

① 无锡市粮食局十年史工作组编印:《无锡粮食商业的发生、发展和改造》(二稿)。
② 《姜堰古镇风情录》,第48页。
③ 无锡市粮食局十年史工作组编印:《无锡粮食商业的发生、发展和改造》(二稿)。

兼营他业,以扩大经营范围,千方百计地提高经营效益。

第三,粮食市场,特别是粮食初级市场缺乏平等竞争的市场环境、市场机制及市场法规,农民处于极为不利的地位。

商品生产经营者在市场竞争中应该是平等的。然而,旧中国却缺乏平等竞争的市场环境、市场机制和市场法规,政府干预乏力,交易行为不规范、竞争手段不正当、价格不合理,欺行霸市的行为司空见惯。逐利行为往往导致市场主体行为扭曲或错位,从而损害生产者、消费者甚至社会的利益。特别是在粮食初级市场上买主与卖主间存在严重的不平等。作为初级市场活动主体的粮农希望自己生产的粮食能够及时地卖个好价钱这个起码要求,受自身素质的影响、小生产方式的制约和各种超经济强制力量的控制,根本无法实现,只好被当地市场的垄断者任意摆布,常常以较低的价格出售。换一个时间和地点,他们又要以消费者的身份高价买进粮食。捐税盘剥繁重,粮商承运手续繁复,运输困难,买卖习惯不良,致使各个地区之间的粮价悬殊,波动剧烈。据实业部国际贸易局1932年调查,每担粳稻:常熟4.5元,太仓4.5元,无锡4.5元,武进4.5元,江都、宝应3.0元,阜宁2.9元,东海、溧阳、溧水2.8元,淮安2.6元,其余地方3~4元,最高价是最低价的1.7倍[①]。小麦、大豆各原产地的价格亦颇悬殊,最高价是最低者的3倍。季节性差价,对本来苦不堪言的农民来说,犹如雪上加霜。1929年,武进一带大旱,"十一月至十二月米价每石为十三元三角至七角,此时农人不得不粜米以偿债;阅四月至次年四月间,米价一跃而至十七元五角,几骤涨百分之三十。农人又不得不举债购米以充饥。是年秋大熟,至十一月十二月米价又跌至每石十元。农人粜谷偿债时,几乎需要两石白米始能抵补春间一石白米之旧欠,而按月二三分之重利,且犹未计入焉。一九三二年情形亦与此仿佛。因此富者愈富,而穷者愈穷,至成今日农村崩溃之现象。"[②]导致粮价剧烈波动的原因很多,洋米、洋麦进口数量的多少是影响粮价的重要因素之一。如徐州一带本为产麦之区,除自给外,大半运销外埠。上海、无锡等地面粉厂亦到此采购。1931年以来,洋麦过剩,价格低廉,厂商乐于采用,上海、无锡厂商告绝[③]。再如1929年,"江北大旱,米谷价值本应飞涨,而事实上竟不然者,则以沪、锡各公司购入大宗坎、澳洋麦。十九年收获尚丰,而各种粮食价格反高者,则以外国粮食进口减少,沪、锡各机厂公司,在江北一带尽量采买故也"。1931年,"江北各县惨遭洪水,海关洋米输入,又较十九年减少,米价似应飞涨,乃以水灾救济会借入大宗美麦,而各海关洋麦面粉之进口,总计比十九年多二三倍(其实多十

① 《中国实业志·江苏省》第5编,第1章,第29-31页。
② 张履鸾:《江苏武进物价之研究》,《金陵学报》第3卷第1期,第182-184页。
③ 章有义:《中国近代农业史资料》第3辑,第417页。

倍),昔之以米为食粮者,改用麦粉,故米之供给虽少,市价仍未上涨故也。"①

三

综上所述,抗战前江苏各地进入市场的粮食数量及其流速、流向不尽一致,很不平衡,呈现出明显的地域性。这是各地的地理位置、粮食产量、交通运输、资金周转和买卖习惯等因素长期共同作用的结果。到抗战前,江苏粮食流通中不可避免地存在着这样或那样的弊端,但它将世代刨土问食、勤耕不辍的农民与消费者、小农生产与近代工业生产、广大农村与城市紧密地联系起来了。这是经济社会发展的必然要求。它牵连着千家万户,关系着广大人民群众的生存和发展,关系着社会的稳定。正因为如此,国民党江苏省政府对粮食流通问题亦予以一定的重视。

江苏的地理位置、交通条件、资源优势决定了它在粮食市场竞争中能够左右逢源,多方受益,成为中国粮食市场相对发达的地区之一。总体上看,其交易形式已由流动交易、固定集市发展到"茶会买卖"。交易过程因时、因地而异,不尽一致之处也不少。抗战前,江苏各地粮食登场后,到处是粮食交易,又到处没有规范市场;到处是价格,又到处没有权威价格,毫无根据地压价或抬价已司空见惯。交易议价时总是"老关系价格好说",一旦正式确定价格时又会锱铢必较,1分1厘地扣,最后还觉得自己吃了亏。

抗战前,江苏粮食的流通,特别是粮食聚散市场的发展,促进了市场的繁荣和经济的发展。无锡为适应外地粮商堆存粮食、储汇资金的需要,堆栈、钱庄、银行相继出现;粮食流通过程中不可缺乏的粮食加工业、运输业,随着流通业的扩大应运而生、不断发展;以粮商为主要服务对象的服务行业也呈现出欣欣向荣的繁忙的景象。可以说,粮食市场的兴衰决定着各行各业的命运,"一荣俱荣,一损俱损"。这既说明了粮食流通在旧江苏经济运行中的地位很高、作用很大,但也说明了江苏到抗战前经济仍然很落后、工业化程度仍然很低。

抗战前,江苏粮食的商品率不高;政府只知抽纳重税,不图根本调剂,更谈不上保护农民和消费者的利益;市场上的粮食价格往往受进入中国的洋米、洋麦价格的左右。因此,视种植粮食作物为畏途者有之,粒食维艰、生活困难重重者有之。今天深入探讨抗战前江苏粮食流通的规律,总结其经验教训,对于进一步改革与完善粮食流通体制、进一步发育和健全粮食市场体系、努力开创粮食工作的新局面不无益处。

(原载《江苏社会科学》1997年第2期)

---

① 章有义:《中国近代农业史资料》第3辑,第417页。

抗战前江苏稻米初级市场浅析[*]

中国农业历史学会、中国经济史学会古代史分会和《中国经济史研究》杂志社曾于 1995 年 11 月在北京召开"小农经济·市场·现代化"学术研讨会。读了部分与会者的发言和论文(见《中国经济史研究》1996 年第 2 期)深受启发。笔者认为，旧中国，在农民与市场的关系中，农民与粮食初级市场的关系最直接、最重要、最密切。本文以抗战前江苏的史实为主，试图勾画出江苏稻米初级市场的大致轮廓以及个体农民在稻米初级市场中的地位和作用，作为参加"小农经济·市场·现代化"问题讨论的一个书面发言。

一

许道夫先生在《中国近代农业生产及贸易统计资料》一书中，将粮食从农业生产者手里到城市消费者手里的整个流通过程分为初级市场(亦称产地市场)、消费市场(市场收集的粮食绝大部分供本城市居民消费，不再转售外地)、聚散市场(亦称中级市场，有时也将其再分为一级中级市场、二级中级市场)、转载市场、终点市场(亦称中心市场或最终市场，是最后的消纳市场，如上海、天津均可称之为终点市场)。如果这种分法是可行的，那么抗战前与农民关系最密切、最直接的江苏稻米初级市场运转状况怎样? 关于这一点，未有人、也未有专门机构进行过专门调查，即使有人对某些县和地区进行过调查，亦不系统、不完整，试图勾画出其大致轮廓实属不易。我们只能从在稻米流通过程中起着衔接和沟通作用的中介组织——粮行的分布状况及零星调查报告，窥见其一二。据江苏省农矿厅 1929 年调查，全省仅米行就达 6515 家，其中泰县最多，达 633 家，盐城 513 家，兴化 498 家，江都 481 家，宝应 384 家，武进 239 家，常熟 235 家，高邮 232 家，江阴 227 家，东台 158 家，吴县 151 家，最少的是沛县，仅 2 家①。此次调查统计的范围比较宽，面比较广，标准比较低，基本上不问资本多少、营业额大小，有一个米行就算一个。苏北的米行大都兼营豆麦杂粮，俗曰陆陈粮行。一般地说，以上米行都集中分布在交通便捷的集镇和县城，自然形成了大小不等的稻米初级市场。

---

*　本文与拙作《抗战前江苏粮食的流通》一文有点重复。此次结集出版时，为了节省篇幅，将重复部分尽量删去，增加了清代黎里镇、平望镇、同里镇米市的情况。

①　《中国实业志·江苏省》第 5 编，第 1 章，第 33 - 34 页。

全县民食以米为主、农民经济亦唯米是赖的常熟县,年谷丰登,可粜其余以裕其用,邻县不足之区则得其稻米以济其乏。该县平年出产稻米248万余石,除自用外,可余39万余石。米行多在县城内外,乡村集镇少。县城内外代客买卖的、较大的米行达40余家,碾米厂10余家。游行于乡村收买糙米的米贩亦很多,俟集成数十石后,运至县城粮食市场出售。县城内米商茶楼(俗称米市头)亦有10余处。据常熟各关卡统计,1929年共输出糙米454485石,大都运销上海、苏州、南通、海门、崇明、启东等地①。

吴江同里、芦墟、平望、黎里、盛泽等地均有米市。据记载,吴江的黎里镇,"每日黎明,乡人咸集,百货贸易,而米及油饼为尤多。舟楫塞港,街道肩摩,其繁阜喧盛,为一镇之冠。"②平望镇人"多以贩米为业。其籴粜之所曰米行。其市集于后黌。其各坊储米之所曰栈。栈之中有砻坊,有碓坊。"③同里镇米市最为繁盛。据清嘉庆《同里志》载,"官牙七十二家,商贾四集"。到抗战前,同里的米行发展成为8个大米行、2个小米行,其中白米90%运销上海④。

历来以稻麦为主要农产品的丹阳县,1937年全县有大小粮行340余家,其中城区112家,乡区粮行主要分布在珥陵、延陵、吕城、访仙、埤城等集镇。其稻米专销无锡、绍兴、宁波⑤。

以稻米生产为主的兴化县境内的市镇,均为稻米集散地,论营业规模,首推城区。该城东南一带,经营稻米的店号,犹如栉比,约有39家。除稻行之外,尚有米铺。米铺依据资本、营业额的大小,分为米号、米铺。兴化城区有米号8家,米铺10家。大粮行每家销稻约3000余担,米约1900余石;小粮行销稻约500余担,米约700~800石。平均每家销稻1800担,米1300石。1930年,城区粮行共销稻7万余担,米5.2万余石⑥。

泰县境内的市镇均有米市,其中姜堰、海安(当时尚未设县)和城区最为繁盛,而姜堰和海安号称江北的米码头,营业状况远远超过城区。

海安既是泰县、东台、盐城、阜宁、兴化等地稻米的出售地,又是南通、如皋、海门、启东、崇明等地的采米区。据1931年5月15日出版的《工商半月刊》记载,海安有米行20余家,其中资本较多、营业较盛的达15家。姜堰市场上的稻谷主要来自盐城、兴化、阜宁、东台、宝应、高邮。其中盐城、兴化、宝应最多,阜宁、高邮次之,东台最少。稻谷占营业额的80%,米占15%,糙米占5%。姜堰有稻行20余家,米

---

① 《常熟县之米产调查》,《工商半月刊》第2卷第14号。
② (清)嘉庆《黎里志》卷之2,"形胜",第1页。
③ (清)道光《平望志》卷12,"生业",第3页。
④ 《吴江文史资料》第7辑,第160-163页。
⑤ 《丹阳县志》,江苏人民出版社,1992年,第431页。
⑥ 《兴化县米产调查》,《工商半月刊》第3卷第3号。

行 9 家,米铺 120 余家,碾米厂 7 家。米铺向稻行买下稻谷,雇工砻成糙米再由碾米厂碾白。泰县城区市场上的稻谷大都由本地农户运来,间有高邮、兴化、盐城的,但为数甚微,专营稻谷的稻行甚少①。

由此我们看到:苏北各地的稻米由初级市场收集后,分别运往姜堰、海安、溱潼、邵伯等地,再由它们分别运销上海、无锡、南通产棉区和通南高沙杂粮区,主要是南通产棉区。故当地流传着"卖不尽的西北,买不尽的东南"之谚语。苏南各县的稻米由初级市场收集后的流向,大致以苏州为界东西分流,苏州以东的稻米主要流向上海,苏州以西的稻米主要流向无锡。

二

抗战前,江苏各地稻米初级市场的机制发育不健全,基础设施很差,功能单一。但它却将穷乡僻壤出产的稻米与省内和国内各地的市场联系起来,使一部分稻米的价值和使用价值得以实现,广大农民安身立命的稻米生产得以维持和逐步发展;它还在某种程度上决定着农民对种植稻谷品种的选择及其改良,决定着农民收入的多少和购买力的高低。因此,我们在论述农民与市场的关系时,首先要弄清农民与农产品初级市场的关系,特别是与稻米初级市场的关系。否则,不免有隔靴搔痒之嫌。

纵观抗战前江苏各地的稻米初级市场,其交易过程一般是:距县城或较大集镇较远的农民将稻米挑至乡间市镇卖给粮行;靠近县城或较大集镇的农民直接将稻米卖给粮行,或由粮贩下乡收集雇人运往城里向粮行兜售。这是农民生产的稻米到消费市场的第一步,也是最重要的一步。初级市场上的稻米由粮商收购或粮行自行组织运往其他各地市场,本地城镇居民消费数量有限。各地稻米初级市场的粮行虽然都是代客买卖,但稍加比较,其交易手续并不完全一样。现据我们所看到的资料,稍加归纳整理,略举一二如下:

常熟

常熟城内外的米行分买进与卖出两种。专事头进的米行称之为籴行,专事卖出的米行称之为粜行。籴行所买稻米又分乡货和客货。常熟本地出产的稻米称之为乡货,江阴、无锡等地运来的稻米称之为客货。籴行中有专营乡货的,有专营客货的,有两者兼营的。

乡货均由农民自己运至籴行,每次不过 4~5 石或 7~8 石,一次运数十石的很少。农民凡出售 1~5 石稻米,大都将货运到籴行,由籴行看货论价,双方满意,即行成交,由籴行付清米款。若农民不满意,可将稻米运至其他籴行出售。农民出售 10~20 石以上稻米时,往往携带样米一包,送籴行验看,预先论价,如满意,将稻米

---

① 《泰县之米产与米码头调查》,《工商半月刊》第 3 卷第 10 号。

送至籴行,正式谈价。如成交,资本充裕的籴行,当面付清米款;资本较小的籴行,先付一半,其余的过 3~4 日再付。客货均由米贩用船运来(最小的船约 60 石),农民直接运来的很少。

常熟籴行、粜行与米商及米贩谈价看样、接洽买卖的米商茶楼,每天上午 7 时许开门,下午 7 时始散。如籴行与米商、米贩接洽已有头绪,则邀米商到行,上船看验大样,决定每石价格。如生意成交,资本充裕的籴行,米商离行之日,即行全数付讫。资本较小的籴行,需待稻米脱售后方能付给,一般不超过 10 天。客货米商及乡货米贩到籴行后的食宿,均由籴行免费供应,稻米成交后,籴行抽取行佣每石 5 分。见斛及见斛时的搬运,由米行派人承担,不另加费用。常熟斛比上海斛略小,比无锡斛稍大。

各地来常熟采购稻米的客商均与专营粜米的粜行接洽。购米客商分 5 帮:本地帮、苏州帮、上海帮、浦东帮和崇沙帮(包括崇明、海门、南通、启东各县米商)。在交易中,大半为现款现货交易,按货论价,取货时付讫货款,粜行每石收取佣金一般 8 分,至多 1 角 2 分,最少 6 分,由买主付给。粜行免费供应客商食宿。此外,还有现款期货交易、半款期货交易。

米行内部设经理一人,俗名阿大,管理行内大小一切事务,看样之职、买卖之权均由其独掌。经理之下设内场职员、外场职员,其人数各以营业规模大小而定,内场 2~3 人,外场 2~5 人不等。内场职员中,司账员最为重要,外场职员均以买卖交易为任务。

这里需要指出的是:有的籴行暗中经营粜米业务,有的粜行暗中亦经营籴米事情,籴粜界限逐渐不分,20 世纪 20 年代末 30 年代初,常熟稻米市场上已出现籴粜行的称谓①。

无锡

无锡既是苏南武进、宜兴、溧阳、金坛、丹阳、江阴,苏北泰县、高邮、盐城、兴化,安徽、江西、湖南等地稻米的转运地,又是浙江、上海米商采购稻米的主要市场。当地农民出售稻米的情况比较特殊:离城较近的农民直接将稻米运进城内进入市场;离城较远的农民因自运稻米进城费用高、时间长、市场价格变化大,大都肩挑稻米至小镇乡货行出售。乡货行抓住农民急于脱售的心理,压级压价,农民往往忍痛出售,听其剥削。小镇乡货行收购农民稻米,每石较城区约低 1 角至 2 角,且常将斛中印本取出,每石可以增加一升,每石稻米农民还须纳商团捐及庙捐等 1 分左右。付现款时,还要打九八四折扣。市场缺货时乡货行派人或米贩携斛上门收购稻米,

---

① 《常熟县之米产调查》,《工商半月刊》第 2 卷第 14 号。

农民得价稍高,但此种情形并不多见①。

吴江同里

据有人回忆,吴江同里镇粮行每天上午收购稻米。远近农民的稻米由水路运来,加工后由水路运往上海。故米行都设在镇梢水路畅通的水口沿岸,并设有宽阔的码头,以便卖米船依次停靠,分别进行交易。据说,有的米行能同时与12家以上的卖米户交易。交易时,卖方提供米谷样品(绝大多数是糙米),米行专业人员按照质量和市场行情给价,卖方同意后将米谷搬上岸过数,再由米行工人搬入仓库,卖方凭双方结算数字领取钱款,交易结束。稻谷登场农民完纳田赋或缴纳地租季节,到货最旺,稻米价格较低,米行全力以赴,大量收购。收购稻米是同里米行的主要业务。由于同里米行资本充足(一般在5万元至15万元),流动资金多(一般在10万元至20万元),大都利用稻谷登场与青黄不接时的米价差、上海米价与同里米价差,囤积居奇,获取更多的利润。为此,同里米行不仅在同里设立仓库,而且在上海租赁仓库贮存稻米。各米行还备有以柴油机为动力的碾米机,将糙米加工成白米出售。米行还有与之长期合作、彼此有利的固定船主,其船都是载重300石左右的大木船。同里每天都有船装米待发或装载某些商品的船由上海返回,一年约航行1500个航次。米船到上海后,即由随船押运人员或米行在上海的委托人,通过电话向米行报告上海粮食市场行情,米行经理根据市场行情或经济形势作出决定②。

兴化

城区粮行大多以收购稻米为主,其性质为代客买卖。大农户大都出售稻谷,小农户及小稻贩图加工稻谷之利,大都出售熟米,相沿成习,故粮行稻米兼收。兴化县城四面环水,无论稻米数量多少,农民均用民船装运入行。入行后,由行中看样的检验稻骨、米骨,询问价格。如双方同意,由看样的报告经理或买主,经理或买主同意后,将米见斛或将稻谷过秤(十五两漕秤)。资本充实的粮行,当即付清粮款;资本较小的粮行,2日内付清。粮行所抽佣金卖主负担60%,买主负担40%。

买方委托粮行收购稻米,借宿行内,说明收购的具体要求,粮行立时收购。收购时买方亦有选择之权。稻米收齐后,买方付清粮款离行,另行雇船装运他去。粮行除帮助搬运下货之外,其余均由买主自理。

兴化粮行独资者约占90%,合资者约占10%。其内部组织很简单,经理由店主自任,司账1人,秤手1人,职员1~2人。司账除记录账目之外,常兼管门市生

---

① 赵宗煦:《江苏省农业金融与地权异动之关系》,见萧铮主编《民国二十年代中国大陆土地问题资料》第87册,第45879-45880页。

② 《吴江文史资料》第7辑,第160-163页。

意;秤手既要负责看样、议价、监斛,还要承担兜售事务①。

泰县海安

客商将米或稻运到海安后,首先报告米行。米行一面派经纪人赴船看大样,预谈价格;一面向买客兜售,带其到船看货。买卖双方洽谈价格时,由卖方开价,买方还价,米行从中协调,促使成交。最后能否成交,决定于买卖双方的讨价还价能否取得一致意见。成交后米行派出斛工见斛,买卖双方进行交接。卖主离行时,米行垫付稻米款,并扣佣金;买主起运稻米离行时,新客均需付清现款,熟客可先付一半,其余过 10 日或 15 日再付,如过 15 日,按钱庄利率收取利息。

米行内部组织与其他地方大同小异,不同的是斛手无薪水,需卖主每石付斛费 2 分,充作斛手酬劳②。

东台

东台稻米集散地,除城区外,还有溱潼等 9 处,营业规模首推城区。城区稻行多,米行少,且兼营麦、豆、高粱、玉米等,专营稻谷的少,统称杂粮稻行,主要是代客买卖。除少数大农户直接向稻行出售稻谷外,其余的则由乡间稻贩往来乡村中,逐户收买,集满一船(每船约 150～160 担),运至城区稻行出售。当农户或稻贩运稻至行时,稻行先向稻贩打听价格,同时用木制小磨检验稻骨,向当地米铺或客帮稻贩兜售。买主看过货,价格满意,稻行将稻过秤,第二天付清货款。稻行每担抽取佣金 1 角 7 分,卖方负担 9 分,买方负担 8 分,稻行负担平粜捐每担 1 分,上下力费每担 1 分 7 厘。若买主第二天不能如数付清货款,可重新商定付款日期,但不得超过 7～8 天,且需得到稻行承认,方可实行。

东台城区杂粮稻行资本较大的,每年可交易稻谷 3 万～4 万担,资本小的交易数百担。1930 年,全年营业额约 35 万担。

杂粮稻行大多独资。其行内组织也很简单,行主即为经理,职员人数多则 6 人,少则 2 人,一般的 4 人③。

其他各地稻米初级市场的交易过程及方式,限于篇幅,不一一列举。

三

"商品是天生的平等派",商品生产经营者在市场竞争中也应该是平等的。然而,抗战前的江苏地区和全国一样,缺乏平等竞争的市场环境、市场机制和市场法规,政府干预乏力,交易行为不规范、竞争手段不正当、价格不合理,欺行霸市的行为司空见惯。据社会经济调查所对松江米市的调查,米行对农民的剥削手段无奇

---

① 《兴化县米产调查》,《工商半月刊》第 3 卷第 3 号。
② 《泰县之米产与米码头调查》,《工商半月刊》第 3 卷第 10 号。
③ 《东台县之米产调查》,《工商半月刊》第 3 卷第 5 号。

不有,此处略举一二。

（1）加峰。即稻米见斛之后,每斛再加 1 升。其理由是见斛时或有不足,增加 1 升,弥补其短。

（2）尾找。即每石米的尾数,均给小洋,分数以铜元计算,1 石米农民少得二三角。

（3）脚米。即在斛米处,挖一个坑,上面放一个木格,使之与地平。斛米时散落之米由木格入其坑中,农民既不易察觉,又不易从中取回。一天生意结束后,取出坑中之米,名为脚米。据说,有的米行每年仅脚米可卖数百元之多。

（4）重斛。将袋中之米倒入斛中,其速度快慢、用力大小,很有讲究。速度慢、用力小,可以少斛多;速度快、用力大,可以多斛少。其差别每斛可至 2 升以上①。

凡此种种,不一而足。

捐税盘剥繁重,粮商承运手续繁复,运输困难,买卖习惯不良,致使各地之间的粮价悬殊,波动剧烈。据实业部国际贸易局 1932 年调查,每担籼粳稻:常熟 4.5 元,太仓 4.5 元,无锡 4.5 元,武进 4.5 元,江都、宝应 3.0 元,阜宁 2.9 元,东海、溧阳、溧水 2.8 元,淮安 2.6 元,其余的 3～4 元,最高价是最低价的 1.7 倍②。季节性差价,对本来苦不堪言的农民来说,犹如雪上加霜。1929 年,武进一带大旱,"十一月至十二月米价每石十三元三角至七角,此时农人不得不粜米以偿债,阅四月至次年四月间,米价一跃而至十七元五角,几骤涨百分之三十。农人又不得不举债购米以充饥。是年秋大熟,至十一月十二月米价又跌至每石十元。农人粜谷偿债时,几乎需要两石白米始能抵补春间一石白米之旧欠,而按月二三分之重利,且犹未计入焉。一九三二年情形亦与此仿佛。因此富者愈富,而穷者愈穷,至成今日农村崩溃之现象。"③导致粮价剧烈波动的原因很多,洋米、洋麦进口数量的多少是影响粮价的一个重要原因。1929 年,江北大旱,米谷价格本应飞涨,而事实却不是这样,这是因为沪、锡各公司购入了大宗洋麦。1930 年收获尚丰,而各种粮食价格反而上涨,是由外国粮食进口减少,沪、锡各公司在江北一带尽量采购粮食造成的④。

四

综上所述,抗战前江苏各地稻米初级市场交易过程,交易手续,稻米成交数量、流向、流速,不尽一致,很不平衡,呈现出明显的地域性。这是各地的稻米产量、地理位置、交通运输、资金周转和买卖习惯等因素长期共同作用的结果。稻米初级市

---

① 赵宗煦:《江苏省农业金融与地权异动之关系》第 87 册,第 45881－45883 页。这里说的是松江粮食市场的情况,江苏各地粮食市场也有类似情况。
② 《中国实业志·江苏省》第 5 编,第 1 章,第 29－31 页。
③ 张履鸾:《江苏武进物价之研究》,《金陵学报》第 3 卷第 1 期,第 182－184 页。
④ 章有义:《中国近代农业史资料》第 3 辑,第 417 页。

场牵连着千家万户,关系着广大人民群众的生存和发展,关系着社会的稳定。正因为如此,国民党江苏省政府对当时的稻米初级市场亦予以一定的重视。

抗战前,江苏稻米初级市场的发展,促进了市场的繁荣和农村集镇的发展,促进了粮食加工业、交通运输业的发展,以粮商为主要服务对象的服务业也呈现出欣欣向荣的繁忙景象。当然,全省各地稻米初级市场的作用有大有小,发展很不平衡。可以说,稻米初级市场的兴衰,在一定程度上决定着农村集镇及其各行各业的命运。这既说明了稻米初级市场在粮食流通过程中的地位和作用,也说明了产粮大省江苏到抗战前经济发展水平仍然不高,工业化程度仍然很低。

商业道德和信誉也是一种无形资产。抗战前,有的粮行为了争夺稻米,千方百计掌握市场信息,预测市场行情及其变化趋势,为客户当好参谋,努力做到:细观察,严格把好质量关;慎应对,讲礼貌,改善服务态度;重信誉,对客户真诚无欺,真实无妄,不自欺欺人,不弄虚作假,"诚招天下客"。溱潼粮行的兴旺,姜堰粮行的衰落,同里米市的长盛不衰,与此不无关系。

抗战前,江苏各地稻谷登场后,到处是稻谷交易,又到处没有规范市场;到处有价格,又到处没有权威价格。交易议价时总是"老关系价格好说",正式确定价格时又会锱铢必较,1分1厘地扣,最后还觉得自己吃了亏。

深入研究抗战前江苏稻米初级市场运行状况,总结其经验教训,对于当前建设开放、畅通、灵活、高效的粮食市场体系,不无好处。

(原载《学海》1996 年第 6 期)

1927—1937 年国际生丝市场的变化对无锡蚕丝业的影响

"千年通有无,万里扬中华。"中国对外贸易历史悠久,但旧中国的对外贸易是在服从于西方列强的利益和需要的基础上进行的。中国厂商不能直接进行对外贸易,全赖设在上海、广州、青岛、大连等地的外国洋行转贩,不但不方便,而且国际市场需要商品种类及其数量之多少、价格之高低,一概不知,上海等地市场上的价格又操纵在洋行手里,政府又不支持,关税又不能自主,困难重重。所以,旧中国的对外贸易完全处于被动挨打的地位。这在旧中国的生丝对外贸易中表现得尤为明显。本文拟就 1927—1937 年国际生丝市场的变化对无锡蚕丝业所产生的影响,谈点粗浅看法。

一

无锡生丝以出口为主,其销路以欧美各国为最多。因此,欧美各国生丝市场的兴衰对无锡蚕丝业的发展影响甚大。

20 世纪 20 年代,美国经济和政治出现了相对的稳定,工业生产有所发展,人民购买力有了一定的提高,市场上对以生丝为原料的丝织品的需求量不断增加,美国成为世界上生丝消费最多的国家。1925 年,美国生丝消费量达 28.6 百万基罗格兰姆,占世界各国生丝消费量的 53.6%;1926 年占 50.9%;1927 年占 52.6%;1928 年占 51.8%[①]。美国生丝消费量这么多,但它自己并不生产生丝,全依赖外国输入。1923 年,美国平均每月进口生丝 412.4 万磅;1929 年,增加到平均每月进口 726.8 万磅之多[②]。

法国也是生丝消费大国。中国输往法国的生丝一向占有重要地位。19 世纪末,生丝贸易在中国输往法国商品中居第一位;20 世纪以来,其地位虽有所下降,但仍在第二位与第三位之间;1928 年,中国输往法国的生丝值占中国输往法国商品值的 30%。

总的来看,1922—1929 年,国际生丝市场虽有波动,但基本上是比较平稳的。这对无锡生丝出口是非常有利的。1922 年,欧美丝销畅旺,价格飞涨,无锡各丝厂生产的生丝每担上涨 200 两以上,各丝厂获利多者在 10 万两以上,少者也

---

① 《工商半月刊》第 2 卷第 9 号"撰述",第 18 页。
② 《工商半月刊》第 2 卷第 23 号"撰述",第 52 页。

有 8 万~9 万两或 5 万~6 万两①。乾牲丝厂的生丝,通过怡和洋行专销英国各埠。由于该厂生丝质量优良,为怡和洋行所信任,畅销无阻②。1925 年,蚕茧质量好,缫折小,适值欧美丝销畅旺,价格上涨,无锡各丝厂盈利多者 10 余万两以上,少者亦 7 万~8 万两或 4 万~5 万两③。1926 年,无锡丝厂之增加,犹如风起云涌,其盈利也相当可观。各丝厂每缫丝 1 担可盈利规元 100 余两,全年统计约盈利 300 万两之多,在无锡实业中首屈一指④。

1929 年后,国际生丝市场的形势急转直下,一年不如一年。从美国爆发的、席卷整个资本主义世界的经济危机,使世界各国的消费水平大幅度下降,市场上对生丝的需求量也随之减少。美国生丝消费量若以 1929 年为 100,则 1930 年为 93.6,1931 年为 96.0,1932 年为 89.3,1933 年为 75.7,1934 年为 75.4⑤。在同一时期,美国进口生丝却大于消费量,造成美国生丝市场上供大于求。1930 年 11 月下半月,纽约生丝市场几乎有行无市,存丝达 59000 包⑥。受生丝积压的影响,纽约生丝价格暴跌。上等白干经(丝),1929 年 11 月中旬,纽约每磅为 3.59 美元;1930 年 12 月中旬,每磅下跌为 1.60 美元。此后,生丝价格虽然有所回升,但每磅也只有 2.46 美元⑦。1930 年 11 月,法国因绸销不动,丝织厂纷纷减工停机,生丝消耗几减十之五六。各国生丝商虽愿贬价求售,但无人问津,丝市之疲滞达到极点。

国际生丝市场需求量的急剧减少,特别是美国、法国生丝市场需求量的减少,对中国生丝出口产生了重大影响。中国输往美国的生丝,由 1930 年的 39154 担下降为 1931 年 29742 担,下降 24%;1932 年下降为 18240 担,比 1930 年下降 53.4%。中国输往法国的生丝由 1930 年的 26374 担下降为 1931 年的 18805 担,下降 28.7%;1932 年下降为 16321 担,比 1930 年下降 38.1%⑧。中国生丝主要进口国需求量的减少,致使国内生丝出口总量急剧下降。1932 年底,江浙两省积存陈丝约 3 万担,陈茧 10 万担⑨。这对立足无锡、近靠上海、远销国外的无锡丝厂商来说,不能不是个致命的打击。这种情况一直延续到 1934 年。从 1935 年起,无锡缫丝业才逐步恢复。这是由于:资本主义世界经济危机结束,经济逐渐恢复;同时,日本因遭受天灾,蚕茧产量剧减,生丝产量下降;意大利亦因受意阿战争影响,生丝输出

① 《锡报》,1923 年 1 月 1 日。
② 《锡报》,1925 年 10 月 13 日。
③ 《锡报》,1926 年 1 月 1 日。
④ 《锡报》,1927 年 1 月 1 日。
⑤ 《工商半月刊》第 7 卷第 9 号"撰述",第 40－41 页。
⑥ 《工商半月刊》第 2 卷第 24 号"商况",第 8 页。
⑦ 《工商半月刊》第 1 卷第 22 号"商况",11 月上半月中外丝市月中价;第 3 卷第 1 号"商况",12 月上半月中外丝市月中价;第 3 卷第 21 号"商况",10 月上半月中外丝市月中价。
⑧ 根据 1935 年《中国经济年报》附录"中国经济之统计资料"中表 14 的数字计算而得。
⑨ 《工商半月刊》第 5 卷第 2 号"国内经济",第 71 页。

停止。这样,国际市场生丝价格上涨,中国生丝出口开始回升,无锡缫丝业得以恢复和发展。

二

商品流通是连接生产和消费的中间环节。流通渠道通畅与否,直接关系到商品的价值和使用价值能否顺利实现,从而影响生产的发展。无锡生丝的国内市场很狭小,主要销往国外。因此,国际生丝市场的兴衰,对无锡生丝出口的多少有着决定性的影响;无锡生丝出口的多少又决定着该地缫丝业的命运。

1929 年前,国际生丝市场对生丝的需求量比较大,中国生丝出口量也比较多,无锡缫丝业的发展也比较快。1920 年,无锡有丝厂 14 家,丝车 4444 部;1924 年,丝厂增加到 19 家,丝车增加到 6220 部;1926 年,丝厂增加到 24 家,丝车增加到 7660 部;1928 年,丝厂增加到 37 家,丝车增加到 10166 部;1929 年,丝厂增加到 46 家,丝车增加到 12862 部[1]。1929 年后,国际生丝市场需求量减少,价格下跌,致使中国生丝出口减少。流通渠道不畅,生丝积压,供给相对过剩,而无锡丝厂因不了解国际生丝市场行情,在 1930 年却增加到 49 家,丝车增加到 15326 部[2]。由于盲目投资,早在 1929 年底,无锡已有 5 家缫丝厂因资金周转不灵,先后宣告停业;亏蚀丝厂约有 20 家之多,勉强维持开工的只有 10 余家[3],盈利者凤毛麟角。据统计,无锡各丝厂资本共约 250 万两,1930 年经过五六个月的亏蚀,损耗总额已达 400 万两以上,是资本总数的 1.6 倍[4]。1930 年,无锡各丝厂全年亏蚀 600 万两(连做余茧在内)[5]。直到 1934 年底,无锡勉强开工的丝厂仅有 23 家。1935 年,无锡各丝厂力谋复业者达 30 多家,均获盈利,多者 10 万余元,少者亦数万元。薛氏经营的丝厂盈余之数约在百万元以上[6]。当然,各丝厂也有时开时停的现象。1936 年,无锡丝厂恢复到 40 家,年产生丝达 3.4 万多担[7]。据《锡报》报道,据对 30 多家丝厂的统计,1936 年约盈利 150 万余元。乾牲两丝厂这一年可盈 20 万元,其余各丝厂可盈利 3 万 ~4 万元或数千元不等[8]。

为了扭转缫丝业惨败的局面,有的丝厂商对丝厂的经营管理进行一系列的改革。如薛氏资本集团创办蚕种场,改良蚕种;改良茧灶,创办新式机灶,提高烘茧效

---

① 高景岳、严学熙:《近代无锡蚕丝业资料选辑》,第 60 页。
② 高景岳、严学熙:《近代无锡蚕丝业资料选辑》,第 60 页。
③ 《工商半月刊》第 2 卷第 2 号"工商消息",第 4 页。
④ 《工商半月刊》第 2 卷第 20 号"国内经济",第 12 页。
⑤ 《工商半月刊》第 3 卷第 2 号"工商消息",第 8 页。
⑥ 《锡报》,1936 年 1 月 28 日。
⑦ 《江苏建设月刊》第 4 卷第 2 期"统计",第 25 页。
⑧ 《锡报》,1937 年 2 月 15 日。

率;创办制丝养成所,开办练习班和制丝指导员训练班,提高工人素质,培养中下级职员;引进日本煮茧机、缫丝车,并进行仿制和改进,提高生产效率和生丝质量;适应国际市场特点,走出国门搞调查,做买卖,并组织对外贸易机构,冲破外国洋行的束缚,掌握国际市场行情,扩大生丝销路。经过一系列改革,薛氏资本集团克服了资本主义世界经济危机所造成的重重困难,并得以发展壮大,成为无锡缫丝业界以至江浙缫丝业界的佼佼者。

三

无锡蚕茧产量甲于东南,是中国蚕茧市场中心之一;无锡丝厂林立,是中国缫丝工业中心之一。所以全国蚕丝事业之盛衰以及有无改进,只要看看无锡蚕丝事业发展的情况就可以知道了。据说,无锡全县无地不桑,无户不蚕,茧行棋布。"上半年靠蚕,下半年靠粮",就是对这个地区的农业结构形象而简要的概括。

在商品经济条件下,经营者都是从市场上获得生产要素的。在各种生产要素中,物资、资金的获得尤为迫切。蚕茧是缫丝业必不可少的生产要素。新中国成立前,经营丝厂业者曾总结出这样的经验:内则须蚕茧收成优良,外则更须丝市向上,方可获得厚利。反之,缫丝业生产萎缩,导致缫丝业原料蚕茧相对过剩,茧价下跌,蚕业衰退。1929 年前,江苏蚕茧收成有丰有歉,茧市有兴有衰,但产销基本上相适应,农民养蚕的积极性比较高。从 1930 年起,由于生丝出口量减少,生丝价格暴跌,丝厂纷纷倒闭,蚕茧相对过剩。往年阴历 3 月底,无锡各丝厂及做余茧者纷纷与茧行接洽租赁,订立合同,准备收茧。1931 年,无人过问之茧行约占 70%。振艺丝厂往年租开茧行,常达 20 ~ 30 处;1931 年则仅租 5 处[1]。一般做余茧者,连年因茧市衰落,大多倾家荡产。今见丝茧市面每况愈下,均相戒不敢过问[2]。1932 年,无锡全县 500 余家茧行,准备开行收茧者仅 15 家。由于茧多行少,往年各行竞收之局面,已变为茧户相互竞卖,茧行任意压低茧价。国民党政府实业部曾限定改良种蚕茧每担最低价 25 元,土种蚕茧每担最低价 15 元。后来,改良种蚕茧虽无低于25 元者,土种蚕茧则大都只售 10 元至 15 元,最高者亦仅 20 元左右而已。蚕价低落,蚕户非但无利,反而亏损不已[3]。

蚕汛欠劣,植桑者亦亏损不已。往年桑叶每担最高可售 5 元或 3 元多,1932 年桑叶最贵时每担仅售 1 元,最低曾跌至 1 元 2 担或 3 担,尚无人过问[4]。蚕户亏累不堪,愤而毁桑植稻者,到处可见。苏常各县,3 年来桑田翻改为稻田或屋基、园场

---

① 《工商半月刊》第 3 卷第 12 号"国内经济",第 8 页。
② 《工商半月刊》第 3 卷第 12 号"国内经济",第 8 页。
③ 《工商半月刊》第 4 卷第 11 号"国内经济",第 7 页。
④ 《工商半月刊》第 4 卷第 11 号"国内经济",第 6 页。

者,几达原有面积的 1/2。其中无锡、江阴两县桑田面积减少得最多、最快。1930年,无锡桑田面积为 251037 亩,1931 年减至 150000 亩,1932 年减至 84000 亩①。由于茧价狂跌,蚕农收入减少,得不偿失,兴趣锐减,蚕业日益衰退。蚕桑自然再生产过程的周期较长,桑田面积的减少,蚕茧产量的下降,对以蚕茧为唯一原料的缫丝业的影响,无异于釜底抽薪,而且这种影响在短时期内是无法消除的。直到 1935年,由于丝厂逐渐恢复生产,茧价上涨,养蚕农户逐渐增多。1936 年春,无锡蚕农饲养春蚕之兴趣突然变得浓厚,养蚕数量比 1935 年几乎多 2 倍。当时有人说:如果海外丝市不趋疲途,则五六载久滞不振之无锡蚕业,将有复苏之望②。

综上所述,国际生丝市场的兴衰决定着无锡生丝出口的多少,无锡生丝出口的多少又决定着无锡缫丝和蚕桑业的命运;蚕桑业的衰败又影响生丝质量的提高和产量的增加,生丝质量不高又影响它在国际市场上竞争能力的提高和出口额的扩大。这种恶性循环,在半殖民地半封建的旧中国是根本无法解决的。只有在独立自主地进行经济建设和开展对外贸易的新中国,才有可能真正做到工贸、农贸之间的联合和合作,按照国际市场需要进行生产,积极发展对外贸易。

（原载《江苏经济探讨》1988 年第 6 期）

---

① 《工商半月刊》第 4 卷第 11 号"国内经济",第 6 页。
② 《中行月刊》第 12 卷第 6 期"产业",第 96 页。

营口土布市场的兴衰及其对南通土布业的影响*

　　流通和消费如何影响、制约生产是中国近代经济史研究中极为重要的课题。本文试图根据前人的研究成果,对营口的南通土布市场兴衰过程、原因及其对南通土布业的影响等问题进行探讨,从一个侧面来反映中国近代经济发展进程中流通、消费对生产的反作用。

一

　　"产品贸易一旦离开生产本身而独立起来,它就会循着本身的运动方向运行,这一运动总的说来是受生产运动支配的,但是在单个的情况下和在这个总的隶属关系以内,它毕竟还是循着这个新因素的本性所固有的规律运行的,这个运动有自己的阶段,并且也反过来对生产运动起作用。"①这就是说,处于流通领域的商品的运动具有客观性,不以人们的主观愿望为转移。它要求不断地突破已有的流通范围,向更广阔的领域发展。它要求从供大于求的地区向供小于求的地区流动,从价格较低的地区向价格较高的地区流动,从购买力较低的地区向购买力较高的地区流动,通畅地到达适销地区,进入消费领域。按照商品自身运动规律组织的商品流通,把农产品和大量的手工业产品卷进了广阔的市场领域,促进了商品经济的发展。列宁说:"市场是商品经济的范畴"②,是经济生活中必不可少的一环。中国幅员辽阔,由于自然条件、历史条件、地理环境和其他社会因素的不同,各地的经济发展很不平衡,错综复杂,具有明显的区域性特征。到了近代这个特点更为显著。正因为各地经济发展速度快慢不同,水平高低不一,成熟程度有别,它们之间从来是相互依存、紧密联系的。这种联系主要通过流通环节组织商品流通来实现。这种联系的加强,在客观上促进了各地商品经济的发展及其横向联系的加强,促进了市场的繁荣兴旺、地区间差别的缩小、人民物质文化生活水平的提高;同时也自发地形成了一些大大小小的商品生产和商品交换的中心。南通土布市场的开拓和南通土布业的发展,就是这种联系加强的结果。南通土布按照销售地区分为关庄布、县庄布、京庄布。关庄布因远销关外的东北而得名,其市场主要在营口。

---

　　*　本文所说的南通是指清代的通州、海门厅、崇明外沙。本文所说的南通土布即关庄布。
　　①　《马克思恩格斯选集》第4卷,第481页。
　　②　《列宁全集》第3卷,第17页。

营口位于辽河下游的入海口，"南通闽广江浙，近接直（隶）东，中外商民云集，（东北）沿海各口中，最为紧要之地。每岁春融开河以后，各省商贩，纷至沓来，五方杂处。一切起卸货物，驾驶船只，需用佣力之人甚多。"①在中国近代史上，营口曾是东北与关内沿海城市通商的最早商埠，东北大豆的集散地，东北最早的金融中心和南通土布的贸易中心。

营口的南通土布市场从形成到衰落，大体上经过3个阶段，即奠基时期、繁荣时期、衰落时期。

（一）奠基时期（1842—1900 年）

清中叶以后，大批移民出山海关开垦荒地，促进了东北三省经济的发展。移民中以南通棉花、土布做衣裳的山东移民最多，南通土布也随之销往关外。起初，南通土布由山东帮客商用骡马载到东北销售，但数量不多。1842 年，中英《南京条约》将上海辟为商埠。1858 年，《天津条约》又将牛庄辟为商埠，对外开放。1861年，英国侵略者诡称牛庄即是营口。1864 年，营口建立税关。从此，资本主义列强打开了东北的南大门。但资本主义列强凭借暴力攫取的特权并没有使贸易迅速扩大，也没能使外国工业品在中国迅速打开销路，特别是棉织品的输入还遭到中国土布的顽强抵抗。直到 19 世纪 90 年代前后，到中国旅行的外国人还这样说："就广大群众的衣着而论，可以说我们几乎还不曾开始供应中国的市场。在这方面，任何观察家只要愿意从任何通商口岸往内地旅行两天，就可以得到证明……在中国从南到北、从东到西的任何内地城镇或乡村里观察一群人，其中十分之九是劳动人民，多半是在地里劳动的，就可以发现他们身上或多或少穿着一些家庭纺织的衣服，而大多数身上穿的完全是土布。"②随着上海、营口的开放，它们之间来往船只的增多，中国本国产品的转运贸易也逐渐发展起来。北方客商在上海收买土布，向上海船号帮雇用帆船，配搭百货，运往营口，再从营口装豆油、豆饼和其他土货到上海③。运销东北的货物，由陆地改为海路从上海出口北运，避曲取直，缩短了运输路程，减低了劳动消耗，增加了货运量，有利于大量的南通土布以较低的耗费、较短的时间完成从生产领域向消费领域的转移。到 1862 年，南通生产的鼎茂牌、天茂牌、天和牌土布在营口市场已站稳了脚跟，奠定了南通土布在营口市场大量交易的基础。由于当时南通织造土布用的全是土纱，无论是质量还是数量都受到一定的限制。

南通土布之所以能在东北打开销路，站稳脚跟，主要是因为东北三省气候寒

---

① （清）宝鋆：《同治朝筹办夷务始末》卷之 46，见沈云龙主编《近代中国史料丛刊》第 62 辑，文海出版有限公司，1971 年，第 4478 页。
② 姚贤镐：《中国近代对外贸易史资料》第 3 册，中华书局，1962 年，第 1355 页。
③ 林举百：《近代南通土布史》，第 29 页。

冷,不宜植棉,纺织原料匮乏,纺织业极不发达。起初,销往东北的南通土布虽然较为粗糙,价格较高,但与用当地出产的皮货做的衣服相比,要低廉得多。随着东北三省的辽阔土地被逐步开垦,人口逐渐增多,对土布的需求量也不断增加。南通土布在东北三省广大农民中除被用作衣被之类的生活必需品外,还广泛用于糊刷坑面、裱糊油篓的口周、制作沿海帆船的风帆、制作篷帐,用于制作豆制品制作过程中过滤用的布袋等。营口南通土布市场一步步地走向繁荣。

(二)繁荣时期(1901—1921年)

19世纪90年代前后,洋纱逐渐流入南通一带。由于洋纱条干均匀,不易断头,所织土布质量较高。土布质量的提高,引起东北三省劳动人民对它的浓厚兴趣,从而南通土布在营口市场的信誉大增,销路不断扩大,销量不断增加,营口成了东北三省南通土布的总汇区和贸易中心。就近的盖平、盘山、辽阳、本溪、抚顺、沈阳,都以营口为土布吞吐口岸。北至开原、昌图、四平街、辽源等地客商,凡至营口销售土产都或多或少办一些南通土布回去。东部边陲的安东,以及长春、哈尔滨、松花江流域的富锦、同江,远至黑龙江省的龙江,都成为销售南通土布的区域①。营口市场出现了对南通土布的需求与日俱增、经久不衰,其营业蒸蒸日上的兴旺景象。

营口南通土布市场繁荣、兴旺的原因有4点:

第一,由于南通土布全用机纱,产量大增,质量提高,受到消费者的欢迎。曾长期担任大生一厂经理的李升伯先生回忆说:"南通最著名的出产,用十二支纱织成的土布,是世界上最坚韧结实而且光滑滋润的布匹,每年去东三省种黄豆的农民,春去冬归,穿的一身土布衣,一年洗一次,用重棒捣洗,永不被捣破,所以喜欢买南通土布。"②日本仿织的通州土布,虽然在市场上跌价竞争,但因质量较差,没有南通土布坚韧,在市场上一度很难打开销路。

第二,有一支精干的精通南通土布销售业务的队伍。上海纱布公所在营口设驻营口纱布公所,其驻营口人员的任务主要是:"公开评阅布色,互通市情,以供同业参考"③。经营大宗南通土布的号帮、散帮也派员驻营口。他们主要负责推销土布,购买油、豆,办理运输,以推销土布为主。他们对南通土布生产、收购的规章制度非常熟悉,对营口土布市场情况了如指掌。他们与营口的大屋子(南方称之为批发店)联系密切,收买大屋子多余的油、豆,补充大屋子的布匹缺牌,代其运输。他们以船只为临时货栈,到货随卸随装,随售随买,遇有冷牌滞货,或并仓位,或转货栈,灵活运用。他们对带货到营口求售、买布运回本地的客商,短期供应食宿,不取定额费用,货物转运内地听客自理,间与协助。凡有现货现款的客商,皆乐意与之

---

① 林举百:《近代南通土布史》,第120–121页。
② 李升伯:《纺织史稿》(手稿影印件),南通图书馆藏。
③ 林举百:《近代南通土布史》,第118页。

交易①。

第三，营口具备为土布贸易中转服务的良好条件。江苏、浙江、安徽三省在营口共建的三江会馆，占地约 3 万平方米，可容纳客商 800 人左右。此外，还有供应远近客商食宿、代客买卖的代理店，代理店负责代办报关、运输一切手续，不需客商自己麻烦②。另外还有专营批发的大屋子。南通土布商委托大屋子销售土布，予以 2% ~ 3% 的佣金。据说，在南通土布销售的鼎盛时期，比较有名的大屋子有东记、永茂、恒利德、永同和、世昌德、瑞昌等 10 余家。各家大、中、小各牌南通土布齐备，任客选购。其中，东记、永茂最为有名。东记曾发展成为当时营口首屈一指的巨商，经营南通土布、豆油、面粉、金融、对外贸易等业务。大屋子之间都有联系，垄断着营口土布市场。在南通土布销往东北三省的初期，卖方（南通）实行定码包盘制，就是在定码内，如因布色关系跌价，照数赔偿买方（营口）的损失。如定码为 18 码，卖方一定保证一两八钱的价格，低于一两八钱就要赔偿。买主购进的土布没有卖完存在营口，每年三月二十三日（阴历）公开展览，由买卖双方及营口用户评阅，如其规格、质量不符合要求，牌主负责赔偿。1894 年，南通天宝玉关庄收购的土布，运销营口后发现成色不足，"削价六码"。从此，买方（营口）在土布数量和质量方面都得到保证，尽可放心购进③。后来，取消定码包盘制，实行指牌论价，展览评阅，如发现短少丈尺，代理店或大屋子出具一短布寄回上海原户，再向货主索取赔偿。这一措施保证了营口买主的利益，使营口的南通土布市场经久不衰。

第四，具有一定的海上交通运输能力。南通土布的产地在南通，实际的交流在上海，消费则在东北，营口是东北的中转口岸。各关庄把收购、成卷的土布运往上海，售与各帮转运营口，自己直接运销东北的极少④。营口、上海间约 720 余浬，帆船约 22 艘，可装土布 39500 件。顺水顺风日夜兼程，中途不靠港，四五天即可到达，比轮船所慢有限，但实际上来回一次至少需要一个半月。据说，鼎盛时期，号帮、散帮共有海船 30 多艘，能装 3000 件土布的海船就有 8 艘，常年总运输量（装土布）可达 16 万件⑤。

正因为营口具备这些有利条件，东北各地商人向营口购买南通土布者络绎不绝。

（三）衰落时期（1922—1931 年）

据上海纱布公所调查，经营口市场销往东北各地的南通土布，1922 年为 9.46 万余件，1923 年为 11 万余件，1924 年为 7.06 万余件，1925 年为 11.5 万余件，1926

① 林举百：《近代南通土布史》，第 120 页。
② 林举百：《近代南通土布史》，第 118、121 页。
③ 林举百：《近代南通土布史》，第 87 页。
④ 林举百：《近代南通土布史》，第 42 页。
⑤ 林举百：《近代南通土布史》，第 107 - 108 页。

年为 9.2 万余件,1927 年为 8.2 万余件,1928 年为 6.6 万余件,1929 年为 6.4 万余件,1930 年为 5 万余件,1931 年为 2.2 万余件①。由此可见,经营口销往东北各地的南通土布,从 1922 年起逐年减少。据林举百先生回忆:1930 年,营口中区的汇昌号柜台内,"以洋货匹头、各式厂布为绝大多数。故陈列的货品,如印花色丁、条子洋布、印花呢绒、哔叽,满目皆是。……大尺布,则置于储藏柜之一角,及货橱下,白色大布,已不可见,……据老年店友谈:'前二十年,远近乡区的农民,十居八九,都穿通州的大布,元青的好货做面子,白粗做里子,一生一世穿不破;可是现在染坊也少了,各形各式的洋布太多了,不需要染色了,我们记也记不清,只看签条儿卖货,来要买大布的真少得很!'"②。营口的南通土布市场之衰败,已是十分明显的了。

营口土布市场衰败的原因很多。首先,日本帝国主义经济侵略的加深,控制、垄断了东北的市场。早在 20 世纪初,日本侵略势力就严重威胁着东北的南通土布市场。张謇早在 1907 年《大生纱厂股东会提议书》中就指出:"洋布灌入内地,日盛一日,占我华布之路不少……日本又于营口仿织通州大布,松江标扣。其国家之令,由日本运纱至营口者,免收水脚,免征关税,又为之补助折耗。由此推之,三五年后,我通布之受其影响,将视松江、太仓为尤大。盖东三省销行之布,通产为大宗。受害之方面,视占利之方面为比例也。"③随着日本帝国主义对中国东北侵略的加深,凭借它在东北攫取的政治、经济、军事等方面的特权,使日本棉布争夺的市场越来越大,南通土布市场急剧缩小,到 1931 年东北陷落后,南通土布市场完全丧失。目睹当时土布市场衰败情形的林举百先生说:"商埠既辟,轮船、火车大畅,各国商品竞销,机制布匹大量进口,成本低廉,花色齐备,已非土布所能颉颃。何况日本帝国主义者本着侵略野心,把持垄断一切交通运输、海关捐税、金融物价等等,哪里还有通海一隅所产土布的地位"④。其次,军阀敲骨吸髓的压榨,致使农民购买力急剧下降。奉系军阀军费开支浩大,抓紧搜刮民脂民膏,苛捐杂税名目繁多,商民极度疲敝,营口市场亦受影响。再次,营口金融混乱不堪。营口的货币种类繁多,极不统一,计有炉银、奉票、兑换券、金票、羌贴 5 种。兑换价格又须以大连钱钞取引所的行情为标准。利率之高,又为它处所罕见。金融的混乱,导致物价波动,使客商裹足不前。最后,营口作为东北的主要中转口岸的地位逐渐被大连所取代。日俄战争后,日本帝国主义攫取了在东北南部地区的特权。它为了阻止欧美资本主义列强进入东北,切断东北与内地的经济联系,达到独占东北的目的,千方百计削弱营口港的作用。1906 年日本开放大连港,1907 年宣布大连港为"自由免税

① 林举百:《近代南通土布史》,第 84 页。
② 林举百:《近代南通土布史》,第 122 页。
③ 《张謇全集》第 3 卷,第 89-90 页。
④ 林举百:《近代南通土布史》,第 126 页。

港",同时实行南满铁路运送日货免税的政策,提高至营口的铁路运费,使货物运输逐渐转向大连。再加上营口港的冰冻期较长,铁路又不是干线。这就使营口的商业失去了它原有的主动能力①,逐渐被大连取代。营口土布市场营业之凋敝,销数之阻滞,亦日益严重。

二

剖析营口的南通土布市场的兴衰与南通土布生产之间的关系,探索其产生、发展、变化的规律,将有助我们认识中国农村家庭手工业受到资本主义列强怎样的打击和破坏,中国近代经济发展过程中生产与流通、消费怎样相互促进、相互制约等问题。

消费和生产、分配、交换在社会生产总过程中,是相互联系、相互制约的有机整体,而商品流通是生产和消费的中介。商品流通的结果是产品由生产的一端到达消费的一端。从这个意义上说,没有流通和消费就没有社会的再生产。毋庸置疑,生产是第一性的,流通和消费是第二性的,生产决定流通和消费,然而流通和消费不光是被动的、被决定的,对生产也能起促进或促退作用。这是各个社会共同的一般特征。

在半殖民地半封建的中国,商品生产极为落后。这主要是外国机制工业品统治中国市场的结果。地租、高利贷、商业资本、苛捐杂税及其他超经济的残酷剥削造成广大农民极端贫困,缺乏起码的购买力,无论是生产资料还是生活资料的消费水平都极端低下,使整个社会的扩大再生产失去了市场条件,使业已发展起来的商品生产和整个社会生产力得不到进一步的提高,无法为向资本主义生产方式过渡准备坚实的物质基础。当然,也有例外的情况。价格低廉、坚固耐穿又适宜于"做粗重的劳动"的土布,在缺乏纺织原料、手织业极不发达的地方,在自纺自织土布不能满足需要的地方,却很受消费者的欢迎。因此,在洋布源源不断涌进中国国内市场的情况下,出现了土布在广大城乡特别是不产棉花地区的销路不断扩大的现象。土布销路的扩大曾有力地促进土布商品化生产的发展。营口南通土布巾场的兴盛促进南通土布生产的发展,就是其中典型的例子。

南通地区在历史上是中国人口稠密、耕地不足的地区之一。农业劳动力过剩,家庭手工织布业成为这一带农村的传统副业。这里的家庭手工织布业不但和农业密切结合,而且很早就是生计必需的商品化生产。由于织造土布的手纺土纱来源有限,质量又差,限制着土布数量的增加和质量的提高,土布生产发展速度极为缓慢。直到鸦片战争后,特别是到 19 世纪 90 年代前后,洋纱逐步流入南通地区,在客观上为该地区农民织造土布提供了数量多、质量好的原料,推动了土布生产的发

---

① 林举百:《近代南通土布史》,第 123 页。

展和质量的提高,使本经本纬的尺套布改进为洋经洋纬的大尺布。迅速发展的农村家庭手织业,对机纱的需要量急剧增加。当时通海"乡人穷极思变,购用洋纱,参织大小布匹线带,以致洋纱倒灌内地,日甚一日。查计现在通海两境,每日可销洋纱二十大包,已合机器一万锭之数。"①南通土布生产的发展一改过去那种发展缓慢的状况。

南通地区土布的再生产过程,是生产过程与流通过程的统一。土布生产的发展决定着土布流通的规模和满足市场需求的程度,土布市场需求量的增加和长期形成的产销渠道的畅通也要求土布生产的顺利进行和生产规模的不断扩大。随着南通土布生产的发展和质量的提高,销往东北三省的南通土布不断增加。1899—1926 年的 27 年中,每年运销东北的南通土布大都在 10 万件以上,尤其是 1904—1921 年的 17 年中,有好几年突破 15 万件大关②。其中绝大部分经营口土布市场销往东北各地,1906 年辟为商埠的安东港直接进口南通土布的数量约当营口的 1/10③。南通土布在东北销路的兴旺,促进了土布生产的进一步发展。1904—1921 年的 17 年中,全年织造运销东北三省的南通土布的用纱量就达 5.5 万至 6.6 万大包④。南通土布产量增加之多,可想而知。不仅如此,南通土布中的小牌、群牌与提牌改为洋经本纬,规格也提高了,加宽加长,为大尺布奠定了基础。此后土布生产全用机纱。当时,销往东北的南通土布的布牌已发展到小牌、群牌、提牌、次中、中牌、杂大、大牌、特大等 8 类,每一类中又分许多牌名,正是"新牌迭出,互相竞胜"⑤。南通土布生产出现了空前兴旺发达的景象。南通土布生产的发展,促使以南通土布生产者为主要客户的大生纱厂继续增加纱锭,添设大生二厂、三厂、副厂,促进了南通棉纺工业的发展。

从 1922 年起,南通土布运往营口的数量急剧下降。到 1931 年,运销营口的南通土布只占运销东北总数的 57.3%⑥。南通土布在营口市场销量的下降,严重影响了南通土布的生产。1931 年以前南通土布全年营业额达 2000 多万元,1931 年以后只有 1700 多万元了⑦。南通土布生产的萎缩又殃及大生纱厂棉纱的销路。"通崇海三境之纱,向视营口布市畅滞为升降。"⑧后来,"关庄布市停滞,织户稀少,纱销滞极。"⑨南通土布经安东销往东北各地的数量虽然有所增加,但不可能彻底

---

① 《通州兴办实业之历史》(上册),第 2 页。
② 林举百:《近代南通土布史》,第 103 – 104 页。
③ 林举百:《近代南通土布史》,第 80 页。
④ 林举百:《近代南通土布史》,第 104 页。
⑤ 林举百:《近代南通土布史》,第 34 – 35 页。
⑥ 林举百:《近代南通土布史》,第 84 页。
⑦ 彭泽益:《中国近代手工业史资料》第 3 卷,第 459 页。
⑧ 《大生企业系统档案选编·纺织编Ⅰ》,第 386 页。
⑨ 《大生企业系统档案选编·纺织编Ⅰ》,第 485 页。

扭转南通土布在东北销量下降的趋势。1931年,日本帝国主义占领东北后,南通土布的销路更为狭小,最后丧失殆尽。这种结局的产生,除了日本帝国主义垄断东北市场这个根本原因外,与南通土布本身质量下降也有一定的关系。南通土布本身的问题有:(1)织户为加重布匹重量,做浆作潮,以致霉烂变质。《海门农民状况调查》一文中指出:"土布可算是我乡农民的主要工业产品,每年输出的数目,在从前至少也有百万元左右。自厂布兴盛以后,土布的销路,陡落千丈,乡人又因滞销的关系,赚钱不易,乃不惜自坏根基,尽量掺杂面粉浆在织纱中间,以期布的重量可以加增,售后可得高利。不料这种卑劣伎俩,只可欺人一时,万不能维持长久的。因为这种作弊浆重的布,经过时间稍久,便变成黄色或发霉了,从此土布到处削庄(就是没有人要而退回),信用也便扫地尽了。"①(2)"墨守陈法,不图改进,因此出品朴素粗劣,不合时尚,欲与花样入时的洋布竞争,势必失败。"(3)"每匹布料,不切实用,通布的长度,做二件男长袍,不够裁制,做一件男长衫和一件女旗袍,又有余料,门面长度,两不经济,自难受顾客的欢迎。"(4)"手工制造,工价固低,然需时甚久,因此织造迟缓,不能与机制的同样地大量生产。"②

南通土布生产的蓬勃发展到急剧萎缩,营口南通土布市场的兴旺发达到凋敝衰败,再一次证明:生产与流通、消费是相互促进、相互制约的,在商品生产极为落后、消费水平极端低下的旧中国也是如此;旧中国农业与农村家庭手工业的紧密结合"而造成的巨大的节约和时间的节省",变不利为有利,"对大工业产品进行了最顽强的抵抗"③,但这种抵抗不可能阻止外国工业品的输入,不可能在与外国工业品的竞争中取得成功。

(原载《江海学刊(经济社会版)》1985年第5期。收入中国人民大学《报刊资料选汇》,《经济史》1985年第11期;后收入四川大学出版社1986年出版的《中国经济史研究论丛》,文字略有改动。本书出版时,笔者对文中的错漏之处及注释,根据新的资料作了补充和订正。)

① 《东方杂志》第24卷第16号,第27页。
② 彭泽益:《中国近代手工业史资料》第3卷,第459页。
③ 《资本论》第3卷,第373页。

中国近代茶叶初级市场述论

市场是沟通买方和卖方的中间枢纽，是商品经济的范畴。"哪里有社会分工和商品生产，那里就有'市场'；社会分工和商品生产发展到什么程度，'市场'就发展到什么程度。"①关于市场在治理国家、发展生产、繁荣经济中的重要作用，早在中国古代就非常受重视。管子说："市者，可以知治乱，可以知多寡，而不能为多寡。"②本文拟就中国近代茶叶初级市场问题谈点粗浅看法。

一

中国是世界上最早发现和利用茶叶的国家。据说约在公元前 2500 年，中国就发现了茶叶。后来，茶叶逐渐成为人们日常生活的必需品之一。"开门七件事，柴米油盐酱醋茶"，是对人们日常生活中必需品的生动概括，在民间广泛流传。茶叶还是中国近代对外贸易中的大宗物品。所有这些，都说明茶叶在中国经济生活中居于十分重要的地位。

中国茶区广阔，其中安徽、江西、浙江、江苏、湖南、湖北、福建、四川、云南、贵州、台湾等省最为著名。茶叶种类很多，其中按制茶方法分，有红茶、绿茶、乌龙茶、红砖茶、绿砖茶及毛茶等；按采制时间分，有头帮茶（谷雨前 10 日左右采制）、二帮茶（谷雨后 10 日左右采制）、三帮茶（谷雨后 20 日采制）；按产地分，有徽茶、平水茶，红茶中有祁红、武夷等。一般分为红茶、绿茶、茶砖。

早在唐代，中国就出现了一些重要的茶叶集散地。唐代诗人白居易的《琵琶行》中曾写下这样的诗句："商人重利轻别离，前月浮梁买茶去。"这说明江西浮梁在当时已是著名的茶叶集散中心。到了近代，茶叶初级市场遍布茶区。

所谓茶叶初级市场，就是茶叶产地市场。就其交易地区范围来看，主要是茶叶产地。就其交易功能来看，主要是聚散茶叶。就其交易方法来看，均需通过茶行或茶号。其营业时间自立夏至大暑，最多不超过两个月；佣金多寡各地不一，有的抽 5%，有的抽 3%，由买卖双方共同负担，一般买方负担较多。

尽管茶叶初级市场的机制很不健全，基础设施很差，功能单一，但它将茶农们用勤劳的双手生产出来的茶叶聚集起来，运销出去，与国内各地茶叶市场、国际茶叶市场相联结，使茶叶的价值和使用价值得以实现。由于产茶地区大多为

① 《列宁全集》第 1 卷，第 79 页。
② 《管子》第 1 卷，"乘马第五·务市事"，浙江人民出版社，1987 年，第 23 页。

低丘山区,交通闭塞,邮电通讯落后,信息不灵通,生活习俗不一,经济发展水平有别,各地茶叶初级市场在其自身发展过程中形成了与粮食、棉花、蚕茧及其他农副产品初级市场不尽相同,又有明显地域性的特点。这里我们不可能将全国所有茶叶初级市场一一列举,但所列举的却能反映中国近代茶叶初级市场的一般特征。

徽州地区:

茶行 是茶农与茶号的中间人,具有代客买卖性质,负责介绍、评价、过秤。其营业时间短暂,大约自立夏起至大暑止,两个月时间。其设备极其简单,除秤、箩、筛等外,别无他物。备有资本的茶行除代客买卖外,还垫本收购;不备资本的茶行专门代客买卖。茶行一般设于茶叶产地的中心村镇。其收购方法有三:(1) 由茶号直接向茶农收购;(2) 由茶贩向茶农收购,茶贩转售给茶行,茶行再售给茶号;(3) 由茶号派人进山设庄就地收购。收购的茶叶经焙烘、筛拣、装箱等,分别运往设在上海、汉口等地的茶栈。据载,安徽歙县北乡汤口、芳村、杨村、山口、洽舍等处,东乡桂林、竦口、汪满田、大谷运等处,南乡三阳坑、老竹铺、北岸、齐武、深度、正口、王村、绵潭、街口等处都设有茶行,全县约计150余家;所收佣金,一年达4万~5万元,其中多者2000~3000元,少者数百元①。岗村、上溪口是休宁县毛茶买卖的集中点,其中又以屯溪为最发达,最多时约有10余家茶行。20世纪30年代初,茶号自行派员进山收购毛茶,或由茶贩径售茶号,茶行营业日蹙。1933年,屯溪只有7家茶行营业,经售毛茶12870担②。

茶号 亦称茶庄,类似茶叶加工厂,属临时性质。在徽州地区,茶号有洋庄、本庄之分。

歙县本庄茶号多由山东客商(即北方客商)携带现款,于立夏后自投过去相识的茶行,将茶行收购的毛茶运到琳村设庄窨花装篓。这些茶叶由水道运往杭州,再由杭州运往北方目的地交货。20世纪30年代初,琳村一带,这样的茶庄不下百余家。

歙县洋庄茶号多由本地商人开设,备有茶灶、茶锅及拣茶等用具。洋庄茶号很不固定,各视其营业状况而定,去年歇业今年开业者有之,今年开业明年歇业者有之。渔梁、深度洋庄茶号最多,是歙县茶叶输出的总口。1933年,该县有洋庄茶号61家。值得指出的是,歙县大部分毛茶运往休宁县屯溪镇卖给洋庄茶号,渔梁、深度等地茶商所收购的毛茶,包括太平、绩溪等县的毛茶,还有从浙江淳安、遂安间接购入的毛茶,其情形很复杂。据歙县茶业公会报告(不包括深度一带),1929—1933

---

① 《中国经济志·安徽省歙县》,第55页。
② 《中国经济志·安徽省休宁县》,第27-28页。

年,洋庄、本庄输出茶叶最多的年份达 65800 箱篓,价值 460 万余元①。

休宁县本庄茶号俗称茶叶店,除经营门面零售外,多代茶商收购毛茶,并代卖茶梗、茶朴、茶灰,同时兼营颜料。红、绿茶以销当地为主,窨花多销上海、山东、北京及江北各地,茶梗、茶灰多销广东。1933 年,屯溪镇有本庄茶号 7 家,资本约 9.2 万元,营业额约 21 万元②。

休宁洋庄茶号用来制造洋庄箱茶的毛茶,半数产自本县,其余的均由邻近的婺源、祁门、黟县、歙县、太平、旌德、石埭等县及浙江淳安、遂安,江西的德兴、玉山等处而来,由茶行居间卖给茶号。茶号集中在屯溪镇,其内部组织异常复杂,人员配备随资本多少而定,一般的可分为职员、工头、工人、工役。职员又分为管号、内外账房、水客。管号类似公司经理,内账专司会计,外账专司庶务,水客专司办茶过秤、押运茶箱。1928—1933 年,屯溪茶号最多时达 103 家,制茶量最高年份达 106650箱,产值最高年份达 332 万元③。

祁门县没有茶行,只有茶号。茶号到产茶中心地带设立分庄收购毛茶,大小村镇几乎无处无之。据统计,1934 年,祁门县 140 家茶号平均每家设分庄 4 处,广为收购,茶贩并不活跃。茶号资本不多,而且多为借贷。另据金陵大学农业经济系对祁门县茶号的调查:1928 年为 119 家,制造红茶 54321 箱;1929 年为 133 家,制造红茶 53950 箱;1930 年为 158 家,制造红茶 42142 箱;1931 年为 137 家,制造红茶 34047 箱;1932 年为 194 家,制造红茶 39850 箱;1933 年为 156 家,制造红茶 33150 箱;1934 年为 153 家,制造红茶 34612 箱④。茶农将毛茶担负入市,任投茶号或分庄,讨价还价,双方意见一致,即行过秤。否则,另向他家求售。常有价秤不合,辗转担负数十里才能脱售的现象。由于茶号遍设分庄,茶农售茶机会多,茶贩只能远离市场,到产茶少、担负入市出售殊不合算的地区上门收购。到 20 世纪 30 年代初,偶有茶贩零星上门,现购现售,在用秤及茶叶价格上做文章,博得微利⑤。

湖南安化:

红茶上市时茶号到各产茶地区开设子庄,收购毛茶,送回本号精制,装箱打包,运往汉口卖给洋行,经销国外。黑茶则由行商沿乡收买,制成砖茶、花卷,转销晋、绥、内蒙古、新疆及东北各地。引茶运至三原制成砖茶后,运销陕、甘、青等省。子庄的工作人员有庄客、大盘、秤手、账房 4 人。庄客多为外地人,由茶号派出,负有监督及复验之责,其余的均为本地人。

① 《中国经济志·安徽省歙县》,第 55－60 页。
② 《中国经济志·安徽省休宁县》,第 41－42 页。
③ 《中国经济志·安徽省休宁县》,第 35 页。
④ 《祁门红茶之生产制造及运销》,第 39 页。
⑤ 《祁门红茶之生产制造及运销》,第 55 页。

据 1934 年调查,安化全县共有茶号 37 家,其中晋帮 8 家,赣、鄂、粤帮各有 1 ~ 2 家,其余均为本省商人所经营。子庄随茶号资本多寡而稍有不同。晋帮资本雄厚,多办精制好货。子庄收购毛茶时,茶农须先将样品送交大盘看货议价,所定价格,如双方同意,大盘将茶农姓名、茶价及茶叶袋数记入茶票,连同茶样转交庄客复验,其方法是先取茶袋中之茶叶(谓之大样)与大盘转来之茶叶进行比较,如无差异,则用沸水泡茶,验其色泽与叶质,有陈叶者色黑,扯断无丝,如两者均佳,则令秤手照价过秤。南帮资本较小,多无庄客,仅有大盘、秤手及账房 3 人,看货议价及复验全由大盘 1 人负责,且多采办低级茶叶,对于复验也不甚注意,只要价格适当,即使品质恶劣,也照样收购。各子庄收购茶叶的时间均在上午 6 时至 12 时,下午雇人将茶叶送至本号烘干,较为干燥的茶叶多放 2 ~ 3 日也是常有的。各地茶号多少不等,经营状况也不完全一样。1934 年调查时,安化的黄沙坪有 5 家茶号,收购加工红茶 7011 市担,其中兼办花卷及黑茶者各 1 家;硒州有 10 家茶号,收购、加工红茶 12939 市担,其中兼办黑茶者 2 家;东坪有 11 家茶号,收购、加工红茶 13965 市担;桥口有 2 家茶号,收购、加工红茶 2223 市担,其中兼办黑茶者 1 家;润溪、小淹茶号分别为 1 家、2 家,收购、加工红茶分别为 912 市担、1425 市担;江南、仙溪各有 3 家茶号,收购、加工红茶分别为 1824 市担、912 市担,这 6 家茶号皆兼办黑茶。1934 年,安化全年收购、加工红茶 41211 担[①]。

浙江平水茶区:

平水茶区包括绍兴、萧山、诸暨、余姚、新昌、嵊县、上虞等县。据 20 世纪 30 年代中期调查,平水茶区绿茶种植面积为 241986 亩,占浙江全省茶叶种植面积的 46%;茶叶产量达 24.48 万担,占全省茶叶产量的 58%;茶叶产值达 1004.82 万元,占全省茶叶产值的 56%[②]。由此可见,平水绿茶产量高,价格也很高。

平水毛茶买卖手续依茶的种类而异。

园茶 由平水、章家埠等地的茶栈派到各地茶行的茶商,曰水客,茶农曰地户或山户。茶行伴水客到茶农家中收购毛茶,看货、定价均由水客与茶农直接交涉,茶行仅负引导及评价之责。这与徽州、湖南安化等地稍有不同。茶叶买妥之后,由水客雇人挑至行中,然后再运至茶栈加工。由于山区的治安不太好,交易额又大,现款交易的很少,多由茶商填发票据,茶农凭票据到当地商号兑现,但需付一定的手续费。

长茶 由茶农直接将毛茶挑至茶行卖给茶商,现金交易,但每 10 元须充小洋 2 元(每元 10 角),零头亦付小洋或不付。毛茶也有运至上海加工的,但数量不多。

---

① 经济部资源委员会、经济部中央农业实验所:《湖南安化茶业调查》,第 10 – 12 页。
② 许道夫:《中国近代农业生产及贸易统计资料》,第 240 – 241 页。

据 1933 年调查,平水茶区共有 56 家茶栈,开工者 44 家,占 78%。其中绍兴 33 家,开工者 28 家;嵊县 8 家,开工者 5 家;上虞 10 家,开工者 8 家;新昌 2 家,开工者 1 家;诸暨 3 家,开工者 2 家①。

其他各地茶叶初级市场的交易方式和交易过程,限于篇幅,不一一列举。

二

茶叶初级市场是茶农与国内外茶叶市场相联系的桥梁,是茶商对茶叶进行深购远销得以实现的基础。历来茶叶产地的价格与销地的价格相差甚大。新茶上市给善于利用地区差、时间差赚钱的茶商带来希望和活力,络绎不绝的茶商也给茶叶初级市场带来生机。不过,它和蚕茧初级市场一样,是季节性强、旺盛期短的短期市场。浙江平阳南港、北港、蒲门等处,"每年清明后即可采摘茶芽,稍迟,头茶上市矣。远近茶商联翩而来,直至二茶、三茶收买完竣,而后去。一年总计不下数十万金之收入,于是农民中亦有面团团作富家翁者矣"②。安徽祁门、江西浮梁的富户大贾多起家于茶业。位于徽州中心的屯溪镇,交通便利,既是该地区的商业枢纽,又是茶市中心,茶叶上市时,茶商云集,制茶厂屋鳞次栉比,男女工人约数万人。

"商品是天生的平等派。"商品生产经营者在市场上也应平等竞争。然而,旧中国缺乏平等竞争的市场环境、市场机制和市场法规,在地区间相互封锁、分割严重的茶叶初级市场上,买主与卖主间存在严重的不平等。生产茶叶的茶农因受自身素质的影响、小生产方式的制约和超经济强制力量的控制,掌握不了茶叶市场的变化和发展趋势,在茶叶初级市场上的主体地位根本无法实现。茶商垄断茶叶价格,保护落后交易方式,歧视、打击、欺压茶农的现象,司空见惯,其手段毒辣、多样。这就使茶农在茶叶初级市场上如履薄冰,如临深渊,战战兢兢,始终处于被欺压、被剥削、被控制的地位。茶农出售茶叶的数量不多,大多又昧于市场行情,所制毛茶含水量又高,不能久存,不可能待价而沽,成为茶商巧取剥削的对象,不足为奇。各地茶商欺压、剥削茶农的方式多种多样,现略举一二。

在湖南安化一带,茶号收购红茶时,有一种似成定例的陋规,即明七六暗九扣之例。100 斤毛茶扣算为 76 斤兑钱,其理由是要除去水分及梗末,此外还要打九折。这就是说,茶农出售 100 斤毛茶只能按 68.4 斤计价。秤手过秤时舞弊现象也很严重,常以长秤减短,剥削茶农。凡 100 斤毛茶,须归号 105 斤,此 5 斤称之为"出秤",实际上不止 5 斤,有的达 10 余斤。5 斤归茶号后,所余的由大盘、秤手、账房 3 人假造茶农姓名卖给茶号,所得的钱由他们 3 人均分,每人每季仅此项收入可

① 吴觉农:《浙江平水之茶业》,第 10 页。
② 《东方杂志》第 24 卷第 16 号,第 131 页。

得 200~300 元。

庄客复验茶叶,如发现样品与货色不符或货色不佳,有的退盘,有的另议价格。另议价格,随茶市情形而定,如市场旺盛,价格看涨,则颇少打棒(即减价之意);否则,任意减价,茶农亦无可奈何。子庄收购毛茶,有时亦有掠盘习惯,或提高价格,或贬质收购,不受本号指挥。此外,茶农所负担的各种捐税约占所得总数的 13%①。

安徽祁门茶号收购毛茶时所用之秤,一般以 22 两为 1 斤,与 16 两为 1 斤相比较,侵占 38%;折合 13.6 两的新制秤,则侵占 62%。茶市坚俏时或用 21 两,否则 23 两,甚至 24 两②。据《农商公报》载,还有数处地方用 48 两的秤收购毛茶③。茶价亦无定准,开始收购一二日,茶商放高价格,以广招徕;茶叶大量上市时,立即压价,以事垄断。另外,任意扣除一部分不给钱,名曰"样茶"。其陋规为"九八",实则"九七"、"九六"。国民政府对茶叶实行统制后,此种状况并未有丝毫改变,相反,变本加厉,日趋严重。据《茶报》载,祁门茶号向茶农收购茶叶,一向用松花红箩秤,以 23 两为 1 斤,合英秤 1.802 磅。1937 年,实业部规定一律改用市斤或公斤。茶农不知道市斤和公斤是什么东西,只晓得市斤比松箩秤少,公斤比松箩秤多。1 公斤等于 2.205 磅,比松箩秤多出 0.403 磅,而茶叶价格依旧。这样一来,祁门农民一年要损失 32240 磅茶叶,损失近万元④。

福建建瓯茶农的 100 斤茶叶,价值 40 元,茶商除加三过秤,只有 70 斤,应值价番 28 元,以庄洋九折,申大洋 25 元 2 角,再扣代收茶捐 3 角外,剩价番 24 元 9 角,尾数又以七扣申 6 角 2 分,其角洋付铜元 63 枚,而本邑每大洋 1 角兑铜元 26~27 枚。合计 100 斤茶叶仅得 60 斤之价钱⑤。

以上这些不正当的交易行为对苦不堪言的茶农来说,无疑是雪上加霜,减少了其家庭收入,严重影响了茶农的家庭生活和生产积极性。

三

茶农在交通不便、基础设施极其简陋、季节性又强的初级市场上所得到的茶价远远低于其价值,或难以实现其价值,与城市茶叶价格更不能相比。如在安徽以 1.5 元购 1 担茶,在上海市场出售价却为 14 元。这就是说,大城市与农村间茶叶差价达 9 倍甚至 10 倍之多。造成这种状况的原因是多方面的。我们认为,茶叶的自然风险和市场风险本来就很大,茶贱伤农;超经济强制力量的控制,使茶农很难以

---

① 经济部资源委员会、经济部中央农业实验所:《湖南安化茶业调查》,第 12 页。
② 章有义:《中国近代农业史资料》第 3 辑,第 331 页。
③ 章有义:《中国近代农业史资料》第 2 辑,第 524 页。
④ 章有义:《中国近代农业史资料》第 3 辑,第 496 页。
⑤ 章有义:《中国近代农业史资料》第 3 辑,第 331 页。

独立商品生产者和经营者的身份进入市场,在茶叶初级市场上掌握不了主动权。除此之外,还有两点。

第一,中间环节多,捐税繁重。

初级市场聚集起来的茶叶运到消费市场,其间关卡林立,捐税繁杂。芜湖茶商在太平、宣城、石埭等县收购茶叶的船,经过码头货卡、泾太茶税局、西河查验局、清弋关、湾沚关、金桂关、大通茶税局、新河关、新河查验局、三里埂卡等处,每处所索各种捐税,由 20～30 元或 50～60 元不等。每船茶叶运到芜湖,除正税外,尚需 300 余金。如不按数缴纳,即借端威吓,将货扣留,十日半月不等。其中泾太茶税局,作弊尤甚①。六安茶由产地运至蚌埠装上火车,除原产地的落地捐、正阳关税、蚌埠落地捐外,经过 13 道关卡,每道关都得纳捐缴税。1 篓茶在原产地纳落地捐银 4 角,正阳关纳税银 1 角,蚌埠落地捐征洋 2～3 分。每道关卡征捐洋 2～3 分不等②。浙江省茶叶的赋税名目也不少,有军事特捐、建设特捐、建设附捐、教育附捐、地方县税、自治附捐、治虫经费、征收经费等,附加税超过正税 5～6 倍。茶行有牙税,茶栈有资本捐③。过塘行栈,装运茶叶的,必须完足税银,验明收据,并在茶箱上贴有营业税局查讫条者方准出运,否则将货扣留,照章处罚补税④。据载,1919 年,湖南平江茶叶地方杂捐比往年增至 14 倍之多⑤。这些捐税最终摊到茶农和消费者的头上。

第二,洋商以种种手段抑勒茶商,茶商转嫁损失于茶农。

茶叶是中国近代对外贸易中的大宗物品,其出口业务多由洋商操纵。洋商品视茶叶往往借口做工不净、拣工粗糙、焙工不足而压级压价。茶叶价格有其时间性,愈早愈高,愈晚愈低,差别甚大。洋商利用茶商争先求售的心理,开始时价格略放高一点,俟茶叶大批涌进上海等口岸时,立即降价,茶商大亏其本。洋商还采用所谓“吃磅”手段,勒索茶商,即无论茶叶优劣,每百磅至少要贴补两磅半,多者 3～4 磅不等。据载,祁门红茶每年输出约 3 万担,仅“吃磅”不下千担,按最低价计算也有 10 万余元⑥。茶商将损失转嫁到茶农身上,压低收购价格,以资取偿。这样一来,茶农辛苦一年所得却寥寥无几,大部分钱落到中间商、洋商口袋里去了。

---

① 章有义:《中国近代农业史资料》第 2 辑,第 284 页。
② 《中外经济周刊》第 218 号,第 27 页。
③ 吴觉农:《浙江平水之茶业》,第 13 页。
④ 章有义:《中国近代农业史资料》第 3 辑,第 238 页。
⑤ 章有义:《中国近代农业史资料》第 2 辑,第 585 页。
⑥ 章有义:《中国近代农业史资料》第 3 辑,第 451－452 页。

四

世界市场的开拓,使一切国家的生产和消费都成为世界性的了。茶叶亦不例外。国际市场茶叶的供求状况直接影响着中国茶叶的出口量,中国茶叶出口量的多少又决定着茶叶初级市场的兴衰。没有稳定的、兴旺的茶叶初级市场,就没有稳定的茶叶生产。换句话说,国际茶叶市场供求状况决定着茶叶生产的兴衰和茶农的命运。这首先是由于帝国主义列强在国际市场上占据了优势,居高临下,主宰一切。不仅如此,他们通过设在中国通商口岸的洋行操纵着茶叶的出口贸易,垄断着茶叶市场的价格,左右着茶叶市场变化和发展的趋势。其次,这与中国长期隔离在激烈的商品竞争之外,茶农缺乏竞争意识,闭目塞听,墨守成规也有很大关系。长期以来,中国茶农栽种茶树不讲究,茶叶加工制作方法陈旧,茶叶味道虽佳,外观却不美观,在国际茶叶市场上缺乏竞争力,市场逐渐被印度、锡兰、日本茶叶占领,出口量逐年减少。据载,1886 年,中国茶叶出口量为 220 多万担,占全世界需求量的80%;1887 年,中国茶叶出口开始逐年减少。据海关报告,1931 年中国出口茶叶总值 51080000 元,1932 年减至 39087000 元,1933 年又减至 38579000 元,比 1931 年约减 1/4。茶叶价格迅速下跌。祁门红茶价格,1933 年比 1932 年减少 41%,比1931 年减少 57%①。1933 年,皖、赣红绿茶,均亏本,茶业衰败。茶业衰退,茶叶初级市场日益萧条,使本来已很贫困的茶农更加困难。江西"茶农以生计艰难,多将园地,改种其他作物,以苟延目前之生活"②。由于茶叶无处销售,茶农纷纷离弃茶田,别谋生路。"修水各属所产红茶,即昔日素负盛名之宁红,近亦奄奄一息,茶市极为萧条。"③"两湖,也是国内产茶最富的省份……近来亦因交通梗塞,外销不振,茶商资穷,生产、出口均不及往年十分之一二。鄂省山户,且以洋庄衰落,茶值不良,竟有斫去茶树而改种杂粮者。"④浙江绍兴茶农因"茶价过低,食用昂贵,一年收入,不足果腹"⑤。

安徽祁门"山户鉴于近年茶产过剩,尝成供过于求,市盘低贱,售价不敷成本,对于茶树栽培,不加注意,大多听其荒芜,致产量折减"。江苏宜兴茶农也"因外茶侵入,销路停滞,价格骤低,以致茶业破产"⑥。据对湖南安化 98 家茶农负债情况的调查,平均每家负债 26.68 元,负债农家占调查农家的 70.41%。所借之债用于购买食粮的占 33.23%,用于婚丧的占 23.78%,用于家用的占 20.04%,用于牲畜、

---

① 章有义:《中国近代农业史资料》第 3 辑,第 628 – 629 页。
② 章有义:《中国近代农业史资料》第 3 辑,第 630 页。
③ 章有义:《中国近代农业史资料》第 3 辑,第 630 页。
④ 章有义:《中国近代农业史资料》第 3 辑,第 479 页。
⑤ 章有义:《中国近代农业史资料》第 2 辑,第 409 页。
⑥ 章有义:《中国近代农业史资料》第 3 辑,第 631 页。

种子、肥料的仅占 6.5% ,用于其他的占 8.15% ,用于房屋的占 5.43% ,用于还债的占 2.03% ,用于衣服的占 0.84% ,用于维持家庭生活开支(包括用于购买食粮、婚丧、家用、房屋、衣服)的共占 83.32%①。

旧中国的茶业和茶农在死亡线上挣扎。茶叶初级市场也不例外,日趋萧条。

(原载《江海学刊》1994 年第 5 期。本文原投稿《农业考古》,因不见被采用,改投《江海学刊》,不久被采用。一年后,《农业考古》1995 年第 4 期《中国茶文化》专号⑩也予以刊登。笔者收到该刊物后,即给编辑部去信,表示感谢,并要求不要给稿酬。)

---

① 经济部资源委员会、经济部中央农业实验所:《湖南安化茶业调查》,第 51 - 52 页。

旧中国长江下游县级经济结构研究

——对嘉兴等8县经济结构变迁的剖析

县是中国政权体系中的重要组成部分,在整个国家中处于基础部位。自古就有"郡县治,天下安"之说。县又是中国城乡之间、工农之间、宏观与微观之间的结合部,是经济社会功能比较完整的单元①。县的这种地位和特点决定了研究、探讨县级经济结构(包括产业结构、分配结构、交换结构、消费结构、技术结构)变迁的重要性和必要性。要对旧中国长江下游地区县级经济结构作出符合实际情况和恰如其分的估计,资料缺乏,难度很大。为此,我们缩小区域范围,选择皆在长江以南,分属浙江、江苏、安徽3省,各具特点的嘉兴、平湖、无锡、江宁、当涂、芜湖、休宁、歙县为研究对象,试图从中得出一些带有规律性的结论。

一、产业结构

产业结构,是指在社会供求关系运动中,即在社会再生产过程中所形成的产业构造以及产业间的生产联系和比例关系②。产业结构不是固定不变的,它随着社会需求的变化和科学技术的发展而不断调整。我们这里所说的产业结构,主要是指工农业生产结构。

(一) 民国以前,嘉兴等8县,有的出现了一些近代企业,有的农村家庭手工业和商业比较发达,有的商品化农业比较发达,但总的来看,以自给自足的农业为主的格局没有发生根本性变化。

清光绪《嘉兴府志·风俗》载:该地"陆有蚕桑、麻、麦、粳稻之利,水有菱、藕、鱼、蟹之租"。手工业主要有农村家庭手工纺织业。故素有"嘉禾一穰,江淮为之康;嘉禾一歉,江淮为之俭"之谚。

平湖县多砂质土壤,境内河渠密布,灌溉方便,沿江一带宜植棉花、瓜果,西部

---

① 余可远:《做好构建社会主义市场经济新体制的大文章》,《人民日报》,1993年1月18日。

② 朱明春:《产业结构·机制·政策》,中国人民大学出版社,1990年,第1页。

多栽麻,北部多稻作,物产丰富,故有金平湖之称。清光绪《平湖县志·物产》载:平湖县"海疆沃壤,陆资稻麦,水储鱼盐,足称盛矣!""桑叶宜蚕,向惟西南乡树之。今则城东二三十里近水处绝无旷土,小民以此为恒产焉!""向时邑人治丝者尚少,今则栽桑遍野,比户育蚕,其利甚大。"这就是说,到光绪年间,平湖县除盛产稻、麦、鱼、盐外,栽桑、育蚕、缫丝也比较普遍,已成为农家的重要收入之一。此外,纤维"可缉布,子可榨油"的棉花,是"蚕桑之外又一大利","荡地、东西地高阜不宜水稻,多种之"。平湖县的家庭手工业以织布业为主。清乾隆、光绪《平湖县志》均有这样的记载:"邑枲多于桑,布浮于帛,比户勤纺织,妇女燃脂夜作,成纱布,侵晨入市,易棉花以归,或捻棉线以织绸,积有羡余,挟纩赖此,餬口亦赖此。"①布分大布、小布;"阔者大布,狭者小布,以寇密缕匀为佳,又有紫花布、余冬布诸名"。

素有鱼米之乡之称的无锡县,"稻麦合邑皆种,惟低洼之处有不种麦者,大豆惟高乡间种之,蚕豆则栽于麦田,赤豆、绿豆则田塍隙处偶种一二耳"②。"邑山多浅薄,无重岗叠嶂,故木不足以备屋材,石不足以供采凿。""以一郡言之,山之利不逮宜兴,水之利不逮江阴。"③无锡"不种草棉,而棉布之利独盛","为他邑所莫及"。"布有三等:一以三丈为疋,曰长头;一以二丈为疋,曰短头。皆以换花。一以二丈四尺为疋,曰放长,则以易米及钱。坐贾收之,捆载而贸于淮扬高宝等处,一岁所交易不下数十百万。""开化乡民皆织席,不能为布,新安乡半之,延祥乡之荡口则兼绩麻为手巾及织黄草縑,南门近城十余里则多劈竹为米篓、镫架、筅帚、竹箸之属,东南景云乡之近城者多窑户,居民亦多团土为砖瓦胚,然皆未尝废织也。惟东北怀仁、宅仁、胶山、上福等乡地瘠民淳,不分男女舍织布纺花,别无他务,故此数乡出布最夥亦最佳。"④"丝旧惟开化乡有之,自同治初经乱田荒,人多植桑饲蚕辄获奇羡,其风始盛,延及于各乡。"⑤由此可见,在民国以前,无锡县以粮食作物为主的种植业、以织布为主的农村家庭手工业比较发达。

江宁县土壤肥沃,农产品素丰。清同治《上江两县志·食货》载:"金陵之田宜芒种,无粟黍稷季,秋种麦、来牟,仲夏种粳稻、糯稻,地宜菽苕、蔬果,无枲麻、木棉。""蚕桑局广植桑田,教民接树、浴茧之法"。县内各地家庭手工业因地而宜:"上元之民善商,江宁之民善田,龙都之民善卖药,乌龙山之民善陶,西善桥亦善陶,陶吴之民善剖厥,秣陵之民善织。"

芜湖县"鲜山乡,率山农三,而泽农七,水旱迭为苦乐,而有获必倍于他邑,则用

---

① (清)光绪《平湖县志》卷2,"风俗"。
② (清)黄印:《锡金识小录》卷1,"田土之利"。
③ (清)黄印:《锡金识小录》卷1,"山泽之利"。
④ (清)黄印:《锡金识小录》卷1,"力作之利"。
⑤ (清)光绪《无锡金匮县志》卷31,"物产",第1页。

力之蓁勤也"①。农产品以稻米为主,手工业惟锻铁业比较发达。"芜(湖)工:人素朴拙,无他技巧,而攻木、攻革、刮摩、搏埴之工皆备,然不能为良,惟铁工为异于他县。居于廛冶钢业者数十家,每日须工作不啻数百人。"②嘉庆、道光年间,芜湖砻坊20余家,"在仓前铺地,名大砻坊者居多。大概供本地食米,间有客船装运邻省,市面实不若湾沚及鲁港也"③。"鲁港镇在县西南十五里,境内镇市惟此最大,多砻坊,为粮米聚贩之所,商旅骈集,汛防要地也。"④

当涂县滨江带湖,农产品丰富,其大宗首推稻米,次为豆、麦、菜籽。"当涂重农,民而农者十之八。"⑤

休宁县出产稻米、粟、麦、豆等,土特产以茶为大宗,因境内"多山,高山之田,越十级不盈一亩,岁丰未能供食之半,他如珍禽草木果实货贿之属,亦指不多屈。"⑥手工业产品只有锁稍有名气,"金工,熔金而作锁,坚致甲他郡。"⑦

歙县崇山峻岭,中部河流交错,除西乡尚有肥沃平原外,余均坡丘起伏,山谷回绕,土壤多为风化岩土,产量很低。清乾隆《歙县志·风土》载:县东"农十之三,贾七焉。南分水陆二路:陆南,即古邑东也,山多田少,食资于粟,而枣栗橡柿之利副焉;水南则贾善奇盈,士农并厘然错出矣。北擅茶荈之美,民半业茶,虽女妇无自暇逸。惟西土壤沃野,家号富饶"。其《歙县志·物产》中写道:农作物有稻、麦、荞麦、粟、豆黍、芝麻等。"邑南田少山多,艰于种稻,惟粟为宜,号曰秋粮,饔飧全赖,至有终年而未见粳稻者矣。"民国《歙县志·食货》载,茶叶在清"道光八年前出产无多,故须认销他县茶,厥后逐渐推种,求变为供;至光宣间,计输出者已达三万数千担。"歙县的手工业"首推制墨,而铜锡竹器及螺钿诸品,并号精良。"⑧其他如东门之罗经岩镇产锁,坤沙产鼓,路口产针,半沙产竹器⑨。

(二) 民国以来嘉兴等8县产业结构有所变化,但变化不大,而且各县变化的速度和广度也不尽一致。

1. 除无锡县、芜湖县外,其他各县工业所占比重都很小,新式机器工业逐渐出现,但比重更小,且集中在县城,农村家庭手工业的发展不平衡,呈现出衰退趋势。

在8县中,无锡、芜湖的工业最为发达,无锡又较芜湖发达。8县的工业情况大致如下:

① 民国《芜湖县志》卷8,"地理志","风俗",第1页。
② 彭泽益:《中国近代手工业史资料》第1卷,第253－254页。
③ 民国《芜湖县志》卷35,"实业志","商业",第1页。
④ 民国《芜湖县志》卷5,"地理志","市镇",第2页。
⑤ 民国《芜湖县志》卷8,"地理志","风俗",第1页。
⑥ (清)康熙《休宁县志》卷之3,"物产"。
⑦ (清)道光《徽州府志》卷5之2,"食货志","物产",第16页。
⑧ 彭泽益:《中国近代手工业史资料》第1卷,第172页。
⑨ (清)乾隆《歙县志》卷之1,"风土",第23页。

据刘大钧 1933 年 4 月至 1934 年 10 月调查,无锡有棉纺厂 7 家,年产值 33760691 元;棉织厂 16 家,年产值 4220429 元;缫丝厂 42 家,年产值16074618 元;织袜厂 60 家,年产值 3492000 元;面粉厂 4 家,年产值10613249元;碾米厂 31 家,年产值 2470000 元;榨油厂 9 家,年产值 3757724 元;制皂厂 6 家,年产值 157440 元;铁工厂 52 家,年产值1069500元;造纸厂 1 家,年产值 81423 元;制镁厂 1 家,年产值 698000 元;砖瓦厂 67 家,年产值 246000 元;石粉厂 1 家,年产值 296000 元;染炼厂 3 家,年产值 61200 元;印刷厂 15 家,年产值 266000 元。全县共计 315 家工厂,产值 77264274 元,约占工农业总值的 58%[①]。其中棉纺业、缫丝业、面粉业的产值都在 1000 万元以上,成为江苏棉纺业、缫丝业、面粉业的中心,享有小上海之称。

芜湖工业除纱厂、电厂、面粉厂资本较为雄厚,可称之为机器工业外,其余皆为小规模的手工业。全县工业产值 1254 万余元,约占工农业产值的 50%。工厂,特别是产值较高的工厂均分布在城区。就各个行业来看,碾米厂和砻坊业、棉纺业、棉织业的产值较高,碾米厂和砻坊业的产值高达 644 万余元,占工业产值的 51.36%。这是由于芜湖是长江流域的四大米市之一,城区居民大部分以米业为生。"百业之首"的米业的发展与繁荣带动了棉织业、棉纺业的发展。全县棉织业共有 303 个厂家(均为小厂),产值 256 万余元,平均每厂产值 0.84 万元;棉纺业只有一个纱厂,产值 171 万余元。据抗战前调查,民间自行织制土布约 15 万匹,占皖南 17 个县土布产量的 56.2%[②]。

嘉兴全县工业产值 561 万余元,约占工农业总产值的 19.3%。其中缫丝和织绸业产值达 368.6 万余元,约占工业产值的 63.9%。比重如此之高,在 8 县中是独有的。家庭手工织绸业主要分布在王江泾和濮院两地,机户约千余家,织机千余台,多由妇女操作,其产值约 185 万元。其中有的是独立小生产者,有的是商业资本支配下的家庭工业,有的是地主、富农开设的手工作坊。家庭手工织布业(产品称小布或土布)年产小布约 55 万匹以上,产值约 60 万元。置备 1~2 架土木机的农家闲暇时向附近的小布厂领取原料,由妇女织成布匹交给布厂,每匹能收入 0.07 元至 0.08 元工资,贴补家用。从事家庭手工织布的,王店约千余户,新篁约 5000 户。

平湖县没有什么特殊工业,除供照明用的电气业及碾米业外,以洋袜、小布业最为发达。全县工业产值 158 万余元,约占工农业产值的 10%。洋袜厂共 48 家,有 45 家集中在县城,年产量约 90 万余打,产值 100 万余元,约占全县工业产值的 63.3%。小布是平湖县的特产,全县农家共有木质土制布机约 5 万架(调查时开工

---

① 刘大钧:《中国工业调查报告》(下册)第 2 编,"地方工业概况统计表",第 31—32 页。
② 彭泽益:《中国近代手工业史资料》第 4 卷,第 346 页。

者约 2 万架,1.5 万户)。1931 年产小布 120 万匹,价值 60 余万元;1932 年约产小布 90 万匹,价值 45 万余元。其织造均由妇女担任,原料由各店家发给,每匹工资高者 0.06 元,低则 0.03 元,织成之小布肩送店家贩售。

江宁县的工业也不发达,利用机器生产的有砖瓦厂、造纸厂、采石厂、碾米厂,家庭手工业有窑业、建绒业、篾业、麻绳草鞋业等,全县工业资本约 28 万余元,年产值 105 万余元,占工农业总产值的 5.1%。

歙县的新式工业很少,针织业尚处于萌芽时代,手工业以榨油业、水碓业、蜜枣业、窑业、造纸业最为发达,墨业、火炮业(即鞭炮业)、铸铁业等次之,与茶业有关的锡罐业、茶箱业、茶篓业季节性很强。全县工业产值 100 万元。蜜枣是歙县的特产,年加工蜜枣 3 万余桶,价值 60 万余元。榨油业亦是歙县主要工业,油坊 25 家(调查时 1 家歇业),油榨 60 余具,以牛力为动力,大都分布在西北乡,东南乡次之,年产油类 2 万余担,价值 30 万元左右。以上两业产值共 90 万余元,占工业产值的90%,其他各业仅占 10%。据抗战前调查,全县每年民间自行织制土布约 7000 匹,约占皖南 17 个县土布产量的 2.6%①。

休宁县工业亦很落后,除供照明用的电气业外,余悉为小规模化学工业及旧式手工业,全县工业产值不过 27 万余元,占工农业总产值的 3.5%。据抗战前调查,全县每年民间自行织制土布 2000 匹,约占皖南 17 个县土布产量的 0.75%②。

当涂县城乡仅有 60 多家工厂作坊,且规模小,资本少,各业资本仅 9 万余元,全年工业产值 32 万余元,仅占工农业总产值的 2.1%(详见表 1)。据抗战前调查,全县每年民间自行织制土布 30000 匹,约占皖南 17 个县土布产量的 11.2%③。

嘉兴等 8 县工农业总产值统计情况见表 1。

表 1　嘉兴等 8 县工农业总产值统计表(1933 年)

县名	工农业总产值(元)	农业产值(元)	工业产值(元)	工业产值占工农业总产值比重(%)
无锡	133214274	55950000	77264274	58.0
芜湖	25078978	12538759	12540219	50.0
嘉兴	29930850	24164755	5766095	19.3
平湖	15809404	14229264	1580140	10.0
歙县	10551360	9548860	1002500	9.5

① 彭泽益:《中国近代手工业史资料》第 4 卷,第 346 页。
② 彭泽益:《中国近代手工业史资料》第 4 卷,第 346 页。
③ 彭泽益:《中国近代手工业史资料》第 4 卷,第 346 页。

县名	工农业总产值(元)	农业产值(元)	工业产值(元)	工业产值占工农业总产值比重(%)
江宁	20793346	19734786	1058560	5.1
休宁	7783524	7508000	275524	3.5
当涂	15752216	15429216	323000	2.1

说明:

① 无锡县工业产值数为1933年4月至1934年10月调查,见刘大钧著《中国工业调查报告》第2编,"地方工业概况统计表";农业产值数为1935、1936、1937年3年平均产值数,见《民国二十八年无锡县行政状况调查报告书》。其他各县的工农业产值均根据《中国经济志》(嘉兴县、平湖县、江宁县、当涂县、休宁县、歙县)中的数字计算而得。本文凡引自该书的数字和事实,恕不一一注明。

② 江宁县工业产值未计入中国水泥厂年产值576万元,造纸厂的产值以预算产值计入。

③ 嘉兴县3家丝厂的产值按月产值计算而得。

④ 嘉兴、平湖、江宁、当涂、休宁、歙县等6县的碾米业产值均为加工费,比实际产值要少得多。

⑤ 嘉兴、平湖两县工农业产值均为1932年的产值。

2. 多数县农业内部的种植业所占比重较高。

如果用工农业产值及其所占比重来表示工农业之间的比例关系,我们从表1中可以清楚地看到,除无锡、芜湖外,其他各县仍然以农业为主,所谓产业结构,就多数县来看,实际上主要是农业内部各业间的比例关系。

据1933年6月到7月和1934年4月的调查,各县农业内部种植业所占比重是:歙县占96.86%,平湖县占89.12%,江宁县占84.42%,休宁县占80.16%,当涂县占78.25%,芜湖县占75.83%,嘉兴县占77.40%①,无锡县占68.72%②。其他各业比重高低不一。农业内部各业较为齐全的只有嘉兴、平湖两县。

3. 各县粮食作物在种植业中的比重悬殊甚大。

民以食为天,无粮不稳,是经过历史检验的真理。随着人口的增长和工业化、城市化进程的加快,对农业提供食物和工业原料的需求更为迫切。各县农业的物质技术基础强弱不一,排灌条件有别,造成了农作物种植品种的不同、粮食作物在种植业中的比重高低不一和粮食供求关系的不平衡。1933年,芜湖县粮食作物产值在种植业产值中的比重高达92.37%(详见表2,下同),江宁县占84.96%,当涂县占84.79%,休宁县占54.86%,歙县占28.99%(黄豆产值270万元未计入);

---

① 嘉兴县、平湖县农业内部各业产值为1932年的产值,有个别的为1933年的产值。

② 无锡县农业内部各业产值为1935、1936、1937年3年平均产值,副业产值仅蚕茧1项,生丝产值未计入。见《民国二十八年无锡县行政状况调查报告书》,第35页。

1932 年,嘉兴县粮食作物产值占种植业产值的 74.23%,平湖县占 48.83%(黄豆产值 126 万元未计入);无锡县粮食作物产值占种植业产值的 62.55%。平湖、休宁、歙县粮食作物产值所占比重不高,除黄豆产值未计入外,还有其他一些原因。棉花是平湖县的重要特产,1932 年产棉 10 万包,价值 150 万元,占种植业产值的 12.54%;菜籽、草籽、西瓜等种植面积也相当可观,仅此 3 项产值即达 1447200 元,占种植业产值的 12.09%。无锡县粮食产值所占比重不高的原因是多方面的。为了满足城区 17 万余人对蔬菜、瓜果的需要,其种植面积也不小。无锡全县蔬菜产值 150 万元,瓜类 540 万元,仅此 2 项就占种植业产值的 17.94%。无锡是江苏蚕茧的主要产区,仅桑叶产值就占种植业产值的 19.51%。另据调查,20 世纪 20 年代末,无锡稻田面积占 70.53%,桑田占 21.05%,菜田占 5.26%,瓜果占 3.16%①。休宁、歙县高山峻岭,水源缺乏,土地贫瘠,宜耕面积不多,亩产量又不高,粮食作物所占比重当然就小了。清乾隆《歙县志·风土》载:"地隘斗绝厥土挛刚不化,高水湍悍少潴蓄,地寡泽而易枯。十日不雨则仰天而呼,一骤雨过,山涨暴出,其粪壤之苗又荡然枯矣!大山之所落多垦为田,层累而上,至十余级不盈一亩。"清康熙《休宁县志》亦有类似的记载。到 20 世纪 30 年代初,这种状况没有多大变化。据 1933 年统计,歙县各种农作物种植面积 541500 亩,稻、麦、玉米、高粱种植面积占 56.88%,茶叶种植面积占 17.4%。休宁粮食作物种植面积所占比重稍高一些,稻田和杂粮面积占各种农作物面积的 76.3%,茶地占 20.6%。

嘉兴等 8 县粮食作物产值统计情况见表 2。

表 2　嘉兴等 8 县粮食作物产值统计表(1933 年)

县名	种植业产值(元)	粮食作物品种	粮食产值(元)	粮食产值在种植业产值中所占比重(%)
芜湖	9508090	稻、麦	8782540	92.37
江宁	16660475	稻、麦	14154810	84.96
当涂	12073714	稻、麦	10237504	84.79
嘉兴	18703092	稻、麦	13883929	74.23
无锡	38450000	稻、麦、豆	24050000	62.55
休宁	6018500	稻、麦、玉米、高粱	3302000	54.86
平湖	12680920	稻、麦	6192000	48.83
歙县	9248860	稻、麦、玉米、高粱	2681500	28.99

说明:嘉兴县、平湖县为 1932 年产值;无锡县粮食作物产值为 1935、1936、1937 年 3 年平均数,资料出处见本文表 1 说明①。

① 《第一回无锡年鉴·农业》,第 10 页。

二、交换结构

在中国延续了几千年的封建社会,自然经济占统治地位,农民不仅从事农业生产,而且从事手工业生产。"男耕女织"就是这种自然经济的生动写照。随着商品经济的发展,嘉兴等8县先后由自给自足的自然经济逐渐向资本主义商品经济过渡。尽管过渡的速度有快有慢,程度有高有低,但总的来看,各个经济单位和地区既具有为满足自身消费需要进行生产的特征,又不同程度地卷入根据市场供求需要和生产成本、价格与效益进行生产的商品经济漩涡。农民在当地集镇买进日常生活所需要的东西,卖出自己多余的产品,再通过集镇或县城,将闭塞农村的农产品与国内各地市场以至国际市场联系起来。闭塞的农村与国际市场之间,虽然存在着几层"隔层",但它们毕竟联系起来了。为了弄清它们是如何联系的,其后果又怎样,我们着重分析一下交换结构。

(一)在社会商品交易中,以日常生活用品为大宗。由于各地地理位置的优劣不同,交通运输条件的差异和土特产种类、数量的多寡不一,商品交易的情况也大不一样,各具特色。

商品经济是以市场为导向的,没有市场,产品便不能变成真正的商品,也就不能实现其交换价值。市场的主要功能是"集散",其活力在于"流转"。然而在漫长的历史时期内,中国的"农民家庭不依赖于市场和它以外那部分社会的生产运动和历史运动,而形成几乎完全自给自足的生活"[1]。商品经济处于从属地位,只起着补充的作用。直到新中国成立前,中国农村,特别是内地农村的绝大多数农民还处于自给或半自给的小生产状态。但这不等于工农业之间、城乡间、城市间、乡村间没有一点联系和协作,没有商品的流转,只不过流转的商品品种单调一些,数量少一些罢了。经济愈落后,离大中城市愈远,交通运输条件愈差,流转的商品品种愈单调,其数量也愈少。长江下游各地亦是如此。在清乾隆初年,无锡商业就比较发达,该地棉布输出数量多,被称之"布码头"。"席鬻于浒关虎丘之肆中,砖瓦贩鬻遍大江南北。"此后无锡流转的商品品种及数量逐渐增多,到20世纪20年代已成为苏南的商业中心。据1932年调查,无锡有各种商店1580家,流转的大宗商品为米、麦、面粉、杂粮、棉花、蚕茧、生丝、棉纱、棉织品。据说,每年五月份蚕茧登场时,茧商从上海装现洋千余万元来锡采购,加上米、麦和其他商品,营业额之巨,可想而知。

歙县在清代流转的大宗商品只有盐、茶和粮食等维持生计的必需品。清道光年间,歙县岁额销浙盐46789引[2]。道光八年(1828年)前,歙县所产茶叶不多,需

---

① 《资本论》第3卷,第897页。
② 民国《歙县志》卷3,"食货志","盐法",第3页。

购进他县茶叶。嘉庆十二年(1807年),歙县购销潜山茶650道(120斤为1道),即780担。道光年间,歙县1年额销茶10518道,即12621.6担①。

休宁县"山多田少,粒米是急,日仰给东西二江,一遇公禁私遏,旬日之艘未至,举皇皇枵腹以待,米商乘而登垄坐握高价,即贵籴可奈何"②。休宁县流转的商品中,粮食所占比重不小。

到20世纪30年代初,歙县、休宁县流转的商品种类并没有增加多少,仍以盐、茶、米、木材为大宗。嘉兴等7县商业营业额及其流转的大宗商品情况见表3。

表3　嘉兴等7县商业营业额及其流转的大宗商品统计表(1933年)

县名	商店数(个)	年营业额(元)	流转的大宗商品
嘉兴	4639	18923755	米、南北货、腌腊品、绸、布、茶叶、干茧、木材
平湖	2371	12225800	米、南北货、腌腊品、绸、布、干茧、棉纱、木材
江宁	1490	4209740	杂货、米、面粉、布
当涂	1201	6295700	米、布、杂货
芜湖	2374	63858298	米、布、杂货、香烟
休宁	1200	20000000	茶、布、盐、南货
歙县	1273	6289500	盐、布、米、木材、茶、杂货

说明:
① 嘉兴、平湖两县的商店、年营业额均为1932年的数字。
② 江宁县的商店数、年营业额系全县61市镇的合计数,不包括上新河40余家木行、木号约200万元的营业额。
③ 休宁县营业额系估计数,休宁屯溪为徽州商业中心,故营业额较高。

表3只是粗线条地说明20世纪30年代初嘉兴等7县商品流转的大概情况。该表显示嘉兴县的商店最多,芜湖县的营业额最多,嘉兴、平湖流转的商品种类最多。总的来看,流转的商品仍以日常生活用品为主。至于各县的商品具体流向及其路线受资料的限制,不能作出详细的描述。根据已有的统计数字来看,绝大部分商品在县城流转。芜湖县城区商业营业额约占98.8%(包括乡村农民进城购买商品的数额),乡区只占1.2%;嘉兴县商业亦以城区为重心,其营业额约占全县年营业额的54.5%;平湖县城区商业营业额约占55.6%;江宁县各市镇商业营业额约占5.5%,南京城区营业额约占94.5%;当涂县城区商业营业额约占64.0%;休宁县按照营业税的统计,城区商业营业额约占84.0%;歙县城区商业营业额约占23.8%,比重最低,可视作例外。从流转的大宗商品来看,以粮食、布匹、杂货为主。年营业额最高的芜湖和中等水平的当涂,都是如此。芜湖城区米业营业额约占城

① 民国《歙县志》卷3,"食货志","茶纲",第4页。
② (清)康熙《休宁县志》卷之1,"风俗"。

区年营业额的 65.0% ,香烟业约占 10.5% ,布业约占 5.5% ,其他各业只占 19.0% 。当涂县城区米业营业额约占年营业额的 44.3% ,绸布业约占 11.8% ,南北货业约占 7.1% ,渔业约占 5.3% ,京广货业约占 5.2% 。

在商品流转过程中,工农产品价格的剪刀差很大。这是旧中国统治阶级对农民残酷剥削和掠夺的主要手段之一。在农产品的交易中,农民除受谷物价格跌落的损失外,还要受中间人——粮行的盘剥。大多数农民将粮食售给当地小粮行,再由小粮行售给粮食商贩运销大中城市的大粮行,也有的不经过小粮行直接运销大粮行,由大粮行转手卖给消费地的商人,再由消费地的商人零售给消费者。唯利是图的粮商绝不会亏本出售,压低收购价、抬高零售价司空见惯,吃亏的是农民。比如芜湖米市抽收行佣及手续费用的名目有:由米行经手抽收卖客所承担的费用有行佣、回号、正力、贴力、回筹、正二包酒、斛力、香烟酒钱、贴现、开仓、斛酒等;由米行经手抽收买客所承担的费用有教育捐、小费、栈租、栈险、麻皮、驳力、印花等;此外尚有自治捐、警察捐、善堂捐等。在交易之外,还有扛包、绞包、斛工等明索暗偷,地保、流氓、孤寡、乞丐的强取硬索。据说,这样一来,每包米卖方要减少 8 角以上的收入,买方要增加 8 角以上的成本。这些负担最后均转嫁到终岁辛勤劳动的农民和广大消费者身上。

(二) **经济发展水平的高低和土特产数量的多少决定着进出口货物的结构。**在通常情况下,旧中国各县进出口货物的结构最终是由各县的经济发展水平和土特产种类及其数量的多少决定的。

下面,我们从进出口货物结构的角度来分析一下嘉兴等 8 县的交换结构。

旧中国的农业靠天吃饭,各地农产品输出量不稳定。风调雨顺,收成好,输出量多一些;灾年歉收,输出量减少。

无锡虽是江苏产米区之一,但每年产量尚不敷需要,依赖客米调节,米市繁盛,早在清朝光绪年间就成为闻名中外的四大米市之一。据 1932 年调查,无锡全城共有粮行 100 多家。这些粮行有的专收各乡镇米麦,以供应市面为主;有的专代客商买卖,或到各处贩运。无锡北塘一带米船衔接,樯帆栉比,是米市中心。客米中,宜兴米约 120 万石,江阴米约 80 万石,武进米 50 万石,丹阳、溧阳及其他各地客米约百余万石。这些客米大都由米行运往苏州、上海、浙江等地[①]。据估计,每年无锡购进棉花衣 50 万担,籽花 10 万担,细纱 1 万包,价值 200 万元的布匹,价值 10 万元的五金[②],从而出现了"运货船只,群集如蚁"的繁忙景象。

粮商出售粮食后,往往购进棉纱、布匹、绸缎、呢绒及日常生活必需品带回各地。无锡每年运出棉纱近 15 万件,豆饼 9 万担,下脚丝和下脚纱 2 万担,经上海出

---

① 《中国实业志·江苏省》第 4 编,第 2 章,第 28－29 页。
② 《中国实业志·江苏省》第 2 编,第 5 章,第 105－106 页。

口生丝 2 万担①。

芜湖出产的粮食与芜湖的人口相比较,无论丰年、平年均有余裕,大约每年可余 1/3。加之芜湖在清朝光绪年间碾米作坊鳞次栉比,粮行遍地皆是,与长沙、九江、无锡一起被称为四大米市,起着调节地区与地区之间、省与省之间粮食余缺的作用。因此,芜湖出口货物当推粮食为第一。由于粮商出售粮食后购进日常生活用品带回本地,芜湖进口货物当推棉纱、布匹、香烟等日用品为大宗。

嘉兴、平湖两县盛产稻米,经济作物的种植比较普遍。进口货物以南北货、腌腊品、香烟、糖、木材为大宗;出口货物,嘉兴以米、干茧、绸为主,平湖以米、干茧、棉花、菜籽、西瓜、豆类为主。

当涂进口货物以布匹、杂货、煤油、香烟、五金为大宗,出口货物以米、麦、菜籽、铁砂、鱼、干茧为主。

休宁、歙县进口货物以盐、粮食、布匹、香烟为主,出口货物以茶叶、木材为大宗。

嘉兴等 6 县进出口货物情况见表 4。

表 4 嘉兴等 6 县进出口货物统计表(1933 年)

县名	进口货物				出口货物			
	货物名称	由何地进口	价值(元)	占全县进口货物价值比重(%)	货物名称	运往何地	价值(元)	占全县出口货物价值比重(%)
嘉兴	南北货	上海及各地	1170000	9.03	米	上海、碛石、杭州	4100000	36.98
	鱼鲞	上海及各地	1040000	8.03	黄豆	上海、碛石、杭州	864000	7.80
	绸	上海、杭州、盛泽、湖州等	440000	3.39	草籽	上江各县	248000	2.24
	布	上海、杭州	722000	5.57	姜	上海	400000	3.61
	腌腊品	上海、江苏江北等地	1145000	8.84	丝	上海、杭州	415500	3.75
	木	上江及各地	1240000	9.57	干茧	上海、杭州	1050000	9.47
	纸烟	上海	1350000	10.42	布	上海、上江各县、各省	360000	3.25
	洋广货	上海	500000	3.86	绸	上海、杭州	1950000	17.59
	苏烧	江苏	965000	7.45	线袜	上海、浙江各县	120000	1.08
	棉纱	上海	782400	6.04				
	草席	宁波	240000	1.85				
	煤油	上海	250000	1.93				
	砖瓦、石灰	嘉善、长兴	450000	3.47				
	瓷器	上海、江西	450000	3.47				

① 《中国实业志·江苏省》第 2 编,第 5 章,第 105－106 页。

县名	进口货物				出口货物			
	货物名称	由何地进口	价值(元)	占全县进口货物价值比重(%)	货物名称	运往何地	价值(元)	占全县出口货物价值比重(%)
平湖	南北货	上海、杭州等地	300000	7.08	米	硖石、嘉兴	800000	12.53
	糖	荷兰及国内产糖地	200000	4.72	黄豆	硖石、嘉兴	750000	11.74
	锡箔	绍兴	135000	3.19	西瓜	上海	300000	4.70
	绸	杭州、上海、盛泽、吴兴等地	173000	4.08	干茧	上海	420000	6.58
	布	杭州、上海及各地	378000	8.92	棉花	上海	1200000	18.79
	勒鱼	宁波等	200000	4.72	菜籽	上海	665000	10.41
	木	福建	300000	7.08	草籽	诸暨、兰溪等县	280000	4.38
	炭	台州	125000	2.95	洋袜	上海、天津、汉口及各大商埠	900000	14.09
	笋干	福建	250000	5.90	小布	上海及浙江各县	600000	9.39
	棉纱	上海	400000	9.44				
	煤、煤油	上海	240000	5.66				
	烟	上海	600000	14.16				
当涂	杂货、布匹		950000	49.48	铁砂		230400	3.95
	煤油		200000	10.42	米		4060000	69.66
	卷烟		150000	7.81	麦		280000	4.80
	京广货		200000	10.41	豆		120000	2.06
	五金、煤炭		120000	6.25	菜籽		671600	11.52
					茧		210000	3.60
					鱼		129600	2.22
芜湖	精盐	通商口岸	388206	2.01	鸭鹅毛	通商口岸	231387	0.93
	煤油	国外	593310	3.06	铁砂	国外	1261857	5.10
	糖	国外	993274	5.13	米	通商口岸	19202365	77.61
	石蜡	国外	305155	1.58	麦	通商口岸	503840	2.04
	纸烟	通商口岸	5434669	28.08	菜籽	通商口岸	1021584	4.13
	棉纱	通商口岸	4637018	23.96	黄豆	通商口岸	740360	2.99
	粗细斜纹布	通商口岸	573810	2.96	纸	通商口岸	712448	2.88
	粗布	通商口岸	2117880	10.94	鲜蛋	通商口岸	739430	2.98
	土布	通商口岸	311705	1.61				
	袜	通商口岸	3280685	16.95				

县名	进口货物				出口货物			
	货物名称	由何地进口	价值(元)	占全县进口货物价值比重(%)	货物名称	运往何地	价值(元)	占全县出口货物价值比重(%)
休宁	布匹(包括绸缎)		900000	10.87	洋庄茶、绿茶		2470000	69.67
	面粉		250000	3.02	本庄绿茶		700000	1.97
	盐		1500000	18.12	桐油		30000	0.85
	南货		1200000	14.50	柏腊		40000	1.13
	食用油		1120000	13.53	木材		300000	8.46
	香烟		960000	11.60	木板		260000	7.33
	京广货(包括西药)		400000	4.83	香菇		90000	2.54
	药		380000	4.59	笋	杭州	32000	0.90
	锡箔		200000	2.42	药材		60000	1.69
	煤油		320000	3.87	生漆		30000	0.85
	其他(包括五金、染料)		300000	3.62				
歙县	布匹	上海、杭州	450000	10.46	茶		3462000	74.35
	绸缎	上海、杭州	150000	3.48	蜜枣		600000	12.88
	洋广货	上海、杭州	180000	4.18	木材、木板		450000	9.66
	米	绩溪、宁国	560000	13.01	药材		67500	1.45
	面粉	上海、杭州	650000	15.10				
	南北货	上海、杭州	150000	3.48				
	盐	绍兴、萧山	450000	10.46				
	化油	杭州	560000	13.01				
	煤油	杭州	200000	4.65				
	卷烟	上海、杭州	380000	8.83				
	中药材	上海、杭州	150000	3.48				

说明:
① 本表中各县进出口货物只列主要货物。
② 芜湖进出口货物价值数摘自《中国经济志·芜湖县》中"芜湖关1933年进出口大宗货物数值表"。此表的价值数不完全是芜湖县的,包括邻县的进出口货物价值数,各种货物所占比重亦据此表数字计算而得。
③ 嘉兴、平湖两县进出口货物价值数均为1932年数字,摘自《中国经济志·嘉兴县》《中国经济志·平湖县》。嘉兴的绸的价值数包括转口邻县的在内。
④ 江宁县进出口货物价值已统计入《中国经济志·南京市》,无法单独划出,故本表空缺。
⑤ 屯溪是徽州六邑贸易枢纽,江西的浮梁、德兴与屯溪也有商业关系,屯溪出口货物包括邻县的货物。本表休宁出口货物价值依据《中国经济志·休宁县》中"屯溪输出货物数量数值表"计算而得。休宁进口货物也无法单独划出,故本表的进口货物价值及所占比重,只能按"屯溪输入货物数量数值表"进行计算得出。据调查者说,屯溪进口货物价值中,转输邻县各地的约占2/3,本县所需要的仅占1/3。
⑥ 歙县进出口货物价值数摘自《中国经济志·歙县》中"歙县输出物产数量数值表"、"歙县输入货物数量数值表"。歙县出口的茶,本庄篓茶占3/4,洋庄箱茶占1/4。

表 4 只能反映进出口货物的种类和价值,其中组织货源的复杂过程不见了,复杂而繁琐的手续不见了,受西方列强和封建势力种种敲诈与勒索不见了。下面,略举几例,稍作分析。

光绪二十四年(1898 年)至三十年(1904 年),经芜湖输往国内各地的稻米,多至 500 余万担,少亦有 300 万~400 万担。民国以后,捐税加重,运费增加,邻近之米相率径往浦口、通州等处出售,不由芜湖出口,一度年输出量不过 200 万担左右①。

中国茶叶输往国外,始于何时,很难考稽。1696 年,东印度公司将中国茶叶输入英国,此为中国茶叶输入英国之嚆矢。自此,中国茶叶在国际市场上的声誉逐渐提高,但数量不多,算不上大宗出口货物。1886 年,中国茶叶出口量增加到 220 多万担。自此以后,逐渐下降。中国产茶区域虽广,徽茶产量最高时却几乎占全国茶叶产量的 1/4。民国以来,徽茶产量每年约 40 万担,即使灾年也不下 30 万担。经上海出口的茶叶,除浙江平水茶外,就数徽茶了。

歙县和休宁所产的毛茶,由茶贩这里一担、那里两担地收购,用布袋包装运至茶行,由茶行从中居间评价过秤,出卖给茶号;茶号将茶贩的袋茶重新加工,用锡罐、箱桶盛装,经杭州运至上海茶栈;茶栈从中介绍给各洋行;再由洋行输往国外各地。茶贩所贩袋茶多的达数百担、千余担,少的百余担、数十担、数担不等,以贩运赚钱为目的。茶行有的自备资本,有的不备资本。自备资本的茶行除代客买卖外,自己也收购茶叶转售给茶号,不备资本的茶行专以代客买卖赚钱为目的。茶行多设在产茶的中心地带。歙县茶行最多时约 150 余家,休宁屯溪茶行最多时约 60 余家。20 世纪 30 年代初,茶号派人进山直接收购茶叶或由茶贩直接将茶叶卖给茶号,茶行逐渐减少。茶号家数的增减由国际市场茶叶销路的畅滞来决定。茶栈大部分设在上海,一小部分设在汉口等处。茶栈一方面是经纪人,另一方面又是债主。他们借钱给茶号作本钱收购茶叶,其数量之多少由他们对茶号的信任程度决定。茶号所借钱款由茶栈从茶款中扣还本息。1933 年,上海茶栈到屯溪放款的有 8 家,放款额达 200 万元以上。经办茶叶出口的大权操纵在各洋行手中,开盘定价,茶栈无权过问。洋商品视茶叶时,往往嫌做工不净、拣工粗糙、焙工不足,故意刁难,压级压价。它们还利用茶商争先求售的心理,开始时价格略放高一点,俟茶叶聚集上海,立即降价,使茶商大亏其本。茶栈、茶号将这些额外损失统统转嫁到茶农身上。茶农管理茶树的热心程度,多视茶叶市场的需求、茶价和经济收益而定。由于茶农栽种茶树不讲究,茶叶加工制作方法陈旧,质味虽佳,外观却远不如日本茶叶,国际茶叶市场几乎全被日本茶叶占领。徽茶出口量明显减少。

蚕桑业是平湖四乡农民收入的主要来源,差不多家家都有桑地。平湖的蚕茧

---

① 民国《芜湖县志》卷 35,"实业志","商业",第 1 页。

虽不输往国外,但蚕桑业却受国际市场生丝价格的左右。平湖蚕农自己不缫丝,均将鲜茧出售给上海丝厂或当地人集资开设的茧行。由于鲜茧不能延搁,多搁一日重量就要轻许多,因此无论茧行怎样苛刻,蚕农也非出售不可。1929 年秋世界经济危机爆发后,国际市场对生丝的需求量锐减,中国生丝出口随之剧减,国内生丝价格暴跌,丝厂亏损严重,纷纷停工歇业。蚕茧价格相应下跌,蚕农养蚕不但无利可图,且亏损严重,平湖平均每户损失 50 元以上。蚕农对蚕桑业大为失望,谁也不愿对桑树加肥培植,甚至多数蚕农将桑园改成竹园,致使全县桑叶产量较从前减少40% 左右①。

以上情况再次证明:第一,旧中国与国际市场的联系虽然越来越密切,但在这个市场上的发展机会与西方列强是不平等的。工业发达和生产技术先进的西方列强在市场上占据先行的优势,居高临下,发号施令,主宰一切。被昏聩无能的朝廷和阿谀奉承的官吏统治着的旧中国在政治上、经济上已丧失了自我防卫的能力,被西方列强用武力的和经济的手段轻易地打翻在地,任其宰割,成为他们的附庸;昔日农民赖以安身立命的自然经济失去了往日神圣的光环,逐渐瓦解、削弱,分散的、孤立的农民的命运与国际市场联系在了一起。国际市场上生丝、茶叶等农副产品的供求关系一旦失去平衡,中国的农业生产和农民生活就会受到严重影响。第二,以落后的生产力为基础的不发达的商品经济决定了商品生产的社会化程度低下和国内市场不发达。农产品不能顺利流通或流通量很小,影响其价值的实现,削弱了本来就很有限的农民购买力,致使日常工业品交换不畅或滞缓,形成恶性循环。这又促使一些人急功近利、唯利是图,敲诈勒索的短期行为和投机取巧的非竞争意识不断出现。第三,外国商人来中国开办洋行经商,其目的既是为了赚钱,又是要千方百计地把中国已在国际市场上站稳脚跟或占有优势地位的传统产品挤出去,为无孔不入的西方列强扩大对中国的侵略效劳。西方列强的侵略阻碍了中国经济的发展,使中国从封建社会经济结构向半殖民地半封建经济结构转变。

三、消费结构

消费包括生产消费和个人消费。我们这里所说的消费是指人们为满足个人生活需要而消费各种物质资料和精神产品的个人消费。

个人消费的内容及其构成,是由社会生产力的发展水平决定的,并随生产力的发展变化而发展变化。当然,个人消费也会产生积极的反作用。在阶级社会中,个人消费的性质和水平取决于社会生产关系,取决于他的阶级地位。旧中国的农民家庭既是生产经营单位,又是生活消费单位,生产投入和生活支出都很有限,精神文化生活也很贫乏。各地居民的生活水平虽不完全一致,但

---

① 冯和法:《中国农村经济资料续编》,第 997－998 页。

物质消费结构序列大致都是吃、穿、住、用,且长期处于低水平状态,大多数人勒紧裤腰带过日子,有的甚至食不果腹,衣不遮体。饮食习惯、衣着款式是百年一贯制或千年一贯制。因此,吃饱穿暖是长期陷于饥寒交迫困境的中国人民的最低要求。

据清康熙《休宁县志·风俗》载:县内各地农村均"日三食,食再饘粥,客至不为黍,家不畜乘马,不畜鹅鹜,其弗逮吴、越诸郡"。居住状况,山区特点非常突出。"邑以人稠地狭,故囷得架屋而居,构一庐得倍庐之居,非能费财而高也。垣既随庐不得不峻,畏水浸易圮,涂白垩以御雨,非能费财而饰也。"遇到自然灾害,"四顾颓垣相望,间有炫鬻而不售者,则毁其室庐,薪其梁栋,以济旦夕之急,至有数千金之值而不能十百偿者矣"①。歙县农民生活水平与休宁县大体差不多。清乾隆《歙县志·风土》载:"贫者日再食,富者三食,食惟饘粥,客至不为黍,家不畜乘马,不畜鹅鹜,啬日日以甚。女人尤号能俭,居乡者数月不沾鱼肉,日挫针治澣纫绽。"嘉兴、平湖、无锡3县居民的生活富裕些。据清光绪《嘉兴府志·风俗》载,嘉兴境内"富商大贾长筏巨舶,夷蜃、海错、鱼盐、米布之属,辐凑成市,居民富饶,市邑繁盛"。据清光绪《平湖县志·风俗》载,境内"向崇俭朴,迩来富家子弟专事浮华,费用愈奢,物力愈匮"。《锡金识小录》卷1"风俗变迁"载,境内"康熙时衣服冠履犹尚古朴,常服多用布,冬月衣裘者百中二三,夏月长衫多用枲葛,间用黄草缥"。乾隆初年,"则以布为耻,绫、缎、绸、纱争为新色新样,北郭尤盛,间有老成不改布素者,则指目讪笑之。冬月富者服狐裘猞猁狲之属,服貂者亦间有之,若羊裘则为贫者之服矣"。这种说法,未免有点夸张,而且限于县城之内,广大农村远远没有达到这种水平,只不过"凶岁寡流亡之患"。因为:"邑地气本薄,虽男勤耕,女勤织,鲜有积聚";"勤于稼穑,薄于饮食,妇人执女红,啬而近陋"②。这还有点符合实际。上元和江宁境内"民日三食,晨曰点心,屑麦糯和糖霜,巧制各种汤饼、角黍之属,殊状异名,莫可殚述,它郡所无也。午食稻饭,晡时亦然,则贫富丰俭不齐矣。爨用芦若茅与不材之木,不用煤若石炭。"③

20世纪30年代初,嘉兴等8县居民物质消费结构序列依然如故,没有什么变化。但靠近上海的嘉兴、平湖、无锡县城及其附近农村,靠近南京的江宁部分农村,被迫开放的芜湖县城及其附近农村,在"欧风美雨"的影响下,人们的传统消费观念有所松动,有所变化。在日常生活消费过程中,有些人对传统自然经济所提供的消费资料感到不满足,要求通过交换得到他们所需要的东西,从而使物质消费内容悄悄地、缓慢地发生了一些变化。如平湖县城居民的生活习惯多模仿上海人,青年

① (清)康熙《休宁县志》卷之1,"风俗",第32、33、34页。
② (清)光绪《无锡金匮县志》卷30,"风俗",第3页。
③ (清)同治《上江两县志》卷7,"食货",第8页。

男女着奇装艳服者为数不少;有的青年男子油头粉面,西装革履;有的青年女子袒臂露胸,烫发赤足①。农村妇女开始购用价廉物美的洋布制作衣服。农村中家家每天吃3顿干饭,较之平时早晚吃稀粥的地区,吃饭费用较大。4~5人的农户全年最低生活费用为200~250元,仅衣食两项每人需要50元,其中吃饭占绝大部分。平湖县不论县城、集镇,还是农村的男子,每天要饮3次茶(早、中、晚),有的地方2次,至少1次。房屋以砖建造者最多,芦草者次之,泥造者最少。至于修理房屋、交际、燃料、医药费等费用,每年每家至少在20元,其他如购买家具、肥料、种籽等至少10元,文化娱乐绝无仅有②。这是平湖县农民消费的大致情况。

据调查,无锡县每个农民全年消费支出达44.15元。其中食物费29元,占65.7%;衣服、医药、杂用费10元,占22.6%;教育费0.5元,卫生费0.1元,娱乐费0.05元,迷信费1.5元,另用3元,合计5.15元,占11.7%③。另据对无锡县比较富裕的开原乡的调查,小康的占9.1%,收支相抵持平的占22.5%,负债的占68.4%④。出产丰富的堰桥乡,即使正常年景,农民吃南瓜的也很普遍。富裕的开原乡、堰桥乡如此,其他穷困乡村农民生活情形如何,可想而知。

远离大中城市的休宁、歙县农民的消费观念、消费内容与嘉兴、无锡、平湖相比,其变化要小得多。我们在考察休宁、歙县的农民生活状况时发现:农民日常消费水平的高低已不完全由农产品收获的多少来决定了,市场条件的好坏也起着一定的作用。

民国初年,歙县东乡"习尚俭朴","南分水陆二路,陆南即古邑东,民质重厚,耐劳苦,善积聚,妇女尤勤勉节啬,不事修饰,往往夫商于外,所入甚微,数口之家端资内助,无冻馁之虞。水南村落棋布,新安江上游左右,地少人多,山农辄梯山筑舍,号曰山棚,远望之,如燕巢然。贾善奇赢,农工纤俭习事,粝粢之食,藜藿之羹,刻苦过于陆南,重厚亦稍逊之"。北乡尚能安居乐业。西乡"习俗亦视诸乡为较侈"⑤。

到20世纪30年代初,歙县农民生活变化不大,清苦依旧。冬季每日两餐,长日3餐,多以玉米、山芋、面粉等杂粮为主食,食米的不多,衣、住两项更觉困难。农村男女穿着均为布衣,男的穿长袍马褂,女的穿短袄黑裙,洋装旗袍不多见。有些建造在平地的农民住宅高大,窗户狭小,光线不足,黑暗异常,亦很潮湿。南乡一带

---

① 段茚寿:《平湖农村经济之研究》,见萧铮主编《民国二十年代中国大陆土地问题资料》第45册,第22577页。
② 段茚寿:《平湖农村经济之研究》第45册,第22772—22773、22787页。
③ 阮荫槐:《无锡实习调查日记》第98册,第51591页。
④ 《无锡乡土教材》,第49—50页。
⑤ 民国《歙县志》卷1,"舆地志","风土",第1页。

男子出外经商,妇女在家种田,生活之苦非都市人所能想象也。

从嘉兴等6县棉纱、棉布、纸烟、煤油进口人均值(见表5)的多少,对嘉兴等县人们的生活水平亦可略知一二。

表5　嘉兴等6县棉纱、棉布、纸烟、煤油进口人均值

县名	总人口（人）	棉　纱		棉　布		纸　烟		煤　油	
		进口值（元）	人均值（元）	进口值（元）	人均值（元）	进口值（元）	人均值（元）	进口值（元）	人均值（元）
嘉兴	435693	782400	1.80	722000	1.66	1350000	3.10	250000	0.57
平湖	267903	400000	1.49	378000	1.41	600000	2.24	240000	0.90
当涂	307195			950000	3.09	150000	0.49	200000	0.65
芜湖	331478	4637018	13.99	573810	1.73	5434669	16.40	593310	1.79
休宁	169022			900000	5.32	960000	5.68	320000	1.89
歙县	327698			450000	1.37	380000	1.16	200000	0.61

说明:

① 嘉兴县人口为1931年数,平湖县人口为1932年数,芜湖县人口为1934年4月数,休宁县人口为1934年4月数,歙县人口为1934年2月数。

② 当涂县棉布进口值包括杂货进口值,故棉布进口值和人均值偏高;休宁县棉布进口值中包括绸缎;芜湖县棉布进口值中不包括粗布、土布。

③ 芜湖县的棉纱、纸烟、煤油进口值和休宁县的棉布、纸烟、煤油进口值较多的原因,见本文表4的说明②⑤。

四、技术结构

嘉兴等县出现新兴产业的时间和部门先后不一,多少不等,有的县到20世纪30年代初尚未出现新兴产业。就同一产业而言,除无锡外,技术结构尚未发生具有一定广度和深度的变革,仍然以手工操作为主,劳动者技术装备的程度亦很低下,工艺流程及其操作技巧也很落后。千年一贯的以手工操作技术为主体的技术结构和单一的产业结构是制约县级经济发展的不可忽视的因素。

（一）除无锡外,工业中手工操作技术的比重高,劳动者技术装备程度低下。

据1929年4月调查,无锡131家工厂中有动力机械的87家,占66.4%,其动力以电力为主①。民族工业三大支柱的棉纺业、缫丝业、面粉业的产值占工业产值的79.26%②。其近代化的水平不仅远远高于嘉兴等县,在全国也位居前列。

① 《统计月报》第2卷第6期,第57页。
② 《统计月报》第2卷第6期,第61页。

嘉兴县工业可分为机器工业和手工业。用机器生产的电业、丝织业、染织业（该业木机数量约占 1/3）的产值仅占全县工业产值的 38%，碾米机加工的稻米产量仅占全县稻米产量的 50%，民间用旧法舂米的为数不少。

平湖县工业除电业、碾米业外，织袜业和小布业最发达。电业产值仅占全县工业产值的 5% 左右；29 家织袜厂设置引擎的仅 2 家；织小布的布机均为农家自备，木质土制，每架仅值 3 元。

江宁县用机器进行生产的砖瓦业、造纸业、采石业、碾米业的产值在 7 县中是最高的，由于全县工业产值只有 105 万余元，所占比重高达 91.7%。

当涂县工业幼稚，城乡共有厂、坊 60 家，多为小型企业，电灯厂、碾米厂、面粉厂的产值占全县工业产值的 26% 左右。

在 8 县中，芜湖工业仅次于无锡县，也算是比较发达的。芜湖机器工业因资金短缺发展不快，手工业却颇为发达。到 20 世纪 30 年代，芜湖只有纱厂、电厂、面粉厂的资本较多，可称得上完全的机器工业，其产值约占全县工业产值的 19.7%；其余的均为小规模的手工业，其产值占 80.3%。据抗战胜利初调查，芜湖的土布机坊都在东门和东河沿街一带，东门附近几乎栉比皆是。每家拥有 5 架机子者最多，少的只有 1～2 架，最多也不过 20 架。土布机坊的老板多数不识字，也没有什么账目。木机有的是祖上传下来的。一家老小做于斯，食于斯，用于斯①。

休宁县除 1 家小电厂外，只有一些所谓的小规模的化学工业和旧式手工业，小电厂的产值仅占全县工业产值的 7%。歙县的所谓新式工业，以小电厂为最大，其产值仅占全县工业产值的 1.4%，其余的均为旧式工业和家庭手工业。

（二）**农业生产中传统工具在绝大多数地方仍一统天下，耕作技术没有明显提高。**

长期以来，旧中国的农民使用的农具改进不大，耕作技术水平提高不快，传统农具一统天下。在嘉兴等 8 县中，农具发展情况很不平衡。经济发达的无锡县清末已开始使用戽水机灌田。1926 年，全县戽水机已达 1000 余部，并成立农机公会，对机户进行管理，办理纳捐注册登记事宜。1933—1937 年，全县戽水机船经常保持在 1300～1600 只，机器戽水已占绝对优势②，畜力戽水则在淘汰之中。另据 1935 年对无锡县 3 个村 1143 户各项工费的调查，人工占 81.2%，畜工占 6.7%，机械工占 12.1%③。我们可以毫不夸张地说，在机器戽水灌溉农田方面，无锡县不仅走在全省的前面，而且走在全国的前面。

20 世纪 30 年代初，平湖县农民种田仍然沿袭旧法，没有什么改进。种籽大多

---

① 彭泽益：《中国近代手工业史资料》第 4 卷，第 466 - 467 页。
② 华东军政委员会土地改革委员会：《江苏省农村调查》，第 427 页。
③ 《中山文化教育馆季刊》第 3 卷第 2 期，第 472 页。

选自各家的农田,很少向市场购买,优良的种籽尚未推广到农村,化学肥料很少使用,购买豆饼作肥料的也不多,主要使用农家肥①。耕田用耕牛,水田除草用稻。戽水用以牛力为动力的水车,平均约 50 米之间即有一座水车蓬,近者仅数米。苏、锡、常使用较为普遍的戽水机在平湖县尚不多见。插秧以绳索为标准,纵行整齐,横行则参差不齐。插秧后不及两周,农民即跪行田间耘草,多数不用器具,仅以手为之。割禾用镰刀,稻谷脱粒用稻床,脚踏脱粒机尚未应用,捆扎用草绳,搬运用扁担,去灰用风车,去壳用木磨、簸箕、扫帚、筛子,碾米用臼及石碾,松土用耙、锄头。这些农具有的是从农村集市上买来的,有的是在木匠店或铁匠店定做的,有的是自备材料雇工制作的②。据到平湖县农村调查者说,有的农民认为,采用戽水机、脱粒机等农具,有使雇工失业的危险,无采用的必要③。生产工具的简陋,耕作的粗放,影响了生产力的提高和农民收入的增加。有些农户连简陋的生产工具也买不起,只好租借。平湖县耕种 5 亩田以下者往往需租赁耕牛。嘉兴县农村无耕牛户为数也不少④。1935 年嘉兴县农村各类经营户拥有耕牛情况见表 6。

表 6　1935 年嘉兴县农村各类经营户拥有耕牛情况比较表

农户	总户数	无耕牛者		有耕牛不满一头者		有耕牛一头者		有耕牛一头以上者	
		户数	比重(%)	户数	比重(%)	户数	比重(%)	户数	比重(%)
小经营	2995	1766	58.97	441	14.72	782	26.11	6	0.20
中经营	1081	175	16.19	79	7.31	784	72.52	43	3.98
大经营	236	10	4.24	1	0.42	99	41.95	126	53.39
总计	4312	1951	45.25	521	12.08	1665	38.61	175	4.06

据对江宁县一镇三乡 113 户农户的调查,无主要农具的农家也相当可观⑤。这 113 户农户主要农具与田产权之关系见表 7。

表 7　江宁县一镇三乡 113 户农户主要农具与田产权之关系比较表(1935 年)

农户	调查户数	有水车之家		有犁之家		有耙之家	
		农户数	比重(%)	农户数	比重(%)	农户数	比重(%)
自耕农	29	18	62.1	16	55.2	20	69.0
半自耕农	64	56	87.5	47	73.4	35	54.7

① 段荫寿:《平湖农村经济之研究》第 45 册,第 22644 页。
② 段荫寿:《平湖农村经济之研究》第 45 册,第 22647－22648、22667－22668 页。
③ 朱霄龙:《镇江及平湖实习调查日记》第 141 册,第 74566 页。
④ 章有义:《中国近代农业史资料》第 3 辑,第 865 页。
⑤ 章有义:《中国近代农业史资料》第 3 辑,第 864 页。

农户	调查户数	有水车之家		有犁之家		有耙之家	
		农户数	比重(%)	农户数	比重(%)	农户数	比重(%)
佃农	20	8	40.0	5	25.0	4	20.0
总计	113	82	72.6	68	60.2	59	52.2

嘉兴、平湖、无锡县养蚕比较普遍,但养蚕的技术水平和方法改进的情况不完全一样。无锡县的蚕业改良在省内处于领先水平。1935年春,无锡县有蚕业中心指导所10个,指导所82个,指导员86人,助理指导员44人。稚蚕共育是改进育蚕技术的首要工作。1935年春,全县参加共同催青者8795户,蚕种25438张;参加稚蚕共育者4401户,蚕种11662张;受指导蚕户5095户,受指导蚕种13160.5张,每张蚕种收茧最高达60市斤。由于成绩显著,四乡蚕农纷纷主动请求设立指导所,对共同催青、稚蚕共育、壮蚕指导等极感兴趣,指导工作逐渐推广①。

据清光绪《平湖县志·风俗》载:当地养蚕的技术和方法处于原始阶段,其过程大致是:"伺蚕种初生,以鹅翎拂而收之,曰摊乌,束秸为墩,切叶如缕以饲之。遇冷炽炭于筐下,谨其火候,曰着火。三四日而眠,三眠曰出火。蚕离于火,叶亦不资于刀矣。又四五日而大眠,眠起三日而分箔,曰开薪。五六日登蔟,曰上山。七日采茧。"到20世纪30年代初,这种养蚕方法没有多大改进。改良蚕种推广速度很慢,仅占40%,土种占60%。嘉兴县土种、改良种的比例亦大致如此。嘉兴、平湖两县蚕业改良机构及工作人员指导工作,均远不如无锡县。

五、结束语

综上所述,嘉兴、平湖、无锡、江宁、当涂、芜湖、休宁、歙县等县经济结构在适应商品生产发展进程中有所变化,但变化的速度和广度不尽一致,很不平衡,呈现出明显的地域性,且绝大部分县长期处于失衡与低级状态。从大多数县的工农业结构来看,仍然以劳动密集型农业为主;从生产经营管理来看,除少数近代工厂外,大多数行业和企业处于粗放型管理状态;从产品销路来看,虽有少数产品出口外销,但仍然是内向型经济。这是各地在人力、物力、财力和自然资源各不相同的情况下,以不同的速度和规模长期发展的综合结果。影响嘉兴等县经济结构变化的原因是多方面的:

第一,人多地少,解决人民吃饭问题是嘉兴等县的一件大事。为此,粮食的种植始终占主要地位,这就影响了多种经营的发展和农产品商品化的进程。一方面,劳动生产率低下的农业既不能为自身的发展提供更多的剩余产品,也不能为工业

---

① 高景岳、严学熙:《近代无锡蚕丝业资料选辑》,第294—295页。

的发展提供日益增多的原料、大量的资金和广阔的商品市场,影响了工业化的进程。另一方面,除无锡县外,大多数县绝大部分工厂企业还处于敲敲打打的手工业作坊和工场手工业阶段,这样的工业无法通过技术进步来改造和武装农业,从而带动农业的发展。二者相互影响,相互制约,陷入恶性循环,使产业结构处于不稳定状态。

第二,在自给自足的小农经济条件下,商品数量少,流通范围小,商品交换往往采取日中为市、交易而退的赶集的方式,农产品的商品率很低,缺乏城市工业品所需要的市场;有的农副产品被进入中国的外国资本所垄断和控制;以农副产品为主的对外贸易一直处于受外国资本支配的地位。

第三,长期处于低水平的吃、穿、住、用的消费结构,不可能对供给结构提出新的要求,对经济发展的带动很有限。

第四,以手工操作为主体的技术结构对机器设备的需要也很有限,制约着机器制造业的发展。

第五,旧中国各级政府既不组织和吸引各方面的财力、物力来扶持县级经济,促使县级经济结构逐步趋向合理,又缺乏统筹、协调县级经济所必需的职能,放任不管,听其自然。

所有这些,都严重地阻碍、影响着国民经济的有效增长和经济结构的不断调整。

(原载《中国经济史研究》1994 年第 3 期)

南京开埠通商的历史过程及其影响

　　南京位于长江下游,既控制着长江水道,又是中国东南的军事重镇。因此,早在 19 世纪 40 年代就引起资本主义侵略势力的垂涎。鸦片战争后,清政府被迫开放广州、福州、厦门、宁波、上海等 5 个口岸同西方资本主义国家通商。然而,它们并不满足,力图把侵略势力深入到长江流域的广大城乡,扩展到中国内地。当时英国驻上海领事阿利国非常露骨地说:"如果长江的商业大干道不向我们货运开放,英国货物的进口将无法增进。"美国侵略者也鼓吹:"只要整个内地都开放,中国就会成为美国工业之最有价值的市场。"为此,美国公使马沙利曾向两江总督怡良正式要求"开放长江及其支流"。

一、南京开埠通商的缘由及经过

　　第二次鸦片战争后,英国侵略者胁迫清政府签订中英《天津条约》。该条约第 10 款这样写着:"长江一带各口,英商船只俱可通商。惟现在江上下游均有贼匪(指太平军,下同——引者注),除镇江一年后立口通商外,其余俟地方平靖,大英钦差大臣与大清特派之大学士尚书会议,准将自汉口溯流至海各地,选择不逾三口,准为英船出进货物通商之区。"①法国侵略者胁迫清政府签订的中法《天津条约》第 6 款也规定:"将广东之琼州、潮州(后改为汕头),福建之台湾、淡水,山东之登州(后改为烟台),江南之江宁六口,与通商之广东、福州、厦门、宁波、上海五口准令通市无异。其江宁俟兵将匪徒剿灭后,大法国官员方准本国人领执照前往通商。"②中美《天津条约》第 14 款也规定:"大合众国民人,嗣后均准挈眷赴广东之广州、潮州,福建之厦门、福州、台湾,浙江之宁波,江苏之上海,并嗣后与大合众国或他国定立条约准开各港口市镇;在彼居住贸易,任其船只装载货物,于以上所立各港互相往来"③。由于当时太平天国以南京为"首府",英、法侵略者不敢前来通商,南京开埠之事也就暂时搁置下来了。

　　到 19 世纪末 20 世纪初,世界资本主义已发展到帝国主义阶段,各帝国主义国家都妄图把幅员广大、资源丰富的中国变为自己独占的资本输出场所、原料供给基地和产品销售市场。它们为了瓜分中国,展开了划分"势力范围"的激烈斗争。在

---

① 王铁崖:《中外旧约章汇编》第 1 册,生活·读书·新知三联书店,1957 年,第 97 页。
② 王铁崖:《中外旧约章汇编》第 1 册,第 105 页。
③ 王铁崖:《中外旧约章汇编》第 1 册,第 92 页。

这种情形下,南京开埠通商之事又被重新提出。

1898年,西方列强提出要修改长江通商章程。同年冬,法国侵略者声言将攻取南京。腐败无能的清政府企图使各国互相牵制,不让一国鲸吞,同意在南京下关开埠通商①。1899年4月1日开始实行的《修改长江通商章程》(该章程订立日期应早于1899年4月1日,具体订立日期待查考)第2条规定:凡有约各国之商船,准在镇江、南京、芜湖、九江、汉口、沙市、宜昌、重庆等通商各口往来贸易②。在此之前,打进清政府内部任总税务司的英国侵略分子赫德唯恐南京不能如期开埠,特致函清政府,声称:《修改长江通商章程》第2条内开,"准船只往来贸易之通商各口岸,有南京一处,与汉口、九江等口无异,其稽查船只征收税项,应同日(即1899年4月1日)按照新章程一律开办。该处系由何官监督税务,该关系何名目,统希示覆"③。为此,总理衙门电告两江总督刘坤一立即奏明办理。刘坤一于1899年3月11日奏请清廷,照约开放南京通商,拟在下关滨江地方设关征税,定名金陵关,派江南盐巡道兼充税关监督,经理通商事宜。后来由于税务司尚未派定,开关日期由原定的4月1日延期到5月1日。税务司安格联认为,仪凤门外下关地方设关最便,由于关屋尚未造成,暂以原有的官房、趸船作为监督、税务司的办公室。

1899年5月1日,金陵关正式开关,验货征税,照章办理。南京开埠通商之初,只限于下关滨江一带,未及城内。西方列强根据所谓"利益均沾"原则,陆续在下关通商,设立领事馆。后来,在英、德领事要求下,浦口也于1912年开放通商。从此,南京下关由长江各轮船停泊之所,变成西方列强对华侵略的一个重要据点。

二、南京开埠通商对南京经济发展的影响

南京的开埠通商,加强了南京与世界各地的经济、文化交流,丰富了人民的物质生活和文化生活,也促进了南京的市政建设和经济、文化的发展。但南京和全国所有通商口岸一样,是在服从西方列强利益和需要的前提下开埠通商的,是在不平等条约的束缚下被迫开放的。因此,南京的对外贸易完全处于被动地位,对自身的经济发展产生了严重的消极影响。

1. 对外贸易虽在不等价交换基础上获得一定的发展,但西方列强的势力进一步深入南京及其周边地区。

西方列强通常采用胁迫中国对外开放港口的办法来扩大对中国的经济侵略。南京虽处于长江上游有芜湖关、九江关、汉口关,下游有镇江关的不利位置,但西方列强并没有因此而忽视它,相反地给予极大的注意。南京开埠通商后,对外贸易获

① 《申报》,1899年3月6日。
② 王铁崖:《中外旧约章汇编》第1册,第866页及第869页附注。
③ 《刘坤一遗集》第3册,第1111页。

得了较大的发展,主要表现是进出口贸易额有较大的增长。在进口贸易中,外货输入不久就占了主要地位。早在南京开埠通商前,就有人指出:"金陵为南省腹地,民风素尚俭约。通商以后,一见洋货之陆离光怪,势必喜新厌故,购者如云,销数之多可以操券而待。若土货则素无所产,不若两湖之出苦荨,姑苏之出顾绣绫罗,芝罘之以草帽边著名,浙杭之以蚕丝驰誉。是则,出口之货甚少,而入口之货必多。"①南京开埠通商的第二年,即 1900 年,洋货进口就达 144 万关平两,1905 年猛增到 628 万关平两。此后,洋货进口数量一度有所下降,但 1913 年又开始上升,1921 年猛增到 2298 万关平两,比 1900 年增加近 15 倍。1922 年开始下降,到 1933 年降为 1371 万关平两,1934 年降为 1850 万元(国币,下同),1937 年降为 868 万元。

进口洋货的种类,主要是生产资料和居民生活用品。据金陵关统计,1933 年进口洋货主要有:铁道车辆、枕木、木材、煤、煤油、电气机器、科学仪器、钢铁管子、铜铁丝索、棉麻羊毛丝织品、粮食、食糖等②。

在出口贸易中,1900 年为 171 万关平两,1907 年增加到 355 万关平两。以后出口曾一度下降,1912 年开始上升,1920 年增至 2500 万关平两,比 1900 年增加 13.6 倍。1921 年又开始下降,1931 年降至 432 万关平两。出口产品主要是土畜产品、矿石等初级产品。

南京开埠通商之初,土货出口大于洋货进口,处于出超状态。从 1902 年起,南京进出口贸易发生了明显的变化,洋货进口急剧增加,土货出口增长缓慢。从 1903 年起,南京对外贸易由出超变为入超。据金陵关统计,1900 年出超将近 27 万关平两,1903 年却入超 56 万关平两,以后连年入超,但入超额不太大(其中有几年例外)。到 1932 年进出口贸易发生急剧变化,入超额急剧上升,是年进口洋货 2317 万元,出口土货仅冻鸭一种,价值 35 万元,入超达 2282 万元;1933 年,进口 2136 万元,出口货物仅邮包一种,价值 1800 余元,入超达 2135 万多元;1934 年进口 1850 万元,出口土货 17 万元,入超 1833 万元;1936 年入超 1573 万元;1937 年入超 749 万元。南京对外贸易出现这一显著变化的原因很多,笔者认为,帝国主义对南京地区进行疯狂的经济掠夺是最主要的原因。对于南京对外贸易严重入超所带来的后患,有识之士看得清清楚楚:"曾几何时,进口激增,而出口毫无,对于国际商场,全无贸易可言,则是贸易总值愈大,洋货之畅销愈多,人民陷于经济侵略愈深,而不能振拔。"③

帝国主义对中国的经济掠夺,除通过不等价交换,向中国输入大量工业品,攫取廉价的农副产品、矿产品等原料外,还在中国各地投资设厂,利用廉价的原材料

---

① 《申报》,1899 年 3 月 6 日。
② 《中国经济志·南京市》,第 232 – 233 页。
③ 《中国经济志·南京市》,第 231 页。

和劳动力生产他们所需要的产品,或将产品在中国直接销售。1912 年,英国商人韦氏兄弟在南京下关开设的南京英商和记有限公司(又称南京和记洋行)就是一个典型的例子。南京和记洋行的货物运回英国时减轻其入口税,如遇存货过多不能出售时,英国政府照数收受,以作军食之用。因此,南京和记洋行开办后,规模不断扩大,营业日益发达。该洋行鼎盛时期,占地 500 余亩,是当时南京具有现代化生产技术的最大工厂之一,是国内首屈一指的蛋品肉类加工厂。南京人民一提起南京和记洋行,总忘不了它垄断中国蛋品肉类加工业的掠夺史。

据记载,1918 年,南京和记洋行每天约需要鸡蛋 400 万只,平均日产蛋制品160 吨,最高时达 300 吨,年产量达 5 万吨,超过上海茂昌等 6 家蛋厂年产量的总和;宰猪量平均每天 3000 头,最高时达 6000 头;加工鸭子平均每天 2 万只。南京和记洋行除收购、加工、出口蛋品和肉类外,还出口大量芝麻、花生、大豆、大米、小麦及军用驴、马等。韦氏兄弟因通过和记洋行将中国的蛋、肉、粮食等物资运回英国,支持英国政府参加第一次世界大战有功,1919 年曾受到英王的表彰,被封为男爵。

南京和记洋行为保证工厂对原料的需要,还利用买办、商业高利贷者在江苏、安徽、河南等地建立专门收购鸡蛋的机构——外庄,从而控制了黄河(山东除外)及长江中下游广大城乡的蛋源,取得了垄断地位。

再如,1914 年凤凰山发现铁矿后,日本大仓洋行捷足先登,先后与华宁公司、秣陵公司接洽,表示愿意联合开采。美国眼见这块肥肉将要落入日本人之手,曾派人通知冯国璋:四国银行团愿借美金 2000 万元给中国政府开采此矿。大仓洋行得到这个消息后,立即向冯氏及秣陵公司表示,愿先付款若干,以充铁砂代价。后因种种原因,这笔交易未能做成。

2. 传统手工业逐渐衰落,近代机器工业却未能崛起。

南京的传统手工业是丝织业。据记载,丝织业全盛时期,年可出缎 20 余万匹,产值 1200 万元,以此为生者在 20 万人以上。为此,丝织业曾在相当长的一段时期成为左右南京各行各业的骨干行业。太平天国时期,机户迁徙外地,丝织业因之萧条。后来,清政府采取了一些挽救措施,才得以逐渐恢复。辛亥革命后,绸缎用途减少,丝织业逐渐衰落。第一次世界大战期间,南京丝织业曾兴盛一时。第一次世界大战结束后,营业益微,织机递减。到 1933 年,缎号仅存 61 家,织机 1146 架,年产素缎 28000 匹,产值 112 万余元[①]。云锦业也变成有客订货即做,无生意即停工,全业仅 108 家,织机 449 架,产值 18.7 万余元[②]。绒业则只剩 63 家,织机 119 架,

---

① 《中国经济志·南京市》,第 143–144 页。
② 《中国经济志·南京市》,第 150 页。

产值 1.8 万余元①。宁绸业除立成绸厂继续开工外,只有 3 家勉强维持开工,年产宁绸不过 30 匹②。由于丝织业急剧衰落,工人大批失业,家庭及个人生计悉陷绝境。据调查,南京各业劳工约在 10 万人左右。1936 年,"有职业者尚不及三万人,均在风雨飘摇中为生活挣扎。"失业人数最多的是丝织业,其次是木业③。丝织业的衰落,不仅给织工家庭生计带来困难,社会民生也受到严重影响。

南京丝织业一落千丈的原因很多,主要的有两个:(1) 绸缎的国内市场被外国的毛葛、直贡呢、哔叽等逐渐侵占。英、日等帝国主义凭借工业革命后所获得的生产技术优势,能生产大量的廉价商品;凭借胁迫清政府签订的一系列不平等条约,在不等价的商品交换过程中,他们的产品潮水般地涌进中国市场,使中国民族工业和传统手工业产品销路阻滞,营业萧条,最后不得不停业破产。南京的丝织业也未能逃脱这样的厄运。由于进口呢绒、哔叽等布匹价格便宜,经久耐用,南京绸缎织造技术不求改进,质量下降,竞争力减弱,市场日渐缩小。南京绸缎原来在东三省的销售量约占国内销售量的一半,"九一八"事变后,日本帝国主义控制、垄断了东北市场,加上邮政封锁,关税加至 50%,大宗销路断绝。"昔之业此而富者,比比皆是。今以外货充斥,地位被夺,加以故步自封,遂至日形不振。"④(2) 绸缎的国外市场逐年缩小。据《1931 年海关报告册》记载,1901 年前,南京丝织品是大宗出口商品,出口比重甚大。民国以后逐年减少,1921 年为 9151 担,1923 年为 8244 担,1925 年为 3252 担,1928 年为 1448 担,1930 年为 101 担,1931 年仅 8 担⑤。南京丝织品输出量剧减,除因样式陈旧,不适合做时髦的衣服,只能用作帘幔及垫子外,更主要的是由于各进口国增加关税,客商裹足不前。南京丝织品在日本、朝鲜曾风靡一时,越南、暹罗、印度、新加坡等国也是南京丝织品的主要市场。日本关税"自百分之五至三四十,今又值百抽百,销路遂逐渐杜塞";销往其他国家的南京丝织品也因受当地增税影响,销量锐减⑥。

南京没有能借开埠通商之机发展近代工业,大多数企业规模很小,设备简陋。据 1934 年 3 月调查,除面粉工业、电力工业资本较多外(该调查未包括中国水泥公司的资本),其他企业的资本都很少,有的只有几万元、几千元,有的甚至只有几百元。另据 1935 年出版的《南京社会》记载,符合工厂法的工厂在南京仅 18 家。近代机器工业之落后,可想而知。

① 《中国经济志·南京市》,第 157－162 页。
② 《中国经济志·南京市》,第 163 页。
③ 彭泽益:《中国近代手工业史资料》第 3 卷,第 557 页。
④ 彭泽益:《中国近代手工业史资料》第 3 卷,第 10 页。
⑤ 彭泽益:《中国近代手工业史资料》第 3 卷,第 11 页。
⑥ 彭泽益:《中国近代手工业史资料》第 3 卷,第 11 页。

3. 洋货充斥市场,传统商业衰落。

南京古称财富之乡,为东南省会之巨擘,富商贵绅不乏其人,商业甚为繁华,向有"买不出(到)者到南京,卖不了者到南京"之谚。随着南京开埠通商,外国商品大量进口,南京市场上的商品和商品流向发生了明显变化。早在1908年,南京的缎业、米业、典业、花绸业、杂货业都出现了较大的亏损。如缎业亏8.5万两,绒业亏1.2万两,纱机业亏0.8万两,花绸业亏2.2万两,绸业亏3.2万两,丝经业亏2万两,丝线业亏1.3万两,米业亏8.6万两,杂货业亏5.3万两,纸业亏0.5万两,香烛业亏2.6万两,帽业亏0.8万两,典业亏7.5万两①。这种情况的出现,"远因近因各有所在,近因以铜元之充积,远因以外货之流行。然受铜元之影响,圜法一定,犹可收拾于将来,惟对于外国之竞争,如丝缎各业,则皆一落千丈,岌岌可危,无可挽回之希望,失今不救,后患何可胜言"②。面对洋货的倾销,各业虽再三让利,但也很难维持其正常营业。到20世纪30年代初,南京市场上衣食住行,什九均属洋货,虽一针一线之微,莫非舶来之品③,加之国内社会经济艰难,南京丝织业一落千丈,商业日益衰落。其中绸布业亏蚀最为严重,大都有不能支持之苦,于是盛行减价拍卖政策,以资招徕,开始尚有效果,后因市场枯竭,虽每天擂鼓喧天,亦无顾客光临④。一些原来以贩运绸缎为业者,也转营他业。南京商业凋敝状况之严重,于此可见。

4. 为适应开埠通商的需要,市政建设和工业生产也有一定的发展。

南京被迫开埠以后,为适应通商的需要,1905年两江总督周馥奏请清廷拨款在下关建筑5条马路,并在大阪码头到惠民桥的马路两旁修建洋房,以便洋商开设行栈。沪宁铁路、津浦铁路先后通车后,下关成为交通枢纽,旅客麇集,闾阎栉比,在一定程度上促进了下关的市政建设。

我们从南京进口的货物中可以看到,开埠通商也给南京带来了一些先进的机器设备和新的生产技术。特别是国民党政府定都南京后,官署的建筑,街衢的翻修,公共事业的兴办,市外工厂的设置,所需机器和建筑材料不断增加。1934年3月,永利制碱公司在卸甲甸创建硫酸铔厂。1935年,在栖霞山东麓兴建江南水泥厂。其他如自来水厂、发电厂、电话局也都进行了扩充。1935年,金陵关输入机器共值342万元,工具42.7万元。以上机器多为首都电厂、永利铔厂与津浦铁路局购置。这对南京近代工业的发展起了一定的作用。永利铔厂1937年2月投产后,产品销往沿海各埠者,颇为畅旺;销往长江上游一带者,亦称不恶⑤。但应清醒地

---

① 《大公报》,1909年4月24日。
② 《首都志》第12卷,南京地方志编纂委员会办公室根据正中书局1935年初版翻印,第1056－1057页。
③ 《国际贸易导报》第6卷第5号,第203页。
④ 《中行月刊》第7卷第3期,第144页。
⑤ 1937年《海关中外贸易统计年刊》第1卷"贸易报告"之南京部分。

看到,当时外国资本要求打开南京大门的本意,并不是要帮助南京建立近代机器工业,发展民族资本主义经济,也不是要把南京发展成为对外贸易的重要港口、国内物资的集散中心,而是要把南京变成洋货的销售市场。南京丝织业的急剧衰落,近代机器工业发展速度十分缓慢,就是极好的证明。当然,我们不能否认影响南京近代经济发展还有其他一些原因,诸如:周围农村经济落后,农民购买力不高;经济作物种植面积不多,无法提供大量的棉花、蚕茧等原料;南京政治局势不太稳定;等等。我们可以肯定地说,外国资本主义对南京的控制、掠夺,是南京近代经济不能发展的主要原因。

总而言之,南京开埠通商的历史过程及其对南京近代经济发展所产生的影响,深刻地说明:对外开放一定要建立在充分享有自主权的基础上,才能做到互利互惠,促进经济的发展和繁荣。只有今天中国的对外开放,才能振兴经济,强国富民。

(原载《南京经济史论文选》,南京出版社,1990 年)

南京开埠始末

南京位于长江下游,既控制着长江水道,又是中国东南的军事重镇,历来是兵家必争之地。因此,早在19世纪40年代就引起西方列强对她的垂涎。在西方列强看来,"扬子江是世界上最优良和最适宜于航行的河流之一","是中华帝国最肥沃、人口最稠密的区域,泛滥的江水供给无数支流以水源,这些支流又和许多运河相通,组成了庞大的水上交通网。"①因此,在鸦片战争末期,英国侵略者叫嚣:"我们只要沿着扬子江攻入中国的心脏地带——江苏、安徽,甚至河南,占领南京,控制吴淞江和最重要的大运河,再占有苏州府的财富,开采那里的铁和煤,并占领乍浦和上海,控制住全国主要的航道,我们就可掌握中国工业的主要部门,例如杭州府的丝绸,景德镇的瓷器等等。这样,北京就自然成为我们的囊中物了。"②

恩格斯在《英人对华的新远征》中论及英国侵略者发动第一次鸦片战争罪恶目的时指出:他们"这种行动的目的,在于侵入横贯中国中部的大河长江,并溯江而上,直达离江口约200英里的南京城。"英军"采取这种进攻步骤的用意,是夺取这条重要水道就会置北京于死地,并逼迫清帝立即媾和。"③由于清政府政治腐败,军备废弛,在与英国侵略者的战争中一再失败,道光皇帝谋求与英军议和,以结束对外战争。英国侵略者尚未达到目的,对清政府的求和要求不予理睬,继续向目的地南京进军。在英国军舰大炮的威逼之下,清政府钦差大臣耆英、伊里布等于1842年8月29日在英国的战舰上被迫签订了《南京条约》。《南京条约》除规定割让香港,赔款2100万银元外,还要开放广州、福州、厦门、宁波、上海等5处为通商口岸,英国可以派驻领事等官。从此,不仅中国东南沿海门户洞开,外国资本主义势力步步侵入,而且中国领土主权的完整遭到破坏,中国开始沦陷为半殖民地半封建社会。

英国侵略者并不以此为满足,它们力图把侵略魔爪远伸到长江流域的广大城乡。英国驻上海领事阿利国非常露骨地声称:"如果长江的商业大干道不向我们货运开放,英国货物的进口将无法增进。"英、法两国为了攫取比《南京条约》更多的特权,在沙俄和美国的支持下,联合发动了第二次鸦片战争。清政府又被迫签订了

---

① 中国科学院上海历史研究所筹备委员会:《鸦片战争末期英军在长江下游的侵略罪行》,上海人民出版社,1958年,第9页。
② 《鸦片战争末期英军在长江下游的侵略罪行》,第8页。
③ 《马克思恩格斯全集》第12卷,人民出版社,1962年,第186-189页。

中英《天津条约》、中法《天津条约》、中美《天津条约》。中英《天津条约》第 10 款订有："长江一带各口,英商船只俱可通商。惟现在江上下游均有贼匪(指太平军,下同——引者注),除镇江一年后立口通商外,其余俟地方平靖,大英钦差大臣与大清特派之大学士尚书会议,准将自汉口溯流至海各地,选择不逾三口,准为英船出进货物通商之区。"①中法《天津条约》第 6 款规定:"中国多添数港,准令通商,屡试屡验,实为近时切要,因此议定,将广东之琼州、潮州(后改为汕头),福建之台湾(台南)、淡水,山东之登州(后改为烟台),江南之江宁六口,与通商之广东、福州、厦门、宁波、上海五口准令通市无异。其江宁俟官兵将匪徒剿灭后,大法国官员方准本国人领执照前往通商。"第 7 款规定:"自今以后,凡大法国人家眷,可带往第六款所开中国沿海通商及江之各口市埠地方居住、贸易、工作,平安无碍,常川不辍。"②中美《天津条约》第 14 款也同意美国商民进入清政府与其他国家已经订立和以后订立条约准开各港口市镇,居住贸易,任其船只装载货物,并于已开埠通商各港互相往来③。由于当时太平天国以南京为"首府",南京开埠问题也就暂时搁置下来了。

那么,南京究竟是什么时候开埠通商的呢?说法不一。现将笔者所知道的各种说法列举如下,以供查阅。

科学出版社 1955 年 8 月出版的《中国近代经济史统计资料选辑》第 44 页说:南京辟为商埠的时间为 1899 年 3 月 22 日。

江苏科学技术出版社 1982 年 7 月出版的《江苏城市历史地理》第 22 – 23 页说:"1858 年,清政府开辟南京为我国对外通商口岸,下关遂逐渐发展为南京港的码头和商业区,现在下关的商埠街,就是当时帝国主义侵略的遗迹。"

南京出版社 1990 年 1 月出版的《南京经济史论文选》第 133 页说:"南京地理上扼川、鄂、赣、皖等省顺江出海的咽喉,是南北经济交往的要冲,鸦片战争后又被列为通商口岸,民国时是国民党政府的首都、全国的政治中心。"该文作者在第 143 页注释①中说:"南京是 1858 年第二次鸦片战争结束,在《天津条约》中被列为通商口岸。"该书第 208 页说:"1899 年,清政府与有关各国签订《修改长江通商章程》,将南京再次划为通商口岸,并划定下关为中外通商场所,于当年 5 月 1 日正式对外开放。"该书第 230 页说:"1898 年南京正式开埠,加上沪宁、津浦两铁路的相继兴修,使南京商业出现新的转机,下关不仅成为新的商业区,而且成为长江沿岸物资转运中心和对外贸易口岸。"

江苏科学技术出版社 1990 年 3 月出版的《南京近代公路史》第 15 页说:1858 年

---

① 王铁崖:《中外旧约章汇编》第 1 册,第 97 页。
② 王铁崖:《中外旧约章汇编》第 1 册,第 105 页。
③ 王铁崖:《中外旧约章汇编》第 1 册,第 92 页。

的《天津条约》,将南京列为对外通商口岸;第 16 页说:"1899 年南京辟为对外商埠"。

人民交通出版社 1990 年 10 月出版的《江苏航运史》(近代部分)第 48 页说:"公元 1899 年 5 月 1 日金陵关宣布开关,南京正式开埠。"

东南大学出版社 1990 年 12 月出版的《中国长江下游经济发展史》第 412 页说:"1858 年中英《天津条约》将南京辟为对外通商口岸。太平天国失败后,外国资本主义列强即将下关发展为南京港的码头和商业区。现在下关的商埠街就是当年外商的主要商业区。从此,外国资本主义以南京为重要据点,向长江流域倾销商品和掠夺各省的农业和矿产资源。"

1992 年 1 月 21 日《中国交通报》刊载的《长江上的海关》一文认为,金陵关设于 1894 年。

笔者在《近代的南京开埠》(《南京史志》1984 年第 2 期)、《南京开埠通商的历史过程及其影响》(《南京经济史论文选》南京出版社 1990 年)、《南京究竟何时辟为对外通商口岸》(《中学历史》1986 年第 3 期)中认为,南京于 1899 年 5 月 1 日正式设关,对外开埠通商。其经过大致如下:

南京开埠通商之事,虽由 1858 年签订的中英、中法《天津条约》提出,但一直未能付诸实施。1864 年 7 月 19 日,湘军攻占南京。1865 年初,英、法两国曾照会清政府,重提南京开埠通商之事。法国照会中说:"近数月前,江宁肃清。此后须照本国在天津续增条约之第六款,将江宁地方,安置埠头,为通商之所。虽通计现在贸易情形,不能遽见若何扩大,但为筹备将来事宜,今在该处择定地址,本国商人可随时到彼居住。现在江宁城内外居民,尚多未回,免至后此别生事端","本大臣即当饬知上海本国总领事,派员前赴江宁,察看沿河地方,择取何处便于贸易,即将该地指定,并将地址四至丈量明白,按立界碑,议立暂执合同字据"。"如依所请,即望行文江苏巡抚,转饬该地方,于本国总领事派员到日,务须加意接待,帮同妥办。"英国照会中说:"案查法国戊午年,定约第六款内载,其江宁俟官兵将匪徒剿灭后,大法国官员方准本国人领执照前往通商等语。现在金陵收复。商局以早定租赁地基等事为妥。盖各处向开通商口岸,因使民迁移故土,每致租价难定。现时金陵府城内外,人民甚稀,趁此议定地址,庶免相争,或换约各国,经理公同租地,免有不协"。本大臣拟即饬行上海总领事官派员,"协同各国派出各官,前赴该处沿河地方,选择通商适用之地,丈量其地可容洋行二三十座大小,作为英国租赁地基,设立租单,原应按约永远租用……因系属试办通商,未定旺否,暂应轻价浮租,三年为租"。

当时清政府认为,英、法两国"既请租地通商,自应按照条约办理",并"行文两江总督、江苏巡抚,转饬地方官,斟酌妥办。总期中外商民,两无窒碍,以副国家一视同仁之至意。"①腐败无能的清政府在外交上的软弱,由此可见。"后因别故不果行"②,南京开埠通商之事,再次搁置下来。长江商轮往来,上下搭客,仅在仪凤门外下关地方,支盖洋棚,经理其事。

到19世纪末20世纪初,世界资本主义已发展到帝国主义阶段,各帝国主义国家都妄图把幅员广大、资源丰富的中国变为自己独占的资本输出场所、原料供给基地和产品销售市场。它们为了瓜分中国,展开划分"势力范围"的激烈斗争。在这种情况下,南京开埠通商之事又被重新提出。

1898年,清政府与各国修订长江通商章程③。其第2条规定:凡有约各国之商船,准在镇江、南京、芜湖、九江、汉口、沙市、宜昌、重庆等通商各口往来贸易④。同年冬,法国侵略者声言将攻取南京。软弱无能的清政府企图使各国互相牵制,不让一国鲸吞,同意在南京下关开埠通商⑤。打进清政府内部任总税务司的英国侵略分子赫德恐南京不能如期开埠,特致函清政府,声称:《修改长江通商章程》第2条内开,"准船只往来贸易之通商各口岸,有南京一处,与汉口、九江等口无异,其稽查船只征收税项,应同日(即1899年4月1日)按照新章一律开办。该处系由何官监督税务,该关系何名目,统希示覆"⑥。为此,总理衙门电告两江总督刘坤一立即奏明办理。刘坤一于1899年3月11日奏请清廷,照约开放南京通商,拟在下关滨江地方设关征税,定名金陵关,派江南盐巡道兼充税关监督,经理通商事宜。后来,由于一切章程尚多未定,税务司也未派定,开关日期由原定的4月1日延至5月1日,验货征税,照章办理,并由江海关照会驻沪各国领事转饬商民知照。税务司安格联认为,仪凤门外下关地方设关最便。由于关屋尚未造成,暂以原有的官房、趸船作为监督、税务司的办公室⑦。

据《申报》报道,省垣文武各官与安格联出席了南京关开关仪式。5月1日上午10时,鸣炮、升旗,行开关礼,未几,下水轮四艘先后驶到,停轮江心,由税务司派人乘舢板船渡登查验,然后放行。是日投关报捐者有缎60匹,白丝3包,遵章纳银起票。

① (清)宝鋆:《同治朝筹办夷务始末》卷之31,见沈云龙主编《近代中国史料丛刊》第62辑,文海出版社有限公司,第3033－3036页。
② 《光绪三十三年通商各关华洋贸易论略·南京口》。
③ 王铁崖编的《中外旧约章汇编》第1册第869页《修改长江通商章程》附注中说:"本章程系创议于1898年,订立日期未查明,暂以开办日期为议订日期。"中华书局1958年出版的《光绪朝东华录》(四)光绪二十四年十二月289页说:"是年(1898年)与各国修订长江通商章程十款,又续补内港行驶章程九款。"据此,笔者认为,《修改长江通商章程》订立于农历1898年底或公元1899年初。
④ 王铁崖:《中外旧约章汇编》第1册,第866页。
⑤ 《申报》,1899年3月6日。
⑥ 《刘坤一遗集》第3册,第1111页。
⑦ 《刘坤一遗集》第3册,第1117页。

关前悬挂章程23条,其内容详细周密,大致与芜湖、镇江两关相同,无甚差别①。

南京开埠之初,只限于下关滨江一带,未及城内。由于南京处于长江上游有芜湖关、九江关、汉口关,下游有镇江关的不利位置,两江总督刘坤一对南京关开关后进出口货物数量、税收一直很担心。他在光绪二十五年(1899年)正月三十日《江宁新设税关请颁监督关防折》中说:"现在商情凋敝犹昔,洋货之销行不广,土货之运出亦稀,与汉口、九江情形不同,税收恐难骤旺。"②在《税关开办日期折》中,他再次指出:"金陵关介于芜湖、镇江之中,进出口货,无非从邻关分出,税项恐难骤增。所有关廨、货厂、税卡、巡船及关署办公经费,须俟试办数月,方能详细估计。"③实际情况比刘坤一的估计要好一些。后来,他在《酌拟新关月需经费折》中说:"新关开办已经两月,征收税项较有起色,胜于各关初开之时,关务亟须次第布置,应用经费,参仿各关成案,核实酌拟开支,以期无阙无滥。"④

南京开关后,在进出口贸易中,土货出口大于洋货进口,处于出超状态。但不久就发生了变化。早在南京开埠通商前,就有人指出:"金陵为南省腹地,民风素尚俭约。通商以后,一见洋货之陆离光怪,势必喜新厌故,购者如云,销数之多可以操券而待。若土货则素无所产,不若两湖之出苦荈,姑苏之出顾绣绫罗,芝罘之以草帽边著名,浙杭之以蚕丝驰誉。是则,出口之货甚少,而入口之货必多。"⑤从1902年起,南京洋货进口急剧增加,土货出口增长缓慢。从1903年起,南京对外贸易由出超变为入超。到1933年,出口货物仅邮包一种,价值1800元。出现这种情况的原因很多,笔者认为,帝国主义对南京地区进行疯狂的经济掠夺是造成这种状况的最主要原因。对于南京对外贸易严重入超所带来的后患,有识之士看得清清楚楚:"曾几何时,进口激增,而出口毫无,对于国际商场,全无贸易可言,则是贸易总值愈大,洋货之畅销愈多,人民陷于经济侵略愈深,而不能振拔。"⑥

后来,在英、德两国的要求下,浦口于1912年开埠通商。

南京开埠通商后对南京经济社会发展的影响,不属本文论述的范围,不多赘述。

直到1949年4月,"百万雄师过大江",南京才获得解放,回到人民的怀抱。

(原载《下关开埠与南京百年》,方志出版社,1999年)

① 《申报》,1899年5月6日。
② 《刘坤一遗集》第3册,第1111页。
③ 《刘坤一遗集》第3册,第1117页。
④ 《刘坤一遗集》第3册,第1137页。
⑤ 《申报》,1899年3月6日。
⑥ 《中国经济志·南京市》,第231页。

近代无锡经济中心的形成和发展

近百年来现代城市发展的实践证明:以大中城市为依托,通过多种渠道、多种形式把周围城镇、乡村的经济活动有机地联结起来,组成合理的经济网络,形成各类经济中心,对逐步实现全社会经济组织和经济结构的合理化会产生巨大的作用。经济中心从其联系的地区范围和自身发展程度来看,有国际性、全国性、地区性之分;从其自身经济活动的内容来看,有单一性和综合性之别。无锡经济中心是中国地区性、综合性经济中心中一颗璀璨的明珠,探讨它的历史形成过程及其特点、作用,对无锡地区经济的发展有重大的现实意义。

一

以一个城市为依托,跨行业、跨地区的经济中心是商品生产和商品交换发展到一定阶段的必然产物。它是人们进行生产、交换、分配和消费比较集中的场所,是商品经济体系的中心点。究竟哪个地方可以发展成为经济中心,可以发展成为国际性的、全国性的或地区性的经济中心,不是由人们的主观意志决定的,而是由其自身的经济条件、自然资源、地理环境和政治因素决定的。近代无锡发展成为苏南地区经济中心的有利条件主要有:

第一,农产品集散的扩大,商业交易的发达,是近代无锡经济中心形成的基本条件。

经济中心首先是贸易中心。商品经济的发展客观上要求社会生产和消费相统一,这种统一是通过商品交换来实现的。商品交换的实现又要求有便于商品销售和购买、集中和分散的场所;要求有沟通城乡间、地区间的横向商品流通网,使商品能以最短的时间和最低的耗费从生产领域进入消费领域,从而使商品的价值和使用价值得以顺利实现。近代无锡经济中心的形成和所有经济中心的形成一样,首先是以贸易中心的面貌出现的,它是苏南地区的粮食、棉布、蚕茧、生丝贸易中心。

无锡这块富庶的宝地,土质肥沃,气候温和,适宜水稻、小麦、蚕桑等农作物的生长,经过劳动人民数千年的辛勤开发,社会生产力日益发展,社会经济日益繁荣。早在清朝初期,无锡以棉布、粮食为主体的商业活动就比较活跃。据记载,无锡虽不产棉花,但"棉布之利",却"为他邑所莫及"。当时无锡生产的"布有三等……坐贾收之,捆载而贸于淮扬高宝等处,一岁所交易,不下数十百万",享有"布码头"的美称①。商业的繁荣,促进了商品的流通;商品流通渠道的畅通,又促进了商品经济的发展。无锡的粮食业,到清雍正(1723—1735)、乾隆(1736—1795)时期已相当发达,出现了"米豆一业甲于省会","皖豫米商纷纷麇集,浙东籴贩,麇不联樯"的繁荣景象。清咸丰(1851—1861)前,无锡的粮行已达40家。1888年,清政府把浙江各州府的漕粮转到上海、无锡采办,又指定江苏各县的漕粮在无锡集中转运。从此,无锡粮食市场每年增加100多万石大米。大量预付订金投入粮商手中,增强了他们的经营力量,加速了商业资本的积累,促进了中小粮行的发展、壮大。到光绪(1875—1908)末年,无锡粮行增至143家。各地每年流入无锡市场的粮食达700万~800万石,各堆栈的粮食储存量常达150万~250万石②。光绪年间,无锡与芜湖、九江、长沙已成为闻名中外的四大米市。

粮食业的发展,促进了堆栈业的发展。早在清雍正年间,无锡已有堆栈20多家,不过规模都不大。到清乾隆、嘉庆(1796—1820)年间,有的堆栈发展到能堆储数十万石粮食。1907年,无锡的堆栈已发展到30家,廒架1.6万多架,能储粮130多万石。堆栈业动产和不动产之资本共约150多万元③。堆栈业在经营堆储实物的同时,还进行抵押放款业务,因此发展很快。堆栈业的发展,又促使粮食市场日趋繁荣。

粮商出售粮食后,往往购进棉纱、布匹、绸缎、呢绒及日常生活必需品带回各地,各地的货品也不断涌进无锡,出现了"运货船只,群集如蚁"的繁忙景象。

以上事实充分证明:"粮食行业为无锡百业之首,为无锡各业发展之动力"。它不仅集散了大量粮食,吸引了大批货币资金,而且有力地促进了近代工业的诞生和发展。

"向年无锡、金匮两县饲蚕之家不多。自经兵燹(指太平天国起义——引者注)以来,该处荒田隙地,尽栽桑树,由是饲蚕者日多一日,而出丝者亦年盛一年。"④因此,蚕桑、土丝的交易,在无锡的商业活动中也占有极其重要的地位。据《锡金乡土地理》记载,每年阴历四月间,茧行林立,西、南、北三门,大茧行约有70多处,茧灶有700~800座(其中外商茧灶近400座),收茧之多,每年约值数百万金。每年五六月间,自抽丝者,莫不捆载来城以售其丝,一年也有数十万金之巨⑤。蚕桑业的发展,蚕茧、土丝交易活动的活跃,为近代缫丝业的产生和发展提供了丰富的原料。

---

① (清)黄印辑:《锡金识小录》卷1,"力作之利"。
② 无锡市粮食局十年史工作组编印:《无锡粮食商业的发生、发展和改造》(二稿)。有关粮食行业的材料,均参阅此稿。
③ 《无锡市仓库业史料》(油印稿)。
④ 《申报》,1880年6月21日。
⑤ 《锡金乡土地理》上卷,第9-10页。

第二,外国资本主义的侵入,刺激了无锡民族资本主义工业的诞生并逐步发展成为以棉纺业、面粉业、缫丝业为主体的工业中心。

甲午战争后,帝国主义列强在中国攫取了直接投资设厂的特权,在上海大量投资设厂。上海地价昂贵,工人工资较高,一些民族资本家就选择地价比较便宜、工人工资比较低廉、工业原料比较充足、劳动力资源比较丰富、交通运输比较发达、资金周转比较方便的无锡布点设厂。业勤纱厂、保兴面粉厂(1903 年改名为茂新面粉厂)、裕昌缫丝厂等就是在这种情况下建立的。经过 20 多年的发展,到 20 世纪 20 年代,无锡已发展成为苏南地区的以棉纺业、面粉业、缫丝业为主体的工业中心。关于这一点我们将在本文的第二部分详细阐述。

第三,得天独厚的地理条件,对于无锡经济中心的形成和发展具有极为重要的意义。

地理位置的优劣对一个国家或一个地区经济的发展有着很大的影响。位于江苏南部的无锡,东接常熟,南临太湖,西连武进,北邻江阴,拥有太湖平原作为提供丰富农产品原料、廉价劳动力和商品销售市场的基地。江南运河横贯全境,四乡河港密布,水运四通八达,水路运输费用便宜;地势平坦,陆路运输便利,贯通无锡南北的沪宁铁路 1908 年全线通车后,交通运输比过去更为方便。这样优越的地理位置,使无锡成为水陆交通的枢纽,发达的水陆交通又便于无锡组织大规模的商品交换和物资集散,成为联结生产与消费的重要环节,为无锡近代民族工业的崛起奠定了坚实的物质基础。

二

无锡近代经济中心形成于 20 世纪 20 年代,其标志是:以棉纺业、面粉业、缫丝业为主体的工业,以农产品集散为主的商业交易,形成了自己的体系,并在苏南地区占有举足轻重的地位。这里,我们对工业的发展过程及其在苏南、全省以至华东地区的经济地位做一些分析。

无锡发展成为苏南地区以棉纺业、面粉业、缫丝业为主体的工业中心,大致经历了 6 个阶段:

(一)初步发展时期(1897—1911 年)

马克思、恩格斯说:"生产和商业间的分工随即引起了各城市间在生产上的新的分工,在每一个城市中都有自己的特殊的工业部门占着优势。"[①]以城市为依托的经济中心也是如此。无锡近代工业中占优势的工业部门,如棉纺业、面粉业、缫丝业等,是随着封建自然经济的解体、外国资本的入侵、商品销售市场的扩大和大批廉价劳动力的涌现,于 19 世纪 90 年代开始陆续出现的。1897 年,杨宗濂、杨宗

① 《马克思恩格斯全集》第 3 卷,人民出版社,1960 年,第 60 页。

瀚兄弟创办的业勤纱厂开车纺纱。1902年,荣氏兄弟与朱仲甫合伙创办的保兴面粉厂开机磨粉。1904年,周舜卿创办的裕昌缫丝厂开车缫丝。到1911年,棉纺厂发展到2家,面粉厂2家,缫丝厂5家,碾米厂2家,染织厂1家,合计12家①,全省的缫丝业基本集中于无锡。据日本生丝检验所1910年调查,无锡、苏州、镇江等共有缫丝厂10家,丝车3150台。其中无锡的缫丝厂占50%;丝车1982台,占62.9%。

(二)正常发展时期(1912—1919年)

辛亥革命后,特别是第一次世界大战期间,由于西方帝国主义各国忙于战争,无暇东顾,无锡的工业生产和整个中国的工业生产一样,得到了较为迅速的发展。到1919年,无锡增设57家工厂,是辛亥革命前无锡所创办的工厂数的4.75倍,平均每年增加7.1家,年递增率为24.9%。其中棉纺工业方面增设广勤纱厂1家,它还自设布机织布。在此期间增设的工厂还有:织布厂12家,染织厂4家,面粉厂4家,缫丝厂10家,榨油厂8家,肥皂厂2家,碾米厂1家,制镁厂1家,砖瓦厂1家,机器制造厂13家。

(三)迅猛发展时期(1920—1927年)

第一次世界大战结束后,西方帝国主义虽然卷土重来,日本帝国主义在中国的势力也大大加强,但1919年爆发的五四爱国运动提倡"抵制外货,爱用国货",国货畅销的好势头仍保持了一段时间。市场的扩大,促进了民族工业的发展。所以中国民族工业的迅猛发展不是在大战初期,而是在大战后期及战后的一段时间。无锡工业的发展也是如此。1920—1927年,无锡增设了75家工厂,平均每年增加9.4家,比正常发展时期的7.1家多2.3家。其中棉纺厂增设3家,纱锭增至15万余枚,占全省纱锭总数的34.3%,占苏南纱锭总数的57.3%②;染织厂4家,织布厂5家,缫丝厂21家,碾米厂7家,面粉厂1家,榨油厂3家,机器制造厂30家,造纸厂1家。机器制造业增长速度最快,其次是缫丝业。

(四)曲折而缓慢发展时期(1928—1937年)

1927年后,无锡工业的发展仍然很快,特别是1928—1929年两年时间就增设工厂60家,占1928—1937年增设68家工厂的88.2%。据1930年出版的《无锡年鉴第一回》记载,1929年,无锡12种主要工业投资总额为1177万元左右。其中,棉纺厂7家,投资额为616万元,占12种主要工业投资总额的52%左右;缫丝厂48家③,投资额为238.8万元左右,占12种主要工业投资总额的20%左右;面粉业投资额约168万元,占12种主要工业投资总额的14%左右。后来因受1929年秋爆发的席卷整个资本主义世界的周期性经济危机的沉重打击,无锡工业的发展也出

---

① 初步发展时期、正常发展时期、迅猛发展时期、曲折而缓慢发展时期等4个发展时期的工厂数,皆根据"无锡市工厂设立情况总表"计算而得。此表现存无锡市工商业联合会。
② 方显廷:《中国之棉纺织业》,第15页。
③ 前4个发展时期所设丝厂的总数超过此数,这是因为未剔除歇业关闭的丝厂。

现了严重危机。1930 年,无锡只增设 3 家工厂,1931 年、1932 年皆为空白。以缫丝业为例,1932 年开工的丝厂仅 17 家,1933 年初只有 13 家开工。此后,无锡工业生产逐步恢复。据调查,1936 年,无锡缫丝厂占全省的 94%,丝车占 95%①。无锡缫丝业已成为雄冠全省的轻工业之一。同年,无锡机器制造厂达 72 家(关闭者不计),全年动力机械产量达 800 台左右,每个工人的年产值由 1912—1919 年的 800元左右,提高到 1500~1800 元②。据 1937 年调查,棉纺厂 7 家,纱锭 24 万多枚,布机 3.3 万余台,每年可产 20 支棉纱 17 万多件③。面粉业,抗战前每天能生产面粉2.5 万包左右④。另外,电机袜厂发展到 5 家,电动袜机 156 台;加上 48 家手摇机袜厂,1.5 万台左右袜机,全年能产纱线袜 375 万打左右⑤。

（五）侵华日军侵占时期(1938—1945 年)

抗战开始不久,侵华日军对无锡狂轰滥炸,各工厂遭到严重破坏。棉纺工业方面的业勤、广勤、豫康等厂焚毁殆尽,一蹶不振;庆丰、振新、申新三厂等被侵华日军侵占。无锡沦陷期间,侵华日军对 3000 锭以下的小型纱厂限制不严,因此小型纱厂得到了较快的发展,大中小纱厂共有 14 家。缫丝工业方面,丝车只剩下 5123台,比 1931 年减少 10355 台,减少 66.9%。除少数几家丝厂外,大多数丝厂的范围小、资金少、设备差,原料控制在侵华日军手里,产品外销断绝,无锡缫丝业的处境极为困难。唯有面粉工业在抗战期间畸形发展,产量较抗战前显著增加。

（六）官僚资本控制时期(1946—1949 年)

抗战胜利后,无锡工业处于整顿复苏之中。其中恢复较快、唯一景气的是棉纺织业。1946—1948 年,无锡可运转的纱锭达 26 万多枚,后来有的纱厂迁往内地,不论是厂数还是纱锭数都有所减少,但到新中国成立前仍拥有 24 万枚纱锭,占苏南地区的 50%,占华东地区的 7%,占全国的 5%,在全国居第四位⑥。缫丝业因国内通货膨胀,美帝国主义在 1947 年提高关税 32%,导致国际市场丝价暴跌,国内生丝成本高昂,各丝厂亏损严重。无锡缫丝业和全国缫丝业一样,并没有因为抗战的胜利而获得新生,相反又陷入新的危机。到 1948 年,缫丝厂全部关门。到新中国成立前,无锡有 18 家面粉厂,每 24 小时可生产面粉约 3.5 万包,生产能力占苏南地区的 55% 左右。由于面粉捐税过重,粮食业不景气,小麦来源不足,一般中小面粉厂都不能维持生产。1949 年,面粉产量仅占实际生产能力的 37.2%⑦。

---

① 高景岳:《无锡缫丝工业的历史地位》(油印稿)。有关缫丝业的材料,均参阅此稿。
② 《无锡市机器制造工业历史资料》,1957 年 1 月。
③ 《无锡工商概况》,第 57—58 页。
④ 《无锡工商大集》,第 87 页。
⑤ 《无锡工商概况》,第 79 页。
⑥ 《无锡工商概况》,第 57 页。
⑦ 《无锡工商概况》,第 64 页。

三

新中国成立前,在半殖民地半封建经济条件下,全国各地都形成了一些不同类型的经济中心。这些经济中心的形成和发展,不仅是商品生产和商品交换发展的标志,而且是推动商品生产和商品交换发展的强大动力。无锡经济中心的形成和发展,推动了苏南地区的经济发展。

第一,逐渐改变了周围农村结构,加强了城乡经济联系,推动了商品生产和商品交换的发展。

恩格斯曾经说过:"在德国境内,只是在几个工商业中心及其附近地区才有文明可言。""城市的繁荣也把农业从中世纪的简陋状态中解脱出来了。"①列宁在论述工业中心的作用时指出:"工业中心的形成、其数目的增加以及它们对人口的吸引,不能不对整个农村结构产生极深远的影响,不能不引起商业性的和资本主义的农业的发展。"②封建的自给自足的小农经济,对工业和城市的依赖性很小,不可能产生城乡经济结合的要求。工业生产的发展、交通运输条件的改善和农村向城市提供农产品数量的增加,大大刺激了农产品商品化的发展,从而使农村对城市工业部门提出了新的要求。以棉纺业、面粉业、缫丝业为主体的无锡经济中心在其形成、发展过程中,对周围农村结构所产生的影响主要表现在三个方面:一是吸引了一部分农村人口进城,二是逐渐改变了农村单一种植粮食作物的产业结构,三是推动了商品生产和商品交换的发展。

无锡经济发展历史过程中的大量史实证明,近代无锡经济中心形成、发展的过程,就是无锡民族资本主义产生、发展的过程。资本主义的发展,必然增加在业工人。正如列宁所说:"没有工商业人口的增加,农业人口的减少,资本主义是不能设想的"③。这种现象在无锡民族资本主义发展过程中表现得也很明显。据统计,1929年,无锡纺织、面粉、缫丝、碾米、织袜、翻砂等行业的工人已增加到48914人,其中纺织工人15780人。纺织工人中,近乡人占50%④。近代工业的发展冲破了农村以耕织为特征、以一家一户为独立生产单位的封闭式的生产形式,农民所从事的职业结构也发生了较大的变化。据1929年12月调查,无锡汶上乡乡民的职业结构中,农、工、学、商所占的比例为:农占55%,工、商分别占20%和5%,其他占20%⑤。

近代无锡经济中心的形成和发展给农村产业结构所带来的变化,可以从缫丝业的发展过程中得到进一步的证明。在无锡近代城市工业发展中,缫丝业占有重要的地位。它的投资虽比棉纺业、面粉业少,获利却不少。据《无锡年鉴第一回》

---

① 《马克思恩格斯全集》第7卷,人民出版社,1959年,第387页。
② 《列宁全集》第3卷,第20页。
③ 《列宁全集》第3卷,第20页。
④ 《无锡杂志》1929年第13期"工商号"。
⑤ 《无锡县政公报》第27期,1930年3月11日。

记载,1929 年,缫丝业营业额在 12 种主要工业营业总额中占 54.72%,棉纺业、面粉业只分别占 18.53%、11.11%。缫丝业的发展推动了栽桑、养蚕、制种等行业的发展。如蚕种制造场,到 20 世纪 20 年代增至 50 余家,每年春秋蚕种产量达百余万张,供应江浙两省蚕户饲育,绰绰有余①。在工业方面,促进了缫丝业副产品有关行业的发展。抗战前,仅肥丝工场就有 23 家,丝吐行 6 家。在商业方面,促进了桑树苗、桑叶、蚕种、干茧、生丝、丝织品等买卖业和仓储运输业的发展。据 1930 年调查,丝茧仓库有 13 家,可堆干茧 35 万余包。特别值得指出的是,栽桑、养蚕发展成为无锡及苏州、吴江、常州、宜兴、溧阳、金坛、丹阳、江阴等地农村新兴的副业生产。无锡农村的栽桑、养蚕更为普遍,到 1929 年,全县桑田面积占全县可耕地面积的 23%,养蚕户数占全县总户数的 83%;产鲜茧约 24 万担,以每担 50 元计算,约值 1200 万元。专门为缫丝厂或茧商购烘鲜茧的茧行遍布全县各地。1929 年,全县茧行达 223 家,茧灶达 5036 具②。

在缫丝业的发展过程中,购烘鲜茧的茧行延伸到宜兴、溧阳、金坛、丹阳、江阴、常州等地的穷乡僻壤。无锡各丝厂从这些地方采购的蚕茧占全年用茧量的三分之二③。蚕农出售蚕茧后,或购买农具、肥料、布匹、日用品,或偿还“日常支出不足时的借贷”、“粮食不敷时的赊欠”。无锡缫丝业的发展,活跃了农村经济,繁荣了城乡市场,加强了无锡与周边地区的经济联系。

第二,促进了埠际、地区间经济联系的加强。

恩格斯说:“现代的大工业只有在经常扩大,经常夺取新市场的条件下才能存在。”④无锡近代工业的迅速发展,不仅要求通过多种形式、多种渠道开拓本地区内的市场,而且要求超出本地区的经济范围开拓国内其他地区市场以至国际市场。无锡生产的棉纱除在本省销售外,还销往北京、天津、两广、陕甘及东南亚各地。棉布除在本地区销售外,大部分销往北方诸省及东南亚各地。江阴、常熟乡间手工织成的土布,由无锡土布店收购销往苏北。茂新面粉一厂生产的“绿兵船”牌面粉曾销往东北和东南亚各地,第一次世界大战期间曾远销英国伦敦。无锡制造的动力机械,起初大宗销往无锡农村和苏南各县;到 1918 年销路扩大到苏北泰县、阜宁等地;1925 年远销天津、江西等地⑤。无锡在输出棉纱、棉布、生丝、面粉和各种机器等工业品的同时,皖、鄂、赣等省的稻米顺江而下,通过运河,源源不断地运进无锡;皖、豫等省的小麦、杂粮输入无锡的数量也不小。抗战前,无锡粮食市场一年的到货量(包括杂粮)达 1000 多万石。

鸦片战争后,上海取代广州逐渐成为中国最大的对外贸易港口。生丝是中国

① 《无锡工商大集》,第 95 页。
② 《无锡年鉴第一回》,“农业”,第 28－37 页。
③ 陈真:《中国近代工业史资料》第 4 辑,生活・读书・新知三联书店,1961 年,第 176 页。
④ 《马克思恩格斯全集》第 7 卷,第 281 页。
⑤ 《无锡市机器制造工业历史资料》,1957 年 1 月。

近代出口的传统产品之一。据载,无锡各缫丝厂缫制的生丝大都由上海各洋行转运欧美各国。到新中国成立前,苏南各地的生丝(主要是无锡的生丝)90%由上海出口①。无锡蚕茧在上海市场的信誉也很好。据20世纪30年代初调查,每年阴历四五月份,茧商从上海携带现款约千余万元来无锡采购蚕茧,采购量约占无锡蚕茧产量的20%~30%②。

第三,促进了本地区商业、金融业的发展。

近代无锡经济中心发挥着无锡本地以及埠际、地区间的经济纽带作用。这种经济联系主要是通过流通环节、通过贸易中心组织商品流通来实现的。无锡市区的工厂企业比较多,生产水平、专业化程度都比较高,人口密度比较大,流动人口比较多,消费水平也比较高。为此,与商品经济发展相关的部门和行业逐渐出现和发展起来。到1929年,无锡经营米业的143家,粮食业113家,山货业14家,南货业22家,油行业13家,糟坊业56家,丝茧业(附茧行)320家,绸缎业44家,棉纱业21家,布业16家,帽鞋业48家,苎麻业37家,煤铁业18家,百货业91家,电料业9家,银楼业41家。"百业之枢纽"的金融业发展也很快。1870年前后,无锡钱庄只有六七家,而且经营范围比较小;1894年,钱庄发展到10余家;1929年,猛增到33家。钱庄的资本额一般都在9000元到2万元,较大的3万元。放款一般都在20万~30万元,较大的50万~100万元。1932年,各大银行在无锡设立的分行共7家,营业额达3.3亿元(不包括江苏银行的营业额)③。

综上所述,近代无锡经济中心是一个农业、工业、商业、金融业、交通运输业、服务业都比较发达的、综合性的、地区性的经济中心。这是区别于南通、青岛、杭州等地区性经济中心的一个重要特点。近代无锡经济中心主要是通过发展以农产品为原料的轻工业、增强商品生产能力、扩大商品货源来推动经济发展。特别是缫丝业,是该地区经济发展的主要支柱,是推动该地区农村产业结构变化的主要动力。这是它的第二个显著特点。第三个特点是,不仅纵向经济发展速度快,而且横向经济联系越来越多、越来越密切、越来越广泛。

近代无锡经济中心是按照经济的内在联系自然形成的,不受行政区划的限制和约束。新中国成立后,它的性质改变了,它的范围、作用也和过去不同了。在新的历史条件下,如何充分发挥无锡这一中心城市的作用,如何建立起新型的社会主义协作、联合的关系,需要我们进一步研究和探讨。

(原载《无锡近代经济发展史论》,企业管理出版社,1988年)

---

① 华东军政委员会土地改革委员会:《江苏省农村调查》,第379页。
② 《中国实业志·江苏省》第4编,第2章,第29-30页。
③ 《江苏省鉴》(下册)第6章,"实业",第291-292页。

略论张謇的实业活动及其实业家精神

近百年来,炎黄子孙在与外国资本争夺市场的激烈竞争中,涌现出一批以新的知识、新的眼光、新的精神,艰苦创业、顽强拼搏、振兴中华的实业家。他们在保护和发展中国的生产力、争夺和扩大民族经济阵地、推动经济发展等方面立下了不可磨灭的功劳。张謇即是他们中的优秀代表人物之一。笔者认为,分析、研究这些实业家的实业活动,总结他们的实业家精神,对深化当前中国的企业改革、造就一大批社会主义企业家无疑是有一定的借鉴作用的。本文拟就张謇的实业活动及其实业家精神谈点粗浅看法,就教于方家。

创办实业、振兴中华是张謇实业活动及其实业家精神的精髓和核心

张謇出身于一个富裕农民兼小商人的家庭,从小就接受中国传统文化的教育。15 岁开始进入科举考场,获得"秀才"称号,后长期充任他人幕僚,32 岁中举,41 岁中状元,授翰林院修撰。本来,张謇可以沿着这条仕宦之途继续走下去。然而,清政府的丧权辱国,西方资本主义列强在中国的暴虐横行,使他对国家和民族的前途、命运甚为忧虑,内心深处萌发了"实业救国"的强烈愿望。他说:"中国须兴实业,其责任须士大夫先之"[1]。特别是中日甲午战争后,资本主义列强纷纷在中国强占侵略基地,划分势力范围,企图把中国变成原料供应基地、产品销售市场和资本输出场所。幼小而脆弱的中国资本主义经济不仅无力与西方资本主义列强争夺国际市场,就是在国内市场上也很难站稳脚跟。中国面临着"以我剥肤之痛,益彼富强之资,逐渐吞噬,计日可待"[2]的严峻形势。开拓利源以堵国家漏卮,"设厂自救"的社会舆论日益高涨。张謇深深感到:非兴实业不足以救危亡。在这种社会舆论的激励下,他于 1895 年决定弃官经营实业,走上了"实业救国"的道路。

"实业救国"的主张,反映了鸦片战争以来中国人民备受西方资本主义列强经济侵略和政治压迫的痛苦、要求国家独立繁荣兴旺的强烈愿望。这在当时的历史

---

① 张孝若:《南通张季直(謇)先生传记》,"年谱"(卷下),文海出版社有限公司印行,第54页。
② 《张謇全集》第1卷,第30页。

条件下是进步的。然而,这是一条坎坷不平、荆棘丛生的道路。张謇为之终生奋斗,其间克服了种种难以预料的困难,在探索前进过程中付出了巨大的代价,最终也未能实现救国的目的。但他创办实业的精神值得我们总结、研究和学习。毛泽东同志和黄炎培等谈到中国民族工业发展过程时说,张謇是不能忘记的当时四个实业界人士之一①。

张謇的"实业救国"主张,是在外觇大势、内审国情、充分考虑其他救国主张的利弊得失后提出的。他说:"世人皆言外洋以商务立国,此皮毛之论也。不知外洋富民强国之本实在于工。讲格致,通化学,用机器,精制造,化粗为精,化少为多,化贱为贵,而后商贾有懋迁之资,有倍蓰之利。"②很显然,张謇认为,"商务救国"的主张不足取。同样,张謇认为,先从教育和"坚船利炮"入手救国也无济于事。他曾形象地说明"教育救国"、"坚船利炮救国"和"实业救国"三者之间的关系:"譬之树然,教育犹花,海陆军犹果也,而其根本则在实业。若骛其花与果之灿烂甘美而忘其本,不知花与果将何附而何自生?"③

在当时,发展实业、富民强国是世界潮流的总趋势,不是中国仁人志士和广大人民的独有要求。张謇总结了日本富民强国的经验,认为它主要是采用了西方的先进技术,注意发展实业。中国要想富强,必须向日本学习。他说:日本"三四十年之间,由小国而跻于强大矣。其根本在先致力于农工商"④。

在张謇看来,抵制西方资本主义列强的经济侵略,振兴中华,仅靠社会舆论是不行的,必须大办实业。他说:"爱国救国之挚,注意提倡国货,振工商而挽权利,尤佩远谋。……若徒空言抵制抵制,则彼一物而我无物,抵且不能,制于何有?"⑤"以生货与人而我失工之利,以熟货与人而我得分人之利。"⑥

张謇与他同时代的人相比,不仅具有"实业救国"的远大眼光,而且具有将"实业救国"主张付诸实践、勇于探索的坚强毅力和坚忍不拔的奋斗精神。那么,张謇将"实业救国"主张付诸实践是从何处着手的呢?张謇是从创办棉纺厂入手的。他说:"今日救国之策,于何着手?舍奖励纺织,其道无由矣。纺织根本在于棉,故奖励植棉,尤为根本中之计划。"⑦张謇从创办棉纺厂入手,实施他救国救民的主张,并非出自他的聪明才智,并非他完全掌握了经济发展的规律,而是出自他的爱国救国救民之心。鸦片战争后,洋纱、洋布的输入逐年增加。1873 年,洋纱输入量

① 《青年一代》,1982 年第 1 期。
② 《张謇全集》第 1 卷,第 37 页。
③ 《张謇全集》第 1 卷,第 154 页。
④ 《张謇全集》第 3 卷,第 761 页。
⑤ 《张謇全集》第 3 卷,第 799－800 页。
⑥ 《张謇全集》第 1 卷,第 72 页。
⑦ 《张謇全集》第 3 卷,第 785 页。

为 67833 担；1892 年，增加到 1305572 担。前后 19 年，增加了 18 倍多①。苏南及滨江沿海的南通等地的土纱市场逐渐被洋纱占领。1895 年，张之洞在说到当时南通地区洋纱销售情形时写道："近日洋纱内灌，通、海乡人利其匀细，转相购买，参织土布，每年销耗四十余万金"②。张謇对"通人每岁数十万购纱之资，尽漏于外洋"，深感有"奋然挽救"③之必要。中日《马关条约》签订后，清政府又允许日本侵略者"利用吾国丰富之原料，低廉之佣工"，在内地设厂，"其制出之品又能深投习尚，视销路为转移，最为心腹之患"④。关于这一点，张謇在《厂约》中说得更清楚："通产之棉，力韧丝长，冠绝亚洲，为日厂之所必需，花往纱来，日盛一日，捐我之产以资人，人即用资于我之货以售我，无异沥血肥虎，而袒肉以继之。利之不保，我民日贫，国于何赖？下走寸心不死，稍有知觉，不忍并蹈于沦胥。"⑤

在旧中国几千年中形成的重"义"轻利、重官轻商的观念，到近代仍根深蒂固地束缚着人们；"凿井而饮，耕田而食"，"邻邦相望，鸡犬之声相闻，民至老死，不相往来"的自给自足的自然经济并未彻底瓦解。在这样的社会条件下，创办近代工业企业所遇到的困难，比西方发达国家要多得多。其中最主要的是：资金缺口太大，机械设备、生产技术、管理经验等严重缺乏，即便商人、官僚、地主手里有一部分剩余资金，也不愿投向冒风险的近代工业企业。张謇在筹办大生一厂的过程中，所遇到的困难也不例外。他四面奔走，大力宣传在通州设立纱厂的益处，但投资入股者并不多，收效不大。"通州本地风气未开，见闻固陋，入股者仅畸零小数。"⑥上海因华商纱厂不景气，其股东不仅得不到利息，有时还要垫款。因此，"一闻劝入厂股，掩耳不欲闻"者有之，"相率缩首而去"者有之⑦。张謇为了稳住"全凭张罗筹调而来"的商股，不得不"破中西各厂未出纱不付息之例"⑧，每年先付百分之八的固定官利。即便这样，股东也进进出出，极不稳定，资金极为紧缺。机械设备是"苦栈于浦滩者三载，上雨旁风，板腐厢裂，机件断烂者十之三四"的湖北织布局的机器，添配凑补 6 个月，机车还不能全开⑨。1899 年，大生一厂开工不久，因资金不足陷入困境。"厂终以本绌不支，仅有之棉不足供纺，卖纱买棉，时苦不及，留沪两月，百计俱穷，函电告急于股东者七次，无一答，仍以卖字给旅费"⑩。张謇准备将大生一厂

① 姚贤镐：《中国近代对外贸易史资料》第 3 册，第 1368 页。
② 《张之洞全集》第 42 卷，第 1117 页。
③ 《张謇全集》第 3 卷，第 16 页。
④ 《张謇全集》第 2 卷，第 334 页。
⑤ 《张謇全集》第 3 卷，第 17 页。
⑥ 《张謇全集》第 3 卷，第 14 页。
⑦ 《张謇全集》第 3 卷，第 14 页。
⑧ 《张謇全集》第 3 卷，第 14 页。
⑨ 《张謇全集》第 3 卷，第 14 页。
⑩ 张孝若：《南通张季直(謇)先生传记》，"年谱"(卷下)，第 47 页。

暂时租给严小舫、朱幼鸿以摆脱困境,未谈成。这时,张謇困难到了极点,"顾念坐困围城,矢尽援绝,曾无一人顾惜",他"徘徊于大马路泥城桥电光之下,仰天俯地,一筹莫展。"①正当张謇进退维谷之际,得到沈敬夫的接济,加之纱价大涨,大生一厂得以起死回生。从此,张謇"兢兢业业,强勉自立,昭信义而广招徕,集股筹款,渐能顺应"②。

张謇并未因大生一厂的好转而止步,而是按照预定的目标,努力扩大生产规模。到 20 世纪 20 年代,张謇已建成了大生一、二、三、八厂共 4 个纱厂。4 个纱厂的纱锭总数增加到 160360 枚,比 1899 年增加近 7 倍;资本额共达白银 708.4 万两,比 1899 年增加近 15 倍;固定资产增加到 919.1 万两,比 1899 年增加近 17 倍③。

张謇在大生一厂的根基渐渐稳固后,就着手开辟棉花生产基地。他说:"纱厂,工商之事也,不兼种农,本末不备"④。从 1901 年创办通海垦牧公司起,到 1920 年止,他先后创办了 20 多个盐垦公司,占地 4135000 亩,资本估计 16212000 元,其中已垦 980000 亩,可产棉 116000 担。为了适应和促进大生纱厂的发展,张謇还创办轮船公司,建造码头、仓库以解决纱厂的交通运输和仓储;创办铁厂、冶厂以解决纱厂机件的修理和设备的增添;创办榨油厂以综合利用纱厂的棉籽;创办银行以解决纱厂的资金流动和融通;开办农业、纺织等专科学校以培养植棉和纺织方面的技术人才。到 20 世纪 20 年代,以张謇为首的大生资本集团的各种公司"以数十计,资本总额几达三千万元"⑤。

张謇在创办实业时,"凡可以内保利权、扩张华商势力之处,无不极意绸缪。"⑥因此,他不仅在南通一地创办实业,还到外地与别人合办不少企业。1904 年,与许鼎霖合办镇江开成笔铅罐厂;同年,帮助郭鸿仪创办镇江大照电灯厂并任该厂董事长。据说大照电灯厂厂名为张謇所题,意即神州大地普照光明⑦。振兴中华之心之急切,可以想见。1907 年,他又与许鼎霖合办耀徐玻璃厂,参加投资苏省铁路公司,帮助江西官绅创办江西瓷业公司。这些都是利用矿产抵制外货和为发展经济提供交通运输条件的基础实业。汉冶萍公司、招商局、中国银行、交通银行、商务印书馆、上海商业储蓄银行等都曾得到过张謇的赞助。山西的阎锡山、云南的唐继尧、新疆的杨增新、甘肃的陆建章等为创办实业,或派人,或打电报、写信向张謇请教商量,张謇或代为设计,或详为答复。其目的是"总想中国多几件实业,多几个开

---

① 《张謇全集》第 3 卷,第 85 - 86 页。
② 《张謇全集》第 3 卷,第 14 - 15 页。
③ 《大生系统企业史》,第 142 页。该书第 142 页的资本和固定资产增加倍数有误。
④ 《张謇全集》第 3 卷,第 385 页。
⑤ 《张謇全集》第 3 卷,第 838 页。
⑥ 《张謇全集》第 3 卷,第 697 页。
⑦ 1987 年 5 月 20 日访问郭维庚记录。

发富源的地方。"①

　　张謇在创办实业初期,大事小情皆需亲自过问,亲自出面交涉,常常是"一处两旬,动已两月;每一易处,则信使属途;每一远行,则凉燠已贸。"②其间遇到了各种各样的困难,产生了各种各样的烦恼,但他对"实业救国"的决心却未动摇过。在他看来,"失败不要紧,第一要失败得光明,第二要失败以后有办法。大家打起精神,决心再来打一个败仗以后的反攻,不要馁,不要退。"③张謇为什么能做到这样?我们认为,仅仅从他的事业心和个人的品德意志来解释是远远不够的。因为在他同时代的实业家中,张謇这一点表现得更为突出。1920 年,常州同仁参观南通后十分感慨地说:"啬公自述大生创办之初,招股不过数万,几至不得开机。外受某某资本家之揶揄,内则反对者开大会于明伦堂,控之于大府。欲生不能,求死不得。我辈自念在地方任事,每太息、痛恨于阻力之多,同志之少,艳羡南通不置。试问啬老之困难,我辈经历几分,掷得几许代价。方知平日之怨天尤人,不无谬误。"④如果进一步从他的内心深处来探寻产生这种力量的根源,我们便可看到:张謇始终以振兴中华为己任,以"造一个新世界"⑤作为自己奋斗的最终目标。这是他在外国资本和封建势力双重压迫的隙缝中,勇于探索、不断进取、顽强拼搏的内在的力量源泉。正因为这样,他在以"实业救国"、振兴中华为奋斗目标的后半生的征途中,始终"握紧了两个拳头,抱定了一个主义,认准了一个方向,只是望前走,总想打通这条路"⑥。这是张謇实业活动及其实业家精神的精髓和核心。

顺应世界经济发展变化的趋向,力主在平等互利基础上实行"开放主义"

　　张謇与他同时代的实业家一样,都是睁眼看世界的,并能根据世界经济形势的变化,采取必要的对策。他在考虑如何实现"实业救国"的主张时,常常把眼光扩展到世界范围,用世界的眼光来看待中国的问题。他说:"知己知彼,乃可谋国"⑦。他还说:"一个人办一县事,要有一省的眼光;办一省事,要有一国的眼光;办一国事,要有世界的眼光。"⑧他在对比、总结世界各国发展经济的经验教训后认为,要振兴中国实业,需要借助外力。他说:"百事同兴,需款难继。不得不贷债以竟其

①　张孝若:《南通张季直(謇)先生传记》,第 276 页。
②　《张謇全集》第 1 卷,第 92 页。
③　张孝若:《南通张季直(謇)先生传记》,第 387 页。
④　《新武进》,1920 年 11 月 9 日。
⑤　张孝若:《南通张季直(謇)先生传记》,第 105 页。
⑥　张孝若:《南通张季直(謇)先生传记》,第 104－105 页。
⑦　《张謇全集》第 1 卷,第 39 页。
⑧　张孝若:《南通张季直(謇)先生传记》,第 297 页。

功"①。中国"资力不足,外国人有资力,又有技术",应当"合并而利用之"②。这样,张謇由主张依靠本国资金兴办实业,反对外资在中国设厂或中外合资设厂,转变为主张对外开放,引进外国资金和先进技术,发展实业。

张謇的"开放主义"的主要内容,可以概括为引进外国先进技术、管理经验和外国资金两个方面。

张謇所处的时代,中国的机器制造业还处于幼稚时期,根本不能满足近代工业对机器设备的需要。因此,他所办的企业的机器设备大都是"洋货"。张謇认为,振兴中国实业,不能满足于购置外国机器设备,更重要的是,要把外国的先进技术和管理经验学到手。起初,张謇比较注意学习日本的技术和管理经验。他曾于1903年四月二十五日(阴历)东渡日本,进行实地考察、学习。他在日本"虚着心,快着眼,勤着笔","观人于微"地参观教育机关35处、农工商机关30处,历时70天③,获益匪浅。回国后,他的事业日益扩大,进一步发展实业的信心倍增。1904年,他又到意大利参观博览会。后来,他还准备趁参加美国万国水利会议的机会,实地考察美国大规模的农业开垦和水利建设工程,可惜未能成行。张謇除亲自出国考察外,还聘请外国专家和技术人员来企业进行规划、设计和技术指导,派人出国留学或考察,组织专人搜集和翻译国外有关科技资料。

1911年后,张謇开始提倡利用外国资金,振兴实业。1913年,他撰写了《筹划利用外资振兴实业办法呈》,拟定出利用外资的三种具体方式即合资、借贷和代办,并准备与外国资本合办金融、航运、农垦、矿业等事业。1922年后,张謇为了使大生资本集团所属企业摆脱帝国主义卷土重来、自然灾害频发和军阀混战连年不断所造成的困境,以大生纱厂作担保,派人赴日谈判,企图得到日本的贷款,最后因条件不合,未能成功。后又向美国借款,也因条件苛刻,未能如愿。

对于张謇利用外资振兴实业的主张,国内史学界毁誉不一。在批评意见中,最严厉的要数对张謇的《商榷世界实业宜供求统计,中国实业宜应供求之趋势书》一文的批评。张謇在这篇文章中写道:"夫世界果不欲趋向大同,不欲以中国为市场,不欲中国发展供给各国之原料,则亦已矣。如其欲之,中国内地风气尚未尽开,资本又不充裕,试问舍世界各国经济互助,有何别法?互助之道无他,即合各国之利病共同,视线一致者,集一银公司"。"以棉铁为主要,以类于棉之稻、麦,类于铁之煤为从要,其他如水利、如电、如铁路、如汽车为次从要。凡有一地一矿一事视为可以经营者,视其地、其矿、其事之所需,为之考虑其策划,详确其预算,等差其年度,支配其用数,程序其设施,检核其成绩,而又均势以平等其资本,公开以昭布其条

① 《张謇全集》第3卷,第633页。
② 《张謇全集》第2卷,第239页。
③ 张孝若:《南通张季直(謇)先生传记》,第105页。

件,以互输产品保公司之利,以不犯土地尊主国之权。如是十五年小效,三十年大效,可以预言。"①持批评意见的同志认为,以上这段话"表达了张謇对帝国主义的无知和幻想,他幻想帝国主义与被侵略国之间……可以和平互助合作,忘掉他自己过去所见到的帝国主义狰狞面目","甘心把自己附庸于国际资本主义",实际上他接受了国际共同开发中国论②。我们认为,这篇文章确实表达了张謇企图借助外国资本的力量开发中国、发展实业的思想。这种思想在半殖民地半封建社会条件下,是不可能真正实现的。我们是历史唯物主义者,我们不可能改写历史,但要承认历史上已经造成的客观条件。我们评价张謇利用外资振兴实业的主张,要把握住当时整个国际经济发展的环境和张謇"开放主义"的全部主张,然后进行具体分析,切不可抓住一点,全盘否定。

当时,张謇面对的是一个经济上互相开放的、密切联系的世界。这个世界,由于资产阶级"开拓了世界市场,使一切国家的生产和消费都成为世界性的了。……过去那种地方的和民族的自给自足和闭关自守状态,被各民族的各方面的互相往来和各方面的互相依赖所代替了。物质的生产是如此,精神的生产也是如此。"③在世界范围内实现了生产社会化的条件下,无论哪个民族和国家都不可能脱离这种世界性的联系,孤立地去发展本国和本民族的经济。特别是落后的国家更是如此。落后国家,加强与世界各国的联系,实行对外开放,引进外资,可以补充国内资金的不足;引进先进技术和管理经验,可以使自己避免在低层次上重复别人已经做过的探索,尽快提高自己的技术水平和管理水平。一句话,可以对民族经济的发展产生外部压力和动力,增强对抗资本主义国家商品冲击的物质基础,提高本国产品在国际市场上的竞争能力。在这种情况下,张謇主张实行"开放主义",是符合世界经济发展的总趋势的,是基本上符合中国国情的。如果采取闭目塞听、麻木不仁的顽固态度,提倡实行闭关自守的主张,那才是极端错误的。

从张謇的主观愿望来看,他主张利用外资,是为了振兴实业。在利用外资时,他始终不忘民族利益,坚持在不损害国家主权的前提下,才接受其他国家援助,建设各种事业。其计划是周到的、细致的,措施是稳妥得当的。他曾严肃指出:"借外债不可丧主权,不可涉国际"④。"借时即须为还计,用于生利可,用于分利不可,而用之何事,用者何人,用以何法,尤不可不计。此謇夙昔所主张也。"⑤在与外国资本合办企业时,为了不使中国主权和正当利益受到损害,张謇主张与外国投资者签订平等互利的条约,用条约来约束外国投资者,使他们不得侵犯中国主权,又使中

① 《张謇全集》第3卷,第826页。
② 《江苏文史资料选辑》第10辑,第138－139页。
③ 《马克思恩格斯选集》第1卷,第254－255页。
④ 《张謇全集》第3卷,第664页。
⑤ 《张謇全集》第3卷,第662页。

国能得到实惠。关于这一点,他在谈到利用外资合作开采铁矿的意见时说得很清楚:"至于铁矿需本尤重,非用开放主义,无可措手。但使条约正当,权限分明,既借以发展地质之蕴藏,又可以赡贫民之生活。其由钢铁而生之机械铁工厂,亦可听欧美人建设。于工业可省远运之资,于工学尤得实习之地,计所获益,良非浅鲜。"①我们透过张謇利用外资振兴实业的"开放主义"主张,便可发现:这个主张凝结着他忧国忧民的心血,体现着他振兴中华的强烈愿望,而且其中有些提法是很有见地的。

这是不是说,张謇在这个问题上是绝对正确的,一点失误也没有呢?不是的。张謇受其阶级的局限,在晚年曾企图得到日美的大量贷款来摆脱大生纱厂的困境。这是张謇对帝国主义抱有一定程度的幻想的最好例证。笔者在这里使用"一定程度的"这个限制语,是因为张謇始终没有忘记民族利益,最后宁肯不借外国的钱,也不接受苛刻的条件,也不背离他自己拟定的借用外债的原则。

重视知识、重视人才是张謇实业活动及其实业家精神的重要内容

张謇主张:"世界今日之竞争,农工商业之竞争也。农工商业之竞争,学问之竞争,实践、责任、合群、阅历、能力之竞争。"②"无人才不可为国。"③他也是这样实践的。张謇在创办实业过程中,特别注意选用有真才实学的人。他说:"鄙人向来提倡教育,本希望人才辈出。但于用人一端,无论教育实业,不但打破地方观念,并且打破国家界限。……只要哪个人能担任,无论中国人外国人都行。"④大生纱厂曾聘用过英国的汤姆斯、忒特和玛特,同仁泰公司聘用过日本的盐工师,南通保坍会聘用过荷兰的特莱克,勘探铁矿聘用过法国的梭尔格博士,等等。对于他们,张謇在生活待遇上给予高薪,有时还特地建筑洋楼,在工作上也委以重任。聘用外国科技与管理人才,也从一个侧面体现了他的"开放主义"。对自己认为所需要的人才,张謇都千方百计地去聘请。如第一次世界大战期间,当他得知因中国对德宣战而放逐回国的德侨中有不少人才时,分别与省、国家当局磋商,保留了数十人,让其担任学校和工厂的教师、技术师及顾问等,在南通搞电气化设计的高翕就是其中之一。

张謇对国内人才的选用更是如此。在他看来,"只要这个人有才学,品行好,不问贫贱,不问年龄,不问所操何业,不问男女,他是一样的爱重提拔信用"⑤。对于乡人亲戚,他一视同仁,不徇私情。乡人亲戚中有好的,他也选用,但碰到不安分误

---

① 《张謇全集》第 1 卷,第 276 - 277 页。
② 《张謇全集》第 4 卷,第 157 页。
③ 《张謇全集》第 4 卷,第 674 页。
④ 《张謇全集》第 4 卷,第 207 页。
⑤ 张孝若:《南通张季直(謇)先生传记》,第 373 页。

了事的人,那毫不偏袒,处以责罚比对别人还厉害①。

张睿认为,外国的人才,固然要聘请,但更多的人才要靠自己培养。不培养自己所需要的人才,实业的发展将缺乏后劲。因此,他把重视知识、重视人才的重点放在开发智力、普及教育上。他说:"举事必先智,启民智必由教育"②。"若教育未兴,人才缺乏,即有坚舰利炮,谁能用之?"③当大生纱厂棉纱打开销路,连年获利,经济上有了实力后,张睿就筹集资金,开办学校,实践他"父教育而母实业"的主张。据载,到 1924 年,张睿在南通地区共创办小学校 370 余所,中等学校 6 所,高等学校 3 所,特殊教育学校 2 所,职业教育学校 4 所。这里"学校之多,设备之完全,人民知识之增进,远非他处所能及。"④这些学校培养的人才,对张睿创办的实业的发展起过很大的作用,特别是南通纺织、农业两所专门学校培养的人才,对南通地区乃至全国纺织工业和农业的发展都起过一定的积极作用。

张睿在创办实业过程中,以创办实业、振兴中华为目标,遵循和服从商品经济优胜劣汰的规律,发扬艰苦奋斗、自强不息的献身精神,不断开拓自己的事业;顺应世界经济发展变化的趋势,适时提出"开放主义"的主张;重视知识,重视人才,大力进行智力开发,普及教育等等。这些都是张睿提出的新东西,也是他的实业活动及其实业家精神的主要内容。当然,张睿创办实业的实践活动及其实业家精神的形成和发展,除受当时生产力水平的制约外,还受到中国传统文化教育的影响以及社会环境和本阶级阶级地位的制约。因此,在张睿的实业活动及其实业家精神中,存在着不可避免的严重缺陷。譬如:不顾自己的经济实力,脱离中国及南通地区的实际,盲目地贪多、求大、求"洋",以致负债累累;以有功于大生各厂、有功于股东自傲,不能一如既往地团结患难与共的同仁和股东;励精图治的管理制度没有能始终如一地坚持到底;晚年曾对帝国主义国家援助中国开发资源、创办实业、发展经济抱有一定程度的幻想;等等。对此,我们不能用今天的标准去苛求张睿。只有历史地看他的实业活动及其实业家精神,才能对他作出实事求是的公正评价。

(原载《社会科学战线》1988 年第 2 期。收入中国人民大学《报刊资料选汇》,《经济史》1988 年第 7 期。)

① 张孝若:《南通张季直(睿)先生传记》,第 374 页。
② 《张睿全集》第 4 卷,第 468 页。
③ 《张睿全集》第 1 卷,第 116 页。
④ 《二十年来之南通》(上编),南通县自治会印行,第 26 页。

张謇爱国主义思想略论

"爱国主义是由于千百年来各自的祖国彼此隔离而形成的一种极其深厚的感情。"①但在不同的历史时期和不同历史条件下,由于社会矛盾的发展变化,不同阶级的爱国主义有着不同的具体内涵,不同历史人物对爱国主义有着不同的认识和表现。鸦片战争后,特别是甲午战争后,西方列强掀起了瓜分中国的狂潮,忧心如焚的仁人志士为探寻救国救民的道路,前赴后继,奋斗不息,留下了闪光的足迹。张謇是他们中的代表之一。本文拟就张謇的爱国主义思想和实践做些分析,就教于方家。

立国自强是张謇爱国救国的思想基础

"风声、雨声、读书声,声声入耳;家事、国事、天下事,事事关心。"这是对几千年来中国的有识之士以天下为己任的强烈责任感和使命感的真实写照。

"生于忧患,万方多难"的张謇,从小得到受教育的机会,在以天下为己任、自强不息、刚健有为、经世致用等优良文化传统的熏陶下,"富贵不能淫,贫贱不能移,威武不能屈"的精神在他心灵深处留下了深刻影响,"学而优则仕"的传统观点在他思想上亦打下了深深的烙印。当他 12 岁时,蒙馆先生以"人骑白马门前去"命对,张謇对以"我踏金鳌海上来",甚得先生的夸奖。他曾长期充任他人幕僚。后来,他屡试会试不中,但并没有放弃继续走"学而优则仕"仕途的念头,决心发奋攻读,以科举进身,敬业报国。他直到 41 岁时才状元及第,授以翰林院修撰。

早年的游幕生涯,亦使张謇孕育了忧虑朝政的腐败,关心国家的前途和命运,不甘于国土的沦丧,主张立国自强、以战求和的爱国主义思想,逐渐认识到中华民族必须复兴。早在 1879 年《代夏学政沥陈时事疏》中,他就指出:"中国大患不在外侮之纷乘,而在自强之无实。即如今日诸夷逼处,环伺眈眈,恫喝要求,累岁相望。其宜战而不宜和,无智愚皆知之。"②"和取目前之无事,而战为全局之通筹。以和为和,是罢战之论发于我,而彼强我弱;以战为和,使愿和之请出于彼,则彼绌我伸。此在稍识时务者,即能辨之。"③

最使他不能容忍和痛心的是:洋务派"立总局,购兵械,沿江海设防,岁糜百千

---

① 《列宁全集》第 35 卷,人民出版社,1985 年,第 187 页。
② 《张謇全集》第 1 卷,第 1 页。
③ 《张謇全集》第 1 卷,第 11 页。

万金钱,日日议自强;而有事曾不能一战,且捐数百万于仇敌,缓词而乞和"①。中法战争中中国不败而败;日本与清政府争夺对朝鲜的主权斗争中,清政府"瞠目无策,而日人且有得陇望蜀之心"②。特别是甲午战争中,清政府败于一向被中国人视为区区弹丸岛国的日本,被迫签订空前丧权辱国的《马关条约》,不仅开放通商口岸,割地赔款,还要允许外国资本家在中国内地投资设厂。在张謇看来,《马关条约》"割地驻兵之事,如猛虎在门,动思吞噬;赔款之害,如人受重伤,气血大损;通商之害,如鸩酒止渴,毒在脏腑。"③其危害之大、之深、之广,一目了然。他在分析允许外国资本家在中国内地投资设厂的危害时进一步指出:"向来洋商不准于内地开机器厂,制造土货,建立行栈。此小民一线生机,历年总署及各省疆臣所力争勿予者。今通商新约,一旦尽撤藩篱,喧宾夺主;西洋各国,援例尽沾。外洋之工作巧于华人;外洋之商本厚于我国。今日毁机器,明日焚机房,一有他变,立起兵端。是通商之害,必由民怨而开外衅。久闻日人扬言,此次和约,意欲使中国五十年之后,不能自振,断不能再图报复。又闻日人以中国舆图,用五色画界,指示西洋各国,拟与各国瓜分;宣言十年以后,必可立见此局。其封豕长蛇之谋,令人发指。今更以我剥肤之痛,益彼富强之资;逐渐吞噬,计日可待。"④

面对国力衰弱、资源任人掠夺、国人凌辱受尽、山河破碎、亡国灭种的严峻形势,张謇惶悚痛愤,寝食难安。张謇对屈辱求和的李鸿章无限痛恨和鄙视。张謇指出,国力不强,根本无法保证国家的真正独立,只能任人宰割,国际地位一落千丈,作为一个中国人无不羞愧难容,民族自尊心和自豪感受到严重打击。他认为,爱国必须强国,立国自强、抵御外侮是当务之急。他在《代鄂督条陈立国自强疏》中提出了8条自强建议:(1) 宜练陆军;(2) 宜亟治海军;(3) 各省宜分设枪炮厂;(4) 宜广开学堂;(5) 宜速讲商务;(6) 宜讲求工政;(7) 宜多派游历人员;(8) 宜预备巡幸之所。张謇认为,"此数事为中国安身立命之端,万难缓图"。"伏望我皇上存圣强不屈之心,励卧薪尝胆之志,广求忠直之言,博采救时之策,将向来因循废弛、罔利私营、漠视君国之习,严惩切戒;先令天下现有之人才,激励奋发,洗心涤虑。庶几所欲措施之要务,可以实力奉行;所欲造就之人才,可以接踵而起,亦有成效可睹矣。"⑤强烈的爱国之心溢于言表,但还没有突破忠君爱国的局限。

立国自强的主张是张謇爱国救国的思想基础。它反映了鸦片战争以来,中国人民备受西方列强经济侵略和政治压迫的痛苦以及要求国家独立富强、抵御外侮和维护国家主权的强烈的爱国愿望。但要将立国自强的主张付诸行动,变为现实,

① 《张謇全集》第1卷,第1页。
② 《张謇全集》第1卷,第27页。
③ 《张謇全集》第1卷,第29页。
④ 《张謇全集》第1卷,第30页。
⑤ 《张謇全集》第1卷,第40-41页。

困难重重。因为,以慈禧太后为中心的后党控制着军政大权,以光绪皇帝为中心的帝党手中不掌握一兵一卒,缺乏实力,尽管善于制造舆论,但"徒为口舌之争,不能死敌,不能锄奸"也①。更何况,帝党本身也不是民族利益真正的代表者和可靠的维护者。可贵的是,张謇没有将立国自强的主张停留于语言文字和口头上,而是把国家、社会同自我的发奋实践联系起来,怀着"仰天长啸,壮怀激烈"的凛然正气,顺应世界发展变化的趋势,以自己的顽强毅力和聪明才智,选取深思熟虑的开拓领域,并努力开创出富有新意的天地。

"实业救国"是张謇爱国主义的精髓和核心

在中国历史上,凡是爱国主义者都非常关心国家和民族的前途、命运。甲午战争后,朝野上下,御侮图强、救亡图存、"抵制外货"、"收回利权"、开拓利源以杜塞漏卮、"设厂自救"的社会舆论日益高涨。一些先进的中国人举起了爱国主义的旗帜,反对外国资本主义的入侵,争取中华民族的光明前途。张謇是站在其最前列勇往直前的优秀代表之一。他放眼世界,探讨欧美、日本富强的经验;内审国情,审时度势,剖析中国贫弱的经济原因,认识到以农为本、抑制工商业的传统政策是使中国屡弱、民众贫穷的根源,提出了"国非富不强,富非实业完不张"②的主张。他认为,中国应向日本学习。他说:"中国之学西法也自兵始。""自兵始者,船炮枪械,悉购自人。""农工商实业机器,无一不购自外人。上自大臣,下至士庶,率贪便宜,不肯用心;此中国之所以不振也。""日本之学西法也自工始。"③"三四十年之间,由小国而跻于强大矣。"④他又说:"爱国救国之挚,注意提倡国货,振工商而挽权利,尤佩远谋。……若徒空言抵制抵制,则彼一物而我无物,抵且不能,制于何有?"⑤鉴于这种认识,张謇毅然决定放弃能光宗耀祖的高官厚禄,走崎岖不平、荆棘丛生的"实业救国"之路。"实业救国"从何处着手呢? 经过反复推究,张謇认为,应从创办棉纺织厂入手。他说:"今日救国之策,于何着手? 舍奖励纺织,其道无由矣。纺织根本在于棉,故奖励植棉,尤为根本中之计划。"⑥这个决定是张謇根据南通的县情、中国的国情和历年海关进口洋纱、洋布的数量和国内棉花生产、棉纺织工业发展状况作出的。他说:"进口棉类,假定为值银一万八千万两,则洋纱及粗布、斜纹,实占一万二三千万两之巨额。夫以中国棉花之性质,纺二十号以内之纱,及织粗布、斜纹,固无不相宜之点。然则此每岁输入一万二三千万两之棉类,皆可以国

---

① 《张謇全集》第5卷(上),第472页。
② 《张謇全集》第3卷,第761页。
③ 《张謇全集》第1卷,第87页。
④ 《张謇全集》第3卷,第761页。
⑤ 《张謇全集》第3卷,第799-800页。
⑥ 《张謇全集》第3卷,第785页。

内人力为之,而不必仰给于舶来货物"①。事实上,"花往纱来,日盛一日。捐我之产以资人,人即用资于我之货以售我,无异沥血肥虎,而袒肉以继之。"②为此,张謇大声疾呼道:"今以抚有四万万人口之中国,而衣食所资,事事物物,仰给外人,虽欲不贫,乌可得也。"张謇认为:"今环顾中国实业之当兴者,孰有大于植棉与纺织者乎!不实行奖励,则所谓振兴果操何术?"③由此可见,他创办南通大生纱厂作为实施"实业救国"主张的切入口,不仅仅是为中国多办几个棉纱厂,多赚几个钱,而且是"为通州民生计,亦即为中国利源计"④,为救国救民计。

在长江之北的通州、海门一带,到19世纪末,"自给自足的自然经济占主要地位。农民不但生产自己需要的农产品,而且生产自己需要的大部分手工业品。"⑤重"义"轻利、重官轻商的观念仍然根深蒂固地束缚着人们的言行,孤陋寡闻,风气未开。在这样的社会条件下,创办近代企业所遇到的困难不是一般人所能想象的。在大生纱厂筹备之初,张謇到处奔走,陈说通州设立纱厂之利,而投资入股者仅畸零小数而已。上海各华商纱厂不景气,其股东不仅得不到利息,有时还要垫款。因此,在上海"一闻劝入厂股,掩耳不欲闻"者有之,"相率缩首而去"者有之⑥。在万般无奈之中,连上海栖流所、"圆通观粥厂"等慈善机构也被拉来投资,成了大生纱厂的股东。张謇以邻为鉴,审视自身,不得不"破中西各厂未出纱不付息之例"⑦,每年先付8%的固定官利,以便稳住已入股的商股。即便这样,股东也进进出出,极不稳定,资金极为紧缺。大生纱厂开工不久,就因资金短缺而陷入困境。后来,得到沈敬夫的接济,加之纱价大涨,大生一厂才绝处逢生,闯出了一条生路。

为了适应和促进大生纱厂的发展,张謇创办盐垦公司,开辟棉花生产基地,以解决纱厂对棉花原料的需求问题;创办轮船公司,建造码头、仓库,以解决纱厂的交通运输和仓储问题;创办铁厂、冶厂,以解决纱厂纺机维修和设备增添的问题;创办榨油厂,以综合利用棉花的副产品棉籽;创办银行,以解决各企业资金流动和融通的问题;开办农业、纺织专科学校,以培养植棉和纺织方面的技术人才;等等。到20世纪20年代,以张謇为首的大生资本集团的各种公司"以数十计,资本总额几达三千万元"⑧。在中国近代经济发展史上,曾流传着"南张北周"的佳话,张謇一度在工商界独领风骚。

① 《张謇全集》第3卷,第786页。
② 《张謇全集》第3卷,第17页。
③ 《张謇全集》第3卷,第789页。
④ 《张謇全集》第3卷,第17页。
⑤ 《毛泽东选集》第2卷,第586–587页。
⑥ 《张謇全集》第3卷,第14页。
⑦ 《张謇全集》第3卷,第14页。
⑧ 《张謇全集》第3卷,第838页。

值得提出的是,张謇在创办实业的过程中,牢牢把握着这样的原则:"利之不保,我民日贫,国于何赖?下走寸心不死,稍有知觉,不忍并蹈于沦胥。"①因此,"凡可以内保利权、扩张华商势力之处,无不极意绸缪。"②比如,他在《请设上海大达轮步公司公呈》中写道:"每见汽船帆舶往来如织,而本国徽帜反寥落可数,用为愤叹。""务冀华商多占一分势力,即使洋商少扩一处范围。""以商界保国界,以商权张国权,道在于是。"③还比如,张謇认为,"棉铁为国家基本工商业",特别是"制铁事业关系国家生存。欧战已终,列强眼光全注集于东方。我不自谋,地下之蕴藏宁能终秘?"他恐长江流域铁矿,将尽落某国人之手,曾组织大陆制铁公司,"以完棉铁并峙之希望。"④后因种种原因未能如愿。

兴办实业,需要知识,需要技术,需要各种专门人才。张謇认为,这些人才,外国的固然可以聘请,但大量的要靠自己培养。不培养自己所需要的人才,实业的发展将缺乏后劲。他说:"人才缺乏,即有坚舰利炮,谁能用之?"⑤"教育普及,而后民知爱国,练兵乃可得而言也。"⑥大生纱厂站稳脚跟后,张謇就筹集资金,兴办学校,实践他"父教育而母实业"的主张。这是张謇渴望祖国早日富强真诚愿望的体现,也是他为了救国救民而采取的富有远见的重要举措。据载,到1924年,张謇在南通地区创办小学校370余所,中等学校6所,高等学校3所,特殊教育学校2所,职业教育学校4所。"学校之多,设备之完全,人民知识之增进,远非他处所能及。"⑦

张謇在外国资本和封建势力双重压迫的隙缝中实施"实业救国"的主张,遇到了各种各样的困难,产生了各种各样的烦恼,"约略言之,则有三难,有三不及",即集资难、求才难、御侮难,才力不及、精力不及、日力不及⑧。张謇将个人的酸甜苦辣、荣辱兴衰,甚至于受到的误解和委屈置之度外,对"实业救国"的决心始终未动摇过,"一意孤行,置成败利钝于不顾"⑨。在他看来,"失败不要紧,第一要失败得光明,第二要失败以后有办法。大家打起精神,决心再来打一个败仗以后的反攻,不要馁,不要退"⑩,勿惮刻苦,勿自矜满,"负谤含垢,强力图成"⑪。张謇之所以没有被困难重重的恶劣环境吞噬,不畏艰辛,坚定地沿着"实业救国"的道路勇往直

---

① 《张謇全集》第3卷,第17页。
② 《张謇全集》第3卷,第697页。
③ 《张謇全集》第3卷,第708页。
④ 《张謇全集》第3卷,第838-839页。
⑤ 《张謇全集》第1卷,第116页。
⑥ 《张謇全集》第3卷,第761页。
⑦ 《二十年来之南通》(上编),南通县自治会印行,第26页。
⑧ 《张謇全集》第1卷,第92-93页。
⑨ 《张謇全集》第3卷,第836页。
⑩ 张孝若:《南通张季直(謇)先生传记》,第387页。
⑪ 《张謇全集》第3卷,第115页。

前,一步步奠定他的宏伟大业,并创造出辉煌业绩,除了他对辽阔世界的各种复杂关系的准确把握、高尚的品德和坚忍不拔的精神外,更主要的原因是他内心深处蕴藏着"去造一个新世界"的奋斗目标,始终"握紧了两个拳头,抱定了一个主义,认准了一个方向,只是望前走,总想打通这条路"①。张謇在几十年间就是肩负着这样巨大的责任和使命从事实业活动的。这是他淬砺进取、坚定地走"实业救国"之路、顽强拼搏、闯过许多难关的内在动力。在这一过程中,张謇所拥抱的是一种强烈的爱国之心,是一种献身民族的精神。用他自己的话来说,就是"借各股东资本之力,以成鄙人建设一新世界雏型之志,以雪中国地方不能自治之耻,虽牛马于社会而不辞也。"②

主张实行"开放主义"是张謇爱国主义的重要内容

张謇所处的时代,是一个经济上互相开放、密切联系的世界。这个世界,由于资产阶级"开拓了世界市场,使一切国家的生产和消费都成为世界性的了。""过去那种地方的和民族的自给自足和闭关自守状态,被各民族的各方面的互相往来和各方面的互相依赖所代替了。物质的生产是如此,精神的生产也是如此。"③张謇在分析中国经济发展落后的原因及其前景时说:"二十世纪之经济问题,实有左右全球之价值。吾国迭经兵乱,国力益形疲敝,已陷入经济之旋涡。设再玩愒数年,则有此广土众民,已无复自营之余地。"④这就是说,在这个连成一气的经济世界里,除了你死我活的生存竞争和残酷掠夺、剥削外,还有互相依存、优势互补的一面,无论哪个民族和国家都卷进了这个"左右全球"的经济循环之中,再也不能关起门来孤立地发展自己的经济了。落后的国家通过吸收、借鉴先进国家的技术和管理经验,引进资金,发挥自己的优势,改造原来的经济运行机制,不仅可以增强本国经济实力,提高本国产品在国际市场上的竞争能力,还可以避免在低水平上重复别人已经进行过的探索,少走弯路,减少不必要的损失和浪费。

西方列强对中国经济侵略的步步加深,使张謇深感焦虑和不安,但他并没有就此止步,而是根据世界经济形势的变化,适时地提出了"开放主义"。这是他的可贵之处。然而,对任何一个国家来说,实行对外开放不是目的,仅仅是发展经济的手段。这就不能依赖于或满足于外国人来投资,或为了迎合国外投资者的需要而损害民族的尊严和国家的利益。纵观张謇的"开放主义",我们认为,是符合当时世界经济发展总趋势的,是基本符合中国国情的,与他"实业救国"的主张也是相

① 张孝若:《南通张季直(謇)先生传记》,第104-105页。
② 《张謇全集》第3卷,第387页。
③ 《马克思恩格斯选集》第1卷,第254-255页。
④ 《张謇全集》第1卷,第277页。

吻合的。其内容大致有三个方面。

第一，为什么要实行"开放主义"？他说得很清楚：中国"资力不足，外国人有资力，又有技术"，应当"合并而利用之"①。

第二，实行"开放主义"必须以尊重国家主权为前提，坚持平等互利的原则。他说："凡有一地一矿一事视为可以经营者，视其地、其矿、其事之所需，为之考虑其策划，详确其预算，等差其年度，支配其用数，程序其设施，检核其成绩，而又均势以平等其资本，公开以昭布其条件，以互输产品保公司之利，以不犯土地尊主国之权。如是十五年小效，三十年大效，可以预言。"②"借外债不可丧主权，不可涉国际"③。"借时即须为还计，用于生利可，用于分利不可，而用之何事，用者何人，用以何法，尤不可不计。此謇夙昔所主张也。"④1913 年，他撰写的《筹划利用外资振兴实业办法呈》拟定了合资、借资和代办等三种利用外资的具体方式，并准备与外国资本合办金融、航运、农垦、矿业等事业。合资是利用外资最普遍的方法，"所应斟酌者，在所办之事，所在之地，主办之人，与所合之国，事非遵时，地非遵宜，人非遵人，国非遵国，皆不可"⑤。张謇是这样主张的，也是这样做的。1922 年，他为了使大生资本集团所属企业摆脱帝国主义卷土重来、自然灾害频发和军阀混战连年不断所造成的困境，以大生纱厂为担保，派人赴日谈判，企图得到日本的贷款，最后因条件不合未能成功。后来又向美国借款，也因条件苛刻，未能借成。由此可见，张謇主张利用外资，但始终不忘民族利益，坚持不损害国家主权的原则。

第三，对外开放的行业和对象是有选择的。他在 1912 年谈到利用外资合作开采铁矿的意见时说："凡他商业皆可与外人合资，惟铁厂则不可；铁厂容或可与他国合资，惟日人则万不可。日人处心积虑以谋我，非一日矣"⑥。1913 年，他主张利用外资合办铁厂，用条约来约束外国投资者，使他们既不得侵犯中国主权，又能使中国得到实惠，但仍坚持不与日本人合办。他说："至于铁矿需本尤重，非用开放主义，无可措手。但使条约正当，权限分明，既借以发展地质之蕴藏，又可以赡贫民之生活。其由钢铁而生之机械铁工厂，亦可听欧美人建设。于工业可省远运之资，于工学尤得实习之地，计所获益，良非浅鲜。"⑦

张謇还认为，实行"开放主义"，不仅要"请进来"，还要"走出去"。他自己曾于 1903 年东渡日本进行实地考察、学习。他在日本"虚着心，快着眼，勤着笔"，"观人

---

① 《张謇全集》第 2 卷，第 239 页。
② 《张謇全集》第 3 卷，第 826 页。
③ 《张謇全集》第 3 卷，第 664 页。
④ 《张謇全集》第 3 卷，第 662 页。
⑤ 《张謇全集》第 2 卷，第 169 页。
⑥ 《张謇全集》第 1 卷，第 238 页。
⑦ 《张謇全集》第 1 卷，第 276－277 页。

于微"地参观教育机关35处、农工商机关30处,历时70天,获益匪浅①。1904年,他又到意大利参观博览会。后来,他又准备趁参加美国万国水利会议的机会,实地考察美国大规模的农业开垦和水利建设工程,结果未能成行。他不仅自己亲自出国考察,还派人出国留学或考察,组织专人搜集和翻译外国有关科技资料。

细析张謇"开放主义"的思想和实践,我们便可发现:这个"开放主义"凝结着他忧国忧民的心血,体现着他维护国家主权的鲜明立场和振兴中华的强烈愿望。

强烈的忧患意识和身体力行是张謇爱国主义的重要特征

综上所述,我们不难看到,"人生不满百","常怀千岁忧"的张謇与他同时代的仁人志士相比,不仅忧国忧民,且将后半生精力用于实业,救国救民,含辛茹苦,矢志不渝。他这种爱国主义是以忧患意识为基础的中华民族传统的爱国主义的继承和发展。由于张謇的爱国主义是在新的历史条件下产生的,不能不具有一些新的内涵和时代特征。

第一,张謇的爱国主义是与西方列强对中国经济侵略步步加深、国内开拓利源以堵塞漏卮、"设厂自救"的社会舆论日益高涨联系在一起的。张謇提出的"实业救国"的思想及其实践代表了当时一部分先进中国人的愿望和时代的要求。当时"商务救国"论者对中国外贸严重的入超和纹银的大量外溢,深感忧虑,认为英、美、法、俄、德"无不以通商致富","欲中国之富,莫若使出口货多,进口货少。"②他们"富国"的着眼点主要在如何抵制外国商品的输入,增加本国商品的输出,即主要在商品流通过程,而不是在生产过程。张謇认为,"商务救国"的主张不足取。他说:"世人皆言外洋以商务立国,此皮毛之论也。不知外洋富民强国之本实在于工。讲格致,通化学,用机器,精制造,化粗为精,化少为多,化贱为贵,而后商贾有懋迁之资,有倍蓰之利。"③同样,张謇认为,先从"坚船利炮"和教育入手救国,也无济于事。他曾形象地说明"坚船利炮"救国、"教育救国"和"实业救国"三者之间的关系:"譬之树然,教育犹花,海陆军犹果也,而其根本则在实业。若骛其花与果之灿烂甘美而忘其本,不知花与果将何附而何自生?"④张謇"救国"的思想和实践的着眼点主要在创办实业,发展生产,即主要在生产过程。

第二,张謇的爱国主义是与国家的命运和民族的前途联系在一起的。张謇由"以读书励行取科名守父母之命为职志"⑤,发展到"实业救国",除了客观因素外,与他的人生观、价值观、道德观的转变不无关系。促使其转变的思想基础是强烈的

---

① 张孝若:《南通张季直(謇)先生传记》,第105页。
② 马建忠:《适可斋记言》卷1,中华书局,1960年,第1—2页。
③ 《张謇全集》第1卷,第37页。
④ 《张謇全集》第1卷,第154页。
⑤ 《张謇全集》第3卷,第114页。

忧患意识和以天下为己任的历史责任感。他在回顾自己思想发展变化过程时说："年三四十以后,即愤中国之不振;四十后中东事已,益愤而叹国人之无常识也。由教育之不革新,政府谋新矣而不当,欲自为之而无力。反复推究,当自兴实业始,然兴实业则必与富人为缘,而适违素守。又反复推究,乃决定捐弃所恃,舍身喂虎,认定吾为中国大计而贬,不为个人私利而贬,庶愿可达而守不丧。自计既决,遂无反顾。"①其思想不断变化的过程,较为清晰地展示了他的爱国主义思想深化发展的轨迹。

第三,张謇的爱国主义内容丰富,目标远大,但他不停留在对理想主义的憧憬上,而是踏踏实实从自己做起,从自己的家乡做起,身体力行。然而,在半殖民地半封建社会条件下,不进行社会制度的根本变革,单凭个人努力奋斗救不了国,也救不了民。到张謇的晚年,由于受各方面因素的制约,加上经营的摊子太大,管理不力,大生资本集团所属企业一度兴旺发达的景象逐渐消逝,最终陷入无法摆脱的困境。张謇的思想也未能顺应时代的潮流,继续向前发展,以适应新时代的要求。

想想张謇在"实业救国"过程中经历的艰辛探索,再联系张謇创办实业过程中遇到的种种挫折,再看看当年一幢幢拔地而起,遍布南通各地,至今仍可寻觅到张謇足迹的厂房、校舍、楼堂、馆所;再算算"江海之滨,恃以食者无虑数十万户,沾其教泽者无虑数百万人"②,其贡献之大,在当时全省以至全国找不出第二个。我们可以毫不夸张地说,张謇在业绩显赫的后半生里,将爱国之心、报国之志、效国之行融为一体,身体力行,顽强拼搏,给我们留下了很多物质财富和宝贵的精神财富。当然,张謇爱国主义思想中也存在一些不可避免的严重缺陷和一些消极的东西,我们不能用今天的标准去苛求他。

(原载《江海学刊》1995年第6期。《新华文摘》1996年第3期以《张謇爱国主义思想特点》为题,摘登本文主要观点。)

① 《张謇全集》第3卷,第114-115页。
② 《张啬庵(謇)实业文钞》,曹文麟"跋"。

荣德生勤俭思想略论

荣氏兄弟是近代中国民族工业的先驱和开拓者。今年(2005年)是荣德生先生诞辰130周年。我能够参加上海大学、江南大学举办的"纪念荣德生诞辰130周年国际学术研讨会",深感荣幸。

近十几年来,研究荣氏兄弟的论著不少,但这些论著中探讨荣德生有关勤俭思想的不多。上海大学、江南大学《乐农史料选编》整理研究小组选编的《乐农史料选编》给世人留下了许多宝贵的东西,值得多方面的学习和研究。本人不揣浅陋,就荣德生的勤俭思想谈点学习体会,敬请各位方家指正。

勤俭是荣德生实业救国思想的重要组成部分

众所周知,中华民族以崇尚勤俭著称。唐代诗人李商隐在《咏史》中说:"历览前贤国与家,成由勤俭破由奢。"[①]这一流传至今的至理名言,十分贴切地道出了勤俭精神在"修身齐家治国平天下"中所起的重大作用。当然,这里的勤俭不再仅仅是指艰苦朴素的生活作风,更是奋发向上、勇往直前的精神状态,拼搏不止、百折不挠的坚强意志,自强不息、积极进取的思想品格,兢兢业业、一丝不苟的敬业态度。崇尚勤俭是推动中国物质文明和精神文明持续进步的精神动力之源。正如胡锦涛总书记在带领中共中央书记处的同志到革命圣地河北省平山县西柏坡学习考察时的讲话中所指出的:"历史和现实都表明,一个没有艰苦奋斗精神作支撑的民族,是难以自立自强的;一个没有艰苦奋斗精神作支撑的国家,是难以发展进步的;一个没有艰苦奋斗精神作支撑的政党,是难以兴旺发达的。……可以说,我们党是靠艰苦奋斗起家的,也是靠艰苦奋斗发展壮大、成就伟业的。没有艰苦奋斗,就没有我们党今天的局面。"[②]

荣德生传奇性的一生、神话般的经历、高山仰止的作为、心存天下的胸襟和儒雅的个人修养,是当时一般企业家望尘莫及的。几十年来,他能在实业界纵横驰骋,立于不败之地,很重要的一个原因是他崇尚勤俭,始终坚持勤俭创业,勤俭办一切事业。

荣德生的勤俭思想既是中华民族勤劳勇敢、自强不息精神在他身上的高度凝

---

① 周振甫选注:《李商隐选集》,上海古籍出版社,1986年,第102页。
② 胡锦涛:《坚持发扬艰苦奋斗的优良作风,努力实现全面建设小康社会的宏伟目标》,《光明日报》,2003年1月3日。

结和升华,也是与时俱进、积极进取、奋力拼搏价值观在他身上的充分体现。因此,我们探讨荣德生的勤俭思想,不能离开时代发展的轨迹,背离时代发展的要求。

具有悠久历史的文明中国在鸦片战争后内忧外患交相煎迫,贫穷、落后恶性循环,备受西方列强的欺凌,蒙受屈辱。特别是甲午战争后,清政府被迫签订的《马关条约》,"其割地驻兵之事,如猛虎在门,动思吞噬;赔款之害,如人受重伤,气血大损;通商之害,如鸩酒止渴,毒在脏腑。"①从此,西方列强纷纷趁机强占中国领土,划分势力范围,掠夺中国路权、矿权,企图把中国变为原料供应基地、产品销售市场和资本输出场所。当时日本人断言,必"使中国五十年之后,不能自振,断不能再图报复。"②

面对国力衰弱、资源任人掠夺、山河破碎、亡国灭种的厄运,有识之士毅然举起"实业救国"大旗,走发展民族工业之路。"实业救国"的主张显示了他们崇高的民族气节,代表了中国人民要求国家独立、繁荣兴旺的强烈愿望。在"实业救国"的热潮中,各地相继涌现出一批以抵制洋货、发展民族工业为己任,以立志干一番事业为追求,并为之终生奋斗的企业家。以"面粉大王"、"棉纱大王"闻名中外的荣氏兄弟是其中的优秀代表。

荣德生从小就参加劳动。6岁时就由外祖母教他学扎黄钱;13岁就"助母家事,农事、蚕桑、种菜,一切为之"③;15岁到上海当学徒,开始走向社会,深感"求人不如求己"。当年年底老板发给他两元压岁钱,除买鞋、袜、帽子,用去一元多外,其余的几角钱,常在口袋中,舍不得用④。幼年时的家教和私塾教育,传统文化的熏陶,使勤俭美德在荣德生的心灵深处刻下了深深的烙印。早年的学徒生涯,广东省三水河口厘金局"财务助理"和省河补抽局"总账"的经历,路过香港时的耳闻目睹,使他大开眼界,立志干一番事业。用他自己的话说:"自此,专心在做一新事业上着想。各种已有事业,无一不想。改看《事业》杂志,《美十大富豪传》均看过。常到书店,选事业可观之书。"⑤

1900年,荣德生从香港到上海后,看到"市上闭门者十之六七,地价、物价大跌。惟小麦装北洋颇好,内地到申不少。汇款甚繁,日有五千以上,占利亦优,日有二百元。心中甚畅,想从此余利可向自营实业上注意。各业均平淡,惟面粉厂增裕、阜丰反好。如此看到小麦来源,粉厂去路,粉是无捐税之货,大可仿制。""如仿做,不外吃、着两门为最妥。"⑥荣德生把强烈的爱国热情转换成创办实业、堵塞漏卮、挽回利权的实际行动是从创办面粉厂、棉纺厂开始的。当年,他们兄弟俩与朱

① 《张謇全集》第1卷,第29页。
② 《张謇全集》第1卷,第30页。
③ 《荣德生文集》,第3、7页。
④ 《荣德生文集》,第10-11页。
⑤ 《荣德生文集》,第31页。
⑥ 《荣德生文集》,第32页。

仲甫合办面粉厂,取名保兴,荣德生任经理,荣宗敬任批发经理。1901 年正月招股。经过一年的努力,力排各种非议,克服重重困难,保兴面粉厂于 1902 年二月初八日正式开机生产,是为荣家企业的嚆矢。后来,终于发展成为近代中国首屈一指的民族资本企业。1903 年,朱仲甫退股,保兴面粉厂改名为茂新面粉厂,荣氏兄弟的股份增至 2 万多元,总资本达 5 万多元①。

1905 年,荣氏兄弟与张石君、叶慎斋、鲍咸昌、荣瑞馨、徐子仪发起创办棉纺厂,取名振新。1907 年二月正式开机纺纱。后来振新纱厂在荣德生的经营下,棉纱在常州、无锡、江阴等地甚为畅销,连年获利,市场前景看好。

1912 年,荣德生出席第一次全国工商会议,并向会议提交三个议案。他在《推广纺织业案》中说:"人生必需之品,衣食宿三者为大宗。今专就衣一项而论,吾国四万万人民,每人每年平均需用布半元,共需款二万万。本国所出纱布之数,尚不足供国人之要求,遂相率而购用外国货,费额每年以一万万计,此近年漏卮之大,以纱布为最,实为吾国贫困之一大原因也。"他认为:"欲弥此种漏卮,欲图工商发达,舍推广纺织无他术;欲棉产早日发达,亦舍推广纺织无他术。"②为此,他在会上呼吁,赶紧提倡发展纺织业,"务使发达,毋让外人独步,实为第一要义"。至于如何发展纺织业,他建议:"必招至办有成效之厂家,毋分畛域,使之协同土著商家,极力进行,庶少失败之虑。倘一时财力实在不足,则由公家设法,以资助之。务使全国一体,毋相倾轧,以专心于对外贸易。"他说:"如此行之,敢一言以决之曰:十年以内,能使吾中国为最富强之国也。"③荣德生是这样说的,也是这样做的。他曾计划将振新纱厂扩张为 4 个厂:在上海设振新二厂,在南京设振新三厂,在郑州设振新四厂。因董事会竭力反对,未能如愿。荣德生不断扩大企业规模,并非好大喜功,完全出自于爱国救国救民之心。在他看来,"一人进厂,则举家可无冻馁;一地有厂,则各业皆能兴旺。"④他在 1940 年时曾说:"在别人看来,贪心不足,力小图大,风险堪虞,实皆不明余志也!"⑤"我国以前由于生产落后,不敷供给需要,人口冠于世界,而生产企业能有几处?"⑥"如此一想,非扩大不可。"⑦为此,荣氏兄弟退出振新纱厂后,很快就在上海创办申新纱厂,"并愤有限公司股东之掣肘,以后一切企业,均采取无限(公司)组织"⑧,从而奠定了他们在中国近代企业舞台上叱咤风云的基础。

① 《荣德生文集》,第 42 – 43 页。
② 《荣德生与企业经营管理》(上),上海古籍出版社,2004 年,第 2 页。
③ 《荣德生与企业经营管理》(上),第 3 页。
④ 《荣德生文集》,第 167 页。
⑤ 《荣德生文集》,第 149 页。
⑥ 《荣德生文集》,第 222 页。
⑦ 《荣德生文集》,第 149 页。
⑧ 《荣家企业史料》(上册),第 54 页。

早在 1916 年,荣德生就把崇俭与提倡国货、抵制洋货、堵塞漏卮联系起来,并将崇俭上升为立国之本。他在以说明币制为主的《理财刍议》一书中说:"立国贵有精神,崇俭其一也。吾国奢侈之习,固尚不如欧西之甚,而弊害则过之。"为何?他进一步分析道:"欧西富于财,而民重国货,财不外流,奢侈所费,不过循环于国内。吾国则富源未辟,而无论男女,爱用外货者多,流金银于外洋,一往而不返,是不啻无源之水,不塞其流,势且立涸矣。况吾国女子,饰品俗尚金银,搁置有用之金银于无用之地,尤为可惜。坐是二端,吾国之所以贫也。处此竞争世界,苟无经济,何以立国? 若徒恃外债,是不啻饮鸩以止渴,危殆殊甚。审时度势,要非从根本解决不可。根本惟何? 要在崇俭。"他认为,崇俭应从两个方面着手:一是"勿以金银为饰,可免搁置之害,国家得利用之,以整本位。"二是"举国注重国货,使已定本位之币勿再流出。"①"眼前刻苦,勤劳俭朴,相习成风"②,国家"经济渐入宽裕之境,立国乃有精神。"③

勤俭是荣德生事业成功的不二法门

勤俭孕育着希望,勤俭孕育着成功。奢侈之费,甚于天灾。这是真理。

无锡的永泰丝厂、裕昌丝厂同建于清朝末叶,丝厂规模相仿,创办人都是当年在政治上、经济上具有相当地位的人物。历时 30 年之后,丝厂主持人仅换了一代,其结果是永泰丝厂经营成功,裕昌丝厂破产失败。究其原因,笔者认为,裕昌丝厂主持人、周舜卿之子一味追求享乐,挥霍无度,不理厂务,是其失败的主要原因之一;永泰丝厂经营成功,后继有人是根本,知人善任是关键。

张謇在谈到大生纱厂之所以能成功时说:"不外极平常之勤俭二字。而俭之一字,在目前尤为重要。余办大生纱厂时,不自取薪俸,事事均从节俭"。"言勤则办事必依定时,言俭则一切开支,务从节省,勿惮刻苦,勿自矜满"④。这与当时"股本甫集,规模粗具,而所谓实业家者,驷马高车,酒食游戏相征逐,或五六年,或三四年,所业既亏倒,而股东之本息,悉付之无何有之乡。即局面阔绰之企业家,信用一失,亦长此已矣"的现象相比,确实难能可贵。张謇根据自己的亲身经历,深有体会地说:"勤勉节俭任劳耐苦诸美德"是大生纱厂"成功之不二法门"⑤。新中国成立初期,毛泽东同志号召全国人民执行勤俭建国的原则:"勤俭办工厂,勤俭办商店,勤俭办一切国营事业和合作事业,勤俭办一切其他事业,什么事情都应当执行勤俭

---

① 《荣德生文集》,第 237 页。
② 《荣德生文集》,第 220 页。
③ 《荣德生文集》,第 237 页。
④ 《张謇全集》第 3 卷,第 803 - 804 页。
⑤ 《张謇全集》第 4 卷,第 112 页。

的原则。这就是节约的原则,节约是社会主义经济的基本原则之一。"①

　　荣德生从日常生活到办工厂、办学校、建图书馆、办社会事业,无不讲究勤俭。他说:"我以勤俭为主,附以平心,守古语,所以经管之事业,利多害少。随意指挥,骄奢用私心,患得患失,所以事业之易于变动。我局事业,大半手创,小半购自他人。"②当棉纺厂增至3个工厂时,他说:"各厂之陆续添设,既无大资本,更未尝依赖人,完全余与兄同心合力,靠思想勤劳耐苦,一味专心事业,为社会造福,非为自己享福。"③关于这一点,薛明剑在《实业家荣氏昆仲创业史》一文中说得很清楚:"回忆荣氏昆仲之创业,既无雄厚赀力,复经颠连疲困,几至难以自立。而卒能奋其精神,竭其毅力,措置裕如,遇有困难,夜以继日,终至战败不良之环境,而成今日之伟业。此实两昆仲具有远大之目光,更有百折不回之精神,勤俭克己,有以致之也。是实足为吾人立身处世之好模范"④。1946 年,荣德生回顾、总结自己创业的艰难历程和经验时说:"余之事业,皆由日积月累始成,如果用于吃着游戏,与社会生产无补,事业亦无从建设。故一地必须有人提倡事业,开辟风气,人人节约勤恳,以有余之资投入生产。如此由一人为倡,而影响一乡,由一乡而影响一县,由一县而影响一省,以至全国"⑤。"而国人大多无远大目光,以为余饱暖坐食,终生尽可足用,何必再需若许钱财,不知余别有远见,另图大规模之事业也。"⑥

　　在扩大生产规模、更新机器设备和生产过程中用工用料方面,他无不精打细算,想方设法降低生产成本,提高经济效益。如 1912 年,荣德生主管的茂新面粉厂和振新纱厂"因开支节省,月月有余。"正因为如此,"两厂皆稳,名誉甚佳,历过难关,立于不败。"⑦振新纱厂添加机器,为了"减轻开支,解除困苦",采用"最新最省计划"⑧。1913 年,茂新面粉厂"专心计划用电设备,引擎改电气,炉子仍用老烟囱,事事从省算下手。"⑨1919 年,荣德生决定创办申新三厂,"招工建筑","自办料,事事省俭。以华昌买来之平屋为办事处,以粉厂厂屋为公事房"⑩。荣德生在他主持的申新三厂"实行成本核算,天天结账"。每天行"日结",每星期行"周结",每月行"月结"。这样,"是月盈亏若干,不待月结结出,心中自能有数。"⑪1933 年,"申一

① 《毛泽东选集》第 5 卷,人民出版社,1977 年,第 249 页。
② 《荣德生文集》,第 106－107 页。
③ 《荣德生文集》,第 86 页。
④ 《荣德生文集》,第 532 页。
⑤ 《荣德生文集》,第 190 页。
⑥ 《荣德生文集》,第 188－189 页。
⑦ 《荣德生文集》,第 62 页。
⑧ 《荣德生文集》,第 65 页。
⑨ 《荣德生文集》,第 66 页。
⑩ 《荣德生文集》,第 83 页。
⑪ 《荣德生文集》,第 129 页。

至九,惟申三有利"。为什么? 这是因为"其余牌次,货积耗息,好者少,有机多,心不齐,收花走样,洋行解花已有恶习。""申三另立'好做'商标,用花、拼花、用料",荣德生"事事亲为配准,拉力、颜色均高,各布厂乐用,价提高"。所以,"年年有利,十余年已有三倍。"①

荣德生对自己所从事的事业兢兢业业,精益求精,业绩显著,人格高尚,影响较大,为同行熟知,受消费者欢迎,被社会认可。"桃李不言,下自成蹊。"当茂新、福新面粉销至伦敦,"各处出粉之多,无出其上,至是有称以'大王'者。"他"自维愧悚,不足当此盛名,仍思力谋扩充,造福人群。""一切待遇,与同事工人共甘苦,所以无不敬服。"②当有人称他为"大实业家"时,他"谦隐如前,毫不自夸,勤俭不改,事事亲手为之,稍熟者有推崇之意。"③

1949年,75岁高龄的荣德生回忆道:"由余数十年阅历观之,兴办事业不过尽我能力,依理而行,节约开支,降低成本,自己勤俭建业,不事浪费,如无意外阻碍,逐年增加,即成现状。"④荣德生在几十年的酸甜苦辣的实践中造就的这种勤俭创业精神,是荣家企业决胜于市场的一个法宝,是创办企业过程中凝聚人心的强有力的纽带。

勤俭是荣德生选用人才的重要条件之一

人才是创业之本。古今中外的政治家、实业家,凡是要干一番事业者,无不尊重知识,珍惜人才,充分发挥人才的作用。因此,任何一个有作为的企业家创办企业的过程,也是不断选择优秀管理人才、技术人才的过程。

荣德生认为,"人才为先,一切得人则兴。"⑤"不自勤俭,奢侈无度,用人不当,则有业等于无业也。"他曾举例说明人才的重要:"茂四在济,已押与银行,余所经管各厂,惟此厂无利,常告亏折,鞭长莫及,人事不当,始知地段虽好,亦无益也。"⑥

俗话说:"不识字好吃饭,不识人没饭吃。"荣德生认为此话不虚。荣德生识人、选人、用人不拘泥于资历、学历,重视才干和实际工作能力,更注重人品。我们从他对长子伟仁(鸿增)的评价中可进一步认识到他选人、用人的标准。他说:伟仁大学毕业后,"随余在厂学习。旋由其伯父调申,初在总公司,后出任申二、申五,最后任申一等厂经理,均能尽职。为人诚实勤恳,不作非分之事,不想意外之财",

---

① 《荣德生文集》,第113页。
② 《荣德生文集》,第86页。
③ 《荣德生文集》,第77页。
④ 《荣德生文集》,第222-223页。
⑤ 《荣德生文集》,第208页。
⑥ 《荣德生文集》,第150页。

以致"遗下三子四女,囊无余资,任经理数年,而无一私蓄。"①荣德生对长子的为人赞赏不已。因此,他"选用同事,取勤俭练达,初无恶习气。"②"职员必须用忠直勤恳之人,避免诌谀进谗之辈,实行科学管理,发挥技术能力……勤劳工作,不事浪费"③。对"勤苦耐劳"、"老成可靠,事事放心"的人④,往往委以重任。

荣德生认为,选派学生到国外学习固然重要,但大量的人才要靠自己培养,不培养自己所需要的人才,实业的发展将缺乏后劲。他说:"人才之兴,必有良师导入正轨,传授心得,谆谆启发"⑤。"吾国人才不多,实由教育之不普及故。"⑥人才的培养,"良师、益友、书籍,三者不可或缺。"⑦因此,当茂新面粉厂的面粉打开销路,经济上稍有实力后,荣德生就出资办小学;后来,还出资办中学、大学,培养各类人才。建图书馆,免费向读者开放。荣德生深感欣慰的是,各学校所出人才,"绝鲜走入异途,或作非分之事,及成为社会之渣滓者。"在"今日各工厂、各企业任技术员、工程师、厂长者不少,尤以纺织界为最多。"⑧

对祖国怀有深厚感情的荣德生,时刻牵挂着国家经济的发展和人民的安乐。为此,他对年轻人寄予厚望,一有机会就向他们灌输勤俭创业的思想,传授自己几十年积累起来的经验。1946年,他在国立边疆大学开学典礼上对莘莘学子语重心长地说:"吾国遍地物产,尤其西北边区,大多未经开发,只因缺乏人才。诸君学成回去,大可从事开发。事业之成,只要用心与动手,徒恃大资本无益也。欧西各国大企业皆从小资本做起,余亦如此,以前有余力即事扩充,今则有余财即事修复,修复之后,能多余则再事扩展。凡事用心则无难事,只恐无坚心毅力去做,则百无一成也。"⑨1948年,他在江南大学开学典礼上又对同学们说:"深盼各同学努力勤奋,竞尚实学,课余多参观生产事业,不必好高骛远,贪多务博,学习宜求细嚼缓咽,食而能化。学问以实用为归,将来做事,亦力戒好大喜功,宜脚踏实地从头做起,自有成就。"⑩

勤俭美德代代相传,是荣德生对后辈的殷切希望

荣德生严于律己,言传身教,殷切希望自己开创的事业后继有人。他说:"余艰

① 《荣德生文集》,第145－146页。
② 《荣德生文集》,第71－72页。
③ 《荣德生文集》,第208页。
④ 《荣德生文集》,第86、67页。
⑤ 《荣德生文集》,第211页。
⑥ 《荣德生文集》,第156页。
⑦ 《荣德生文集》,第178页。
⑧ 《荣德生文集》,第212页。
⑨ 《荣德生文集》,第188页。
⑩ 《荣德生文集》,第213页。

苦创业,所望诸儿成就,能继承衣钵,发扬光大。"①为此,荣德生对儿孙辈勤俭思想的教育倍加重视。

人们常说:母亲是子女的第一位老师。荣德生认为,"古今中外伟大人物之成功,得力于母教者甚多"。他说:他在15岁以前,"多得母教"。他母亲年幼时遭太平军之役,"家散人亡,常追思往事,痛心下泪",对他兄弟俩"督教之切,期望之殷,殊非寻常。不如此,恐不上进,不能兴业成家"。他19岁到广东任事后,父亲"朝夕训导,读书交友,待人接物,一一指示";"凡中外名人之如何成功,如何失败,一一说其根源。"这对荣德生一生事业的影响极大。他说:"余一生行事,创业发展,悉照父训,因此深知人固不可以不教也。"②

他对儿孙辈进行勤俭思想教育,从点滴着眼,从平凡小事入手,从幼年时期抓起,使他们从小就懂得:"勤则家起,懒则家倾;俭则家富,奢则家贫"③;"勤以开其源,俭以节其流"④;"省吃省用省求人";"常将有日思无日,莫到贫时忆富时"⑤;"由俭入奢易,由奢入俭难。"⑥他要求"闺阁之秀,勿轻入市;赌博之具,勿令入门;纨绔之子,勿与往来;贵重之饰,勿庸顾问。"⑦不仅如此,和世界上许多成功的大企业家一样,荣德生还以勤俭律己,大到企业经营决策、细到日常生活小事都以身作则、率先垂范。他爱惜财物,珍惜劳动人民的血汗成果,做任何事情都不铺张浪费,"力主从俭"⑧,躬行践履,堪称中华民族传统美德的典范。他平时"终日办事与观察"⑨,"但觉日短,不知空闲。"⑩"非午夜不寐,早晨六时起身,视为终年常例。事繁时,往往仅购粗点充饥,决不稍自宽假,数十年如一日。"⑪"日常无嗜好,不食烟酒,来客不备,同事亦不吸烟,习以为常。"⑫钱穆先生在谈到荣德生的个人生活时说:"如饮膳,如衣著,如居住,皆节俭有如寒素。余又曾至其城中住宅,宽敞胜于乡间,然其朴质无华,佣仆萧然,亦无富家气派。"⑬荣德生迁居上海期间,看到富裕之家,"终日无事,则聚赌游戏者有之,跳舞娱乐者有之",致使"家政废弛,子女学业荒堕,置之不管,反以为天生幸福,应有享受,何必自讨苦去做事及教子女乎!"他看

① 《荣德生文集》,第210页。
② 《荣德生文集》,第155页。
③ 《荣德生文集》,第408页。
④ 《荣德生文集》,第430页。
⑤ 《荣德生文集》,第562页。
⑥ 《荣德生文集》,第394页。
⑦ 《荣德生文集》,第394页。
⑧ 《荣德生文集》,第115页。
⑨ 《荣德生文集》,第103页。
⑩ 《荣德生文集》,第107页。
⑪ 《荣德生文集》,第534页。
⑫ 《荣德生文集》,第112页。
⑬ 《荣德生文集》,第537页。

到聂云台家已传七代,上辈身体力行,"事事为子孙表率,子孙亦克守家法,专心事业"①,甚是钦佩。抚今追昔,感慨万千。他反复告诫儿孙们说:余"平居省俭如在乡时,看得洋场习气,奢靡成风,教育无方,殊非久传之道。历观富贵之家,无传二三代者,十年三反复,于今尤甚。""上代好,下代未必能守"。吾族"至庭芳公业商致富,至余兄弟,实由商转入实业,而逐渐扩充,事业几满半天下,然余未尝忘农,故取别字曰'乐农',不敢忘祖业也。望后世子孙亦不忘农,事事勤俭,始能久传,切弗因余兄弟创有事业,遂心生依赖,托庇余荫,误却前途。"②他认为,"沪上富贵之家,绝少久传,实因不肯勤俭故耳。"贪图享乐,大手大脚花钱,必然是崽卖爷田心不痛。"可见教育勤俭,实为传家持久之根本,切勿视为'老生常谈'。生于富家,即认为有产可恃,有房产利息收入可吃用不完,遂不事劳动,终至坐吃山空。要知'凡事预则立,不预则废',不顾后来,传必不久也。"③为此,他"见子侄辈稍不合,每严责不贷。是故一门子女,谨严一如父风,绝无时下习气。"④正如荣毅仁先生所说:他父亲对子女,"既寄予厚望,又严格要求,从不溺爱。我们兄弟姐妹中,如有挥霍现象,经他发现,就会受到他的严词呵责。他经常对我们讲自己的经历,灌输爱国主义思想。我在上大学的时候,每逢寒暑假,他就要我到茂新面粉二厂去体验生活,学习经营管理知识,培养事业心。他本人经常用打电话到厂里,查询我是否在厂,有时还顺便到厂里来查看。"⑤

他对中国共产党领导的新中国满怀信心,认为"国家繁荣富强指日可期。"⑥他衷心希望:"吾国将来工业发达,生产大增以后,必须保持知足,提倡古训,人人勤俭,衣食自足;地上生产,地下启发,生活物质,无虞匮乏。"⑦

社会在发展,人们的思想觉悟在提高,勤俭的内涵也在不断丰富。在发展社会主义市场经济的新形势下,大力弘扬勤俭精神,从小教会孩子养成勤俭节约的好习惯,对于培育中国特色社会主义事业合格建设者和可靠接班人,实现百年来中国志士仁人们奋勇追求的理想和目标具有重大的现实意义。

(原载《纪念荣德生诞辰一百三十周年国际学术研讨会论文集》,上海古籍出版社,2005 年)

---

① 《荣德生文集》,第 156 – 157 页。
② 《荣德生文集》,第 149 页。
③ 《荣德生文集》,第 157 页。
④ 《荣德生文集》,第 534 页。
⑤ 荣毅仁:《在无锡市纪念荣德生诞辰一百一十周年大会上的讲话》,见《荣德生文集》,第 6 页。
⑥ 《荣德生文集》,第 335 页。
⑦ 《荣德生文集》,第 222 页。

状元实业家张謇社会责任略论

国家环保总局副局长潘岳在《呼唤中国企业的绿色责任》一文中指出：社会责任①是现代企业家精神的核心要素，慈善公益又是社会责任的重要体现。据福布斯慈善榜说，10 年里，美国富豪的慈善捐赠总额超过 2000 亿美元，其中比尔·盖茨捐赠 230 亿美元，占其净资产的一半以上。中国内地 1000 万家注册登记的企业中，有过捐赠记录的不足 1%；中华慈善总会所获捐赠 70% 来自国外和中国港台地区，大陆富豪们的捐赠不到 15%。《中国青年报》2005 年 4 月 27 日刊文指出，截至 2004 年底，中国慈善机构获得捐助总额约 50 亿元人民币，仅相当于中国 2004 年 GDP 的 0.05%，而美国同类数字为 2.17%，英国为 0.88%，加拿大为 0.77%。潘岳认为：有财富没有责任，有资本没有道德，有地位没有良知，都是残缺不全的社会力量。只有财富和社会责任的结合才能把一个赚钱的机器变成一个富有影响力的阶层，才能够赢得人们的尊重。笔者读后，感慨系之。笔者对状元实业家张謇的创业精神略知一二，下面就他的社会责任谈点意见，敬请专家批评指正。

责任源自对祖国的热爱

"风声、雨声、读书声，声声入耳；家事、国事、天下事，事事关心。"这是对几千年来中国的有识之士以天下为己任的强烈责任感和使命感的真实写照。

---

① 关于企业和企业家的社会责任问题，大致有三种意见。一种意见认为，社会责任是企业的应尽之责。从法律的角度看，企业的社会责任可分为"法定和非法定的企业社会责任"。前者是指国家有关法律、法规及相关法律性条文规定的企业必须承担的社会义务。非法定的企业社会责任是指除国家法定的企业社会责任以外的、企业愿意自主承担的社会义务。社会责任还可以细分为企业内层社会责任和企业外层社会责任。企业内层社会责任是指对企业内部的投资者、雇员、客户等应承担的社会责任；企业外层社会责任是指对企业以外的社会，包括对政府、机构、社会团体、有关媒体、弱势群体、其他个人等所应承担的社会责任（鹤群：《社会责任，企业的应尽之责》，《南通日报》，2005 年 6 月 20 日）。一种意见认为，企业的社会责任就是企业在创造利润、对股东承担法律责任的同时，还要承担对员工、消费者、社区和环境的责任。企业的社会责任要求企业必须超越把利润作为唯一目标的传统理念，强调再生产过程中对人的价值的关注，强调对消费者、对环境、对社会的贡献。"社会责任"已成为发达国家的商业惯例和企业家精神的重要内容（潘岳：《呼唤中国企业的绿色责任》，《光明日报》，2005 年 6 月 23 日）。还有一种意见认为，企业责任分为社会责任和道义责任两大类，两者绝对不应混同。企业的社会责任是法定的必须承担的责任，具有法定性和强制性。企业的道义责任是企业的自愿行为，是意愿性责任，属于道德性质的企业责任，不像社会责任那样具有法制性和强制性（魏杰：《企业社会责任和道义责任不应混同——关于企业责任问题的思考》，《光明日报》，2005 年 7 月 5 日）。本文所说的社会责任，主要是道义责任。

鸦片战争后，中国内忧外患交相煎迫，贫穷、落后恶性循环，备受西方列强欺凌，蒙受屈辱。特别是甲午战争后，西方列强纷纷趁机强占中国的领土，划分势力范围，掠夺中国的路权、矿权，企图把中国变为原料供应基地、产品销售市场和资本输出场所。当时，日本人断言，必使"中国五十年之后，不能自振，断不能再图报复。"

对此，有识之士无不痛心疾首，寝食难安。他们中有些毅然举起"实业救国"的大旗，创办实业，提倡国货，抵制洋货，堵塞漏卮，挽回利权，振兴中华。以创办大生纱厂闻名中外的状元实业家张謇就是其中的优秀代表。

"生于忧患，万方多难"的张謇，从小得到受教育的机会，在以天下为己任、自强不息、刚健有为、经世致用等优良传统思想的熏陶下，"富贵不能淫，贫贱不能移，威武不能屈"的精神在他心灵深处留下了深刻影响，"学而优则仕"的传统观点在他思想上亦刻下了深深的烙印。后来，他屡试会试不中，长期充任他人幕僚，但并没有放弃继续走"学而优则仕"仕途的念头，谢绝了吴长庆等人的专折特保，决心继续发奋攻读，以科举进身，敬业报国。他直到41岁时才状元及第，授以翰林院修撰。

早年的游幕生涯，亦使张謇孕育了忧虑朝政的腐败、关心国家的前途和命运、不甘心国土的沦丧、主张立国自强、以战求和的爱国思想，逐渐认识到中华民族必须复兴。他指出，国力不强，根本无法保证国家的真正独立，只能任人宰割，国际地位一落千丈，作为一个中国人无不羞愧难容，民族自尊心和自豪感受到严重打击。他认为，爱国必须强国，立国自强、抵御外侮是当务之急。但要将立国自强的主张付诸行动，变为现实，在当时谈何容易。可贵的是，张謇没有将立国自强的主张停留在语言文字和口头上。他放眼世界，探讨欧美、日本富强的经验；内审国情，审时度势，剖析中国贫弱的经济原因，认识到：以农为本，抑制工商业的传统政策是中国孱弱、民众贫穷的经济根源。"国非富不强，富非实业完不张"。他说："爱国救国之挚，注意提倡国货，振工商而挽权利，尤佩远谋……若徒空言抵制抵制，则彼一物而我无物，抵且不能，制于何有？"鉴于这种认识，张謇毅然决定放弃能光宗耀祖的高官厚禄，走崎岖不平、荆棘丛生的"实业救国"之路。"实业救国"从何处着手呢？经过反复推究，张謇认为，应从创办棉纺织厂入手。他说："救穷之法惟实业，致富之法亦惟实业。实业不能三年、五年、十年、八年，举世界所有实业之名，一时并举。则须究今日如何而致穷，他日如何而可富之业：私以为无过于纺织。纺织中最适于中国普通用者，惟棉。""今日救国之策，于何着手？舍奖励纺织，其道无由矣。"由此可见，张謇创办南通大生纱厂，作为他实施"实业救国"主张的切入口，不仅仅是为中国多办几个棉纺厂，多赚几个钱，而且是"为通州民生计，亦即为中国利源计"，为救国救民计。

张謇在创办大生纱厂过程中，遇到各种各样的困难，产生了各种各样的烦恼,但"实业救国"的决心始终未动摇。他将个人的酸甜苦辣、荣辱兴衰,甚至于受到的误解和委屈置之度外,"一意孤行"。张謇之所以没有被困难重重的恶劣环境吞噬,而是不畏艰辛,坚定地沿着"实业救国"的道路勇往直前,一步步奠定他的宏伟大业,并创造出辉煌业绩,除了他对辽阔世界的各种复杂关系的准确把握,具有高尚的品德和坚忍不拔的精神外,更主要的原因是他内心深处蕴藏着"去造一个新世界"的奋斗目标,始终"握紧了两个拳头,抱定了一个主义,认准了一个方向,只是望前走,总想打通这条路"。张謇在几十年间就是肩负着这样的使命从事实业和社会事业活动的。这是他淬砺进取、坚定地走"实业救国"之路、闯过一个又一个难关、顽强拼搏的内在动力。在这一过程中,张謇所拥抱的是一种强烈的爱国之心,是一种献身民族的精神。用他自己的话来说,就是"借各股东资本之力,以成鄙人建设一新世界雏型之志,以雪中国地方不能自治之耻,虽牛马于社会而不辞也。"

张謇主动承担的主要的社会责任

古今中外成功的企业家,在他们创办的企业取得利润,具有一定的经济实力后,无不济世救人、回报社会。张謇也不例外,而且是其中的佼佼者。张謇在他后半生中主动承担的社会责任面广量大,面面俱到。归纳起来,主要有以下几个方面:

1. 倾尽全力办教育

人才培养是经济发展、社会进步的关键问题。要培养人才,必须发展教育事业。张謇在谈到日本富强的原因时说:日本"三四十年之间,由小国而跻于强大","其根本在先致力于农工商,必农工商奋兴,而后教育能普及,教育普及,而后民知爱国,练兵乃可得而言也。"中国"欲雪其耻而不讲求学问则无资,欲求学问而不求普及国民之教育则无与"。"实业教育,富强之大本也。"然而,当时不但平民百姓"不知学校为何事,大概做官的人许多看作兴学是敷衍公事,其尤顽蠢者且看作学校与福音教堂一样。此是酿成中国腐败之原因"。"兴学更万万不可缓。"因此,他在经济上稍有实力后,就出资办教育。

1902年,张謇开始筹办通州师范学校。因受经费的限制,一开始他借用明代万历中叶建造的千佛寺的房屋作校舍。该寺虽有数十间房屋,但年久失修,正殿又"近遭火毁",破损严重,修葺时,"无一椽不改斫,无一甓不易置,成屋凡一百三十余间,合之培垫基地,购备图书仪器动用器具,费三万数千元"。经费短绌是摆在张謇面前的一大难题。用他自己的话来说:"创办不易,经久之费尤艰";"官帑之补助不可期。""以地方税供学校用者,目下亦未有此令。州县公款,其能拨与否与多寡之数,胥悬于有司之向背,不可必。"经费短绌,并未动摇张謇办教育的决心,正如他在《南通师范学校十年度支略序》中所说:"其所取资,一唯睿所得于纺厂之俸给；不足，则叔氏退翁为之助；仍不足，则负债。不敢以累国家，不敢以累地方。"

张睿创办师范学校的目的是，希望学生们毕业后，"各归里弄，得多设单级省费之小学校，广教育于穷乡之子弟也。"起初，张睿认为，通州全境内应有 400 所初等小学校。这是他按每所小学校之地纵横二十五方里计算出来的。大概距学校最远的学生为二里半，每日上学散学，行走十里路。有一天，张睿从崇明久隆镇行至垦牧公司，天下小雨，道路泥泞不堪。张睿由此想到："十岁以内之学童，必不能胜此十里之行走。势有不便，则事必难通。拟改为每十六方里，设一初等小学，是为纵横四方里。以州境计，须六百所。"1908 年，张睿在《初等教育必须改良之缘起》中说："以通州全境面积八千方里，户十五万八百九十二论，按部章须初等小学七百五十八处。"后来，张睿相继创办了各类学校。据载，到 1924 年，张睿在南通地区共创办小学校 370 余所、中等学校 6 所、高等学校 3 所、特殊教育学校 2 所、职业教育学校 4 所，其他如通俗教育馆、幼稚教育之设立，亦不在少数。"学校之多，设备之完全，人民智识之增进，远非他处所能及。"

2. 努力创办地方文化事业

教育事业"办有端绪"后，张睿开始着手创办文化事业。

1905 年，张睿筹办的南通博物苑破土动工。他创办博物苑的目的是，"留存往迹，启发后来"。博物苑建成后，他带头将家里珍藏的书画、金石古器纳入馆内。他也希望"大雅宏达，收藏故家，出其所珍，与众共守。"

张睿认为，图书馆是"预备立宪自治章程第一款必办之事。城区为各镇乡表率，尤为自治伊始第一件应办之事"。1912 年，改建城南东岳庙，创办南通图书馆。先后共用银 26243 元，日常经费 2400 多元，都由张睿捐助。不仅如此，图书馆的藏书十分之六亦由张睿捐赠。

张睿创办的更俗剧场，经过 4 个月的努力，于 1919 年 11 月 1 日举行落成开幕典礼。从落成到 1922 年的 3 年间，有 70 多位著名演员来更俗剧场演出，南通剧坛一时呈现出群芳争艳的繁荣景象。

气象台于 1914 年 12 月开始动工兴建，1916 年 10 月落成。其经费由张睿与叔兄张詧捐助。

文化事业方面，张睿捐助建设的其他设施，不一一列举。

3. 积德行善，尽力多做慈善之事

首先我们来看看张睿对慈善事业的态度。他认为，凡是有实业的地方，就应该有慈善事业。而对慈善之事，"迷信者谓积阴功，沽名者谓博虚誉。鄙人却无此意。不过自己安乐，便想人家困苦；虽个人力量有限，不能普济，然救得一人，总觉心安一点"。"做一分便是一分，做一寸便是一寸。鄙人之办事，亦本此意。"本着这样的态度，张睿在南通做的善事不少，可以说，凡慈善之事没有不做的。

南通原来的育婴堂"地庳屋隘,积秽刺鼻,有碍卫生;名为育婴,殊多戕贼。"张謇等不忍坐视,准备在唐闸建新育婴堂。后来,唐闸新育婴堂款绌,张謇鬻字补助。这是张謇创办最早的慈善事业,也是全国最早的私立育婴堂。

张謇"念乡里老人固有失所而无告者",于 1912 年 60 岁生日时"捐觞客之资三千元为倡建养老院。请凡欲寿余以钱物者,移以助建院费。"这是南通地区的第一个养老院。张謇"欲完天之所残,全天之所废",于 1916 年、1917 年连续两年"鬻字",以其所得开设残废院、盲哑学校。卖字,对张謇来说也是没有办法的办法。他在 1917 年 3 月 25 日的《继续鬻字启》中说:"去年为残废院、盲哑学校建筑费及岁支竭蹶鬻字,今预计岁支尚绌,又有地方他公益待作,仆之经常岁入既以用多而分,乃至负加而重,惟有继续鬻字,以资所乏。"

1922 年,张謇 70 岁生日,一切从简,用节省下来的钱筹建第三养老院(第二养老院由张詧建于海门长乐镇)。他说,在南通地区推广设立养老院,不使有一老人流离失所,是他最大的希望。

张謇的善举还有不少,恕不一一列举。这里想提及的是:1924 年张謇在《为慈善鬻字启》中说过这样一段话:"謇老不晓事,猥以志愿与地方之关系,倍道进行,力不能副。前去两年,卖力鬻字以济之。前愿尚未终,而负累已巨。""是以继续鬻字一年,设所绌之数,十得七八"。我们要知道,这时他已是 72 岁高龄的老人了,对慈善事业还如此卖力,如此痴迷,怎能不令人钦佩?怎能不令那些"有财富没有责任,有资本没有道德,有地位没有良知"、迷恋金钱、艳羡富贵、追求奢华的人汗颜?我们不提倡,也不要求企业家超越自身力量去从事慈善事业,但财富要承担更多的责任和义务,是当代中国企业家应有的境界和胸怀。

对社会责任:奋力追求,永无止境

荣德生在谈到人才作用时说:"昔南通因有张四先生,致地方事业大兴,号称'模范县'。如各县都能有张四先生其人,则国家不患不兴。"然而,张謇致力于地方事业并非一帆风顺。当时,南通地区风气未开,人们见闻固陋,资金短缺,创办实业困难,"非忍气耐苦,必无着手之处。"特别是"教育上尤见困难"。对通州师范学校借废千佛寺基地一事,有人谤之为"毁庙慢神"。有的地方对办小学校之事,不支持,不赞成,甚至反对。一些"无知之人散布谣言,欲纠众打毁董事之屋,并有不肖诸生,造为学校如兴,饿死我辈之谣,纷纷煽惑。"张謇深知,"教育者,耗财之事也"。他想,武训靠"日积所乞之钱,竟能集成巨资,创立学塾数所,是真士大夫对之而有愧色者也。人患无志,患不能以强毅之力行其志耳!"张謇认为,一个人活着就应该多为地方办点实事:"天之生人也,与草木无异。若遗留一二有用事业,与草木同生,即不与草木同腐。""若其人果有益于地方,虽早夭亦寿;无益于地方,即活至百岁,奚得为寿"? 这是张謇执着从事地方事业的原因所在。

张謇在教育、慈善、公益等方面究竟捐赠了多少钱？他在1925年《大生纱厂股东会建议书》中有个交代。他说："按南通地方教育事项，为农科大学、医学专门、女师范、图书馆、蚕桑讲习所，此五项为每年五万八千四百四十元。慈善事项，为医院、残废院、栖流所，此三项为每年二万二千五百六十元。公益事项，为气象台、博物苑，为每年四千零八十元。总计为八万五千零八十元。从前皆謇以所得于厂，与所负债，与叔兄分任者。去年（1924年）农、医、女三校核减至每月五千六百元。请三厂为任每月五千元，供农、医校院、女师，不足之六百，仍由謇任。而气象台、博物苑、图书馆、蚕桑讲习所，每月七百余元，亦仍謇任，不在此例。由謇他处设法，今结至本月计二十余年，除謇自用于地方，及他处教育慈善公益可记者，一百五十余万外，合叔兄所用已二百余万；謇单独负债，又八九十余万元，另有表可按。"如果加上所负厂债，张謇、张詧兄弟用于教育慈善公益的经费达280万~290万余元，约占大生一厂23年（1899—1921年）纯利1161万余元的25%。

第一次世界大战结束后，帝国主义对中国的经济侵略变本加厉。特别是日本帝国主义在中国大量开设纺织厂，争购原料，倾销纱布，使大生资本集团遭到沉重打击。垦区连年遭受自然灾害，市场棉贵纱贱，关庄布营业收缩，严重影响了大生纱厂棉纱的销路。1922年以后，大生各厂连年亏损。到1925年，大生一厂借款数额高达906.9万两，约占资本总额的258.6%，占资产总额的65.46%。1925年7月，上海方面债权人组成的银行团接办了大生各厂，张謇成了名义上的董事长。此时，已经75岁高龄的张謇，对"教育慈善公益每月七千余之费"，"实无力更任"了；对所欠之债，也只能说不会连累股东，也不会慷他人之慨，"可以謇股息及相当退隐费分年偿还，謇即一旦不讳，謇子必继我负此债。"即便这样，张謇对南通的教育、慈善、公益之事仍念念不忘，殷切希望它继续发展、繁荣兴旺。1925年，张謇在《大生纱厂股东会宣言书》中说："謇今亦别有议案请求，诚使股东所举之贤，心謇之心，俾南通之教育、慈善、公益不至中辍。"张謇正是怀着这种诚恳的要求和殷切的希望，走完人生的最后旅程的。1926年8月24日中午，张謇的心脏停止了跳动。

在中国近代史上，像张謇这样艰苦创业，为地方社会事业奋斗终身的企业家，屈指可数。他经常说："謇兄弟者，地方之个人也。地方之力有限，个人之力尤有限"，而他的追求却是无限的、永无止境的。1922年，他在《南通中等以上学校联合运动会演说》中，对自己的事业作了这样的评估："謇营南通实业教育二十余年，实业教育，大端粗具。言乎稳固，言乎完备，言乎发展，言乎立足于千百余县而无惧，则未也未也。实业未至人尽足以谋生，户尽不至乏食，教育未至乡里学龄儿童什七八有就学之所，儿童长成什五六有治生常识，未足云大效。謇方日计之，心营之，而年日以长，力日以薄，智能日以绌，未知观成之何日也。"这个自责自励的评估，应该说是实事求是的。近代中国大儒商、企业家的楷模张謇所经营的社会事业虽有战线过长、摊子过多、耗资过高等缺陷，但他强烈的社会责任感、使命感，艰苦创业、勤奋敬业、不断进取、顽强拼搏、振兴中华的精神，却很值得我们学习和研究。这对中国企业家社会责任感的提高、企业家新的公益形象的培育大有裨益。

（原载 2005 年《苏商发展报告》）

张謇勤俭思想略论

鸦片战争后，近代工业企业在中国逐渐产生，古老的农业大国亦逐渐向工业社会转变。这个转变从中国沿海地区开始，逐渐向内地推进。襟江带海的南通地区是这个转变最早开始的地区之一。张謇是这个转变时期涌现出来的杰出实业家。他历经坎坷，与时俱进，勇立"实业救国"潮头，开拓进取，不断扩大自己的经营范围。他创办的各种公司一度"以数十计，资本总额几达三千万元"①。张謇之所以能取得世人瞩目的骄人成绩，笔者认为，崇尚勤俭美德，牢记"俭节则昌，淫佚则亡"的历史教训，并在"实业救国"的实践中事事处处勤俭律己，不失为重要原因之一。本人不揣浅陋，就张謇的勤俭思想谈点意见，请各位方家指正。

"天下之美德，以勤俭为基"

众所周知，中华民族以崇尚勤俭著称。勤俭理念深入人心，勤俭美德代代相传。流传千古的勤俭箴言至今仍"润物细无声"地影响着我们。"生于忧患，死于安乐"、"历览前贤国与家，成由勤俭破由奢"、"倾家二字淫与赌，守家二字勤与俭"等人们常常引用的至理名言，十分贴切地道出了勤俭美德在"修身齐家治国平天下"中所起的重要作用。崇尚勤俭是推动中国物质文明和精神文明持续进步的不竭动力。

张謇所处的年代，内忧外患交相煎迫，贫穷落后恶性循环，国力衰弱，财政日益困难。在他看来，"人舍实业，尤无生路。我观浩浩人海，将来沟中之瘠不知凡几也。念之懔懔然。"②在这样的历史条件下，决心投身"实业救国"的张謇在风气未开、见闻固陋的南通创办纱厂，"诋者十之五六，惜者其二三，赞者一，助者乃不及一。"③他四面奔走，陈说在南通设立纱厂之利，但投资入股者并不多。南通本地"入股者仅畸零小数"。在上海，"一闻劝入厂股，掩耳不欲闻"者有之，"相率缩首而去"者有之。张謇为了稳住"全凭张罗筹调而来"的股金，不得不"破中西各厂未出纱不付息之例"，每年先付息八厘④。张謇创办实业只能在艰难中起步，在困境中进取。在大生纱厂筹办过程中，与他"共忧患者止（沈）敬夫一人。往往甲日筹

---

① 《张謇全集》第 3 卷，第 838 页。
② 《张謇全集》第 4 卷，第 665 页。
③ 《张謇全集》第 3 卷，第 117 页。
④ 《张謇全集》第 3 卷，第 14 页。

得一二万,乙日已罄,丙日别筹,而丁日又须还甲。"真是"进无寸援,退者万碎。"①
1899年春,张謇"奔走宁沪,图别借公款,不成;图援湖北、苏州例以行厂机器抵借,
不成;告急于各股东,不答;告恽观察,复言厦门某富人可入股二十万,卒亦不成。"
这时,张謇困难到了极点。"上年汇款到期若不还,则益失信用,后路且绝;无已,以
所收八万金之花渐次运沪售卖应付"。由于棉花未备足,经费又告匮,大生纱厂开
车纺纱后,"益难周转"。张謇"哀于江督,则呼吁之词俱穷;谋于他人,则非笑之声
随至。""请江督另派殷富员商接办,函牍再上,不可。而其势岌岌,朝不保暮,无可
如何。"他曾准备把花了近4年心血而建成之大生纱厂租给严小舫、朱幼鸿3年,
严、朱两人乘机杀价要挟,出租计划也未能实现。此时,张謇坐困围城,矢尽援绝,
惆怅不已。当时在上海只有何梅孙、郑苏堪两人安慰他,"每夕相与徘徊于大马路
泥城桥电光之下,仰天俯地,一筹莫展。"在收购棉花资金筹措无门、纱厂出租无望
的关头,张謇采纳沈敬夫的意见,"尽花纺纱,卖纱收花,更续自转",使纱厂勉强维
持开车②。这段传奇性的经历,使从小就受到勤劳朴实传统美德熏陶的张謇不仅
深刻体会到勤俭的重要,在"实业救国"实践中大力倡导勤俭办事,以身作则,而且
对勤俭的内涵还作了鞭辟入里的阐述,给后人留下一笔宝贵的精神财富。

关于勤俭的内涵,张謇是这样解释的:"唯俭也,故嗜欲简而啬其精神。唯勤
也,故摩练习而坚其骨筋。以是为富之本,寿之门。"③"夫勤者乾德也;乾之德在
健,健则自强不息。俭者坤道也;坤之德在啬,啬则之俭之本。"④他说:"勤在心目
耳手足。"⑤"言勤则办事必依定时,言俭则一切开支,务从节省,勿惮刻苦,勿自矜
满"。"而俭之一字,在目前尤为重要。"⑥"凡致力学问,致力公益,致力品行,皆勤
之事也;省钱去侈,慎事养誉,知足惜福,皆俭之事也。"⑦"士大夫有财力则侈,益上
则益侈,乃至无度,乃至以为市"⑧。切中时弊,寓意深刻。他深信,"勤与惰角则勤
者胜;俭与奢较则俭者胜。"⑨勤俭何以为美德? 张謇是这样说的:"俭之反对曰奢。
奢则用不节,用不节则必求多于人;求多于人则人必不愿。至于人不愿,则信用失
而己亦病。是奢之病,妨人而亦妨己。故俭为美德。"⑩只有"节约自励,攻苦食

①《张謇全集》第3卷,第84页。
②《张謇全集》第3卷,第85-86页。
③《张謇全集》第5卷(下),第642页。
④《张謇全集》第4卷,第138页。
⑤《张謇全集》第4卷,第254页。
⑥《张謇全集》第3卷,第803-804页。
⑦《张謇全集》第4卷,第672页。
⑧《张謇全集》第4卷,第568页。
⑨《张謇全集》第1卷,第618页。
⑩《张謇全集》第4卷,第81页。

淡",才能"免于求人"①。后来,他在写给儿子的信中说:"天下之美德,以勤俭为基。"②

对勤俭的作用,张謇给予充分肯定:"俭可以养高尚之节,可以立实业之本,可以广教育之施。""苟能俭,则无多求于世界,并无求于国家。即使适然做官,亦可我行我意,无所贪恋,而高尚之风成矣。"1907 年,他在《师范学校开学演说》中对勤俭在普及教育中的作用作了详尽的阐述。他说:同学们"既投身于教育,苟不自俭,何能教人?""开民智,惟有力行普及教育,广设初等小学,假使一小学校建筑务求美备,形式务求完全,教员务求厚俸,供给务求丰旨,而甲绌于前,乙必祛退,今年能创,明年将穷。教育必无普及之一日。是须诸生心知其意,以义务为实行,不以功德为口号,而基础从能俭起。"③"坚苦奋励,则虽败可成;侈怠任私,则虽成可败。"④他断言:"成大事业,必从艰苦得来,断非趾高气扬、大言不惭者所能为也。"⑤

张謇对勤俭思想的精辟论述,在倡导社会主义基本道德规范、扶正祛邪、扬善惩恶、促进良好社会风气形成的今天,仍有警醒意义。

勤俭创业与守业是张謇事业不断扩张的重要原因

中日甲午战争后,西方列强纷纷强占中国领土,划分势力范围,掠夺中国路权、矿权,企图把中国变为原料供应基地、产品销售市场和资本输出场所。当时日本人断言:必使"中国五十年之后,不能自振,断不能再图报复。"⑥

面对国力衰弱、资源任外人掠夺、山河破碎、亡国灭种的厄运,有识之士无不痛心疾首,寝食难安,苦苦寻找富民强国之路。张謇认为,要拯救民族危亡,实现国家富强、人民幸福,只有倡导地方自治一条路。他说:"今人民痛苦极矣。求援于政府,政府顽固如此;求援于社会,社会腐败如彼。然则直接解救人民之痛苦,舍自治岂有他哉!窃尝谓国不亡而日演亡国之事,不亡亦亡;国亡而自治精神不变,虽亡犹不亡。"⑦"愿为小民尽稍有知见之心,不愿厕贵人受不值计校之气;愿成一分一毫有用之事,不愿居八命九命可耻之官"的张謇⑧,远离"闻之可丑,睹之可羞,思之可痛"、倾轧排挤之风日盛的政界⑨,退归乡里,急办自治、兴学校、置工厂、辟商场、

① 《张謇全集》第 5 卷(上),第 203 页。
② 《张謇全集》第 4 卷,第 672 页。
③ 《张謇全集》第 4 卷,第 81—82 页。
④ 《张謇全集》第 3 卷,第 20 页。
⑤ 《张謇全集》第 4 卷,第 204 页。
⑥ 《张謇全集》第 1 卷,第 30 页。
⑦ 《张謇全集》第 4 卷,第 439 页。
⑧ 《张謇全集》第 4 卷,第 526 页。
⑨ 《张謇全集》第 4 卷,第 659 页。

拆城垣、建马路,惨淡经营,不遗余力。不数年间,寂寞无闻之南通,一进而为实业、教育发达之区,再进而得全国模范县之名。自是,南通美名远播,举凡中外之教育家、实业家无不以一至其地,先睹为快①。

勤俭孕育着希望,勤俭孕育着成功。奢侈之费,甚于天灾。这是真理。

实业、教育是"自治之本"。张謇在《请设工科大学公呈》中说:"欧美各国,工列专科;日本崛兴,先图工业。""合古今之政书,证中外之学说,未有不致力于工而能国者也。""自海禁大开,欧风东渐,于是捆载麇至,日月相续,瑰文丽彩,奇技神工,阗塞都会,下逮乡曲。嗜之者无贵无贱,欢迎乐用。日人调我市情,投以贱值,其货输入,尤形腾踔。而我之出口,但有生货,偶兴制造,则化学分析而成之资料,又无一不购自外洋。由是以推,工苟不兴,国终无不贫之期,民永无不困之望,可以断言矣。苟欲兴工,必先兴学。"②为此,张謇对实业和教育倾注了毕生精力。对工厂的规划设计、经费的筹措、房屋的建筑、机器的安装、原料的采购、管理制度的制订、学校的规划布局和学校的管理等大事小情,皆亲自过问,亲自出面交涉,常常"一笺必出于手裁,一事皆凭于臆决;寐不过三时,食不及两碗;客辄忘姓,语辄忘时"。"通海及崇,里几二百;江宁、沪上,时须亲赴。一处两旬,动已两月。每一易处,则信使属途;每一远行,则凉燠已贸。"③张謇辛劳如此,大生纱厂自筹办到开车纺纱的44个多月中,"应得之公费,则丝毫未尝支取",精打细算,节省开支,"一切用费,不及万金"④。

他在厂房、校舍等房屋的建造,生产规模的扩大、机器设备和生产原料采购及生产过程中用工用料等方面,还精打细算,想方设法,"省用费,厚余利"⑤。如大生纱厂所用官机的机件断烂者约占十之三四,除实在不能使用的剔出外,"凡可以将就暂用者,仍搜求擦洗而用之,陆续易新。"⑥大生纱厂规定,办事人员在开车纺纱前,只酌量津贴,开车之日起才支薪水。正如张謇自己所说:"通厂之艰苦,亦他厂所必无之境也。"⑦由于全厂"上下同心力求搏节,其开办之省亦中外各厂所无。"⑧此类例子举不胜举。为扩大棉花种植面积以解决大生纱厂原料后顾之忧,张謇创办通海垦牧公司,其中的种种艰苦很值得一提。该公司在"开办之始,无地可栖"。"进筑各堤,则随堤址所在之荡,搭盖草房,率数人一屋,湫溢嚣杂,寒暑皆苦。饮食

① 《二十年来之南通》(上编)。
② 《张謇全集》第4卷,第52页。
③ 《张謇全集》第1卷,第92页。
④ 《张謇全集》第4卷,第112页。
⑤ 《张謇全集》第3卷,第209页。
⑥ 《张謇全集》第3卷,第89页。
⑦ 《张謇全集》第3卷,第20页。
⑧ 《张謇全集》第3卷,第51页。

之水,晨夕之蔬,必取给于五六里或十余里外。建设工作,运入一物,陆行无路也,必自为路;舟行无河也,必自为河。督工之人,晴犹可乘小车,雨则沾体涂足。"特别是光绪二十八年(1902年)、三十一年(1905年)发生大风潮,各执事"皆昼夜守护危堤,出入于狂风急雨之中,与骇浪惊涛相搏。即工头土夫,无一退者"①。其劳之难耐,其苦之难当,只有亲自参与其事的人才能体味。张謇常以曾文正的"用习劳苦之正人,日久自有大效"激励自己和各执事②,绸缪惨淡,与海潮争地,历经十载,将穷海荒凉寂寞之滨开垦成"栖人有屋,待客有堂,储物有仓,种蔬有圃,佃有庐舍,商有廛市,行有涂梁,若成一小世界矣"。对此,张謇感慨地说:各执事"事劳而俸薄","责重而效远","能十年在此者,皆有志与鄙人共成荒凉寂寞之事之人也"③。

张謇"平常走路,看见一个钉,一块板,都捡起来聚在一起,等到相当的时候去应用他。常说:'应该用的,为人用的,一千一万都得不眨眼顺手就用;自用的,消耗的,连一个钱都得想想,都得节省。'"④这是那些锱铢必较、拔一毛利天下而不为的人无法理解的。不仅如此,他连房屋建筑工程中的"废铜旧铁,竹梢木段"是否合理使用都亲自过问⑤。他曾亲自给博物苑、农校、图书馆、医校、养老院五处工程负责人写信,要其检查"各处所有砖瓦、木、石之料大小尺寸,及各处须建之房屋深、广、高尺寸。分别支配,通融调用,免得废阁及短缺"。医校"已拆之净慈庵屋料,如他处合用者,移用"。"所存之旧地板归农校教员室下用。其余如有木料等件,可用于小学校者,留;不合者,他处移用。"⑥真是物尽其用。

大生纱厂创办之初,张謇主张用人不需太多,工作能兼任的尽量兼任;学徒不可早收,已收的,应令暂回。为了坚持这一主张,他也顾不得做恶人了⑦。他选用的办事人员皆俭朴笃实。当时常州盛某曾说:"张季直营纱厂,但乏资本耳。其所用以任事及调查之人皆朴实有条理,所营必大有成。"⑧对实业界的互相攀比,讲排场、摆阔气,挥霍浪费之风,张謇进行严厉批评。他说:"吾见夫世之企业家矣,股本甫集,规模粗具,而所谓实业家者,驷马高车,酒食游戏相征逐,或五六年,或三四年,所业既亏倒,而股东之本息,悉付之无何有之乡。即局面阔绰之企业家,信用一失,亦长此已矣。"与之相比,更显出张謇勤俭创业、勤俭办一切事业精神之可贵。他根据自己的亲身经历,深有体会地说:"勤勉节俭任劳耐苦诸美德",是任何事情

---

① 《张謇全集》第3卷,第386页。
② 《张謇全集》第3卷,第394页。
③ 《张謇全集》第3卷,第386页。
④ 张孝若:《南通张季直(謇)先生传记》,第344页。
⑤ 《张謇全集》第5卷(上),第4页。
⑥ 《张謇全集》第4卷,第254-255页。
⑦ 《张謇全集》第3卷,第129页。
⑧ 《张謇全集》第3卷,第117页。

"成功之不二法门"①。"事事均从节俭"的张謇不仅在"资本甚微,基础未建"的时候坚持勤俭办事,事业不断扩大、企业获利甚丰的时候仍告诫办事人员要勤俭耐苦,不要贪图安逸、追求奢侈。1920年,"大生两厂,适际时会,获利不薄,为开办以来所仅见"。他则"兢兢业业,遇盛而忧,忧极盛之难继,尤忧在事人之侈。"②不出张謇所料,1923年,"一、二厂同人,承七、八、九三年连获大利之后,人有侈心,儆诫无效,致有意外越轨之事。"③在中国近代史上,像张謇这样勤俭创业、勤俭守业的实业家,屈指可数。

历朝历代成功的企业家和伟大的政治家无不主张勤俭节约。新中国成立初期,毛泽东同志曾号召全国人民"要提倡勤俭持家,勤俭办社,勤俭建国。我们的国家一要勤,二要俭,不要懒,不要豪华。懒则衰,就不好。要勤俭办社,就要提高劳动生产率,严格节约,降低成本,实行经济核算,反对铺张浪费。"④他还说:"什么事情都应当执行勤俭的原则。""节约是社会主义经济的基本原则之一","几十年以后也需要执行勤俭的原则"⑤。在20世纪五六十年代,全国各地曾掀起节约一度电、一滴水、一滴油、一斤煤、一寸布的增产节约运动,勤俭节约的精神融入了人们生活的每个细节。对此,我们这些从那个年代过来的人至今还记忆犹新。胡锦涛同志在到西柏坡学习考察时发表的重要讲话中指出:"历史和现实都表明,一个没有艰苦奋斗精神作支撑的民族,是难以自立自强的;一个没有艰苦奋斗精神作支撑的国家,是难以发展进步的;一个没有艰苦奋斗精神作支撑的政党,是难以兴旺发达的。"⑥艰苦奋斗、勤俭节约与民族、国家、政党、企业的命运紧密相连。

勤俭美德代代相传,是张謇对后辈的殷切希望

张謇以勤俭律己,言传身教,殷切希望自己开创的事业后继有人、代代相传。为此,张謇非常重视人才的培养,对年轻人寄予厚望,特别重视对年轻人进行勤俭思想教育,让他们真正懂得"一粥一饭,当思来之不易;半丝半缕,恒念物力维艰"的深刻道理。他利用题写学校校训和到学校发表演说的机会,介绍国外培养年轻人勤俭思想的经验和做法,向学生灌输勤俭思想。早在1903年他就提议,从他开始,教员"概着布衣",其目的是"以敦朴救浮侈之习"⑦。师范学校刚开办时,"初

① 《张謇全集》第4卷,第112页。
② 《张謇全集》第3卷,第807页。
③ 《张謇全集》第3卷,第110页。
④ 《毛泽东选集》第5卷,第213页。
⑤ 《毛泽东选集》第5卷,第249页。
⑥ 胡锦涛:《坚持发扬艰苦奋斗的优良作风,努力实现全面建设小康社会的宏伟目标》,《光明日报》,2003年1月3日。
⑦ 《张謇全集》第4卷,第17页。

近代江苏实业家评论　361

定食品为三腥三蔬,或三蔬二腥。"他到日本参观考察了解到日本学生饮食情况后,经过反复考虑,决定从1907年起,学生"每饭率以二簋,一腥一蔬,簋则重之。"他还郑重向同学们宣告:他在校时,"与诸生共之,监理监学诸君与诸生共之,附学十岁之儿子与诸生共之。"①他在《女师范校毕业演说》中说:"今日参观成绩,异常满意"。"惜余在此午膳,未得食诸生等自制之菜,引为憾事。二十年前,余参观日本实业教育,其学生勤俭之风,实令人钦敬。学校扫除等事,必由学生自为之。而终朝佐餐,总是咸萝卜干几条,尤为难能,时余以政府介绍特客,亦只添菜一二簋,且仅寻常菜蔬上,加以一二片咸牛肉或蛋圆等,然皆出自学生手制"。"余甚望诸生等学彼勤俭之德,并甚愿以后得食诸生等自制之菜焉。"②

张謇对儿子也寄予厚望,殷切希望他能继承自己的事业。张謇在给儿子的信中多次说过:"儿能勤学励行,足慰父志。父今亦惟儿是望而已。"③他也希望儿子能常在自己身边,序天伦之乐事,但"顾世事日变,非有学问,不能有常识,即不能有声望。居今之世,若无学问、常识、声望,如何能见重于人,如何能治事,如何能代父?故不得不使儿阅历辛苦,养成人格,然后归而从事于实业、教育二途,以承父之志,此父之苦心也。"④"父今日之为,皆儿之基业也。"⑤为此,张謇对儿辈勤俭思想的教育倍加重视。

荣德生曾说过:"古今中外伟大人物之成功,得力于母教者甚多。"⑥张謇少年时期曾受到母亲的严厉管教,受到勤劳朴实传统美德的熏陶和"耐烦读书,耐苦处境"的磨炼。他在《金太夫人行述》中说:"家人四十余口,耕田纺布,人无废惰。詧、謇年四五,吾母教识字,及就外傅学,责课尤严,夜必命诵说日所受者。偶嬉游,必痛笞楚,曰:一生困苦,冀汝曹成立偿吾志,今若此,是无望矣。由是詧、謇不敢自荒废。"⑦张謇12岁曾"随佣工锄棉田草"⑧,深知"稼穑之艰难"⑨。家有兴作,其父常让他兄弟杂作小工⑩。每当出远门,"先君先母以谦谨节俭加勉,尤拳拳于爱身。"⑪在父母的教导下,张謇从小就养成了"平日见盈尺之线,成寸之纸,辄储之以

① 《张謇全集》第4卷,第82页。
② 《张謇全集》第4卷,第196－197页。
③ 《张謇全集》第4卷,第657页。
④ 《张謇全集》第4卷,第645页。
⑤ 《张謇全集》第4卷,第650页。
⑥ 《荣德生文集》,第155页。
⑦ 《张謇全集》第5卷(上),第360－361页。
⑧ 《张謇全集》第6卷,第829页。
⑨ 《张謇全集》第5卷(上),第5页。
⑩ 《张謇全集》第5卷(上),第4页。
⑪ 《张謇全集》第6卷,第839页。

待用"①的良好习惯。中华民族的勤俭美德在他心灵深处刻下了深深的烙印。

在欧风美雨的影响下,近代中国世风日下。随波逐流、趋炎附势者有之;及时行乐、追求安逸者有之;毫无阅历、徒知要高俸者有之;不耕而食、不织而衣的上中级游民逐渐增多②。"席丰履厚之家,乘坚策肥之子,太甚而纤、无度而侈者比比。"③张謇对出生富贵、生活优越无虑的儿孙辈的成长极为重视。他对儿子进行勤俭思想教育,从大处着眼,从平凡小事入手,从幼年时期抓起,使儿子从小就懂得"努力学问,厚养志气,以待为国雪耻"的道理④。当儿子出现懒惰的苗头时,他及时给予严厉批评:"儿能做者,须自己做,切勿习懒。记得儿五六岁时,吃饭拿凳皆要自己做,别人做辄哭,可见儿本性是勤。现在寄父之讯,尚托人写,是渐渐向懒,此大病也。儿须痛改!"⑤他对儿子说:"做人须自做,专恃校规管束,教师督促,非上等人格也。"⑥"刻意节俭,为自立之图,非常之备。此等事总在平日有分晓,若临时便无可措手。"⑦

不仅如此,和世界上许多成功的大企业家一样,大到企业经营决策,小到日常衣食住行,张謇都以身作则、率先垂范。他爱惜财物,珍惜劳动人民的血汗成果,做任何事不奢侈浪费,事事从俭。1912年5月25日(阴历)是张謇60岁生日。他想,"与其一人一日无谓之糜费,不如使吾县境之内孤穷之老人得安其一日之生,同享厚地高天之乐"。于是决定将准备宴请客人的3000元用于建筑养老院⑧。当他得知家用一年要用去4500元时,心中大为不快,要吴夫人"加意管理,加意节省,每日菜蔬一腥一素已不为薄"。"衣服不必多做,裁缝即可省。"他在1912年、1915年给吴夫人的信函中说:此时,"能安居有饭吃有衣穿者,便是幸福。余家须一切谨慎,勤俭。""能少奢一分好一分。亦惜福不享尽之福,须知此意。"⑨儿子张孝若结婚后,他要吴夫人酌减女佣人,以节省开支。他说:"家中今年用度之费,过于平常不止一倍,以后须加节省。凡人家用度,若但出入相当,已不足以预备非常之急。若复过度,则更不合处家之道。新妇在家,汝宜为之表率,俾知处乱世处穷乡居家勤俭之法。"⑩他自己更是身体力行,事事为子孙作表率。他每天早晨6点钟起床,

---

① 《张謇全集》第5卷(上),第5页。
② 《张謇全集》第4卷,第659页。
③ 《张謇全集》第5卷(下),第645页。
④ 《张謇全集》第4卷,第661页。
⑤ 《张謇全集》第4卷,第631页。
⑥ 《张謇全集》第4卷,第645页。
⑦ 《张謇全集》第4卷,第665页。
⑧ 《张謇全集》第6卷,第668页。
⑨ 《张謇全集》第4卷,第629页。
⑩ 《张謇全集》第4卷,第630页。

每晚 11 点上床休息,如有小病照常起床,坚持工作,习以为常①。在创办、经营纱厂和盐垦公司的工作中,张謇往来其间,视察工事,不是步行,便是坐小车,很不喜欢坐轿子,平时二三十里路以内,到各处看工程,都是步行的时候多。晚年巡视河工,海滩上只有笨重土制的牛车,还是敞篷的,坐上去十分不舒服,他却泰然处之,每天走百十里路,连续坐好几天,没有丝毫的厌恶②。他富而不贵,穿着简朴,平常穿的衣服大都有十年八年了,有几件差不多穿了三四十年之久;袜子、袄子如果破了,补了再穿,要补到无法再补才换新的。鞋底用旧布包成百叶五层。他粗菜淡饭,每天一荤一素一汤,没有特客,向来不杀鸡鸭。他对纸张非常爱惜,包药的纸或其他废纸都舍不得扔掉,拿来起草稿子或者写便条用。别人来信的信封,他翻过来重新使用。他用空酒瓶配上一个自制的塞子,寒天当汤婆子用。有时候他饭后抽一支小雪茄烟,漏气了就粘一纸条再抽,决不丢掉。他向来不喜欢赌博,连麻雀牌的名目张数都完全不懂,也从来不去问它学它③。

社会在发展,人们的思想觉悟在提高,勤俭节约的内涵也在不断丰富。资源严重短缺的国情、浪费惊人的现实要求我们必须对经济体制、管理体制、法律制度和社会生活等各方面进行深化改革,形成鼓励勤俭节约、反对铺张浪费的体制和机制;大力弘扬节约一度电、一滴水的精神,从一点一滴小事抓起,在当前也不可或缺,绝不能因其小而不为。只有这样,勤俭节约意识才能深入人心,勤俭节约才能成为每个人的生活方式,成为每个人发自内心的需要;只有这样,切实厉行节约,加快建设资源节约型、环境友好型社会的基本国策才能真正落到实处。

（原载《张謇与近代中国社会——第四届张謇国际学术研讨会论文集》,南京大学出版社,2007 年）

---

① 张孝若:《南通张季直(謇)先生传记》,第 344－345 页。
② 张孝若:《南通张季直(謇)先生传记》,第 359 页。
③ 张孝若:《南通张季直(謇)先生传记》,第 344－345 页。

《中国长江下游经济发展史》指纰

——兼谈著书、评书的科学态度

中国近代经济发展的一个显著特点,是各地经济发展不平衡:城乡间、沿海和内地间、汉族地区和少数民族地区间,以及抗日战争时期的沦陷区、国统区和革命根据地间,都存在着不同程度的差异。因此,研究中国近代经济所走过的道路,探讨其发展规律,应该而且必须从中国近代区域经济史研究入手。中国近代经济史研究的深入,有待于中国近代区域经济史研究的深入。

"长江功用胜黄河,开辟文明此最多。""长江"两字在历史运行的轨迹中闪发着耀眼的光芒。特别是长江下游地区,到近代,这个过去主要从事农业生产的地区,工业也相应地得到了较大的发展。配备了进口机器设备的纺织业企业、面粉业企业与手工业作坊和小工场同时并存,在沿江一些大中城市出现了高涨的经营活动,并让人感受到奋发进取的精神;这个地区的商业和经营灵活的小工业亦较为发达。新中国成立后,特别是中国共产党十一届三中全会以来,长江下游地区利用本地区的历史、人文、地缘等条件,大力发展外向型经济,力争把本地区的经济与国际市场接轨,以促进本地区经济的起飞。无论是新中国成立前,还是新中国成立后,长江下游地区的经济发展都走在全国的前列。在其发展过程中,各地利用自己的资源优势、产业优势以及技术优势,逐步发展形成各具特色的产业门类。这是今天该地区经济发展和扩大对外开放的良好基础。因此,深入研究长江下游地区经济发展史,既有利于中国近代经济史研究的深入,又可以给该地区当前的经济建设提供有益的借鉴。

笔者有幸认真研读张学恕先生编著的《中国长江下游经济发展史》(东南大学出版社 1990 年版),获益匪浅。在获益之余,也产生了某些困惑。由于该书从原始社会一直写到 20 世纪 80 年代,时间跨度长,笔者才疏学浅,仅就笔者略知一二的江苏近代棉纺织业发展史中的一些问题,向张先生讨教。

1. 业勤纱厂究竟创办于何年?

《中国长江下游经济发展史》第 248 页(以下提及此书时只注明页数)说:

"1897年,长芦盐运使杨宗濂(字艺芳)和曾总办台湾商务的杨宗瀚(字藕芳)兄弟两在家乡江苏无锡创办了业勤纱厂。这是无锡最早的一家民族资本机器纺织厂"。

可是,第287页说:"杨宗濂、杨宗瀚兄弟1895年在无锡创办第一个企业——业勤纱厂"。

第324页又说:1896年,杨宗濂、杨宗瀚兄弟"集资创办了无锡第一个纱厂——业勤纱厂"。

第416页说:"纺织、缫丝、面粉是无锡近代工业的三大支柱。在纺织业中,以1894年创建的业勤纱厂为最早。"

第13页说:"1896年,无锡创办业勤纱厂。"

众所周知,在旧中国创办企业很艰难,从筹办到建成投产的时间较长,其间的情况又较复杂,最后未能建成投产的为数不少。因此,我们在记述企业创办时间时,一般以建成投产的时间为准。如果以开始筹办时间为准,应加以说明,所有企业创办的时间亦应以此为准,以便全书统一。就一个企业来说,更不能一会儿以开始筹办时间为创办时间,一会儿以建成投产时间为创办时间。至于业勤纱厂的创办时间,据笔者所知,说法确实不少,有的认为是1895年,有的认为是1896年,有的认为是1897年。张先生不加分析地照搬,又加上了1894年新说,结果使业勤纱厂在书中5次出现4个不同创办年份,令人如坠云里雾中。是4年中每年都创办1个业勤纱厂,还是业勤纱厂从1894年开始筹办,直到1897年才建成投产?此为困惑不解之一。

2. 1896年、1897年、1898年,苏浙两省每年共有多少纱锭?

第248页说:1896年,苏、浙两省有纱锭11048枚;1897年、1898年,苏、浙两省各年有纱锭54440枚。

就在同一页,张先生却写道:1896年,宁波通久源纱厂有纱锭17048枚;1897年,无锡业勤纱厂有钞锭10192枚,杭州通益公纱厂有纱锭15040枚;1897年,苏州苏纶纱厂有纱锭18200枚。以上各年各纱厂纱锭数相加,与张先生所说的各年苏、浙两省纱锭数不相吻合,1896年相差6000枚,1897年、1898年各相差6040枚。究竟谁是谁非?此为困惑不解之二。

3. 振新纱厂创办于何年?创办时资本多少?

第13页说:"1905年,荣宗敬、荣德生兄弟在无锡创办振兴纱厂"。

第248页说:"同年(即1907年——引者注),钱庄主荣宗敬、买办荣瑞生、张石君等合资在江苏无锡创办振兴纱厂,资本21万元"。

第272页说:"他们(即荣宗敬、荣德生——引者注)从事棉纺织业始于1905年与人合股在无锡创办的振新纱厂。""该厂资本30万元,荣氏兄弟各出资3万元,仅占该厂资本的五分之一"。

第291页说:荣家兄弟"同上海怡和洋行买办荣瑞馨、西门子洋行买办叶慎斋等集资 27.08 万元,于 1907 年 3 月在无锡创办振新纱厂。这是荣家兄弟经营棉纺织业的开端。"

第 416 页说:"荣宗敬、荣德生兄弟从 1906 年起,先后在无锡建立振兴和申新三厂两家纱厂。"

这里且不说"振新"与"振兴"是一个厂还是两个厂,"荣瑞生"与"荣瑞馨"是一个人还是两个人,单说振新纱厂创办年份就有 3 个,创办时的资本也有 3 个数字,张先生对此又未作任何说明,到底让读者相信哪个? 其实,关于这些问题,荣德生的《乐农自订行年纪事》都有较为详细的记载。荣德生先生在光绪三十一年(1905 年)这一年写道:"发起七人,取名'振新'。发起人即张石君、叶慎斋、鲍咸昌(大丰布号股东,早故)、家(荣)瑞馨、徐子仪、余兄弟,共七人,各认三万元,其余分招,限日截止。""七人招股,至冬均齐,惟子仪招人而凑满。余更招得三万余,由过君出面。至限截止,岂知未曾满额,共为廿七万零八百元。"

荣德生在光绪三十二年(1906 年)写道:振新纱厂破土动工,"赶速造厂,机器至十月可到齐。"

荣德生在光绪三十三年(1907 年)写道:"振新已建完,择日试车。"

对这种权威性的第一手资料,张先生弃之不用,不知是张先生未看到这一普通资料,还是另有他意? 此为困惑不解之三。

4. 关于济泰纱厂与济泰公记公司(纺织)问题?

第 248 页说:"1906 年,郎中蒋汝坊在江苏太仓创办济泰纱厂,资本 69.9 万元"。

第 249 页说:1906 年,"蒋汝坊在太仓创办济泰公记公司(纺织),资本 70 万元。"

这两个厂,实际上是同一个厂,这是有据可查的。《太仓济泰公记公司纺织厂有限公司重订招股开办章程》第一条写得很清楚:"本厂原名济泰,因前与议诸公,屡有更易,现加公记两字"。在旧中国,工厂承担人发生变动或其他原因,在厂名后面加上×记,以示区别,是常有的事。济泰纱厂后来曾称过济泰莘记纺织厂、济泰恒记纱厂、济泰仁记纱厂等。张先生在这里把它作为两个厂来记述,不知有何史料根据或理论标准? 此为困惑不解之四。

5. 抗日战争前大生一厂、二厂有多少纱锭?

第 463 页说:"据不完全统计,仅大生纱厂一厂物资损失就达 254800 多万元。大生一、二、三厂的设备遭到很大破坏:一厂在战前有 4.9 万枚纱锭,战后无法开工;二厂战前有 4.3 万枚纱锭,战后只有 2000 枚能使用"。

第 473 页却说:1936 年统计,南通大生一厂有纱锭 92520 枚,崇明大生厂有纱锭 21020 枚。

这里暂且不说大生一厂仅物资损失就达 25 亿多元是否正确,仅大生一厂的

49000 枚纱锭与 92520 枚纱锭，大生二厂的 43000 枚纱锭与 21020 枚纱锭，孰对孰否，就够读者头痛伤神的了。再说，大生二厂已于 1934 年 10 月停产解散职工，1935 年进行清算，最后以 40 万元的代价拍卖给扬子公司（详见《大生系统企业史》，第 248 - 249 页）。大生二厂（即崇明大生纱厂）已于 1935 年"寿终正寝"，不复存在了。此处，张先生进行抗战前后对比的大生二厂，不知是哪个大生二厂？

6. 申新三厂创办于何年？

第 273 页说："1920 年，荣氏兄弟在无锡创建申新三厂，资本 150 万元"。

第 274 页却说：荣氏兄弟 1919 年创办申新三厂。

申新三厂的创办时间，《乐农自订行年纪事》中说得很清楚：

1917 年，余有意建纱厂……先行购地，托温君在（无锡）西门茂新附近，以"大新"名义购地。

1918 年，（申三）本取名"大新"，购地迟迟，未得完善。

1919 年，决建申三，加快买地。……购地方面，再三不妥，由薛南溟先生让出工艺传习所等地，沿河十八亩。反对者四面买地，阻碍进行。申三建厂工程，却因此拖延了一年多时间。

1920 年，申三先行试车，至年试好。

1921 年，申三正式开车，出纱甚好。

申新三厂创办于何年，一目了然。

7. 大生一厂开办时究竟有多少纱锭？

第 248 页说：大生纱厂拥有资本 69.9 万元，纱锭 2.03 万枚。

可是到了第 287 页却说："大生一厂开办时的纱锭只有 4.05 万枚"。

大生一厂开办时到底有多少枚纱锭，《张季子九录·实业录》有关部分说得很清楚。事情的经过是这样的：张之洞在鄂督任内从英国买来 4.07 万枚（一说为 4.08 万余枚）纱锭的纺机，准备创办湖北纺纱官局，后因张之洞调任，湖北纺纱官局未能办成，这批纺纱机搁在上海杨树浦码头。在张謇筹集大生一厂过程中困难重重、一筹莫展的情况下，1897 年两江总督刘坤一决定把 4.07 万枚纱锭纺机分成两半，每一半作价 25 万两，由张謇、盛宣怀各领一半。到 1902 年，张謇又将盛宣怀领而未用的另一半纺机领来，仍作价 25 万两（《大生纺织公司年鉴（1895—1947）》第 64 页说：光绪二十九年（1903 年），"以官机增入官股二十五万两"）。1903 年逐渐开车投产。这就是说，直到 1903 年大生一厂的纱锭才增加到 4.07 万枚，而不是在大生一厂开办之初就有 4.05 万枚纱锭。

8. 大生一厂 1915 年有多少纱锭和布机？

第 263 页说：南通大生一厂 1915 年"有纱锭 75600 枚和布机 800 台"。

第 287 页却说："大生一厂开办时的纱锭只有 4.05 万枚，到 1915 年增至 6.1 万枚，净增 2 万多枚，并增置织机 400 台。"

大生一厂开办时的纱锭为 2.03 万枚,1903 年增加到 4.07 万枚。前面已经说清楚了,不再赘述。1914 年,大生一厂添购 2 万枚纱锭纺机、400 台织布机及新建厂屋。1915 年秋,纺机、布机装置完成,全部开工生产。这里很清楚,到 1915 年,大生一厂的纱锭增至 6 万余枚,有布机 400 台。张先生为什么会将 1915 年大生一厂的纱锭数、布机数弄得颠三倒四、前后矛盾呢?

9. 1921 年大生一厂账面盈利累计、公积金各有多少?

第 289 页说:"该厂(大生一厂——引者注)从 1899—1921 年的 23 年中,账面盈利累计为 1191 万两,公积金达 816.4 万两,相当于大生一厂资本总额的 4.6 倍。"

据《大生系统企业史》中"大生一厂盈余分配情况表(1899—1921 年)"载,大生一厂自 1899 年开车至 1921 年的 23 年共计盈余纯利 1161.9 万余两,公积金 87.6 万两。与张先生说的账面盈利累计数字相差 29.1 万两,不算太大,公积金却相差 728.8 万两,真可谓大矣!

根据张先生的说法,1191 万两加 816.4 万两之和,相当于大生一厂资本总额 250 万两(张先生未说明何年资本总额,我估计是 1921 年的资本总额)的 8.03 倍,而不是 4.6 倍。如果张先生是根据累计账面盈利 1191 万两计算的,那么,得出的倍数应是 4.76,也不是 4.6。

10. 大生二厂初创时资本多少?

第 248 页说:1907 年,张謇在江苏崇明创办大生纱厂二厂,资本 121.1 万元。

第 287 页变成:1921 年,大生二厂资本从初创时的 69.9 万元增加到 120 万元。

一处说是 69.9 万元,一处说是 121.1 万元,矛盾非常明显。据《大生系统企业史》中"大生二厂盈余分配情况表(1907—1921 年)"载,该厂 1907 年资本额为 863730 两,1921 年为 1194390 两,折算成银元,分别为 1208013.9 元、1670475.5 元。此与张先生的说法相去甚远,不知张先生有何根据?

11. 苏纶纱厂开办时有多少资本?

第 248 页说:1897 年,陆润庠在江苏苏州创办苏纶纱厂,拥有资本 42 万元。

严中平等编的《中国近代经济史统计资料选辑》第 98 页载:苏纶纱厂的资本为 839200 元,比张先生说的多出 419200 元。另据记载,陆润庠筹办苏纶纱厂、苏经丝厂时筹集到 94.7 万余两资金。一是水利积谷款 20 余万两,系备灾荒之用,不能算作股本;另由藩署筹垫 20 万两,需逐年偿还;再就是中日战争期间息借商款 60 万两(最后实收 54.76 万两)。就 54.76 万两而言,折合成银元远远超过 42 万元。

12. 第一次世界大战期间江苏棉纺织业增加了多少企业?

第 271 - 272 页说:第一次世界大战期间,"长江下游的棉纺织业绝大部分集中在江苏和上海,这两地不但是长江下游的棉纺织业中心,而且也是全国棉纺织业的重要基地。据统计,大战结束时的 1918 年,全国棉纺织业的纱锭有 80.3% 集中在江苏,而上海一地就占全国纱锭总数的61.8%"。

第433页说:"以江苏的纺织企业为例,1919年增加为9家,1920年再增加为18家,1921年和1922年分别增加为23家和24家。"

第433页这段话表明,张先生在计算棉纺织业厂数、纱锭数时,是将江苏省和上海的棉纺织业厂数、纱锭数分开计算的。1918年,江苏棉纺织业纱锭在全国棉纺织业纱锭总数中所占的百分比只有18.5%,与80.3%相差61.8%。

据笔者所知,1917—1922年,江苏新开车纺纱的棉纺厂10家。其中,1917年新增1家,1921年新增6家,1922年新增3家。即使加上开车一天就停产的宝昌纱厂,采用木机纺纱、开车不久就停产的开源纺纱厂,也不过12家,连同1910年前创办的8家,一共20家。"1919年增加为9家,1920年再增加为18家",即1919年到1920年的1年间就增加9家,1921年、1922年又分别增加为23家和24家,不知张先生是怎么算出来的?

13. 严裕棠何年买进苏纶纱厂?

第284页说:"1925年,严裕棠买进了连年亏损的苏州苏纶纱厂。"

根据浦亮元的《回顾我在苏纶纱厂的六十年》(《苏州工商经济史料》第1辑)和浦亮元、徐鹤亭的《苏纶纱厂的回顾》(苏州市《文史资料选辑》第9辑)两文记载:1925年,严裕棠与别人合租苏纶纱厂,并改名为苏纶洽记纱厂;1年后,由严裕棠独租;1927年,严裕棠买下了苏纶纱厂,改名光裕营业公司苏纶纺织厂。可能张先生将严裕棠与别人合租苏纶纱厂误认为买下了。

14. 大生一厂建厂后的20年内股东共获得多少正息和余利?

第313页说:"张謇采取了基本符合资本主义经济原则的经营方针,提出了《厂约》20条,精打细算,勤俭办厂,使大生一厂获利甚巨。1917年获利76万两白银,1919年又获利263万两白银。在建厂后的20年内,股东得正息165.7余两白银,余利273.3万余两,两项合计439万余两。"

1899年,张謇在大生纱厂《厂约》中说得很清楚:"右约十六条,略以己意裁定,不尽合于他厂。"这是张謇自己说的。也许张先生认为张謇说的十六条有误,经过考证,应增加4条。

将股东得正息165.7万余两,写成"165.7余两白银",可能是校对中的差错,暂且不说。但据"大生一厂盈余分配情况表(1899—1921)"载,1917年获纯利796768.530两,1919年获纯利2644451.615两,与张先生所说的均有出入,但出入不大。

据此表载,大生一厂建厂后的20年内(到1919年止),股东所得正息(即官利)为2055041.716两,不是165.7万余两;余利应为3946092.089两,不是273.3万余两;股东所得正息、余利两项合计应为6001133.805两,比张先生所说的439万余两要多161万余两。

15. 1900—1914 年大生纱厂的资本利润率多高？

第 269 页说："以大生纱厂历年的资本利润率为例，1900—1902 年为 283.4%，1903—1905 年为 400%，1906—1908 年为 323.1%，1909—1911 年为 264%，1912—1914 年为 325.3%。"

据《大生系统企业史》中"大生一厂盈余分配情况表（1899—1921）"载，1900—1914 年，纯利占资本额百分比最高的 1905 年不过 50.75%。最低的 1907 年为 10.73%。据该书中"大生二厂盈余分配情况表（1907—1921）"载，1907—1914 年，纯利占资本额的百分比最高的 1914 年不过 34.99%，最低的 1908 年为 8%。与张先生所说的相去甚远，不知张先生的依据是什么？

该书中类似的问题，还可以举出许多，引文中漏字、错字就更多了。为节省篇幅，不一一列举了。不过，这里还要指出两个常识性的错误。

第 303 页说："为抵制瑞典火柴的大量倾销，刘鸿生奔走呼号。首先他联合江苏各火柴企业于 1928 年成立了江苏省火柴同业联合会，以'维护同业公共利益，谋国货发展'为宗旨。"

第 279 页说："1930 年瑞典火柴公司收买日商在上海、镇江的两家火柴厂以后，妄图垄断我国长江流域的火柴市场，起初想收买鸿生火柴厂等民族工业火柴厂，未能得逞；继则又以大规模降价倾销瑞典火柴，企图一举压垮我国民族火柴工业。因此，刘鸿生与荧昌火柴厂资本家朱子谦联合起来，成立了江苏省火柴同业联合会，以'维护同业公共利益，谋国货发展'为宗旨，并请江苏著名实业家张謇任会长，共同抵制瑞典火柴的倾销。"

张先生在第 267 页说得很清楚，长江下游民族资本主义工业空前未有的"黄金时代"是在第一次世界大战期间和战后的几年出现的。至于张先生为什么要将 1928 年或 1930 年后发生的事情放到民族资本主义工业的"黄金时代"来讨论，自有他的意图，我们不去估猜。江苏省火柴同业联合会究竟是在 1928 年、1930 年还是其他哪一年成立的，我们也暂且不去探究。但有一点需要指出的是，张謇已于 1926 年 8 月 24 日离开了人世，他怎么还能起死回生，于 1928 年或 1930 年出任江苏省火柴同业联合会会长，与同仁们一起"共同抵制瑞典火柴的倾销"呢？

第 288 页说：阜丰面粉公司初创时资本为规元 41.7 万元。

第 256 页说：大隆机器厂是买办严裕棠于 1902 年在上海创办的，资本 10 万元。

第 310 页说："上海大隆机器厂 1920 年创办时，是一家只有 7500 两白银资本、不为人们注目的小厂，但该厂创办人严裕棠是一位精明能干的企业家。"

第 319 页说："上海民族资本大隆机器厂 1902 年创办时，只有资本 7500 两白银，因为经营管理好，使企业不断发展，经济效益显著提高，到 1919 年资本额骤增到 15 万元（相当于 15 万两白银），17 年内增加了 20 倍。"

大隆机器厂究竟是 1902 年创办的,还是 1920 年创办的? 创办时资本是 7500 两白银,还是 10 万元? 阜丰面粉公司初创时的资本究竟多少? 我们可以留给读者自己去查考。需要指出的是,"规元"与"银元"完全不同。"规元",亦称"豆规元"、"九八规元",是近代上海通用的银两计算单位;"银元"是近代中国流通的大型银币。1910 年颁布的《币制则例》规定,银元为本位币,每枚重七钱二分,含银九成。张先生却不加区别地混用,出现了 15 万元相当于 15 万两白银,由 7500 两白银骤增到 15 万元,"17 年内增加了 20 倍"的常识性的错误。

　　该书"内容提要"指出:本书"资料翔实……具有科学性、实用性、开创性、系统性、可读性"。笔者认为,衡量学术研究成果质量高低的根本标志是它的科学性。而这种科学性首先表现在它所占有的资料的准确性。资料的准确对于经济史这一繁琐而严谨、来不得半点虚假的学科来说,尤为重要。当然,要求一部洋洋百万言的著作不出现一点差错,是不现实的。何况,张先生这部著作是独立完成的,其间所费心血,可以想见。但该书屡屡出现的自相矛盾、常识性的错误,却有损于它的学术价值。联系到当前粗制滥造的出版物不断出现的现象,笔者还想就著书、评书的科学态度发表一点意见。

　　一部学术著作的科学性,须以准确的史实为依据。如何收集、积累、鉴别、运用文献资料,我国经济史学界的老前辈严中平先生在写给中国社会科学院研究生院中国近代经济史专业 1982 级的硕士研究生作参考用的讲义《科学研究方法十讲》中作了专门论述。严老说:"收集资料是一项繁重的工作,大致占去全部科研劳动量的百分之七八十。""收集资料,又是一项细致的工作。""收集资料,要避免盲目性",要"明确历史记载的确切含义",特别是有关记载数字的资料,更应多加小心,切不可见到数字就抄。

　　严老说:当遇到几种说法并存的资料时,应进行去伪存真、去误留正的考核,这是科学研究的一项非常重要的工作步骤。为了说明这个问题,严老引用了郭沫若《十批判书》中一段话:"无论作任何研究,材料的鉴别是最必要的基础阶段。材料不够固然大成问题,而材料的真伪和时代性如未规定清楚,那比缺乏材料还要更加危险。因为材料缺乏,顶多得不出结论而已,材料不正确便会得出错误的结论。这样的结论比没有更有害。"

　　严老还说,对已经收集到的资料,还必须不断地排比、消化、分析,由表及里、由此及彼,判断材料的价值。能够论证自己观点的资料才是有价值的,加以收录,否则就弃之不顾。严老说:"我个人的经验表明,收集了很多资料,并不能最后确定自己观点的确切提法,而是要通过动笔写作,强迫自己充分地消化材料,进行全面的、系统的逻辑思考才能确定的。这种思考是一种理论联系实际的反复过程。在这一过程中,常常发现本来认为很有价值的资料,实际乃是废料,本来认为毫无价值的资料,却具有很高的价值。这就需要忍痛割爱和重新复查。怵惜和懒惰都不是科学态度。"

学习严老这番论述,联系当今学术界的不良风气,笔者感慨万千,不禁想起了保尔·拉法格在《忆马克思》一文中描述马克思治学态度的一段话:"马克思永远是非常认真慎重地工作。他所引证的任何一件事实或任何一个数字都是得到最有威信的权威人士的证实的。他从不满足于间接得来的材料,总要找原著寻根究底,不管这样做有多麻烦。即令是为了证实一个不重要的事实,他也要特意到大英博物馆去一趟。反对马克思的人从来也不能证明他有一点疏忽,不能指出他的论证是建立在受不住严格考核的事实上的。""马克思对待著作的责任心,并不下于他对待科学那样严格。他不仅从不引证一件他还未十分确信的事实,而且在他尚未彻底研究好一个问题时他决不谈论这个问题。他决不出版一本没有经过他仔细加工和认真琢磨过的作品。他不能忍受把未完成的东西公之大众的这种思想。要把他没有作最后校正的手稿拿给别人看,对他是最痛苦的事情。他的这种感情非常强烈,有一天他向我说,他宁愿把自己的手稿烧掉,也不愿半生不熟地遗留于身后。"

列宁在谈到恩格斯的《家庭、私有制和国家的起源》一书时指出:"这是现代社会主义主要著作之一,其中每一句话都是可以相信的,每一句话都不是凭空说出,而都是根据大量的历史和政治材料写成的。"

以上引文,虽然长了点,但读起来却十分亲切、感人,对于时下辗转抄用二三手资料、七拼八凑、粗制滥造的出版物层出不穷的现象,是个尖锐的批评。有些所谓"著作"的作者对自己尚未彻底弄清楚的问题,却大谈特谈;他们把自己没有经过"仔细加工和认真琢磨"的问题写进自己的著作;他们把自己那些"半生不熟"的东西公之于众。不仅如此,还吹嘘自己的著作"数据翔实,时间确切,事实准确"。我们稍加留心,就会发现:同一事件发生的时间,此页为一说,彼页又一说;同一件事的数量,此页这样说,彼页那样说;同一件事,此页这样写,彼页那样写,有的甚至同页不同说。"时间差"、"数字差"、"事实差"等等,在所谓的著作中频频出现,令人眼花缭乱、无所适从。为此,"专著不如论文","见书几乎都有错,无错几乎不成书","错误百出是好书"之说相继见之于报端。

对作者草草,审者匆匆,洋洋几十万、上百万言的所谓"著作"中的观点、差错提出批评,并展开讨论是完全正常的。然而在现实生活中,对这种情况,稍有不同意见,提出批评,便被视为不合时宜、不予宽容,有的甚至把正常的学术争论视为个人之间的恩怨相报。"体系完整、结构合理、观点新颖、资料翔实、文字精炼"成为固定格式的书评应运而生,"天下书评一大捧"之说不胫而走。长此以往,不利于学术争鸣的开展和社会科学事业的繁荣。列宁指出:"把凑巧碰到,偶然听到的较为'公开地'叫喊的东西等等信以为真,自然要'容易'得多。但是,以此为满足的人,就叫作'轻率的'、轻浮的人,谁也不会认真地理会他的。不用相当的独立工夫,不论在哪个严重的问题上都不能找出真理;谁怕用工夫,谁就无法找到真理。"

愿我们的学术著作不要出现太多的"时间差"、"数字差"、"事实差"或别的什么"差"。愿出版界多出经过作者呕心沥血、披阅增删、千锤百炼,资料翔实、内容丰满、观点新颖,"字字看来皆是血,十年辛苦不寻常"的好书。

(原载《江海学刊》1993 年第 5 期)

严谨求实　　推陈出新

——读马俊亚著《规模经济与区域发展》

　　马俊亚的博士学位论文经南京大学博士文丛编辑委员会评选,入选《南京大学博士文丛》,于 1999 年 6 月由南京大学出版社出版发行。这部题为《规模经济与区域发展——近代江南地区企业经营现代化研究》(以下凡出自该书引文,仅注页码)的著作,以江南地区规模经济为重心,对近代民族资本集中与江南经济、江南区域发展的关系作了有益的探索,颇有新意。作者认为,资本集中,有利于企业内部降低生产成本、改进生产技术、提高产品质量和市场竞争能力,可以获取更多的剩余价值和超额利润。通过资本集中,形成大规模的资本集团,是近代中国资本主义经济,特别是江南地区经济发展的必然趋势。作者指出:"在规模经济的作用下,企业收益随着投入的增加,往往会发生几何级数的改变。……中国近代的资本集中与生产集中正体现了规模经济的作用,对于社会生产的积极意义应予肯定"(第 46－47 页)。作者以相当的篇幅,论述了以上海为中心的江南地区规模经济发展的状况。作者认为,早在抗日战争以前,这一地区在面粉、纺织、缫丝、火柴、化工、机器制造、航运等部门,即已逐步形成了具有相当规模的资本集团。这些资本集团,不仅为江南地区引进和发展了生产力,加速了江南地区传统经济结构的解体和近代经济结构的建立,促进了江南地区人的发展,而且直接影响着国内经济的发展。

　　这部著作有以下三个特点:

　　第一,坚持以马克思主义为指导,立意高远,视野比较宽阔。

　　按照马克思的观点,资本集中是在资本主义生产关系下市场经济发展的必然结果。在市场经济中,竞争是广泛而又普遍的经营行为,而竞争又是资本集中最有力的杠杆。在竞争中,大资本能够降低生产成本,使商品价格便宜,因而与小资本相比具有明显的优势。同时,集中又能够完成许多单个资本依赖单纯的积累所无法办到的事。毫无疑问,马克思主义是研究资本集中和规模经济的科学指南。马克思指出:"竞争斗争是通过使商品便宜来进行的。在其他条件不变时,商品的便宜取决于劳动生产率,而劳动生产率又取决于生产规模。"(《资本论》第 1 卷,人民出版社,1975 年,第 686－687 页)作者认为,这是对"规模经济"最早的科学论述。马克思的结论早已为现代经济理论与实践所证实。据张宪文教授统计,作者在书中 80 余处引用马克思的观点,并真正地消化、吸纳和运用这些观点,倾注于江南地区规模经济的研究之中,形成了自己的见解。此外,该书前三章大量运用经济学、政治学和历史学的研究方法,第四章运用心理学、发展社会学和发展经济学的研究方法,第五、六、七章运用社会学、经济学的研究方法,分别对近代江南地区资本集中及其作用问题进行了深入而详细的分析。

在研究近代江南地区资本集中问题时,作者不是空泛地议论,也不仅仅局限于江南地区,而是紧密联系近代中国的现实进行分析。如作者在研究大资本与中小资本的关系时指出:大资本是龙头,是区域经济发展的中坚力量,中小资本多起补充、辅助性作用。大资本与中小资本之间丰富复杂的关系,体现了市场经济的真实性。不论是大资本还是中小资本,在市场经济中都有其存在的必要性。因此,扩展大资本成为发展经济的必由之途。"近代中国是一个劳动力资源(主要是体力劳动者)相对过剩的国家,在一些技术程度要求不高、劳动密集型的行业,中小资本同样有存在的合理性。只有按照经济规律,建立合理的经济结构与经济秩序,充分发挥大资本与中小资本各自的优势,才能减少大资本与中小资本之间的互相倾轧,使社会资源与生产要素得到合理利用,社会经济得到稳步发展。"(第229页)作者对江苏南部城市发展中的特殊现象——货币资本积累较多的城市,新式工业的发展却相对落后,城市本身的发展亦呈衰老趋势;而与之邻近的货币资本积累相对较少的城市,新式工业却得到长足发展,城市本身的发展亦呈日新月异之势——进行了联系实际的、深刻的剖析。所有这些,都充分体现了作者马克思主义理论的功底,驾驭素材、善于分析综合的能力,勇于创新的治学态度,使该书具有较高的学术价值和可读性。

第二,观点新颖。

作者一反多年来学术界对资本集中的大肆鞭挞,以大量史实证明资本集中有利于企业降低生产成本、提高竞争能力,资本集中是现代企业发展的必由之路。他在分析了江南地区工业资本集团之间、资本集团与中小资本之间复杂的经济关系和社会关系后指出:"资本与资本之间竞争是永恒的、绝对的,避让是相对的、暂时的。竞争是整个资本主义自由经济发展的源泉,避让则是单个资本生存与发展必不可少的手段。"(第193页)资本家互相封锁科学技术、保守生产秘密,历来受到学者们的关注和责斥。江南地区的大资本之间同样存在这种妨碍生产发展的陋习。作者指出:除此之外,大资本之间还存在着"相互协作、互通管理及技术知识,培养智力劳动,以供同业之用"(第197页)的一面。对于不同规模的资本之间的关系,学术界多强调资本集团对中小资本的压迫、排斥与吞并的一面。作者指出:"从市场竞争角度来看,资本集团对中小资本有压迫、排斥的现象,但中小资本同样对资本集团构成竞争、倾轧,甚至操纵、吞并的威胁;从产权关系来看,资本集团与中小资本之间往往你中有我、我中有你;从社会化角度来看,资本集团与中小资本的关系更为密切,它们在业务上相互补充、相互依存。"(第208页)这些极富新意的观点,有助于推动对地区资本集团的研究,有助于推动江南地区经济史的研究,读来很受启发。

第三,资料翔实。

在该书中,作者运用了大量的第一手资料,特别是上海社会科学院经济研究所收集整理的大批著名资本集团的原始资料,诸如荣氏兄弟企业、南洋兄弟烟草公司、刘鸿生企业、英美烟公司在华企业、上海永安纺织印染公司,以及其他有关研究机构收集的薛家缫丝企业、南通大生企业系统、常州大成纺织染公司的史料等。此外,作者多次进行社会调查,收集到不少口碑、谱系资料。这些资料为他撰写该书奠定了很好的基础。

对许多数据,作者进行了相当仔细的考订,纠正了前人著述中的许多错误;对转引来的史料,也不厌其烦,一一胪列,并尽可能对照原始出处进行了核实。

洪银兴教授在评价《南京大学博士文丛》时说:这套文丛"基本上反映了南大青年学者丰富而活跃的学术思想,代表了南大青年学者的学术水平。"对于马俊亚这部著作来说,这个评价也是恰当的。

（原载《江海学刊》2000 年第 1 期）

抗战前南京住宅状况简述

衣食住行是人民群众生活的四大需要,是衡量生活水平的主要标准。在旧中国,城市居民的衣食在其生活中虽居主要地位,但居住条件也不能忽视。住房条件恶劣,居民不能安居乐业,社会不能稳定,古今中外,概莫能外。新中国成立后,特别是中国共产党十一届三中全会召开以后,中共各级组织和人民政府在改善居民居住条件方面做了大量工作,取得了很大的成绩。位于长江之滨、钟山之下的南京亦是如此。它不仅因紫金山的巍峨、秦淮河的逶迤、莫愁湖和玄武湖的秀丽而增辉添色,而且昔日的荒地、菜园如今成了高楼林立的住宅小区,过去鹅石铺就的深街小巷现今拓宽成汽车奔驰的通衢大道。道路建设成绩卓著,居民住房条件明显改善。《南京市国民经济和社会发展规划纲要》提出:"到本世纪(即 20 世纪)末,城市人均居住面积超过 9 平方米(相当于使用面积 12.6 平方米),住房成套率达80%。抚今追昔,令人感慨,令人振奋。本文拟就抗战前南京住宅状况作一简述,其目的是使人们从日常生活的实实在在的变化中,感受到改革开放所取得的举世瞩目的成就。

一

恩格斯在论述住宅问题时指出:"当一个古老的文明国家这样从工场手工业和小生产向大工业过渡,并且这个过渡还由于情况极其顺利而加速的时期,多半也就是'住宅缺乏'的时期。一方面,大批农村工人突然被吸引到发展为工业中心的大城市里来;另一方面,这些旧城市的布局已经不适合新的大工业的条件和与此相应的交通;街道在加宽,新的街道在开辟,铁路铺到市里。正当工人成群涌入城市的时候,工人住宅却在大批拆除。于是就突然出现了工人以及以工人为主顾的小商人和小手工业者的住宅缺乏现象。在一开始就作为工业中心而产生的城市中,这种住宅缺乏现象几乎不存在。"恩格斯接着指出:"在伦敦、巴黎、柏林和维也纳这些地方,住宅缺乏现象曾经具有急性病的形式,而且大部分像慢性病那样继续存在着。"①南京成为国民政府首都后，也严重出现过这种"急性病"似的"住宅缺乏现象"，但它不是由"从工场手工业和小生产向大工业过渡"并"发展为工业中心的大城市"引起的，而主要是由于南京定为国民政府的首都后，成为全国的政治中心，人口猛增，住宅陈旧、破烂，新建住房甚少。

1912年，南京人口为269000人；1927年，南京人口增加到360500人，15年间仅增加34%，年递增率为1.97%，不算快，人口也不算多。由下关驱车入城，荒地多，人迹少。1934年，南京人口猛增到795955人，与1927年相比，短短7年间增长120.8%，年递增率为11.98%。1935年，南京人口增加到1013320人（该年人口增加与市区范围扩大有一定的关系），与1927年相比，8年间增长181.09%，年递增率为13.79%②。

1927年后，南京人口的增长属于机械型增长。国民政府建都南京后，机关林立，职员多如过江之鲫，增加速度很快。1933年，南京职业分类统计表明，从事党、政、军、警、法等工作的47047人，占总人口726131人的6.48%。另外，大批农村人口因生活无着涌入南京，使南京人口猛增。20世纪30年代初，究竟有多少农村人口涌入南京，没有确切的统计，但有两个统计数字可以说明一点问题。一是1933年南京市有职业者351311人，占总人口的48.38%；21岁以上的人口占总人口的58%。这就是说，21岁以上居民中近7万人失业或没有职业，如加上占16.5%的13~20岁人口，失业或无业者肯定超过7万人。二是涌入南京挤在简陋的贫民窟中，缺乏基本生活保障的棚户达161338人，占总人口的22.22%③。另据1936年调查，棚户达6万余户，25万余人。

人口增加如此迅速，住宅状况又怎样？据有人估计，抗战前南京每年需要建造1万户住宅，供求关系才可以调适。然而，实际状况远非如此。

太平天国运动失败后，六朝古都南京几遭浩劫，萧条冷落不堪，破瓦颓垣，荒凉满目。据1882年3月《申报》载，南京民间房基荒废者，不可胜计，城北尤甚。1895年9月《申报》载，南京城北兵燹后，"至今人烟寥落，户口凋零，盗贼纵横，劫案迭出"。1913年9月，张勋率部攻占南京，多数市房付之于火。1921年3月《申报》报道中提到南京时说，南京几乎是一个荒弃的城市，城内大部分还是乡下地方。1927年前，荒墟隙地，占全城十之七八。城北除官署、领馆和一二资产者自建洋楼外，多是贫穷平民栖身的矮房茅屋，很不容易找到整齐的住宅。国民政府建都南京之初，住宅凋敝污陋、街道狭窄肮脏、行人衣着褴褛之状况依然如旧。其原有住宅远远满足不了迅猛增长的人口的需要，供求矛盾十分突出，房租价格"不弹则已，一弹惊人"。

① 《马克思恩格斯选集》第2卷，第459－460页。
② 根据南京市政府统计室1936年编印的《南京市统计年报》第18页附一"历年人口数"计算而得。
③ 《中国经济志·南京市》，第22－26页。

二

1. 拥挤不堪。

抗日战争前，南京有多少住宅，没有人进行过详细调查，我们不得而知。国民政府建都南京后，陆续兴建慧园里、金汤里、良友里、文华里、忠林坊、紫金坊、忠义坊、五台山村、梅园新村、桃源新村等住宅区。这些里、坊、村，大多凡数十宅或至百数十宅，同时私人也兴建了一些住宅。据统计，1931 年至 1936 年 10 月，全市共新建住宅 245972.01 平方米，平均每年新建 42190.7 余平方米(详见表 1)①。每户住宅以 20 平方米计算，每年只能解决 2109.5 户的住房；每户以 5 口人计算，每年只能解决 1 万多人的住房问题。

表 1　1931 年至 1936 年 10 月南京新建住宅面积统计表

年　份	面积(平方米)	造价(元)
1931	46743.00	7149495.00
1932	49837.00	3911352.00
1933	58731.66	5084380.48
1934	39058.81	9162870.54
1935	29296.54	7352862.53
1936 年 1 - 10 月	22305.00	7133213.00
合　计	245972.01	39794173.55

另据首都警察厅对各局、队界内瓦房、棚户的门牌(包括八卦洲、上新河、燕子矶)的调查，瓦房门牌 46331 个，棚户门牌 43234 个，共计 89565 个门牌。一般情况，普通棚户住宅每个门牌内，只有一两个房间，4.3 万余个门牌的房子要容纳 6 万余户棚户，25 万余人。至于瓦房，旧式平房每个门牌内超过十大间房屋的很少，新式的普通住宅每个门牌的房屋间数比旧式平房还要少，4.6 万余个门牌的瓦房要容纳棚户以外的 13 万余户，70 多万人②。其拥挤状况可以想见。

另据中央大学社会学系对南京棚户家庭生活的调查，180 户中居住 1 间房的 80 家，占 44.44%；居住 2 间房的 81 家，占 45.00%；居住 3 间房的 12 家，占 6.67%；居住 4 间房的 3 家，占 1.67%；居住 5 间房的 4 家，占 2.22%③。

据陈岳麟 1936 年暑假期间调查，居住旧式平房的 120 家中，居住 0.5 间的 39 家，占 32.5%；居住 1 间的 48 家，占 40.0%；居住 2 间的 22 家，占 18.3%；居住 3 间的 8 家，占 6.7%；居住 4 间的 2 家，占 1.7%；居住 5 间的 1 家，占 0.8%。其中，居

---

① 陈岳麟：《南京市之住宅问题》，见萧铮主编《民国二十年代中国大陆土地问题资料》第 91 册，第 47844 页。
② 陈岳麟：《南京市之住宅问题》第 91 册，第 47850 - 47852 页。
③ 陈岳麟：《南京市之住宅问题》第 91 册，第 47902 页。

住 0.5 间和 1 间的共 87 家,占 70%以上,居住 2 间房的不到 20%①。

居住拥挤的例子举不胜举。北门桥吉兆营 55 号,大小房间不过 8 ~ 9 个,共居住 18 家,90 余人。钓鱼巷 29 号和 40 号,大小房间不过 10 多个,各宅都住有 20 余家,100 余人。1928 年建造的武定门平民住宅中,2 家或 3 ~ 4 家合住 1 间,十数人挤住在 1 间房的,屡见不鲜。

新式住宅的拥挤现象不像旧式平房那样严重,但也不宽敞。据对 180 户居住新式住宅的调查,居住 1 间的 2 家,占 1.1%;居住 2 间的 44 家,占 24.5%;居住 3 间的 40 家,占 22.2%;居住 4 间的 31 家,占 17.2%;居住 5 间的 31 家,占 17.2%;居住 6 间的 25 家,占 13.9%;居住 7 间的 2 家,占 1.1%;居住 8 间以上的 5 家,占 2.8%②。

2. 住房质量差,卫生状况恶劣。

南京住宅大致可分为市民住宅、平民住宅、棚户住宅。市民住宅是指一般市民居住的住宅,大多为旧式平房,历时久远,年久失修。此类住宅多为自住兼出租。每宅小者 2 ~ 3 进,大者 5 ~ 6 进,住户一般为中下层人员,如机关小职员、雇役、店员、手工业者等,居住 1 间或 0.5 间的居多,居住一进的较少。拥有 7 ~ 8 间房屋的住宅,房客往往多至十数家,饮食起居非常不便,空气日光更嫌不足,哪里还谈得上清洁整齐!

平民住宅亦称新棚户住宅。新建的平民住宅大多构造简单,洋瓦屋顶,青砖墙,青砖铺地,每间房前后各有一个木头窗子。这算是好的了。1928 年建造的武定门平民住宅,计有 200 间房屋,构造简陋,白铁皮屋顶,铁丝泥墙,洋灰地面。到 1936 年,这些房屋已残破不堪,秽物满地,恶臭熏人。加之小火车经过附近,路基较高,住宅区的污水潴积不通,严重影响卫生③。

棚户住宅极为简陋,以竿为柱,四周编芦柴为壁,屋顶覆盖稻草,一遇大风大雨,便有倾倒之虞。每间房长宽 10 ~ 20 米不等,多半没有窗户(详见表 2),室内黑暗得看不清东西,空气污浊④。

表 2　180 家棚户房屋墙壁、窗子种类比较表

墙壁种类	芦柴墙	土墙	砖墙	板墙	合计
家数	129	41	6	4	180
百分比(%)	71.67	22.78	3.33	2.22	100

① 陈岳麟:《南京市之住宅问题》第 91 册,第 47854 - 47855 页。
② 陈岳麟:《南京市之住宅问题》第 91 册,第 47855 - 47856 页。
③ 陈岳麟:《南京市实习调查日记》第 102 册,第 53856 页。
④ 陈岳麟:《南京市之住宅问题》第 91 册,第 47902 - 47904 页。

窗子种类	无窗	纸窗	小洞	板窗	玻璃窗	合计
家数	101	36	20	15	8	180
百分比(%)	56.11	20.00	11.11	8.33	4.45	100

一般说来,1 户棚户住 1 间或 2 间房屋,每间卧室住 3~4 人以至 5~6 人。市区的偏僻之处,文昌桥附近、武定门城墙根内外、中华门外、莫愁湖二道埂子、金川门外等处,都是棚户麇集之所。下关的湖北街、牛家湾、黄泥滩、怡和塘、宝塔桥等处,是江北各县平民聚集之地。他们经营小本生意,或拉洋车,或为杠夫,编茅为屋,编竹为篱,房屋极为简陋。金川门外铁路两旁棚户麇集的头所村,有 700~800家,全为失业流离的难民,无衣无食,其生活之悲惨,较之棚户区的居民要低 18等矣[1]!

棚户住宅区大都位于低湿污泥之地,道路泥泞不平,水井、厕所缺乏,废料秽物遍地,以致蚊蝇丛生、病菌丛集。正如陈岳麟所说,只要稍离宽阔整洁的马路几步,转入各街巷及偏僻之处,污秽不堪的景象就呈现在眼前了。

这里需要指出的是,1933 年,在山西路以西、西康路以东一带,开辟建筑新住宅区,制定领地章程,同年 7 月开始放领。有的领地自建自住,有的领地建造房屋出租,也有银行领地建造房屋出租的。宅地放领原分为甲乙两种,甲种为 2 亩,乙种约 1.5 亩。据陈岳麟 1936 年暑假调查,已建成的房屋虽大小不一,但也较为整齐美观,新住宅区门牌数达 179 个。这种新住宅区的开辟对改善一般市民居住条件是毫无意义的。

三

人口激增,原有住宅供不应求,新建住宅数量有限,供需矛盾十分尖锐,致使房租暴涨,土地价格上涨,患病率、死亡率上升。

1. **房租暴涨,租房条件苛刻。**

大批人口涌进南京后,使原来就不多的住宅成为抢手货。国民政府建都南京初期,1 间简陋旧敝房屋每月的房租达 10 元,甚至 20~30 元不等,另外还需要缴纳数十元押租,与以往相比,房租几乎增加 10 倍以上。南京市政府曾规定,甲等房屋每月租金 10 元,乙等 8 元,丙等 6 元。对此,房主置若罔闻。无法承受高额房租的市民曾一度闹过减租运动,市政府也曾作出过决定:凡住宅租金自 1932 年 2 月 16日起,一律照原租额减为 5 折,旅馆照原租价减为 6 折[2]。执行者甚少,减租运动很

---

① 陈岳麟:《南京市实习调查日记》第 102 册,第 53866 页。
② 《申报》,1932 年 2 月 27 日。

快也就无声无息了。

据陈岳麟调查,严家桥 8 号王辉之住屋 2 间,每月行租 4 元,押租 1000 元。老虎桥 12 号丁南方住屋 2 间,每月行租 7 元,押租 300 元。大纱帽巷炊事员叶某住披厢 1 间,每月行租 2 元,押租 150 元[①]。每月只有十几元或 20～30 元收入的家庭,就是不吃不穿也缴不起如此数额的押租。因此,20～30 家、百余口人居住在破旧的 3～4 进平房内的现象,司空见惯。

陈岳麟曾对 280 户租赁房屋的支出情况进行过调查分析:每月收入 20 元以下的,平均每月房租 3.93 元,占收入的 25.46%;每月收入 20～40 元的,平均每月房租 7.72 元,占收入的 24.05%;每月收入 40～60 元的,平均每月房租 10.64 元,占收入的 20.28%;每月收入 60～80 元的,平均每月房租 12.80 元,占收入的 17.28%;每月收入 80～100 元的,平均每月房租 21.03 元,占收入的 21.59%;每月收入 100～120 元的,平均每月房租 27.63 元,占收入的 18.80%;每月收入 120～150 元的,平均每月房租 29.46 元,占收入的 19.92%;每月收入 150～200 元的,平均每月房租 33.04 元,占收入的 17.59%;每月收入 200～250 元的,平均每月房租 47.21 元,占收入的 19.56%;每月收入 250～300 元的,平均每月房租 59.48 元,占收入的 20.09%;每月收入 300～400 元的,平均每月房租 60.53 元,占收入的 16.35%;每月收入 400 元以上的,平均每月房租 72.27 元,占收入的 11.88%[②]。由此可见,房租与收入成反比例,收入愈少,房租所占比重愈高。陈岳麟说,当时南京的房租高于国内任何一个城市。然而,高额的房租所得到的住房却是低劣的,求一宿之安亦不可得。不仅如此,有的房主乘机牟利,将 1 间 2 丈多进身的房间,用木板一隔为二,每间只能放一床一桌;有的房主用木板将客厅隔成一室,留下狭窄的过道,行人进出犹如行于复壁之中。这样的房间每月租金少则 3～4 元,多则 7～8 元,一般都在 5～6 元左右。

就全市房屋租赁的情形来看,城内各区不一。城南,房屋租赁例行重押租轻行租,押租往往超过行租 5～6 倍以上。城北,重押租的则不多。机关林立、住宅较少的城北的租额高于城南,城南又高于城西。城南、城西的租户比较固定,租赁时间较长;城北流动性较大,租赁时间较短。对这种现象,时人曾这样形容过:城北租户有如旅客,城南租户有如土著。

住房的严重缺乏,给那些靠房租生活的房主带来敲诈房客的机会。房客租房屋,房主要加租,房客不同意,被勒令迁出的情况,时有发生。

市民租赁房屋,不仅房租高昂,而且手续繁琐、条件苛刻,特别是租赁旧式房屋的条件更为苛刻。通行的条件有:(1) 承租人必须有眷属;(2) 承租人必须有殷实

① 陈岳麟:《南京市之住宅问题》第 91 册,第 47885 页。
② 陈岳麟:《南京市之住宅问题》第 91 册,第 47869－47870 页。

之户担保;(3)承租人必须缴付超出行租数倍以上的押金。这三个条件缺一不可。缴付超出行租数倍以上的押金,有殷实之户担保,不是一般人所能做到的,往往要花一定的中介费,由中介人请殷实大户担保。跑遍大街小巷,找不到1间价格相当而又适合的住宅,是常有的事。若无眷属,虽出高价,也难觅到置放一床一桌的房屋。

租赁新式住宅的条件虽比旧式房屋好些,但也好不了多少。如要租赁征收逆产而来的、财政局管辖的市房的手续亦很繁琐。首先须经财政局核准,缴纳押租,订立租约后,方能搬入居住。房客立约时,须按照每月行租数额缴纳2个月的押租,并具铺保,以资保证。每月行租需按月缴清,如积欠3个月以上,解除其租约……修理房屋无论工程大小,均应报局核办,如房客自行修理,财政局概不追认,房客如欲另添装修及改造等,均归自理,但须事先报告财政局核准,退租时仍须恢复原状,不得要求财政局给价收受,如有损失须照价赔偿①。

2. 土地价格上涨。

城市土地价格的涨跌,与社会稳定、经济发展、位置环境、交通状况、人口分布及其变动情形密切相关。南京人口猛增,住房拥挤,房租暴涨,吸引一些人投资房地产,土地价格上涨,是很自然的。据1934年12月25日《申报》载,中华路每亩地4000元,中山路每亩地万元以上。住宅区,赤壁路每亩地5000元,油市大街每亩地2500~2600元,建邺路每亩地3000元,国府西街每亩地5000~6000元。全市土地价格,新街口、太平路最高;就历年土地价格来说,1931年最高。新街口每平方米土地价格,1929年150元,1930年400元,1931年700元,1932年400元,1933年280元,1934年520元。城北山西路、傅厚岗、三牌楼的土地价格有增无减,与对宅地的需要日益急迫不无关系。

3. 患病率、死亡率上升。

当时,南京居民居住拥挤,生活贫困,卫生状况恶劣,导致疾病滋生,严重影响身体健康,其死亡率逐年上升。其死亡率,1929年为11.3‰,1930年为15.7‰,1931年为16.0‰,1932年为14.7‰,1934年为15.9‰,1935年为18.3‰②。据对1935年度南京人民死亡原因统计分析,患急性或慢性传染病而死亡的占27.3‰,患肺病死亡的占23.5‰,合计占50.8‰。很显然,这与居住状况恶劣有关。从1935、1936年度南京各区的死亡率来看,人烟稠密、住房条件差的城南各区的死亡率较高,中华门和雨花路一带(即第4局)、通济门一带(即第2局)最高,1936年度分别高达22.9‰、19.1‰;棚户集中的下关和浦口(即第7局和第8局)死亡率也较高,1936年度分别达16.6‰、20.8‰③。

① 周坤寿:《南京市市政府实习报告》第106册,第56259-56260页。
② 南京市政府统计室1936年编印:《南京市统计年报》,"历年出生率及死亡率比较(城区)"。
③ 陈岳麟:《南京市之住宅问题》第91册,第47923-47924页。

当时,南京住房拥挤不堪,环境卫生恶劣,使一些有识之士忧心忡忡,一再呼吁开辟新住宅区,建造劳工住宅区,改善市民居住条件。南京市政府曾于1934年成立"棚户住宅改善委员会",力图改善棚户的居住条件。然而,在当时的情况下,不论开辟新住宅区、平民住宅区和改善棚户住宅区的计划如何完善,根本解决市民居住的困难都是不可能的。

(原载《南京社会科学》1994年第6期)

清末至新中国成立前江苏省历次人口调查简介

人口统计是社会经济统计的一个重要组成部分。它主要是从数量方面综合地反映社会政治经济发展造成的人口变化状况、结果及其发展变化的规律。人口统计和所有社会科学一样，具有强烈的阶级性和党性。在社会主义条件下，它为无产阶级政党制定路线、方针、政策提供重要依据。在旧中国则为历代统治者加派赋税以增加国家收入、多征兵员以维持统治提供依据。正因为如此，旧中国的历代统治者对人口数字的统计都比较关心，因而对人口调查也都比较重视。就江苏省来说，从清末到新中国成立前的40年（1909—1949年）中，有关人口、户数的调查就有8次之多。下面笔者根据所接触到的资料，将这8次调查情况作一简要介绍，遗漏、错误之处在所难免，仅供参考。

第一次是清末宣统年间（1909—1911年）的调查。这次调查是依据光绪三十四年（1908年）十二月，民政部关于筹备立宪所奏定的调查户口章程而举办的。调查分查户、查口两步进行。江苏全省只有江苏巡抚所管辖的4府1州共计37属，在宣统三年（1911年）有户数、口数的报告；两江总督直接管辖的江宁各属在宣统三年只有户数报告，而无口数报告，后来所公布的上元等36州县的人口是根据宣统三年报告的户数，参考山东、安徽及江北提督所管辖的清江一县的每户平均人口数和平均性别比例求得的。

第二次是民国元年（1912年）的户口统计。据记载，这次户口统计的内容大致有8项：现住户数统计，现住人口性别、年龄统计，现住人口职业构成统计，现住人口婚姻统计，现住人口改籍及复姓人数统计，现住人口出生死亡统计，现住人口按年龄组别死亡数统计，寄住外国人地方、职业、性别统计。这次人口统计的章程、经过，因缺记载，都无从了解。

第三次是1922年江苏省长公署的调查。

第四次是1928—1929年江苏省民政厅的调查。1928年5月，国民政府内政部要江苏、浙江、安徽三省采用1915年北洋政府内务部所颁布的调查规则，进行人口调查，并限3个月完成。江苏省民政厅根据调查规则，从1928年6月开始调查，到1929年3月结束。

第五次是1930年12月至1932年底江苏省民政厅的调查。这次调查原限1个月完成，由于种种原因，一直拖到1932年底才结束。

第六次是1932年国民政府实业部国际贸易局的调查。实业部国际贸易局为编写《中国实业志》江苏省部分，对江苏省的人口也进行了调查。调查时间共4个月(1932年8月—11月),其办法是派人到各县,以县公安局为调查对象。

第七次是1934—1935年江苏省民政厅编查保甲清查户口。其内容大致有:现住户数(包括普通户、船户、公共处所、寺庙、外人户),口数(包括普通户人口、船户人口、公共处所人口、寺庙人口、外国人人口),婚姻状况,健康状况,教育程度,居住年限,职业构成状况等。另外,还调查各户家里有无枪械。1934年4月和11月江北、江南先后开始编查保甲,全省60县(不包括江宁县)编为68185保、715882甲。编查保甲后清查户口。按照规定,清查户口时,给每家发一块木头的门牌,并要求详细地填写户口调查表,由区编查委员会抽查核实、汇总,制成户口统计表报县。县里再汇总制成县户口统计表报省民政厅。全省60县清查户口工作,到1935年7月全部结束。

第八次是1947年的户口清查、户籍登记。抗战胜利后,国民政府为了掌握各地人口数,曾由内政部督促各省、市政府进行户口清查,办理户籍登记,并制定乡镇保甲户口统计表,要求各省、市政府将每年1月和7月资料整理报部。国民政府江苏省民政厅曾遵照办理。

以上8次人口调查,都不是全国性的人口普查,仅其中的第四次1928—1929年调查到的人口数字,后来曾与其他12个省的人口调查数合在一起,作为推算全国人口数的依据,其他7次,实际上都是区域性人口调查。这8次人口调查的特点是:首先,调查的时机不是在社会政治变动之后,就是在重大的政治经济活动之前,这无疑是为了加强政治统治和经济剥削。其次,主持调查的部门,除第六次调查由国民政府实业部国际贸易局主持外,其余7次都由省级民政部门主持,地方政权负责调查。再次,调查人口的时间一般都较长,宣统年间的调查进行了3年之久,所得人口数字还不完整。费时较久是由经费、人力有限及当时政治腐败所致。时间拖得越长,查得的人口数越不准确。最后,调查项目少而粗,调查人员敷衍从事,这就使调查所得的人口数字既不完整可靠,也不完全可比。尽管如此,这些数字还是可以反映当时人口变动的基本概貌。

附:清末至新中国成立前江苏省历次人口调查结果:

一、清末宣统年间(1909—1911年)人口调查:

户数:5397738户

男:14072470人

女:11810866人

男女合计:25883336人(连同驻防在内)

每户平均人口:4.80人

性别比例:119.1

(每一百女子与男子数之比,下同)

二、民国元年(1912年)户口统计：

户数：6076869 户

男：16965542 人

女：15317239 人

男女合计：32282781 人

每户平均人口：5.31 人

性别比例：110.8

三、1922 年江苏省长公署调查：

人口总数：31379580 人

四、1928—1929 年江苏省民政厅调查：

户数：6487760 户

男：16988421 人

女：15139619 人

男女合计：32128040 人

每户平均人口：4.95 人

性别比例：113.74

人口密度：313.15 人/方公里

五、1930 年 12 月至 1932 年底江苏省民政厅调查：

户数：6278040 户

男：16893258 人

女：15301095 人

男女合计：32194353 人

每户平均人口：5.1 人

性别比例：110

(以上是 1931 年江苏省民政厅调查数)

六、1932 年国民政府实业部国际贸易局调查(包括上海市、南京市)：

男：19035163 人

女：16772608 人

男女合计：35807771 人(其中包括上海市 3023111 人,南京市 632678 人)

人口密度：全省为 294.73 人/方公里,上海为 827.07 人/方公里,南京市为 511.25 人/方公里

城乡人口比例：城市人口占全省人口的 15.7%,乡村人口占全省人口的 84.3%

各年龄组所占比例：10 岁以下者,占 18.96%;11 岁至 30 岁者,占36.68%;31 岁至 60 岁者,占 34.28%;61 岁以上者,占 10.08%

七、**1935 年度江苏省民政厅编查保甲清查户口统计：**

普通户、船户：7367945 户

公共处所：252187 户

寺庙：26599 户

外国人户：188 户

全省总户数：7646919 户

普通户、船户人数：34828063 人

公共处所人数：1123251 人

寺庙人数：72266 人

外国人数：458 人

全省总人数：36024038 人

每户平均人口：4.7 人（限于普通户、船户人口）

性别比例：109.83（限于普通户、船户人口）

识字人口：识　字：男：4722495 人

　　　　　　　　　女：573308 人

　　　　　　不识字：男：13507041 人

　　　　　　　　　女：16025219 人

有无职业人口：有职业：男：11876882 人

　　　　　　　　　女：9403953 人

　　　　　　　无职业：男：6352654 人

　　　　　　　　　女：7194574 人

（以上各项数字不包括江宁县数）

八、**1947 年户口清查、户籍登记：**

江苏省 1947 年上半年户口清查情况：

户数：7532448 户

男：18745652 人

女：17306359 人

男女合计：36052011 人

性别比例：108.32

（江南 27 县为 1947 年 1 月数，扬中等 14 县市为 1947 年 2 月数，连云港市为 1947 年 4 月数，其余为抗战前数）

江苏省 1947 年下半年户口清查情况：

户数：7404682 户

男：18746560 人

女：17316063 人

男女合计：36062623 人

性别比例：108. 26

资料来源：

《中国实业志·江苏省》,1933 年；

《中国经济年鉴》,1934 年；

《申报年鉴》,1935 年；

《江苏省鉴》,1935 年；

《江苏保甲总报告》,现存江苏省档案馆；

《中华年鉴》,1948 年。

(原载《人口理论与实践》1982 年第 2 期(内刊)。收入本书时,将标题中的
"解放前"改为"新中国成立前"。)

1931 年江苏水灾简述

1991 年,江苏发生了百年不遇的特大洪涝灾害。在中共江苏省委和江苏省人民政府的坚强领导下,共产党员身先士卒,干群紧密团结,军民齐心协力,抗洪救灾取得了胜利。灾民得到了妥善安置,灾区人心稳定,恢复生产、重建家园工作正在有领导有组织地有序展开。1931 年,江苏各地也发生了严重的洪涝灾害。笔者翻阅当年《申报》对此次灾情的报道,肆虐的洪魔所造成的凄凄惨状,历历在目。抚今追昔,实不胜感慨系之。

罕见的灾情

1931 年入夏以来,江苏各地雨量多而集中,长江、淮河、运河水位齐涨,太湖、洪泽湖、高宝湖泛溢,各地堤防多被冲毁。全省受灾地区达 36 个县,受灾人口达 6902710 人,占全省总人口的 21.4%,受灾田亩达 26939700 亩,房屋财产损失估计 3.54 亿余元。

苏南水灾十分严重。7 月初,无锡连下 3 昼夜大雨,河水暴涨 4 尺;7 月 11 日,大雨如注;7 月 22 日起,大雨连潮,河水续涨尺余,最低处的房屋已与水位齐,无锡全县重灾面积约 20 余万亩。

自入梅至 7 月 20 日止,宜兴、镇江、上海、青浦降雨 470 至 530 毫米不等,武进至宜兴一带水位已较往年高出 3 尺多。7 月 22 日后,大雨昼夜不止。芙蓉圩约 20 万农民栖身水屋,架板而卧,灶舍成渠,以瓮为炊,风餐露宿。8 月上旬,镇江被淹面积已达 28 万余亩,灾民 12.4 万余人。高淳决圩 195 处,灾民 16 万人左右,特别是高淳北乡灾区,房屋沉没水中,灾民多于树桠居之,日不得一食。溧阳境内无一圩不沉,无一苗可见,待赈灾民 15 万人以上,占全县人口的三分之二。江宁被淹面积约占全县面积十之七八。沙洲沿江破圩 50~60 处。

7 月底 8 月初,江浦县北部已一片汪洋,平地上的一些村镇也水深数丈,津浦路基被冲毁 10 余里,人畜器物漂没无遗。攀登树梢的灾民均由急赈人员拯救出险,而扶老携弱迁避山边者不下数千人。水势汹涌未及躲避致遭灭顶者,为数不少。

1931 年江苏的水灾以苏北为最重,苏北尤以高邮、宝应、兴化、泰县、东台为最惨。

1931 年入夏以来,霪雨滂沱,使淮河水位早涨,运河水位早与岸齐,洪泽湖、高宝湖周围的低地早已积水成灾。到 7 月底,运河水位已达 14 米,淮水由洪泽湖经高宝湖入江,每秒流量达 5000 立方米。8 月 25 日,狂风大作,波涛澎湃;26 日,运河先后决堤 27 处,其中江都段 21 处,高宝段 6 处。高宝段决口最为险恶,既深且阔,最大者百数十丈,小者亦 60~70 丈。运河决堤后,原来由北南泻之水,高邮之下一变而为由南北泻,连日江潮内托直灌入运,沂水又如万马奔腾直冲南下,兴化、东台、泰县、盐城、阜宁及沿运的宝应诸县顿成泽国,水深丈余,浅的亦在 7~8 尺。高邮、邵伯间运河决堤后,高邮全城、邵伯全镇尽被冲没,男女尸身及箱笼、家具、牛犬牲畜漂流水面,触目皆是。高邮北窑墩尸积如山,状极凄惨。真武庙房屋多半倾圮,良田悉成泽国。

形如釜底的兴化入夏以来,霪雨为灾,低田已成泽国。及至秋前 7 日,车逻等 3 坝相继启放,水位骤增 4 尺,城垣半没水中,居民房屋没顶。县府为全县最高之处,人民争盖芦棚,成为难民栖身之地,后至者无处容身,相向号哭。城外则洪波万顷,水天相接,与太湖无异。水位最高的地方曾漫电报线杆,以致邮电不通,交通阻塞,几与外界隔绝。不仅庄稼颗粒无收,寻找居住之地亦不可得。富有者以船为家,中产以下者则攀树架板,筑巢栖身。灾民每天采水藻、树叶充饥。水中浮尸,在在可见。该县军政教育各机关无法工作,城内如同虚墓。8 月 26 日,高邵段决堤后,兴化水位陡增 4 尺,日前尚见的树梢和微露水面的屋顶冲毁殆尽,城内地势最高的县府亦水深 3 尺。人死之后,屋内无处可放,野外无土可埋,多悬棺于树上;耕牛无草可食,每头牛只售 3.5 元,尚无人问津。

运河决堤后,泰县洪水陡涨 3 尺,三分之二的土地被淹,在水中挣扎未死的灾民至少在 20 万人以上,衣食住均无着落。东台县因盐垦公司的围堤、闸坝阻遏水道,不得宣泄,洪水有来无去,为害甚巨,50 万余人无处栖身,随水漂流者不知凡几。宝应水涨数尺,膏腴之地完全淹没,如同平湖。各村镇高丘堤顶,灾民与蛇鼠同栖,便溺涕唾污秽狼藉,日有死亡,多抛水中。淮阴全县被淹田亩 90 万余亩,直接损失约 600 万元,失所灾民约 18.5 万人,炊烟断绝,鸡犬无声,只见树梢、屋角荡漾于惊涛骇浪之中。

无力的救援

面对如此巨大的水灾,首要的任务是堵住运河决口,急赈灾民。运河决口一日不堵,里下河十数县人民一日不能安居。行政当局官员虽也下去视察灾情,再三筹划堵塞决口和修复河堤事宜,但措施不力,行动迟缓,到 9 月中旬较大的决口尚未着手堵塞,到 12 月上中旬才筹到 100 万元经费,1932 年 4 月上旬高邮段尚有 6 个决口未堵。省农矿厅为救济农业生产曾拟具救济办法:(1)扩大保牛运动,拨款 6 万至 7 万元购办草料运往灾区,廉价贷与或无价发给,保存牛只,禁止耕牛出境;(2)购备 2 至 5 万元救荒作物籽种分配贷放给农民。仅此而已。

国民党江苏省政府,特别是民间团体、慈善机构曾组织募捐,设立收容所,急赈灾民。无奈灾民太多,钱款、物资太少,杯水车薪,无济于事。至于当地行政当局根本无力救灾,全赖外地接济。据 1931 年 9 月 10 日《申报》报道,兴化县警队 300 余人已欠饷3月,根本无力救济灾民。另据当时实地救灾者说:轮队行驶,居民竟不避危险,纷纷驾小舟逐浪,随轮乞赈,甚至有的驾一小板或木盆前来。男女老幼拥挤一处,跪者、揖者哭声震天,惶惶然只求一食。真武庙一带的灾民多露宿于圩岸之上,无处避风躲雨,每见小轮船来,灾民齐立乞赈,每段人数不下千人,所携赈粮远远满足不了需要。阜宁县共辖13个区,重灾区11个区,灾民约10万人。赈灾食放局仅在沟墩、陈家洋等地设立粥厂,每日施粥两次,东坎、八滩等地尚付阙如,以致灾民沿途泣化。江苏水灾义赈会从成立到结束共收到126.63万余元(包括官赈、义赈),其中得赈款较多的县,不过3万余元。经济实力较强的江阴县对沙洲灾民急赈时,按极贫户、次贫户分发,极贫户大人每人大洋1元,小孩每人大洋5角;次贫户大人每人大洋8角,小孩每人4角。据有人估计,到10月底已赈济灾民不及十之二三,未赈济灾民谋生无路,饿死者时有所闻。后来,行政当局虽陆续拨款救灾,但数量也很有限。江北赈务委员会盐城分会曾报告说:第一次赈款分配给盐城1.2万元,第二次赈款分配给盐城2万元及寒衣。款少人多,只能采取轮流发放的办法,使灾民领赈得以苟活数日或十数日不等。贫病者日甚一日,卫生队仅设于城市,而乡间则很难救济。目下求赈之函,纷如雪片,来春荒象预料将百倍于今。

各地官赈会、义赈会相继设立收容所收容灾民,然而收容人数与灾民总数相较,差距太大,早已人满为患。有的县因灾害严重,自救不暇,不愿接受灾民。况且,10月底各地收容所宣布停止收容,将已收容的灾民陆续遣返原籍。12月6日,江阴6区区团将逃荒至西石桥、芦埠港的2000余名盐城灾民驱逐出境。

面临冬天来临,风雪逼人,托庇无所,灾民困苦不已。江苏水灾义赈会特在11月中旬发表紧要启事:敝会成立后办了一次临时急赈,不过是把已死的掩埋,未死的略微度度命,真正得救的灾民还是少数。现在高邮决口仍未堵塞,下游各县积水深的还有7至8尺或1丈,浅的还有2至3尺。两个月来,所有的房屋不是冲没,就是浸塌,倒得干干净净。灾民有的住在荒滩上,有的住在圩埂上,用芦席、破布搭搭就算是房子。散放的急赈粮吃完了,就在水中淘烂稻草吃,喝的水腥味扑鼻,传染疾病又死了好多人。去放赈的人看见这种样子,没有一个不哭着回来,都说是活地狱。现在西北风渐渐来了,肚里饿,身上冷,能不死得一塌糊涂吗!叩求父老兄弟诸姑姐妹多发慈悲,或助钱,或助棉衣、棉被。这一启事读了令人心酸,催人泪下。

严重的后果

1931年的水灾所造成的后果极其严重,特别是重灾区元气大伤,农田荒废,工厂闭歇,商界货物损失惨重,不能恢复营业,市面凋零;社会事业停止,学校停课,学生流离失所。从全省来看,其后果大致有以下几个方面:

1. 大水灾造成人口减少。

据赈务委员会调查,1931年的水灾全省淹死14201人。水灾时人口死亡,当不止淹死,尚有病死、饿死等。据金陵大学农业经济系调查,自水灾发生之日起,至11月1日止约100天内,全省每千人中平均死亡人数,苏南为13人,苏北为10人。

2. 大水灾造成人口移动。

据金陵大学农业经济系调查,每千人中流离人数,苏南为50人,苏北为165人。其中举家流离者,苏南为31%,苏北为41%;苏南流离人口占总人口的34%,苏北占47%。不少灾民涌往上海、南京及镇江、无锡、苏州等城市。

3. 大水灾造成粮荒。

据估计,1931年全省稻谷损失1698万担,占常年产量的28.0%;高粱、小米损失117万担,占常年产量的30.8%;棉花损失55万担,占常年产量的26.0%。农业生产的连年歉收,加之1931年的大水灾,使农民陷入饥饿的深渊。1932年春,以草充食者比比皆是,无法生活被迫自杀者时有所闻。其惨苦情形,非可言喻。有些地方的灾民不但得不到急赈,反而被逼缴佃租,如有故意延宕者,还要拘送县府法办。官逼民反。大丰盐垦公司有人出面组织联合抗租。常熟农民要求免租不允,要求急赈而不可得,矛盾激化。10月3日,常熟县第13区2000余名农民涌入区公所内,将电话机打毁,将各种文件弃毁。10月9日,第10区3000余名农民因闹粮荒,本打算去打毁区公所,在路上与警察相遇,发生流血惨案,农民被打死3人、打伤3人。贫苦农民因枵腹难忍,吃大户之举屡屡发生。10月初,常熟发生抢米事件。据统计,自1932年5月11日至6月10日,报纸报道无锡境内抢米的次数竟有25次之多。

4. 商业萧条,银根奇紧。

镇江商货的输出,以苏北各县为大宗,金融业也以苏北为放款之地;苏北各县从外面输入货物和吸收银根,以镇江为主,其次是南京、扬州等。镇江商界因受1931年水灾影响,直接、间接损失估计在百万元以上。江阴商业清淡,银根紧缺,教育款项拮据,无法筹集。靖江商号、钱庄不能往来,典当只有赎出,没有当进。南京、镇江、南通一些著名的、年营业额百万元以上的大钱庄因受水灾影响,放款难以收回,无法维持,陆续宣告停业。1931年大水灾前,南京有68家钱庄,当年因受水灾影响停业3家,1932年停业17家,1933年停业15家(当然,停业还有其他原因)。苏州、无锡等地也发生了金融恐慌。

1931年的江苏大水灾使人民遭受到空前浩劫,造成极其严重的后果。60年之后,江苏又发生特大洪涝灾害。前后两次抗洪救灾相比较,可以说是新旧社会两重天。1991年抗灾救灾的胜利,充分体现了共产党好,社会主义好,人民解放军好,人民群众好。

(原载《江苏经济探讨》1991年第10期)

五卅运动期间江苏各地抵制英日货斗争述略

在苦难深重的旧中国,洋货长驱直入,充斥市场,直接危及中国民族资本的生存和发展。在这种情况下,提倡国货,发展实业,是挽救国势的一个重要方法;抵制洋货,是旧中国人民经常用来反对外国资本主义经济侵略的一个重要手段。1905年中国人民曾进行过抵制美货的斗争,1915年、1919年曾进行过抵制日货的斗争。1925年五卅惨案在上海发生后,上海首先发起抵制英日货、对英日两国实行经济绝交的斗争。江苏各地纷纷响应,抵制英日货的斗争迅速兴起,其发展速度之快,参加人数之多,所涉地区范围之广,规模之大,斗争之激烈,影响之深远,均为前所未有。

一

江苏提倡国货、抵制英日货的呼声,以青年学生为最高。他们不仅热烈地宣传提倡国货、抵制英日货的意义,还认真检查和处理(销毁、拍卖、处罚)英日货,坚决同奸商作斗争,处处站在经济斗争的最前列。6月4日,扬州学生举行大游行时喊出了与英日经济绝交的口号①。6月7日下午,无锡游行示威队伍中亦打出书有经济绝交字样的小旗帜。6月8日,六合学生游行时亦高呼与英日经济绝交的口号。丹阳学生于课后和星期日分头至城乡各地演讲,散发传单,宣传抵制英日货的意义。

苏州学生联合会作出了关于查禁英日货的决议:(一)五卅以前所进之货盖印后销售;以后所进,罚5成;调查后仍偷运,除罚款外并勒令退回。(二)各进口英日货不论生熟,不论绝对相对,除本国无法以代者外,一概扣留(如文化物品、机器等类不必扣)。(三)调查事业既由各界联合会推举商会为代表,则商会当然不能卸责,于调查时不能不到②。

南通各校学生组织调查股,派定轮流值班人员逐日分赴城区、唐闸、天生港、芦泾港、任港、姚港调查英日货。

据《申报》6月18日报道,江阴周庄镇顾正元所进之货在华墅被县师范学校学生扣留后,该货主自愿将货焚毁,书立草据,永不再添,事乃了结。

太仓省立第三、第四中学的学生调查团分赴城厢各地,持竿捐梯撕扯英日一

---

① 本文所引用的资料,除注明出处的外,其余的均参考当时《申报》的有关报道。
② 《苏州史志资料选辑》第1辑,第155页。

切广告,调查各商店英日货,以杜绝其来源而振国货。据《申报》6月25日报道,太仓城乡各处,调查团业已殆遍,为扩充范围,分赴常熟等处从事鼓吹,以期收效宏远。

7月1日,东台学生发现永记广货公司有大批英货,当即质问该公司经理,经理态度恶劣,被学生扭至商会,议判令其道歉,并罚款200元大洋,停止营业7天。

7月7日,常州五中学生会暑期留校执行委员会邀请中学以上学校学生会代表开会。与会者认为,对英日经济绝交,各地风行,常州处于沪宁铁路中心,为中外观瞻所在,不应与人独异,应迎头赶上。

镇江学生逐日分班至火车站、江边码头调查运镇货物,不稍懈息。8月12日,镇江学生联合会全体会议决定,本会查获之货,无论何人来会说情,本会当照议案实行,概不徇情,以示公正。

南京学生联合会将各校学生分为10人一组,自6月27日起,分区检查商店存货,各商店将所存英日货陈列一处,然后按件粘贴印花,以资识别,并列一简表,以备查考。对英日货的罚款登报公布。8月17日,南京学生进一步提出:5月30日以前所订之货运进期限到期后,凡属停售之英日货不再运进,一经查出,即行焚毁,或拍卖充公,接济工人,不再议罚,以免流弊。

随着抵制英日货斗争的深入发展,青年学生不断调整、加强抵制英日货的组织领导。8月中旬,南京学生联合会抵货股、南京学生抵货协进会检查股合并为南京学生抵制仇货联合会,专办抵货事件。

二

五卅惨案发生后,江苏各地各行业、各阶层也相继响应抵制英日货的号召。6月4日,常熟市民大会在决议中提出,函请各业援照各埠商号电申止付英日订货。南京总商会也发出通告,从6月10日起,不用英日纸币,不乘英日船只,不进英日货物,并在下关附设检查部。6月14日,江阴政学商各界76人集会,提出与英日经济绝交从速进行,并即日向各商铺调查货物,刊明标志,列表宣布,俾众周知。6月16日,六合各商号宣布,从即日起,一概不购英日货。6月30日,常州工商界一律罢业,并悬挂"万众一心,抵制英日(货)"旗帜。

无锡洋广货业界停售英日货最早。接着绸布业召开同业紧急会议,讨论抵制英日货办法,并派人赴沪调查各货国籍,所有英日货务必抵制,如查获英日货,扣留封存。无锡商会决定:五卅惨案未解决以前,所有英日货应一概停进,其已订购未运锡者,应与对方商量暂缓运锡;倘因契约问题,不能缓进者,应先报告同业公会或公所,然后运锡封存,以免第三者干涉。

7月7日,苏州总商会邀集各业开会,议决提倡国货具体办法,并要求各业克日妥议提倡国货、抵制英日货办法,报送本会核夺施行。苏州总商会在提倡国货具体施行办法的议决案中,要求各业代表担任分劝各商店不进仇货;已进及订存之仇货应由各该业自行分别种类,开明数目,先行报告本会备查;截止仇货来路,由本会通知各转运公司会议办法,报告本会。议决案还提出"劝止粮食及各种需要原料出口","由本会会员发起集股组设国货商场。"①

常州商会召集各业董开会商议,要求各业弄清英日货中何者为必需品,何者为非必需品,国货能代替者究竟有多少,以期实行抵制。

镇江商会认为,英日两国对中国蔑视太甚,非实行经济绝交,不足以言抵制,决定成立镇江商业联合会检查劣货处。

据《申报》6月20日报道,通崇海泰总商会召集各商董开会,议决对英日经济绝交办法,共5条,其大意是:五卅惨案交涉未满意以前,一致停止买进英日货,各商号所订货物分两种情况处理:起运在途者,未起运者。各商号于两日内开单送总商会备查,如有私运者,查出公议,从严处分。已订之货如运到港口,应先向总商会报告备查,再行起货上栈。

从7月6日起,扬州调查团(每业2人,共14业,由业董担任)各就本业,切实查(英日)货,开单报会,除存货、订货销售外,不得再进,俾达实行经济绝交目的,并于东钞两关轮埠码头组织查验所,如有新货发现,一律交商会保存,俟沪案解决后,再行发落。

徐州国民外交后援会亦议定对英日经济绝交办法,勒令亚细亚火油公司、公泰商号停业。亚细亚公司被迫声明将现存货物封存不售,公泰商号亦声明不再进货,并将现存货物逐步收束。7月11日开始,徐州检查货物,毁除城厢英日商行一切广告,并规定车站及转运公司提货时间,非经后援会查明,不能运出。查货时需核对购货底账。

东台国民临时外交后援会警告县境内各商号,速将所订在途之英日货,汇册报告备查,并限以7月5日至11日止,不得再行运进。逾期若再贩运,一经发现,即行销毁。

靖江外交后援会议决,6月28日开始实行抵货,向各商店调查所存英日货,一律盖章限期售清,以后再有私进,一经查出,送会充公。

阜宁各界也组织了沪案后援会,宣传经济绝交及募捐接济上海罢工工人,成立检查货物委员会,每天轮流派人到各码头从事检查,禁绝来源。

据《申报》载,南京、镇江提倡国货,抵制英日货的成绩最为突出。五卅惨案发生前,南京绸缎销路锐减;五卅惨案发生后,南京绸缎销量逐渐增加。镇江最显著的是某烟草公司的出品已经绝迹。

① 《苏州史志资料选辑》第1辑,第158页。

三

为达到与英日经济绝交的目的,江苏各地抵制英日货组织在检查货物时极为认真,规章制度亦很严格,对违反规定的处罚亦很严厉。由南京总商会、下关商会、南京学生提倡国货协进会组成的"抵制仇货协会",提出对英日货的处置办法:五卅惨案前所订购之货,在此后运进,按原价罚五分之一;在五卅惨案以后所购进之货,按原价罚二分之一;五卅惨案以前所订购之货需有发票证明,商会代表负责证明。

7月6日,镇江商会决定组织镇江商业检查劣货团、商业提倡国货会、商业清理劣货会,专查英日货。镇江和兴煤号运购大宗日煤,被罚款2万元,用来建造五卅纪念厅。后来,镇江外交后援会、学生联合会又发现转运公司仍然代运英日货,立即议决:所有劣货于7月20日前只罚货主,如过期再经查获,则各该公司不能辞其咎,应严重处罚。7月18日,镇江商业联合会查货处规定:五卅前订货,如上海有通行证,准予运销内地,至镇江时须检查订单函件及定数,罚款均须由镇江商业联合会、外交后援会、学生联合会3家会同进行,如有一方私自解决者,予以重罚。

7月4日,常州沪案后援会议决抵制英日货办法:五卅惨案以前所订英日货须将订单、提单及各种凭证即日缴商会验明,复派员赴上海调查确凿,始得运回,时间以7月10日为限;五卅惨案后所订英日货,如非必需品,一律焚毁。

无锡外交后援会调查外货委员会对调查英日货也曾作出严格规定:(1)货物上只有中西文字牌号,无出品地址者,先检查商标,分别国籍,凡系英日两国文字,一概抵制;(2)厂主是洋人,属于英日两国国籍资本家,货物由华人制造者,一概抵制;(3)华、洋原料合作者,凡属英日两国原料,概在抵制之列;(4)家用及实业必需之品无代替者,酌量用别国货物代替;(5)华厂出品用英日原料者亦在抵制之列。

一些县城对查获英日货的处罚亦很严厉。7月4日,六合检查团发现某商店购进4袋碱粉,旋即派人将4袋碱粉运至商会,其中1包由货主认缴货价9元,其余3包抬往河口水化。8月8日,六合旅外学生会查获戴森记木行等处存积煤油795桶,洋烛49箱。8月13日,在六合西城内西山根,将以上煤油、洋烛全部焚毁。8月7日,阜宁检查货物委员会查获祥源公司某牌煤油400余桶,阻其上岸,邀集军警商学各界领袖开会,一致决议,退回总行,否则罚款若干,接济上海罢工工人。

应当指出的是,随着抵制英日货斗争的深入,商界害怕威胁他们自身的切身利益,往往表现冷淡,甚至时加干扰、阻挠。常州商会对英日纱线的抵制曾表现出动摇,认为纱线关系本地布庄工作,是人民生计所必需的原料,应详加考虑。7月24日,南京总商会召开临时会议,一致认为,各商号五卅惨案前在上海购订尚未运进之货,现已存放多日,值此热天,极易霉烂,所有损失,尽属华商血本,迹近自杀,于洋商丝毫无损。决定通知各商号将五卅惨案前购订之货，一律运进。自7月28日起，南京各商号开始运进存放在上海的货物，以两星期为限，但需缴纳货价的5%给商会。扬州一些商家认为，学生查货时将不应扣之货扣留了，相互间经常发生冲突。8月3日，扬州各业商家五六十人齐赴县署请愿，表示不愿与学生联合查货。

7月5日上午，无锡外交后援会查货委员会在某轮船公司货船中查获12箱汽水，决定由货主缴爱国捐80元，否则全部当众掷碎。由于货主竭力阻挠，商界少数头面人物从中作梗，事情迟迟不得解决。直到7月15日，货主才如数交款，将汽水退回上海。据8月14日《申报》报道，无锡外交后援会查获丽新公司购进双股线10箱，令其登报道歉，改用国货。各大商号连日集议，并联名具呈无锡县署，质问后援会扣留商货之权究竟何人赋予，并声称如县署不给予答复，则呈请省署救济。8月底，南京各商号指责学界抵货联合会违章滥罚，妨碍商务，要求省署训令省警察厅查明勒令解散。在上海工商学联合会自行解散的影响下，镇江商业联合查货委员会也于9月27日宣布自动解散，各业脱离商学联合查货委员会，以后进货，不再抽厘。

一场轰轰烈烈的与英日两国经济绝交和抵制英日货的运动，就这样结束了。

（原载《江苏地方志》1991年第4期）

未收入本书的著作、文章及资料目录

一、农业剩余劳动力的转移和农村的综合发展
　　——无锡县安排农业剩余劳动力情况调查
　　……………………………………… 蒋继奋　薛家骥　殷海智　唐文起
　　载江苏省社会科学院《理论研究》（内刊》第 50 期（1981 年 8 月 15 日）；《经济研究参考资料》1982 年第 16 期（内部资料），中国社会科学出版社出版

二、江苏近三百年人口变化的分析 ……………………… 顾纪瑞　唐文起
　　载《南京师院学报》1981 年第 4 期

三、无锡缫丝工业的发展和企业管理的演变（1904—1956）
　　…………………………………………… 高景岳（唐文起协助整理）
　　载《中国社会经济史研究》1983 年第 1 期

四、苏南、苏北人口状况的对比分析 ……………………… 顾纪瑞　唐文起
　　载《江苏省第三次人口科学讨论会论文选》1984 年 5 月编印

五、近代的南京开埠 ……………………………………………… 唐文起
　　载《南京史志》1984 年第 2 期

六、应当重视乡镇企业发展史的研究 ……………… 唐文起　徐元明
　　载《江苏经济探讨》1985 年第 4 期（内刊）

七、江苏近代经济史研究的回顾与展望 ……………………………… 唐文起
　　载《中国近代经济史研究资料》（4），上海社会科学院出版社 1985 年版

八、南京工业近代化的历史道路 ……………………… 林　刚　唐文起
　　载《江海学刊（文史哲版）》1986 年第 5 期

九、苏北的人口与产业结构 ……………………………… 顾纪瑞　唐文起
　　载《江苏省第二次统计科学讨论会论文选编》，《人口与经济》1986 年第 5 期

后 记

《江苏近代经济史探讨》(以下简称《探讨》)共收录大小文章 42 篇,其中公开发表的 38 篇,未公开发表的 2 篇,内部刊物登载的 2 篇。《探讨》附录只登载文章题目、刊发刊物名称、刊发时间、作者姓名的文章 31 篇,只登书稿名称、出版时间、出版单位及编者姓名的统计资料 1 本,书稿 3 本。其中,与人合写文章 12 篇,独立撰写文章 19 篇,与人合编书稿中的 1 章,与人合编统计资料 1 本,与人合编书稿 2 本。

《探讨》收录的文章,虽然内容不同,篇幅有长有短,格式不一(论文居多,亦有书评、短文、资料),但"近代"两字却贯穿其中。这些文章,有的是探讨江苏资本主义发展史,有的是解读近代江苏农业、农村与农民问题,有的是研究江苏近代工业发展史和近代市场问题,有的是探索近代区域经济史问题,有的是评论近代江苏实业家,有的是书评,等等。这些文章是我到江苏省社会科学院从事研究工作以来的大部分科研成果,也是对我近 20 年来从事中国近代经济史研究工作比较完整的总结。敬请各位专家、学者批评指正。

我年过 40 才到江苏省社会科学院经济研究所从事中国近代经济史研究工作。应该说,我是中国近代经济史研究战线一名新兵和业余研究者。这只要看看我在江苏省社会科学院的工作经历,便一目了然。1987 年初,我任院图书馆副馆长;1991 年 10 月,任院科研处副处长;1994 年 8 月,任院科研处处长,一直到 2000 年退休。1993—1999 年,兼任《当代江苏简史》编辑办公室副主任;1994—1997 年,兼任江苏省社科系列职称改革领导小组办公室主任。

借《探讨》出版的机会,对顾纪瑞先生表示衷心的感谢。他引荐我到江苏省社会科学院经济研究所从事中国近代经济史研究工作。在经济所工作期间,顾松年所长和顾纪瑞副所长给了我很大的鼓励和帮助,我永志不忘。感谢院各届领导对我研究工作的关心和支持。感谢院内各同仁对我研究工作的支持和肯定。感谢吴功正、莫永明、徐梁伯、徐友春诸位先生对我的帮助和支持。吴功正先生在工作繁忙之余,给了我不少帮助,我铭记在心。我永远不会忘记南京大学历史系教授吕作燮和南京大学留学生部教授严学熙对我的帮助、鼓励和教诲。我永远记得并感谢大学同学普贤明在关键时刻和关键问题上给我的帮助和支持。

我夫人张杏园女士几十年来，任劳任怨，辛勤操持家务，谆谆教育孩子，热情接待亲友，使我有一个安定的环境，专心挑灯夜读，伏案辛勤耕耘。对此，我永远铭记在心。

　　可以说，没有以上各位领导、同仁和亲友的帮助和支持，我不可能取得这些成绩。在此，再次向他们致以崇高的敬意。

唐文起
2013 年 5 月